威海年鉴

WEIHAI YEARBOOK

(2022)

中共威海市委党史研究院
威海市地方史志研究院 编

方志出版社
Publishing House of Local Records

图书在版编目（CIP）数据

威海年鉴. 2022 / 中共威海市委党史研究院，威海市地方史志研究院编. —北京 ：方志出版社，2022.10
ISBN 978-7-5144-5359-1

Ⅰ. ①威… Ⅱ. ①中… ②威… Ⅲ. ①威海-2022-年鉴 Ⅳ. ①Z525.23

中国版本图书馆 CIP 数据核字(2022)第 220517 号

责任编辑：刘芳
责任校对：刘玉霞
责任印制：梅中英
出 版 者：方志出版社
地　　址：北京市朝阳区潘家园东里 9 号（国家方志馆4层）
邮　　编：100021
网　　址：http://www.zgfzcb.cn
发　　行：方志出版社图书营销中心（010–67110500）
印　　刷：威海红太阳彩印有限公司
开　　本：889毫米×1194毫米　1/16
印　　张：26
字　　数：1047千字
版　　次：2022年10月第1版
印　　次：2022年10月第1次印刷
定　　价：300.00元

威海市地方史志编纂委员会
（兼威海年鉴编纂委员会）

主　　任：闫剑波

副 主 任：孔凡萍　李　建　刘裕斌

成　　员：张　璟　王　伟　周志远　毕晟磊　朱建超
隋同朋　宋忠勇　马绪福　刘　青　耿祥星
楚茂滨

编审人员

主　　审：李　建

副 主 审：张　璟　王　伟

主　　编：耿祥星

副 主 编：张修成　张淑云　顾金华　李洪格（执行）

编　　辑：（按姓氏笔画排列）
于鹏飞　王　瑛　任天庆　刘　可　闫拥军
孙洪闪　李传强　沙　鋆　邵　洁　郑　凯
赵平洋　侯志杰

数据审核：秦玉宝

英文翻译：于鹏飞　侯志杰

威海市地图审图号：威 S(2020)005 号

威海市地图

威海市行政区划表

市区名称	镇、街道名称	镇、街道(个)	居委会(个)	村委会(个)
环翠区	环翠楼街道	5	102	71
	竹岛街道			
	鲸园街道			
	嵩山街道			
	孙家疃街道			
	张村镇	3		
	羊亭镇			
	温泉镇			
高区	怡园街道	2	41	34
	田和街道			
	初村镇	1		
经区	凤林街道	3	49	94
	皇冠街道			
	西苑街道			
	崮山镇	3		
	泊于镇			
	桥头镇			
临港区	草庙子镇	3	13	154
	汪疃镇			
	苘山镇			
文登区	龙山街道	3	40	681
	环山街道			
	天福街道			
	大水泊镇	12		
	文登营镇			
	张家产镇			
	高村镇			
	泽库镇			
	宋村镇			
	小观镇			
	界石镇			
	米山镇			
	葛家镇			
	侯家镇			
	泽头镇			

县市区名称	乡、镇、街道名称	乡、镇、街道(个)	居委会(个)	村委会(个)
荣成市	港湾街道	10	51	790
	斥山街道			
	东山街道			
	王连街道			
	桃园街道			
	宁津街道			
	寻山街道			
	城西街道			
	崖头街道			
	崂山街道			
	人和镇	12		
	虎山镇			
	上庄镇			
	滕家镇			
	大疃镇			
	荫子镇			
	崖西镇			
	夏庄镇			
	俚岛镇			
	成山镇			
	埠柳镇			
	港西镇			
乳山市	城区街道	1	27	601
	夏村镇	14		
	崖子镇			
	诸往镇			
	育黎镇			
	午极镇			
	下初镇			
	冯家镇			
	乳山寨镇			
	大孤山镇			
	南黄镇			
	海阳所镇			
	徐家镇			
	白沙滩镇			
	乳山口镇			

全市辖2区、2市，24个街道办事处，48个镇，323个居委会，2425个村委会，荣成的4个街道办事处由石岛管理区管辖

党史学习教育

2021 年 2 月 28 日，威海市党史学习教育动员大会召开

（朱春晓　摄）

2021 年 6 月 23 日，威海市党史学习教育“送学 + 宣讲”活动启动仪式举行

（王彦博　摄）

2021 年 4 月 27 日，老党员在荣成市夏庄镇战家村为村民上党课

（王聪慧　摄）

2021 年 5 月 21 日，“学党史、办实事”服务发展视频现场推进会召开

（朱春晓　摄）

2021 年 3 月 26 日，威海市实验小学学生通过阅读红色故事书学习党史知识

（孙大伟　摄）

2021 年 6 月 28 日，威海市庆祝中国共产党成立 100 周年文艺演出举办

（王彦博　摄）

精致城市建设

9月，威海市环翠区城区一角　　（刘志鹏　摄）

5月，威海市文登区城区一角

（中共威海市文登区委办公室　提供）

8月，威海海高园（石岛管理区）一角

（石　宣　摄）

5月，乳山市城区一角　　（辛戈　摄）

10月，威海高新区山大实验学校　　（威海火炬高技术产业开发区管理委员会办公室　提供）

12 月，威海经济技术开发区一角
（孙大伟　摄）

10 月，威海临港经济技术开发区文化中心
（朱春晓　摄）

6 月，威海南海新区一角
（纪 哲　摄）

政务活动

2021 年 2 月 25 日，中共威海市委书记张海波（右）会见韩国驻青岛总领事馆总领事金敬翰（左）（王彦博　摄）

2021 年 10 月 9 日，中共威海市委副书记、市长闫剑波（中）到威海恒邦化工有限公司调研（孙大伟　摄）

2021 年 5 月 31 日，威海市人民代表大会常务委员会主任王学文（前排左一）到塔山社区调研

（孙大伟　摄）

2021 年 9 月 9 日，威海市政协主席高旭光（左）调研西部环山路（高区段）提升工程

（刘志鹏　摄）

2021 年 5 月 31 日，中共威海市委副书记贾瑞霭（前中）到万象城幼儿园走访慰问

（王彦博　摄）

2022 年 9 月 5 日，中共威海市委书记闫剑波（中）到威海经济技术开发区韩乐坊警务室调研

（孙大伟　摄）

2022 年 9 月 14 日，中共威海市委副书记、市长孔凡萍（左三）到各民主党派机关、市工商业联合会机关走访

（朱春晓　摄）

2021年12月13日，中共威海市委十五届十二次全体会议召开

（孙大伟　摄）

2021年1月25日，威海市第十七届人民代表大会第六次会议召开

（王彦博　摄）

2021年1月24日，中国人民政治协商会议第十三届威海市委员会第五次会议召开

（杨　正　摄）

文明城市建设

2021年12月16日，全国文明典范城市创建工作推进会议召开　（威海市精神文明建设委员会办公室　提供）

2021年3月4日，环翠区张村镇举办"蒲公英大篷车"新时代文明实践活动　（孙　鹏　摄）

2021年3月1日，威海市古寨小学举办“童心向党”主题活动

（刘志鹏　摄）

2021年9月14日—15日，威海市第七届“国学小名士”经典诵读电视大赛举办

（威海市精神文明建设委员会办公室　提供）

2021年4月26日，荣成市港湾街道牧云庵社区开展新时代文明实践专题活动

（威海日报社　提供）

“君子之风·美德威海”建设

陈淑明（女） 山东省乳山市崖子镇申家村村民。2021 年 11 月，获得第八届全国道德模范提名奖

王文水 威海市文登区张家产镇口子李村党支部书记。2021 年 10 月，获评全国“最美退役军人”

柯夏楠（左） 国网山东省电力公司威海供电公司带电作业中心不停电作业技术专责。2021 年 8 月，登上“中国好人榜”敬业奉献类别

陈召江 威海火炬高技术产业开发区怡园街道金盛花园小区业主委员会主任。2021 年 9 月，登上“中国好人榜”敬业奉献类别

尹伟宁 文登威力工具集团有限公司锻造车间主任。2021 年 12 月，登上“中国好人榜”敬业奉献类别

（威海市精神文明建设委员会办公室 提供）

乡村振兴

12 月，环翠区桥头镇国家冷凉植物示范推广基地 （威海日报社　提供）

8 月，文登区张家产镇西洋参种植基地
（威海日报社　提供）

4 月，威海临港经济技术开发区草庙子镇林泉社区　　（刘志鹏　摄）

10 月，威海市景翔果蔬专业合作社种植基地　　（威海南海新区管理委员会办公室　提供）

城市国际化

2021 年 5 月 29 日，第四届威海市市长国际经济咨询委员会年会召开
（孙大伟 摄）

2021年9月11日，第三届中韩（威海）跨境电商大会召开
（孙大伟 摄）

2021 年 11 月 13 日，2021 中韩非遗文创交流会开幕式举行
（威海日报社 提供）

2021 年 5 月 14 日，“对话威海”中日经贸文旅交流推介会召开

（王彦博　摄）

2021 年 6 月 18 日，山东与世界 500 强连线暨深化与欧盟合作推进会威海会场活动举办

（朱春晓　摄）

2021 年 9 月 29 日，山东与世界 500 强连线暨深化与北美合作推进会威海分会场活动举办

（王彦博　摄）

海洋强市建设

7月，远洋作业船队
（朱春晓　摄）

9月，渔船出海作业
（朱春晓　摄）

10月，爱伦湾海洋牧场
（刘志鹏　摄）

11 月，蓝贝海洋科学中心
（孙大伟　摄）

12 月，工作人员测试深海机器人产品
（孙大伟　摄）

7 月，工作人员分割加工金枪鱼
（刘志鹏　摄）

山东省—韩国经贸合作交流会暨韩国（山东）进口商品博览会

2021 年 9 月 9 日，山东省—韩国经贸合作交流会暨韩国（山东）进口商品博览会开幕式举行

2021 年 9 月 9 日，山东省—韩国经贸合作交流会召开

2021 年 9 月 10 日，嘉宾在中韩（威海）服务贸易创新发展论坛上对话交流

2021 年 9 月 10 日，韩国（山东）进口商品博览会主场馆

2021 年 9 月 10 日，韩国（山东）进口商品博览会现场

（威海市商务局　提供）

中国（威海）新材料产业创新与发展大会暨 2021 威海国际英才创新创业大会

2021 年 7 月 27 日，中国（威海）新材料产业创新与发展大会暨 2021 威海国际英才创新创业大会现场

2021 年 7 月 27 日，威海市新材料领域重大关键技术揭榜挂帅项目发布

10 月，荣成市宁津街道东墩村的渔家三弄小吃街　　（威海日报社　提供）

6 月，乳山市腾裕现代农业生产基地　　（威海日报社　提供）

5月，山东青旺农业科技有限公司苹果标准化示范园 （威海火炬高技术产业开发区管理委员会办公室 提供）

7月，威海经济技术开发区泊于镇龙山湖社区 （杨 正 摄）

2021年7月27日，共建“威海海洋无人装备与技术联合创新中心”揭牌仪式举行

2021年7月27日，中国（威海）新材料产业创新与发展大会暨2021威海国际英才创新创业大会签约仪式举行

2021年7月27日，中国（威海）新材料产业创新与发展大会暨2021威海国际英才创新创业大会会议现场

（威海市人力资源和社会保障局　提供）

威海市第六届运动会

2021 年 10 月 25 日，威海市第六届运动会开幕式举行 （刘志鹏　摄）

2021 年 10 月 25 日，威海市第六届运动会径赛现场 （王彦博　摄）

2021 年 10 月 29 日，威海市第六届运动会田赛现场 （刘志鹏　摄）

2021 年 10 月 25 日，威海市第六届运动会比赛队伍 （王彦博　摄）

2021 中国威海 HOBIE 帆船公开赛

2021 年 9 月 25 日，2021 中国威海 HOBIE 帆船公开赛开幕式举行

2021 年 9 月 25 日，2021 中国威海 HOBIE 帆船公开赛准备开赛

2021 年 9 月 25 日，2021 中国威海 HOBIE 帆船公开赛比赛现场

（杨 正 摄）

2021 年 9 月 25 日，2021 中国威海 HOBIE 帆船公开赛比赛现场

数读威海

土地总面积：58.22 万公顷
常住人口：291.46 万人
海岸线：978 千米
地区生产总值：3463.93 亿元
固定资产投资增长：6.0%
规模以上工业增加值增长：12.1%
高新技术产业产值增长：12.6%
对外及对中国港澳台地区贸易总额：2032.54 亿元
旅游接待总人数：4407.3 万人次
旅游总收入：533.52 亿元
社会消费品零售总额增长：15.5%
一般公共预算收入：266.88 亿元
住户存款余额：3274.21 亿元
城镇居民人均可支配收入：54264 元
农村居民人均可支配收入：25692 元
年底公路通车里程：7218.68 千米
城市公共供水总量：1.26 亿立方米
全社会用电量：152.21 亿千瓦时
户籍人口城镇化率：61.01%
建成区绿化覆盖率：45.82%
空气质量优良率：90.1%

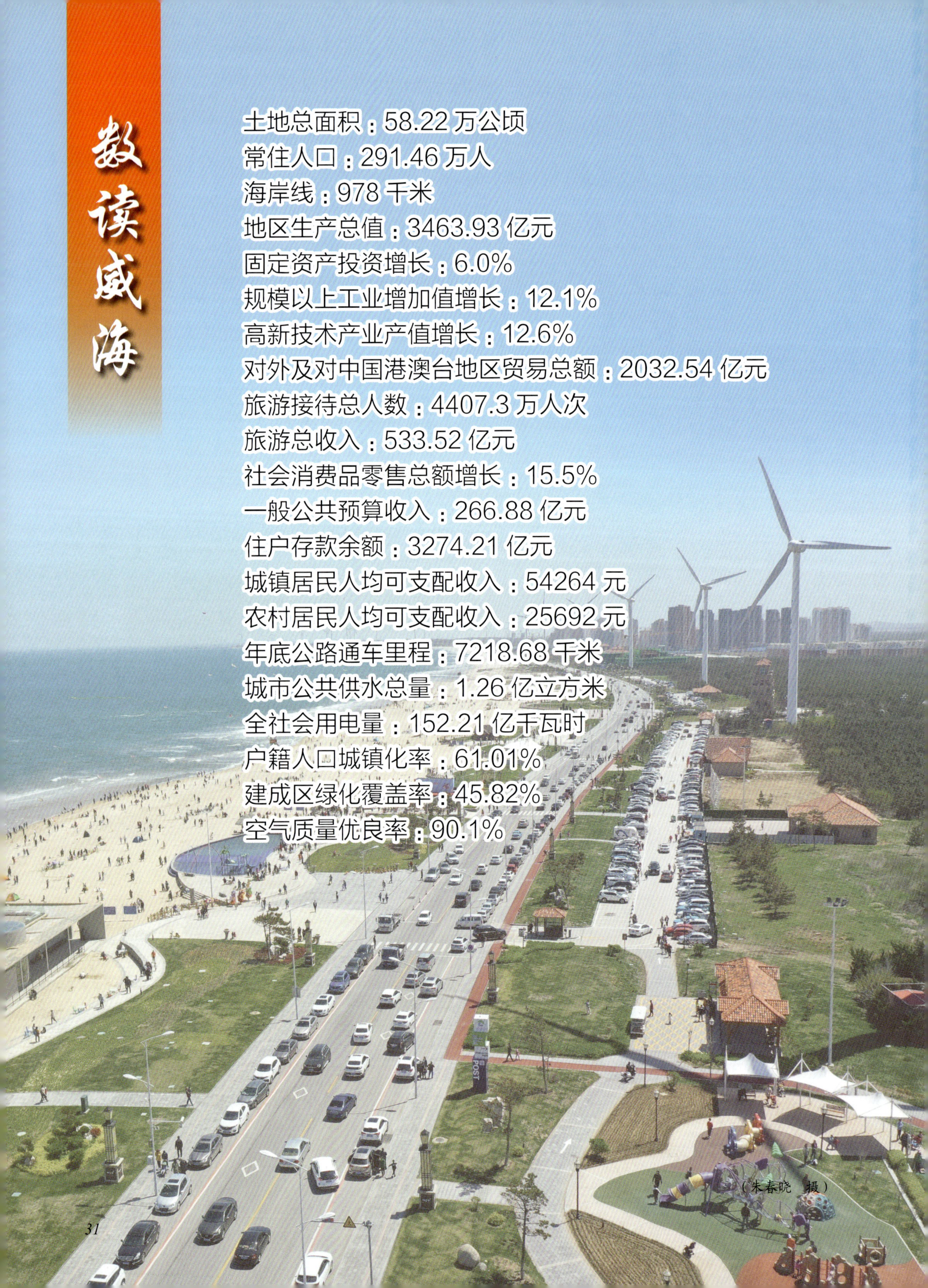

（朱春晓 摄）

编辑说明

一、《威海年鉴（2022）》以马克思列宁主义、毛泽东思想、邓小平理论、“三个代表”重要思想、科学发展观、习近平新时代中国特色社会主义思想为指导，坚持辩证唯物主义和历史唯物主义的立场、观点和方法，遵照党和国家现行的各项路线、方针、政策，遵守《中华人民共和国宪法》和国家各项法律、法规。力求全面、系统、准确地记载威海市自然、政治、经济、文化、社会等方面发展变化的基本情况。

二、《威海年鉴（2022）》是由中国共产党威海市委员会和威海市人民政府组织，中共威海市委党史研究院（威海市地方史志研究院）承编的以威海市行政区域名称冠名的地方综合年鉴，是全面系统地记述本行政区域自然、政治、经济、文化、社会等方面情况的年度资料性文献，旨在为各级领导科学决策提供市情依据，为各行各业提供信息服务，为国内外各界人士了解威海、研究威海提供窗口和媒介，同时为编修地方志储备资料。

三、《威海年鉴（1998）》是首部公开出版的市委、市政府组织编纂的年鉴，《威海年鉴（2022）》是第25卷，记述了2021年度全市各项事业发展的基本情况，重点反映社会主义现代化建设进程中的新成就、新经验、新举措和遇到的新问题。为增强信息的时效性，保证资料的连续性和完整性，部分资料时限适当上溯下延。

四、《威海年鉴（2022）》主要分类目、分目、条目3个层次，部分分目下设子目。条目为主要信息载体和基本撰写形式，条目标题用黑体加【】。为体现地方特色，将经济监督与管理、海洋与渔业升格为类目。各类目、分目间交叉重复的资料，或区别视角、各有侧重分别记述，或设置参见、引导查找。条目后括注的人名为各供稿单位供稿人员。

五、《威海年鉴（2022）》设35个类目：特载、专记、大事记、威海概况、中国共产党威海市委员会、威海市人民代表大会、威海市人民政府、中国人民政治协商会议威海市委员会、纪检监察、民主党派与工商联、群众团体、法治、军事、经济监督与管理、农村・农业、海洋与渔业、工业、信息产业、交通・邮政、城乡建设与生态环境保护、商贸、口岸、旅游、财政・税务、金融、科学技术、教育、文化・传媒、卫生健康、体育、社会生活、区（市）概况、开发区建设、人物、附录。

六、《威海年鉴（2022）》采用规范的语体文，以记述为主，说明为辅。记述事物、事件和人物，寓观点于记述之中。各类组织、机构或事物等专有名称首次出现时一般使用全称，并括注简称。计量单位部分沿用旧制单位。图片说明中一般注明时间，凡是未注明的，均为2021年拍摄。除了辑录的原始文献外，文风力求严谨、朴实、简洁、流畅。

七、《威海年鉴（2022）》检索方法有目录和索引，分设在卷首和卷尾。目录中类目、分目附有英文翻译；索引主要采取主题分析法制作，并按主题词首字汉语拼音字母顺序排列。

八、年鉴资料由市直各部门（单位）、中央和省驻威海单位、各区（市）负责提供，且均经撰稿单位负责人审签。反映全市国民经济和社会发展总体情况的数据，以威海市统计局公布的为准；部分数据因四舍五入的原因，存在总项与分项和不等的情况。

供稿单位审稿人名单

（按供稿单位顺序排列）

张　璟	王　伟	徐　力	隋同朋	邢海波	毕晟磊
毕建康	周　兵	刘　源	朱建超	杨志伟	李　强
刘　杰	许祖强	耿祥星	于所航	王治强	荆　文
刘　伟	徐　林	王吉会	焦　华	许德刚	宋修骞
尹玉翠	刘德钧	周　宁	于国胜	陈卫萍	徐　伟
赵广洪	朱文娟	李忠楠	吴宏飞	夏　华	郝　芳
宋华东	邢　飞	邵　伟	苗建臣	葛平修	曹志武
刘士侠	王广跃	刘海波	宋　光	杨　剑	张　琪
王永池	杜建军	从龙海	张术晓	于松涛	鞠　云
周　华	钟　臣	徐发荣	刘正杰	周德纯	毕兴全
李永仁	姜伟国	宋文杰	孙凤华	隆新华	刘　勇
李晓东	于　洋	裴周轶	于忠义	陈志勇	王永涛
宫本臬	刘　鹏	张敬全	芦春阳	王　滨	许英文
张东方	王吉宏	张向上	王曙明	许宏妮	刘　震
宋忠勇	从　琳	王　斌	关志勇	刘兰设	赵　冰
万鲁峰	鞠　雷	孔令军	丁瑞梁	李海建	姜　宏
赵　林	苏明军	刘韶伟	谭先国	肖洪冰	李令武
王秀泰	韩　冬	姜治国	方　兴	李仁斌	杜　伟
段俊超	谭远国	于志青	徐东晖	尹作升	徐晓飞
李耀华	张　晖	姜华平	孙承武	段宏伟	张宗军
关忠良	杜树宇	石曰众	姜　农	鞠宏宇	杨明帆
宿　波	王治国	王　文	姜进军	谷永波	马绪福
孙玉建	苑　顺	宋　斌	崔亚宁	荣　建	孙梓阳
王　浩	邹文政	张广忠	王希海	于　刚	刘强胜

目　　录

中国共产党威海市委员会

威海市人民代表大会

威海市人民政府

中国人民政治协商会议威海市委员会

纪检监察

法 治

农村·农业

海洋与渔业

工　业

信息产业

交通・邮政

城乡建设与生态环境保护

商　贸

口　岸

旅　游

财政・税务

金 融

科学技术

教　育

文化·传媒

体　育

社会生活

区（市）概况

开发区建设

人 物

附 录

索 引

CONTENTS

The Weihai Municipal Committee of the Chinese People's Political Consultative Conference

Discipline Inspection and Supervision

Democratic Parties & Federation of Industry and Commerce

Mass Group

Rule of Law

Military Affairs

Economic Supervision and Management

Countryside • Agriculture

Ocean and Aquatic Products Industry

Industry

Information Industry

Transportation · Posts

Urban and Rural Construction& Ecological Environmental Protection

Commerce and Trade

Port

Tourism

Development Zones Construction

Figures

Appendices

Index

特　　载

在2020年度全市工作总结表彰大会上的讲话

（2021年2月18日　根据录音整理）

中共威海市委书记　张海波

今天是春节之后上班第一天，上午我们收听收看了省2021年工作动员大会，下午召开全市2020年度工作总结表彰大会，目的有两条：一是总结工作、表彰先进，对过去一年全市各个领域、各个行业涌现出来的先进集体和先进个人进行表彰；二是继往开来、狠抓落实，锚定市委十五届十次全会、市委经济工作会议、市“两会”确定的各项目标任务，特别是产业现代化、城市国际化、新型城镇化、发展绿色化、治理现代化五大任务，进一步奏响敢于担当、勤于实干的时代强音，在现代化新征程中迈好第一步，迈出新气象，迈出新成效，不断开创“精致城市·幸福威海”建设新局面，争当新时代现代化强省建设排头兵。

在省委、省政府表彰的攻坚克难奖和勇于创新奖中，全市有2个先进集体、2名先进个人获攻坚克难奖，4个先进集体、2名先进个人获勇于创新奖。在疫情防控工作中，全市1人被授予全国抗击新冠疫情先进个人、全国优秀共产党员，29人、14个集体受到省委、省政府通报表彰。去年，我们还有5人获评全国劳动模范，2人获评全国先进工作者，1人获评全国爱国拥军模范，4人入选中国好人榜。刚才，我们表彰了年度工作优秀单位、单项工作先进单位，重点工作攻坚突破先进集体、先进个人，干事创业基层好班子、攻坚克难基层好干部，以及开放工作先进区市、开放工作突出贡献企业。在此，我代表市委、市政府，向受到表彰的单位和个人表示热烈祝贺！希望大家再接再厉，在新的一年争取更加优异的成绩。还有很多部门单位和个人在不同行业、不同领域苦干实干，作出了积极贡献，同样值得肯定和表扬。大家要互相学习、互相借鉴，进一步激发争先进位、走在前列的创业激情，推动全市各项工作再上新台阶。

2020年是极不平凡的一年，是大战大考之年。面对严峻复杂的国内外形势和前所未有的困难挑战，全市上下以习近平新时代中国特色社会主义思想为指导，以“重点工作攻坚突破年”为抓手，坚定信心、振奋精神，顶风破浪、克难奋进，脱贫攻坚战、疫情防控阻击战、经济发展保卫战都取得重大胜利，“十三五”规划圆满收官，全面建成小康社会取得决定性成就。成绩的取得，是习近平新时代中国特色社会主义思想科学指引的结果，是以习近平同志为核心的党中央坚强领导的结果，也是全市上下团结一心、奋力拼搏的结果。一年来，全市各级各部门、广大企业和各界群众，始终想在一起、站在一起、干在一起，每个人都很努力，每个人都了不起。市几大班子同心同向、分兵把口，带头定目标、定责任，带头抓落实、抓攻坚、抓见效，带头深入基层一线搞调研、解难题，为各级干事创业作出了表率。各区市、开发区坚持守土有责、守土担责，坚定不移贯彻落实市委、市政府部署要求，统筹推进疫情防控和经济社会发展各项工作，双招双引、项目建设、精致城市建设、乡村振兴样板片区打造等都取得了显著成绩，区域经济社会发展迈上新台阶。市直各部门强化大局意识、服务意识，围绕推动高质量发展抓招商、争项目、促创新，围绕服务企业勇于自我革命、减负让利、排忧解难，围绕服务群众办实事、解难题、促和谐、保稳定，开创了各项工作新局面。中央、省属驻威单位和驻威部队主动服务地方发展，在助推新旧动能转换、打造对外开放新高地、企业冲击新目标、产学研合作等重点领域，在帮贫解困、双拥共建、抢险救灾、维稳安保等重大任务中，勇挑重担、积极作为，为威海发展做出了积极贡献。各镇街、村居处在抓落实的第一线，工作重、压力大，大家克服困难、敢打敢拼，扑下身子、苦干实干，带着感情为人民服务，带着责任推动镇村因地制宜、特色发展，取得了兴镇、强村、富民的新成效。广大企业面对疫情和经济下行带来的诸多困难，始终保持发展的信心和定力，自觉肩负起社会责任和发展重任，应对新挑战、冲击新目标，为全市高质量发展注入了源源不断的强大动力。广大人民群众以强烈的社会责任感和主人翁意识，积极参与全市各项事业发展，在各自岗位上勤勤恳恳、创新创业，取得了不平凡的业绩。在此，我代表市委、市政府，向为威海发展付出艰辛努力、做出积极贡献的广大党员干部群众、企业家，特别是奋战在改革发展稳定一线的基层同志们，表示衷心的感谢和崇高的敬意！

关于过去一年的工作，全市“两会”已经进行了全面总结，这里就一些亮点工作再和大家一起分享一下。

过去一年，我们战疫情、保发展，夺取了疫情防控和经济社会发展“双胜利”。面对突如其来的疫情，全市上下坚决服从习近平总书记指挥和党中央号令，从党员干部到普通群众，从白衣天使到公安干警，从工程建设者到社区工作者、社会志愿者，从企业家到普通职工以及各行各业工作者，舍小家、顾大家，众志成城、连续作战，同时间赛跑、与病魔较量，将涓滴之力汇聚成磅礴伟力，构筑起守护生命的铜墙铁壁，打了一场真正的人民战争，以实际行动生动诠释了伟大的抗疫精神。疫情平稳后，我们迅速畅通交通物流，率先推动复工复产，千方百计把耽误的时间抢回来，经济社会运转从“暂停键”快速转入“加速键”，“人气”“商气”迅速恢复，主要经济指标逐月向好、稳步回升。歌尔产业园、万达城市综合体等115个市级重点项目投产或运营。冲击新目标行动100家入库企业中，59家企业营业收入实现正增长，39家企业实现两位数增长。100家后备库企业中，60家企业营业收入实现正增长，43家企业实现两位数增长。

过去一年，我们争第一、当先进，一大批工作走在全国全省前列。立足威海特色，发挥威海优势，朝着争当排头兵的目标持续用力、拼搏实干，奋勇争先、敢为人先。初步统计，全市有23个单位的40项工作获得全省第一，群众满意度重返全省第一。有30个单位的40项工作成为全国全省“首创”或“唯一”，出台全国首部精致城市建设条例，打造了全国首个以总体国家安全观为主题的教育培训基地，探索建立了巡察监督“红脸出汗”问题清单制度，创新建立了政协委员履职管理体系，成为全省唯一一个连续三次入选国家服务贸易创新发展试点的城市、唯一一个环境空气质量连续5年达到国家二级标准的城市。我们还争创了一系列“国字号”的荣誉，获得全国文明城市“三连冠”并再次实现“全域一片红”，连续八次获得“全国双拥模范城”称号，获评2020社会治理创新示范城市、中国国际化营商环境建设标杆城市，以全省最好成绩通过第四批国家公共文化服务体系示范区验收。各区市、开发区加压奋进、你追我赶，形成了比学赶超的浓厚氛围。荣成市以全省第一名的成绩获评国家全域旅游示范区，环翠区以全省第一名的成绩获评中国乡村振兴百佳示范区。从去年全市观摩督导综合评价结果看，精致城市方面，环翠区、荣成市获“区市组”前两名，经区、南海新区获“开发区组”前两名。双招双引和项目建设方面，荣成市、文登区获“区市组”前两名，高区、南海新区获“开发区组”前两名。乡村振兴方面，荣成市、文登区获“区市组”前两名，临港区、经区获“开发区组”前两名。

过去一年，我们抓攻坚、抓突破，取得了一批创新性的工作成果。聚焦九大改革攻坚行动和12项重点攻坚突破任务，破难点、通堵点、祛痛点，塑造了发展的新优势。一批改革试点成功获批，争取首批全国市域社会治理现代化试点、全国社会救助改革创新试点等省级以上改革试点43个，其中国家级试点16个。一批改革经验得到总结推广，精致城市建设、生态文明建设情况经省委书记刘家义签发报中央办公厅，“四港联动”模式、服务贸易产业园建设、乡村振兴首席专家、红色物业、“信用＋志愿服务＋暖心食堂”、新时代文明实践中心、“无废城市”、节水型城市、中医药改革、新型智慧城市、海洋牧场、透明村居建设、养老服务、网约房管理、民族团结工作等40多项经验在全国全省会议上进行了交流，或以现场会、典型案例等形式推广，全市全面建设小康社会典型经验成为全国20个重点宣传报道对象之一，华夏城被授予国家“绿水青山就是金山银山”实践创新基地。一批难点问题得到破解，黑豹汽车与中国重汽成功重组，信访积案化解、企业上市等工作实现新突破，房屋“办证难”、闲置项目和半拉子工程处置进入扫尾提升阶段，一大批不精致、不文明和群众不满意的问题得到解决，成功举办了疫情以来国务院批准的首个国际赛事——国际乒联男女世界杯，展现了广大干部不怵难、不怕硬的优良作风。

过去一年，我们打基础、利长远，办成了一批对威海长远发展具有重要支撑作用的大事。抓住基础设施短板问题，全力推进铁路、机场、港口等一批重大交通基础设施，威海正由陆路交通末梢变为交通物流的枢纽。莱荣高铁开工建设，建成后全市将全面迈入高铁时代，形成半岛1小时，省内2小时，到北京、上海等中心城市4小时的快速交通圈。威海新机场场址获批，争取今年年底前动工，投入使用后可满足1000万人次旅客吞吐量、6万吨货邮吞吐量的需求。“国和一号”示范工程、文登抽水蓄能电站、华能威海电厂海水淡化、母猪河地下水库等项目顺利实施，陆续建成后，威海能源不足特别是水资源短缺的问题将极大缓解。围绕提升创新驱动发展的能力，我们狠抓“1+4+N”创新平台体系建设，在引进一大批高层次创新平台的同时，更加注重对产业发展的支撑作用，到去年年底共引进高端创新团队32个、高端人才500多名，孵化企业136家，仅去年一年就服务重点企业241家，成为引领产业转型升级的强力引擎。

过去一年，我们办实事、惠民生，群众幸福感、获得感、安全感不断提升。始终坚持以人民为中心的发展思想，抓住群众关心的停车场、过街天桥、口袋公园、断头路、老旧小区等“急难愁盼”问题，以“小切口”改善“大民生”，被评为“2020中国最具幸福感城市”。教育、文化、医疗、养老等公共服务在均衡发展的基础上，向着更加优质的方向加快迈进。文化事业方面，全市人均文化事业费、万人拥有公共文化设施面积、城市书房数量等6个指标达到全省第一。教育事业方面，普惠性幼儿园覆盖率达91.55%，超过省定标准11.55个百分点，中小学大班额问题全面消除，4个区（市）全部通过首批国家义务教育优质均衡发展县省级验收，市级人民政府履行教育职责评价夺得全省第一名。医疗卫生方面，完成全部农村卫生室标准化改造，全市千人执业医师数、注册护士数、床位数分别达到3.51人、3.92人、7张，人均期望寿命达到81.97岁，均位居全省前列。

过去一年，我们抓党建、转作风，营造了风清气正的政治生态。坚决扛牢管党治党这个重大政治责任，以党建促能力提升、促作风改进、促工作落实，政治建设、思想理论武装、基层组织建设、干部队伍教育监督管理、意识形态领域工作以及党风廉政建设和反腐败斗争等都取得了新成绩，“上级为下级担当、组织为干部担当、干部为事业担当”的氛围更加浓厚，“有为才有位、有位更有为、无为就让位”的用人导向更加鲜明，全市政治生态河清海晏、风清气正，干事创业、积极作为、敢于担当成为时代最强音。

同志们，今年是向第二个百年奋斗目标进军的第一年，是“十四五”规划开局之年，我们将迎来中国共产党成立100周年。市委十五届十次全会科学谋划了我市“十四五”规划和2035年远景目标，明确了开创“精致城市·幸福威海”建设新局面、争当新时代现代化强省建设排头兵的总体目标，部署了推动产业现代化、城市国际化、新型城镇化、发展绿色化、治理现代化五大任务。这五个方面，与五大发展理念一一对应，都是威海基础比较好、优势比较明显的领域，是我们“十四五”时期必须要抓好的重点任务。

节前召开的市委全会、市委经济工作会议、市“两会”，聚焦“五化”，对今年的工作作了全面安排部署，已经分解到各级各部门，要根据责任分工，全面抓好落实。在统筹兼顾抓好各项工作的同时，也要厘清重点任务和关键环节，以点带面推动工作突破。具体来说，就是要高度关注、着力解决24个重点问题，这也是推动“五化”、实现“十四五”良好开局的重要突破口。这24个问题，市委经济工作会议上提出了10个经济领域的，最近又梳理了14个其他领域的，市委反复研究论证，征求了各方面意见。整体来说，这些都是全市工作中急需解决的突出问题，同时也是牵一发而动全身的关键问题。比如，高度关注先进制造业发展，就是要解决我市制造业龙头企业少、产业链条短、竞争力不强等问题。高度关注招商引资和项目建设，就是要解决我市大项目、好项目少的问题。高度关注做好深耕日韩文章，就是要发挥我们的区位、历史、地缘、人缘、经贸合作等优势，更好融入新发展格局。高度关注全域推进精致城市建设，就是要突出市域一体，统筹城市和农村、新城区和老城区、硬件和软件，解决短板弱项和一些不精致、不文明、群众不满意的问题。高度关注风险防控，就是要解决统筹发展和安全的问题。高度关注“12345”等民生服务平台的作用发挥，就是要依托“12345”政务服务热线、“六治一网”网格员系统、城管数字平台以及其他热线平台，通过整合、共享、共治等措施，解决信息资源不共享、机制不顺畅、协同联动性差的问题，等等。当然，这些问题并不是全部的工作，还要根据形势的发展、工作的进展，及时把新问题纳入进来，认真研究解决。解决好问题，关键是要研究出具体的办法，在抓落实上出真招、实招、硬招、高招，确保见到实效。

今天上午，刘家义书记就抓落实、求突破、开新局提出7个方面要求：一要以落实重大国家战略求突破；二要以强化科技创新求突破；三要以畅通经济循环求突破；四要以深化改革开放求突破；五要以优化法治环境求突破；六要以坚守底线求突破；七要以提升能力改进作风求突破。李干杰省长围绕抓落实提出3个方面要求：一要以清晰明确的责任分工推进落实；二要以坚如磐石的底线坚守保障落实；三要以依法依规、求真务实的工作导向确保落实。我们要认真学习领会，抓好贯彻落实。下面，我主要围绕怎么抓落实、如何抓落实，讲六点意见。

一、要提高站位抓落实。抓落实，既是工作和作风问题，更是政治和党性问题。对于党员干部来说，讲政治必须抓落实，抓落实就是讲政治。进入新发展阶段，贯彻新发展理念，构建新发展格局，我们面临的改革发展稳定各项任务越来越繁重，事事都是政治任务，件件都是政治责任。要把抓落实作为严肃的政治纪律，以上级决策部署的落实到位彰显政治责任，以既定目标任务的圆满完成展示大局意识，以确保政令畅通、令行禁止的实际行动体现党性原则。

在中央政治局民主生活会上，中共中央总书记习近平提出要提高政治判断力、政治领悟力、政治执行力。回顾我们过去的一些工作，比如涉外渔船管控、干部打骂下属等事件，从表面上看是工作问题，但深入剖析根源，还是在于政治敏锐性不够强，没有上升到政治高度看问题。我们抓落实、谋发展，必须在提高“三力”上下功夫，以实际行动增强“四个意识”、坚定“四个自信”、做到“两个维护”。要切实提高政治判断力，善于从政治上思考问题、处理问题，善于从一般事务中发现政治问题，不断增强科学把握形势变化、精准识别现象本质、清醒明辨行为是非、有效抵御风险挑战的能力，时刻做到头脑清醒、立场坚定，确保工作方向正确，不跑偏、不走样。要切实提高政治领悟力，始终把学懂弄通做实习近平新时代中国特色社会主义思想作为首要政治任务，坚持好“第一议题”制度，及时跟进学习习近平总书记最新重要讲话、重要指示批示精神，深刻领会、精准把握党中央各项决策部署，时刻关注党中央在关心什么、强调什么，把本区域本部门的工作放到全局中来定位、来谋划，坚持用党中央精神分析形势、推动工作。要切实提高政治执行力，对习近平总书记视察山东、视察威海的重要指示要求，对中央决策部署和省委工作安排，都要不打折扣、坚决完成。特别是要把总书记提出的“威海要向精致城市方向发展”作为总目标、总方向、总遵循，下最大的决心抓下去，下最大的气力干到极致、做到最好。今年是中国共产党成立100周年，也是习近平总书记视察威海市3周年，怎么答好精致城市建设的答卷，无论是窄口径还是宽口径，无论是内涵还是外延，无论是软环境还是硬环境，无论是本地居民的体会还是外地客人的感受，都需要我们进一步思考，坚持问题导向，加大工作力度，以精致城市建设的新成效让总书记满意、让老百姓满意。

二、要对标先进抓落实。目标就是方向，标杆就是动力。现在，上海、深圳、杭州等南方先进地区，已经将赶超目光对准东京、巴黎、纽约等国际大城市，提出打造全球卓越城市、全球标杆城市等目标。2019年，我们立足区位条件、产业结构、资源禀赋、发展历程、特色优势等，将珠海市确定为对标学习对象，比实力、比质量、比效益、比人均，学理念、学做法、学经验、学亮点。两年时间过去了，我们学到了什么，哪些工作进步了、差距缩小了，哪些工作进展还不快，哪些工作差距反而拉大了，今年怎么去学赶，目标是什么，有哪些事项来支撑，都要一一明确出来，列出单子，狠抓落实。不仅仅是城市要对标，各行各业都要对标，克服“蓝天白云综合征”，以跳出威海看威海的视野，以站在明天看今天的标准，看一看自己在全省全国处于什么位次，工作到底是什么水平，还有哪些差距。做得好的要更进一步，做得差的要迎头赶上，推动各项工作比学赶超、勇争一流。

目标定位要高。有什么样的目标追求，就会有什么样的工作成效。省委提出了“七个走在前列”“九个强省突破”，要求各地各领域都要树立“强”的思维、确立“强”的目标、干出“强”的业绩。市委提出，要在产业现代化、城市国际化、新型城镇化、发展绿色化、治理现代化方面争当排头兵，我们不能大而化之、空喊口号，既要聚焦细分领域，梳理哪些方面能够争当排头兵；也要列出一批具体工作、具体事项来支撑争当排头兵。从去年9个主要经济指标增幅看，除进出口总额增幅全省相对靠前，其余指标均不理想，离排头兵的目标还有差距。全市经济体量不占优势，如果在增量、在质量、在效益上也不能领先，争当排头兵就是一句空话。前面在总结工作的时候，我点了一些去年在全省走在前列的工作，但还远远不够，今年还要进一步加大力度。各级各部门都要把去年在全省的位次、今年要攀强进位的目标列出来，整体工作目标要明确出来，单项工作也要一项一项列出来，向本领域全省排名第一的看齐，向全省最亮点的工作看齐，与高的比水平、与快的比速度、与强的比干劲，在各项工作中力争最上游、争当排头兵。

学赶措施要实。寻标对标、比学赶超，不仅要看到与先进地区发展水平的差距，更要深究症结所在；不仅要学习借鉴标杆的先进经验，更要深入分析精神状态、工作作风、方式方法、服务效能等方面的差距和问题。比如，青岛在学赶深圳的过程中，分批安排干部到深圳体悟实训，身临其境了解深圳崛起的内在逻辑，把深圳发展的经验与自身改革开放创新的实践相结合，激发了创新创业的新活力。他们打造世界工业互联网之都、人工智能应用与服务产业高地、全球创投风投中心等，这些创新性举措让人耳目一新、为之一震。在去年全国GDP30强城市中，青岛反超无锡，上升到第13位。我们学赶先进，也要有这样实打实的举措，用结果说话，凭成绩服人。这几年，省内外在培育新经济、打造营商环境等方面创出的先进经验很多，要坚持拿来主义，带着问题学、联系实际学，做好消化吸收再创新的文章，形成自己的成果。

优势文章要做足。威海的优势很多，既有先天的生态、海洋、开放等传统优势，也有后天争取和打造的创新、社会治理等新兴优势，这些都是我们高质量发展的宝贵资源。但实事求是地讲，现在很多优势还没有完全发挥出来，功夫下得还不够，文章做得还不足。今年，全市上下要在发挥优势上下大气力，瞄准重点领域、关键环节，打好特色牌、创出新优势。亮点、典型也是一种优势，坚持典型引路是一种重要的工作方法。经验成熟了，工作有成果了，优势成型了，就要将重点放在复制推广上，不能“墙内开花墙外香”。要大力培树不同领域的先进典型、亮点工作，加大推广应用力度，以典型创造新典型，用优势塑造新优势，形成亮点纷呈、精彩不断的生动局面。

三、要强化统筹抓落实。进入新发展阶段，各项工作联系更加紧密，各类风险隐患交织叠加，必须进一步强化系统观念，跳出就事论事、以偏概全等误区，站在战略和全局高度看问题、想办法、干工作，统筹把握好任务安排、力量配置、进度节奏，找到推进工作的平衡点、最优解。

要正确处理发展与安全的关系。安全是发展的前提，发展是安全的保障。今年是建党100周年，保持社会安定祥和是重大的政治任务。近期，省内外一系列安全生产事故，造成了严重的人员伤亡，再一次给我们敲响了警钟。省、市多次召开会议，对统筹发展和安全工作进行调度，分析问题和隐患，研究部署工作，目的就是要坚决守住安全发展底线。实践反复证明，没有安全，发展就是空谈。习近平总书记强调，当前我国国家安全内涵和外延比历史上任何时候都要丰富，时空领域比历史上任何时候都要宽广，内外因素比历史上任何时候都要复杂。前一段时间，我们梳理了8个领域52项主要风险隐患，既有境外宗教势力渗透、意识形态领域风险等政治安全问题，也有民登机构非法集资、地方政府债务等金融安全问题，既有疫情防控、社会治安、信访维稳等社会安全问题，也有海上渔业、非煤矿山等安全生产问题，都是需要我们高度关注、狠下功夫的重点领域。在安全这个问题上，怎么强调都不过分，怎么抓都不为过。省里马上要出台相关追责规定，我们一定要时刻绷紧安全这根弦，以最严的责任、最硬的措施抓好安全，坚决不能以牺牲安全为代价来抓发展。

要正确处理重点与全面的关系。今年要干的工作很多，我们既要统筹兼顾，又要突出重点，分清主次、轻重、缓急，紧盯重点任务和关键环节，集中力量打歼灭战、攻坚战，以点上突破带动工作全面提升。从全市层面讲，重点就是我们研究确定的需要高度关注、着力解决的24个问题。这里面，既有经济领域的，比如先进制造业发展、科技创新、招商引资和项目建设等；也有社会领域的，比如完善“六治一网”社会治理模式、信用体系建设等；既有多年未解决的，比如人才和劳动力缺乏、破解要素制约等；也有新形势下出现的，比如“12345”等民生服务平台的作用发挥、法治建设工作等。各牵头市领导要按照责任分工，深入一线开展调研，与相关部门一起研究细化解决措施，把工作落实到具体的项目和实事上，确保问题圆满解决。各区市、开发区也要立足本区域实际，深入开展调查研究，梳理出自己需要高度关注、着力解决的问题，作为工作的突破口，盯住不放、持续用力，以重点问题的解决带动整体工作上台阶。

要正确处理当前与长远的关系。开局起步之年，既要立足现实，把当前急需的事情办好办扎实；更要着眼长远，为后续发展夯基垒台、立柱架梁，多做打基础、利长远的工作。今年我们要实施莱荣高铁等14个重大基础设施项目，还要推进新机场立项等工作，这些都将为未来发展提供强力支撑，必须抓紧抓实。我们打造“1+4+N”创新平台体系、建设国际海洋科技城等，也是为未来高质量发展增添活力、积蓄动能，需要久久为功。要涵养“功成不必

在我”的胸怀担当，谋划发展也好，推动工作也罢，少一些短浅目光，多一些长远思考，只要对长远发展有利，就坚定干、抓紧干、持续干，决不能因为前期工作不到位而造成工作被动。

四、要改革创新抓落实。当前，发展的任务十分繁重，风险挑战不断增多，根本出路在改革、在创新。全市上下都要大力弘扬改革创新的精神，准确识变、科学应变、主动求变，勇做锐意进取的改革者，鼓励与时俱进的创新者，不断释放改革新动力，开拓发展新天地。

*要坚持问题导向。*推动发展的过程，就是不断发现问题、认识问题、解决问题的过程。现在问题无处不在，困难无时不有，如果临难而退、绕道而行，问题就是“绊脚石”；如果事不避难、攻坚克难，问题就是“垫脚石”。比如，黑豹汽车因为经营不善，资金链断裂，濒临破产倒闭，文登区迎难而上，以不达目的不罢休的韧劲、闯劲和拼劲，推动企业与中国重汽实现重组，迈出了凤凰涅槃的第一步。要始终坚持以问题为导向，盯住制约发展的堵点、工作推进的难点、社会关注的热点，奔着问题去，迎着困难上，用改革的办法、创新的思维，一个山头一个山头地攻，一个难关一个难关地闯，带动工作上水平、上台阶。

*要勇于先行先试。*只有敢于走别人没有走过的路，才能收获别样的风景。当前，应对许多新情况新问题，一没有前人的经验可参考，二没有外地的经验可借鉴，必须用好用活改革手段，敢于第一个“吃螃蟹”。比如，我们要做好深耕日韩的文章，必须在“四港联动”、科技创新、金融等领域拓展合作，很多工作都是首创性的，需要打破现有制度框架，作出创新性探索。比如，我们要破解水、土地等要素制约，不仅要在增加有效供给上下功夫，还要健全完善市场化资源配置机制，发挥市场无形之手的作用，使要素配置更加科学合理，这也需要进行制度性创新。要强化改革创新的思维，无论遇到新问题还是老问题，都不要习惯性地“向后看”，更不能得过且过、绕道而行，要始终站在改革的最前沿，拿出“摸着石头过河”的智慧、“敢为天下先”的胆识、“杀出一条血路”的勇气，大胆闯、大胆试，在实践中求真知，在探索中找规律，提出更多破解难题的“威海方案”，创造更多可复制的“威海经验”。

*要善用法治方式。*当前，依法办事已经成为全社会的思想自觉和行为习惯，我们优化营商环境、推进治理现代化、解决发展中的瓶颈制约、化解社会矛盾等每一项工作，都需要用好法治思维和法治手段，否则不仅会处处受阻，也会严重损害党委、政府的形象。比如，我们签订项目合同、处置经济纠纷、解决信访问题，都需要强化法治思维，用法治手段推进工作，否则很容易出现纰漏，造成工作被动。比如，我们破解制约高质量发展的深层次问题，保障全市重大战略实施，就需要通过地方立法来实现，用法律统一思想、凝聚合力。各级党员干部要带头尊崇法治、敬畏法律，厉行法治、依法办事，不断提升运用法治思维和法治方式深化改革、推动发展、维护稳定、应对风险的能力水平。需要强调的是，法律是规范行为的准则，但绝不是懒政怠政的借口，遇到问题不能简单以“不合法”为托词推诿扯皮、敷衍应付，要想方设法合法合规地把工作做好、把事情干成。

五、要站稳立场抓落实。习近平总书记强调，人民立场是我们党的根本政治立场，群众路线是我们党的生命线和根本工作路线。工作做得好不好，要看群众高不高兴；环境打造得优不优，要看企业满不满意。我们必须把尊重民意、汇集民智、凝聚民力、改善民生贯彻到抓落实全过程，始终以让群众高兴、企业满意为根本出发点，好钢用在刀刃上，工作做到点子上，不断提升群众和企业的获得感满意度。

*要把群众观念树得更牢一些。*我们遇到事情、面对群众时，一定要换位思考、将心比心，不能简单硬碰硬，不能以不符合规定来搪塞群众。把群众的问题解决好了，群众的气理顺了，很多事情就会迎刃而解。比如，市政府系统开展“三问三查三改”活动，聚焦的就是办理群众诉求中存在的推诿扯皮、消极应付、简单粗暴等作风问题，社会反响很好。比如，西城路滞迁户动迁19年未解决，去年通过情理法同步发力，成功做通了工作，让这段卡脖子路成为历史。比如，梦海社区威海湾九里业委会组建工作多年一直推进不下去，去年转变了思路，在工作中树立群众观念、运用群众方法，设身处地为群众着想，把群众的气理顺了，问题迎刃而解。各级干部都要把群众当亲人，把群众的事情当成自己的事情，及时回应群众的诉求，用实实在在的工作赢得群众的信任。企业是发展的主力军，各级各部门和广大干部都要积极转变角色，真正当好服务企业的“店小二”，拿出对待亲人的那份真心、细心和责任心，提供精准化、具体化、全链条服务，做到“不叫不到、随叫随到、服务周到”，用政府管理服务的“加法”，换取企业迸发活力的“乘法”。

*要把群众工作做得更细一点。*做群众工作，必须要紧贴群众需求，把工作做到群众心坎上。要坚持一切为了群众，一切围绕群众，一切服务群众，一切依靠群众，迈开步子、扑下身子，问计于民、问需于民，当好反映民意的“代言人”，维护民利的“贴心人”，排解民忧的“热心人”。要学会和群众沟通，少讲一些官话套话，多讲一些沾着泥土气息的“粑粑地瓜话”，让群众听得懂、听得进，产生“共鸣”。当前群众反映诉求的渠道平台比较多，但平台之间联系还不够紧密、顺畅，群众还不是很满意，要按照“1+2+N”的思路，理顺部门横向之间、上下层级之间衔接机制，打通障碍堵点，实现数据共享、资源整合、力量整合，让群众诉求解决得更好更快。

*要把基层基础夯得更实一些。*刚才，我们表彰的干事创业基层好班子、攻坚克难基层好干部，很多人长年累月在基层摸爬滚打，职位小但作用大，为改革发展稳定做出了突出贡献。各级党委特别是主要负责同志要强化基层意识，树立鲜明的用人导向、政策导向，形成大抓基层、强基固本的浓厚氛围。要加强对基层工作的具体指导，既要下达“过河”的任务，又要帮助解决“桥”和“船”的问题，不能让基层无所适从，更不能增添不必要的负担。要关心爱护基层干部，特别是村、社区等工作人员，他们工作任务重、压力大，非常辛苦，对他们要充分信任、体谅关爱，完善激励保障机制，让基层智慧充分涌流，让干部活力竞相迸发。

六、要改进作风抓落实。过硬的作风，是抓落实的重要保障。我们推动产业现代化、城市国际化、新型城镇化、发展绿色化、治理现代化五大任务，着力解决好24个需要高度关注的问题，注不得半点水分，耍不得半点虚功，必须紧盯任务、务实苦干、狠抓落实，才能行必有效、效必有果。去年，全市开展了干部作风大改进行动，取得了明显成效。要结合形式主义官僚主义专项整治，把干部作风大改进行动常态化开展下去，坚决做到以整改促提升、向作风要效能。

*要把改进作风体现在履职尽责上。*习近平总书记强调，干部要知责于心、担责于身、履责于行。各级领导干部身处关键岗位，在其位就要履其职、尽其责，不仅要管好自己的“一亩三分地”，对于全市重点工作，该牵头时要大胆牵头，负起责任；该配合时要积极配合，全力以赴，决不能有利的就干、不利的就推，搞选择性的集中用力。近几年，为了解决推诿扯皮、多头推进等问题，我们实行了专班推进机制，各专班的负责同志要切实担起责任，带头协调解决问题、研究推进工作，确保专班真正发挥作用。集中力量并不是简单叠加，既要优化整合，实现“1+1>2”的效果；又要注重专业化力量配备，让专业人干专业事，提升工作质效。比如，我们一些经济部门工作接触面广、专业性强、招商信息多，也有大量的人脉资源，要学习借鉴济南、青岛等地的经验做法，积极探索在主要经济部门设立产业发展科室等方法，更好实现服务产业发展与强化产业招商的互促共赢。

*要把改进作风体现在务求实效上。*中央部署、省委要求，是管全局、指方向的，各地情况千差万别，必须立足实际拿出具有地方特色的具体举措，因地制宜、精准发力，推动各项部署更好落实落地。我们在研究政策措施的过程中，既要“接天线”，领会和把握好上级精神；也要“接地气”，充分听取下级部门和基层的意见，坚决不能不负责任地搞“上下一般粗”，把上级好的政策搞成基层的工作负担。要大兴调查研究之风，全市干部都要会调研、善思考，市级领导同志要带头搞调研，多到矛盾突出的基层去，多到困难较多的一线去，掌握情况、分析问题、提出办法、推动工作。要在根治形式主义官僚主义上狠下功夫，坚决砍掉不必要的会议、文件，严控各类检查评比、督导考核，让广大干部抽出身来、腾出手来，全力以赴抓落实、谋发展。

*要把改进作风体现在雷厉风行抓工作上。*现在工作节奏很快，机遇稍纵即逝，特别是政策争取、项目招引等工作，稍微一迟缓就可能错过窗口期，或被别人捷足先登。要保持雷厉风行的作风，提高工作执行力，说了算、定了干，不能总停留在谋划论证阶段，在讨论研究中贻误战机。比如，在破解要素制约、化解处置重点领域历史遗留问题等工作中，困难错综复杂，如果一味强调要拿出“万全之策”，研究来研究去，问题恐怕永远都解决不了。要拿出“先干起来再说”的劲头，边干边研究，发现问题解决问题，这样才能干出实效，决不能拖拖拉拉、不拨不动甚至拨了也不动。当然，我们强调快，也绝不是不顾实际、无视规律、蛮干硬干，要大胆假设、小心求证，做到既有效率又有质量。

*要把改进作风体现在严明纪律规矩上。*党规党纪严于国家法律。近年来，我们纵深推进全面从严治党，持之以恒正风肃纪反腐，但仍然出现了一批违纪违法案例，不少人都曾是大家眼中的“能人”“干将”。这一方面说明党风廉政建设永远在路上，需要坚持不懈抓下去；另一方面也说明遵规守纪没有例外，不论作出多大贡献、取得多大成绩，只要违反纪律规矩，必然要付出巨大代价。广大党员干部要把廉洁从政作为生命线，守住做人、处事、用权、交友的底线，不放纵、不越轨、不逾矩，永葆共产党人的政治本色。

同志们，抓落实、见成效，需要广大党员干部放手干、大胆干、创新干，市委将进一步完善考核评价、正向激励、容错纠错等体制机制，旗帜鲜明地为担当者担当，做广大党员干部干事创业的坚强后盾。围绕更好地调动各级各部门工作积极性，进一步完善考核体系、改进考核方式，使考核更加精准、科学、有效。认真贯彻落实“三个区分开来”的要求，树立正确选人用人导向，对勇于担当、主动作为、实绩突出的，该表扬的表扬，该重用的重用；对不作为、慢作为、乱作为的，坚持不换思想就换人，不担当就挪位，不负责就问责，不作为就撤职。对于诬告陷害、恶意中伤等情况，要坚决打击，旗帜鲜明地为受到诬告错告的干部澄清正名，推动形成激浊扬清、干事创业的良好政治生态。

同志们，开局关系全局，起步影响未来。全市上下要更加紧密地团结在以习近平同志为核心的党中央周围，把责任牢牢扛在肩上，撸起袖子加油干，扑下身子抓落实，甘当为民服务“孺子牛”、创新发展“拓荒牛”、艰苦奋斗“老黄牛”，迈好“十四五”时期发展的第一步，推动宏伟蓝图变成美好现实，为开创“精致城市·幸福威海”建设新局面做出更大贡献，以优异成绩迎接中国共产党成立100周年！

（中共威海市委办公室提供）

6月，威海市城区一角　（朱春晓　摄）

政府工作报告（摘要）

——在威海市第十八届人民代表大会第一次会议上

(2022 年 2 月 23 日)

威海市市长 闫剑波

一、2021 年工作回顾

2021 年是中国共产党成立 100 周年，是全面迈入社会主义现代化新征程起步之年和“十四五”开局之年。面对百年变局和世纪疫情交织的复杂形势，面对发展和安全的繁重任务，在市委坚强领导下，市政府与全市人民一道，坚持以习近平新时代中国特色社会主义思想为指导，深入贯彻党的十九大和十九届历次全会精神，认真落实省委、省政府部署要求，把“威海要向精致城市方向发展”作为总目标、总方向、总遵循，坚持稳中求进工作总基调，统筹疫情防控和经济社会发展，圆满完成十七届人大六次会议确定的各项目标任务，高质量发展取得新成效，“精致城市·幸福威海”建设开创新局面。

（一）经济运行稳中向好。地区生产总值完成 3463.9 亿元，增长 7.5%；规模以上工业增加值增长 12.1%；一般公共预算收入完成 266.9 亿元；外贸出口 1494 亿元，进口 538.5 亿元；实际使用外资 14.5 亿美元；社会消费品零售总额增长 15.5%；城镇和农村居民人均可支配收入分别增长 7.6% 和 10%。居民消费价格指数上涨 0.8%，城镇登记失业率 2.27%，均控制在预期目标范围内。全面落实“六稳”“六保”措施，针对原材料涨价、海运运力紧张、有序用电、煤炭价格上涨等不利因素，帮助企业解决实际困难 1905 个，解决融资需求 148.9 亿元，解决用工 6.3 万人。安排涉企财政资金 25.5 亿元，为 3.3 万家企业减免社保费 1.9 亿元，21.6 万户市场主体享受税收优惠 120.1 亿元。103 个省级重点项目、323 个市级重大项目顺利推进，年度投资完成率达到 101%。46 个重点项目获得 68 亿元地方政府专项债券资金支持。全市存款余额突破 5000 亿元，贷款余额突破 4000 亿元，新增贷款增速位居全省第一，不良贷款规模和比率继续保持全省低位。泓淋电力完成过会审核，威高骨科、百合生物成功上市。

（二）创新动力显著增强。“1+4+N”创新平台体系深化拓展，在全省率先推行“揭榜挂帅”机制，高区获批国家企业创新积分制试点，经区东方智慧谷获批国家小微企业创新示范基地。三角轮胎、天润工业等 18 家企业入选省级科技领军企业，好当家入选国家级技术创新示范企业，威力工具获批国家级工业设计中心，威达集团获评国家级绿色工厂，威高集团、拓展纤维获得第四届中国质量奖提名奖，拓展纤维、中玻新材料获得国家技术发明奖二等奖。冲击新目标“双百”企业营业收入增长 17.5%，制造业占生产总值的比重提高到 31.7%，医疗器械产业集群入选国家创新型产业集群试点，碳纤维复合材料、海洋冷链物流产业集群入选省“十强”产业“雁阵形”集群，文登区汽车及零部件、高区医疗器械产业集群获评全省特色产业集群，威高集团、光威集团、迪尚集团、有研稀土、中玻控股 5 家企业成为省级产业链“链主”。康派斯入选国家级服务型制造示范名单，新北洋、天力电源等 15 家企业被评定为省级智能工厂和数字化车间。大力实施互联网赋能行动，新建 5G 基站 1536 座，蓝海工业互联网平台、联桥纱线资源共享平台等 12 个项目入选国家级工业互联网试点，宝威新材料等 5 个项目成为国家新一代信息技术与制造业融合发展示范，南海新区获批先进制造业和现代服务业融合发展省级试点。全市新引进各类人才 2.2 万人，增长 17.7%，环翠区获评全省人才工作先进单位。全域打造国际海洋科技城，远遥科技湾区一期工程启用，新增 10 家省级海洋工程技术协同创新中心，国

3 月，远遥浅海科技湾区 （杨 正 摄）

10月，环山路　　（杨　正　摄）

家海洋综合试验场纳入自然资源部与省政府共建。

（三）精致城市建设全域推进。编制精致城市建设规划纲要，开展城市体检，推进城市更新，完成103个老旧小区改造，更新40个小区转供电设施，实施100个小区智慧化改造。出台全国首部红色物业建设规范，全市住宅小区业委会、物委会覆盖率达到98%。打造城市运行指挥平台，推进“统云、并网、聚数”突破行动，一体化大数据平台获得数字政府管理创新奖。高标准开展铁路沿线、海岸线、环山路沿线“三线整治”。黄垒河等地下水库工程全面完工，大中型水库蓄水量4.1亿立方米，创历史最高。新开通3条海上航线，新增10个空中通航城市。世界首座四代技术华能石岛湾高温气冷堆核电机组并网发电。莱荣高铁、桃威铁路电气化改造等重大交通设施项目进展顺利，入选全国交旅融合绿色通行试点城市。

（四）乡村振兴成效突出。坚决扛牢粮食安全责任，全面开展撂荒地整治，复耕复种率98%以上，粮食播种面积增长6.4%，总产量增长9.9%，实现“双提升”。重点培育20个乡村振兴样板片区，新建164个产业项目。新建1个种质资源库、20处特色产业基地、20处精致牧场，改造升级44家农畜产品加工企业，新培育2个知名农产品区域公用品牌。新增5处省级水产原良种场、4个省级海洋牧场、2处远洋渔业渔场。文登区被确定为全国农业社会化服务创新试点县，乳山市被确定为全国首批农业现代化示范区。加大对100个重点村帮扶力度，集体经济收入5万元以下村实现清零。新创建27个省级美丽乡村，荣成市获批全国首批美丽乡村建设重点县。

（五）改革开放全面深化。实施205项重点改革任务，其中国家级、省级试点65项，形成制度创新成果82项，荣成市获批省级综合改革和系统集成改革“双试点”。率先开展高层次人才创业保险试点，入选全国深化民营和小微企业金融服务综合改革试点城市。完成新一轮事业单位改革，纳入限额管理的市级事业单位由227个精简至171个，压减24.7%。聚力创建“威海营商行”品牌，推出961项改革措施，建成全省首个线上营商环境全景式集成平台，政务服务事项全程网办率达到97.9%，项目审批全链条闭环办理的做法全国推广。制定城市国际化促进条例，实施新一轮城市国际化战略行动计划。开展招商引资优化提升行动，举办第四届市长国际经济咨询委员会年会等招商推介活动13场，新设立外资项目343个。举办首届韩国进口商品博览会，开通全国首条中韩海运电商专递，跨境电商进出口实现271亿元，增长6.8倍。

（六）生态环境持续优化。大力推进环境污染系统治理，抓好中央、省环保督察反馈问题整改，开展十大领域生态环境突出问题集中整治。全年空气优良天数比率达到90.1%，PM2.5平均浓度为24微克／立方米，成为全省首个达到世卫组织空气质量过渡时期第二阶段目标的城市。15个河湖被确定为省级美丽幸福示范河湖，河湖湾一体化管护模式被水利部作为全国优秀案例总结推广。完成2769个入海排污口治理，水环境质量位居全省前列。全面完成35蒸吨／小时及以下燃煤锅炉、“国三”及以下标准营运柴油货车淘汰任务。完成退化林修复和低效林改造3000公顷。乳山市入选国家生态文明建设示范区。

（七）民生保障力度加强。20件民生实事年度任务全部完成。“1+2+N”民生服务平台完成整合，12345政务服务热线按期办结率、群众满意率分别达到99.9%和96.8%。实施养老保险扩面专项行动，在全国首创工伤智能一体化综合服务平台，进一步提高14项困难群众救助标准，创新推出“威你保”，医保基金智能监控经验全国推广。扎实推进义务教育优质均衡发展，被确定为全国教育“双减”试点城市，市级政府履行教育职责评价再获全省第一。顺利通过国家卫生城市复审，获批省区域中医医疗中心，中医药改革经验入选全国“推进医改、服务百姓健康”十大新举措，创建全国首批食品安全与营养健康综合试验区，获评“健康中国年度标志城市”。建成“如康家园”残疾人之家12处。举办第六届市运会。获评全国党史和文献部门先进集体，成功创建全国示范数字档案馆。创新退役军人服务保障体系“三张清单”制度，国防动员、双拥共建、人民防空、民兵预备役、海防工作进一步提高。民族宗教、妇女儿童、外事、侨务、台港澳、地震气象、慈善等事业取得新进步。

（八）文化事业繁荣发展。深入推进新时代文明实践中心建设，推广“志愿＋信用”模式，全市实名注册志愿者72.1万人，占常住人口的24.7%，比例全省最高。持续推动文化惠民，打造“书香威海”全民阅读品牌，创建50个乡村公共文化服务精致化发展示范村。华夏演艺、威海民俗文化邨等创新提升项目入选全省重点文化产业项目。新闻出版、广播电视、网络视听聚焦重大主题、重大活动，弘扬主旋律，唱响最强音。建成运营千里山海自驾旅游公路，举办国际艺术云交流活动、文化和旅游惠民消费季活动，经区韩乐坊等3个特色文化街区成功创建省级夜间消费集聚区，44个村入选省级景区化村庄，环翠区获评省级文化和旅游消费示范区。

（九）疫情防控扎实有效。严防输入性疫情，实施“关口前移、多重屏障、一体化管控”的精准防御策略，立足全链条全点位，编制18个重点环节平急转换方案，落实常态化防控措施，疫情防控形势总体平稳。坚持“外防输入”，严格境外入境人员、外籍船舶船员、进口货物闭环管控，制定船舶坞修疫情防控指引，严厉打击海上非法入境，境外疫情输入传播“零发生”。坚持“内防反弹”，全面加强公共场所管控，建立“快、准、全”排查随访机制，健全高效流调溯源队伍，精准阻断病毒扩散，国内风险地区疫情输入传播“零发生”。坚持“人物同防”，着重抓好进口冷链食品管理，同步实施非冷链货物、国际邮件快件消杀，加强集中隔离场所、医疗机构管理，进口货物引发疫情传播和医疗机构院内感染“零发生”。全市日核酸检测能力达到12万份，累计接种疫苗289.8万人、705.9万剂次，疫苗接种率、重点人群“应检尽检”率保持全省前列。

（十）社会大局和谐稳定。健全统筹发展和安全推进机制，建立重点领域风险台账和职责清单，防范各类风险，守牢安全底线。集中精力打好渔船管控攻坚战，实施全链条、全环节、全过程管控，查处涉嫌违法违规渔船1329艘、违禁渔具7356套，渔业生产秩序明显好转。深入推进安全生产大排查大整治行动，明确43个行业领域安全生产主管部门和直接监管责任部门，对重点企业开展驻点监管，建成安全生产实训基地，统筹建设一体化应急救援队伍，全年生产安全事故起数同比下降26.6%。强化防汛抗旱减灾体系建设，预泄洪、拦洪5.7亿立方米，有效应对近30年来最大年降水量挑战。全面深化“六治一网”市域社会治理模式，“五色工作法”获评全省市域社会治理创新优秀成果。探索推进“信用+N”模式，加快750个信用“五进”试点建设，获批省级企业信用管理试点。出台全省首个行政执法委托管理规定，被确定为全国行政执法协调监督工作体系建设试点城市。新建8个县级“一站式”矛盾纠纷调解中心，诉裁对接调解模式成为全省标杆。平安威海建设扎实推进，可防性案件同比下降41.6%，社会治安形势保持稳定。

一年来，全市政府系统不忘初心、牢记使命，扎实开展党史学习教育，持续推进干部作风大改进行动和“三问三查三改”活动，开展“学典型、促发展”比学赶超，把学党史、用党史成果转化为改进作风、推动工作的强大动力。坚持依法行政，忠实履行宪法和法律赋予职责，自觉接受人大法律监督、政协民主监督和社会各界监督。坚持标本兼治，大力推动党风廉政建设和反腐败斗争，持之以恒纠治“四风”。坚持真抓实干，围绕“五化”重点任务，聚焦24个需要高度关注、着力解决的重点问题，打出组合拳，打好攻坚战，全市上下始终保持奋勇争先、狠抓落实的浓厚氛围。

二、过去五年发展成就和未来五年展望

各位代表！本届政府履职的五年，是威海发展历程中极不平凡、极不寻常、极为不易的五年，是经受重大考验、砥砺奋进，取得重大成就的五年。特别是2018年习近平总书记亲临威海视察，为我们量身定制了城市发展蓝图，威海发展的定位更加精准、目标更加明确、思路更加清晰。五年来，全市上下坚定“威海要向精致城市方向发展”的总目标、总方向、总遵循不动摇，坚定高质量发展的信心不动摇，坚定争当全省走在前列排头兵的决心不动摇，完整、准确、全面贯彻新发展理念，主动融入和服务新发展格局，大力推进产业现代化、城市国际化、新型城镇化、发展绿色化、治理现代化，如期打赢脱贫攻坚战，全面建成小康社会，经济实现量质双提升，改革取得重大突破，科技创新能力显著增强，对外开放迈上新台阶，生态文明建设走在前列，民生保障水平全面提高，城乡发展更趋均衡，“精致城市·幸福威海”展现出美丽生动的现实画卷，为开启社会主义现代化建设新征程奠定了坚实基础。

——这五年，“精致”的内涵更加丰富。建设精致城市是习近平总书记对威海的期望和嘱托，我们坚持全领域、全要素、全环节推进，注重精当规划、精美设计、精心建设、精细管理、精准服务、精明增长，制定精致城市建设条例和评价指标体系，立稳精致城市建设的“四梁八柱”。奏响化解城市“成长的烦恼”“四部曲”，有效解决16万套房屋办证难问题，盘活处置221个闲置项目和“半拉子”工程，完成中心城区371.07公顷低效用地整治，排查治理一大批城市管理服务中不精致、不文明、群众不满意问题。深入开展国家“城市双修”试点，加快城市有机更新，实施283个老旧小区改造工程，打通26条断头路，新建23个停车场，新增245处口袋公园。加快完善城市基础设施，文莱高速、西部环山路、环山快速路建成通车，莱荣高铁开工建设。坚持城乡融合发展，打造乡村振兴齐鲁样板威海篇，农村通户道路硬化、改厕、饮水安全、公交出行等实现全覆盖，特色乡村治理模式入选全国典型案例，美

10月，金线顶公园　　（孙大伟　摄）

丽乡村建设考核位列全省第一。五年来，常住人口城镇化率由65%提高到71.4%，城市宜居指数保持全国前列，入选全省智慧城市试点、全国美丽城市试点。

——这五年，"创新"的动力更加强劲。坚持产业为王、项目为王、企业为王，持续做优做强七大产业集群、十条产业链，加快推动新旧动能转换。实施冲击新目标企业、创新型中小企业培育两个"双百工程"，新培育省级以上制造业单项冠军企业、瞪羚企业、"小巨人"企业276家，制造业质量竞争力晋升全省第一梯队。国家科技型中小企业发展到1870家，高新技术企业由228家增加到1048家，高新技术产业产值占比由40%提高到67.1%，比重全省最高。组建产业技术研究院暨郭永怀高等技术研究院，构建"1+4+N"创新平台体系，省级以上科技创新平台发展到386家，工业企业研发经费投入强度2.8%，居全省第1位。打造"英创会"等国际性招才引智平台，232人入选国家和省重点人才工程。大力发展数字经济、平台经济、智能经济、共享经济等新业态新模式，"四新"经济增加值占比由23.1%提高到32.3%，综合科技创新水平指数居全省第4位，获批建设国家创新型城市。

——这五年，"开放"的活力更加充盈。大力实施城市国际化战略，积极融入国内国际双循环，外贸进出口突破2000亿元，年均增长11.3%，外贸出口依存度43.1%，位居全省第1。成功引进惠普、捷普、联想等世界500强企业，五年来累计利用外资57亿美元，年均增长12.3%。推动与韩国仁川"四港联动"，构建东接日韩、西联欧亚的国际物流大通道。中韩自贸区地方经济合作示范区建设走深走实，国家跨境电商综合试验区建设深入推进，综合保税区封关运行，全面深化服务贸易创新发展试点经验入选全国最佳案例。用足用好改革开放关键一招，获批实施省以上改革试点200多项，商事制度改革、社会信用体系建设等100多项创新经验在全国全省推广，获评中国国际化营商环境建设标杆城市。

——这五年，"海洋"的特色更加突出。强化科学用海、科技兴海、产业强海、生态护海、开放活海"五个导向"，向海洋要潜力、要动力、要空间，加快建设创新型国际海洋强市。一城三核、全域布局的国际海洋科技城发展框架全面拉开，国家海洋综合试验场建成运行，全市涉海科技创新平台达到297家。推动海洋经济加速转型，海洋产业增加值占生产总值比重提高到35%，获批国家海洋经济创新发展示范城市、海洋经济发展示范区。建成国家级海洋牧场15个，成为国家水产养殖绿色发展示范区，海产品产量稳居全国地级市首位，被评为"中国海鲜之都"。大力推动港口整合，威海港集装箱年吞吐量突破百万，达到110.2万标箱。实施"蓝色海湾""生态岛礁"等海洋生态修复项目50个，打造"水清、岸绿、滩净、礁奇、湾美"的黄金海岸线。设立海洋负排放研究中心、海洋生态经济主题院士工作站，建成全省首个海洋牧场"零碳"智慧用能示范区，成为国内蓝碳经济重要策源地。

——这五年，"生态"的底色更加鲜明。实施最严格的环境监管、最积极的生态建设、最集约的资源利用、最严厉的责任考核，扎实推进"四减四增"三年行动，全力打好污染防治攻坚战，空气质量稳定达到国家二级标准，近岸海域水质全省第1，能耗总量和能耗强度指标全省最优。"六水共治"取得积极成效，新增和恢复兴利库容1.8亿立方米，获评全国节水型社会创新试点示范市。生态工业园区数量全省第1，入选国家"无废城市"建设试点、全国森林旅游示范市，华夏城获批国家"绿水青山就是金山银山"实践创新基地。我市成为全国第一个全域建成国家生态文明建设示范区的地级市。

——这五年，"安全"的基础更加稳固。全力以赴打好防范化解重大风险攻坚战，安全生产形势持续稳定，牢牢守住不发生系统性、区域性金融风险的底线。"六治一网"社会治理经验全国推广，入选首批全国市域社会治理现代化试点市。完善"六化"森林防火工作标准体系，突发事件应对和应急物资保障能力持续提升。综合行政执法体制改革扎实推进，成为全国法治政府建设优秀城市。常态化开展扫黑除恶专项斗争，平安威海建设成效显著，社会治安群众满意度全省第一。

——这五年，"文明"的风景更加美丽。新时代美德威海建设扎实推进，文明市民培育工程深入开展，社会主义核心价值观广泛弘扬，入选全国未成年人思想道德建设工作先进城市，保持全国文明城市"全域一片红"。成功创建国家公共文化服务体系示范区，市群众艺术馆、市图书馆新馆、市方志馆建成开放，人均文化事业费、万人拥有公共文化设施面积等指标均位居全省第一。完成474处红色印迹抢救保护，建成全国首个总体国家安全观主题教育培训基地，红色胶东展馆对外开放。扎实推进信用"五进"工程，被评为首批全国社会信用体系建设示范城市。

——这五年，"幸福"的成色更加实足。持续不断增加民生投入，民生支出占一般公共预算收入的比重保持在75%以上。聚焦群众关心关注的实际问题，每年办理一批民生实事。五年来

6月，华夏城景区　　（杨　正　摄）

累计新增城镇就业19万人，居民人均可支配收入年均增长7.6%。社保、医保、低保、住房实现应保尽保，城乡低保标准年均提高9.9%和15.6%，城乡特困人员基本生活标准年均提高6.9%和16.9%。义务教育优质均衡发展走在全国前列，健康城市、公立医院、医养结合、居家和社区养老服务等全国改革试点取得积极进展，实现基层医疗卫生机构标准化建设全覆盖，人均期望寿命提高到82岁。群众满意度调查全省第一，连续上榜"中国最具幸福感城市"。

各位代表！今后五年，是威海推进高质量发展、促进共同富裕的关键时期，按照市第十六次党代会的战略部署，政府工作的总体要求是：坚持以习近平新时代中国特色社会主义思想为指导，全面贯彻党的十九大和十九届历次全会精神，深入落实习近平总书记对山东工作的重要指示要求，全面落实中央决策部署和省委、省政府工作要求，把"威海要向精致城市方向发展"作为总目标、总方向、总遵循，更好把握和运用党的百年奋斗历史经验，弘扬伟大建党精神，按照把握新发展阶段、贯彻新发展理念、构建新发展格局、推动高质量发展的要求，坚持稳中求进工作总基调，坚持系统观念，坚持统筹发展和安全，以改革创新为动力支撑，以满足人民日益增长的美好生活需要为根本目的，以全面从严治党为政治保障，统筹推进"五位一体"总体布局，协调推进"四个全面"战略布局，高水平推进产业现代化、城市国际化、新型城镇化、发展绿色化、治理现代化，全力打造共同富裕先行区，不断开创"精致城市·幸福威海"建设新局面，争当新时代社会主义现代化强省建设排头兵，为实现第二个百年奋斗目标而不懈努力。

今后五年，我们将沿着习近平总书记指引的方向坚定前行，紧紧锚定"走在前列、全面开创""三个走在前"，聚焦聚力"六个一"发展思路、"六个更加注重"策略方法、"十二个着力"重点任务，围绕"十个争先"目标，高水平推进"五化"，全力打造共同富裕先行区，进一步丰富完善"精致城市·幸福威海"的目标定位和时代内涵。

（一）全力建设精致城市。准确把握新时代的特征、格局、方位，在现代化进程中找准定位，全面融入黄河流域生态保护和高质量发展整体布局，主动融入胶东经济圈一体化发展战略，实现资源共享、优势互补、特色发展。遵循城市发展规律，注重内涵品质提升，推动新型城镇化与乡村振兴全面对接，不断增强全域发展的精致性、协调性、融合性，构建同城融合、协调均衡的城市发展新格局。开展渐进式城市有机更新、常态化城市体检，实施城市社区精致空间建设行动，探索解决"城市病"的有效路径，打造高质量发展、高品质生活、高效能治理和特色化发展的精致城市样板。

（二）全力推动高质量发展。聚焦产业现代化，始终把产业强市作为城市发展的主导战略，全面构筑以新动能为主导的现代产业体系，打造更具活力的高质量发展高地，人均生产总值超过2万美元。聚焦产业集群化，打造特色化专业化产业园区，做大做强七大产业集群，做精做深十条产业链，推进制造业发展提速、占比提高、效益提升，全市规模以上工业企业突破2000家。聚焦产业绿色化，加快绿色转型，构建高效、清洁、低碳、循环的绿色制造体系，建设全省领先的低碳经济发展示范区。聚焦产业智能化，加快数字产业化、产业数字化，打造"数字城市·云上威海"，"四新"经济增加值占比超过40%，牢牢站稳全省高质量发展第一方阵。

（三）全力增强城市软实力。以提升城市核心竞争力为战略牵引，全面加强软实力建设，彰显城市特色，增强威海影响力、吸引力、凝聚力。实施文化铸魂工程，创建国家历史文化名城，传承红色文化，活化传统文化，凝练城市精神，讲好威海故事。深化全域文明创建，提升城市文明水平，争创全国文明典范城市。全面发挥"六治一网"治理模式作用，打造共建、共治、共享的城市治理现代化范例。加速城市国际化进程，构筑对外交流平台，扩大海外"朋友圈"，以更加开放包容的姿态塑造国际化城市形象。实施产业强基工程，提高工业创新和设计能力，支持企业品牌建设，大力弘扬企业家精神，以更多知名企业、名牌产品，带动城市知名度和竞争力持续提升。

（四）全力转化比较优势。立足城市自然禀赋和发展基础，加快推动生态、创新、开放、海洋等比较优势转化为发展优势。创优生态宜居环境，夯实绿色发展基础，探索有效的生态产品价值实现路径，打通"绿水青山"与"金山银山"双向转换通道。创优、创新、创业环境，构建"千里海岸线、一条创新链、一个创业梦"的创新生态系统，以高能级创新平台汇聚创新资源、创新人才，加快建设国家创新型城市。创优海洋发展环境，打造海洋经济创新发展示范区，推动海洋产业由"耕海牧渔"迈向"逐梦深蓝"。创优国际营商环境，对标国际一流标准，推动流程再造、制度创新，建设国际化营商环境标杆城市。

（五）全力补齐短板弱项。突出"三个力保"，组织实施一批补短板、增后劲的重点项目，统筹推进综合立体交通网、现代物流网、能源保障网、市政公用设施网、现代水网、新型基础设施网、农村基础设施网"七网"建设，破解城市发展各类瓶颈制约。坚持市域一体、国内通达、联通海外，完善"两纵两横"高速路网体系，推动铁路提速运行，整合优化港区功能，加快威海新机场建设。统筹"六水共治"，实施一批水源地、水系连通、供排水工程，构建水安全保障体系。积极发展高效清洁能源，推进重大能源设施建设，新能源装机占全市装机比例超过50%。加快完善城市安全发展的体制机制，实施安全基础设施提升工程，提高企业本质安全水平和公共安全保障能力，全面增强城市安全韧性。

（六）全力推动共同富裕先行先试。着眼于提高群众生活品质，不断缩小区域差距、城乡差距、收入差距，在高质量发展中推动群体共富、城乡共富、区域共富、物质精神共富。强化就业优先导向，扩大就业容量，提升就业质量，打造就业友好型城市。以扶贫、助学、救灾、济困、解危、安老为重点，支持有意愿有能力的企业和社会群体积极参与公益慈善事业，营造互帮互助、和谐共富的社会氛围。加强普惠性、基础性、兜底性民生建设，提升社会保障能力，构建优质均衡的公共服务体系。坚持问题导向、需求导向、目标导向、结果导向，加快打造发展质效显著增强、城乡区域协调发展、收入差距持续缩小、生活品质不断提升、社会治理体系更加完善、市民素质和社会文明程度明显提高的共同富裕先行区。

三、2022 年政府重点工作

今年将召开党的二十大，“十四五”规划实施进入关键期，做好各项工作意义重大。全市经济社会发展主要预期目标是：生产总值增长 6%，一般公共预算收入增长 5%，固定资产投资增长 6%，社会消费品零售总额增长 6%，外贸进出口总值增长 5%，实际使用外资增长 5%，城镇和农村居民人均可支配收入分别增长 6% 和 7.5%，城镇登记失业率控制在 4.5% 以内，全面完成年度节能减排降碳任务和环境质量改善目标。

（一）坚持以企业为中心，推动经济高质量发展。继续做好“六稳”“六保”工作，稳定企业基本盘，夯实经济增长根基。持续支持企业冲击新目标，启动“百亿企业”培育工程，促进骨干企业做优主业、做大规模、做强实力。开展“四上”企业壮大行动，推动“个转企、小升规、规改股、股上市”，新增“小升规”企业 150 家以上、各类“专精特新”企业 100 家以上、上市挂牌企业 3 家以上。健全精准服务企业机制，完善“四张清单”，提升“一站式”惠企服务平台。扎实开展“威海企业家日”活动，完善联系帮扶企业、企业参与制定政策、惠企政策效果评价等制度。推动减税降费、政策性奖补等红利直达企业，实现“免申即享”、快速兑现。加强煤电油气运等要素保障，有效应对供给冲击。精准开展银企区域对接、专场对接、特色对接，深化首贷培植、金融辅导和金融管家试点，完善“信财银保”联动机制，放大科技支行、人才贷、知识产权质押等融资工具效能，促进中小微企业融资增量、扩面、降成本。完善跨区域劳务协作机制，多渠道解决企业用工难题。健全信用风险差异化监管制度，推动部门联合“双随机、一公开”监管常态化，规范涉企检查频次、程序，减轻企业负担。

（二）坚持以提升产业链供应链现代化水平为方向，培育特色优势产业。突出制造业的战略地位，紧扣七大产业集群、十条产业链，按照“一链一策”的思路制定细分产业发展扶持政策，持续提升制造业规模、效益与核心竞争力。完善产业集群专班推进机制，构建“领军企业 + 产业集群 + 特色园区”产业发展格局，新获批 2 个省“十强”产业“雁阵形”集群，新入选 2 个省战略性新兴产业集群。完善“链长制”工作机制，加快延链、补链、强链步伐，推动产业向园区集聚。持续推进“千项技改、千企转型”，开展智能制造赋能专项行动，新认定智能工厂和数字化车间 20 家，培育智能制造优秀场景和标杆企业 20 个。推进“1+10+N”工业互联网平台体系建设，争创国家级跨行业跨领域平台。推动新型数字产业发展，做大做强打印设备等优势产业，培育发展基础元器件及关键材料等细分产业，提升打造服务贸易等数字经济园区。

突出发展生产性服务业，壮大现代物流、研发设计、电子商务、会展经济等服务业规模，新认定工业设计中心 10 家。发挥综合保税区作用，做大跨境物流、保税物流。大力发展供应链物流、城市配送、第四方物流等新业态，争创国家骨干冷链物流基地。培育“会展 +”新经济业态，打造国际食品博览会、渔具博览会、艺术博览会等会展品牌，全年举办各类规模会展活动 100 场次以上。积极培育便民利民的社区服务业，全面提升商贸、住宿餐饮等传统产业品质，大力发展医养健康、养老育幼、体育健身等消费产业。推进商业街区数字化改造，提升夜间经济集聚区。加快发展定制、体验、智能、时尚等特色热点消费，推动线上线下有机融合、双向提速。打造“海上看威海”精品旅游线路，叫响“千里山海·自在威海”旅游品牌。

突出海洋强市建设，促进海洋三次产业同步提升。完善良种繁育与推广示范体系，集中打造 5 处现代水产种业园区。新增 2 个省级海洋牧场，新建 30 处深远海养殖区。加快建设沙窝岛国家远洋渔业基地，打造东北亚水产品交易中心，争创全国远洋渔业高质量发展示范区。培植 20 家以上海洋生物“头雁”企业，新增 10 个带动引领作用强的海洋医药与生物制品项目。加快船舶修造产业高端化发展，打造海洋电子信息和智能装备产业基地，推动海洋制造业升级提质扩容。探索建立海上综合服务区，拓展“黄金水道”服务保障能力，培育壮大海洋服务业。

（三）坚持以项目建设为经济工作生命线，切实扩大有效投资。开展“招商引资和项目建设攻坚年”活动，持续增强投资关键性支撑作用。按照“1+6”项目清单推进重点项目建设，实施市级重点项目 758 个，其中科技创新项目 140 个、工业投资项目 270 个、城建工程 105 个、乡村振兴项目 50 个、海洋产业项目 68 个、基础设施及公共服务项目 125 个。完善招商引资机制，着力推动产业链招商、以商招商、园区招商。有针对性策划举办线上线下相结合的城市推介、招商引资、贸易促进活动，引入一批好项目、好企业。加强地方政府专项债券项目策划储备，年内获批发行企业债券 30 亿元以上。落实“要素跟着项目走”机制，实行“亩产效益”评价，更加精准高效地配置各类资源要素。

统筹实施一批县域补短板强弱项重点项目，推进城镇基础设施和公共服务向乡村延伸。实施 18 项重点交通设施项目，加快推进莱荣高铁、桃威铁路电气化改造、荣乌高速威海绕城段、乳山口大桥、威海新机场、威海湾港区配套工程建设。打通黄垒河、母猪河地下水系，加快建设米山、崮山净水厂深度处理工程，加固病险水库 17 座。保障文登抽水蓄能电站、华能核电项目、“国和一号”示范工程顺利实施。有序推进 66 项新基建项目，适度超前布局信息基础设施，新增 5G 基站 1500 座，争创国家“千兆城市”。

（四）坚持以城市国际化为引领，打造对外开放新高地。深化“四港联动”合作，推动中韩整车运输业务试运行，畅通中韩航空货运快线，推进威海国际多式联运中心配套产业园建设，稳定运营欧亚班列，打造 4 条多式联运示范线路，进一步发挥海陆枢纽作用。坚持深耕日韩，举办第二届韩国进口商品博览会、中韩跨境电商大会，加快推进中韩自贸区地方经济合作示范区产业园、中日产业园建设。抢抓 RCEP 带来的贸易潜力和投资合作机遇，引导企业稳步开拓多元化国际市场，积极转化替代性出口订单，稳定外贸进出口规模。开展外贸优品汇活动，助力外贸企业开拓国内市场。深入推进国家跨境电商综合试验区建设，推动“市场采购贸易＋跨境电商＋海外仓”融合发展。深化国家服务贸易创新发展试点，创建2家省级以上特色服务出口基地。举办第五届市长国际经济咨询委员会年会，积极推进“城市合伙人”计划。

（五）坚持以改革创新为根本动力，建设国家创新型城市。持续拓展“1+4+N”创新平台体系，加快北京大学威海海洋研究院、先进医用材料与高端医疗器械省级实验室等重点平台建设，打造高端医疗器械、现代渔业等省级创新创业共同体。推行“揭榜挂帅”“委托”“包干”等新型科研组织模式，助力企业开展关键共性技术攻关。开展科技成果产业化加速行动，充分发挥驻威高校创新“动力源”作用，促进产学研深度合作。实施专利质量提升工程，加强知识产权全链条保护。加快国际海洋科技城建设，提升国家海洋综合试验场承载能力，创建国家农高区。加强国际科技合作，举办中日科技创新合作大会、中韩创新大赛等活动，争创中国—东北亚创新合作中心。实施科技企业梯次培育工程，年营业收入10亿元以上科技领军企业达到18家。深化提升“威海英才计划”，积极探索柔性引才、“人才＋资本”等新模式，建设各具特色的人才驿站，引进海外留学人才120名以上。加快职业教育创新发展高地建设，深化产教融合、校企合作，实施“学徒制”培养模式，培养更多适应企业需求的“威海工匠”和技能型人才。

加强统筹谋划，在15个重点领域开展系统集成改革。深化预算管理改革，加强资金整合与绩效评价，提高财政资金支出效益。推动国企人事、用工、分配制度改革，优化资产结构，提高盈利能力。完善基金投资效益评价激励机制，提升基金投资成效。深化地方法人银行改革，大力发展绿色金融，争创国家绿色金融改革创新试验区。实施数字政府强基工程，深入开展“数源”“数用”行动，全方位推进公共数据资源开发利用。按照全链条优化、全过程监管、全周期服务原则，扎实推进营商环境创新改革事项试点。常态化开展涉企服务跟踪问效，持续开展“五减”行动，推进政务服务“双全双百”工程，推广应用“电子证照”“电子印章”，全面落实“跨省通办”“全省通办”事项，实现更多事项集成办、网上办、掌上办、就近办。

（六）坚持以全领域全要素全环节为导向，建设精致城市样板。健全精致城市法规规章、建设导则、管理规范和具体标准，持续开展城市体检，按照精致标准优化提升城市规划建设管理全领域全环节。统筹推进市域一体化，促进东部滨海新城产城融合发展。深入实施城市更新行动，推进中心城区低效用地整治，推行“微改造”模式，靶向解决不精致、不文明、群众不满意问题。加快栖霞街、威海老港区等工程建设，塑造城市特色风貌。完成82个老旧小区改造工程，为3.7万户总表供水居民改造“一户一表”设施，整治提升背街小巷60条。优化城区停车服务，着力解决校圈、商圈、医圈路段拥堵问题。巩固提升“红色物业”，开展“精致幸福社区”示范创建。丰富提升城市运行指挥平台功能，实现“一网统管”。增设智能便民服务设施，打造30个示范智慧社区。开展信用平台市县一体化建设，拓展信用惠民应用场景。举办第十一届中国威海国际建筑设计大奖赛暨人居节，进一步打响宜居城市品牌。

（七）坚持以城乡融合为目标，全面推进乡村振兴。全力抓好粮食生产，持续巩固撂荒地整治成果，试点实施主粮作物完全成本保险等惠农政策，新建高标准农田22万亩，稳定粮食播种面积。新增精致牧场20个，恢复扩大畜禽产能，保障必需农产品有效供给。推动乡村振兴集中推进区建设，大力发展精致农业，争创全省现代农业强县、农业绿色发展先行县。实施种业振兴行动，加强良种繁育基地建设。支持农业龙头企业担任特色农业产业链“链主”，培育6个知名农产品品牌。发展创意农业、康养农业、体验农业等新业态，丰富特色乡村旅游。扎实推进美丽乡村建设，实施农村人居环境整治提升五年行动，健全农村改厕后续管护机制，加大农房安全隐患排查整治力度，稳妥推进农村清洁取暖。实施48个单村供水改造工程，新建107个农村电网项目，新增25个省级美丽乡村示范村。持续开展“四好农村路”行动，完善农村公路养护机制，新建改造农村公路42.7千米，消除存量危桥42座，实施895千米村路安防工程。扎实推进精细乡村治理，开展乡村文明行动，实施乡村“法治带头人”“法律明白人”培育工程。开展乡村人才振兴培训活动，新招募乡村振兴首席专家600名以上。加强对乡村振兴重点帮扶村的产业和就业帮扶，完善防止返贫动态监测和帮扶机制，坚决防止返贫和新致贫。多措并举推动农村集体经济发展，年内全市农村集体经济收入全部达到10万元。

（八）坚持以绿色低碳为路径，深入推进生态文明建设。实施新一轮“四减四增”三年行动，高标准打好蓝天、碧水、净土保卫战，保持生态环境质量全省领先。加强挥发性有机物、扬尘治理，确保环境空气质量稳定达到国家二级标准。开展“两个清零、一个提标”攻坚，改造中心城区雨污合流管网，推进污水处理厂提升标准，完成137个农村生活污水治理，城乡黑臭水体实现动态清零。实行“一河一策”，加强母猪河、黄垒河等流域水生态治理，整治河道63公里，完成5个省级水土保持重点工程。实施新一轮海岸线修复和整治三年行动，全面完成入海排污口治理，打好重点海域综合治理攻坚战。深入推进农用地和建设用地安全利用，强化地下水和土壤污染协同防治，加强农业废弃物综合利用和无害化处理。优化“林长制”管理机制，巩固松材线虫病防治成果，完成修复造林3000公顷。

先行先试发展蓝碳经济，持续放大蓝碳经济策源地效应，在全国范围内率先开展蓝碳市场交易试点。大力发展高效清洁能源，积极开展供热、制氢等核能综合利用，支持乳山市推进海上风电装备制造基地建设。实施绿色制造工程，开展绿色园区、绿色制造企业示范创建。精准管控“两高”项目，有序推进煤炭消费压减和能耗“双控”，持续降低碳排放强度。强化水资源刚性约束，加强非常规水源利用，争创国家海水淡化与综合利用示范城市。

（九）坚持以改善民生为重点，打造人民满意的幸福城市。扎实推动幼有善育，实施母婴安全行动提升计划，创建国家学前教育普及普惠县，争创全国婴幼儿照护服务示范城市，推进国家儿童友好城市建设。扎实推动学有优教，深化全国教育“双减”试点工作，启动中心城区普通高中建设，实施校园安防建设提升工程，打造基础教育国家级优秀教学成果推广应用示范区，创建国家义务教育优质均衡发展县。扎实推动劳有厚得，实施就业优先政策，打造“就好办”就业品牌，开展劳动关系“和谐同行”能力提升行动，新设城乡公益性岗位9800个，城镇新增就业3.3万人。扎实推动病有良医，加快医疗保健集团建设，实施新一轮临床专科能力攀登计划，推动分级诊疗和城乡医疗卫生服务同质化发展，全面深化医疗待遇保障、医保支付、基金监管、医药服务供给等领域改革，创建国家标准基层医疗卫生机构19处，增设医疗卫生床位1000张。扎实推动老有颐养，深入实施全民参保计划，争创3处全国示范性老年友好型社区，新建15处医养联合体，改造提升10处农村敬老院，新增93处农村老年餐桌，养老机构新增护理床位889张。扎实推动住有宜居，加快房地产去库存，完善灵活就业人员缴存住房公积金政策，完成4133套棚改房建设，新增保障性租赁住房2472套。扎实推动弱有众扶，完善特困人员照料服务模式，开展孤困儿童助学工程、医疗康复计划，建立低保等困难群体多层次梯度式救助格局。坚持不“锦上添花”、多“雪中送炭”，贴近群众需求，实施20项重点民生实事、18项补短板事项，办好一批“微实事”，实实在在增加群众获得感。

完善文明城市创建常态长效机制，推进志愿服务项目化建设，开展新时代文明实践“十百千”典型培育行动。推动优秀传统文化创造性转化、创新性发展，倡导新时代美德健康生活方式。推动国家公共文化服务体系示范区创新发展，提高基层公共文化设施“建管用”水平，实施文化公益创投项目40个，新增城市书房4处、乡村书房12处，举办文化公益讲座、培训2500场。打造“文化+”新业态新模式，持续放大品牌文化活动带动效应。加强爱国主义教育示范基地建设，持续深化提升总体国家安全观刘公岛教育培训基地。实施专题档案记录工程，创建省级文物保护利用示范区。推进全民健身与全民健康深度融合，在满足疫情防控和安全要求下举办铁人三项赛、霍比帆船公开赛、国际顶级乒乓球赛、全国棒（垒）球赛等品牌赛事，积极发展海上休闲运动、冰雪运动，打造国际休闲运动之都。加强国防动员、民兵预备役、人民防空、海防建设，强化退役军人优抚安置和服务保障，巩固军政军民团结。做好东西部协作和对口支援。建设青年发展友好型城市，依法保障妇女儿童、残疾人合法权益。继续做好广播电视、新闻出版、史志档案、地震气象、民族宗教、外事、侨务、台港澳工作。

*（十）坚持以安全发展为底线，建设更高水平平安威海。*科学精准做好疫情防控，坚持人物同防，严格落实境外、国内疫情重点地区来威人员闭环管理，持续强化进口冷链食品、货物、邮件全链条管控，实施胸科医院改扩建和市级后备定点医院改造，推进新冠疫苗接种，全力保持疫情防控平稳态势。坚持全覆盖、专业化、广培训、严执法，“四位一体”推进安全生产专项整治三年行动。强化企业本质安全攻坚，分行业推进“机械化换人、自动化减人、智能化无人”工程。为53.1万户居民更新管道燃气附属设施。健全海上安全治理机制，深入开展海上安全拉网式、起底式专项检查，推广渔船防碰撞预警系统，提高海上联防联动、应急协同水平。全面推行“港长制”，推进渔港渔船组织化管理，深化“三无”渔船排查整治，确保渔业生产秩序持续安全规范。强化城乡公共安全风险防范，开展自然灾害风险普查，提升洪涝干旱、台风、地质灾害等防御工程标准。“一山一策”做好森林防火工作，新建防火通道124公里、山区通信基站44处。提升安全生产实训基地建设水平，开展全民安全知识科普教育“五进”活动。加强专业化应急救援队伍建设，统筹社会化救援力量，提高科学处置能力与水平。

加强风险监测，稳妥处置不良贷款，有效治理恶意逃废债，专项整治非法集资、互联网金融。健全政府债务偿还和风险化解的良性机制，降低债务率和融资成本。建设药品安全风险预警系统，提高食品质量安全抽检覆盖率，持续巩固“双安双创”成果。深化“六治一网”治理模式，优化“1+2+N”民生服务平台，争创首批全国市域社会治理现代化试点合格市。统筹发挥信访、调解、仲裁联动作用，强化社会矛盾排查调处。把握意识形态工作主动权，守牢意识形态阵地。开展打击走私专项行动，加强基层反走私综合治理。健全扫黑除恶常态化机制，防范打击各类违法犯罪行为，坚定维护政治安全、社会安定和人民安宁。

各位代表！奋进新时代、开启新征程，我们一定始终把政治建设摆在首位，不断提高政治判断力、政治领悟力、政治执行力，深刻认识“两个确立”的决定性意义，切实增强“四个意识”、坚定“四个自信”、做到“两个维护”。始终坚持以人民为中心的发展思想，与人民想在一起、干在一起、融在一起，尊重客观实际和群众需求来谋划推动工作，建设人民满意的服务型政府。始终坚持把依法行政贯穿到政府工作的全过程，持续巩固提升法治政府建设成果，全面落实重大行政决策规则，主动接受人大法律监督、政协民主监督、社会各界监督，提高政府工作科学化、民主化、法治化水平。始终坚持把高效施政贯彻到政府工作的各领域，大力整肃行政不作为、慢作为、乱作为，力戒形式主义、官僚主义，锤炼“严真细实快”过硬作风。始终坚持把党的建设落实到政府工作的各环节，严格落实全面从严治党主体责任，扎牢约束权力的“笼子”，扎紧政府花钱的“口子”，勤勉务实、清正廉洁，大力营造风清气正的政务环境。

各位代表！初心凝聚力量，使命催人奋进，唯有苦干实干，才能不负重托、不负人民、不负时代。让我们更加紧密地团结在以习近平同志为核心的党中央周围，在市委坚强领导下，振奋精神、奋勇争先、攻坚克难，全力打造共同富裕先行区，开创“精致城市·幸福威海”建设新局面，争当新时代社会主义现代化强省建设排头兵，以优异成绩迎接党的二十大胜利召开！

（威海市人民政府办公室提供）

编辑　闫拥军

专　　记

党史学习教育

2021年，威海市深入学习贯彻中共中央总书记习近平关于党史学习教育的重要讲话精神和中央决策部署、省委工作安排，牢牢把握“学史明理、学史增信、学史崇德、学史力行”的目标要求，在省委第四巡回指导组有力指导下，压实政治责任，精心组织推进，广大党员干部受到全面深刻的政治教育、思想淬炼、精神洗礼，党史学习教育取得显著成效、达到预期目标。中央电视台《新闻联播》7次播出威海市相关做法，在中央第四指导组到鲁座谈会、省委召开的习近平总书记“七一”重要讲话精神学习会上，威海市都作为唯一地市进行交流发言。

一、突出深学细悟，坚持从百年党史中感悟思想光芒实践伟力。

始终坚持把学习作为党史学习教育的基础和首要环节，充分发挥“关键少数”的示范带动作用，注重分层分类、精准施策，引导全市党员干部在学思践悟中坚定理想信念、传承红色基因、弘扬优良传统。

一是以上率下“领”学。市委常委、市级党员领导干部充分发挥“头雁”效应，带头开展专题学习，通过个人自学、专家导学、现场教学、集中研学等形式，带动全市上下兴起学习热潮。市委举办专题读书班、学习班3期，每次利用1周左右时间，组织市县两级1400余名县处级以上党员领导干部线上线下同步参加，读原著、学原文、悟原理。市委常委会及时跟进学习习近平总书记重要讲话和重要指示批示精神79项，中心组开展学习研讨21次。市委主要领导人在《瞭望》《大众日报》等发表理论文章4篇次。

二是丰富形式“促”学。坚持因人施策、分类指导原则，针对不同层级、不同对象开展灵活教学。面向机关党员，严格落实党支部学习制度，利用支部集体学习、党员自学、“三会一课”、主题党日开展专题学习。面向流动党员，采取利用休渔期集中辅导、送学上船等形式促学、帮学、助学，全市渔业生产领域流动党员全部接受一轮集中辅导教育。面向离退休干部、两新组织党员等，通过建立一本工作台账、打造两种教学模式、健全三项管理举措等措施，督促跟学真学、学深学透。

三是打造阵地“助”学。开展“跟着强国学党史”系列活动，打造“学习强国”学“四史”线下体验空间15个，综合排名位居全省前列。在全市打造2400余个“党史学习角”，构建起“15分钟党史学习圈”。推出15条红色教育线路，打造200个新时代文明实践基地，吸引40余万名党员群众参观学习。

二、注重求活求新，坚持用好本土特色资源推动学习教育热在基层。

按照“做足规定动作，做活自选动作”的总体思路，深挖本土红色富矿，用活各类资源阵地，突出威海本土味，融入基层大舞台，推动党史学习教育更接地气、更有声势、更见实效。

一是突出抓好基层宣讲。在面上，通过邀请上级宣讲团集中宣讲、组建市委党史学习辅导团广泛辅导等途径，开展集中宣讲辅导活动2700余场次，受众76万余人次。在各大系统领域，发动机关工委、教育工委、工业工委、国资委以及工会、团委、妇联分别组建宣讲团，结合工作实际、干部职工需求特点，开展宣传宣讲1000余场次。在基层，发动革命后代、“五老”人士、青少年红色讲解员、基层党组织书记等各方面资源力量，组建900余支宣讲队伍，常驻基层开展“中国梦”系列百姓宣讲、“送学+宣讲”、“五支队伍进校园”等活动，先后开展“行走的党史宣讲”活动8150余场次，涌现出“船声筒”“黄金一刻钟”“百姓故事会”等一大批特色宣讲品牌。

二是突出抓好全媒宣传。组织各级各类媒体统一开设“奋斗百年路 启航新征程”“学党史 悟思想 办实事 开新局”“我为群众办实事 五位一体增福祉”和“深入学习贯彻党的十九届六中全会精神”等10余个专题专栏，加强策划、火力全开，及时转发新华社等媒体权威报道，推出系列评论言论、深度报道、新媒体产品，市级媒体发布相关稿件1.65万余篇，全网点击量420余万次，累计1.73亿次。

三是突出用活本土资源。系统整

合全市474处红色遗迹遗址以及爱国主义、总体国家安全观等基地资源，精心制作“威海红色基因图谱”，全景展现威海红色历史风貌，让党的宝贵精神财富彰显新的时代价值。扎实开展涉党史类展陈展览排查整治，理顺规范重点公共场馆270余处，完成52处展陈展览整改工作。深入用好“乳娘”群体、“两弹一星”功勋郭永怀等红色文化资源，综合运用歌曲、图书、视频、舞台剧等形式转化呈现，集中创作推出交响组歌《中国精神》、报告文学《烈火芳菲》《永恒的守望》以及“乳娘四部曲”等30余部红色题材文艺作品。深入推进红色实践教育，将红色教育与旅游、研学等结合起来，策划推出30条红色文化教育线路，打造200个形状分布的新时代文明实践基地，有40余万名党员群众参观学习。

三、聚焦精准高效，扎实推动为民办事走深走实。

以“学党史、办实事”为引领，引导各级各部门立足本职、真抓实干，紧密围绕“我为群众办实事”实践活动，切实解决基层的困难事、群众的烦心事。

一是聚焦基层需求办实事。坚持把察民情访民意作为办实事第一步，广泛开展深入群众大走访活动，通过每季度搞一轮主题宣传、抓一轮问题整改、组织一轮民意调查、发布一份结果通报，督促广大党员真正走进群众、联系群众、沟通群众，当好群众的“知心人”。党史学习教育开展后，先后开展3轮遍访工作，收集民生诉求、意见建议8600余条，发布两批次456件重点民生项目，排查解决问题8.3万个。推进“1+2+N”工作模式，把“12345”一条政务服务热线与网格化管理、数字城管两大平台以及其他线上线下各种问题反映渠道全面打通、优化整合，实现所有问题拨打“12345”一个号码就能解决，进一步畅通诉求渠道、提高办结效率。

二是聚焦群众愁盼办实事。在每季度开展一次入户遍访的基础上，按照小切口、落实准的目标原则，集中力量攻关突破，全力解决群众“急难愁盼”的问题。在服务“一老一小一弱”方面，建成770处“暖心食堂”、日均服务3万余人就餐，解决老年人用餐难题，优化打造100余处“复兴少年宫”、2900余个少儿课余实践活动室，解决青少年课余托管之难，建设30余处镇街居家服务点、组建800余人的“海螺姑娘”居家服务队、向全市1万余名分散供养特困人员提供救助，从源头解决弱势群体后顾之忧。在提升服务质效方面，深化干部作风大改进行动，通过群众满意度调查、明察暗访、召开3次现场会等形式，梳理解决群众反映强烈问题3500余件，为2500余家企业办理实事3300余件。

三是聚焦服务发展办实事。对影响全市长远发展的难点堵点问题进行集中梳理，首批明确24个“2021年需要高度关注、着力解决的重点问题”，由市级领导分头主抓，既治标更治本，抓出实实在在效果。组织开展“学典型、促发展”比学赶超活动，从产业发展等9个领域筛选推出109个典型，激发干部群众以比促学、以赛促干，催生“首违不罚”清单制度等100余件有效措施。及时总结固化各级各部门办实事促发展的好经验好做法，形成制度创新成果82项，“破解预付式消费‘老大难’”的经验办法在全国具有开创性意义。1月—10月全市新登记私营企业、实有各类市场主体分别增长18.5%和9.2%，“四新”产业投资占固定资产投资比重达59.7%。

四、扛牢政治责任，切实做到高点定位高标推进。

坚持把党史学习教育摆在突出位置，始终紧跟中央部署、省委要求，拧紧责任链条，强化指导督导，着力构建领导小组及办公室牵头总抓，各部门单位分工协作的工作格局。

一是强化组织领导。成立市委党史学习教育领导小组及其办公室，市委主要领导人任组长，市委常委、宣传部部长任办公室主任，设立4个工作组和14个巡回指导组，抽调精干人员组成专门队伍，专职负责推进。全市93家县处级单位全部成立领导小组及其办公室，确保组织到位、人员到位、工作到位、责任到位。

二是务实高效推进。市委主要负责人亲自研究部署全市党史学习教育的重要工作、重大事项、重大问题，市级层面先后召开4次领导小组会议和领导小组办公室主任视频会等各类专题会、座谈会、推进会、调度会20余次，印发指导性文件53余份。市委将推进党史学习教育情况，纳入各级党委（党组）党建工作责任制和述职评议考核，纳入全市经济社会发展综合考核和市直部门单位绩效考核，层层传导压力、逐级压实责任，推动党史学习教育扎实有序开展。

三是狠抓严督实导。组建市县两级巡回指导组50个，及时召开市委党史学习教育巡回指导组工作等系列会议，印发《市委党史学习教育巡回指导组工作手册》《市委党史学习教育巡回指导组工作职责》《市委党史学习教育巡回指导组主要任务和方法措施》等系列文件，确保学习教育规范有序开展。紧盯理论学习中心组等7个方面重点事项，把握好“七一”庆祝大会、专题组织生活会、党的十九届六中全会等重要节点、重点工作，灵活采取随机抽查、调研访谈、巡听旁听等方式，跟进了解各级各部门进展情况，及时发现问题、提出整改措施，增强工作的针对性实效性。党史学习教育开展后，市县两级巡回指导组共列席旁听指导单位理论中心组学习3874次，调阅审阅相关材料3.19万份，督导为群众办实事2811次，先后开展4轮全覆盖式巡回指导，确保相关工作落地落实。

党史学习教育只有进行时，没有完成时。威海市将持续深入学习中共中央总书记习近平关于党史学习教育的系列重要论述，牢记中国共产党是什么、要干什么这个根本问题，不断巩固拓展党史学习教育成果，推动党史学习教育常态长效，教育引导广大党员进一步深化历史认知、坚定历史自信、强化历史担当，以开拓创新、奋发有为的精神状态，在新征程中创造无愧于党、无愧于人民、无愧于时代的新业绩。

（谭艳华）

新型冠状病毒肺炎疫情防控

2021年，中共威海市委统筹疫情防控与经济运行领导小组（指挥部）抓紧抓实各项防控措施，织密织牢疫情防护网络，规范处置阳性感染病例27例、阳性冷链食品30批次、阳性非冷链货物2批次，实现境外疫情输入传播“零发生”、国内风险地区疫情输入传播“零发生”、进口货物引发疫情传播和医疗机构院内感染“零发生”。全市疫苗接种率、重点人群“应检尽检”率、中高风险区域入鲁返鲁人员社会随访率等保持全省前列，《威海市坚持“四个聚焦”织密筑牢疫情防控网》以及冷链专仓管理等经验做法在全省推广。

一、多措并举推动指挥体系高效运转。一是确保指挥体系始终处于激活状态。坚持“国内出现中高风险区、指挥部就保持应急状态”，11个工作组、2个重点部门的43名工作人员始终坚持集中办公；各工作组夜间均配备1名处级干部和至少1名工作人员在岗值班，各区（市）参照严格执行，保证指挥力量实时在岗集结，指挥体系实时高效运转。建立指挥部内部考核机制，对集中办公人员实行单独考核。二是完善四级平急转换方案。将疫情防控划分为常态化、省外疫情、省内疫情、市内疫情4个层级，立足全链条全点位，组织梳理编制重点人员排查、交通场站管控等18个环节的平急转换方案，逐一明确相应指挥力量、防控措施、工作流程、标准要求，在250余个点位配套编制相应流程图、工作模板400余份，使得每名工作人员都清楚职责所在，确保各种情形均有章可循。三是强化业务能力提升。狠抓各级防控政策学习，组织158场次系统政策培训，全面提升疫情防控人员专业素质、政策水平和应急响应能力。坚持以练促学原则，在文登区开展全要素实景演练，重点针对指挥体系应急转换、流调溯源、社区封控、全员核酸检测等多个环节进行全要素实景演练，市领导坐镇指挥，各区（市）主要负责人一线观摩，8000余人参加，有效提升应急处置能力。围绕海上疫情防控、冷链专仓阳性货物、核酸采样点启动等重点领域，开展专题实战演练30余场，受训3.4万人次。四是加强专项督导。采取“四不两直”（不发通知、不打招呼、不听汇报、不用陪同接待、直奔基层、直插现场）方式，对景区、疫苗接种、核酸检测场所、发热门诊等重点领域开展专题督导126次，发现问题5304个，都已限期整改完毕。配套建立黄、橙、红“三色”督办机制，压实责任，传导压力。

二、筑牢外防输入防线。全市有韩国入境国际航班每周1个班次，平均每个班次入境旅客120人左右。从国内其他城市入境隔离期满到威海人员每天50人左右。全市可停靠渔船码头、停泊点309处，有能够从事外籍坞修业务企业10家（荣成市8家，威海经济技术开发区2家），其中7家开展业务，在威海坞修的外籍船舶平均保持在60艘左右。一是严格境外到威海人员闭环管控。按照“闭环运行、不落一人”要求，实行市、区（市）指挥部、口岸工作专班三级联动，组建机场工作专班，建立健全“双推送双通报”（本市入境人员信息每日由机场推送省指挥部，省指挥部推送各市指挥部；入境人员接返完成后，各市指挥部将人员信息通报省指挥部，省指挥部通报至入境机场）、“点对点”转运联动机制，织密境外入境人员闭环管控网络。全年境外入威海3.3万人，均严格实施闭环管理，实现防控工作“零纰漏”。二是优化坞修作业全流程管理。出台《威海市船舶坞修新冠肺炎疫情防控工作指引》，建立从前置审查到办理入境停靠手续、最后到坞修作业结束，涵盖海关、边检、工信等相关部门的全流程闭环管理措施，规范细致做好入境检疫、离境检测、集中隔离等工作，总体管控效果较好。三是严厉打击海上偷渡、走私、私自接驳等行为。先后查获4起非设关地涉海走私案件、2起偷越国（边）境案件，查获违法违规渔船1349艘，及时消除一大批海上疫情输入隐患。

三、强化国内中高风险地区到威海人员排查追踪。全市每天到威海旅客约3万人，其中省外到威海约0.4万人。国内航班每天约20架次，入威海旅客约2200人，其中省外旅客约2160人；动车、高铁每天约80班次，入威海旅客约8500人，其中省外旅客约1700人；威海—大连客滚航线每天3班，每天省外入威海旅客约700人；普速铁路4对列车入威海旅客约1600人，其中省外旅客约600人；省际班线每天入威海约7个车次，省外入威海旅客约60人。省公安厅推送威海的重点人员信息，每天约4500条。持续做好国内中高风险地区流动人员摸排检测，每天摸排人员平均1万人以上。一是突出“快”，排查环节全面提速。成立专门情报班组，对信息完整的，务求在4个小时内找到；对信息不全的，通过联查在8小时内找到；对关机、不接电话、不配合的，启动技术措施，原则上12小时内找到。二是突出“准”，随访环节全面提效。发挥“威海市一体化疫情防控系统”作用，精确验证、实时掌控随访对象动态，提前6个小时掌握排查对象是否核酸采样，采样后6小时内出具结果，系统1小时自动抓取检测数据，大大减轻基层工作负担。三是突出“严”，管控环节全面提标。及时通报、高频调度，压实责任，传导压力，确保各项管控措施落实到位。2021年，全市累计排查随访国内中高风险地区到威海人员145万余人，纳入当地随访管理65万余人，均无异常。

四、认真做好进口物品全链条管控。冷链物品方面，全市有在营企业6536家，冷链专仓7家。2020年12月冷链专仓运行后，全省进口冷链食品240万吨，其中威海市19.1万吨；省进口冷链食品检测阳性167批次，其中威海市30批次，均规范妥善处置。在非冷链货物方面，有注册企业2134家，常态化开展业务的企业412家，从业人员748人。组织疾控、交通、商务、海关等部门，聚焦口岸、运输、企业3个核心环节，从货物入境到进入市场流转等全链条，从预防性消毒、核酸检测到人员防护等疫情防控全过程，对工作流程进行全面梳理，实现防控措施全面闭环。加大周边疫情高发国家地区进口货物检测频次，近期对韩国到威海非冷链货物加大抽检力度，全市非冷链重点人群“应检尽检”率达100%。国际快递方面，全市有经营国际快递业务的企业29家。强化海关、邮政管理部门联动，严格落实邮件消杀和人员防护措施，未发生输入性疫情。

五、盯紧重要节点、重点区域、重点场所防控。全市各类医疗卫生机构2658家，其中二级以上医疗机构38家、发热哨点91家、发热门诊7家、药店1662家。有集中隔离医学观察场所51处，房间6653间。其中，启用21处（隔离点16处，服务点5处）、房间2929间（隔离点房间2391间、服务点房间538间），备用30处、房间3518间。共摸排28类公共场所，2.96万家。*一是聚焦院感防控。*严格按照国家和省院感防控通知要求，完善制度建设，推进发热门诊、定点医院规范化设置管理，配齐配强院感专职人员，规范发热门诊（哨点诊室）的接诊、转诊，严格落实预检分诊和首诊负责制、发热患者闭环管理，规范医疗废物处置、环境清洁与消毒。*二是聚焦会议活动管理。*制定《进一步加强会议活动和考试审批管理工作的通知》，严格落实非必要不举办原则，加强会议活动审批管理。对于确需举办的，严格遵循“谁举办、谁负责”和“一会一案”原则，认真落实举办方、举办地主体责任。开展巡查，未审批的及时纠正整改。2021年审批会议活动210余场次，实现会议活动疫情“零发生”。*三是聚焦重点场所和人群防控。*春节期间，重点督导商场超市，督导检查175个单位，督促全面落实测温、亮码、戴口罩防疫措施。扎实推进22类公共场所从业人员抽检工作，完成6521人的核酸检测。*四是强化集中隔离点、服务点管理。*严格落实集中隔离医学观察场所建设与管理的属地责任，建立卫生健康、公安等部门组成的工作专班，定期进行核验。加强集中隔离医学观察场所管理，严格落实环境消杀、规范消毒、人员防护、检测筛查、废物处置、安全保卫等常态化防控措施，组织开展应急演练。对工作人员进行业务知识、个人防护培训，要求耐心做好疫情防控政策的宣传解读，动态了解隔离人员情绪及心理状况，及时发现化解异常苗头，全力消除集中隔离医学观察场所各类风险隐患。

六、全面提升疫情应对处置能力。*一是加强医疗救治。*市级定点医院（市胸科医院）严格落实新冠肺炎无症状感染者及确诊患者集中收治于独立院区，人流、物流、空气流与其他区域严格物理隔离，实行中西医结合救治。2021年，全市累计收治阳性感染病例27例，其中确诊病例15例，无症状感染者12例，病情均平稳可控。*二是续提升核酸检测能力和质量。*制订全市核酸检测实验室质量控制方案及实验室室间质评计划，采取“四不两直”及定期督导相结合方式，重点加强第三方检测实验室及接受隔离点外送标本实验室检测任务机构的室间质评。全市有开展核酸检测工作医疗卫生机构31家，日检测能力达13万管，比2020年年底增长135%；全员核酸采样点2930个，能够满足全员核酸检测需要。 全市完成39轮重点人群“应检尽检”核酸检测任务，累计摸排检测人员510万余人次。

七、持续稳妥推进疫苗接种工作。*一是持续将接种工作作为当前最重要的疫情防控措施。*扎实推进各人群全程免疫接种和第三剂加强针疫苗接种工作，充分发挥镇街属地责任和部门（单位）主管行业作用，核清应种人员，扎实做好目标人群接种。*二是加强接种点管理。*严格各项操作技术规程和工作流程，落实“三查七对一验证”（查接种卡和接种证，受种者的健康状况和禁忌症，疫苗和注射器的外观及有效期；核对受种者的姓名、年龄，接种的程序、剂量，疫苗的有效期，注射的部位、方法；现场验证疫苗的有效期和名称）制度和接种点“四有”（有驻点急诊急救人员，有急救设备药品，有“120”急救车现场值守，有二级以上综合医院救治绿色通道）要求，在室外划定等待区域，适当减少室内接种人数，划定一米线，避免人员拥挤、聚集。*三是向社会公布各疾控中心、接种点咨询电话。*随时解答市民接种疑问，引导市民正确掌握第一、第二和第三剂次疫苗接种时间间隔。严格舆情管控，及时澄清各种虚假信息，严防炒作不良反应等疫苗安全性话题，对借机造谣生事、扰乱社会秩序的，第一时间发现、处置。全市累计接种291.49万人、782.83万剂。

八、强化信息化技术支撑。组织开发威海市一体化疫情防控管理系统，围绕实现“一网统管”和智慧化服务疫情防控目标，突出数据大整合、管理大闭环、贴近一线需求3个原则，较好地满足全市疫情防控实际需要，该系统获得2021年智慧中国年会“数据体系创新奖”。*一是聚焦数据大整合，实现人、物、点位信息数据全面“上网”。*全面收录、实时更新各领域信息数据，包括健康码红码、黄码人员等近10类“人”的信息，“应检尽检”13类重点场所的物品和环境“物”的信息，1662家药店等重要“点位”信息等。*二是聚焦管理大闭环，实现工作链条线上可追溯。*将重要工作运转流程纳入系统，实现全链条可在线查看。在“人”的管控方面，建立起对重点人员发现追踪、摸排随访、隔离检测、结果反馈4个环节的全流程闭环工作链。*三是聚焦贴近一线需求，打造好用易用工作平台。*收集意见建议100余条，开发方便一线人员使用的系统移动端、数据大屏等，持续提升使用体验。系统设置“出入登记”等5个子系统、56个工作模块，可全面体现全市疫情防控工作情况，为领导作出决策和进行指挥调度、消除风险隐患提供有力支撑。

（刘宝富）

编辑　闫拥军

大 事 记

1 月

6 日　荣成市被全国爱国卫生运动委员会命名为 2018—2020 周期国家卫生城市（区），全市国家卫生城市创建工作实现市域全覆盖。

同日　山东省工业互联网专题培训班在威海市开班。工业和信息化部副部长刘烈宏，中国工程院院士、紫金山实验室主任刘韵洁，副省长凌文，市领导张海波、张伟出席开班仪式。

9 日　第四届威海工匠命名大会召开。会议对第四届威海工匠、威海市全员创新企业、威海市示范劳模（工匠人才）创新工作室、威海市职工创新明星和威海市带徒名师进行表彰。

14 日　原威海汽车站整体搬迁至威海客运中心（威海站长途客运区），威海汽车站新站正式启用。

20 日　复旦大学数字与移动治理实验室发布 2020 下半年中国开放数林指数和《2020 下半年中国地方政府数据开放报告》，威海市列全国地级（含副省级）政府数据开放排名第 8 位。

24 日—27 日　中国人民政治协商会议第十三届威海市委员会第五次会议召开。会议审议批准《十三届市政协常委会工作报告》《提案工作报告》等报告、决议，听取讨论《政府工作报告》等报告。

25 日—27 日　威海市第十七届人民代表大会第六次会议召开。会议表决通过《威海市第十七届人民代表大会第六次会议关于政府工作报告的决议》《关于威海市国民经济和社会发展第十四个五年规划和二〇三五年远景目标纲要的决议》《关于威海市 2020 年国民经济和社会发展计划执行情况与 2021 年国民经济和社会发展计划的决议》等决定、决议。

2 月

1 日　住房和城乡建设部、工业和信息化部、民政部等部门联合印发《关于表彰全国无障碍环境市县村镇的决定》，威海市获评创建全国无障碍环境达标市县村镇。

8 日　市委书记张海波会见中国建设银行山东省分行党委书记、行长杨军一行。

9 日　中共威海市纪委十五届六次全体会议召开。会议总结 2020 年全市纪检监察工作，部署 2021 年任务。

18 日　市委、市政府召开 2020 年度全市工作总结表彰大会。会议总结工作、表彰先进，动员全市上下坚定信心、奋发有为，转变作风、合力攻坚，奋力开创“精致城市·幸福威海”建设新局面。

22 日—24 日　全市 53 个重点项目集中开工。

23 日　国家电网山东电力（威海）彩虹共产党员服务队被中共中央宣传部命名为第六批全国学雷锋活动示范点。

24 日　市委书记张海波会见联想集团中国区副总裁姬文林一行。

25 日　中共中央、国务院印发《关于表彰全国脱贫攻坚先进个人和先进集体的决定》，威海市文登区米山镇文化体育旅游服务中心主任蒋虹君获评全国脱贫攻坚先进个人，荣成市新时代文明实践指导中心获评全国脱贫攻坚先进集体。

26 日　市委书记张海波会见香港宸大控股集团董事长邹建民一行。

28 日　威海市党史学习教育动员大会召开。会议落实党中央部署和省委要求，组织开展党史学习教育，引导广大党员干部学史明理、学史增信、学史崇德、学史力行，确保学习教育取得实实在在成效，奋力开创“精致城市·幸福威海”建设新局面。

3 月

1 日　中华全国妇女联合会印发《关于表彰全国城乡妇女岗位建功先进个人、先进集体的决定》，威海市企业财务服务中心工商贸易科、威海迪尚医疗科技有限公司防护服车间、中国人民银行威海市中心支行货币信贷管理科、中国人寿保险股份有限公司威海分公司团体业务部获评全国巾帼文明岗，威海市山花地毯集团有限公司副董事长、总经理刘晓芳获评全国巾帼建功标兵，威海市“牧语飘香”志愿服务队获评全国巾帼建功先进集体。

11 日—13 日　市委书记张海波率队到北京市开展招商引资和项目合作对接活动，拜访部分知名中央企业和创新型科技企业，推动合作项目落地。

12 日　市领导闫剑波、王学文、高旭光、贾瑞霞、王亮、侯世超、梁金光等到荣成市伟德山古迹顶林场参加义务植树活动。

18日 全省重点外商投资项目集中签约仪式举行，全市有8个重点项目参加集中签约，项目投资总额3亿美元、合同外资1.2亿美元。

21日—24日 市委副书记、市长闫剑波率队到上海市、宁波市、昆山市等开展招商活动，拜访部分重点企业，精准洽谈对接项目。

22日 市领导和党史学习教育领导小组全体成员赴天福山革命遗址、红色胶东展馆、中共胶东特委旧址等地接受革命历史教育和党性党风教育。

同日 休闲垂钓协会印发《关于继续命名山东省威海市为“中国休闲渔业之都”的决定》，威海市继续被命名为中国休闲渔业之都。

4　月

1日 威海市暨环翠区清明祭扫活动在环翠区烈士陵园举行。市领导张海波、闫剑波、高旭光、贾瑞霞、傅广照、任敬喜、梁金光等与全市各界代表参加活动。

2日 威海火炬高技术产业开发区电子信息（智能办公自动化设备）示范基地被工业和信息化部评为国家新型工业化产业示范基地（五星）。

6日 2021年市委理论学习中心组专题读书班开班式暨市委党校春季学期开学典礼举行，市委书记、市委党校校长张海波出席并作动员讲话。

10日 威海火炬高技术产业开发区管理委员会、工业和信息化部威海电子信息技术综合研究中心、联想图像集团有限公司共同签约，联想激光打印机项目正式落户威海火炬高技术产业开发区。

12日 威海市人民政府和国家电力投资集团有限公司战略合作协议签约仪式举行。

13日—14日 国务院联防联控机制综合组驻山东省新冠病毒疫苗接种工作指导组组长郝阳率队到威海市检查指导新冠病毒疫苗接种工作，并召开座谈会。

15日 威海市全民国家安全教育主题宣传周暨全民游园游学“双十工程”启动。市领导张海波、闫剑波、侯世超、刘升勤、梁金光、姚玉辉出席启动仪式。

同日 顺丰控股股份有限公司在威海市开通全国首条“中国—韩国”海运电商专递。

16日 市委书记张海波会见中国工商银行股份有限公司党委委员、副行长王景武一行，双方围绕深化金融领域合作进行交流。

19日 市委书记张海波会见中国科学院院士姚建铨一行。

27日 省委书记刘家义到威海市调研，并围绕党史学习教育、渔船管控等工作主持召开座谈会。

28日至5月5日 “2021年威海城市消费节暨阿里巴巴（饿了么）超级生活节”主题活动在威海体育场举办。现场设立“非遗”花灯会展区、醉美油纸伞展、趣味网红游乐区、网红甜品美食区、多样特色市集等展区，为市民提供多种消费体验项目。

29日 北京大学威海海洋研究院揭牌成立。北京大学校长郝平，常务副校长、中国科学院院士龚旗煌，副校长、中国科学院院士张平文，市领导张海波、闫剑波、侯世超、张伟出席揭牌仪式。

5　月

1日 千里山海自驾旅游公路启动仪式举行。该公路总长度1001千米，是依托全市近1000千米海岸线和西部昆嵛山、大乳山等山景线打造的市场化运营非高速旅游公路、标准化自驾旅游公路、全域旅游创建示范路、全要素集聚融合发展示范公路。

同日 “新时代文明实践星期六”志愿服务活动举办，全市近1万名志愿者开展志愿服务。

9日 在上海市举办的2021中国品牌价值信息发布暨中国品牌建设高峰论坛发布中国地级市品牌综合影响力指数前100名城市名单，威海市列第25位。

11日 威海市人民政府和山东高速集团有限公司战略合作框架协议签约仪式举行。

同日 威海激光通信先进技术研究院签约暨揭牌仪式举行，威海激光通信先进技术研究院、激光通信先进技术联合实验室正式揭牌。

14日 “对话威海”中日经贸文旅交流推介会在威海市召开。中国、日本两国政界、商界、文旅界等嘉宾约260人参加会议。

同日 农业农村部印发《中华人民共和国农业农村部公告第428号》，威海市6处渔港入选第二批国家级海洋捕捞渔获物定点上岸渔港名单。

15日 威海市人民政府与凯盛科技集团有限公司合作框架协议签约仪式举行。

18日 威海市儿童友好城市建设交流会召开。会议发布《威海市创建儿童友好型城市三年行动方案（2021—2023年）》、威海儿童友好城市徽标和威海儿童友好服务项目，并举行服务项目认领签约仪式。

20日 2021境外驻华机构齐鲁行威海经贸合作交流会召开，10个国家的18家境外驻华机构参加会议。

同日 威海市人民政府和中国农业发展银行山东省分行战略合作协议签约仪式举行。

21日 华顿经济研究院发布2021年中国百强城市排行榜，威海市列第57位。

同日 市委书记张海波会见山东产业技术研究院院长孙殿义一行。

22日 市委副书记、市长闫剑波参加在青岛市召开的第二届中国城市与高校发展大会并发表主旨演讲。

24日 威海市人民政府和中国农业银行山东省分行战略合作签约仪式举行。

25日 市委书记张海波会见山东魏桥创业集团有限公司董事长张波一行。

26日—28日 在贵州省贵阳市召开的2021中国国际大数据产业博览会上，威海市大数据中心的一体化大数据平台获得数字政府管理创新奖。

28 日　威海市水务局被水利部评为全面推行河长制湖长制工作先进集体。

29 日　第四届威海市市长国际经济咨询委员会年会召开。19 位咨委会委员通过“线上＋线下”相结合的方式，围绕“深度融入国内国际双循环，不断提升威海城市国际化水平”主题建言献策，助力威海市开拓对外合作新空间。

31 日至 6 月 1 日　省人大常委会党组副书记、副主任王良率检查组到威海市对全市贯彻实施食品安全法律法规情况进行执法检查，并召开执法检查汇报会。

6　月

8 日　威海市抗击新冠肺炎疫情表彰大会召开。会议表彰全市抗击新冠肺炎疫情先进集体 70 个，先进个人 170 人；全市抗击新冠肺炎疫情先进基层党组织 20 个，优秀共产党员 35 名。

9 日　威海市人民政府、中央财经大学财政教学科研合作签约仪式举行，中央财经大学中国财政发展协同创新中心威海教学科研基地正式揭牌。

11 日　山东省人民政府印发《关于 2020 年度县域经济高质量发展差异化评价结果的通报》，威海市环翠区获评高质量发展先进县，威海市文登区获评专项评价先进县。

23 日—24 日　省委常委、统战部部长张江汀到威海市开展联系基层工作。

28 日　“奋进百年路 逐梦新时代”——威海市庆祝中国共产党成立 100 周年文艺演出在市群众艺术馆举办。

30 日　威海市“两优一先”表彰大会召开。120 名共产党员获评威海市优秀共产党员，80 名党务工作者获评威海市优秀党务工作者，150 个基层党组织获评威海市先进基层党组织。

7　月

1 日　在北京市召开的庆祝中国共产党成立 100 周年大会上，现场方队所穿的 2.5 万双鞋品及 4500 套共青团员和少先队员代表服装，分别由金猴集团有限公司、迪尚集团有限公司联合北京服装学院等研发制造。

同日　威海市方志馆面向公众免费开放。该馆建筑面积 4000 平方米，分为地情展示区、研究阅览区、馆藏区、管理办公区 4 个功能区，馆藏资料 7 万余册。

6 日　韩国留学人才云上对接会在威海市举办。会议以“汇聚海归人才　助力精致发展”为主题，采取“线上直播＋微信群互动交流”的形式，设开幕式、创新创业环境推介、海外留学人才“直播带岗”、威海企业招聘短视频联播 4 个部分，吸引 1000 余名留学生在线互动交流，100 余家企业参与招聘。

16 日　第二届跨国公司领导人青岛峰会威海交流对接会在青岛市召开。会议交流威海市“四港联动”经验做法，深入探讨与跨国公司的市场空间和合作机遇，深化区域经贸合作。省委副书记杨东奇，商务部亚洲司二级巡视员孙淑强，市领导张海波、杨丽，世界 500 强企业、境外行业领军企业全球或亚太区领导人，中国 500 强企业、境内行业领军企业领导人，驻华使馆代表，商协会负责人等约 150 人参加活动。

17 日　山东省“关注森林·六大行动”启动仪式在威海市举行。省政协主席付志方，省政协副主席刘均刚，市领导张海波、高旭光出席仪式。

17 日—18 日　2021 威海中日韩国际动漫节在威海市举办。活动分“悟空杯”中日韩青少年漫画赏析、中日韩动漫游戏互动体验展、中日韩二次元艺术节 3 个部分，汇集行业交流、产品推介、产权交易、信息交汇、漫迷互动等。

24 日　中共中央办公厅、国务院办公厅印发《关于进一步减轻义务教育阶段学生作业负担和校外培训负担的意见》，威海市被确定为全国试点地区，在坚决压减学科类校外培训、合理利用校内外资源、强化培训收费监管方面进行试点探索。

24 日—26 日　2021 中国威海国际户外休闲产业博览会在威海国际会展中心举办。博览会采取线下展览展示与线上海外采购商一对一洽谈相结合的方式举办，展览总面积约 3 万平方米，设中国（威海）钓鱼用品、房车及配件展览会和中国（威海）国际游钓艇及配件博览会，分渔具及配件展示、游钓艇及配件展示、大型游钓艇展示、房车展示、嘉年华活动 5 个区域，并举办游钓艇创新设计大赛、游钓艇发展论坛、户外休闲系列讲座等活动。全国 302 家参展商、443 家采购商参展，19 个国家的注册采购商线上观展。

24 日—26 日　市委副书记、市长闫剑波率队赴陕西省西安市开展招商促进活动，拜访部分重点企业，精准对接相关项目，促进合作。

27 日　中国（威海）新材料产业创新与发展大会暨 2021 威海国际英才创新创业大会召开。大会围绕全市新材料产业发展实际和相关企业人才技术需求，举办产业推介、主旨演讲、项目签约、院士恳谈会等活动。10 位两院院士、28 家高校院所代表和行业龙头企业负责人约 110 人参加会议。

同日　荣成市被交通运输部评为全国城乡交通运输一体化示范县。

8　月

3 日　全市“学典型、促发展”比学赶超活动总结推进会议召开。会议总结阶段性工作，分析存在问题，对各区（市）、开发区常态化开展比学赶超活动和市直部门启动比学赶超活动进行动员部署。

6 日　中国共产党威海市第十五届委员会第十一次全体会议召开。全会听取和讨论张海波受市委常委会委托作的工作报告，审议通过《中共威海市委关于深入学习宣传贯彻习近平总书记“七一”重要讲话精神的决定》《中共威海市委关于进一步加强新时代干部队伍政治能力建设的实施意见》。

10 日 山东荣成农村商业银行股份有限公司为威海长青海洋科技股份有限公司办理全国首笔“海洋碳汇贷”。

11 日 由哈尔滨工业大学（威海）与威海天帆智能科技有限公司研发的国内第一艘海洋牧场养殖观测无人船在威海德明海洋牧场交付使用。

12 日 从威海国际物流多式联运中心至德国的中欧班列首发试运行。

14 日 由中共威海市委宣传部和山东火龙文化传播有限公司联合摄制的纪录电影《大洋深处鱿钓人》获评第九届加拿大温哥华华语电影节“红枫叶”奖最佳纪录片。

18 日 国家税务总局威海经济技术开发区税务局纳税服务中心、威海市公安局海岸警察支队孙家疃派出所、国家税务总局威海火炬高技术产业开发区税务局第一税务所（办税服务厅）被中华全国青年联合会命名为第 20 届全国青年文明号。

同日 威海市人民政府与中国广电山东网络有限公司战略合作协议签署仪式举行。

21 日—22 日 市委副书记、市长闫剑波率队赴深圳市开展招商促进活动，对接洽谈项目，推动项目落地落实。

25 日 荣成市宁津街道被文化和旅游部、国家发展和改革委员会评为第一批全国乡村旅游重点镇（乡）。

27 日—28 日 青岛市人大常委会主任王鲁明率部分常委会组成人员及全国、省人大代表等到威海市开展专题调研和党史学习教育。

28 日 2021 威海国际艺术云交流活动在天和美术馆启动。活动以“精致城市 艺术威海”为主题，采用全城联展、“线上 + 线下”相结合的模式，设置开幕主题展和 21 项艺术展览，国内外 100 余位艺术家和艺术爱好者的 3000 余件作品分别在 19 个展馆展出。

31 日 副省长、省公安厅厅长、海防委员会副主任、海防委员会办公室主任范华平到威海市调研海洋渔船综合管控工作，并召开座谈会。

9　月

5 日 在北京市召开的第十一届“中华慈善奖”表彰大会上，威高集团有限公司获得第十一届“中华慈善奖”。

6 日—7 日 青海省人大常委会副主任尼玛卓玛到威海市考察普法工作。

8 日 威海市人民政府与山东发展投资控股集团有限公司战略合作协议签约仪式举行。

8 日—9 日 珠海格力电器股份有限公司董事长兼总裁董明珠率团到威海市考察。

9 日—12 日 山东省—韩国经贸合作交流会暨韩国（山东）进口商品博览会在威海市召开。博览会以“四港联动 · 中韩共赢”为主题，举办 2021 中韩（威海）机器人产业合作论坛、中韩（威海）服务贸易创新发展论坛、第三届中韩（威海）跨境电商大会、韩国美妆体验日、采购对接会、中韩美食文化节等活动，307 家企业、近 1000 人参展。副省长汲斌昌，商务部亚洲司司长杨伟群，韩国驻青岛总领事馆总领事金敬翰，市领导张海波、闫剑波、杨丽出席开幕式。

13 日 市委书记张海波会见山东交通学院党委书记王焕斌一行。

14 日—15 日 省委常委、常务副省长王书坚到威海市调研经济社会发展等各项工作。

16 日 在浙江省杭州市召开的中国质量（杭州）大会上，威高集团有限公司、威海拓展纤维有限公司获得第四届中国质量奖提名奖。

同日 全市脱贫攻坚总结暨乡村振兴工作推进会议召开。会议总结工作，交流经验，进一步明确乡村振兴的重点任务，全面推进巩固拓展脱贫攻坚成效与乡村振兴有效衔接，努力打造乡村振兴齐鲁样板威海篇章，建设精致化城乡融合发展先行区。

同日 威海市人民政府与国家电网山东省电力公司战略合作协议签约仪式举行。

17 日 荣成市未成年人救助保护中心被民政部评为全国农村留守儿童关爱保护和困境儿童保障工作先进集体。

21 日 2021 威海桨板邀请赛在威海经济开发区东浦湾海水浴场举办，100 余名选手参加比赛。

22 日 中国旅游研究院发布《中国海岸休闲城市竞争力报告》及榜单，威海市在新兴海岸休闲城市竞争力排名中列第 8 位。

23 日 市委书记张海波参加在烟台市召开的 2021 山东省旅游发展大会工作会议，并作交流发言。

23 日—24 日 威海市人民政府与中青旅控股股份有限公司战略合作框架协议签约仪式举行。

24 日 “启航新征程·发展和安全”研讨会在威海市召开。十三届全国政协常委、民族和宗教委员会主任，中国社会科学院原院长王伟光，十三届全国政协常委、提案委员会副主任，中央军委联合参谋部原副参谋长戚建国，中央党校（国家行政学院）秘书长王洋，省政协副主席、山东师范大学党委书记唐洲雁，市领导张海波、高旭光、贾瑞霞、侯世超、刘广华等参加有关活动。

同日 自然资源部与山东省人民政府共建国家海洋综合试验场（威海）协议签约暨揭牌仪式举行。自然资源部副部长、国家海洋局局长王宏，山东省副省长曾赞荣，市领导张海波、高书良出席仪式。

25 日—27 日 2021 中国威海 HOBIE 帆船公开赛在威海国际海水浴场举办。比赛设 4 个组别，全国 14 个城市的 31 支船队参赛。

26 日—27 日 省政协副主席韩金峰率调研组到威海市就“进一步加快新能源建设，打造高标准新能源产业基地”开展专题调研。

27 日 威海市法律援助中心驻威海市实验高级中学工作站在威海市实验高级中学举行揭牌仪式，该站为威海市首个中小学法律援助工作站。

同日 明阳高端海洋装备智能制造产业园项目开工仪式在乳山市举行，该项目为山东省海上风电装备制造业乳山基地首个开工的项目。

28 日—29 日 副省长李猛到威海市调研渔业发展工作。

29 日 迪尚杯 · 第 14 届中国新生

代时装设计大奖颁奖典礼举行。大赛选题分金融业、宾馆饭店业和交通业3个职业装系列，征集作品267份，其中27份作品进入决赛。

30日 “畅游山海•寻梦田园”——威海市2021相约乡村振兴路活动启动仪式举行。全市休闲基地、美丽乡村代表，知名农产品品牌企业代表等200余人参加活动。

10 月

8日 市委书记张海波会见招商局集团有限公司董事长、党委书记缪建民一行。

12日 乳山市被生态环境部评为第五批国家生态文明建设示范区。

同日 中国科学院—威高研究发展计划框架协议签约仪式举行。

13日 全市首个产业链联盟——碳纤维及复合材料产业链联盟揭牌成立。该联盟由光威复材有限公司联合全市41家碳纤维企业和研发机构共同发起成立。

15日 中共中央宣传部、退役军人事务部、中央军事委员会政治工作部联合发布2021年度“最美退役军人”先进事迹，王文水获评全国“最美退役军人”。

16日 “庆祝中国共产党成立100周年‘凤林杯’第六届山东省农民书画艺术作品展”开幕式暨颁奖仪式在威海市举行，161件作品参展。

17日 在内蒙古自治区呼和浩特市召开的首届健康中国促进行动暨年度指数发布大会上，威海市获评2019—2020年健康中国年度标志城市。

19日 在北京市召开的“2021乡村发展高层论坛平行论坛1：2021全球减贫伙伴研讨会”上，“通过发展居家创业就业项目带动妇女脱贫增收——山东省威海市‘巾帼扶贫’案例”获评第二届全球减贫案例征集活动获奖案例。

同日 市委书记张海波会见珠海云洲智能科技股份有限公司董事长张云飞一行。

20日 《中国海关》杂志发布2020年中国外贸百强城市榜单，威海列第25位。

20日—27日 2021年全国青年乒乓球锦标赛在威海南海新区举办，全国30余个运动队的近300名选手参赛。

21日 位于环翠区峰北路85号的威海市特殊教育学校新校投入使用。学校占地2.75公顷，建筑面积1.49万平方米，可容纳27个教学班、180余名学生。

23日—24日 第十四届中国威海国际渔具博览会举办。展会采用线上和线下相结合的方式，设国际标准展位1000余个，展出总面积约3万平方米，参展企业528家，线上平台注册企业1253家、产品5197件，吸引近2万人次观展。

25日—29日 威海市第六届运动会正式举办。比赛设专业组和业余组，专业组设22个大项、519个小项，产生1004枚金牌；业余组设8个大项、501个小项，产生885枚金牌。全市9000余名运动员参赛。

27日 《21世纪经济报道》、21财经客户端、21世纪创新资本研究院、腾讯云联合发布第二届《中国潮经济•2021网红城市百强榜》，威海市列第56位。

28日 威海—仁川地方经济合作联合委员会第四次工作会议召开。威海市与仁川市两地市政府以视频连线的形式展开对话交流，并就机器人产业合作、人才培养签订合作协议。

30日 副省长、省公安厅厅长范华平率队到威海市走访看望部分驻威海省人大代表，并调研所在企业及全市渔船综合管控工作。

31日 市委书记张海波会见哈尔滨工业大学校长韩杰才一行。

11 月

2日 中国社会科学院财经战略研究院与中国社会科学出版社发布《中国城市竞争力报告No.19》，威海市列第49位。

同日 “中国体育彩票”山东省第十一届全民健身运动会传统武术比赛暨第十届“武协杯”传统武术比赛在威海市举办，全省138名选手参加。

3日 在北京市召开的2020年度国家科学技术奖励大会上，威海市1项科技成果获得国家技术发明奖二等奖、3项科技成果获得国家科学技术进步奖二等奖。

4日 副省长曾赞荣到威海市调研昆嵛山林长制落实、生态环境治理以及集中供暖、清洁取暖等工作。

4日—6日 市委副书记、市长闫剑波率队赴上海市参加第四届中国国际进口博览会，参加RCEP经贸合作高层对话会，并走访部分重点企业，推进项目招商。

5日 在2021第六届加拿大金枫叶国际电影节上，由中共威海市委宣传部、中共乳山市委宣传部、威海市文化和旅游局等联合摄制的电影《胶东乳娘》在院线影片竞赛单元中获得最佳影片奖和最佳原创音乐奖。

6日 乳山市崖子镇申家村村民陈淑明获得第八届全国道德模范提名奖。

同日 由中共威海市委宣传部和山东火龙文化传播有限公司联合摄制的纪录电影《大洋深处鱿钓人》入围第十七届中美电影节“金天使”奖。

9日 第十八届中欧膜产业技术创新合作大会在威海市召开。近100位国内外专家、企业代表通过“线上＋线下”相结合的方式共同聚焦膜产业发展，5个项目现场签约。

10日 第二届中日科技创新合作大会在威海市召开。大会设北京、日本东京分会场，分启动仪式、主旨演讲、中日创新云对话、系列平行活动4个部分，200余名中日学者、企业家通过“线上＋线下”相结合的方式参会，10项科技创新项目签约。

12日 威海市与马来西亚沙捞越州美里市线上友好合作对话会暨缔结友好合作关系签约仪式举行。

13日—14日 2021中韩非遗文创交流会在威海市召开。会议围绕中韩文化交流年“文化增友谊，同行创未来”主题，深入促进中韩文化领域的交流合作。

17日 威海市人民政府和青岛海洋科学与技术试点国家实验室战略合作协议签约仪式举行，青岛海洋科学与技术试点国家实验室海上试验场同步揭牌。

18日 以海洋负排放为研究领域的院士工作站——山东省海洋负排放焦念志院士工作站在威海南海新区揭牌，黄渤海区海洋牧场管护评价与海域管理威海工作站、黄渤海蓝碳监测和评估研究中心威海基地、滨海湿地蓝碳监测技术与应用威海示范基地同步揭牌。

同日 远遥浅海科技湾区一期主体工程正式启用。一期主体工程包括蓝贝海洋科学中心、蓝创孵化区、蓝科大厦等建筑设施，占地面积8万余平方米。

19日—21日 “爱威海 爱威海农产”威海市第五届知名农产品展暨第十二届苹果擂台赛举办。比赛设7个展区，100余家企业、61个样品参展。

27日 威海本土电影《村头村尾》首映式在济南市举行。

28日 市委书记张海波率队到重庆市云阳县，进一步对接东西部协作工作，并召开威海市·云阳县东西部协作工作联席会议。

29日 工业和信息化部直属单位赛迪研究院赛迪顾问发布《先进制造业百强市（2021）》，威海市列第44位。

29日—30日 市委书记张海波率队到重庆市开展招商对接活动，拜访部分高端制造业企业，有针对性地开展洽谈合作。

30日 国网山东省电力公司威海供电公司王银洁被共青团中央授予第十三届中国青年志愿者优秀个人奖。

12　月

1日 “威海—泰州”江海铁集装箱多式联运航线首航开通仪式在山东港口威海港举行。该航线是威海港开通的首条江海铁联运航线。

4日 威海港口岸乳山口港区外贸船舶首航仪式举行。

7日 农业农村部、财政部、国家发展和改革委员会联合印发《关于公布2021年农业现代化示范区创建名单的通知》，乳山市入选2021年农业现代化示范区创建名单。

10日—12日 全市高质量发展比学赶超观摩评议会议召开。会议通过现场观摩、观看视频的形式，对各区（市）、开发区高质量发展成效进行集中展示、总结评议，进一步营造比学赶超、奋勇争先的浓厚氛围。

13日 中国共产党威海市第十五届委员会第十二次全体会议召开。全会听取和讨论张海波受市委常委会委托作的工作报告，审议通过《中共威海市委关于深入学习贯彻党的十九届六中全会精神的决定》《中共威海市委关于学习贯彻习近平总书记在深入推动黄河流域生态保护和高质量发展座谈会上的重要讲话精神的意见》《关于召开中国共产党威海市第十六次代表大会的决议》。

15日 鲁韩海运快线在威海市开通。

16日—18日 首届海洋领域机器人与自动化装备科研成果展示交易会在威海市举办。展会分设水产品加工自动化装备、海水增养殖机械化自动化装备、海洋工程水下作业自动化智能化装备、钓具制造及配套自动化设备、其他自动化装备5个展区，以实物展示为主，视频、图片为辅，有58台（套）设备参展，其中实物26台（套）。

20日 省委副书记、省长周乃翔到威海市督导调研中央生态环境保护督察发现问题整改、高新技术产业发展等工作。

同日 威海市再次被中国水产流通与加工协会授予中国海参之都称号，并被授予东北亚水产品交易中心称号。

同日 国家科技重大专项——华能石岛湾高温气冷堆核电站示范工程1号反应堆完成发电机初始负荷运行试验评价，首次并网发电。

同日 威海市总工会主办的“齐鲁工惠·威海站”App被中华全国总工会、中共中央网络安全和信息化委员会办公室评为2021年度全国最具影响力工会服务平台。

22日 农业农村部、国家发展和改革委员会、商务部等部门联合印发《关于公布第七批农业产业化国家重点龙头企业名单的通知》，中粮山萃花生制品（威海）有限公司获评第七批农业产业化国家重点龙头企业。

同日 “冬游威海·2021荣成好运角天鹅季”开幕式和“驾游东方海岸”胶东五市自驾旅游产品发布会在威海市举办，分别推出天鹅湖畔摄影大赛等7个主题活动、36条胶东精品自驾游线路产品等。

24日 第四届中韩创新大赛颁奖大会在威海市和韩国安山市同步举行。大会以“携手新合作，激发新动能，共创新未来”为主题，通过“线上＋线下”相结合的方式举行颁奖典礼、中韩科技合作线上签约仪式、中韩高端人才创新创业孵化园揭牌仪式及中韩科技创新合作主旨演讲等活动，评出一等奖1名、二等奖2名、三等奖3名，达成合作意向40余项。

26日 在广州市举办的2021中国体育文化博览会、中国体育旅游博览会上，中国威海HOBIE帆船赛获评2021中国体育旅游精品赛事。

27日 威海市里口山风景名胜区被确定为国家AAAA级旅游景区。

29日 农业农村部印发《关于公布〈国家级水产健康养殖和生态养殖示范区名单（2021年）〉的通知，荣成市入选国家级水产健康养殖和生态养殖示范区名单。

30日 在北京市举办的2021中国幸福城市论坛上，威海市获评中国最具幸福感城市（地级市），荣成市获评中国最具幸福感城市（县级市）。

31日 市委经济工作会议召开。会议总结分析2021年经济工作，分析当前形势，研究部署2022年经济工作。

编辑　于鹏飞

威海概况

建置沿革

【地理位置】 威海市位于山东半岛东端，地处北纬36°41′～37°35′、东经121°11′～122°42′。北、东、南三面濒临黄海，北与辽东半岛相对，东与朝鲜半岛隔海相望，西与烟台市接壤。东西最大横距135千米，南北最大纵距81千米，总面积5799.84平方千米，其中市区面积2607.28平方千米（含文登区）。海岸线长978千米。辖环翠区、文登区、荣成市和乳山市。

【建置隶属】 威海历史悠久，新石器时代中期，境内就有人类聚居。夏、商、周三代，今市境为东方嵎夷之地，有莱夷聚居。北齐天统四年（568），境内设文登县，今市境尽属之。此后，朝代更替，但隶属文登县未变。

明洪武三十一年（1398），为防倭寇侵扰，设威海卫，威海之名即由此而来。清光绪二十四年（1898），英国强租威海卫。光绪二十六年（1900），设威海卫行政长官署，属英国殖民部。民国19年（1930）10月，中国收回威海卫，置威海卫行政区，直属国民政府行政院。

中华人民共和国成立后，1950年5月，成立文登专区，辖威海、荣成、文登、昆嵛、乳山、海阳、牟平、福山8个县。1956年2月，文登专区撤销，今威海地域改属莱阳专区。1958年10月，莱阳专区改为烟台专区。1967年2月，烟台专区更名为烟台地区，今威海地域属之。1983年8月，撤销烟台地区，设烟台市（地级），威海市改为省辖县级市，由烟台市代管，文登、荣成、乳山3个县归烟台市管辖。

1987年6月15日，威海市升为地级市，原县级威海市设为环翠区；烟台市的荣成、文登、乳山3个县划归威海市管辖。1988年10月，文登县改为省辖县级市，由威海市代管；11月，荣成县改为省辖县级市，由威海市代管。1993年7月，乳山县改为省辖县级市，由威海市代管。2014年2月27日，撤销文登市，设立威海市文登区。

（中共威海市委党史研究院）

【行政区划】 至2021年年底，威海市辖环翠区、文登区、荣成市和乳山市2区、2市（威海火炬高技术产业开发区、威海经济技术开发区、威海临港经济技术开发区属于国家级开发区，威海南海经济开发区属于省级开发区，开发区管理委员会是市政府派出机构），共48个镇、24个街道办事处、2374个村民委员会、328个居民委员会。

（王书清）

自然环境

【地质】 威海市位于山东省胶北断块隆起的东端，其南侧与胶莱凹陷的东部边缘接壤。境内出露地层自老至新有晚太古界的胶东群、中生界上侏罗系莱阳组和白垩系下统青山组及新生界第四系。褶皱构造有乳山—威海复背斜，其轴在乳山台依，向北东经昆嵛山主峰、汪疃、羊亭，在田村倾没，轴向北东。断裂构造有近南北向的双岛断裂，北北东向的金牛山断裂和老母猪河断裂，北东向的牟平—即墨断裂（迹经乳山西部），北西向的望岛断裂、海埠—神道口断裂、俚岛—海西头断裂。岩浆岩主要有元古代的昆嵛山岩体和文登岩体及中生代燕山晚期艾山阶段的伟德山岩体和石岛岩体、崂山阶段的槎山岩体和龙须岛岩体。

（苗丰麟）

【地貌】 威海市属于起伏缓和、谷宽坡缓的波状丘陵区。区内除昆嵛山主峰泰礴顶海拔高度923米以外，其他山地丘陵都在700米以下，大部分为200～300米的波状丘陵，坡度在25度以下。山体主要由花岗闪长岩构成，山基表面多为风化残积物形成的棕壤性土，土层覆盖较薄，但土壤通透性好。山丘中谷地多开阔，多平谷；平原多为滨海平原和山前倾斜平原。其中，低山占土地总面积的15.77%，丘陵占52.38%，平原占27.56%，岛屿占0.28%，滩涂占4.01%。河网密布，河流畅通，地表排水良好。地势中部高，山脉呈东西走向，水系由脊背向南北流入黄海。北、东、南三面环海，海岸类型属于港湾海岸，海岸线曲折，岬湾交错，多港湾、岛屿。

（王文刚）

【气候】 威海市地处中纬度，属于北温带季风型大陆性气候，四季变化和季风进退都较明显。与同纬度的内陆地区相比，具有雨水丰富、年温适中、气候温和的特点。受海洋的调节作用影响，又具有春冷、夏凉、秋暖、冬温，昼夜温差小、无霜期长、大风多和湿度大等海洋性气候特点。2021年，全市平均气温13.3℃，气温较常年偏高1.1℃。平均降水量1074.2毫米，降水较常年偏多45.6%，属偏多。平均总日照时数2142.7小时，日照时数较常年偏少13.6%，属正常。

（周 宇）

【水文】 威海市河流属半岛边沿水系，为季风区雨源型河流。河床比降大，源短流急，暴涨暴落。径流量受季节影响差异较大，枯水季节多断流。全市有大小河流1000余条，流域面积50平方千米及以上河流35条，其中母猪河、乳山河、黄垒河3条较大河流贯穿于文登、乳山境内，总流域面积2766平方千米，占全市土地总面积的47.5%。母猪河流域面积1092平方千米，河长64千米；乳山河流域面积1039平方千米，河长78千米；黄垒河流域面积635平方千米，河长71千米。2021年，全市径流系数为0.32。

2021年威海市大中型水库蓄水量统计表

表1 单位：万立方米

日期	1月1日	2月1日	3月1日	4月1日	5月1日	6月1日	7月1日	8月1日	9月1日	10月1日	11月1日	12月1日
大型	14920	15080	15470	15710	17300	17650	16880	19890	22550	25010	25490	25480
中型	9507	9632	9784	9691	11224	11212	11289	12675	14796	15730	15394	15582
合计	24427	24712	25254	25401	28524	28862	28169	32565	37346	40740	40884	41062

说明：大型水库包括米山水库、龙角山水库、八河水库3座；中型水库13座

（张明芳）

【土壤】 威海市有棕壤、潮土、盐土、风沙土、褐土、水稻土、山地草甸土7种土壤类型。依其各自的发育程度、附加成土过程和土壤属性，又分为棕壤性土、棕壤、潮棕壤、白浆化棕壤、潮土、盐化潮土、褐土、滨海盐土、流动风沙土、半固定风沙土、固定风沙土、潜育水稻土、山地草甸土13个亚类、18个土类、153个土种。

棕壤土类是全市分布最广、面积最大的土类，遍及全市的山丘地区，占土壤总面积的83.5%。潮土类是列全市分布面积第2位的土类，占土壤总面积的13.2%。

土壤（耕地）质地可归为砂性土、轻壤土、中壤土3类。土体构型可分为15种类型，按其对作物的影响主要归纳为均壤质型，均沙、夹沙、夹砾石型，夹黏、均黏型，夹白浆型，硬（酥）石底型5种类型。从化学性质看，威海市成土母质大部分为酸性岩风化物，一般呈微酸性，pH为6.5～7，有明显的淋溶作用、黏化作用和生物积累作用。但由于多年来农民化肥施用量居高不下，有机肥施用量严重不足，导致耕地土壤pH呈下降趋势。2021年，耕地土壤pH平均数为5.77。

（孙洪勋）

【海域】 威海北、东、南三面为黄海环绕，海岸线总长978千米，约占山东省的三分之一、全国的十八分之一。海岸类型属于港湾海岸，海岸线曲折。威海近岸海域总面积1.13万平方千米。全市有主要海湾35个，大小海岛185个，岛屿周边海底沉积物主要为粉砂质砂、砾石、泥沙质等。在海域使用方面，至2021年年底，全市用海面积45.5万公顷。

（崔维程）

自然资源

【土地资源】 2021年年底，威海市土地总面积为58.22万公顷。其中，农用地面积45.33万公顷，建设用地面积9.27万公顷，未利用土地面积3.62万公顷。全市实有耕地面积16.27万公顷，永久基本农田面积16.27万公顷。

（张钦钦）

【水资源】 威海市地处山东半岛最东端，内无大江大河，水资源主要来源于境内的大气降水。全市多年平均降水量为770.6毫米，多年径流深度为256.0毫米。2021年，地表水资源量为10.68亿立方米，地下水资源量为6.29亿立方米，扣除地表水与地下水相互补给的重复计算量后，全市多年平均水资源量12.96亿立方米。

（张 超）

【矿产资源】 至2021年年底，威海市发现矿产（含亚矿种，下同）49种，其中查明或探获资源储量的30种，入山东省储量表23种，包括能源矿产、金属矿产、非金属矿产和水气矿产4类。其中，能源矿产1种：地热。金属矿产11种：铁、钛、铜、铅、锌、钼、金、银、铍、锆、铪。非金属矿产9种：硫铁矿、化肥用蛇纹岩、石墨、长石、玻璃用砂、建筑用砂、高岭土、饰面用花岗岩、饰面用辉长岩。水气矿产2种：地下水、天然矿泉水。

（张钦钦）

【生物资源】 威海市具有丰富的海洋生物资源，特别是在浅海和潮间带，各种生物资源种类繁多、分布广泛、资源量大。全市海域平均生物量为353克／平方米，平均生物密度586个／平方米；有生物资源779种，其中动物647种、植物132种。动物资源中，鱼类有100余种，包括小黄鱼、鲀头梅童鱼、黄姑鱼、鲈鱼等；虾蟹类主要有鹰爪虾、中国对虾、毛虾、脊尾白虾、三疣梭子蟹、日本蟳（赤甲红蟹）等；贝类主要有栉孔扇贝、鲍鱼、泥蚶、文蛤、菲律宾蛤仔、魁蚶、牡蛎、中国蛤蜊、贻贝等；腔肠类主要有海蜇等；棘皮类主要有刺参、海胆、海星等。植物资源中，主要有褐藻纲的海带、裙带菜，红藻纲的石花菜、条斑紫菜，以及海草类的大叶藻等。

威海市动物资源有647种。陆

生野生哺乳动物有梅花鹿、狐狸、豹猫、獾、黄鼬、刺猬、野兔、蝙蝠等。鸟类查到250余种，其中候鸟、旅鸟占70%以上，留鸟种类较少。被列入国家保护的野生动物Ⅰ级的有梅花鹿、中华秋沙鸭、金雕、黑鹳、东方白鹳、白头鹤、大鸨7种，Ⅱ级的有大天鹅、鸳鸯、灰鹤、苍鹰、松雀鹰、角䴙䴘、黄嘴白鹭、黑脸琵鹭、白额雁、灰背隼、红隼、红角鸮、雕鸮、鹰鸮、纵纹腹小鸮、长耳鸮16种；其余鸟类及狐狸、豹猫、獾、黄鼬、刺猬等被列入山东省重点保护野生动物。中国野生动物保护协会先后授予荣成市“中国大天鹅之乡”和“中国黑尾鸥之乡”称号。

威海市木本植物有75科、195属、516种（含变种、亚种、变型）。珍稀濒危树种有19科、23属、29种，野生树种有54科、132属、270种，主要栽培树种有62科、136属、279种，古树名木树种有22科、32属、42种，引进树种有9科、10属、17种。珍稀濒危树种中，国家重点保护野生植物有玫瑰、东北茶藨子、软枣猕猴桃、狗枣猕猴桃、葛枣猕猴桃、紫椴6种；中国珍稀濒危植物有核桃楸1种；国家珍贵树种有蒙古栎、朝鲜槐、刺楸3种；山东特有树种有小叶鹅耳枥、锐齿槲栎、刺榆、三桠乌药、光萼溲疏、小米空木、三叶海棠（裂叶海棠）、北枳椇（拐枣）、大叶胡颓子、楤木、迎红杜鹃、映山红、腺齿越橘、野柿、华山矾、毛萼野茉莉、玉铃花、单叶蔓荆、荚蒾19种。

【自然保护地】 自然保护地整合优化后，威海市自然保护地由31处优化为19处。自然保护区3处（山东荣成大天鹅国家级自然保护区、威海成山头省级自然保护区、山东昆嵛山国家级自然保护区）；地质自然公园1处（威海槎山地方级地质自然公园）；森林自然公园7处（山东双岛国家森林自然公园、山东刘公岛国家森林自然公园、山东伟德山国家森林自然公园、山东岠嵎山国家森林自然公园、威海正棋山地方级森林自然公园、威海米山地方级森林自然公园、威海天福山地方级森林自然公园）；湿地自然公园4处（山东五垒岛国家湿地自然公园、威海林泉河地方级湿地自然公园、威海乳山河地方级湿地自然公园、威海青龙河地方级湿地自然公园）；海洋自然公园4处（山东大乳山国家海洋自然公园、山东海西头国家海洋自然公园、山东小石岛国家海洋自然公园、山东刘公岛国家海洋公园）。胶东半岛国家级风景名胜区、环翠区里口山省级风景名胜区、荣成圣水观省级风景名胜区、荣成赤山省级风景名胜区4处风景名胜区自成体系，不列入自然保护地整合优化范围。

【古树名木】 全市有古树名木343株，共22科、32属、42种，其中环翠区165株，文登区28株，荣成市58株，乳山市67株，威海火炬高技术产业开发区7株，威海经济技术开发区9株，刘公岛6株，威海临港经济技术开发区3株。有一级（500年以上）古树42株，二级（300～499年）古树54株，三级（100～299年）古树246株，名木1株。古树名木树种主要有银杏、国槐、黄连木、柿、朴树、楸树、刺楸，还有大叶朴、旱柳、枫杨、紫薇、侧柏、雪柳、油松、山茶、柘树、板栗、龙爪槐、毛白杨、桂花、流苏树等树种（变种）。

（戚俊杰）

【旅游资源】 威海市旅游资源丰富，自然资源与人文资源兼备，至2021年年底，有旅游景区（点）80余处。全市有国家A级以上景区49家，其中国家AAAAA级2家（刘公岛景区、华夏城景区），国家AAAA级13家，国家AAA级30家，国家AA级4家。自然资源以“海、岛、滩、湾、泉、山”为特色，全市拥有近1000千米海岸线，沿线沙滩细腻绵延，海水碧蓝纯净，有国际海水浴场、文登金海滩、乳山银滩等10余处天然海水浴场，有威海湾、半月湾、九龙湾等16个海湾，有刘公岛、海驴岛等大小海岛168个，有优质地下温泉9处，有昆嵛山、圣经山、里口山、铁槎山、大乳山等山地风景区。人文资源以秦汉文化、民俗文化、道教文化、甲午文化、英租文化为代表。全市有各级文物保护单位217处，其中国家级4处（刘公岛甲午战争纪念地、威海英式建筑、圣经山摩崖、留村石墓群）、省级78处、市级41处、县级94处，一般不可移动文物502处；有省级水下文物保护区1处（威海湾北洋海军定远沉舰遗址）。中国甲午战争博物院获评首批国家一级博物馆，天福山起义纪念馆获评全国爱国主义教育基地。全市初步形成以东夷文化遗存、成山头秦汉遗迹、圣经山摩崖石刻、明清海防遗迹、刘公岛甲午战争纪念地、威海英式建筑、天福山革命遗址等为主的人文旅游景观体系。

（曲茜茜）

自然灾害

【风雹灾害】 10月1日傍晚，威海市出现强对流天气，突降冰雹，冰雹席卷文登区的龙山街道、大水泊镇、泽头镇和乳山市的崖子镇、下初镇等15个镇（街道），造成风雹灾害。受灾人口为1.07万人，但未造成人身伤害和房屋损坏；农作物损失较重，主要是苹果、梨、猕猴桃、葡萄、桃子等果实被打落；农作物受灾面积2921.18公顷，其中成灾面积2138.61公顷、绝收面积232.35公顷，直接经济损失约1.07亿元，均为农业损失。

（吴 刚）

人口·民族

【人口】 2021年年底，全市常住人口为291.46万人。其中，城镇人口为208.16万人，比上年年底增加3.76万人；常住人口城镇化率71.42%，比上年提高1.20个百分点。全市户籍人口为256.47万人，户籍人口城镇化率61.01%，比上年提高0.29个百分点。全年出生人口为1.28万人，出生率5.01‰；死亡人口为1.91万人，死亡率7.46‰；自然增长率为-2.45‰。

（市统计局 公安局提供）

【民族】 威海市有50个民族，分别是汉族、朝鲜族、满族、蒙古族、佤族、回族、彝族、苗族、拉祜族、土家族、傣族、维吾尔族、白族、壮族、达斡尔族、布朗族、布依族、傈僳族、锡伯族、侗族、哈尼族、藏族、瑶族、土族、纳西族、哈萨克族、黎族、撒拉族、赫哲族、鄂温克族、畲族、仫佬族、仡佬族、羌族、鄂伦春族、东乡族、俄罗斯族、水族、景颇族、柯尔克孜族、裕固族、高山族、塔吉克族、独龙族、毛南族、阿昌族、普米族、怒族、德昂族、基诺族。2021年年底，少数民族户籍人口为3.08万人，人口总数最多的5个少数民族依次是朝鲜族（1.09万人）、满族（7033人）、蒙古族（3428人）、佤族（2254人）、回族（1761人）。

（张启全）

方　言

【概况】 分布在威海市辖区内的汉语方言，称威海方言。威海方言属于汉语官话方言中的胶东方言。威海方言在李荣主编的《中国语言地图集》中属于胶辽官话区。威海方言具有胶辽官话的一些基本特点，例如：

声母分尖团，如：精≠经，积≠基，尖≠坚；趣≠去，妻≠期，千≠牵；相≠香，西≠希，线≠现。

普通话读tʂ tʂ' ʂ声母的字，方言中分为两组声母，例如：知≠枝，耻≠齿，超≠抄，处≠楚，书≠梳。

中古日母字方言里基本读为零声母，例如：乳＝雨，荣＝永，人＝阴，日＝椅，染＝眼，软＝远，等等；少部分读为l声母，例如“仍、扔、锐”等字。

中古端组合口呼韵母，方言里大多丢失韵头u而变读为开口呼，例如“段tan、推t'ei、团t'an、村ts'en、对tei、蹲ten、孙sen”等字。

普通话中，韵母为e而声母为零声母或舌根音的部分字，方言读为uo韵母，例如“饿、蛾、河”等字。

中古咸深摄韵母和山臻摄韵母合并读为n韵尾，没有主要元音鼻化现象，这一点跟其他山东方言有所不同，例如“胆、蓝、暂、寻、林、餐、滩、难、但、赞、天、前、真、春、顺、纯、村”等字。

中古平声次浊字，无规则地分化为两类读音，一部分为阳平，另一部分为阴平，即蓝≠兰，南≠男，鱼≠余。

清声母入声字基本归入上声，例如“急、笔、曲、出、桌、窄、质”等字。

威海方言内部存在着一定的差异。青少年与中老年之间，有新派、老派的差异，表现在新派词汇上有比较明显向普通话靠拢的趋势，而老派则更多地保留着地方特色。但这并不是威海方言的主要内部差异，威海方言的主要内部差异表现在地域上。根据其内部差异，威海方言大致可以分为3个片儿，即环翠片儿、文荣片儿、乳山片儿。

（中共威海市委党史研究院）

民　俗

【概况】 新石器时期东夷先民就在威海依山靠海繁衍生息，民俗文化源远流长。传统习俗“大约朴鲁为多”“淳直”“仁厚”“尚质少文”。相传秦始皇曾于境内召文士登山颂德而“文教大兴”。由是，“人知教子”“世重耕读”，风俗丕变、“质有其文”。淳朴仁厚之古俗与“俗尚礼仪”之新风蔼然交融，成为境内民俗传统最突出的特色，传承千年。因所处自然地理环境和其他条件各不相同，在风尚习俗的某些方面，亦显示出多样性特点。以种植业为主的农村、以渔业为主的沿海渔村，其生产、生活、禁忌和信仰习俗多有不同；而同为农村或山村，因生产行业、生产技艺之不同，风俗亦各有别。

历史上，威海地区民俗也因移民、航运、外出谋生等原因，不断与区域外相互交流。此为境内风尚习俗多样性的又一重要原因。如有些节日习俗，邻村之间往往明显不同，正是明清以来大量移民带来的各地不同民俗文化与境内习俗兼容并存的结果。宋代产生于江南的“妈祖”信仰，随元代海运的兴起传播到境内沿海；而清初以来延续300余年的闯关东，不但将威海习俗带到东北，也将东北风俗携回家乡。如秃尾巴老李的传说和人参的故事，在威海和东北同样广泛流传；农历正月十五到祖茔送灯、看灯碗水汽和灯花大小预卜当年旱涝丰歉等产生于东北长白山区的满族古俗，在当地早已失传，但在威海各地却得以保存。

近代，随着封建社会的没落和西方文化的传入，威海民俗也随之不断演进。辛亥革命后，男人剪辫子，女人禁缠足，各种封建礼教逐渐废除，出现新的社会风尚。英国租借威海卫，把西方一些风俗传入境内。抗日战争时期，民主政府成立后，不断破除封建陋习，树立新的社会风气。20世纪80年代后，随着改革开放的不断深入，经济和社会生活的发展变化，中外交流的日益畅达，具有时代气息、兼容中西文化特色的民俗事象逐步增多。

（中共威海市委党史研究院）

国民经济与社会发展

【国民经济稳中向好】 2021年，全市实现地区生产总值3463.93亿元，按可比价格计算，比上年增长7.5%。其中，第一产业增加值349.17亿元，增长7.4%；第二产业增加值1355.13亿元，增长7.7%；第三产业增加值1759.63亿元，增长7.3%。全市三次产业结构为10.1∶39.1∶50.8。

农业生产稳步向好　2021年，全年实现农林牧渔业增加值363.00亿元，增长7.5%。全市粮食播种面积、单产、总产实现“三增”，全年粮食总产量72.67万吨，比上年增加6.52万吨，增长9.9%。畜牧产能加快恢复，全市生猪、牛、羊分别出栏112.2万头、2.72万头、7.44万只，分别增长25.3%、75.8%、27.6%。渔业生产稳定增长，全年水产品总产量307.10万吨，增长6.9%，水产养殖面积11.0万公顷，增长32.6%；养殖产量197.60

万吨，增长4.8%；远洋渔业产量45.72万吨，增长15.5%。年底，市级以上农业产业化龙头企业有195家，其中国家级农业产业化重点龙头企业11家、省级农业产业化重点龙头企业60家、市级农业产业化重点龙头企业124家。

工业生产持续发展　2021年，全市规模以上工业增加值增长12.1%。制造业拉动作用明显，制造业增加值增长12.8%，拉动规模以上工业增加值增长11.7个百分点。33个行业大类中的26个行业实现增长，增长面达78.8%，其中，专用设备制造业增长27.3%，计算机、通信和其他电子设备制造业增长22.7%。大中型工业企业增加值增长11.9%。全年规模以上工业企业营业收入增长10.1%，营业收入利润率达8.32%。产销衔接良好，产品销售率为97.76%。全年建筑业增加值202.80亿元，增长0.5%。

服务业持续恢复　全年规模以上服务业营业收入增长16.9%。31个行业大类中的27个营业收入实现正增长，增长面为87.1%，新兴行业增长较快，文化体育和娱乐业增长31.2%，租赁和商务服务业增长29.8%，交通运输仓储和邮政业增长25.5%。全年铁路（不含城际铁路）、海运分别完成客运量400.13万人次、货运量1897.19万吨。全年接待旅游总人数4407.3万人次，实现旅游总收入533.52亿元；接待入境游客3.37万人次；接待国内游客4403.93万人次，国内旅游收入533.52亿元。

【“六稳”“六保”工作落实】　至2021年年底，省2021年发布的四批政策清单所列的180项政策中，除17项不涉及威海市外，其余政策均落实到位或在对接、推进。在落实好上级政策的基础上，威海市梳理10个方面、43条惠企利民政策。全年为企业减免各类税费近4亿元，推动老旧小区改造、农村供水提质及清洁取暖等一批民生实事落地见效。

聚焦企业降本减负增效，对增值税小规模纳税人累计减征房产税及城镇土地使用税1.7亿元，减免小微企业和个体工商户所得税3711万元，为企业减免工商业及其他用电（两部制）用户电费负担、港口建设费负担等费用1.1亿元以上，免征地方水利建设基金7400万元左右，有效降低企业运营成本。为省“十强”产业相关企业、优质项目争取高质量发展奖励资金、扶持资金等4217.8万元。累计发放再贷款144.9亿元，小微企业信用贷款余额达131.1亿元，增长54.3%，无还本续贷余额101.9亿元，增长14.8%，有力支持乡村振兴和实体经济发展。

【新旧动能转换】　2021年，威海市新旧动能转换成效初显，全市“四新”（新技术、新产业、新业态、新模式）经济增加值占比由23.1%提高到32.5%，居全省第4位。统筹推进集群壮大、企业培育、产业转型，推动“三链”抱团式协同、双循环发展，医疗器械产业集群入选国家创新性产业集群试点，碳纤维复合材料、海洋冷链物流产业集群获评省“十强”产业“雁阵形”集群，文登汽车及零部件产业、威海火炬高技术产业开发区医疗器械产业入选山东省特色产业集群名单，威海威高国际医疗投资控股有限公司等5家企业成为省级产业链“链主”。年内，6个制造业产业集群规模以上企业实现营业收入2821.2亿元，比上年增长11.7%，康养旅游产业集群预计实现旅游总收入644.1亿元，增长63.9%。七大产业集群实施重点项目210个，年度计划投资144.8亿元，年度实际完成投资243.8亿元。

企业冲击新目标“双百工程”实施　2021年，全市确定企业冲击新目标行动入库企业100家、后备库企业100家，全年实现营业收入3090.4亿元，增长16.1%。其中，193家工业企业实现营业收入2535.3亿元，增长15.1%。冲击新目标企业实施重点项目286个，总投资621.7亿元，2021年计划投资140.9亿元，年度实际完成投资260.9亿元。

现代服务业发展　开展第二批“先进制造业和现代服务业融合发展试点”申报工作，天润工业技术股份有限公司获评第二批国家级“两业”融合试点，威海南海新区、荣成康派斯新能源车辆股份有限公司获评第二批省级“两业”融合试点，荣成康派斯新能源车辆股份有限公司入选国家级服务型制造示范名单。威海综合保税区获评省级现代服务业集聚示范区，全市获评省级服务业创新中心2个、省级服务业专业人才1名。

创新驱动战略实施　深化拓展“1+4+N”创新平台体系，推行重大技术攻关“揭榜挂帅”机制，威海火炬高技术产业开发区获批国家企业创新积分制试点，威海经济技术开发区东方智慧谷获批国家小微企业创新示范基地。三角集团有限公司、天润工业技术股份有限公司等18家企业入选省级科技领军企业，好当家集团有限公司入选国家级技术创新示范企业，文登威力工具集团有限公司获批国家级工业设计中心，山东威达集团有限公司获评国家级绿色工厂，新增省级海洋工程技术协同创新中心10家，蓝海工业互联网平台、联桥纱线资源共享平台等12个项目入选国家级工业互联网试点，宝威新材料等5个项目成为国家新一代信息技术与制造业融合发展示范项目。

【内需拉动回稳向好】　重大项目建设保障　全面推行“项目专管员”制度，推进全市项目一张网管理、一个平台统筹，实现投资项目全周期信息化管理。2021年，全市实施省、市重点项目724个，完成投资1148.8亿元，超年度计划50.1个百分点，投资额首次突破千亿元，其中311个项目当年开工建设、94个项目当年完工投用。97个省级重点项目完成投资424.2亿元，开工率、投资完成率均为全省第1名；323个市级重大项目全年累计完成投资864.9亿元，投资完成率154.1%。完善落实“要素跟着项目走”机制，争取专项债券发行额度68.04亿元，获批企业债券3只、28.4亿元，争取各级无偿资金超过10亿元。全市固定资产投资增长6%；投资结构进一步调整优化，全市“四新”经济投资增长13.5%，快于全部投资7.5个百分点，占全部投资的比重达59.5%。

基础设施支撑体系完善　完成莱荣高铁项目（威海段）征地拆迁工作，工程建设用地获得自然资源部批复，至年底，桥梁桩基施工量完成99%，墩台身工程完成97%，威海市莱荣高铁项目推进工作指挥部被省委、省政府授予山东省攻坚克难先进集体称号。桃威铁路电气化改造项目获得自然资源部《建设项目用地预审批复意见》、省自然资源厅《建设项目用地预审与选址意见书》等批复，基本组卷完成立项关键要件。出具威海新机场预可研评估报告并转报中国民用航空局，处于内部审查阶段，航站楼建筑方案征集及机场命名工作同步展开。华能高温气冷堆示范工程累计完成投资102.6亿元，12月20日并网发电；按照工程计划稳步推进“国和一号”示范工程、文登抽水蓄能电站等重大能源项目。

消费提档升级推动 举办第五届文化和旅游惠民消费季，参加2021第二届山东省体育消费券活动，拉动消费近1800万元。改造完成威高广场步行街、生肖街等特色商业街区并正式开街，全力打造威海市夜间经济集聚区及网红打卡地。韩乐坊获批第二批省级步行街改造提升试点，荣成九龙城购物广场获评国家级绿色商场创建单位。威海市获批山东省农产品供应链试点市，家家悦集团股份有限公司入选全国农村商业建设工作现场会典型案例。在威海市落地全国唯一的“抖音”渔具电商直播基地，实现销量突破2.2亿元。2021年，全市实现社会消费品零售总额增长15.5%。

【稳外资稳外贸成效显著】 *招商引资优化提升行动开展* 市委办公室、市政府办公室印发《关于印发〈全市招商引资优化提升行动方案〉的通知》，组织市领导及各区（市）主要负责人外出招商70余次，走访重点企业和机构30余家，对接引进项目120余个。组织举办第四届市长国际经济咨询委员会年会、第二届跨国公司领导人青岛峰会威海交流对接会、“对话威海”中日经贸文旅交流推介会等招商推介活动13场，组建完成全球合伙人事业中心，加快打造专业化的招商队伍。2021年，全市新设立外资项目343个，比上年增长4.3%；实际使用外资14.5亿美元，增长6.7%。

外贸高质量发展 推进跨境电商综合试验区建设，阿里速卖通出口优选仓落地威海综保区并开展出口业务，顺丰威海创新中转场建设完成，并开通全国首条中韩海运电商专递。举办第三届中韩跨境电商大会，开展B2B出口监管政策等宣传培训活动20余次，带动全市跨境电商规模快速膨胀，全年全市跨境电商进出口超过270亿元，增长近7倍，占外贸总额的比重居全省第1位。举办山东省—韩国经贸合作交流会暨韩国（山东）进口商品博览会，打造韩国商品集散地首选品牌。积极引导企业开拓国际市场，成立RCEP（《区域全面经济伙伴关系协定》）促进工作专班，引导600余家企业参加RCEP线上专题培训等活动27次，组织580余家次企业参加国内外云展会活动30余场。加大外贸转型升级示范基地培育力度，全市国家级外贸转型升级示范基地达5个。文登区获评山东省外贸高质量发展区，环翠区获评山东省进口贸易促进创新区。2021年，全市实现外贸进出口总值2032.54亿元，增长25.8%。

开放体制机制创新 全面深化服务贸易创新发展试点建设，市商务局印发《关于印发〈威海市服务贸易示范企业（机构）认定管理办法〉〈威海市服务贸易示范园区认定管理办法〉的通知》，新认定服务贸易示范企业8家、示范园区2家，通过龙头示范引领加快产业集聚发展。认真总结试点经验做法，“助力远洋船舶维护维修业集群式发展”入选国务院《全面深化服务贸易创新发展试点最佳实践案例》并在全国推广。加快推动中国、韩国双方就中韩整车运输试运行谅解备忘录协议内容基本达成一致，加快推进国际物流多式联运中心建设，稳定发行欧亚班列。2021年，对“一带一路”沿线国家进出口451.9亿元，增长41.1%，占全市外贸总额的22.2%。

【重大战略实施】 印发实施《威海市国民经济和社会发展第十四个五年规划和二〇三五年远景目标纲要》，确定2035年远景目标和“十四五”时期经济社会发展主要目标，部署13个方面主要任务。深入实施乡村振兴战略，全面开展撂荒地整治，复耕复种率98%以上，粮食播种面积增长6.4%，总产量增长9.9%。重点培育乡村振兴样板片区20个，新建产业项目164个；新建种质资源库1个、特色产业基地20处、精致牧场20处，新培育知名农产品区域共用品牌2个；文登区获评全国农业社会化服务创新试点县，乳山市获评全国首批农业现代化示范区；新创建省级美丽乡村27个，荣成市获批全国首批美丽乡村建设重点县。大力发展海洋经济，新增省级水产原良种场5处、省级海洋牧场4个、远洋渔业牧场2处。主动融入区域重大战略，推进黄河流域生态保护和高质量发展战略落实，谋划储备涉及黄河流域生态保护政策、事项、工程等240项，印发威海市黄河流域生态环境突出问题专项整治方案；推进胶东经济圈一体化发展，谋划打造威海火炬高技术产业开发区—牟平高技术产业联动区、乳山—海阳新能源产业联动区。聚力创建“威海营商行”品牌，推出改革措施961项，建成线上营商环境全景式集成平台，政务服务事项全程网办率达97.9%，项目审批全链条闭环办理的做法在全国推广。制定《威海市城市国际化促进条例》，实施新一轮城市国际化战略行动计划。

【精致城市建设】 编制《威海市精致城市建设规划纲要（2021—2035）》，入选2021年城市体检省级试点城市，完成103个老旧小区改造，更新40个小区转供电设施，实施100个小区智慧化改造。完成“美丽城市”建设试点任务，设立精致城市评价指标体系。出台全国首部红色物业建设规范，全市住宅小区业主委员会、物业管理委员会覆盖率达98%。打造城市运行指挥平台，市大数据中心的一体化大数据平台获得2021数字政府管理创新奖。高标准开展铁路沿线、海岸线、环山路沿线“三线整治”，年底全市建成区绿化覆盖率45.82%，建成区绿地率43.16%，人均公园绿地面积31.22平方米，生活垃圾无害化处理100%。黄垒河等地下水库工程全面完工，大中型水库蓄水量4.1亿立方米。全年完成污染减排项目49个，投资额2.46亿元。全年空气优良天数比率达90.1%，$PM_{2.5}$平均浓度为24微克/立方米，成为达到世卫组织空气质量过渡时期第二阶段目标的城市。完成2769个入海排污口治理，实施退化林修复和低效林改造面积3000公顷。威海市连续2年获评中国最具幸福感城市。

【民生保障】 居民收入持续增长，2021年，全市居民人均可支配收入为44612元，比上年增长8.4%。其中，城镇居民人均可支配收入54264元，增长7.6%；农村居民人均可支配收入25692元，增长10%。全面完成20件民生实事年度任务。完成“1+2+N”民生服务平台整合，12345政务服务便民热线按期办结率、群众满意率分别达99.9%和96.8%。国家医保信息平台上线，就医平均结算时间缩短44.3%；创新推出“威你保”商业医疗保险产品，参保人员大病保险特药的报销比例提高至80%，年度最高补偿额提高至40万元。持续实施全民参保计划，全市有234.28万人参加基本养老保险，居民基础养老金标准提高至每人每月162元；有257.27万人参加基本医疗保险，居民医保补助标准提高到每人每年580元。就业形势稳中向好，全市实现城镇新增就业3.75万人，增长9.9%，完成年度目标的113.62%。扎实推进义务教育优质均衡发展，威海市被确定为全国教育“双减”试点市。建成“如康家园”残疾人之家12处。创新退役军人服务保障体系“三张清单”（责任、任务和成效）制度。威海市通过国家卫生城市复审，获得创建国家食品安全与营养健康综合试验区资格。

（姜富井）

民营经济

【概况】 2021年，围绕制约民营经济发展的主要矛盾，在优化营商环境、加强科技创新、破解融资难题等方面主动谋划、担当作为，多措并举应对经济下行压力，不断推动思想再解放、改革再深化、开放再扩大、环境再提升，全市民营经济总体呈现稳中向好、长期向好的平稳发展态势。至年底，全市民营经济市场主体总量达42.12万户，比上年增长8.96%。其中，私营企业11.88万户，增长10.81%；个体工商户29.61万户，增长8.26%；农民专业合作社6339户，增长7.99%。全市民营经济市场主体实缴税金75.59亿元，下降19.51%。其中，私营企业实缴税金73.71亿元，增长3.39%；个体工商户实缴税金1.88亿元，下降91.69%；农民专业合作社按规定享受国家免税政策。

【政策体系建设】 印发贯彻落实《山东省民营经济高质量发展三年行动计划》重点任务分工方案，按照上下对口原则，实施责任分解，细化工作任务，明确落实措施，各成员单位按照部门职责高质量、高标准做好落实。市政府办公室印发《关于印发“威海企业家日”活动实施方案的通知》，将每个季度末月第二个星期五定为“威海企业家日”，采取“4+N”的方式组织开展“威海企业家日”活动，优化提升全市营商环境，推进“尊重企业家、厚待投资者、服务纳税人”各项涉企政策措施深入落实，促进企业高质量发展、企业家健康成长。编印《威海市惠企政策工具汇编》，收集工商登记、财政奖补、金融支持等方面的政策措施508条，免费向企业发放，为民营企业充分了解政策、利用政策提供便利。围绕威海市10条优势产业链实施“十百千”工程，筛选优质法律服务机构100余家，遴选专家能手80余名，成立专业团队8个，通过“资源大整合、企业大走访、法律大体检、政策大宣讲、信息大交流、问题大解决”，为1000家以上企业开展线上、线下法律服务，面向企业发放调查问卷2000余份，出具体检报告450余份，提供线上咨询5000余次，为企业解决问题1000余个。

【经济发展新动能】 市工业和信息化局制定《威海市2021年加快先进制造业发展工作方案》《威海市十条优势产业链2021年度工作要点》，明确先进制造业发展方向和产业链重点任务，推动产业链、供应链、创新链协同发展。威海火炬高技术产业开发区医疗器械特色产业、文登汽车及零部件特色产业入选2021年度山东省特色产业集群名单，威海威高国际医疗投资控股有限公司、威海光威复合材料股份有限公司等5家企业被确定为全省医疗器械、碳纤维产业链“链主”。浦林成山（山东）轮胎有限公司、天润工业技术股份有限公司、威海拓展纤维有限公司、威海市泓淋电力技术股份有限公司、山东环球渔具股份有限公司、山东威高血液净化制品股份有限公司、威海百合生物技术股份有限公司7家制造业企业获得省高质量发展企业奖励资金2000万元。中央电视台《新闻联播》对威海市梳理“链主”型企业配套清单、开展产业链精准对接的工作做法进行报道。完成《威海市移动通信基础设施空间布局规划》和5G基站建设年度规划编制立项，组织召开全市5G网络建设和应用推进工作专题会，通过设立“三张问题清单”（进场难、转改直、电价高），累计协调解决各类疑难问题1600余个，年内新建5G基站1506座，全市5G基站总量达3551座，实现市、区（市）核心区域和重点园区5G信号室外连续覆盖。新增工业互联网标识解析二级节点接入企业42家，累计59家。支持民营企业自建或共建实验室21家、省级院士工作站8家。推荐山东达因海洋生物制药股份有限公司、山东海富光子科技股份有限公司、威海多晶钨钼科技有限公司、招商局金陵船舶（威海）有限公司、威海纳川管材有限公司等民营企业申报自然科学基金、重大创新工程、科技型中小企业创新能力提升工程项目等省级项目64项。推荐山东双轮股份有限公司、好当家集团有限公司等民营企业申报技术创新中心、新型研发机构等省级创新平台15家。年内，新培育国家级专精特新“小巨人”企业11家、省级“专精特新”中小企业42家、省级瞪羚企业21家、市级“专精特新”中小企业63家，4家“小巨人”企业获得第一批国家奖补资金830万元，6家“小巨人”企业入围第二批扶持名单。

【传统产业提质增效】 印发《威海市智能制造攻坚突破专项行动实施意见（2021年—2023年）》，联合吉林大学威海仿生研究院等科研院所以及山东拜罗智能科技有限公司、威海德迈科智能设备有限公司等智能制造系统集成供应商，对腾森橡胶轮胎（威海）有限公司等10余家企业进行现场诊断活动，全方位解决企业智能化改造过程中对技术、人才等方面的需求。山东威达机械股份公司、三角集团有限公司等15家企业被列入省级智能工厂和数字化车间项目，入选数量占全省总数的11%。印发《关于加快促进服务型制造发展的实施方案》《威海市服务型制造示范企业认定管理办法》，构建国家、省、市三级服务型制造示范企业培育体系，荣成康派斯新能源车辆股份有限公司的房车家园房车专用零部件公共服务平台入选第三批国家服务型制造示范项目，威海人合机电股份有限公司、威海晶合数字矿山技术有限公司入选山东省服务型制造示范企业。印发《关于加快推进2021年“亩产效益”评价改革工作的通知》，在全市范围内确定数据采集口径，实现参评企业范围、评价指标体系、数据采集口径、差别化政策运用“四统一”，组织区（市）梳理参与评价企业名单，完成995家规模以上企业、1179家规模以下企业的评价分类，为开展评级评价差异化运用、增强企业转型内生动力打下良好基础。

【金融助企服务】 市企业信用保证基金理事会印发《威海市企业信用保证基金担保增信业务合作银行绩效考核办法》，指导威海产业投资集团有限公司组织对合作银行机构实施考核并开展本年度业务合作银行遴选工作，引导银行加大对市场主体的信贷投放力度。市地方金融监督管理局印发《威海市“人才贷”风险补偿资金管理办法》，为市级以上人才及其所在企业提供信用贷款，经验做法在全省推广。持续扩大科技支行政策覆盖范围，将高新技术企业、科技型中小企业、“千帆计划”入库企业、市级及以上“专精特新”中小企业及具备市级及以上“一企一技术研发中心”的企业全部纳入市科技支行政策扶持范围，由21家合作银行主动对接，提供“融资+融智”金融服务，全年累计发放贷款347笔、金额48.35亿元。发挥好再贷款再贴现等货币政策工具引导作用，加大民营和小微企业信贷投放，全年累计发放再贷款144.95亿元，办理再贴现68.80亿元，实现法人机构使用再贷款全覆盖，再贷款资金使用率达100%。引导全市银行机构累计为4534家企业办理延期还本付息129.5亿元；全市企业信用贷款余额421.89亿元，较年初增加121.71亿元，占企业贷款总量16.67%，较年初提高1.73个百分点。紧盯重点拟上市企业上市进程，把握关键节点，协助企业解决上市过程中存在的困难和问题。山东威高骨科材料股份有限公司在上海证券交易所科创板发行上市，首发融资15亿元。威海市泓淋电力技术股份有限公司获得创业板上市委员会审核通过，威海百合生物技术股份有限公司获得股票发行审核委员会审核通过，禾木生物、克莱特、邦德股份3家企业处于上市在审阶段，山东威高血液净化制品股份有限公司、山东渔翁信息技术股份有限公司、山东华菱电子股份有限公司3家企业在中国证券监督管理委员会山东证监局处于辅导阶段。

（王　雷）

精神文明建设

【全国文明典范城市争创】 2021年，实施文明城市建设提升三年行动计划，开展“精致城市 文明市民”培育行动，全力打造全国文明城市典范。召开创建全国文明典范城市暨深化文明创建工作动员会议，印发《关于推进全国文明城市创建工作常态化的实施意见》，深入实施市民素质、公共环境、交通秩序、市场秩序、窗口单位、未成年人思想道德建设、文明旅游、乡村文明等9个提升行动。建立文明单位分包责任制，组织241个市直部门及下属事业单位、65个企业认领责任路段进行包保创建，每周开展志愿服务活动2次，收集、反馈各类问题8000余条（次），有力推动公共环境、公共秩序改善。全年全市排查整治建筑垃圾堆放点482处、扬尘问题413个，整治小区乱堆乱放等问题5万余个，在市区主次干道安装人行横道交通标志40余面、优化信号灯配时4600余次，查处各类交通违法行为51万起，开展交通安全主题宣传200余场次，发布文明交通预警提示信息53万条次。3月19日，中央精神文明建设指导委员会办公室组织开展“两会话文明”访谈活动，在中国文明网推出专访报道《山东威海市委书记张海波：以精致理念引领文明城市创建》。6月10日，省委宣传部举办全省文明城市创建培训会，威海市“以‘精致城市’建设为引领 推动实现全国文明城市‘全域一片红’”工作经验进行书面交流。

【新时代文明实践·志愿服务】 以新时代文明实践中心、所、站为阵地，聚焦庆祝中国共产党成立100周年，组织开展系列志愿服务活动。围绕“服务老、养育小、让中青年发展好”等群众关心问题，印发《关于广泛开展“情暖夕阳红”爱老助老文明实践志愿服务的通知》《“手牵手圆梦行动”志愿服务项目实施方案》《关于深入开展“暖心·同行”关爱困难群众文明实践志愿服务的通知》《关于开展“新时代文明实践星期六”志愿服务活动的实施方案》《关于做好公共文明引导志愿者队伍经费保障的通知》《关于发挥“海贝分”激励作用支持疫情防控重点志愿服务的通知》，打造1000个务实管用志愿服务项目，推进志愿服务精准化、常态化、便利化、品牌化。先后选树宣传全国最美志愿者1名、最佳志愿服务组织1个、最美志愿服务社区1个；山东省最美志愿者4名、最佳志愿服务组织6个、最佳志愿服务项目5个、最美志愿服务社区8个；威海市最美志愿者24名、最佳志愿服务组织30个、最佳志愿服务项目42个、最美志愿服务社区9个。7月28日，山东省新时代文明实践社科普及志愿服务工作推进会在威海市召开。年底，全市注册志愿者71.5万人，占常住人口数量的24.6%，注册比例居全省第1位。

【群众性精神文明创建活动】 以创建文明村镇、文明单位、文明家庭、文明校园为主要形式，以各类精神文明创建先进典型为示范，推动形成各地区、各部门共建精神文明、人民群众提升道德水准，全社会提高文明程度的局面。深化拓展文明单位创建，丰富创建内涵、创新创建形式、拓展创建领域，提升文明单位创建实效；深化文明村镇创建，与乡村振兴融合推进，开展移风易俗，提升农村文明素质；深化文明家庭创建，推动“精致人家·精简生活”文明家庭创建活动，注重家庭、家教、家风建设；深化文明校园创建，加强师德师风建设，把立德树人要求落到实处。2021年，新增省级文明单位29个、市级文明单位59个，新增省级文明村镇24个、市级文明村镇156个，新增省级文明校园6所、市级文明校园21所。

【道德模范、身边好人选树】 加大先进典型的挖掘和宣传力度，建立村（社区）、镇（街道）、区（市）、市四级联动和自下而上、梯次推进的推荐格局，形成推荐评选、新闻宣传、学习教育和困难帮扶等系列科学配套体系，推动选评树立典型工作科学化、规范化、长效化发展。以“身边好人”评选推荐为基础，每2年评选全市道德模范1次并推荐为全省、全国道德模范候选人。积极开展宣传学习活动，引导全市广大干部群众学习、关爱、崇尚、争当道德模范和身边好人，广泛汇聚向上向善力量。2021年，组织开展第七届威海市道德模范评选表彰活动，5人获评第八届山东省道德模范、1人获得第八届全国道德模范提名奖；评选“威海好人”110人，其中50人入选“山东好人榜”、3人入选“中国好人榜”。

【未成年人思想道德建设】 围绕庆祝中国共产党成立100周年，以“童心向党”为主题，组织开展“我向党旗敬个礼”“唱支红歌给党听”“党的光辉照我心”“党的故事我来讲”等系列教育实践活动。举办威海市第七届“国学小名士”经典诵读电视大赛，常态化开展“新时代好少年”评选，在媒体开设专栏挖掘宣传优秀少年168名，其中2人入选山东省“新时代好少年”。改造升级学校、少年宫33所，在72个文明实践所（站）挂牌“复兴少年宫”，荣成市入选乡村“复兴少年宫”全国试点。坚持教育引导和执法监管并重，持续净化优化青少年成长的社会文化环境，组织实施“护苗2021”专项行动。威海市获评第五届全省未成年人思想道德建设工作先进城市（县）；3个单位、4人分别获评第五届全省未成年人思想道德建设工作先进单位和先进工作者；评选第三届全市未成年人思想道德建设工作先进单位40个、先进工作者40人。

【公益广告宣传】 做细做实公益广告宣传，持续营造浓厚社会氛围。围绕庆祝中国共产党成立100周年、“讲文明、树新风”等主题，设计用于建筑围挡、主次干道、公园广场、公交站亭、报纸版面等载体的公益广告模板66幅。组织有关部门利用各类宣传载体，累计刊播平面类公益广告2万余条，利用电子屏、宣传栏等形式发布公益广告标语等200余万条（次）。组织参加山东省第四届社会主义核心价值观主题微电影（微视频）征集展播活动，威海市获奖数量居全省第1位；组织参加山东省“文明实践在山东”微视频大赛，全市有9件参赛作品获奖。

（隋学良）

6月1日，威海市统一路小学师生代表进行“童心向党”经典节目展演

（威海市精神文明建设委员会办公室　提供）

生态文明建设

【概况】 2021年，威海市坚持生态立市、环境优先、绿色发展，实施环境质量和环保工作“双领先”战略，以实现减污降碳协同增效为总抓手，突出精准治污、科学治污、依法治污，以更高标准打好蓝天、碧水、净土保卫战，全市生态环境质量持续改善，继续保持全省领先，以高水平保护推动高质量发展、创造高品质生活，全力打造绿色发展示范区、共同富裕先行区。省生态环境厅连续6年给市委、市政府发送喜报。

【生态环境治理】 市委、市政府坚持把生态文明建设摆在突出位置，严格落实“党政同责、一岗双责”，发挥市生态环境委员会统筹协调职能，市委常委会会议、市政府常务会议、市生态环境委员会全体会议研究生态环保工作31次，印发“十四五”生态环保规划、“三线一单”（生态保护红线、环境质量底线、资源利用上线，生态环境准入清单）分区管控方案、新一轮“四减四增”（调整产业结构，减少过剩和落后产业，增加新的增长动能；调整能源结构，减少煤炭消费，增加清洁能源使用；调整运输结构，减少公路运输量，增加铁路运输量；调整农业投入结构，减少化肥农药使用量，增加有机肥使用量）三年行动方案等，明确工作目标和任务。市委、市政府主要负责人认真履行第一责任人职责，对生态环保工作作出批示300余次，并经常带头实地督导检查，推动生态环保各项工作落实落地。主动融入黄河流域生态保护和高质量发展国家重大战略，推动生态环境综合治理、系统治理、源头治理。狠抓减污降碳协同增效，把降碳作为源头治理的关键措施，成立碳达峰碳中和工作领导小组，编制碳达峰工作方案，探索建设蓝碳交易平台，发展海洋碳汇，开展碳排放权交易，严把“两高”（高耗能、高排放）项目准入关，推行排污许可“一证式”管理，积极发展清洁能源，有序推进海上风电、华能高温气冷堆、国和一号、文登抽水蓄能电站等清洁能源项目建设，以碳达峰倒逼能源结构绿色低碳转型和生态环境质量协同改善。

【生态环境保护立法监督】 市人大及其常务委员会高度重视生态环境保护工作，积极推进生态环境保护领域立法，审议通过《威海市海洋牧场管理条例》，进一步加强海洋生态环境保护。市人大常委会依法听取审议市政府《关于全市环境状况和环境保护目标完成情况的报告》，对水污染防治和医疗废物处置情况开展执法检查，督促改善全市水环境质量，保障群众身体健康。市政协积极发挥参政议政作用，开展生态环保视察，提出意见和建议。

【生态环境保护责任压实】 制定部门单位生态环保责任清单、构建现代环境治理体系实施方案和2021年度区（市）、开发区高质量发展考核标准，将单位GDP二氧化碳排放降低、环境质量改善等作为区域发展的约束性指标，压紧压实区（市）属地责任、行业部门主管责任、生态环境部门统一监管责任和企业主体责任，顺利完成“中华富强”轮火灾应急、“交响乐”轮海上溢油处置和含油废物跨市转移、浒苔灾害应对等环境应急工作，持续开展危险废物拉网式起底式排查整治和“千企万人”警示教育，加快构建党委领导、政府主导、企业主体、社会组织和公众共同参与的现代环境治理体系。

【污染防治攻坚战】 打好蓝天保卫战，狠抓挥发性有机物、扬尘、移动源和重污染天气应对“四个关键问题”，严格落实专项督查、问题曝光、销号管理、预警约谈、考核问责、生态补偿“六项机制”，环境空气质量连续6年稳定达到国家二级标准并保持全省领先。打好碧水保卫战，严格落实河长制、湖长制、湾长制，加强重点河流水质超标预警、通报、督办，健全流域生态补偿机制，按照“查、测、溯、治”要求推进4855个入海排污口、384个入河排污口整治，科学划分1568处农村饮用水水源地保护区，加强日常监管，重点河流、集中式饮用水水源地水质达标率达100%，近岸海域水质优良比例居全省第1位。打好净土保卫战，开展土壤污染状况调查，推进受污染耕地和重点建设用地安全利用，受污染耕地安全利用率和污染地块安全利用率均达100%。强化生态保护修复，扎实开展农村人居环境整治，完成323个行政村生活污水治理，完成农村黑臭水体治理，实现全域清零，荣成市俚岛镇烟墩角村农村生活污水治理工程等4项生活污水治理模式被列入省“秀水乡村”第一批典型经验；海洋生态保护修复项目获得中央财政资金支持3亿元，治理废弃矿山20处，修复湿地46.6公顷、受损岸线100余千米，植树造林3000公顷。提升环境执法效能，优化执法方式，组织“送法入企”，开展提醒式、帮扶式执法，将遵纪守法、排放达标、环境信用评价好的130家企业纳入执法正面清单动态管理，借助智慧监管系统、用电监控系统等开展非现场检查1350余次，减免处罚31次；对违规违法、排放不达标企业，推进“非现场执法+多部门联动+刑事司法衔接”，统筹开展专项执法、综合执法和稽查执法，强化警示震慑，全年办理环境违法行政处罚案件146件，处罚金额1020余万元，移送公安机关、限产停产等11件。市生态环境保护综合执法支队获得全省生态环境执法大练兵知识竞赛第1名，1人被生态环境部评为2021年度监督帮扶工作表现突出个人。

6月，市生态环境局开展环保设施向中小学生开放活动

（威海市生态环境局　提供）

【生态环境保护督察保障和整改】 做好第二轮省级和中央生态环境保护督察保障，牵头成立由市委、市政府主要领导为双组长的保障环保督察工作协调联络组，设置8个专项工作组共110余人，严格落实每日联席会议、24小时值班值守、重大事项第一时间上报等制度，完成交办件办理、档案资料调度、宣传舆论引导、安全稳定保障等各项督察保障任务。印发《关于切实做好省第五生态环境保护督察组交办事项查办工作坚决禁止整改“一刀切”的通知》《关于切实推进生态环境问题精准科学依法整改坚决禁止“一刀切”的通知》，对中央和省级生态环保督察交办的信访件和反馈问题，制定整改方案，精准、科学、依法整改。开展生态环境突出问题集中整治攻坚行动，印发《威海市生态环境突出问题集中整治攻坚行动方案》，在全市开展散煤治理、工业企业整治等十大专项行动，切实解决生态环境“痛点”“难点”问题。设立市级生态环境领域投诉举报热线，接到群众举报生态环境领域信访投诉案件41批次873件，先后召开重点案件评议会15次，案件全部办结并予以公开。

（王厚海）

全面深化改革

【概况】 2021年，中共威海市委坚定扛牢政治责任，聚焦省委“七个求突破”112项改革任务，全力以赴抓攻坚、促突破。省委112项重点改革任务中，威海市需贯彻落实98项，其中79项完成年度目标任务并持续完善、19项取得阶段性成效，自主谋划的107项改革任务全部完成年度目标任务，形成制度创新成果92项，7个改革案例被中共山东省委全面深化改革领导小组办公室推介中央全面深化改革委员会办公室。

【改革推进落实机制完善】 坚持以上率下 2月20日，市委书记、市委全面深化改革委员会主任张海波主持召开市委全面深化改革委员会会议暨改革工作推进会，听取各领域重大改革的思路打算，强调必须用好改革“关键一招”，破除体制机制障碍、激发资源要素活力。在全省率先出台年度改革工作要点，细化为205项改革任务，并组织市直部门研究制定263项创新突破任务，进一步明确路线图、任务书。

坚持系统谋划 印发《威海市深入推进系统集成改革总体方案》及任务分工台账，开展系统集成改革市级层面探索，筛选科技创新、精致城市等15个领域集中攻坚，并结合落实中共十九届六中全会和省委十一届十四次全会精神，将“系统集成改革”作为“十个争先”之一，引领形成改革攻坚整体合力。

坚持问题导向 全面梳理经济社会发展难点、堵点，提出需要高度关注、着力解决的24个重点问题，作为全年改革攻坚重中之重。8月，召开2021年需要高度关注、着力解决的重点问题推进（评估）会议，对牵头责任单位破解难题情况进行述职评议、评价打分，推动一批长期想解决而未能解决的历史问题、当下急需解决的堵点问题、群众关心关注的热点问题有效破解。

坚持全程督导 实行“月调度、季通报、半年评估、年终收账”改革推进落实机制，建立完善交办催办督办“三张清单”、改革述职评议、改革直通车、改革成效评估等工作机制，制定改革督察与巡察监督、审计监督联动协作办法，从年初抓到年尾，营造“全年抓攻坚”的浓厚氛围。

坚持典型引领 深入开展“学典型、促发展”比学赶超活动，推出精致城市、乡村振兴、为民办实事等领域149个典型，组织全市上下集中对标学习，推广一批典型经验、释放改革红利，有效调动干部群众改革创新的热情。

【重点领域改革任务落地】 经济体制和生态文明体制改革 围绕推动产业集群化、链条化发展，出台《关于加快先进制造业发展的实施意见》，印发十条优势产业链2021年度工作要点及图谱，逐条产业链梳理重点项目、企业梯次成长、科技创新突破等7类清单，高端医疗器械创新型产业集群入选国家创新型产业集群试点，威海市获评全国先进制造业百强市。围绕加快新旧动能转换，深入实施“千项技改、千企转型”、工业互联网赋能、智能化改造等行动，蓝海工业互联网平台入选国家级特色区域工业互联网平台，5个项目入选工业和信息化部新一代信息技术与制造业融合发展试点。围绕深化拓展“1+4+N”创新体系，推行“揭榜挂帅”、科研项目评审市场化等机制，全年高新技术产业产值增长12.6%，威海市入选新一批开展创新型城市建设名单。围绕做好“深耕日韩”工作，深入实施中韩自贸区地方经济合作示范区建设攻坚突破三年行动，持续深化威海—仁川“四港联动”、国家服务贸易创新发展试点，成功举办山东省—韩国经贸合作交流会暨韩国（山东）进口商品博览会、第二届中日科技创新合作大会等，跨境电商进出口总额增长8.1倍。围绕深入实施优化营商环境攻坚突破行动，打造全省首个政务服务“简易办”品牌，推出“威海营商行”服务平台，实现惠企政策一网集成、全景展现、免申即享；构建企业信用综合评价体系，推出“信用＋市场监管”“信用＋融资服务”等，威海市获评中国国际化营商环境建设标杆城市。围绕探索生态产品价值实现机制，出台蓝碳经济发展行动方案，建成海洋牧场“零碳”智慧用能示范区，焦念志院士工作站和海洋负排放研究中心成为国内唯一海洋生态经济主题院士工作站，威海市成为全国首个市级及所辖县级市全部建成国家生态文明建设示范区的城市。

民主法治领域改革 加强重点领域立法，建立“立法前评估、立法专家咨询、开门立法”3项机制，颁布《威海市城市国际化促进条例》《威海市停车服务和管理条例》，工作经验做法在全国会议上进行典型交流。打造政协“有事多商量”协商品牌，制定“有事多商量”协商平台建设意见，工作案例获评全省优秀创新案例，经验做法被中央电视台等媒体报道。不断优化法治营商环境，印发《行政执法委托管理规定》，荣成市入选法治指数评估县级试点，实施“首违不罚”“首违轻罚”的事项为全省最多。

文化体制改革 成功创建国家公共文化服务体系示范区，探索建立文化公益创投机制，制定公共文化服务类省级地方标准，万人拥有公共文化设施面积居全省第1位。建设市级融媒体技术平台，市县两级5个客户端、45个新媒体账号资源信息实现云存储、同使用，构建融媒发展新格局。健全文艺评价激励机制，制定国有文艺院团社会效益评价考核、国有文化企业“双效”考核评价办法，涌现出长篇报告文学《乳娘》、交响组歌《中国精神》、现代京剧《郭永怀》等文艺创作精品。推动文旅融合发展，以千里山海自驾旅游公路为着力点，沿线串联全市90%以上旅游资源，实现吃、住、行、游、购、娱等各环节数据互通互联、“一站式”服务，自驾游数量比上年增长492%、增幅列全国第2位。

社会体制改革 深化“六治一网”（强化政治党建引领、自治基础、法治保障、德治教化、智治支撑、信治激励作用，实施城乡网格化治理提升工程）市域社会治理模式，印发加强基层治理体系和治理能力现代化建设的意见，推动“1+2+N”民生服务平台优化整合，推出预付费治理平台“威海预付宝”，威海市连续2年获评中国最具幸福感

4 月 21 日，现代京剧《郭永怀》剧照　　（孙大伟　摄）

城市。优化惠民举措，统筹推进义务教育“双减”全国试点和基础教育国家级优秀教学成果推广应用示范区“双试点”，探索产教协同育人模式，所辖区（市）优质均衡发展系数全部达标；实现基层中药饮片集中配送市域全覆盖，中医医改经验获评 2021 年度全国“推进医改、服务百姓健康”十大创新举措。完善民生兜底保障，创新推出“威你保”商业医疗保险产品，填补群众医保目录外费用无保障的制度空白，医保基金监管智能化经验做法被国务院“放管服”专刊推广；构建“1+9+N”多层次梯度式救助体系，推广“威救你”社会救助综合信息平台，打造“海螺姑娘”特困供养服务品牌，经验做法获评 2021 年度社会救助领域创新实践优秀案例。

党的建设制度改革　聚焦增强全面从严治党工作系统性、协同性，印发《履行全面从严治党主体责任协调推进机制实施办法》，建立“1+4+2”协调推进机制，形成齐抓共管、协同推进的工作格局。聚焦深化干部人事制度改革，印发《关于进一步加强新时代干部队伍政治能力建设的实施意见》，健全年轻干部选育管用常态化机制，建立干部监督工作联席会议制度，有效激发干部队伍活力。聚焦基层党支部全面提升，建立星级党支部“建、评、管、用”工作机制、党员教育“1+5”制度体系，相关经验被省委办公厅刊发推广。聚焦全面强化乡村振兴组织保证，印发加强镇（街道）建设的意见、解决村（社区）建设若干突出问题的实施意见、镇（街道）职责任务清单，三年以上未发展党员的村全部销号，集体经济收入 5 万元以下的村实现清零，80% 以上村集体经济收入达 10 万元以上。

纪律检查体制改革　扎实推进干部作风大改进行动，用好纠治形式主义、官僚主义问题“直通车”机制，开展“五个一”（登门入户看一看、生活情况聊一聊、社情民意访一访、党的政策谈一谈、困难之处帮一帮）走访联系群众活动，以务实作风提升服务质量。强化各类监督贯通融合，印发《强化对“一把手”和领导班子监督“三张清单”》，用好政治监督提示、“红脸出汗”问题清单等制度，强化“四项监督”统筹衔接，构建“一盘棋”监督格局。持续推进清廉威海建设，印发“一案五看”压实党委（党组）主体责任做深做实查办案件“后半篇文章”工作办法，全市开展警钟长鸣“十二时”廉政教育宣讲 300 余场次，相关做法被《中国纪检监察报》等宣传推广。

（钱　龙）

组织机构及负责人名录（2021年12月）

【中国共产党威海市委员会】

书　记　张海波
副书记　闫剑波　贾瑞霭(女)
常　委　张海波　闫剑波
　　贾瑞霭(女)　王　亮
　　侯世超　傅广照　刘广华
　　任敬喜　刘升勤（女）
　　梁金光　姚玉辉
秘书长　侯世超

市委办公室
主　任　林　强*　张　璟

市委组织部
部　长　刘升勤(女)
分管日常工作的副部长　于所航

市委两新工委
书　记　孙玉建*　（缺）

市委宣传部
部　长　刘广华
分管日常工作的副部长　张瑞英(女)

社会科学界联合会（与宣传部合署）
主　席　王治国

市委统战部
部　长　梁金光
分管日常工作的副部长
　　姜文秋(女)*　周　兵

归国华侨联合会
主　席　杨志伟

市委政法委
书　记　傅广照
分管日常工作的副书记
　　孙新强*　曹志武

市委政策研究室
主　任　张　璟*　王洪洲

市委网信办
主　任　肖　怡(女)*　刘　源

市委编办
主　任　马绪福*　朱建超

市委台港澳工作办公室
主　任　杨志伟

市委市直机关工委
书　记　王　晓*　侯世超
分管日常工作的副书记　王　晓

市委老干部局
局　长　徐　力

市委离退休干部工委
书　记　徐　力

市委火炬高技术产业开发区工作委员会
书　记　刘　伟
副书记　柯学民

市委经济技术开发区（出口加工区）工作委员会
书　记　吕晓东*　（缺）
副书记　谭远国　王　清

市委威海临港经济技术开发区工作委员会
书　记　林　强
副书记　王　文* 梅延良
市委南海新区工作委员会
书　记　张海军
副书记　姜进军* 张凌飞

【威海市人民代表大会常务委员会】

主　任　王学文
副主任　丛培卿(女)　张　竞(女)
　　　　李文基　于东海
秘书长　杨万友
办公室
主　任　张海英(女)
研究室
主　任　修振竹
人事代表工作委员会
主　任　穆荣庆
预算工作委员会
主　任　岳　娜(女)
法制工作委员会
主　任　张吉军
财政经济工作委员会
主　任　张立成* 龙连荣
监察和司法工作委员会
主　任　焦　杨(女)
教育科学文化卫生工作委员会
主　任　李大超
城建环保工作委员会
主　任　褚昭晓
农业与农村工作委员会
主　任　张忠山
民族侨务外事工作委员会
主　任　张黎明
社会建设工作委员会
主　任　胡加乐
法制委员会
主　委　刘昌清
财政经济委员会
主　委　张立成
监察和司法委员会
主　委　李大伟
教科文卫委员会
主　委　栾　波
城乡建设和环境资源保护委员会
主　委　戚黎明
农业与农村委员会
主　委　刘德柏
民族侨务外事委员会
主　委　耿　涛
社会建设委员会
主　委　王麦壮

【威海市人民政府】

市　长　闫剑波
副市长　王　亮　杨　丽(女)
　　　　叶立耘　张　伟* 高书良
　　　　孙付春
秘书长　王　清* 邓　勇
市政府办公室
党组书记　王　清* 邓　勇
主　任　王　伟
发展和改革委员会
主　任　邓　勇* 刘树伟
教育局
局　长　徐东晖
市委教育工委
书　记　刘广华
常务副书记　徐东晖
科技局
局　长　王厚全
工业和信息化局
局　长　乔新跃* 邢海波
市委工业工委
书　记　乔新跃* 邢海波
公安局
局　长　叶立耘
政　委　王广跃
公安局交警支队（分局）
支队长（局长）　王道珊* 李　涛
政　委　于学龙
公安局海岸警察支队
支队长　高乃江
政　委　王学龙
民政局
局　长　栾　波* 孙玉建
司法局
局　长　李元敬* 刘士侠
山东省威海监狱
第一政委　李元敬* 刘士侠
监狱长　戚　健
政　委　高振平
财政局
局　长　董晓阳
人社局
局　长　王子明
自然资源和规划局
局　长　李大伟* 张　刚*
　　　　鞠　云
住房和城乡建设局
局　长　宋修德
生态环境局
局　长　毕建康
交通运输局
局　长　刘树伟* 刘　勇
水务局
局　长　毕兴全
农业农村局
党组书记　王焕孟* 周　华
局　长　周　华
海洋发展局
局　长　邢海文
商务局
局　长　乔　军
文化和旅游局
局　长　隋建波
卫生健康委(中医药管理局)
主　任　侯文金* 王　文
局　长　侯文金* 王　文
退役军人事务局
局　长　苑圣慧
应急管理局
局　长　梁　皓
审计局
局　长　于松涛
外办
党组书记　焦　华(女)
主　任　赵广洪
国资委
主　任　丛龙海
行政审批服务局（市政务服务管理办公室）
党组书记　王　亮
局长（主任）　高　飞
市场监督管理局
局　长　傅世涛
体育局
局　长　丛华清
统计局
党组书记　王京伟
局　长　周　宁
医疗保障局
局　长　苑　顺
人防办
主　任　王永池
地方金融监督管理局（市金融办）
局长（主任）　张　刚* 赵　冰
信访局
局　长　许德刚
林业局
局　长　周德纯

威海火炬高技术产业开发区管理委员会
主　任　刘　伟
副主任　柯学民　孙法春　丛建旭*　赵　林　侯成阳　巩玉滨（挂职）
威海经济技术开发区管理委员会（挂出口加工区管委牌子）
主　任　吕晓东*（缺）
副主任　王　清　谭远国　李英春　赵　冰*　王　启　梁　明　马玉鑫（挂职）
威海临港经济技术开发区管理委员会
主　任　林　强
副主任　王　文*　梅延良　丛　涛　蔡曙光　王维钢　马练军　史　新（挂职）
威海南海新区管理委员会
主　任　张海军
副主任　姜进军*　张凌飞　刘　杰　迟永伟　刘文杰*　王言明　丛　磊　胡　啸（挂职）

【中国人民政治协商会议威海市委员会】

主　席　高旭光
副主席　李淑芳(女)　戚建波　刘亚东(女)　任慧春*　徐东明　夏景华　陈伟胜　吕晓东　周　宁
秘书长　戴海波
办公室
主　任　于培涛
研究室
主　任　王警卫
提案委员会
主　任　袁文龙
人口资源环境和经济委员会
主　任　王金昌
农业和农村委员会
主　任　张兴民
教科卫体委员会
主　任　毕可德
港澳台侨和民族宗教外事委
主　任　李建军
社会法制委员会
主　任　张思玉(女)
文化文史和学习委员会
主　任　郭世勇
委员联络工作委员会
主　任　于加林*　谷建青

【中国共产党威海市纪律检查委员会】

书　记　任敬喜
副书记　李存杰　尹玉翠(女)　孙洪毅
市监察委员会
主　任　任敬喜
副主任　李存杰　尹玉翠(女)　孙洪毅
派驻第一纪检组
组长　邵洪涛
派驻第二纪检组
组长　王　荣(女)
派驻第三纪检组
组长　宋文静(女)*　何　虹
派驻第四纪检组
组长　宋修顺
派驻第五纪检组
组长　曲建龙
派驻第六纪检组
组长　张丰君
派驻第七纪检组
组长　孙洪毅*　谷建萍(女)
驻市法院纪检组
组长　宋桂娥(女)
驻市检察院纪检组
组长　王殿彬
驻市公安局纪检组
组长　彭　兵
驻市卫生健康委纪检组
组长　鞠爱君(女)

【市委巡察办】

主　任　谷衍宁
第一巡察组组长　程远臣
第二巡察组组长　由占胜
第三巡察组组长　栾国栋
第四巡察组组长　周高洁(女)
第五巡察组组长　王建华(女)

【法院、检察院】

威海市中级人民法院
院　长　黄明春
副院长　王树远*　于荣勋*　杨文昌　邱会军　宋　光　梁　伟　侯进荣(女)
威海高技术产业开发区法院
院　长　宫云举
威海经济技术开发区法院
院　长　宋　光*　原永忠
威海市人民检察院
检察长　王锡友
副检察长　孟　莲(女)　任建波　毕新状　姜夕同　刘海波
威海高技术产业开发区检察院
检察长　姜志芳(女)
威海经济技术开发区检察院
检察长　耿建忠*　刘万洋

【民主党派】

民革威海市委
主　委　李淑芳(女)*　刘德钧
民盟威海市委
主　委　周　宁
民建威海市委
主　委　于国胜
民进威海市委
主　委　陈伟胜*　陈卫萍(女)
农工党威海市委
主　委　李光华*　徐　伟(女)
致公党威海市委
主　委　于富波*　赵广洪
九三学社威海市委
主　委　贾国哲*　朱文娟(女)

【群众团体】

总工会
主　席　张　竞(女)
常务副主席　吴宏飞
共青团威海市委
书　记　许宏妮(女)*　申万兵
妇女联合会
主　席　彭　霞(女)
文学艺术界联合会
主　席　张建岭
科学技术协会
主　席　宋华东
工商业联合会
主　席　杨　丽(女)
党组书记　陈　文*　李忠楠
中国国际贸易促进委员会威海市委员会（中国国际商会威海商会）
会　长　毕可德*　张术晓
市残疾人联合会
党组书记　王维强
理事长　王维强*　陈卫萍(女)
红十字会
会　长　高书良
党组书记　徐志勤*　葛平修
常务副会长　徐志勤*　葛平修

【市属事业单位、经济组织】

市档案馆
馆　长　耿　涛*　周志远
市接待事务中心
主　任　李世良
威海日报社（威海报业传媒集团）
社　长　鞠宏宇
市老年大学
校　长　刘　杰
中共威海市委党校
校　长　张海波
副校长　许祖强　连殿武*　王绍臣
王肖杰　秦立兴　王明勇
市行政学院
院　长　（缺）
副院长　孙　明
市社会主义学院
院　长　（缺）
胶东(威海)党性教育基地管理办公室
主　任　许祖强*　许庆耀
市委党史研究院（市地方史志研究院）
院　长　耿祥星
市政府驻北京办事处
主　任　王海民
在京流动党员党委
书　记　王海民
市政府驻济南办事处
主　任　唐大鹏
市口岸事务服务中心
主　任　许英文
市大数据中心
主　任　王　伟*　荆　文
市机关事务服务中心
主　任　王治强
市政府决策研究中心
主　任　杨华卫
市能源事业发展中心
主　任　王　涛*　刘　琰
山东省文登师范学校
党委书记　张华燕*　黄峻峰
校　　长　韩文斐
山东省威海艺术学校
党委书记　苗　雨
校　　长　高淑丽(女)
职业中等专业学校
党委书记　连承平
校　　长　朱文娟(女)
科技创新发展中心
主　任　姜松波
市工业和信息化发展中心
主　任　张术晓*　唐文强
财政事业中心
主　任　梁　青
财政管理服务中心
主　任　王以威
公共就业和人才服务中心
主　任　王吉会
社会保险事业中心
主　任　郭良田
自然资源综合服务中心
主　任　于海涛
市住房保障公共服务中心
主　任　李瑞玲(女)
市城市管理综合服务中心
主　任　张晓光
市交通运输事务服务中心
主　任　徐海洋*　于雪辉
市公路事业发展中心
主　任　刘　勇*　吴　锋
市水利事务服务中心
主　任　刘建国
市农业农村事务服务中心
主　任　徐发荣
市畜牧业发展中心
主　任　张　辉*　刘正杰
海洋发展研究院
院　长　倪国良
市疾病控制中心
党委书记　毕春光
市立医院
党委书记　林治军
院　　长　李振光
市中心医院
党委书记　邹东明
院　　长　隋海明
市中医院
党委书记　兰胜才
院　　长　孙建新
市妇幼保健院（市妇女儿童医院）
党委书记　丁甫春
院　　长　张恩东
市体育运动学校
党总支书记　于年洪
校　　长　李小谦
市供销合作社联合社
主　　任　唐会启*　许宏妮(女)
监事会主任　邹德强*　李　珣
威海仲裁委员会秘书处
秘书长　郝　芳(女)
市广播电视台（威海广电传媒集团）
台　长　毕晟磊
刘公岛管理委员会（市景区管理行政执法局）
党委书记　刘　震
主　　任　刘　震*　周德刚
局　长　周德刚*　徐焱明
市住房公积金管理中心
主　任　宋吉信
威海职业学院（市技术学院）
党委书记　吴永刚
院　　长　李耀华
副 书 记　李耀华　李建刚
副 院 长　孙忠峰　董　先
纪委书记　丛培明
威海海洋职业学院
党委书记　刘勤显
院　　长　张宗军
副 书 记　张宗军　周承凯
副 院 长　王星淘　王乾亮
纪委书记　王树春
威海技师学院
党委书记　隋永华
院　　长　石曰众
副 书 记　石曰众
副 院 长　程学兵　李　宁
龙新海
纪委书记　杨　君

【区、市】

中国共产党威海市环翠区委员会
书　记　王　坤*　徐　明*
张　刚
副书记　徐　明*　邢海波*
于晓东　于晓光(女)
常　委　王　坤*　徐　明*
张　刚　邢海波*
于晓东　于晓光(女)
孙青松(女)*　孙　军
荣传伟*　甄　峰*
林　莅*　张元波
沈燕萍(女)　周佳俊*
张　勇　王　志　周永前
威海市环翠区人民代表大会常务委员会
主　任　刘光辉
副主任　黄式璞　韩　静(女)
戚务海　刘玉波　沙建强
威海市环翠区人民政府
区　长　徐　明*
邢海波*　（缺）
副区长　于晓东　孙　军　尹振山
沈燕萍(女)*　苏卫军*

林青松　王永钊（挂职）*
王文萍(女)
王晨旭（科技副区长）
刘　斌　崔军强

政协威海市环翠区委员会
主　席　连业礼*　孙青松(女)
副主席　隋良杰(女)　黄福涛
张华龙　邓　洁(女)

中国共产党威海市环翠区纪律检查委员会
书　记　孙青松(女)*　张　勇

环翠区监察委员会
主　任　孙青松(女)*　（缺）

中国共产党威海市文登区委员会
书　记　张宏璞*　乔新跃
副书记　林　恒*　隋同朋*
于明涛（挂职）*　单浩仁
常　委　张宏璞*　乔新跃　林　恒*
隋同朋*　于明涛（挂职）*
单浩仁　姜全文　张凌飞*
刘　军　刘新伟
王爱林（挂职）*
高桂阳　张晓威
王　亮*　岳欣茹(女)
刘　超（挂职）　韩　帅
宋国华　周佳俊

威海市文登区人民代表大会常务委员会
主　任　张建亭
副主任　李健夫　王丽珍(女)
江先才　孙显林*
褚元鹏　徐文建

威海市文登区人民政府
区　长　林　恒*　（缺）
副区长　单浩仁　张凌飞*
王爱林（挂职）*
刘建方*　李　正*
刘　斌*　杨东鹤*
刘　丽(女)
刘　超（挂职）
李惠静(女，科技副区长)
宋国华　尹　剑
刘希杰　刘兆磊

政协威海市文登区委员会
主　席　毕庶杰
副主席　王江炜　杨学文
黄梅花(女)
毕卫刚　姜浩宁　姜红江

中国共产党威海市文登区纪律检查委员会
书　记　姜全文*　韩　帅

文登区监察委员会
主　任　姜全文*　（缺）

中国共产党荣成市委员会
书　记　包希安*　徐　明
副书记　宋修骞*　王洪晓
单浩仁（挂职）*　郑跃文
申万兵
常　委　包希安*　徐　明
宋修骞*　王洪晓
单浩仁（挂职）*
郑跃文　申万兵　张　勇*
王　刚　李洪霞(女)
张国杰*　刘熙军
黄　丹（挂职）*　李文海
胡留生　王　焓（挂职）*
王得志　张　辉（挂职）
刘明君　张月明

荣成市人民代表大会常务委员会
主　任　吕劭伟
副主任　徐志兵　刘书国　王凤阳*
邹德新　慕林辉
田永霞(女)

荣成市人民政府
市　长　宋修骞*　（缺）
副市长　郑跃文　黄　丹（挂职）*
隋艳秋(女)　刘金军*
白雪松　刘华杰
王　焓（挂职）*
张　辉（挂职）
刘　峰(科技副市长)
戚　媚(女)

政协荣成市委员会
主　席　战大海
副主席　张积聚　郭光远　孙建明
王继静(女)　张新颖(女)
武华锋

中国共产党荣成市纪律检查委员会
书　记　张　勇*　张月明

荣成市监察委员会
主　任　张　勇*　（缺）

中国共产党乳山市委员会
书　记　周　兵*　刘奎忠
副书记　宫本杲*　王大治
何　旭（挂职）
常　委　周　兵*　刘奎忠
宫本杲*　王大治
何　旭（挂职）
卫　玮　李映华　于志昂*
韩　帅*　吕建川*
许　鹏　刘建忠
侯卫强*　刘培根
张华明（挂职）*　鞠鹏飞
田　彬　张兴武（挂职）
杨东鹤　孟凡勇

乳山市人民代表大会常务委员会
主　任　姜翠萍(女)
副主任　高翠玲(女)　矫伟宏
孙保广　侯常青　焉　涛

乳山市人民政府
市　长　宫本杲
副市长　许　鹏　张华明（挂职）*
宫洪霞(女)　姜春龙
刘　新　宋国华*
张兴武（挂职）
刘海霞(女，科技副市长)
殷　静(女)

政协乳山市委员会
主　席　李国徽
副主席　李新权　丛宝云
曲华良　张　平

中国共产党乳山市纪律检查委员会
书　记　李映华*　杨东鹤

乳山市监察委员会
主　任　李映华*　（缺）

【中央、省驻威海单位】

威海市国家安全局
局　长　马　群

威海市气象局
局　长　于志青

国家税务总局威海市税务局
局　长　邱中国*　丛　琳

中华人民共和国威海海关
关　长　张东方

中华人民共和国荣成海关
关　长　王吉宏

中华人民共和国威海海事局
局　长　张向上

山东省威海船舶检验局
局　长　王曙明

威海市邮政管理局
局　长　于　洋

中国邮政集团公司威海市分公司
总经理　裴周轶

中国联合网络通信有限公司威海分公司
总经理　刘玉华（女）*　宋文杰

中国移动通信集团山东有限公司威海分公司
总经理　王成杰

中国电信股份有限公司威海分公司
总经理　隆新华

国网威海供电公司
总 经 理　陈志勇
党委书记　于忠杰*　王志忠
中国银行保险监督管理委员会
　威海监管分局
局　长　刘兰设
中国人民银行威海市中心支行
行　长　关志勇
中国农业发展银行威海市分行
行　长　万鲁峰
中国工商银行股份有限公司
　威海分行
行　长　鞠　雷
中国农业银行威海分行
行　长　孔令军
中国银行股份有限公司威海分行
行　长　丁瑞梁
中国建设银行股份有限公司
　威海分行
行　长　李海建
中国邮政储蓄银行威海市分行
行　长　赵　林
交通银行股份有限公司威海分行
行　长　苏小龙*　姜　宏
山东省农村信用社联合社
　威海审计中心
主　任　苏明军
威海市商业银行
董事长　谭先国
行　长　孟东晓
监事长　邓　卫
山东威海农村商业银行股份
　有限公司（威海农商银行）
董事长　刘韶伟
中国人民财产保险股份有限公司
　威海市分公司
总经理　顾恩谭*　王祝炜
中国人寿保险股份有限公司
　威海分公司
总经理　王秀泰
威海市烟草专卖局（公司）
局长（总经理）　张敬全
中国石化销售有限公司山东
　威海石油分公司
经　理　芦春阳
党委书记　王忠峰
中国石油天然气股份有限公司
　山东威海销售分公司
经　理　王　滨
华能威海发电有限责任公司
党委书记、执行董事　卢德平*
史本天
厂长、党委副书记　吴建国
山东省威海体育训练中心
主　任　谷永波
山东大学（威海）
党工委书记　尹作升
党工委副书记　李振奎　杜言敏
周慧如
校　长　刘建亚
副 校 长　赵玉璞　刘　海
夏利东　黄凯南*
肖金明
纪工委书记　杜言敏
哈尔滨工业大学（威海）
校　长　徐晓飞
党委书记　姜　波*　张淑娣
党委副书记　王建文　赵国亮
王彦岩
副 校 长　钟诗胜　曲世友*
赵国亮　张文丛
姜永远
纪委书记　王建文
山东药品食品职业学院
党委书记　刘玉东
院　长　张　晖(女)
党委副书记　许学新
副 院 长　李淑霞(女)
贾　强　杜进元
纪委书记　车献庆
山东交通学院威海校区
党建工作领导小组组长　姜华平
山东外事职业大学
校　长　孙承武
常务校长　刘先义
党委副书记、副校长
李恒强（主持工作）
副 校 长　张介公　王　建
孙彤宇　魏伯河
哈尔滨理工大学荣成校区
党委书记　刘云峰*　张立双
党委副书记　赵运平
院　长　徐向晨*　段宏伟
副 院 长　杜　野　刘云峰
沈俊峰　董晶颢
北京交通大学（威海）
管委会主任　关忠良
党委书记、管委会常务副主任
李宏林*　孙文博
管委会副主任　刘　颖
党委副书记、管委会副主任
李香山　林万梁
管委会副主任　白延雷
管委会副主任　肖贵平
山东铝业职业学院威海校区
党委书记、院长　杜树宇
党委副书记、纪委书记　贾永臣
副院长　周焕启　李峰海　王　磊
李　波　张新红　原伟明

组织机构及负责人名录（2022年6月）

【中国共产党威海市委员会】
书　记　张海波*　闫剑波
副书记　闫剑波*　贾瑞霭(女)*
孔凡萍(女)
常　委　张海波*　闫剑波
贾瑞霭(女)*　孔凡萍(女)
王　亮*　侯世超*
傅广照*　刘广华*
任敬喜*　刘升勤(女)
梁金光*　姚玉辉
杨旭东　徐　杰　李　建
林　强　于　宁　张宏璞
秘书长　侯世超*　李　建
市委办公室
主　任　张　璟
市委组织部
部　长　刘升勤(女)
分管日常工作的副部长
于所航*　徐　力
市委两新工委
书　记　（缺）
市委宣传部
部　长　刘广华*　徐　杰
分管日常工作的副部长
张瑞英(女)*　毕晟磊
社会科学界联合会（与宣传部合署）
主　席　王治国
市委统战部
部　长　梁金光*　刘升勤(女)
分管日常工作的副部长　周　兵
归国华侨联合会
主　席　杨志伟
市委政法委
书　记　傅广照*　于　宁
分管日常工作的副书记　曹志武

市委政策研究室
主　任　王洪洲
市委网信办
主　任　刘　源
市委编办
主　任　朱建超
市委台港澳工作办公室
主　任　杨志伟
市委市直机关工委
书　记　侯世超* 李　建
分管日常工作的副书记
王　晓* 李　强
市委老干部局
局　长　徐　力* 许庆耀
市委离退休干部工委
书　记　徐　力* 许庆耀
市委火炬高技术产业开发区工作委员会
书　记　刘　伟
副书记　柯学民
市委经济技术开发区（出口加工区）工作委员会
书　记　（缺）
副书记　谭远国* 王　清　王　启
市委威海临港经济技术开发区工作委员会
书　记　林　强
副书记　梅延良
市委南海新区工作委员会
书　记　张海军* 邢海文
副书记　张凌飞

【威海市人民代表大会常务委员会】

主　任　王学文* 贾瑞霞(女)
副主任　丛培卿(女)* 张　竞(女)
李文基　于东海　乔　军
李振光
秘书长　杨万友* 于所航
办公室
主　任　张海英(女)
研究室
主　任　修振竹*　（缺）
人事代表工作委员会
主　任　穆荣庆
预算工作委员会
主　任　岳　娜(女)
法制工作委员会
主　任　张吉军*　（缺）
财政经济工作委员会
主　任　龙连荣
监察和司法工作委员会
主　任　焦　杨(女)*　（缺）
教育科学文化卫生工作委员会
主　任　李大超
城建环保工作委员会
主　任　褚昭晓* 王维强
农业与农村工作委员会
主　任　张忠山* 王京伟
民族侨务外事工作委员会
主　任　张黎明* 张建岭
社会建设工作委员会
主　任　胡加乐* 刘树伟
法制委员会
主　委　刘昌清
财政经济委员会
主　委　张立成
监察和司法委员会
主　委　李大伟
教科文卫委员会
主　委　栾　波* 李振光
城乡建设和环境资源保护委员会
主　委　戚黎明* 宋修德
农业与农村委员会
主　委　刘德柏* 傅世涛
民族侨务外事委员会
主　委　耿　涛* 张瑞英(女)
社会建设委员会
主　委　王麦壮* 王子明

【威海市人民政府】

市　长　闫剑波* 孔凡萍(女，代)
副市长　王　亮* 杨　丽(女)
叶立耘* 高书良*
孙付春　林　强　张宏璞
董晓飞　邓　勇　徐　明
秘书长　邓　勇* 梁　皓
市政府办公室
党组书记　邓　勇* 梁　皓
主　任　王　伟
发展和改革委员会
主　任　刘树伟* 隋同朋
教育局
局　长　徐东晖
市委教育工委
书　记　刘广华* 徐　杰
常务副书记　徐东晖
科技局
局　长　王厚全* 谭远国
工业和信息化局
局　长　邢海波
市委工业工委
书　记　邢海波
公安局
局　长　叶立耘* 董晓飞
政　委　王广跃
公安局交警支队（分局）
支队长（局长）　李　涛
政　委　于学龙
公安局海岸警察支队
支队长　高乃江
政　委　王学龙
民政局
局　长　孙玉建
司法局
局　长　刘士侠
山东省威海监狱
第一政委　刘士侠
监狱长　戚　健
政　委　高振平
财政局
局　长　董晓阳* 宋忠勇
人社局
局　长　王子明* 马绪福
自然资源和规划局
局　长　鞠　云
住房和城乡建设局
局　长　宋修德* 李瑞玲(女)
生态环境局
局　长　毕建康
交通运输局
局　长　刘　勇
水务局
局　长　毕兴全
农业农村局
党组书记　周　华
局　长　周　华
海洋发展局
局　长　邢海文* 陈丕松
商务局
局　长　乔　军* 宫本杲
文化和旅游局
局　长　隋建波* 许宏妮(女)
卫生健康委(中医药管理局)
主　任　王　文
局　长　王　文
退役军人事务局
局　长　苑圣慧* 荣传伟
应急管理局
局　长　梁　皓* 刘　伟
审计局
局　长　于松涛
外办
党组书记　焦　华(女)

主　任　赵广洪
国资委
主　任　丛龙海
行政审批服务局（市政务服务管理办公室）
党组书记　王　亮*　林　强
局长（主任）　高　飞*　徐　林
市场监督管理局
局　长　傅世涛*　张术晓
体育局
局　长　丛华清*　姜进军
统计局
党组书记　王京伟*　刘　青
局　长　周　宁
医疗保障局
局　长　苑　顺
人防办
主　任　王永池
地方金融监督管理局（市金融办）
局长（主任）　赵　冰*　张宗浩
信访局
局　长　许德刚
林业局
局　长　周德纯
威海火炬高技术产业开发区管理委员会
主　任　刘　伟
副主任　柯学民　孙法春　赵　林
侯成阳　巩玉滨（挂职）
于维锋
威海经济技术开发区管理委员会（挂出口加工区管委牌子）
主　任　（缺）
副主任　王　清　谭远国*　李英春
王　启　梁　明
马玉鑫（挂职）　邵明光
威海临港经济技术开发区管理委员会
主　任　林　强
副主任　梅延良　丛　涛　蔡曙光
王维钢　马练军
史　新（挂职）
威海南海新区管理委员会
主　任　张海军*　邢海文
副主任　张凌飞　刘　杰
迟永伟　王言明
丛　磊　胡　啸（挂职）

【中国人民政治协商会议威海市委员会】

主　席　高旭光
副主席　李淑芳(女)*　戚建波*
刘亚东(女)*　徐东明*
夏景华*　陈伟胜*
吕晓东*　周　宁
吴永刚　董晓阳
彭　霞(女)　韩文斐
赵广洪　朱文娟(女)
秘书长　戴海波*　宋修骞
办公室
主　任　于培涛
研究室
主　任　王警卫
提案委员会
主　任　袁文龙*　王　晓
人口资源环境和经济委员会
主　任　王金昌*　赵广洪
农业和农村委员会
主　任　张兴民*　隋建波
教科卫体委员会
主　任　毕可德
港澳台侨和民族宗教外事委
主　任　李建军
社会法制委员会
主　任　张思玉(女)*　丛华清
文化文史和学习委员会
主　任　郭世勇
委员联络工作委员会
主　任　谷建青

【中国共产党威海市纪律检查委员会】

书　记　任敬喜*　杨旭东
副书记　李存杰　尹玉翠(女)
孙洪毅
市监察委员会
主　任　任敬喜*　杨旭东
副主任　李存杰　尹玉翠(女)
孙洪毅
派驻第一纪检组
组长　邵洪涛
派驻第二纪检组
组长　王　荣(女)
派驻第三纪检组
组长　何　虹
派驻第四纪检组
组长　宋修顺
派驻第五纪检组
组长　曲建龙
派驻第六纪检组
组长　张丰君
派驻第七纪检组
组长　谷建萍(女)
驻市法院纪检组
组长　宋桂娥(女)
驻市检察院纪检组
组长　王殿彬
驻市公安局纪检组
组长　彭　兵
驻市卫生健康委纪检组
组长　鞠爱君(女)

【市委巡察办】

主　任　谷衍宁*　（缺）
第一巡察组组长　程远臣*
臧红芳(女)
第二巡察组组长　由占胜
第三巡察组组长　栾国栋
第四巡察组组长　周高洁(女)
第五巡察组组长　王建华(女)

【法院、检察院】

威海市中级人民法院
院　长　黄明春
副院长　杨文昌　邱会军　宋　光
梁　伟　侯进荣(女)
威海高技术产业开发区法院
院　长　宫云举
威海经济技术开发区法院
院　长　原永忠
威海市人民检察院
检 察 长　王锡友*　李　峰
副检察长　孟　莲(女)　任建波
毕新状　姜夕同　刘海波
威海高技术产业开发区检察院
检察长　姜志芳(女)
威海经济技术开发区检察院
检察长　刘万洋

【民主党派】

民革威海市委
主　委　刘德钧
民盟威海市委
主　委　周　宁
民建威海市委
主　委　于国胜
民进威海市委
主　委　陈卫萍(女)
农工党威海市委
主　委　徐　伟(女)
致公党威海市委
主　委　赵广洪
九三学社威海市委
主　委　朱文娟(女)

【群众团体】

总工会
主　席　张　竞(女)*　乔　军
常务副主席　吴宏飞
共青团威海市委
书　记　申万兵*　（缺）
妇女联合会
主　席　彭　霞(女)*　郝　芳(女)
文学艺术界联合会
主　席　张建岭*　邢　飞
科学技术协会
主　席　宋华东
工商业联合会
主　　席　杨　丽(女)
党组书记　李忠楠
中国国际贸易促进委员会威海市委员会（中国国际商会威海商会）
会　长　张术晓*　邵　伟
市残疾人联合会
党组书记　王维强*　苗建臣
理 事 长　陈卫萍(女)
红十字会
会　　长　高书良*　林 强
党 组 书 记　葛平修
常务副会长　葛平修

【市属事业单位、经济组织】

市档案馆
馆　长　周志远
市接待事务中心
主　任　李世良
威海日报社（威海报业传媒集团）
社　长　鞠宏宇
市老年大学
校　长　刘　杰
中共威海市委党校
校　长　张海波*　闫剑波
副校长　许祖强　王绍臣　王肖杰　秦立兴　王明勇
市行政学院
院　长　（缺）
副院长　孙　明
市社会主义学院
院　长　（缺）
胶东(威海)党性教育基地管理办公室
主　任　许庆耀*　楚茂滨
市委党史研究院（市地方史志研究院）
院　长　耿祥星
市政府驻北京办事处
主　任　王海民
在京流动党员党委
书　记　王海民
市政府驻济南办事处
主　任　唐大鹏
市口岸事务服务中心
主　任　许英文
市大数据中心
主　任　荆　文
市机关事务服务中心
主　任　王治强
市政府决策研究中心
主　任　杨华卫
市能源事业发展中心
主　任　刘　琰
山东省文登师范学校
党委书记　黄峻峰
校　长　韩文斐
山东省威海艺术学校
党委书记　苗　雨
校　长　高淑丽(女)
职业中等专业学校
党委书记　连承平
校　长　朱文娟(女)
科技创新发展中心
主　任　姜松波
市工业和信息化发展中心
主　任　唐文强
财政事业中心
主　任　梁　青
财政管理服务中心
主　任　王以威
公共就业和人才服务中心
主　任　王吉会
社会保险事业中心
主　任　郭良田
自然资源综合服务中心
主　任　于海涛
市住房保障公共服务中心
主　任　李瑞玲（女）*（缺）
市城市管理综合服务中心
主　任　张晓光
市交通运输事务服务中心
主　任　于雪辉
市公路事业发展中心
主　任　吴　锋
市水利事务服务中心
主　任　刘建国
市农业农村事务服务中心
主　任　徐发荣
市畜牧业发展中心
主　任　刘正杰
海洋发展研究院
院　　长　倪国良*　（缺）
市疾病控制中心
党委书记　毕春光
市立医院
党委书记　林治军
院　　长　李振光
市中心医院
党委书记　邹东明
院　　长　隋海明
市中医院
党委书记　兰胜才
院　　长　孙建新
市妇幼保健院（市妇女儿童医院）
党委书记　丁甫春
院　　长　张恩东
市体育运动学校
党总支书记　于年洪
校　长　李小谦
市供销合作社联合社
主　任　许宏妮(女)*　刘　鹏
监事会主任　李　珣
威海仲裁委员会秘书处
党组书记　郝　芳(女)*　倪国良
秘 书 长　郝　芳(女)*　于国胜
市广播电视台（威海广电传媒集团）
台　　长　毕晟磊*　孙　东
刘公岛管理委员会（市景区管理行政执法局）
党委书记　刘　震
主　　任　周德刚
局　　长　徐焱明
市住房公积金管理中心
主　　任　宋吉信*　宋　斌
威海职业学院（市技术学院）
党委书记　吴永刚*　（缺）
院　　长　李耀华
副 书 记　李耀华　李建刚
副 院 长　孙忠峰　董　先
纪委书记　丛培明
威海海洋职业学院
党委书记　刘勤显
院　　长　张宗军
副 书 记　张宗军　周承凯
副 院 长　王星海　王乾亮
纪委书记　王树春
威海技师学院
党委书记　隋永华*　（缺）
院　　长　石日众
副 书 记　石日众
副 院 长　程学兵　李　宁　龙新海

纪委书记　杨　君

【区、市】

中国共产党威海市环翠区委员会
书　记　张　刚
副书记　于晓东　于晓光(女)
常　委　张　刚　于晓东
　　于晓光(女)　孙　军*
　　张元波　沈燕萍(女)
　　尹振山　张　勇
　　王　志　周永前
　　刘永胜　郑　磊
威海市环翠区人民代表大会常务委员会
主　任　刘光辉*　孙　军
副主任　黄式璞　韩　静(女)
　　戚务海*　刘玉波*
　　沙建强　邹　杰　陈英欣
威海市环翠区人民政府
区　长　于晓东
副区长　于晓东*　孙　军*
　　尹振山*　林青松*
　　王文萍(女)
　　王晨旭（科技副区长）
　　刘　斌　崔军强　张元波
　　刘永胜　邹　伟
政协威海市环翠区委员会
主　席　孙青松(女)
副主席　隋良杰(女)*　黄福涛*
　　张华龙*　邓　洁(女)
　　林青松　于　超
　　宋　崴(女)　毕建鹏
中国共产党威海市环翠区纪律检查委员会
书　记　张　勇
环翠区监察委员会
主　任　张　勇
中国共产党威海市文登区委员会
书　记　乔新跃
副书记　单浩仁　刘　军
常　委　乔新跃　单浩仁　姜全文*
　　刘　军　刘新伟
　　王爱林（挂职）*
　　高桂阳　张晓威
　　岳欣茹(女)
　　刘　超（挂职）
　　韩　帅　宋国华
　　周佳俊　杨波涛
威海市文登区人民代表大会常务委员会
主　任　张建亭
副主任　李健夫*　王丽珍(女)
　　江先才*　褚元鹏*
　　徐文建　王江炜
　　姜福军　邢利明
威海市文登区人民政府
区　长　单浩仁
副区长　单浩仁*　刘　丽(女)*
　　刘　超（挂职）
　　李惠静(女，科技副区长)
　　宋国华　尹　剑　刘希杰
　　刘兆磊　刘新伟
　　顾甜甜(女)
政协威海市文登区委员会
主　席　毕庶杰*　姜全文
副主席　王江炜*　杨学文
　　黄梅花(女)　毕卫刚*
　　姜浩宁*　姜红江
　　刘　丽(女)　王基杰
中国共产党威海市文登区纪律检查委员会
书　记　韩　帅
文登区监察委员会
主　任　韩　帅
中国共产党荣成市委员会
书　记　徐　明
副书记　王洪晓*　郑跃文　申万兵
常　委　徐　明　郑跃文　王洪晓*
　　申万兵　王　刚*
　　李洪霞(女)*　刘熙军
　　李文海*　胡留生
　　王得志　张　辉（挂职）
　　刘明君　张月明
　　隋艳秋(女)　刘华杰
　　李彦伟
荣成市人民代表大会常务委员会
主　任　吕劭伟*　王洪晓
副主任　徐志兵*　刘书国*
　　邹德新*　慕林辉*
　　田永霞(女)　李洪霞(女)
　　郭光远　王志勇　张　威
荣成市人民政府
市　长　郑跃文
副市长　郑跃文*　隋艳秋(女)*
　　白雪松　刘华杰
　　张　辉（挂职）
　　刘　峰(科技副市长)
　　戚　媚(女)　王得志
　　刘全良　王曙光
政协荣成市委员会
主　席　战大海*　王　刚
副主席　张积聚*　郭光远*
　　孙建明*　王继静(女)
　　张新颖(女)　武华锋
　　李文海　王立新
中国共产党荣成市纪律检查委员会
书　记　张月明
荣成市监察委员会
主　任　张月明
中国共产党乳山市委员会
书　记　刘奎忠
副书记　王大治　何　旭（挂职）
　　李映华
常　委　刘奎忠　王大治
　　何　旭（挂职）
　　卫　玮　李映华
　　许　鹏*　刘建忠
　　刘培根　鞠鹏飞
　　田　彬　张兴武（挂职）
　　杨东鹤　孟凡勇
　　姜春龙　鞠红燕(女)
乳山市人民代表大会常务委员会
主　任　姜翠萍(女)*　李国徽
副主任　高翠玲(女)*　矫伟宏*
　　孙保广*　侯常青*
　　焉　涛　宫洪霞(女)
　　姚　飞　王世建　姜泽景
乳山市人民政府
市　长　宫本杲*　王大治
副市长　许　鹏*　宫洪霞(女)*
　　姜春龙　刘　新
　　张兴武（挂职）
　　刘海霞(女，科技副市长)
　　殷　静(女)　田　彬
　　宋　磊　李庆龙
政协乳山市委员会
主　席　李国徽*　许　鹏
副主席　李新权　丛宝云　曲华良*
　　张　平　侯常青　马洪强
　　姜　华(女)
中国共产党乳山市纪律检查委员会
书　记　杨东鹤
乳山市监察委员会
主　任　杨东鹤

（市委组织部提供）

【中央、省驻威海单位】

威海市国家安全局
局　长　马　群
威海市气象局
局　长　于志青
国家税务总局威海市税务局
局　长　丛　琳

中华人民共和国威海海关
关　长　张东方
中华人民共和国荣成海关
关　长　王吉宏
中华人民共和国威海海事局
局　长　张向上
山东省威海船舶技术服务中心
主　任　王曙明
威海市邮政管理局
局　长　于　洋
中国邮政集团公司威海市分公司
总经理　裴周轶
中国联合网络通信有限公司威海分公司
总经理　宋文杰
中国移动通信集团山东有限公司威海分公司
总经理　王成杰*　孙凤华
中国电信股份有限公司威海分公司
总经理　隆新华
国网威海供电公司
总经理　陈志勇
党委书记　王志忠
中国银行保险监督管理委员会威海监管分局
局　长　刘兰设
中国人民银行威海市中心支行
行　长　关志勇
中国农业发展银行威海市分行
行　长　万鲁峰
中国工商银行股份有限公司威海分行
行　长　鞠　雷
中国农业银行威海分行
行　长　孔令军
中国银行股份有限公司威海分行
行　长　丁瑞梁
中国建设银行股份有限公司威海分行
行　长　李海建
中国邮政储蓄银行威海市分行
行　长　赵　林
交通银行股份有限公司威海分行
行　长　姜　宏

山东省农村信用社联合社威海审计中心
主　任　苏明军
威海市商业银行
董事长　谭先国
行　长　孟东晓
监事长　邓　卫
山东威海农村商业银行股份有限公司（威海农商银行）
董事长　刘韶伟
中国人民财产保险股份有限公司威海市分公司
总经理　王祝炜
中国人寿保险股份有限公司威海分公司
总经理　王秀泰
威海市烟草专卖局（公司）
局长（总经理）　张敬全
中国石化销售有限公司山东威海石油分公司
经　理　芦春阳*　郭　楠
党委书记　王忠峰
中国石油天然气股份有限公司山东威海销售分公司
经　理　王　滨
华能威海发电有限责任公司
党委书记、执行董事　史本天
厂长、党委副书记　吴建国
山东省威海体育训练中心
主　任　谷永波
山东大学（威海）
党工委书记　尹作升
党工委副书记　李振奎　杜言敏*　周慧如
校　长　刘建亚
副校长　赵玉璞　刘　海　夏利东　肖金明
哈尔滨工业大学（威海）
校　长　徐晓飞
党委书记　张淑娣
党委副书记　王建文　赵国亮　王彦岩
副校长　钟诗胜　赵国亮　张文丛　姜永远

纪委书记　王建文
山东药品食品职业学院
党委书记　刘玉东
院　长　张　晖(女)
党委副书记　许学新
副院长　李淑霞(女)　贾　强　杜进元
纪委书记　车献庆
山东交通学院威海校区
党建工作领导小组组长　姜华平
山东外事职业大学
校　长　孙承武
常务校长　刘先义
党委副书记、副校长　李恒强（主持工作）
副校长　张介公　王　建　孙彤宇　魏伯河
哈尔滨理工大学荣成校区
党委书记　张立双
院长兼党委副书记　段宏伟
党委副书记　赵运平
副院长　杜　野　刘云峰　沈俊峰　董晶颢
北京交通大学（威海）
管委会主任　关忠良
党委书记、管委会常务副主任　孙文博
管委会副主任　刘　颖
党委副书记、管委会副主任　李香山　林万梁
管委会副主任　白延雷
管委会副主任　肖贵平
山东铝业职业学院威海校区
党委书记、院长　杜树宇
党委副书记、纪委书记　贾永臣
副院长　王　磊　李　波　张新红　原伟明　周焕启　李峰海

说明：* 表示年内离任

（各相关单位提供）

编辑　闫拥军

中国共产党威海市委员会

综　述

【概况】　中国共产党威海市第十五届委员会于2017年3月产生，任期5年。至2021年年底，实有委员42人、候补委员8人，常务委员会委员11人。市委设置市纪律检查委员会监察委员会机关和市委办公室［市档案局、市委保密委员会办公室（市国家保密局）］、市委组织部（市委非公有制经济组织和社会组织工作委员会、市公务员局）、市委宣传部（市政府新闻办公室、市精神文明建设委员会办公室）、市委统一战线工作部（市民族宗教事务局、市政府侨务办公室）、市委政法委员会、市委政策研究室（市委全面深化改革委员会办公室）、市委网络安全和信息化委员会办公室（市互联网信息办公室）、市委机构编制委员会办公室、市委台港澳工作办公室（市政府台港澳事务办公室、市海峡两岸交流基地管理办公室）、市委市直机关工作委员会、市委巡察工作领导小组办公室、市委老干部局12个工作机关。

重要会议、决策及部署

【市委全面依法治市工作会议】　1月28日召开。会议深入学习贯彻习近平法治思想，认真贯彻落实中央全面依法治国工作会议和省委全面依法治省工作会议精神，研究部署全面依法治市各项任务，加快建设更高水平法治威海，为开创“精致城市·幸福威海”建设新局面、争当新时代现代化强省建设排头兵提供坚强法治保障。

【市委农村工作会议】　1月29日召开。会议以习近平新时代中国特色社会主义思想为指导，深入贯彻落实中央、省委农村工作会议和全省巩固拓展脱贫攻坚成果同乡村振兴有效衔接工作会议精神，分析形势，交流经验，安排部署2021年及“十四五”期间“三农”工作。

【2020年度全市工作总结表彰大会】　2月18日召开。大会深入学习贯彻全省2021年工作动员大会精神，总结工作、表彰先进，动员全市上下锚定产业现代化、城市国际化、新型城镇化、发展绿色化、治理现代化五大任务，进一步奏响敢于担当、勤于实干、狠抓落实的时代强音，在现代化新征程中迈好第一步，迈出新气象，迈出新成效，奋力开创“精致城市·幸福威海”建设新局面，争当新时代现代化强省建设排头兵。

【全市村（社区）“两委”换届工作动员部署会议】　2月27日召开。会议深入学习中共中央总书记习近平关于基层组织建设的系列重要指示精神，贯彻全省会议要求，就做好威海市村（社区）“两委”换届工作进行安排部署。

【威海市党史学习教育动员大会】　2月28日召开。大会深入学习贯彻中共中央总书记习近平在党史学习教育动员大会上的重要讲话精神，落实党中央部署和省委要求，紧密结合威海市实际，就组织开展党史学习教育进行安排部署，引导广大党员干部学史明理、学史增信、学史崇德、学史力行，确保学习教育取得实实在在成效，奋力开创“精致城市·幸福威海”建设新局面，以优异成绩迎接建党100周年。

【全市政法队伍教育整顿动员部署会议】　3月1日召开。会议深入学习贯彻习近平法治思想，全面落实全国、全省政法队伍教育整顿动员部署会议精神，部署开展全市政法队伍教育整顿。

【威海市“学党史、办实事”服务发展视频现场推进会】　5月21日召开。推进会结合党史学习教育及“我为群众办实事”实践活动，检视各级各部门服务发展工作成效，持续深入改进作风，更加扎实做好优化营商环境、聚力“双招双引”、解决企业困难等工作。

【全市区市、镇领导班子换届工作会议】 7月15日召开。会议深入学习贯彻中共中央总书记习近平关于换届工作的重要指示精神，落实中共中央决策部署及省委工作要求，研究推进威海市换届工作。

【全市“学典型、促发展”比学赶超活动总结推进会议】 8月3日召开。会议总结阶段性工作，分析存在问题，对各区（市）、开发区常态化开展比学赶超活动、市直部门启动比学赶超活动进行动员部署。会议强调，全市上下要比精神、比作风、比创新、比担当、比执行力，学典型、争典型、做典型，把典型经验转化为推动工作的实招硬招，在全市不断掀起比学赶超、竞相发展的新热潮。

【中共威海市委十五届十一次全体会议】 8月6日举行。全会以习近平新时代中国特色社会主义思想为指导，深入学习贯彻中共中央总书记习近平在庆祝中国共产党成立100周年大会上的重要讲话精神，认真落实省委十一届十三次全会精神，听取和讨论张海波受市委常委会委托作的工作报告，审议通过《中共威海市委关于深入学习宣传贯彻习近平总书记“七一”重要讲话精神的决定》《中共威海市委关于进一步加强新时代干部队伍政治能力建设的实施意见》。张海波就决定（讨论稿）、实施意见（讨论稿）向全会作说明。

【全市扫黑除恶专项斗争总结会】 8月12日召开。会议深入学习贯彻习近平法治思想和中共中央总书记习近平重要指示要求，认真贯彻落实全国、全省扫黑除恶专项斗争总结表彰大会精神，全面总结威海市扫黑除恶专项斗争取得的成效，表扬先进，总结经验，对全市常态化开展扫黑除恶专项斗争进行安排部署。

【2021年需要高度关注、着力解决的重点问题推进（评估）会议】 8月19日召开。会议按照“年初部署、年中评议、年底收账”的要求，对年内梳理出来的24个重点问题推进情况进行现场评估，总结经验成效，明确问题短板，研究部署下步工作，要求锚定重点任务，坚持问题导向、目标导向、结果导向，持续发力、久久为功，坚决打好重点问题攻坚战。

【全市优化整合服务平台提升基层治理效能暨城市基层党建全域提升攻坚推进会】 8月24日召开。会议深入学习贯彻中共中央总书记习近平关于加强基层治理体系和治理能力现代化建设的重要论述，落实全省城市基层党建全域提升攻坚第二次推进会暨党建引领城市网格化治理工作会议精神，总结交流经验做法，研究部署下步工作，推动全市上下以党建为引领，以平台优化整合为切入点，整合资源、创新机制，不断提升基层治理现代化水平。

【全市脱贫攻坚总结暨乡村振兴工作推进会议】 9月16日召开。会议深入贯彻落实中央和全省脱贫攻坚表彰暨乡村振兴工作推进会议精神，总结工作，交流经验，进一步明确乡村振兴的重点任务，全面推进巩固拓展脱贫攻坚成效与乡村振兴有效衔接，努力打造乡村振兴齐鲁样板威海篇章，建设精致化城乡融合发展先行区。

【全市先进制造业推进大会】 10月11日召开。大会深入贯彻中共中央总书记习近平关于制造强国的重要论述，落实省委、省政府先进制造业强省建设的战略部署，认真分析制造业发展的新情况、新问题，研究推动先进制造业发展的思路举措，动员全市上下牢固树立“抓发展必须强产业，强产业必须突出先进制造业”的理念，坚定不移实施制造业强市战略，以先进制造业大突破带动高质量发展大跨越。

【海洋强市建设工作会议】 11月3日召开。会议深入学习贯彻中共中央总书记习近平关于经略海洋的重要论述，系统总结实施海洋强市建设三年行动取得的成绩，研究部署海洋创新转型发展的思路举措，动员全市上下进一步关注海洋、认识海洋、经略海洋，加快建设国际化海洋强市。

【中共威海市委十五届十二次全体会议】 12月13日举行。全会以习近平新时代中国特色社会主义思想为指导，深入学习贯彻中共十九届六中全会精神，认真贯彻中共中央总书记习近平在深入推动黄河流域生态保护和高质量发展座谈会上的重要讲话精神和视察山东重要指示要求，全面落实省委十一届十四次全会精神，听取和讨论张海波受市委常委会委托作的工作报告，审议通过《中共威海市委关于深入学习贯彻党的十九届六中全会精神的决定》《中共威海市委关于学习贯彻习近平总书记在深入推动黄河流域生态保护和高质量发展座谈会上的重要讲话精神的意见》《关于召开中国共产党威海市第十六次代表大会的决议》。张海波就《中共威海市委关于深入学习贯彻党的十九届六中全会精神的决定（讨论稿）》和《中共威海市委关于学习贯彻习近平总书记在深入推动黄河流域生态保护和高质量发展座谈会上的重要讲话精神的意见（讨论稿）》向全会作说明。

【市委经济工作会议】 12月31日召开。会议以习近平新时代中国特色社会主义思想为指导，深入学习贯彻中央和省委经济工作会议精神，总结分析2021年经济工作，分析当前形势，研究部署2022年经济工作。

【重要决策和部署】 3月6日，市委、市政府印发《关于全面推进乡村振兴加快农业农村现代化的实施意见》，对全面推进乡村振兴，加快农业农村现代化作出部署。

2月26日，市委印发《关于督促落实工作的意见》，对倡树大抓落实、狠抓落实的鲜明导向，推动全市工作在新的起点上实现突破提升提出要求。

6月3日，市委、市政府印发《关于促进中医药传承创新发展的实施意见》，对促进全市中医药传承创新发展作出部署。

10月30日，市委、市政府印发《关于加快先进制造业发展的实施意见》，对深入推进先进制造业发展，加快建设具有区域影响力的先进制造业高地作出部署。

12月17日，市委、市政府印发《关于深化医疗保障制度改革的实施意见》，对深入推进威海市医疗保障制度改革作出部署。

12月17日，市委印发《关于深入学习贯彻党的十九届六中全会精神的决定》，对深入学习贯彻中共十九届六中全会精神、坚定践行习近平新时代中国特色社会主义思想、全面落实中共中央总书记习近平对山东工作的重要指示要求、开创“精致城市·幸福威海”建设新局面、争当新时代社会主义现代化强省建设排头兵作出部署。

12月17日，市委印发《关于学习贯彻习近平总书记在深入推动黄河流域生态保护和高质量发展座谈会上的重要讲话精神的意见》，对认真学习贯彻中共十九届六中全会精神，深刻学习领会中共中央总书记习近平在深入推动黄河流域生态保护和高质量发展座谈会上的重要讲话精神提出要求。

12月29日，市委、市政府转发《市委宣传部、市司法局关于在全市开展法治宣传教育的第八个五年规划（2021—2025年）》，对进一步提升公民法治素养，深入贯彻落实上级关于开展法治宣传教育五年规划的要求作出安排。

（邹良青）

组织工作

【概况】 2021年，全市组织系统坚定践行新时代党的建设总要求和新时代党的组织路线，认真落实管党治党政治责任，推动基层党建、干部、人才等各项工作不断取得新成效。

【理论武装强化】 始终坚持从思想政治上为党兴党，教育引导党员干部用习近平新时代中国特色社会主义思想武装头脑、指导实践、推动工作，增强政治判断力、政治领悟力、政治执行力，坚定拥护“两个确立”（确立习近平同志党中央的核心、全党的核心地位，确立习近平新时代中国特色社会主义思想的指导地位）、坚决做到“两个维护”（坚决维护习近平总书记党中央的核心、全党的核心地位，坚决维护党中央权威和集中统一领导）。

教学阵地夯实　建立党员教育“1+5”制度体系，设立镇（街道）党校（党员教育中心）72所、“两新”（新经济组织和新社会组织）党校（党员教育中心）1所，实现全域覆盖。举办各类培训班644期、开展各类活动1115场，培训党员19.1万人次。全省乡镇（街道）党校（党员教育中心）工作推进会在威海市召开，相关经验在会上作交流。

特色载体用好　依托威海历史资源、红色资源优势，围绕民族复兴主题，持续推进胶东（威海）党性教育基地深化提升，完成474处红色印迹抢救保护，推出主题教育线路15条，联合新华网推出“讲好威海故事　传承红色基因——庆祝中国共产党成立100周年”系列主题视频，在威海广播电视台、“Hi威海”新闻客户端等媒体开设“红色胶东　红色故事”音频专栏，为开展党史学习教育和党性教育提供载体。

形式内容丰富　深入实施习近平新时代中国特色社会主义思想教育培训工程，用好用活54项教学案例，推动培训方式逐步向“课堂学+现场看”并重转变。全面推行领导干部上讲台制度，市级领导、36名党政部门“一把手”走上讲台，解读政策、分享经验，与学员面对面探讨交流。开展“讲好党的故事　共庆百年华诞——我来讲党课”、“永远跟党走”微视频观摩交流、“我和我的支部”微视频网络征集3项活动，重点打造党员教育电视片8部和精品党课20部，在全省优秀党员教育电视片（党课）评选工作中，13部作品获奖，其中一等奖2部。中央电视台《焦点访谈》栏目对威海市讲党课情况进行重点报道。

【基层基础夯实】 牢固树立大抓基层鲜明导向，坚持从最基层、最基础、最基本的工作入手，以系统思维推动力量整合、工作创新，真正把党建优势转化为发展优势、治理优势。

党支部和党员队伍建设　印发《党支部评星定级管理实施意见》，构建星级党支部“建、评、管、用”工作机制。开展“支部争星、党员争先”活动，聚焦“建强组织筑堡垒、服务中心做贡献、为民服务解难题”，组织全市基层党支部和党员开展问题查摆和改进提升，推动重点任务落实。加大发展党员工作力度，开展村级后备力量“大起底、大培养、大吸纳”，探索实行镇、村联合培养，3年以上未发展党员村全部销号。开展党员分类管理，组织区（市）、市直党（工）委选取1～2个领域进行试点，积累党员管理经验。探索建立党代表工作室107处，其中党代表示范工作室22处，实现镇（街道）全覆盖，为常态化发挥代表作用提供有效平台。

乡村振兴组织保证强化　印发《关于深入推进抓党建促乡村振兴的实施方案》，为巩固拓展脱贫攻坚成果、接续推进乡村振兴提供组织保证。高质量完成村（社区）“两委”换届选举工作，村党组织书记“一肩挑”占比99.4%，村干部年龄学历实现“一降一升”。印发《解决村（社区）建设若干突出问题的实施意见》，规范落实村党组织、村委会职责任务清单，开展专项清理，为基层增能减负。启动以“能力+学历”提升为主要内容的村干部“赋能计划”，用3年时间对符合条件的村干部进行全覆盖培育。启动第二轮软弱涣散基层党组织集中整顿，对168个软弱涣散村党组织实行帮扶，建立常态遍访、典型引路、挂牌督办、提级述评、双向联考“五项机制”，强力推进整顿。

城市基层党建水平提升　印发《党建引领城市基层治理实施方案》，深化街道管理体制改革，完善“吹哨报到”机制，实行“1+6+N”联合执法，试点“契约化+信用”自治法治德治融合治理模式，党建引领社会治理水平进一步提升。深化红色物业建设，发布红色物业工作地方标准，举办红色物业建设高质量发展专家座谈会，全面提升红色物业服务基层治理水平。

各领域党建工作统筹推进　开展“两新”组织全域覆盖集中攻坚行动和“十百千提升工程”，深化精致模范机关创建活动，实施“威海红帆”社会组织党建计划，成立威海国企党建公益服务联盟，开展高校党组织“议事决策规范提升年”活动，指导公立医院做好“党建入章”、党委会会议和院长办公会会议议事规则修订等工作，推动基层党组织全面进步全面过硬。以“守牢群众满意度全省第一领先优势”为目标，常态化推进联系服务群众“五个一”（开展一轮入户遍访、搞好一轮主题宣传、抓好一轮问题整改、组织一轮民意调查、发布一份结果通报）机制，入户遍访全市109万余户，解决民生诉求1.8万余项，2021年度群众满意度调查列全省第1位。

【高素质干部队伍锻造】 聚焦抓好后继有人根本大计，突出实践实干实绩用人导向，持续完善选育管用干部工作体系，着力打造善于治理、敢于攻坚的高素质干部队伍。在省委组织部“建设高素质专业化干部队伍”定性考核中，威海市获得“好”的评价。

区（市）、镇领导班子换届工作完成 在全省率先出台区（市）、镇领导班子换届政策，召开动员会议。全面强化党组织领导把关作用，聚焦重点环节、关键步骤，前置把关换届政策、人事方案、人选情况等，开展综合分析研判2轮，统筹做好换届时间、人事、考察等方面工作，全方位部署推进换届风气监督，严肃换届纪律，一批政治过硬、专业素养好的干部充实进区（市）、镇领导班子。

知事识人精度提升 健全完善定期走下去摸底调研工作机制，结合领导班子和领导干部年度考核、半年考评，组成调研组7个，对市直部门和区（市）、开发区及市管国有企业开展全覆盖调研，全面了解班子运行和干部表现情况。通过对专题调研、日常考察等掌握情况的综合研判，分层级建起150人的优秀年轻干部信息库，实行动态管理，为顺利完成市级事业单位机构改革以及开展区（市）、镇领导班子换届打好基础。

梯次培养质量提高 深入推进年轻干部“薪火工程”“倍增计划”，健全年轻干部选育管用常态化机制，全市“80后”县级、“85后”正科级、“90后”副科级干部数量实现倍增。实施年轻干部“淬炼”计划，择优选派10人到中央机构、省直部门和区（市）领导班子挂职，选派30名年轻干部赴南方先进地区实训锻炼，持续推进市直科级干部大交流、大轮岗。加强改进选调生工作，面向北京大学、清华大学“一站式”招录5人，面向重点高校“拔尖”选调20人。深入推进干部专业化能力提升工程，累计培训1.9万余人次，干部制度执行力和治理能力全面提升。

监督激励力度加大 扎实开展领导干部个人有关事项报告专项整治、人事档案专项审核等工作，完成本届市委任期内选人用人专项检查全覆盖。建立干部监督联席会议机制，常态化收集19个部门的28项信息，切实将监督触角延伸到“八小时外”和干部生活圈。充分发挥考核指挥棒作用，全面调整优化考核体系，强化过程考核，加大差异化考核力度，合理增加奖项设置，激发干部干事创业动力。

【人才发展体制机制改革】 重点聚焦产业、项目、企业需求，强化精准对接和政策支持，不断提升人才对高质量发展的支撑力和贡献度。

统筹引领 发挥市人才工作领导小组牵头抓总作用，完善党管人才工作机制，联合18个部门启动实施“人才兴威”攻坚突破三年行动，优化人才工作考核办法，差异化实施党委书记人才项目，压实“一把手”抓第一资源责任，形成齐抓共管的工作合力。

政策引导 推行重点工程人才“揭榜挂帅”机制，引导企业拿出“真金白银”引进人才，破解发展难题。实施产业紧缺人才、海洋科技人才团队等市级人才工程，对用人单位全职引进的创新型、实用型人才30名给予支持，加快培育经济发展新动能。全面推广乡村振兴首席专家制度，遴选优秀专家20名和示范片区12个给予扶持，吸引返乡下乡创新创业人才近400名。常态化开展企业家进校园、高校师生进企业“双走进”活动，多个部门联动实施“青鸟聚威”就业促进行动，新增高校毕业生就业2.2万余人，驻威海高校本科、专科毕业生留威率实现“双增长”。

平台载体拓展 举办中国（威海）新材料产业创新与发展大会暨2021威海国际英才创新创业大会、高端人才感受精致威海等对接活动，邀请190余名专家到威海市参会交流，签订合作协议20个。举办第二届中韩人才交流大会暨留学人才云上对接会，300余名韩国留学生与威海市企业达成就业意向。出台支持“1+4+N”创新平台体系人才发展的若干措施，推出发放市级引才配额、单列省级人才推荐指标等7条政策，靶向支持科研人才创新创业。

人才生态优化 全面推进高层次人才“一站式”服务体系建设，累计发放“威海英才卡”700余张，提供绿色通道服务5000余人次。落实“1+N”常态化银企对接机制，稳步扩大“人才贷”，试点推出高层次人才“创业险”，为12名省级以上高层次创业人才提供总保额不低于1000万元的研发补偿保险和人身保险。扎实推进人才安居工程，积极布局“青年人才驿站”，人才公寓建设实现全域覆盖。高度重视人才政治引领、政治吸纳，积极引导广大人才向党组织靠拢，推动形成党建引领、业兴人旺的良好格局。

（栾　鑫）

宣传工作

【概况】 2021年，全市宣传文化系统坚持以习近平新时代中国特色社会主义思想为指导，聚焦庆祝中国共产党成立100周年主题主线，扎实推进理论舆论、文化文明、意识形态等各项工作取得新进展、新成效。

【习近平新时代中国特色社会主义思想学习宣传贯彻】 持续加强思想理论武装，推动党的创新理论成果深入人心。抓好“关键少数”，发挥理论学习中心组的示范引领作用，重点围绕学习贯彻中共中央总书记习近平“七一”重要讲话精神、中共十九届六中全会精神等内容开展专题学习研讨，市委常委会举办理论学习中心组学习18次，县级以上中心组开展专题学习990余次。市、县两级先后举办党史学习教育专题读书班3期，1400余名县处级以上领导干部集中培训3遍。抓好基层宣讲，在全市打造“党史学习角”2400余个，构建“15分钟党史学习圈”。推出红色教育线路15条，打造新时代文明实践基地200个，吸引40余万名党员群众参观学习。发动成立宣讲小分队900余支，累计开展基层宣讲7300余场次。制作推出《胶东（威海）红色印迹展陈》党史学习教育视频学习资料，通过“送学+宣讲”，实现全市

3280余个基层党组织全覆盖。开展“跟着强国学党史”系列活动，打造“学习强国”学“四史”（党史、新中国史、改革开放史和社会主义发展史）线下体验空间15个。举办全市“中国梦·新时代·跟党走”百姓宣讲暨理论宣讲比赛，进一步扩大理论宣讲的知名度和影响力。

【党史学习教育推动】 狠抓组织领导，成立市委党史学习教育领导小组及办公室，部署推进阶段性重点任务，14个巡回指导组下沉督导，实现区（市）和84个市直部门（单位）巡回指导全覆盖。在党史学习教育中央第四指导组到鲁调研座谈会、省委组织的习近平总书记“七一”重要讲话精神学习会上，威海市党史学习教育经验做法进行交流；中央第四巡回指导组到威海市列席指导基层党史学习教育专题组织生活会，对威海市党史学习教育开展情况给予充分肯定。狠抓宣传推介，组织各级媒体一体联动，策划推出稿件1000余篇，中央电视台《新闻联播》栏目先后7次报道威海市党史学习教育经验做法。编发威海市《党史学习教育工作简报》61期，中央和省委工作简报采用威海市稿件80余篇次。狠抓实践力行，常态化推进作风大改进、群众大走访、问题大解决，接续召开“学党史、办实事”帮扶村、民生诉求办理、服务发展3次现场推进会，解决一批群众“急难愁盼”问题。在办好首批20类、84个重点民生项目基础上，发动各级各部门梳理确定、聚力推进第二批民生实事1364项。

【庆祝中国共产党成立100周年系列活动】 始终严把方向导向，营造健康向上舆论氛围。加强工作统筹，制定庆祝中国共产党成立100周年活动方案、“永远跟党走”群众性主题宣传教育活动等系列文件，对庆祝工作作出系统安排。整合全市474处红色遗迹遗址以及爱国主义、总体国家安全观、党性教育等基地资源，精心编制威海红色基因图谱，全景展现威海市红色历史风貌。“威海红色基因图谱”线上小程序入选2021年度山东网络正能量优秀项目。精心举办庆祝活动，接续开展“奋进百年路 逐梦新时代”文艺演出、“胶东红色基因传承的时代价值”研讨会、“永远跟党走·万人同唱一首歌”快闪等重大活动70余项，让党员干部群众在广泛参与中增强红色印记。在“红动齐鲁·我心向党”山东省第三届红色故事讲解大赛中，威海市5名优秀讲解员、2则红色故事获得表彰。

【重大主题宣传】 聚焦中共中央总书记习近平视察威海三周年及“决胜全面小康 决战脱贫攻坚”、精致城市建设等重大战略，以及安全生产、乡村振兴、环境保护、法治建设、总体国家安全观、保密工作等重点工作，开展“踏访红色足迹，笃行担当再出发”等系列宣传活动，市内媒体播发各类稿件6000余篇，中央和省级主流媒体播发威海市相关稿件1000余篇。改进提升新闻发布和外宣工作，组织召开市级新闻发布会80场次，第四届市长经济咨询年会海外发稿浏览量超过1560万人次，千里山海自驾旅游公路融媒行、帆船赛海外推广等稿件引发热烈反响，累计在《中国日报》、新华社等重点外宣媒体发布重点稿件300余篇。

【红色文艺作品创作展演】 深挖活用本土红色资源，组织创作推出大型交响组歌《中国精神》、长篇报告文学《烈火芳菲》等红色题材作品30余部。其中，话剧《乳娘》在济南历山剧院首演，纪录电影《战争中的母亲——胶东乳娘》入选全省庆祝中国共产党成立100周年优秀电影展映展播推荐片目，长篇报告文学《乳娘》入选国家新闻出版署“2021年农家书屋重点出版物推荐目录”增补书目，纪录片《大洋深处鱿钓人》获得第十二届山东省“泰山文艺奖”电影类一等奖、第九届加拿大温哥华华语电影节“红枫叶”奖最佳纪录片，歌曲《全民战疫》获得第十二届山东省“泰山文艺奖”歌曲类二等奖。

【文明城市创建】 召开市文明委全委（扩大）会议暨精神文明建设表彰、创建全国文明典范城市暨深化文明创建工作动员会等会议，印发《关于推进全国文明城市创建工作常态化的实施意见》，建立联动协作等4项机制，实施市民素质提升等9项提升行动，组织306个部门（单位）和企业认领包保责任路段，主城区118个路口常态化开展文明引导等志愿服务，构建起常态化推进体系。10月，中央文明办调研组到威海市进行专题调研，对全市统筹推动城乡精神文明融合发展工作给予充分肯定。

【新时代文明实践中心试点建设】 开展“永远跟党走”新时代宣讲志愿服务活动，打造“永远跟党走”新时代宣讲志愿服务阵地3500余处。创新开展“新时代文明实践星期六”活动，推动开展“环境卫生整治”“公共文明引导”“全国助残日”等主题活动4000余场，参与15万余人次。换届成立威海市志愿服务联合会，举办首届“精致城市 青春志愿·威海市青年志愿服务项目大赛”，做好“志愿+信用”模式宣传推广，实现全市“一张网”管理，与社会信用平台相互联通，极大调动志愿服务积极性，全市实名注册志愿者72.1万人。

【典型选树宣传】 印发《关于在全市常态化开展“树典型、扬正气、传递正能量”活动安排》等系列文件，建立典型线索月报、典型宣传会商评估等机制，组织开展教育、政法、退役军人、卫生健康系统4个领域“最美人物”评选活动。其中，国家电网山东电力（威海）彩虹共产党员服务队被中共中央宣传部命名为第六批全国学雷锋活动示范点，环翠区公益慈善类社会组织党支部书记张军获评第四批全省岗位学雷锋标兵，荣成市人和镇院夼村“拥军船”船长集体获评全国“最美拥军人物”，王文水获评全国“最美退役军人”。全市选树推介“威海好人”110人，其中50人入选“山东好人”、3人入选“中国好人”。

（谭艳华）

统一战线工作

【概况】 2021年，中共威海市委统一战线工作部认真学习贯彻中共中央总书记习近平关于加强和改进统一战线工作的重要思想，坚持守正创新、攻坚突破，推动新时代统一战线工作健康发展。

【大统战工作格局作用发挥】 积极发挥统一战线工作领导小组作用，先后传达学习相关政策及讲话精神6次，召开统战工作领导小组会议，重点研究部署民营经济、民族宗教等工作4次，印发文件20个；建立铸牢中华民族共同体意识示范创建协调机制，为开展相关领域工作提供坚强保障。实施“工作质量提升年”活动，结合党史学习教育和干部作风大改进行动要求，规范制度流程38项，从督察督办、制度落实、工作流程等方面提质增效，为全市统一战线事业健康发展奠定坚实基础。

【共同思想政治基础筑牢】 坚持将学懂弄通做实习近平新时代中国特色社会主义思想作为重大政治任务，引导各民主党派、统一战线团体传达学习中共中央总书记习近平重要讲话精神20余次，举办统战委员培训班等精品班次15个。坚持用党史学习教育成效推动统战工作高质量发展，先后开展党史学习30余次，制定“我为群众办实事”活动方案，实施办实事项目21个，捐建“希望小屋”18个，受益群众6000余人次。坚持将庆祝建党100周年作为抓引领、强信念的重要契机，先后举办“风雨同舟感党恩 同心奋斗跟党走”书画作品展、“对党说句心里话”等活动20余次；统筹各民主党派、各统战团体等各方力量举办“学史力行办实事 共绘最美同心圆”集中服务日活动，16支志愿者服务队、400余名统一战线成员现场参与；拍摄《不忘初心》快闪作品，在省委统一战线工作部微信公众号展播。

【中国特色社会主义参政党建设】 中国农工民主党威海市委员会成立，6个民主党派完成换届，新任主委6人，调整充实领导班子成员15人。指导各区（市）、开发区、高校统战工作部门协助4个民主党派完成40个基层组织成立换届工作。制订2021年度政党协商计划，召开民主协商会、征求意见座谈会、政党协商会议16次，征集意见建议180余条。围绕全市重点改革事项开展民主监督10次，协商事项办理反馈22次。引导党外人士围绕中心工作及民生热点问题，形成调研成果43篇、整理上报“金点子”31条，为市委、市政府决策提供重要参考。

【党外知识分子和新的社会阶层人士统战工作】 成立“新智汇”专家服务团、建言献策工作委员会、网络人士工作委员会、联谊交友活动委员会，开展“同心公益·希望小屋”活动，认领捐建“希望小屋”16个。举办“新智汇”大讲堂——威海市知识产权保护高端分享会，举办全市新的社会阶层人士培训班，进行集中理论学习、现场教学和革命传统教育，培训学员40名。为庆祝中国共产党成立100周年，举办“风雨同舟感党恩 同心奋斗跟党走”优秀书画作品展和慰问抗战老兵、老党员、召开座谈会等活动。以“无套路、真实惠”为主旨，举办“6·18惠民季”活动第二季，组织49家企业近200家门店参与，推进企业复工复产提速扩面。组织建言献策“金点子”活动，8条“金点子”得到市委、市政府主要领导批示。成立威海市党外知识分子联谊会，推荐82名相关单位会员，打造威海市党外知识分子统战工作新平台。

5月26日，全市学习宣传贯彻《中国共产党统一战线工作条例》专题培训班举办　（中共威海市委统一战线工作部　提供）

【民营经济统战工作】 以破解要素制约问题为抓手，统筹协调相关部门及全市统战系统力量，帮助全市民营企业纾危解困，助力高质量发展。先后走访企业158家，征集问题40余条，聚焦招工引才、争资融资、交通物流、土地保障、政务服务5个方面重点要素，分类制定落实措施51条，在机制创新、政策固化、精准服务等方面形成多项创新成果。依托商会广泛收集招商信息，推介产业优势，邀请全国各地100余名温州商会会长到威海南海新区考察投资，筛选跟踪招商信息10条，其中2个项目签约落地。

【民族团结进步事业】 探索实施“四心工作法”（用心服务、真心交友、暖心关怀、贴心引导），创建“红石榴”工作品牌，“一碗拉面温暖一座城”“文登妈妈”等少数民族工作品牌先后6次被中央电视台报道，中共中央统一战线工作部、国家民族事务委员会等主要负责人先后7次到威海市调研，威海市助力民族团结典型做法得到充分肯定，威海市被确定为全省铸牢中华民族共同体意识示范创建试点市。扎实开展民族团结进步创建工作，推荐命名省级以上示范单位6个、和美家庭3个、示范岗位3个，实现省级以上创建模范全域“一片红”。2位民族团结进步事业基层代表在全省“花开齐鲁石榴红 团结奋进新征程”记者见面会上与记者见面交流。

【宗教领域工作】 完善宗教工作机制，建立校地协作、防范境外宣传品等协作机制，印发《违规违法宗教活动举报奖励机制实施意见》，建立“监督检查、分析研判、约谈通报”制度，严格落实宗教团体负责人外出报告制度，加强宗教活动场所“双暂停”（暂停对外开放、暂停举办宗教活动）制度落实。提升依法管理水平，组织行政检查28次，完成3处宗教活动场所筹备设立审批，深入开展宗教政策法规宣传月和宪法周活动。夯实宗教工作基层基础，督促2760名基层党组织书记全部担任宗教工作联络员，举办全市宗教工作基层基础座谈会暨宗教干部培训班，完成全市宗教活动场所安全设施安装及联网工作。加强对宗教界思想引领，开展“三爱”（爱祖国、爱党、爱人民）、“四史”（党史、新中国史、改革开放史、社会主义发展史）主题教育活动，举办全市宗教界“五教同行庆盛世·礼赞百年感党恩”庆祝中国共产党成立100周年书画展，组织宗教界人士及群众700余人次到刘公岛接受总体国家安全观教育。支持引导宗教界广泛开展“四助”（助贫、助老、助医、助学）活动，慈善捐款捐物60万余元。

【海外统战工作】 建立海外统战工作协调机制，组织全市25个相关部门召开联席会议；组织发动海内外侨界群体参与“我把祝福献给党”海外视频征集等庆祝中国共产党成立100周年主题活动25场次，报送作品100余篇，参与人数1000余人次。推进侨务阵地建设，获批省级侨胞之家3个、省级华侨国际文化交流基地1个，打造省级华文教育基地1个，推荐郭永怀事迹陈列馆基地故事在中华全国归国华侨联合会“云端”基地进行展播。结合“学党史——我为群众办实事”、作风大改进等活动，为群众办实事60余件次。走访侨资企业40余家，帮助化解困难纠纷30余件次，招工80余人次，协调银行贷款3000余万元。深入侨务社区、侨企、侨村举办“为民办实事 金秋送健康”主题义诊活动3场次，受益群众200余人；走访慰问重点归侨侨眷和困难归侨侨眷80余户，发放慰问金和物品折合人民币7万余元。年内，5名威海籍侨胞分别获评山东省友好使者、威海市荣誉市民。

【留学归国人员统战工作】 威海市欧美同学会加强队伍建设，新增会员20人，成立威海职业学院分会、留朝韩分会；凝聚广大留学人员共识，发挥“人才库”“智囊团”作用，围绕威海市经济社会热点、难点问题积极建言献策，完成调研报告和社情民意信息等36篇，其中6篇社情民意信息分别得到各区（市）领导的批示。

（李晓娟）

政策研究

【概况】 2021年，中共威海市委政策研究室坚持以党的政治建设为统领，聚焦全市中心大局，立足“大参谋、大服务、大落实”定位，高标准履行以文辅政、调查研究、信息服务等职能，推动各项工作取得新进展。

【以文辅政】 坚持“身在兵位、胸为帅谋”，自觉站在市委高度和全市大局思考谋划各项工作，紧跟上级决策部署，主动适应领导思路，广泛搜集和运用事例、数据，认真做好“结合文章”，推动文风向“短、实、新、准”转变，创造性推动中央决策部署和省委、市委工作要求落实落地。建立落实“两项制度”，凡是起草重要会议活动市委领导讲话、发言材料和重要文件，事前必“调研”，事后必“复盘”，与市委办公室共同高质量起草各类文字材料780余篇。起草的《关于学习贯彻习近平总书记视察威海重要指示精神的情况报告》等文件，被省委主要领导批示肯定。起草《关于深入学习宣传贯彻习近平总书记“七一”重要讲话精神的决定》《关于学习贯彻习近平总书记在深入推动黄河流域生态保护和高质量发展座谈会上的重要讲话精神的意见》等文件，切实用以文辅政的新成效践行“两个维护”。聚焦市委重要政策、会议、活动，联合市委办公室、市委宣传部和市级新闻媒体，积极策划开展宣传，严把宣传文稿政治关、质量关，找准宣传角度、拓展宣传深度、加大宣传力度、保持宣传热度，全方位、多角度、立体化展示全市经济社会高质量发展的生动实践和丰硕成果。其中，策划推出《看不到问题是最大的问题》等“海平线”评论员文章10篇；在市领导集体接受革命历史教育和党性党风教育时，策划推出“三问”悟思想侧记；在群众满意度再获全省第1名时，策划推出《“十一冠”是如何炼成的》等报道，收到良好效果。

【调查研究】 坚持把调查研究作为做好工作的基本功，聚焦24个重点问题，群众反映强烈的“急难愁盼”问题，市委领导调研、活动、现场办公点到的问题，深入基层、企业、群众，听真话、察实情、谋实招，推动服务市委决策从以定性分析为主的经验型传统决策向以定量分析为主的科学型现代决策转变。在全市组织开展“百题调研”活动，推动调查研究常态化制度化，评选优秀调研成果100篇。组织干部深入开展“全员大调研”，采取小分队形式“走出去、沉下去”。组织市委党校、驻威海高校和市直有关部门深入开展“联合调研”，做好“借脑引智”文章。围绕管道天然气价格及运营机制、中心城区低效用地整治、韩资何以“离鲁别威”、深化校地合作、社区减负、人口老龄化等形成调研报告21篇，其中18篇得到市委、市政府主要领导批示，部分对策建议已经或正在转化为政策举措。

【信息服务】 坚持精准高效、务实管用，健全决策信息快捷服务机制，充实完善决策咨询信息库，在原有信息资料的基础上，动态管理、定期更新，着力在精深加工和深度分析上下功夫，为市委决策提供高质量信息服务。高质量办好《威海通讯》，突出政治属性和服务功能，在办好工作交流、调查思考、基层经验固定栏目的基础上，精心策划一期一专栏，先后开设《党史学习教育》《学习贯彻中共十九届六中全会精神》《红色胶东》等专栏，累计编发12期、稿件200余篇。

（刘东国）

网络安全和信息化工作

【概况】 2021年，中共威海市委网络安全与信息化委员会办公室（简称市委网信办）扎实开展网络舆情应对处置、网络正能量传播引导、网络安全保障、推动信息化发展等方面工作，为开创“精致城市·幸福威海”建设新局面提供良好的网络空间环境。

【网络舆情处置】 完善舆情风险评估机制，开展舆情风险防范专项检查，落实舆情每日汇总、每周碰头、半月研判、月度会商研判工作机制，组织舆情应对处置专题培训，加大网络综合治理力度，开展互联网新闻信息服务单位年度考核和社会效益评价考核、“清朗”系列专项活动等，有效保障网络空间“天朗气清”。根据部门需求，市委网信办有针对性地分行业、分领域、分主题开展全市网络安全和信息化培训，先后赴威海南海新区和市委办公室、市纪委监委办公室等23个部门（单位）进行舆情应对处置专题培训，切实提升网络舆情突发事件应急处置能力，提高干部媒介素养和舆情应对水平，并将网络舆情应对处置课程纳入市委党校常规培训内容。

【网上正能量传播】 加强网络内容建设，传播网络正能量，聚焦百年党史中的重大事件、重大成就和典型人物，开展“不忘初心 永跟党走”网络主题宣传活动，策划推出《共产党员的朋友圈》《为了幸福生活》等党建主题微视频5部，浏览量5220万余人次；围绕“精致城市·幸福威海”建设，集纳发布新闻报道1500篇，发布相关视频43条，累计浏览量超过2500万人次。多角度深层次做好网上宣传，充分发挥威海新媒体联盟优势，举办网络名人正能量沙龙活动、“爱在威海 e起防疫”抖音公益挑战赛、“2021山东网络文明周”威海市活动，有效推动网上正能量传播；不断强化与今日头条、抖音、新浪、腾讯、大众网等网络媒体、平台合作，开展网络达人威海行、威海青年好网民、首届新媒体颁奖典礼、首届优秀网评作品大赛等活动，不断优化城市网络空间。开展威海市新媒体评选活动，评选出年度十佳新媒体网络人气奖、十佳新媒体原创视频奖等，引领全市新媒体汇聚网上正能量。实施自媒体“星辰计划”，通过搭建平台、选题策划、流量扶持、正向激励等措施，邀请全市自媒体人士参与网络主题宣传活动，策划推出威海供电小哥“空中骑车”秀绝活、“北极圈－威海分圈”等微采访活动，鼓励引导本地自媒体创作网络作品，借助网络平台的传播优势和流量扶持，加快培育孵化全市自媒体队伍，全年征集作品510余部，播放量1.43亿余次。

【网络安全保障】 开展网络安全隐患系列专项治理，统筹开展电子政务、电信、能源等14个重要领域的网络安全大核查，落实重点行业关键信息基础设施的网络安全风险评估和安全防护。5月，市委网信办联合市公安局、大数据中心、国家保密局等涉网职能部门，对36家党政机关和重点行业单位开展网络安全实地检查，同时对各区（市）、开发区网络安全工作责任制建立和落实情况进行综合评估，确保重要信息系统和关键信息基础设施运行安全。开展跨部门、跨区市网络安全事件协调指挥和应急处置，深入推进“清朗·打击流量造假、黑公关、网络水军”“清朗·暑期未成年人网络环境整治”“清朗·‘饭圈’乱象整治”等“净网”系列专项行动，加大对网络暴力、“饭圈”乱象等网络不文明行为的整治力度。组队参加“泰山杯”山东省网络安全大赛，获得团体三等奖和个人一等奖；组织全市网络攻防演练，参加全省网络攻防演练，确保威海市网络运行安全平稳。9月28日—29日，举办全市2021年度网络安全工作专题培训班，切实提高网络安全和信息化队伍的工作能力和业务水平，不断完善网络安全保障体系。10月11日—17日，开展国家网络安全宣传周威海市活动，制作网络安全公益小品短视频《谁动了我的隐私》，举办系列主题日活动。其间，全市设置各类展位50余个、举办各类活动约80场次，各类媒体累计刊发各类稿件220余篇，阅读量210万次以上，网评员转发跟评6300余次。

【信息化发展推动】 印发《威海市“十四五”网络安全和信息化发展总体规划》，推动“十四五”时期全市网络安全和信息化事业再上新台阶。加快推进数字乡村建设，荣成市、环翠区张村镇、文登区张家产镇、乳山市海阳所镇被确定为山东省数字乡村试点，实现所辖市（区）试点“满堂红”。印发《威海市数字乡村创新发展建设方案》，重点在产业园区、特色小镇、美

7月，威海市首届网评作品评选大赛颁奖仪式举行
（中共威海市委网络安全与信息化委员会办公室　提供）

丽乡村中树立市级创新发展典型示范20个。组织召开全市数字乡村建设推进交流会，开展网信数字乡村“专家基层行”活动，采取实地考察、座谈交流、咨询对接等方式，解决数字乡村建设实际困难问题40余项，提出建设性意见建议50余条。

【“这就是山东·威海”网络主题活动】 4月—12月，市委网信办围绕“红色基因、绿色发展、蓝色海洋”城市“三原色”，聚焦威海发展故事和美景美食美物，坚持“内容为王”，以“这就是山东·威海”为主题，开展“中国红·齐鲁行”“云上打卡最美海岸线”“奋力走在前——沿着总书记的足迹看变化”“拿来吧山东美食”“映像·威海”等丰富多彩的网络主题活动，推出《230秒！给你一个理由——重拾热爱，奔赴山海！》《威海人请回避一下，给全国的朋友介绍一下威海》等刷屏热传的融媒体作品2170余篇，点击量达4690余万次，寓理于情、寓景于情、以情动人传播威海发展的好故事、新故事。

【2021山东网络文明周活动】 9月13日—19日，市委网信办围绕“网络同心 文明同行”主题，扎实开展2021山东网络文明周活动。落细落实网络素养教育“六进”（进机关、进社区、进农村、进学校、进企业、进军营）活动，全面铺开“网络素养教育进机关”，举办“网络同心 文明同行”网络学习答题活动，依托网络开展学习文明上网规范要求、签订网络行为承诺书、知识答题等“靶向教育”，进一步规范机关网络传播行为。创新开展“网络素养教育进乡村”，结合“数字乡村”建设，组织开展电商运营技巧培训，引导农村妇女、返乡创业人员等实现网上就业。深入实施“网络素养教育进学校”，在全市中小学累计举办主题比赛近200场，参赛学生超过8000人。走访60余个社区，发放网络文明倡议书3000余份。在全市各级团组织开展青年网络文明志愿行动，组建40人的青年网络文明宣讲团，开展“网络同心·文明同行”青年好网民故事分享会系列活动8次，线下参与人数1000余人次，线上覆盖人数2万余人次。策划开展“网络名人话文明”主题沙龙、“网聚威海正能量引领文明新风尚”网络文明实践、“爱在威海 e起防疫”抖音公益挑战赛等主题活动，引导网络名人、自媒体创作者传播正能量、履行使命担当。3个网络正能量项目和1位“好网民·在山东”榜样人物获得省级奖励，乳山市夏村镇邵家村村民邵本道获评“中国网事·感动山东2021”年度网络人物。

（汤鹏飞）

机构编制工作

【概况】 2021年，中共威海市委机构编制委员会办公室（简称市委编办）全面完成事业单位改革试点工作，不断强化机关职能运行监管，持续深化基层行政管理体制改革、重点领域改革，持续完善机构职能体系，推动制度优势转化为治理效能。高效抓好全市机构编制核查，厘清全市机构人员编制底数，提高实名制管理水平，为深化机构改革、优化资源管理提供坚实依据。

【事业单位改革试点工作完成】 把深化事业单位改革作为重大政治任务，市、区（市）两级全部如期完成各项既定改革任务，改革全程平稳有序。省委、省政府督查工作领导小组办公室、省委机构编制委员会办公室（简称省委编办）调研组先后到威海市检查调研，均对改革工作给予充分肯定。

布局结构优化 彻底清理“小散弱”事业单位，纳入限额的市级事业单位由227个精简至171个，压减25%；区（市）事业单位由760个精简至516个，压减32%，事业单位的规模集成优势、公益属性显著增强。组织市、区（市）17个事业单位试点建立政事权限清单，955个事业单位制定机构职能编制规定，1231个事业单位制定或完善章程，进一步厘清政事关系，明确职责任务。

机构职能完善 聚焦全市中心任务、重大战略，因地制宜完善机构设置，成立总体国家安全观刘公岛教育培训基地管理办公室、海洋发展研究院、全球合伙人事业中心等一批具有地方特色的机构，科学布局自然资源、住房和城乡建设、交通等精致城市建设领域事业单位，优化12345政务服务便民热线、社会治理、社会福利、救助服务及公共就业和人才服务等领域机构设置，理顺事业单位代管体制，保发展保民生的机构职能得到全面加强。

区（市）改革统筹 坚持市、区（市）协同，推进区（市）事业单位改革，突出“四个统一”（统一制定政策口径，统一明确机构限额，统一规范单位名称，统一完善金融、林业、人民防空等重点领域机构设置），确保上下贯通、执行有力。围绕加强生态环境保护，探索实施县级河湖湾“三长合一”体制改革，统一设立生态文明建设协调中心，打造河湖湾一体治理“威海模式”，水利部、省水利厅先后召开现场推进会，威海市河湖长制经验做法被水利部作为全面推行河长制湖长制典型案例在全国推广。

改革“后半篇文章”做好 及时组织开展改革“回头看”，深入4个区（市）、36个市直部门（单位），评估改革成效，及时查漏补缺。10月，召开事业单位运行情况座谈会，对实际运行中遇到的机构编制、运行保障、规范管理等28项新问题建立台账，抓好整改提升。对个别事业单位内部融合不充分、制度机制不健全等问题，遴选4个单位的改革典型案例，印发至各部门借鉴学习，指导事业单位聚焦主责主业，推动机构、人员和业务深度融合。

【机关职能运行监管】 坚持优化协同高效，创新思路措施，建立履职监管体系，厘清部门职责关系，推动各类机构高效履职。威海市编发《威海市职责边界一本通（2021年版）》、制定《威海市市直部门职责分工协商协调办法》、加强机关职能运行监管等经验做法被省委编办主要负责人给予充分肯定，并在全省推广。

部门职责边界厘清 聚焦市领导批办、市委办政府办“两办”反馈、12345政务服务便民热线转办以及部门提报的职责分歧事项，先后梳理职责分歧88项，有效解决多个问题。针对部门履职分歧日益增多问题，编印《威

海市职责边界一本通（2021年版）》，一次性明确安全生产、生态环境等20个行业领域、292条职责分工；印发《威海市市直部门职责分工协商协调办法》，按照简单、科学、管用、好用的原则，提出措施16条，明确履职分歧的牵头主办部门、协办部门，完善“协商＋协调”的快处工作程序以及相关监督机制，确保履职分歧高效解决。针对开发区与市直部门职责不清问题，编制开发区与市直部门、代管镇（街道）、所属公司职责边界“三张清单”，厘清“内部”“外部”职责边界77项，威海火炬高技术产业开发区优化“三个关系”改革做法被省委编办发文推广。

部门履职监管　印发《威海市市级机关职能运行监管办法（试行）》，将机关职能运行成效纳入市级机关绩效考核，分值占比20%。创新建立部门履职情况考核指标体系，重点考核职责履行、担当尽责、职能评价情况3个一级指标，对应设置履职成效、机构编制执行、权责清单调整等20个二级指标，坚持日常监管、年终考核相结合方式，发挥“指挥棒”作用，推动部门知责明责、担责尽责。

事业单位监管　完成2020年度市直事业单位绩效考核，评定优秀单位84家、良好单位117家、合格单位49家。衔接事业单位改革，印发《2021年度市直事业单位绩效考核工作实施方案》，优化指标体系，加大平时考核力度，紧扣“服务社会满意度”关键指标，创新服务对象评议方式，进一步激发事业单位干事创业热情。

【基层行政管理体制改革】　围绕提升社会治理能力水平，市委办公室、市委组织部、市委编办等部门印发《关于加强镇街建设的意见》，持续深化基层行政管理体制改革，为镇（街道）减负增效、赋权扩能。

“两张清单”完善　编制公布《威海市第三批县镇“属地管理”事项主体责任和配合责任清单》，明确公共卫生、生态环境、安全生产、渔船管控、市场监管和民生保障等9个领域61项重点事项的主体责任和配合责任，全市“属地管理”清单涉及24个领域153条事项，其中镇（街道）负主体责任的仅占5%。编制公布《威海市镇（街道）职责任务清单》，梳理镇（街道）责任事项189项，突出基层党建、乡村振兴、基层治理等主责主业，构建“照清单履职、依清单办事”的高效治理新格局。

平台整合　推动“属地管理”与社会治理共联共建，实施清单事项、职责任务、工作力量相融合，在网格化治理信息平台增加“属地管理”模块，指导区（市）将1757项细化事项纳入网格化平台管理，提升“属地管理”水平。按照“1+2+N”的思路，全面推动基层治理机构职能、数据平台“大整合”，指导荣成市率先整合12345政务服务、网格化治理、数字城管、民生110等机构职能，组建社会治理服务中心，建立“吹哨报到”一体化平台，有关改革经验在《中国机构改革与管理》刊发推广。至年底，各区（市）均整合组建社会治理服务中心，实现所有“属地管理”事项“一个入口汇集、一个出口交办”。

督导考核强化　围绕落实好“属地管理”责任清单、镇（街道）职责任务清单，先后赴4个区（市）、15个镇（街道）实地督查评估，确保职责任务落地落细。加强宣传培训，指导区（市）举办培训班8期，培训镇（街道）、部门“一把手”1300余人次，提升“两张清单”知晓度、影响力。结合基层治理平台整合，指导区（市）建立督办、考核、问责“闭环式”管理体系，确保“属地管理”事项真正办好。

【机构编制资源配置优化】　坚持围绕中心、服务大局，主动融入全市中心工作，持续优化机构编制资源配置，服务保障高质量发展。

重点工作保障　围绕统筹发展与安全，针对职责不突出、机构不统一等问题，实施产业发展与安全生产机构职能体系提升专项行动，按照“撤一建一”原则，在市级32个部门（单位）通过单独设置或加挂牌子的方式设置产业发展科，为5个部门增设安全生产监管科，并调增部分人员编制。围绕加强渔船管控工作，印发《市级有关部门渔船管控职责分工》，针对涉渔“三无”船舶监管、非法渔获物监管、船舶修造企业监管、水上安全事故调查处理等6个重点问题，明确8个市直部门职责分工，完善密切配合机制，建立严管严控的责任体系。围绕乡村振兴重大战略，优化调整市委农业农村委员会组成人员，理顺市委农业农村委员会办公室、市农业农村局关系，稳妥有序推进市乡村振兴局更名挂牌，研究提出《关于市乡村振兴局后续调整的意见建议》，推动机构、职能、人员快速融合。

议事协调机构规范　针对议事协调机构、工作专班管理混乱等问题，对议事协调机构清理规范，配套建立长效管理机制，印发《关于规范市级工作专班管理的通知》《关于公布市委市政府议事协调机构名单的通知》，将专班纳入议事协调机构，实行严格控制、动态调整，实现“瘦身强体”。理顺8个

10月27日，2021年市级机构编制核查工作动员部署会议召开
（中共威海市委机构编制委员会办公室　提供）

被列入机构序列的市委议事协调机构办事机构与设在部门之间的关系，完善成员单位协调配合机制，建立一体化行动机制，提升履职水平。

编制资源统筹　结合事业单位改革和重点领域改革，强化内部挖潜，回收事业编制742名，盘活编制资源保障重点工作，为教育民生、安全生产、生态环保、政务服务、海洋发展等领域增加事业编制530名。推动编制下沉，通过“减上补下”形式，一次性为镇（街道）增加行政编制76名、事业编制692名，重点用于加强综合执法、安全生产、渔船管控等领域工作力量。针对部分满编单位人才紧缺问题，建立事业编制“周转池”，核定事业编制50名，保障“人才兴威战略”实施。

【机构编制管理】　扎实推进机构编制法定化、调研、监督检查等基础工作，强化规范化、制度化建设，提升机构编制管理整体水平。

《条例》贯彻实施　坚持党管机构编制原则，认真落实“一支笔”审批和归口管理制度，对涉及机构编制事项调整的按照《中国共产党机构编制工作条例》（简称《条例》）规定的权限和程序办理。依托市委干部主体培训班，实施机构编制工作“双进”（进党校课堂、进干部教材）工程，宣传解读《条例》和有关政策规定，强化刚性约束。创新机构编制论证机制，推动机构编制事项论证要素更加全面、论证方法更加多元、论证效果更加可见，有关经验做法在《山东机构编制信息》《机构与行政》等刊发推广。

课题攻关　在全系统开展“治理现代化机构编制调研年”活动，突出问题导向，确定攻关课题23项，逐一“解剖麻雀”“发现规律”“解决问题”，8篇研究成果被市领导批示肯定，优化安全生产、基层执法、产业发展、海洋执法体制等多项研究成果进入决策层，化解一批历史遗留问题。

监督检查　建立机构编制调整事项备案机制，明确所有调整事项批复后，各部门必须在3个月内将落实情况报市委编办备案，并常态化开展跟踪问效，实现机构编制管理由重审批向重监管转变。印发《机构编制信访举报受理办理暂行办法》，建立闭环的受理办理工作机制；印发《市直机关事业单位机构编制实名制信息维护管理办法（试行）》，厘清机构编制部门与用编部门在实名制信息维护方面的职责分工，简化优化办理流程，实现业务办理“最多跑一次”。制定发放《机构编制监督检查宣传手册》500余本，实现常用名词、常见问题及典型案例、业务操作流程图和相关文件规定等内容“四合一”。

（刘昌鹏）

对台港澳工作

【概况】　2021年，全市新批台资项目5个，合同台资3260万美元，新设香港投资企业103家，实际使用香港投资10.4亿美元；新设澳门投资企业2家，实际使用澳门投资4489万美元，占实际使用外资比例80.4%。3个重点项目在深化山东与港澳台合作推进会上签约，总投资1.87亿美元。主办或承办的海峡两岸（威海－基隆）基层妇女线上文化行、“祝福跨山海，携手贺新春”——威海－基隆台胞台属线上过大年活动、“台商聚威海·联动大湾区”台商威海行系列活动等5项活动获评2021年全省优秀对台交流项目。深入开展涉台港澳宣传活动，在新华社、中央电视台、中国新闻社等20余家新闻媒体发稿190余篇，2项活动在中央电视台《海峡两岸》栏目播出；台湾梅花鹿长鬃山羊入住刘公岛十周年纪念活动在抖音平台直播，当日点赞量超过5万人次，新华社报道稿点击量就超过21万人次；参与编辑的《齐鲁青未了》画册出版发行。

【台湾梅花鹿、长鬃山羊入住刘公岛十周年纪念活动】　4月16日，“台湾梅花鹿、长鬃山羊入住刘公岛十周年纪念活动”在威海刘公岛海峡两岸交流基地举行。威海台胞台属代表、刘公岛森林公园职工及游客约200人参加现场纪念活动。活动期间，刘公岛森林公园与台北市立动物园的保育人员通过现场连线，就台湾梅花鹿、长鬃山羊在刘公岛上的日常饲养及繁育等问题进行交流。

【鲁台港澳籍大学生到威海市参访】　7月15日—17日，参加山东省鲁台港澳交流服务中心、山东大学港澳台事务办公室联合举办的鲁台港澳大学生齐鲁行“泉”实践活动的师生及工作人员一行30余人到威海市参访。

【深圳台商协会组团到威海市考察】　7月29日，深圳台商协会副会长朱金龙一行到威海市考察。考察团到威海火炬高技术产业开发区电子信息与智能制造产业园，实地参访全球激光打印机基地展厅和威海富康电子有限公司。

【“庆国庆·贺中秋——慰问威海卫警察暨欢迎山东赴港新生”联谊活动】　9月15日，“庆国庆·贺中秋——慰问威海卫警察暨欢迎山东赴港新生”联谊活动在香港举行。全国政协副主席梁振英出席活动，中共山东省委常委、统战部部长、山东省海外联谊会会长张江汀视频祝贺。

【“台商威海行”招商推介暨合作签约仪式举行】　9月25日，以“台商聚威海·联动大湾区”为主题的“台商威海行”招商推介暨合作签约仪式举行。东莞市台商投资企业协会和威海电子信息与智能制造产业园签署合作备忘录。中共威海市委台港澳工作办公室、东莞市台商投资企业协会、威海市投资促进中心、威海高新园区运营管理有限公司及在威海台商代表约40人参加活动。

【全省台属联谊会会长到威海市考察】　10月21日—22日，省委台港澳工作办公室副主任、省台属联谊会副会长王清玉率各市台属联谊会会长、副会长及台湾同胞联谊会会长，到威海市举办台属企业家胶东经济圈考察交流活动。

【海峡两岸基层妇女线上文化行活动】　11月6日，两岸巾帼齐分享“非遗”文化永传承——海峡两岸基层妇女线上文化行活动在威海市环翠区环翠楼街道东北村社区党群服务中心和基隆市同步举行，威海市环翠区妇女联合会、环翠区环翠楼街道东北村社区和台湾基隆市港都姊妹协会100余位妇女同胞参加活动。该活动在中央电视台《海峡两岸》节目播出。

（卢桂洋）

机关党务工作

【概况】 2021年年底，中共威海市委市直机关工作委员会（简称市委市直机关工委）所属党委126个，党总支63个，党支部1320个，党员2.18万名。市直各党组织和广大党员聚焦“围绕中心、建设队伍、服务群众”的定位和市委重点任务谋划推进工作，机关创新案例和经验做法在《机关党建研究》《旗帜》刊发推广，市委市直机关工委获评威海市年度工作优秀单位和全市抗击新冠肺炎疫情先进集体。

【市直机关党史学习教育推进】 举办“党史故事我来讲”精品党课大赛暨市直机关“两优一先”颁奖仪式，推选省级、市级、市直机关“两优一先”典型322个，该活动被纳入全市党史学习教育重要内容。通报表扬精致模范机关建设标兵单位、先进单位42个。开展“行走的党史宣讲”、学习贯彻“七一”重要讲话精神宣讲等活动420场次，覆盖党员2.1万余人次。开展“歌声嘹亮 红动威海”红色经典歌曲传唱等活动，138个作品的点击量超过200万次。筹备“我为群众办实事、我为企业解难题、我为基层减负担”3个现场推进会，挖掘实践活动亮点近70个，发布典型宣传40余期，解决群众“急难愁盼”和历史遗留问题。

【机关基层党建】 印发《2021年市直机关党的工作要点》，探索推进市直机关党支部评星定级、党员分类管理工作机制，规范党组织设置及换届选举流程，更新96家党组织换届信息，发送换届提醒。强化党员教育管理，高标准完成市直机关党员教育服务中心改革工作。严格发展党员工作流程，接收转出党员组织关系2000余人，全年发展党员777名。选优配强党组织书记队伍，规范36家部门（单位）“一把手”兼任机关党支部书记，37家部门（单位）党员负责人担任机关党委书记，集中培训党组织书记、纪检干部、党员发展对象等1000余人次。组建市直机关兼职组织员队伍，设立工作小组7个，分类精准指导。

【机关作风建设】 常态化推进干部作风大改进行动，指导市直部门建立更新民主生活会查摆问题、对标先进抓落实、我为群众办实事“三本台账”，并跟进整改。多渠道服务群众，深入一线开展督导调研17次，研究推进社区减负具体措施。清理规范部门在镇（街道）“挂牌多”问题并开展“回头看”工作。年内，全市群众诉求办结满意率达96.86%。

强化党风廉政建设。加强对市直部门机关纪委领导，编印《机关纪委监督执纪工作规范选编》。组织11名新任职机关纪委书记开展任职谈话、66家部门单位观看警示教育片，与市纪委监委机关联合主办“清廉之路·你我同行”书画摄影展并组织1500余名机关党员干部参观学习，进一步增强规矩意识。

【精致模范机关建设】 筹备“学典型、促发展”成效总结评议暨深化干部作风大改进行动部署会议，汇总68个部门单位115个工作项目视频，组织总结评议、结果通报，市直机关工委获评“优秀”等次；推出典型经验、先进个人40个，印发典型案例156个。发布精致模范机关创建党建访谈录18期，阅读量达74万次。凝聚信用力量，持续抓好12个试点单位信用机关建设，市直机关工委获评威海市信用惠民先进单位，市场监督管理局等10个单位获评威海市信用建设示范单位、威海市信用建设先进单位。发布“信用建设看机关”宣传报道15期，阅读量达367万次。

深化党建带群建工作，理顺群团组织成立换届流程，培训团组织书记70余人。推选复查市级和市直文明单位220家。参与筹备并组织市直2000余名机关干部参加威海市第六届运动会，展示机关党员干部的精神风貌。

（李孟君）

老干部工作

【概况】 2021年，中共威海市委老干部局坚持守正创新，服务中心大局，统筹推进离退休干部政治引领、服务管理、文化养老、作用发挥一体发展，推动新时代老干部工作展现新气象、新作为。

【党史学习教育和庆祝建党百年系列活动】 举办“赓续百年史·聚力新征程”老干部情况通报会，拍摄制作《百年瞬间·历史见证》专题片和《光荣在党50年微访谈》视频，回顾党的百年奋斗历程。举办“银龄向党·唱响新征程”老干部合唱比赛、“百年复兴路”大型党史舞台剧演出等活动，开展“我和我的党”主题征文、“我看建党百年新成就”访谈调研活动，讴歌“永远跟党走·启航新时代”主旋律。组织离退休干部开展“颂党恩、跟党走、添光彩”主题党日活动，认真学习中共中央总书记习近平“七一”重要讲话精神；发动老干部创作党史题材书画、摄影、剪纸作品1200余幅；组建“本色家园”老干部宣讲团，开展宣讲活动120余场次。戴玉山等一批老干部学党史先进典型被《人民日报》《大众日报》宣传报道，相关工作经验做法在省委党史学习教育第四巡回指导组召开的座谈会上进行交流。

【离退休干部党建】 开展社区“银龄先锋家园”试点，构建“1+5+N”模式，推动老干部工作与社区工作融合发展，累计成立社区老干部志愿服务队82支，开展矛盾调解等志愿服务活动1300余场，该工作案例被省委党史学习教育第四巡回指导组作为“我为群众办实事”实践活动典型案例进行现场观摩。评选表彰“本色家园·树山”示范离退休干部党支部50个，打造“本色家园”共享式离退休干部党建活动室，组织离退休干部参与“向党说句心里话”微心愿征集、“我和我的支部”

微视频征集活动，激发离退休干部党建工作活力。

【离休干部亲情服务】 深化完善“一对一”联系服务离休干部机制，全年电话联系、上门走访慰问900余人次。对接12349居家服务中心，为120余名离休干部购买“四助”（助餐、助洁、助行、助买）服务400余小时；为离休干部配备可移动扶手、固定扶手，方便老干部日常生活。认真落实好抗战时期离休干部医疗待遇提高工作，为市直149名离休干部增发生活补贴约80万元，为95名离休干部遗属发放困难救助、取暖补贴28万余元。建立离休干部家庭医生签约服务制度，为离休干部提供入户巡诊、健康咨询、病床护理等医疗服务，中共中央组织部老干部局微信公众号刊发威海市经验做法。

【老干部服务社会】 打造“银龄人才续航驿站”，作为老干部聚才、引才、用才的平台和老专家交流联系的纽带。组建银龄人才顾问团、专业团队、工作室（示范基地）等32个，组织引导相关领域老专家、老干部开展建言咨询、技术培训、科技创新、交流对接、社会治理等活动200余场次。广泛发动“五老”（老干部、老战士、老专家、老教师、老模范）参与关心下一代工作，围绕党史国史宣讲教育，组织开展“传承红色基因·争做时代新人”系列主题活动，利用威海红色教育资源打造多元化红色教育基地，工作经验做法在全国关心下一代党史学习教育基地建设座谈会上进行交流。10月18日—19日，山东省关心下一代工作委员会党史学习教育座谈会在威海市召开，总结推广威海市发挥“五老”优势助力青少年开展党史学习教育的经验做法。

【老年教育】 高质量完成市老年大学新城校区整体装修设计工作，投资200余万元对市老年大学主教学楼的老旧设施进行全面改造，消除安全隐患；开设智能手机、计算机运用、“智泉讲堂”等智慧助老课程，帮助老年人跨越“数字鸿沟”。组织学员参与省级以上重大文化赛事，49件作品在第二届国际老年大学线上艺术比赛中获奖；15部作品在“智青时代杯”全省老年大学红色散文诗歌大赛及“讲好红色故事·传承红色基因”微视频征集活动中获奖，在第九届全省老干部艺术节中获得组织奖和文艺展演集体金奖。

（林理杰）

党校工作

【概况】 2021年，中共威海市委党校全面贯彻落实中共中央总书记习近平关于党校办学治校系列重要指示精神和《中国共产党党校（行政学院）工作条例》，以深入扎实开展党史学习教育和办学质量评估工作为主线，坚持党校姓党、守正创新、质量立校、人才强校、从严治校，办学治校各项工作取得新进展、新突破。至年底，市委党校内设11个职能处室、6个教研部门，有教职员工90名（其中教授6名、副教授20名、讲师8名）。

【教学工作】 全年举办各类班次80个，培训学员6879人。其中，主体班次12个，学员939人；专题班次12个，学员744人；部门合作班次22个，学员3272人；社会培训班次34个，培训1632人；在校在职研究生292人。

深化“用学术讲政治、用案例讲思想”教学改革，建立完善习近平新时代中国特色社会主义思想“1+18+N”课程体系。通过集体备课、集中打磨观摩交流、竞课赛课、专家指导等方式，开展全市党校系统习近平新时代中国特色社会主义思想课程竞课、全市党校系统精品课评选、首届青年教师教学竞赛等活动，辐射带动课程质量整体提升。先后有2门课程获得第四届全省党校（行政学院）系统精品课竞赛一等奖，2门课程获评省级优秀党课。

持续优化习近平新时代中国特色社会主义思想案例教学体系，围绕威海实践编写的6个教学案例分别入选中央党校、省委组织部案例库，2门案例教学课程获评全省干部教育培训好课程，其中1门课程被推荐参加中共中央组织部好课程评选，1个教学案例获评全省党校系统乡村振兴基层实践优秀案例。

扎实开展理论大众化宣讲，开展习近平总书记“七一”重要讲话精神宣讲、中共十九届六中全会精神宣讲、“庆祝中国共产党成立百年·百场党史党课”六进宣讲等宣讲160余场次、受众3.5万余人次。以学习宣传习近平新时代中国特色社会主义思想为主线，围绕与群众生产生活密切相关的40个专题，组织编写新时代文明实践基层宣讲教材——《老百姓的幸福就是党最大的事业》，用生动故事和身边案例讲好“中国共产党为什么能”“马克思主义为什么行”“中国特色社会主义为什么好”的“大道理”。

【科研咨政】 加强科研咨政能力建设，印发《关于进一步提升科研和决策咨询能力水平的若干措施》，从聚焦科研和决策咨询的主攻方向、完善科研和决策咨询组织运行机制等方面出台具体举措20条。培育核心作者团队，启动实施教研人员“每人出本书”行动，印发《学术著作出版资助办法》。围绕“五化”（产业现代化、城市国际化、新型城镇化、发展绿色化、治理现代化）重点任务和市委、市政府高度关注的重点问题开展专业化研究，全年结项省委党校重点课题10项、市社会科学重点课题3项、校级重点研究课题5项，6篇咨政报告得到市委、市政府主要领导批示。举办全市党校科研和决策咨询工作座谈会、全市党校系统“两个规律”研究座谈会、全市党校系统“庆祝中国共产党成立100周年”理论研讨会。在《威海日报》发表理论宣传文章44篇，进一步巩固主流意识形态阵地。

深化科研协作平台建设，会同市委政策研究室、市政府决策研究中心、山东大学（威海）、威海职业学院（威海市技术学院）、市精致城市建设办公室、市农业农村局共建成立市委党校实践案例研究中心、精致城市治理研究中心、乡村振兴研究中心3个科研智库协作平台，通过组织课题研究、举办学术活动、培育专业团队、创立智库品牌开展工作。全年承接完成4项重点研究课题。

【业务指导】 强化业务指导，会同市委

组织部印发《威海市区市党委党校（行政学校）办学质量评估办法（试行）》，组织开展办学质量评估工作，系统总结区（市）党校问题不足，提出改进意见建议，切实做到以评促改、以评促建、以评促发展。召开全市党校系统“学典型、促发展”比学赶超交流观摩会和访谈式教学现场观摩会，鼓励区（市）党校打造“一校一特色、一校一品牌”，营造互学互鉴、你追我赶的良好风气。规范指导镇（街道）党校配备教学指导员，协助制定培训方案、培训授课教师、审核把关授课专题，有力推进镇（街道）党校实体化建设、特色化发展、规范化运行。

（刘海生）

党史史志工作

【概况】 2021年，中共威海市委党史研究院（市地方史志研究院）扎实开展党史学习教育，强化主业意识，不断促进党史史志工作融合创新发展，在党史编研、志鉴编纂、地情研究、场馆建设等方面取得突破进展，获评全国党史和文献部门先进集体，工作经验做法先后2次获得省委党史研究院主要负责人批示，并在全省学习推广。组织举行“学党史 颂党恩 跟党走”演讲比赛，选拔的2名优秀选手分别获得全省演讲比赛一、二等奖。

【精品成果丰硕】 围绕市委、市政府中心工作，突出“存史资政育人”主业，强化编研，打造精品。积极开展调查研究，全年组织现场研学活动8次，加强地方史料挖掘，丰富一手资料收集，进一步提升党史史志编研水平。开展《改革开放以来市县委书记口述史》《脱贫攻坚口述史》征编工作，组织编写《百年〈党章〉发展历程及启示》，得到市委主要领导肯定。持续加强“威海姓氏渊源”等课题研究，深入挖掘资源，重点对全市242个姓氏的人口数量、姓氏起源、祖籍分布、家谱文献等进行考证记述，编辑出版《威海姓氏志》。完成系统记述威海建置、自然、物产、文化等发展变迁的科普读物《威海三千年》的编辑出版。加强培训和指导，推动部门志、行业志、镇村志编修，《温泉镇志》获评齐鲁名镇志。强化年鉴编纂提质增效，在控制文字量、增加信息总量上下功夫，提高准确性，确保时效性，《威海年鉴（2021）》于10月出版，《威海年鉴（2020）》获评第八届全国地方志优秀成果（年鉴类）特等奖。督导各区（市）年鉴均实现一年一鉴、公开出版。全年实现编研总量350万字，人均成果产出超过20万字。

【红色胶东研究】 深化红色胶东研究，深入挖掘红色胶东的精神内涵与时代价值。编撰发行《红色胶东革命回忆录（第一辑）》《红色胶东英烈故事（第三辑）》，为全市开展党史学习教育提供生动教材。组织开展“红色记忆 历史回响”主题研讨会论文征集工作，汇编《红色胶东主题研讨文集》26万余字，进一步打响红色胶东品牌。围绕打造红色胶东的资料高地，拓展资料收集渠道，系统梳理已经出版的或者以内部资料印制的与红色胶东有关的各类资料，形成《红色胶东研究资料目录》，纳入书目282种600余册，文字总量超过6500万字。与驻威海各高校开展研究合作，《胶东红色基因传承与高校思政课实践教学研究》通过市社会科学重点研究课题立项并结题；为《威海通讯》撰写地方党史学习教育稿件10篇。

【“四史”宣教创新】 不断增加图书“六进”（进机关、进军营、进企业、进学校、进社区、进农村）数量和范围，增强党史史志服务社会的力度。在提供学习资源、开展党史宣讲等方面充分发挥自身优势，主动服务全市党史学习教育。将图书“六进”与党史宣讲“六进”相结合，打造“史敢当”志愿服务品牌，全年开展宣讲30余次，赠送党史史志书籍1万余册，其中向全市41处城市书房赠送红色书籍2000册。加大宣教力度，在威海新闻网、“威海党史史志”微信公众号、威海党史史志网站同步推出《红色胶东英烈故事》；与市委宣传部、威海电视台推出《奋斗百年路 启航新征程》栏目，播出12期；在《威海日报》刊发《红色胶东》专版34期；在“Hi威海”新闻客户端发布《红色胶东英烈故事》48期，点击量超过490万次。

【方志馆开放运行】 强化方志馆建设，不断提升完善地情展览，丰富馆藏资源，提升资料服务能力，6月，建筑面积4000余平方米的威海市方志馆正式开放运行。至年底，接待团体参观110余场，进馆参观8000余人次，充分发挥面向全市各行业的市情信息集藏展示利用中心、方志编纂业务培训中心、面向海内外的地方史志研究交流中心、面向大中小学生的乡土教育基地“四位一体”功能作用。加大培训力度，提高人员素质能力，规范管理水平。加强安全检查，设置安检系统，定期开展消防和疫情防控演练，提高方志馆安全运行能力。

（闫拥军）

编辑 闫拥军

5月23日，环翠区鲸园小学学生到威海市方志馆参观　　（李传强　摄）

威海市人民代表大会

综　述

【概况】　2021年，威海市人民代表大会常务委员会（简称市人大常委会）围绕全市工作大局依法履职，立法、监督、代表、自身建设等各项工作都取得新进展、新成效，较好地完成威海市第十七届人民代表大会第六次会议确定的各项任务。

【机构设置】　市第十七届人民代表大会设法制委员会、财政经济委员会、监察和司法委员会、教育科学文化卫生委员会、城乡建设和环境资源保护委员会、农业与农村委员会、民族侨务外事委员会、社会建设委员会8个专门委员会。市人大常委会下设办公室、研究室、人事代表工作委员会、预算工作委员会、法制工作委员会5个工作机构。各专门委员会设立办事机构，分别为财政经济工作委员会、监察和司法工作委员会、教育科学文化卫生工作委员会、城乡建设和环境资源保护工作委员会、农业与农村工作委员会、民族侨务外事工作委员会、社会建设工作委员会。法制委员会暂不设办事机构，日常工作由法制工作委员会承担。

重要会议

【威海市第十七届人民代表大会第六次会议】　1月25日—27日举行。威海市第十七届人民代表大会代表总人数为338名，市十七届人大六次会议时，实有代表334名。大会以举手的方式，表决通过选举办法、总监票人和监票人名单。在总监票人和监票人的监督下，大会以无记名投票方式，补选威海市第十七届人大常委会委员，表决通过《威海市第十七届人民代表大会有关专门委员会组成人员人选表决办法》《威海市第十七届人民代表大会有关专门委员会组成人员人选名单》。大会还依次表决通过《威海市第十七届人民代表大会第六次会议关于政府工作报告的决议》《关于威海市国民经济和社会发展第十四个五年规划和二〇三五年远景目标纲要的决议》《关于威海市2020年国民经济和社会发展计划执行情况与2021年国民经济和社会发展计划的决议》《关于2020年威海市和市级预算执行情况与2021年威海市和市级预算的决议》《关于威海市人大常委会工作报告的决议》《关于威海市中级人民法院工作报告的决议》《关于威海市人民检察院工作报告的决议》。

【常委会会议】　第30次会议　1月15日举行。会议听取审议市政府《关于“十三五”规划实施及“十四五”规划和二〇三五年远景目标纲要（草案）编制情况的报告》、市人大常委会法制工作委员会《关于2020年度规范性文件备案审查工作情况的报告》，研究市人大常委会主任会议提请审议的关于召开市十七届人大六次会议的有关事项。会议决定，威海市第十七届人民代表大会第六次会议于2021年2月1日—3日在威海市召开。会议还决定任免市人大、市中级人民法院有关工作人员。王学文颁发任命书，新任命人员进行宪法宣誓。

第31次会议　1月18日举行。会议研究市人大常委会主任会议提请审议的关于召开威海市第十七届人民代表大会第六次会议的有关事项。因山东省第十三届人民代表大会第五次会议召开时间推迟，会议决定，原定于2021年2月1日—3日召开的威海市第十七届人民代表大会第六次会议调整为2021年1月下旬召开。

第32次会议　1月27日举行。会议决定任免市政府、市中级人民法院、市人民检察院有关工作人员。王学文颁发任命书。新任命人员以及市十七届人大六次会议补选的市十七届人大常委会委员、表决通过的市十七届人大有关专门委员会组成人员，依法进行宪法宣誓。

第33次会议　4月27日举行。会议听取审议市政府《关于全市环境状况和环境保护目标完成情况的报告》《关于〈中华人民共和国残疾人保障法〉〈山东省实施中华人民共和国残疾人保障法办法〉实施情况的报告》和市人民检察院《关于全市检察机关公益诉讼工作情况的报告》。会议听取审议市人大法制委员会提请审议的《威海市城市国际化促进条例（草案修改稿）》。会议决定任免市中级人民法院、市人民检察院有关工作人员，批准市人民检察院提请审议的环翠区人民检察院检察长、荣成市人民检察院检察长职务的报告。会议还对市政府25个部门单位落实2020年度市人大常委会作出的审议意见情况开展满意度测评。

第34次会议　6月29日举行。常委会组成人员听取市人大法制委员会《关于〈威海市城市国际化促进条例（草案修改稿）〉审议结果的报告》，审议通过《威海市城市国际化促进条例（表决稿）》。会议听取审议市政府提请审议的《威海市停车管理条例（草案）》、市政府《关于全市“1+4+N”科技创新平台建设情况的报告》。会议表决通过人事有关任免案。王学文颁发任命书，新任命人员进行宪法宣誓。会议还审议通过代表资格审查委员会《关于个别代表的代表资格变动情况报告》。

第35次会议　8月25日举行。会议听取审议市政府《关于全市优化营商环境工作情况的报告》《关于全市大健康产业发展情况的报告》。市发展和改革委员会、财政局、审计局等部门受市政府委托，分别向本次会议报告2021年上半年国民经济计划和预算执行、2020年市级预算执行和其他财政收支审计等工作情况。会议经过审查，批准2020年市级决算和2021年市级预算调整方案。会议作出《威海市人民代表大会常务委员会关于威海市区（市）和镇人民代表大会代表选举时间的决定》。会议决定，2021年12月23日为选举日，选出区（市）和镇人民代表大会代表。会议经过审议，决定任命孙付春为威海市人民政府副市长，孙付春进行宪法宣誓。

第36次会议　11月2日举行。会议传达学习中央人大工作会议精神。听取审议市人大法制委提请审议的《威海市停车管理条例（草案修改稿）》，审议通过《威海市停车管理和服务条例（表决稿）》。听取审议市人大常委会主任会议提请审议的《威海市海洋牧场管理条例（草案）》，并提出建议和意见。会议听取审议市政府《关于2020年度全市和市级国有资产管理情况的综合报告以及自然资源国有资产管理情况的专项报告》《关于农产品品牌建设情况的报告》《关于侨务工作情况的报告》《关于〈中华人民共和国土地管理法〉实施情况的报告》，并提出改进工作的建议和意见。会议听取审议市监察委员会《关于开展廉政教育工作情况的报告》，这是市人大常委会首次听取审议市监察委员会专项工作报告。会议作出《威海市人民代表大会常务委员会关于推动和保障胶东经济圈一体化发展的决定》，决定任免市中级人民法院、市人民检察院工作人员，并组织新任命人员进行宪法宣誓。王学文颁发任命书。

第37次会议　12月21日举行。会议听取审议市政府《关于威海市2021年下半年地方政府债券分配使用意见及市级预算调整方案（草案）的报告》《关于2020年度市级预算执行和其他财政收支审计查出问题整改情况的报告》，作出批准2021年市级预算调整方案的决议；听取审议市中级人民法院《关于全市法院贯彻实施民法典开展民事审判工作情况的报告》；听取市人大法制委员会《关于〈威海市海洋牧场管理条例（草案修改稿）〉审议结果的报告》，审议《威海市海洋牧场管理条例（草案修改稿）》。会议审议通过《威海市海洋牧场管理条例》《威海市人民代表大会常务委员会关于在全市开展第八个五年法治宣传教育的决议》《威海市人民代表大会常务委员会规范性文件备案审查工作规定》。会议决定，威海市第十八届人民代表大会第一次会议于2022年2月中下旬在威海市召开。

常委会工作

【政治建设强化】　把旗帜鲜明讲政治作为首位要求，紧扣市委中心工作和重点任务研究谋划推进人大工作，对重大问题、重要事项、重要活动都及时向市委请示报告。坚持党的领导与依法行使任免权、决定权相统一，任免国家机关工作人员110余人次，作出关于“十四五”规划和二〇三五年远景目标纲要、推动和保障胶东经济圈一体化发展等决议决定，保证市委决策部署得到全面有效落实。

把思想理论武装作为首要任务，深入扎实推进党史学习教育，把开展党史学习教育同贯彻落实市委各项决策部署、高质量完成人大重点工作任务相结合，推动形成坚定理想信念、坚守初心使命、敢于担当作为的浓厚氛围。组织开展党组集中研讨、专家宣讲辅导、机关专题培训、主题党日等活动30余次，引导广大党员干部在学思践悟上下功夫，不断增强贯彻落实党史学习教育的思想自觉、政治自觉和行动自觉。常委会党组成员结合工作实际，分

3月31日，市人大常委会考察组赴重庆市考察

（威海市人民代表大会常务委员会办公室　提供）

5月31日，市人大常委会主任王学文（前中）到环翠区塔山小学走访慰问
（威海市人民代表大会常务委员会办公室　提供）

别深入基层联系点和所在党支部开展党史专题和中共十九届六中全会精神宣讲、上专题党课，推动学习教育走深走实。

【立法质效提升】 坚持立法与改革发展所需相适应、与“精致城市·幸福威海”建设相衔接，围绕市委重大战略部署和人民群众关心关注的热点难点问题，深入开展小切口、精细化、有特色的地方立法，以高质量的立法成果引领推动经济社会高质量发展，威海市地方立法经验在全省地方立法工作会议、全国人大召开的“设区的市地方立法在维护国家法治统一中的作用”专题调研会议上进行交流。年内，市人大常委会制定《威海市城市国际化促进条例》，对公共服务国际化、人文环境国际化、产业经济国际化等作出制度设计，进一步增强城市的国际竞争力和影响力。制定《威海市停车管理和服务条例》，从源头上破解停车难问题。制定《威海市海洋牧场管理条例》，重点对规划建设、生产经营和平台管理进行规范，为加强海洋牧场管理提供法治保障。

在立法实践中，坚持科学立法、民主立法、依法立法，完善市委领导、人大主导、政府依托、各方参与的立法工作格局，健全立法前评估、征集意见反馈、“4+N”联合起草、立法调研等机制，建好用好基层立法联系点、立法研究服务基地、专家咨询委员会，并将立法项目专家会诊机制推广到所有立法项目中，委托山东大学（威海）、西南政法大学，分别组织《威海市城市国际化促进条例》《威海市停车管理和服务条例》立法研讨会，增强立法工作的前瞻性、实效性。

【监督实效增强】 围绕护航经济高质量发展加强监督。建立健全审计查出问题整改及政府债务审查监督等制度办法，持续加强对预算决算、审计查出问题及整改的审查监督，并依法及时作出批准财政决算、预算调整、政府性债券分配、地方政府债务限额等决议。听取审议市政府《关于2021年上半年国民经济和社会发展计划执行情况的报告》《关于全市国有资产管理情况和自然资源国有资产管理情况报告》，支持和推动政府及有关部门贯彻新发展理念，加快新旧动能转换。组织对全市大健康产业发展情况、“1+4+N”科技创新平台建设情况、优化营商环境工作情况、农产品品牌建设情况、侨务工作情况开展专题调研审议，开展全市优化营商环境工作情况专题询问，从不同领域、不同角度精准服务全市经济高质量发展。在全市优化营商环境工作情况专题询问中，通过组织协调10名市人大常委会组成人员和省市人大代表分别围绕企业开办审批、市场监管等突出问题进行现场询问，进一步增强市政府有关部门推动相关问题解决的责任感和使命感，提升人大监督工作实效。

围绕保障和改善民生加强监督。坚定不移地贯彻习近平生态文明思想，连续3年听取审议市政府《关于全市环境状况和环境保护目标完成情况的报告》。组织对《中华人民共和国土地管理法》执行情况进行执法检查，发现存在耕地弃耕抛荒、土地节约集约利用水平不高、违法用地行为、土地执法不到位等问题，督促有关部门加强耕地保护、严守耕地保护红线，依法严厉打击土地违法行为，加大低效用地处置力度，着力提升建设用地产出效益。高度关注特殊困难群体，将残疾人保障“一法一办法”执法检查纳入年度工作计划，针对残疾人社会保障标准不够高、康复机构建设和康复技术比较滞

8月25日，市人大常委会优化营商环境专题询问会议召开
（威海市人民代表大会常务委员会办公室　提供）

后、就业创业难度大等问题，提出要提高保障标准实施精准救助、强化残疾人基本公共服务能力建设、营造扶残助残良好社会环境等建议，助推特殊弱势群体权益保障。

围绕维护社会公平正义与和谐稳定加强监督。组织开展全市社会治理工作情况集中视察，全面了解工作推进情况，助力推动社会治理模式再创新、质效再提升。切实加强对审判、检察工作的监督，对全市法院贯彻实施《中华人民共和国民法典》推进民事审判工作、检察机关公益诉讼工作开展情况进行调研审议，推动司法为民、公正司法水平进一步提高。积极推进法治威海建设，首次听取审议市监察委员会关于开展廉政教育工作等情况报告，强调要提高政治站位，健全廉政教育机制，压实廉政主体责任，不断开创全市反腐倡廉工作新局面。配合上级人大对相关法律法规进行执法检查、立法调研，促进法律法规有效实施、社会治理法治化水平不断提升。扎实做好人大信访工作，对群众信访工作加大转办督办力度，力促群众合理诉求依法得到有效解决。坚持“有件必备、有备必审、有错必纠”，扎实开展备案审查工作，着力增强备案审查制度刚性和工作实效。

9月9日，市人大常委会组织部分驻威海全国、省人大代表赴烟台市开展专题调研　　（威海市人民代表大会常务委员会办公室　提供）

【人大代表履职】　推动“双联”（常委会联系人大代表、人大代表联系选民）工作常态化、制度化、规范化、实效化，健全完善主任会议成员接待代表、常委会组成人员走访联系代表、代表联系群众反映群众意见和诉求处理反馈等机制，并有针对性地邀请代表参加立法、监督以及专项工作评议等活动，助力人大代表更好地履职尽责、发挥作用。严格落实市人大代表活动经费管理使用办法，坚持为代表订阅杂志报纸、寄送资料、通报重要工作情况，支持和保障代表知情知政、依法履职。

全面推进镇（街道）、社区代表工作站建设，开展省、市、区（市）、镇（街道）四级人大代表进站活动，充分发挥代表联系服务群众的重要作用。在各区（市）、镇（街道）两级人大代表中开展述职评议工作，加强选民对代表履职行为的监督，进一步增强人大代表履职积极性、主动性。深入开展“学党史、办实事、惠民生”代表主题实践活动，将代表工作与“我为群众办实事”实践活动相结合，充分发挥人大代表桥梁纽带、先进引领和监督促进作用，推动一批民生事项落实、突出问题解决。指导各区（市）人大常委会做好区（市）、镇两级人大代表换届工作，协助严把代表人选入口关、换届选举纪律关、依法组织投票关、代表资格审查关，确保换届选举工作健康、平稳、有序进行。

健全代表履职管理机制，做好代表履职评价工作，完善代表建议提出、办理、反馈、落实和评价机制，对代表提出的84件建议，采取常委会领导成员领衔督办、有关专门委员会跟踪督办及满意度评价等方式，持续加大督办力度，切实提升代表建议办理质效，有效解决一批重点难点问题。

8月26日，全市区市和镇人大换届选举工作部署会议召开
（威海市人民代表大会常务委员会办公室　提供）

（于云龙）

编辑　闫拥军

威海市人民政府

综　述

【概况】　威海市第十七届人民政府设市长1人，副市长6人。市政府工作部门34个，派出机构5个。

【重要决策和部署】　5月19日　印发《威海市人民政府关于印发威海市国民经济和社会发展第十四个五年规划和二〇三五年远景目标纲要的通知》（威政发〔2021〕1号），要求深入贯彻中共十九届五中全会精神，明确未来五年经济社会发展总体目标、主要任务和重大举措，开创"精致城市·幸福威海"建设新局面。

6月25日　印发《威海市人民政府关于公布市政府文件清理结果的决定》（威政发〔2021〕2号），要求深入推进"放管服"改革，优化营商环境，市政府决定，《威海市人民政府关于印发〈威海市引进国外智力成果示范推广基地管理办法〉的通知》等7件市政府文件宣布失效。

8月27日　印发《威海市人民政府关于推进企业利用资本市场加快发展若干政策的意见》（威政发〔2021〕4号），要求利用资本市场对于优化资源配置的重要作用，通过资本市场集聚要素、整合资源、提升产业能级和综合竞争力，推动企业转型发展，结

2021年第十七届人民政府常务会议内容表

表2

时间	会议	内容
1月11日	第95次	关于《威海市国民经济和社会发展第十四个五年规划和二〇三五年远景目标纲要（草案）》的汇报
		政府工作报告（讨论稿）及2021年为民办实事项目安排的意见
		国务院信息直报点视频培训会议精神及威海市贯彻落实意见
		1.威海市三级森林消防队伍建设规划（草案） 2.威海市应急物资储备体系建设规划（2020—2030年）（草案） 3.关于危险化学品道路运输安全集中整治和非法违法"小化工"专项整治情况的汇报 4.关于入冬以来威海市火灾形势及下一步工作安排的汇报
		威海市创建儿童友好型城市三年行动方案（2021—2023年）
		威海市自然保护地整合优化预案
		关于进一步完善大病保险制度的意见（草案）
		关于文旅集团发起设立威海海上旅游有限公司的意见
1月25日	第96次	关于2020年度全市地方纳税50强企业表彰的意见
		干部任免事项
2月7日	第97次	传达学习省十三届人大五次会议和省政协十二届四次会议精神
		传达学习省委专题会议精神，安排部署相关工作
		2021年《政府工作报告》目标任务分工方案
		关于威海国有资产经营（集团）有限公司非公开发行公司债券的意见
		关于威海热电集团有限公司发行资产支持证券的意见
		关于2020年度全市开放工作表彰奖励的意见

续表 2

时间	会议	内容
2月25日	第98次	传达学习中共中央总书记习近平在中共中央政治局第二十七次集体学习、中央全面深化改革委员会第十八次会议上的重要讲话精神
		威海市招商引资优化提升行动方案
		关于成品油“自流黑”专项整治工作情况的汇报
		关于促进3岁以下婴幼儿照护服务发展的实施意见（草案）
		2021年威海市人民政府立法项目计划
		威海市区2021年国有建设用地出让计划
		关于威海产业投资集团有限公司参与设立齐鲁中泰定增2号私募股权基金、齐鲁前海新动能基金的意见
		1.关于全市安全生产大排查大整治工作开展情况的汇报 2.关于全国“两会”安保维稳工作开展情况的汇报
3月16日	第99次	传达学习中共中央总书记习近平在全国“两会”期间的重要讲话精神和全国“两会”精神、中共中央总书记习近平在中央党校（国家行政学院）中青年干部培训班开班式上的重要讲话精神
		威海市国家综合性消防救援队伍职业保障实施细则
		关于长会口水库工程前期工作推进情况的汇报
		关于推动全市政府性融资担保机构支持小微企业和“三农”发展的实施方案
		关于协同推进农业信贷担保工作助力乡村振兴的意见
		干部任免事项
		集体学习《山东省党政领导干部安全生产责任追究办法（试行）》《山东省安全生产事故应急办法》
4月28日	第100次	传达学习中共中央总书记习近平在参加首都义务植树活动时的重要讲话精神、对深化东西部协作和定点帮扶工作的重要指示精神，传达学习政府督查工作条例、省政府办公厅关于进一步改进工作作风严肃工作纪律的通知
		传达学习李干杰在省政府常务会议分析研究一季度全省经济运行情况时的讲话，安排部署经济工作
		关于降低企业运营成本的调研报告责任分工
		关于加强和改进威海市优化营商环境工作的情况汇报
		威海市行政复议体制机制改革工作方案、2021年度重大行政决策事项目录
		关于2021年度高质量发展综合绩效考核（政府系统）有关情况的汇报、关于部分宏观经济指标考核计分情况的汇报
		2021年威海市东西部协作工作重点事项
		关于全市生态环境质量有关情况及迎接省级生态环保督察工作情况的汇报
		威海市城市运行指挥平台建设工作方案
		关于加快国家绿色金融改革创新试验区创建工作的汇报
		威海市海上联合巡查实施方案、关于有奖征集海洋涉渔违法犯罪线索的通告
		关于落实统计造假“一票否决制”有关情况的汇报
		干部任免事项
		1.梁皓汇报全国防汛抗旱电视电话会议精神及威海市贯彻落实意见 2.梁皓汇报《市委常委会成员、市政府领导班子成员2021年安全生产重点工作清单（草案）》 3.许锡宁通报安全生产专项督导工作情况 4.闫剑波通报“中华富强”轮火灾事故处置情况并安排部署相关工作

续表 2

时间	会议	内容
5月20日	第101次	研究部署安全生产和渔船管控工作
		关于建党100周年安保维稳工作有关情况的汇报
		关于2021年度消防工作目标任务和合用场所整治情况的汇报
		关于做好2021年度统计执法检查工作的汇报，威海市关于落实国家统计督察反馈意见整改工作方案
		2021年度省高质量发展综合绩效考核责任分工清单
		威海市新型基础设施建设推进方案
		关于调整市区居民用天然气销售价格的意见（草案）
		关于促进中医药传承创新发展的实施意见
		威海市市直、中央省属驻威有关部门单位生态环境保护责任清单
		威海市轻微违法行为不予行政处罚和一般违法行为减轻行政处罚事项清单
		关于全省稳就业保就业工作会议贯彻落实情况的汇报
		关于全面推行河长制湖长制工作情况的汇报
		威海市“人才贷”风险补偿资金管理办法（修订草案）
		关于提高2021年困难群众救助标准的意见（草案）
		关于全省进一步提高财政收入质量工作会议有关情况的汇报
6月2日	第102次	传达学习中共中央总书记习近平在中央全面深化改革委员会第十九次会议、全球健康峰会上的重要讲话精神
		集体学习中央、省有关文件精神
		法治专题讲座——《中华人民共和国行政处罚法》修订及对依法行政工作的影响
		威海市行政应诉管理办法（草案）
		威海市行政执法委托管理规定（草案）
		威海中韩自贸区地方经济合作示范区建设攻坚突破三年行动计划（2021—2023年）
		关于2020年全省开发区综合发展水平评价有关情况的汇报
		关于全省新旧动能转换“五年取得突破”动员部署会议精神的汇报、威海市新旧动能转换“五年取得突破”工作方案（2021—2022年）和2021年工作要点
		关于对标学习珠海工作情况的汇报
		威海市深化新时代教育督导体制机制改革的实施意见（草案）
		威海市“三线一单”生态环境分区管控方案
		关于剥离国有企业办社会职能和解决历史遗留问题工作情况的汇报
		关于交投公司出资设立翠湾交建投资公司的意见
		安排部署合村并居和安置房建设有关工作
6月18日	第103次	传达学习中共中央总书记习近平在青海考察时的重要讲话精神
		关于省驻威海安全生产专项督导中心组安全生产专项督导工作情况通报任务分工的汇报
		关于“十强县”创建工作有关情况的汇报
		关于山东省土地例行督察反馈意见整改进展情况及下步措施的汇报
		关于建立工业运行和技改投资奖惩机制的意见
		关于全市经济运行和项目建设进展情况的汇报
		观看电视专题片《生命重于泰山——学习习近平总书记关于安全生产重要论述》

续表 2

时间	会议	内容
6月18日	第103次	关于强化知识产权保护的实施意见（草案）
		威海市药品安全事件应急预案（试行）
		威海市停车管理条例（草案）
		威海市农村公路"路长制"实施方案
		威海市2021年度国Ⅲ及以下排放标准营运柴油货车提前淘汰更新补贴实施方案
6月30日	第104次	传达学习中共中央总书记习近平对湖北省十堰市张湾区艳湖社区集贸市场燃气爆炸事故作出的重要指示和李克强总理批示
		传达学习省纪委办公厅《关于督促整改形式主义官僚主义典型问题的通知》
		威海市安全生产工作任务分工
		关于全省建筑施工领域安全生产专项督导反馈问题整改情况的汇报
		关于"两高"项目梳理排查、煤炭压减和能耗"双控"工作有关情况的汇报
		2021年威海市湾长制工作要点
		关于全市新一轮禁毒人民战争工作情况的汇报
		关于上半年经济指标预计完成情况的汇报
7月14日	第105次	传达学习中共中央总书记习近平在中共中央政治局第三十一次集体学习、"七一勋章"颁授仪式上的重要讲话精神
		关于《山东省生产安全事故报告和调查处理办法》有关情况的汇报
		关于近期安全防范工作和省安全生产重点督导检查有关情况的汇报
		关于全市防汛工作情况的汇报
		关于市政府牵头推进《2021年需要高度关注、着力解决的重点问题》有关情况的汇报
		威海市精致城市建设规划纲要（2021—2035年）
		关于2020年度城市体检工作开展情况的汇报
		关于调整污泥单独干化焚烧工程有关事项的汇报
		干部任免事项
8月11日	第106次	传达学习中共中央总书记习近平对防汛救灾工作作出的重要指示精神
		国务院第八次大督查实地督查迎查工作方案
		全省生态环境保护大会精神及威海市贯彻落实意见
		威海市入海排污口整治工作方案
		《威海市城市国际化战略新三年总体构想（2021—2023）》《威海市推进城市国际化战略行动计划（2021—2023年）》《威海市推进城市国际化战略指标体系（2021年修编）》
		关于推进企业利用资本市场加快发展若干政策的意见（草案）
		威海市居住地申办最低生活保障暂行办法（草案）
		关于威海市"双减"试点工作情况的汇报
		关于威海市和市级2020年决算及2021年上半年预算执行情况的汇报
		关于2021年地方政府债券分配使用意见及预算调整方案的汇报
		关于全省自然灾害综合风险普查工作视频会议有关情况的汇报
		书面传达学习国务院安全生产委员会、国家防汛抗旱总指挥部关于切实加强城市安全工作的通知
		传达学习省委主要领导关于安全生产工作的批示

续表 2

时间	会议	内容
8月26日	第107次	传达学习中共中央总书记习近平在西藏考察时的重要讲话和重要指示精神、对深入推进农村厕所革命作出的重要指示
		威海市工程建设项目招标投标交易规则、威海市工程建设项目招标投标监督管理办法
		关于理顺威海市幼儿园收费政策的方案
		关于加快推进精致农业发展的实施意见（草案）
		关于威海城市投资集团有限公司发行债券融资的意见
		关于威海城市投资集团有限公司设立境外公司并发行债券的意见
		威海市重大突发事件应急保障体系建设规划（2021—2030年）、威海市贯彻落实《山东省重大突发事件应急保障体系建设三年行动计划（2020—2022年）》工作方案
		书面传达学习省政府安全生产委员会办公室关于落实省委领导安全生产批示的通知
9月15日	第108次	传达学习中共中央总书记习近平在中央全面深化改革委员会第二十一次会议上的重要讲话精神
		关于迎接国务院第八次大督查实地督查有关工作落实情况的汇报
		关于对接落实省前三批“六稳”“六保”促进高质量发展政策清单工作情况的汇报
		关于重点项目有关情况的汇报
		关于山东省2020年贯彻落实国家重大政策审计整改有关情况的汇报
		关于全面推行渔港港长制的意见（草案）
		传达省保障中央生态环境保护督查工作协调联络组《关于进一步做好督察整改工作的通知》，听取关于威海市保障中央生态环境保护督察工作有关情况的汇报
		关于荣成市土地违法违规问题被挂牌督办及威海市上半年土地违法被重点警示提醒情况的汇报
		关于省市重点项目土地要素支撑第十五次对接工作会议的汇报
		生态环境领域市县财政事权和支出责任划分改革实施方案
		关于巩固拓展脱贫攻坚成果同乡村振兴有效衔接有关情况的汇报
		《中华人民共和国安全生产法》专题法治讲座
		传达学习国务院总理李克强关于做好防汛抢险救灾工作的讲话
10月13日	第109次	传达学习中共中央总书记习近平在中央人才工作会议上的重要讲话精神
		书面汇报2021山东省旅游发展大会精神及威海市贯彻落实意见
		书面汇报全省农村人居环境整治提升暨农村厕所革命问题摸排整改现场会议精神及威海市贯彻落实意见
		威海市海洋强市建设三年行动计划（2021—2023年）
		威海市远遥浅海科技湾区渔船及养殖用海综合整治实施方案
		关于完善提升信用工作的汇报
		关于国务院办公厅对部分地区违规上马“两高”项目问题通报情况的汇报
		威海市涉企行政检查管理办法（草案）
		关于修改《威海市建筑垃圾管理办法》的决定（草案）
		威海市减轻义务教育阶段学生作业负担和校外培训负担的实施意见（草案）
		关于加快先进制造业发展的实施意见（草案）
		关于进一步深化户籍管理制度改革促进城乡融合区域协调发展的实施意见（草案）
		关于市属国有企业主要负责人2020年度及任期经营业绩考核与薪酬分配的意见
		关于威海产业投资集团有限公司设立威海产投供应链服务有限公司的意见
		全市安全生产工作开展情况及下步工作安排

续表 2

时间	会议	内容
11月3日	第110次	传达学习中共中央总书记习近平在深入推动黄河流域生态保护和高质量发展座谈会上的重要讲话精神和全省领导干部会议精神
		传达学习省委常委会（扩大）会议精神
		关于2022年省级重点项目和政府专项债项目申报工作有关情况的汇报
		《威海市“十四五”水利水务发展规划》
		《关于切实加强水库除险加固和运行管护工作的实施意见（草案）》
		关于推进市域中线水资源调配工程的汇报
		《威海市“十四五”生态环境保护规划》
		《威海市“十四五”市场监管规划》
		关于第十六批“威海市荣誉市民”评选情况的汇报
		《关于进一步加强文物保护利用改革的若干措施》《威海市文物保护管理办法（修订草案）》
		《关于加快推进特色产业园区发展的实施方案》
		关于《山东省专业应急救援队伍建设管理办法》有关情况的汇报
		《省安全生产专项督导反馈问题整改任务分工方案》
11月17日	第111次	传达学习中共中央总书记习近平在第四届中国国际进口博览会开幕式、亚太经合组织工商领导人峰会上的主旨演讲
		安排部署碳达峰有关工作
		书面汇报全国冬春农田水利暨高标准农田建设电视电话会议精神及威海市贯彻落实意见
		《关于在全市开展法治宣传教育的第八个五年规划（2021—2025年）》
		《关于深化医疗保障制度改革的实施意见（草案）》
		《关于进一步强化就业优先政策做好稳就业保就业工作的若干措施》
		《威海市推动“四上”企业纳统奖励政策措施》
		全省农村消防工作现场观摩会暨冬春火灾防控工作部署会议精神及威海市贯彻落实意见
		书面汇报《关于今年以来全省较大及以上事故追究问责情况的通报》《全省森林防灭火工作视频会议精神》
		传达学习省政府安全生产委员会《关于“四位一体”深入推进安全生产专项整治三年行动的意见》，听取《关于“四位一体”深入推进安全生产专项整治三年行动的实施方案》的汇报
		国务院安全生产委员会办公室关于近期多起燃气事故有关情况的通报及威海市贯彻落实意见、《威海市中心城区燃气附属设施更新行动工作方案》
		关于推进使用燃气餐饮业安装可燃气体报警装置的意见
12月2日	第112次	传达学习中共中央总书记习近平在第三次“一带一路”建设座谈会、中央全面深化改革委员会第二十二次会议上的重要讲话精神
		传达学习省委十一届十四次全体会议精神
		关于全市经济运行有关情况的汇报
		关于省考定量指标运行情况的汇报
		关于全市安全生产工作情况的汇报
		《威海市职工基本医疗保险规定（草案）》《关于做好城乡居民基本医疗保险工作有关问题的意见（草案）》

续表 2

时间	会议	内容
12月15日	第113次	传达学习中央经济工作会议精神
		传达住房和城乡建设部《关于广州市大规模迁移砍伐城市树木有关问题的通报》
		安排部署市委巡察发现问题整改工作
		书面学习《山东省安全生产条例》《关于深刻汲取“天丰369”轮“12·12”事故教训做好海上安全工作的紧急通知》
		关于集成打造“威海营商行”涉企服务平台的汇报
		《威海市卫生健康“十四五”规划》
		《威海市关于构建现代环境治理体系实施方案》
		关于威海市根治欠薪工作情况的汇报
		《威海市贯彻落实〈法治政府建设实施纲要（2021—2025年）〉实施方案》
		关于全市规章、行政规范性文件和政策性文件清理情况的汇报
		《威海市山体保护专项规划（2021—2035年）》
		关于2021年森林资源保护管理责任专项督察问题情况及反馈意见整改方案的汇报
		关于2021年全市食品安全工作情况的汇报
		关于威海城市投资集团有限公司参与荣成农商银行增资扩股的意见、关于威海城市投资集团有限公司从乳山市有偿调剂耕地占补平衡指标的意见
		《威海市加快推进集成电路产业发展的政策意见》
		干部任免事项
12月29日	第114次	传达学习中共中央总书记习近平在中国文联第十一次全国代表大会、中国作协第十次全国代表大会开幕式上的重要讲话精神
		传达学习省委经济工作会议精神
		传达省委主要领导批示，省委办公厅、省政府办公厅印发《贯彻落实〈中共中央办公厅、国务院办公厅关于做好2022年元旦春节期间有关工作的通知〉的若干措施》的通知
		关于全市主要经济指标2021年预计完成情况及2022年初步安排意见
		关于2022年全市项目安排（1+6）的汇报（1+6指市级重点项目，包括市级重大项目、科技创新重点项目、工业重点项目、城建重点工程、乡村振兴重点项目、海洋产业重点项目、基础设施和公共服务设施重点项目）
		关于2022年为民办实事项目、补短板事项的安排意见
		《威海市新一轮“四减四增”三年行动方案（2021—2023年）》
		《威海市医疗卫生与养老服务相结合发展规划（2022—2024年）》
		关于威海市第三次国土调查工作有关情况的汇报
		《远遥浅海科技湾区功能区划》
		关于河湖“四乱”问题整治情况的汇报
		关于威海市有突出贡献的中青年专家评选情况的汇报
		关于2022年市本级及威海火炬高技术产业开发区、威海经济技术开发区、威海临港经济技术开发区财政预算收支的安排意见
		关于2022年政府类投资项目的安排意见
		传达省安全生产约谈会议要求，听取全市海上及渔业安全工作情况汇报
		传达省政府安全生产委员会办公室关于威海“4·19”“中华富强”轮火灾事故有关情况的通报，听取市政府安全生产委员会办公室关于“4·19”“中华富强”轮火灾事故有关情况的汇报

合威海市实际，制定意见。

11月3日　印发《威海市人民政府关于印发威海市全面实施“证照分离”改革工作方案的通知》（威政发〔2021〕5号），要求统筹推进行政审批和商事制度改革，推动照后减证和简化审批，创新和加强事中事后监管，根据《国务院关于深化“证照分离”改革进一步激发市场主体发展活力的通知》《山东省人民政府印发关于全面实施“证照分离”改革工作实施方案的通知》等文件精神，结合威海市实际，制定工作方案并组织实施。

11月24日　印发《威海市人民政府关于授予戴斯·肯尼迪等20名友好人士“威海市荣誉市民”称号的决定》（威政发〔2021〕6号），要求表彰对威海市经济社会发展作出突出贡献的港澳台同胞、华人华侨和外籍人士，市政府决定授予戴斯·肯尼迪等20名友好人士“威海市荣誉市民”称号。

12月2日　印发《威海市人民政府关于印发威海市“十四五”生态环境保护规划的通知》（威政发〔2021〕8号），要求深入贯彻习近平生态文明思想，深化国家生态文明建设示范区建设，巩固“无废城市”建设成果，全面推进“精致城市·幸福威海”建设，奋力打造在全国具有较强影响力的“美丽城市”威海样板，在发展绿色化方面争当排头兵。

12月20日　印发《威海市人民政府关于印发威海市职工基本医疗保险规定的通知》（威政发〔2021〕9号），要求完善职工基本医疗保险制度，更好保障参保职工基本医疗需求，根据国家和省有关规定，结合威海市实际，制定并组织实施。

12月23日　印发《威海市人民政府关于公布市政府行政规范性文件清理结果的决定》（威政发〔2021〕10号），要求全面推进依法行政，加快法治政府建设，扫除无效制度约束，优化营商环境，按照《山东省行政规范性文件评估暂行办法》和《威海市行政规范性文件管理办法》等有关规定，《威海市人民政府关于印发〈威海市深化城镇住房制度改革若干规定〉的通知》等22件行政规范性文件，宣布失效。

12月23日　印发《威海市人民政府关于公布市政府文件清理结果的决定》（威政发〔2021〕11号），要求扫除无效制度约束，优化营商环境，《威海市人民政府关于印发威海市市级机关事业单位签订合同管理办法》等3件文件改为非行政规范性文件，《威海市人民政府办公室转发市体育局等部门关于使用社会保障卡和市民卡进行健身消费的实施意见的通知》等79件文件宣布失效。

12月29日　印发《威海市人民政府关于印发威海市“十四五”教育事业发展规划的通知》（威政发〔2021〕12号），要求加快推进教育高质量发展，争当新时代现代化强省建设排头兵，根据《中国教育现代化2035》《山东省“十四五”教育事业发展规划》《威海市国民经济和社会发展第十四个五年规划和二〇三五年远景目标纲要》，制定规划并组织实施。

12月31日　印发《威海市人民政府关于印发威海市文物保护管理办法的通知》（威政发〔2021〕13号），要求加强对文物的保护和管理，传承优秀历史文化遗产，根据《中华人民共和国文物保护法》《中华人民共和国文物保护法实施条例》《山东省文物保护条例》等法律法规规定，结合威海市实际，制定办法并组织实施。

3月6日　印发《威海市人民政府办公室关于促进3岁以下婴幼儿照护服务发展的实施意见》（威政办发〔2021〕2号），要求多种形式开展婴幼儿照护服务，促进3岁以下婴幼儿照护服务事业发展，不断满足人民群众婴幼儿照护服务需求，根据《山东省人民政府办公厅关于促进3岁以下婴幼儿照护服务发展的实施意见》，结合威海市实际，制定实施意见。

6月25日　印发《威海市人民政府办公室关于印发威海市推进政务服务“双全双百”工程实施方案的通知》（威政办发〔2021〕3号），要求深化“放管服”改革，优化营商环境，增强企业和群众办事便利度，根据《山东省人民政府办公厅关于印发山东省政务服务“双全双百”工程实施方案的通知》精神，结合威海市实际，制定实施方案并组织实施。

8月16日　印发《威海市人民政府办公室关于印发威海市居住地申办最低生活保障暂行办法的通知》（威政办发〔2021〕4号），要求全面推进居住地申办最低生活保障工作，确保符合条件的困难群众应保尽保、应救尽救，根据《民政部办公厅关于开展社会救助改革创新试点工作的通知》《威海市人民政府关于统筹完善社会救助体系的实施意见》《市委办公室、市政府办公室印发〈关于改革完善社会救助制度的实施方案〉的通知》和威海市民政局等4个部门《关于印发〈威海市最低生活保障管理办法〉的通知》等文件要求，制定办法并组织实施。

8月28日　印发《威海市人民政府办公室关于推进人工影响天气工作高质量发展的实施意见》（威政办发〔2021〕5号），要求贯彻落实《国务院办公厅关于推进人工影响天气工作高质量发展的意见》《山东省人民政府办公厅关于推进人工影响天气工作高质量发展的实施意见》精神，推进威海市人工影响天气工作高质量发展，结合威海市实际，制定实施意见。

9月8日　印发《威海市人民政府办公室关于加快推进精致农业发展的实施意见》（威政办发〔2021〕6号），要求深入贯彻中共中央总书记习近平关于“三农”工作的重要论述，认真落实党的十九届五中全会关于提高农业质量效益和竞争力的精神，增强农业和农村经济发展素质和水平，促进农业产业体系现代化，解决农业高质高效问题，提出实施意见。

9月25日　印发《威海市人民政府办公室关于全面推行渔港港长制的意见》（威政办发〔2021〕7号），要求加快推进渔港规范化、标准化、精细化管理，转变渔业发展方式，推动海洋渔业转型升级提质增效，根据国家、省有关部署要求，制定意见。

10月9日　印发《威海市人民政府办公室关于印发生态环境领域市县财政事权和支出责任划分改革实施方案的通知》（威政办发〔2021〕8号），要求市级财政事权由市级承担责任，县级财政事权由各区市承担支出责任，省市县共同财政事权，由省、市与各区（市）共同承担支持责任。

10月18日　印发《威海市人民政府办公室关于印发威海市涉企行政检查管理办法的通知》（威政办发〔2021〕9号），要求加强涉企行政检查管理，规范涉企行政检查行为，营造良好法治营商环境，根据《中华人民共和国行政处罚法》《优化营商环境条例》和《威海市行政执法监督办法》等有关法律、法规和规定，结合威海市实际，制定办法。

10月22日　印发《威海市人民政府办公室关于印发威海市海上搜救应急预案的通知》（威政办发〔2021〕10号），要求提高全市防范和应对海上突发事件能力，建立健全海上搜救应急反应机制，迅速、有序、高效搜寻救助海上遇险人员。

12月2日　印发《威海市人民政府办公室关于切实加强水库除险加固和运行管护工作的实施意见》（威政办发〔2021〕12号），要求做好全市水库除险加固和运行管护工作，加快小型水库雨水情测报和安全监测设施建设，根据《国务院办公厅关于切实加强水库除险加固和运行管护工作的通知》和《山东省人民政府办公厅关于切实加强水库除险加固和运行管护工作的实施意见》等文件，制定实施意见。

【政务信息】　全年采用各区（市）、开发区和市直有关部门、单位信息1499篇。其中，采用各区（市）、开发区信息645篇，采用市直有关部门、单位信息854篇；编发《威海政务》89期。上报信息583篇，被省级以上政务信息刊物采用260篇（其中国务院办公厅采用162篇，省政府办公厅采用98篇），国务院领导批示24篇，省政府领导批示41篇，市领导批示16篇。

【决策服务】　2021年，市政府决策研究中心深入一线开展调查研究，完成重点调研报告36篇，获得省领导批示3篇次、市领导批示84篇次（其中市委、市政府主要领导批示64篇次），获得全省政府系统优秀调研成果奖8篇、全市优秀调研成果奖1篇、威海市第二十四次社会科学优秀成果奖2篇、全市政府系统优秀调研成果奖19篇。充分发挥以文辅政作用，聚焦市委、市政府重大决策部署，开展提升城市软实力、“十强”产业发展、降低企业运营成本等调研；聚焦重点战略实施，开展“城市精明增长路径研究”“三大交通圈”“区域创新国际化”等调研；聚焦统筹发展和安全，开展安全生产和渔船管控、砂石行业管理、粮食安全生产等调研；聚焦重点领域改革，开展建立审慎审批负面清单、发展海上休闲运动产业、打造韩国及国际商品集散地等调研；聚焦亮点典型，总结让“撂荒地”成为“增产田”、企业安全生产、村级网格信息员管理等基层经验。推动一批政策性建议进入决策，促进相关领域工作高质量发展、社会难点问题有效解决。统筹全市政府系统调研工作，研究确定重点调研课题132个，定期督导，择优编发《威海发展研究》12期，组织开展全市政府系统优秀调研成果评选活动，评出优秀成果146篇。

【政务服务热线】　2021年，12345政务服务便民热线受理群众诉求事项130.53万件，比上年增长29.64%。其中，受理群众呼入电话127.89万件，增长32.84%；受理网络平台信件（市长信箱、微信、Hi威海、爱山东、政务网、问政山东、人民网、网上舆情、微博、企业诉求直通车、政商直通车、威海市民网等）1.52万件，增长8.81%；受理省级政务服务热线转办事项1.08万件；受理国务院“互联网＋督查”事项118件；受理省级“接诉即办”平台转办企业诉求140件；受理市直部门上报首问负责制事项104件。群众关注的热点问题主要集中在住房与房地产、居民生活、交通运输、市场秩序、新冠肺炎疫情防控、农村工作、劳动纠纷、社会保险、城市管理、社会治安等方面。

年内，12345政务服务便民热线紧密结合党史学习教育和“我为群众办实事”实践活动，进一步强化作风建设，主动作为，敢抓善管，努力用党员干部的“辛苦指数”换来群众的“幸福指数”和企业的“发展指数”。加强热线建设，优化服务水平。依托12345政务服务便民热线诉求范围广、承办单位多、办理实效好的优势，打响“一号受理”服务承诺，构建“一链通办”工作体系，实现群众一个电话、部门快速响应、协同联动服务；开展“热线开放日”活动，邀请群众代表和基层工作人员参观座谈，当面问计纳言，拉近与群众的距离。深入督导难题，突显担当作为。采取系统督办、会议督办、现场督办、联动督办等多种形式，督办群众诉求7550件；采取“四不两直”（不发通知、不打招呼、不听汇报、不用陪同接待、直奔基层、直插现场）现场督办285件，重点核查承办情况、上报情况，严处弄虚作假、虚报误报等问题；建立红橙黄“三色”督办单和提醒警示函制度，下发督办单33件、提醒警示函115件，切实推动热点难点问题快速妥善解决；紧盯热点难点诉求，深入开展热线大数据分析，编发各类专刊128期，市领导批示56件次，为领导决策和部门施策提供有价值的参考。直面薄弱环节，推动作风改进。开展区（市）、部门主要负责人定期上线接听活动35次，让“一把手”直接与群众互动，带动整个单位、整个领域作风转变。开展季度性群众满意度调查，外拨电话5.82万次，收集有效样本3.49万件，从群众视角审视工作、查摆问题。根据需要不定期向纪委监委、干部作风大改进行动工作专班提供问题线索，参与制作多期《深入开展干部作风大改进行动·一线调查》栏目，狠抓弄虚作假、机制不顺、职责缺位、“中梗阻”等典型问题，从根本上推动群众诉求高效解决。12345政务服务便民热线被人民网评为网上群众工作民心汇聚单位，连续7年获通报表彰，工作做法先后被市委、市政府、干部作风大改进行动工作专班、党史教育办公室列为“学典型、促发展”比学赶超活动典型经验、干部作风改进典型经验和“我为群众办实事”实践活动案例。

（张兰馨）

【机关事务管理】　*后勤保障服务*　市级机关物业服务保障范围全面覆盖市级机关154栋办公楼、281家市级机关事业单位、70万平方米的办公区。市级标准《机关办公楼物业服务与管理规范》立项，印发《物业服务常见问题问答》。650平方米的实体公物仓投入使用，盘活各类资产2916件，先后为23家单位提供办公设备1401件。

办公用房管理　开展办公用房清理规范专项检查，先后检查市直部门单位49家、所属事业单位75家；积极推进行政事业单位房地产管理系统应用试点工作，市级系统累计录入办公楼112栋，先后解决23家单位的新增办公用房需求。强化维修改造项目保质施工，设立24小时报修电话，实施

大中修项目7个,零星维修项目176个。

公务用车保障　从严把控公务用车购置、使用、处置一体化审批，全年累计批准购置公务用车56辆。全年实地巡检公务用车2421辆，完善公务用车监管平台运行系统信息1528条。通过公开招标方式引入30座以上汽车运输企业2家，完善公车保障模式。

公共机构节能管理　完成全市既有建筑节能改造62.25万平方米。督促辅导全市130家公共机构创建“节约型机关”，组织评选产生“无废机关”50家，积极推广示范单位先进经验和典型做法。

（吕亚施　刘洪轩）

大数据建设与发展

【概况】　2021年，市大数据中心深入实施大数据应用突破行动，以大数据赋能政务服务、公共服务、社会治理、城市管理和科学决策，打造智慧高效的“数字威海”，获得2021数字政府管理创新奖，获评数字山东建设工作先进集体等。

【数字威海建设】　成立由市委书记、市长任双组长的数字威海建设领导小组，印发《数字威海建设行动计划(2022—2024年)》《威海市数字机关建设工作方案》《数字威海2021行动方案》《威海市城市运行指挥平台建设工作方案》《关于进一步健全政务数据共享协调机制加快推进数据有序共享的通知》等，一体推进数字威海建设。

【政务云基础支撑】　强化政务云资源管理支撑，571个业务系统全部上云，政务云规模居全省第2位，6家数据中心入选省级新型数据中心试点。政务外网实现市、区（市）、镇、村四级全覆盖，政务内网实现市级党政机关和事业单位全覆盖。

【数据汇聚开放】　搭建视频资源共享服务平台，整合15个部门、10.3万个公共视频监控资源，实现重点领域视频资源“应汇尽汇”。市县镇一体化视频会议系统实现市域内全覆盖，部署会议终端600余个，累计召开会议2300余次。构建标准统一、一数一源、动态更新的数据采集体系，汇聚数据70亿条，交换16.4亿条次，开放16亿条次。

【网络安全保障】　建成安全态势感知平台，完成政务信息系统等保测评、政务云网密码测评和风险评估，三级信息系统等保测评率连续4年达100%。搭建电子印章在线验证系统和电子签名系统，建设统一密码资源体系，全面提升安全保障能力。

【政务服务支撑】　“爱山东”（威海分厅）App上线服务事项990项。推进数字场景创新应用，遴选打造智慧园区、阳光医保等100个数字化解决方案，创新网约房、“威救你”等100个应用场景。在全省率先推行“居民码”,完成乘车、支付和场所认证等多码融合。

【治理模式创新】　打造“一屏统观、一网统管”综合指挥中枢，汇聚78个部门1.3亿条数据，开展大屏端、PC端、移动端“三端”应用，建成城市运行指挥中心。创新开发移动端“政通威海”，推动城市“大脑”向移动“智脑”延伸。在全省率先建设全市统一地址库，接入地址数据4611万条。

【数字抗疫助力】　升级一体化疫情防控管理系统，推出个人身份证“双码齐验”，精准筛查黄码、红码人员，开发针对“四类人群”（独居老人、重症病人、不能自理的残疾人和特困家庭等特殊人群）管理系统、全民核酸检测预登记系统、零售药店四类发热药品登记系统，实现精准高效闭环管理。

（伯彩霞）

应急管理

【概况】　2021年，威海市应急管理局坚持统筹发展和安全，统筹落实安全生产、应急救援、防灾减灾救灾各项工作，加快推进应急管理体系和能力现代化，有力保障人民群众生命安全。全市生产安全事故起数、死亡人数分别比上年下降26.6%和25.5%，自然灾害形势总体平稳，妥善处置突发事件15起。

【重点行业领域安全整治】　非煤矿山安全监管　创新建立队伍、人员、资源“三统一”安全管理模式，对全市地下矿山外包施工单位实施统一安全管理，破除监管难题。压茬开展安全生产大检查、复工检查、省级专家安全诊断等系列活动，督促企业落实整改资金1200余万元，整治问题隐患420余项。

危化品安全监管　创新开展液氯泄漏模拟分析，基于大数据信息，评估事故对周围影响程度、发展趋势，以指导应急救援工作，形成《液氯泄漏事故后果模拟计算报告》。开展专家帮扶、重大危险源企业专项督导等工作，整治问题隐患近2800项。开展企业安全风险评估诊断，诊断企业37家，并制定“一企一策”，精准提升企业安全管理水平。

烟花爆竹安全监管　全覆盖检查批发企业6家、零售店（点）210家，整治隐患180余项。召开专题会议2次，明确部门责任，切实抓好对冷光烟花、“钢丝棉烟花”和网络销售“加特林烟花”等新出现情况的安全监管。

工贸领域安全监管　围绕重点隐患排查、安全风险防控、设备设施升级改造、安全意识提升方面，开展“四合一”综合安全水平提升行动，整治问题218项，暂时停产企业3家。

【安全生产综合治理】　安全生产责任压实　制定威海市党政领导干部年度安全生产重点工作清单，印发《威海市安全生产任务分工》，指导企业制定主体责任清单，督促重点企业设置安全总监，层层压实各方责任。开展“以案明责”行动，利用典型事故案例，分析责任追究情况，反向推出各级各部门应当承担的安全生产责任，让“明晰责任”更有说服力。

全员培训开展　创新建立实操化、专业化、规范化的安全生产教育实训基地，精选优秀师资力量，精心设计培训课程，引进VR（虚拟现实技术）、模拟实操设备等先进装备，模拟企业安全生产实景，开展安全实训23期，参训人数2700余人。组织开展“大学习、大培训、大考试”专项行动、开工安全“第一课”、“三项岗位”（主要负责人员、安全生产管理人员和特种作业人员）人员培训考核等工作，培训人数20余万人次。

隐患排查整治　组织各级各部门围绕24个重点行业领域，分领域研究制定检查清单，拉网式、起底式开展照单检查，整治安全问题隐患19万项。首次开展驻点监督工作，组织各级各部门派驻企业479家，现场指导企业完善规章制度近3000条，开展安全教育、培训、演练7200余场，推动安全监管精准高效。

综合执法检查　扎实推进应急管理综合行政执法体制改革，通过全员执法、异地执法等方式，组织开展多轮集中执法行动。建立安全生产网格化管理模式，优化安全生产执法协管事项8项、消防安全隐患排查事项11项，动员全市7000余名网格员参与协管执法，切实加大执法力度。

常态督导检查　配合省安全生产专项督导工作组开展督导、巡查、审计等工作。建立威海市安全生产包区（市）督导检查常态化工作机制，持续开展为期2年的督导检查，督导104个行业领域部门、72个镇（街道）、148家企业，整治问题隐患420余项。全面启动全市安全生产督导检查工作，由市委、市政府领导分别带队，通过包区（市）和包行业领域2种方式开展督导检查工作，确保企业安全生产。

智慧安全监管　开展自动化改造工程，完成5家涉氯企业、19家危险化学品企业汽车装卸设施安全改造。实施矿山企业“机械化换人、自动化减人”、信息化系统建设等工作，相关企业投入资金1850余万元，完善“安全避险六大系统”（监测监控、人员定位、供水施救、压风自救、通信联络、紧急避险），购置先进机械设备，改造管路系统，提升矿山安全保障能力。

【防灾减灾救灾】　防汛抗旱　建立联合值班值守、防汛会商、极端恶劣天气调度3项制度，推广荣成市城西街道后龙河村群众转移避险工作经验，组织相关单位开展防汛防台风检查，强化工程管理，开展防汛演练，成功应对强降雨过程20余次。

森林防灭火　建设“慧眼”卫星火点监测系统，通过高分卫星影像、多光谱分析等遥感监测手段，准确高效、无死角进行火点监测。加强森林消防专业队伍建设，市、区（市）、镇三级有队伍90支、2000余人，配备水车71辆、运兵车99辆，各类灭火机具7300余台（件），并搭建无线通信指挥系统，可在林区、山地等公网信号无法覆盖的情况下，迅速搭建起现场无线通信环境。省应急管理厅派遣2架直升机驻防威海市，在全市开展省级森林防灭火应急演练工作，切实增强森林防灭火能力。威海市队伍建设经验做法在全省推广。

防震减灾　按照“三级联动、三相结合、归档管理”运维管理新模式，加密台站（观测点）巡检频次，确保为防震减灾提供连续可靠的服务。启动威海市活断层探测工程项目，进一步提高地震监测监控能力。

减灾救灾基础建设　开展第一次全国自然灾害综合风险普查工作，制定工作方案，组建工作专班，落实资金，开展人员培训，全力推进工作开展，完成应急系统调查任务，录入相关数据1.64万余条。建设应急物资信息平台，实现应急物资资源信息互联互通，统筹掌握全市近1900万件（台、套）应急物资，接到物资调拨指令后，可在24小时内紧急转运物资近100吨，在协助周边地市开展新冠肺炎疫情防控中发挥重要作用。高效开展灾害民生综合保险工作，理赔金额417万元，惠及群众410余人（户）。

【应急救援】　规范化值守　严格落实“1+9+N”的应急值守体系，进一步优化工作机制，高效处理预警信息132次。加强对区（市）、重点企业值守应急工作的督查指导，抽查企业260家（次）。

数字化预案建设　积极推动数字化应急管理体系建设，建成威海市应急预案数字化建设一期工程、威海市应急救援数字化指挥系统，实现信息报告、风险分布、应急资源分布、指挥决策等关键环节的互联互通，提升救援效能。扎实开展全省基层应急预案体系建设试点工作，编制《县级森林消防队伍建设管理规范》《镇街（村居）应急管理能力规范》2项市级地方标准，与山东省第六地质矿产勘查院合作研发的低功耗地质灾害监控装置获批实用新型专利。全面统筹推进1个市级总体应急预案和50个市级专项应急预案编修，不断完善应急预案体系。

实战化演练　统筹开展危化品事故应急演练、海上救助应急演练等市级预案演练21次，并对980余家企业应急演练情况进行督导，督促企业全面开展演练，有效提升突发事件处置能力。组队参加全省第二届危险化学品和非煤矿山应急救援技术竞赛，均获得团体第1名。

队伍建设　组建109支、总人数3160人的应急救援志愿服务队伍，依托消防救援队伍，组建45人的攻坚突击队，形成以消防救援队伍为主力，政府、企业和社会救援力量为辅助，行业领域专家为有效补充的应急救援体系。健全完善各类队伍联调联战、联演联训工作机制，与省内外应急救援队伍广泛建立响应支援等工作机制，积极构建“大救援”工作格局。

社会化宣教　强化融媒体宣传，全力打造“威海应急”文化品牌。策划“威海应急侠”系列科普宣教产品，推出一系列动漫、漫画等作品，多个作品被新华网等平台列为精华推介，被应急管理部作为优秀科普知识视频在国家级平台推广，获评全省应急科普十佳微视频、十佳图书等。新开通“威海应急”抖音号，单条短视频点击量最高达1141万次。

（甘涌泉）

行政审批服务

【概况】　2021年，全市进驻政务服务中心的部门、单位有32个，水务、供电、热电、燃气、广电等公共服务企业8家，设立车辆管理、出入境、不动产、公积金、社会保险、医疗保险、人力资源、公证8个部门分中心。全年办理各类服务事项5.2万余件，咨询服务6.5万余件，收到锦旗18面、感谢信20封。威海市“政务服务和数字政府建设”定性指标在省半年评估中总体评价为“好”，居全省第1位。

【行政审批服务改革】 2021年，围绕省“政务服务能力和数字政府”考核、优化营商环境各牵头指标攻坚等中心任务，推出改革重点、服务创新、监督管理3个方面16项举措，建立“简易办”“不求人办”体系，打造政务服务“简易办”“不求人办”品牌，从理念上到行动上，将每一家办事企业都作为营商环境评价的样本企业来对待，不断提升企业群众的幸福感和获得感，该做法被列入全市系统集成改革内容，在山东政务信息专报、山东省优化营商环境专报、全市改革发展动态等刊发推广。多项工作经验做法在省政府办公厅深化行政审批制度改革座谈会、威海市“学典型、促发展”比学赶超活动总结推进会议上进行交流。推进商事制度改革成效明显，威海市商事制度改革经验获得国务院办公厅通报表扬。工程建设项目审批区（市）“闭环审批”改革经验在全国住房和城乡建设工作会议上进行交流，因“需”施策打造项目审批服务体系被住房和城乡建设部宣传推广，成为全市“比学赶超”活动的典型案例。

【相对集中审批权改革】 积极承接新划转事项，做好省级委托下放事项办理，持续减环节、降层级、压时限。加强审管联动，针对新划转事项，与9个部门签订备忘录。全年办理各类行政许可实际用时较划转前部门承诺用时节省73.3%，审批效率提高3.6倍。

【营商环境优化】 持续提高企业开办便利化程度，实行证照“三联办”（企业营业执照与许可证件联合开办、联合变更、联合注销），全面推行企业简易注销、深化“一业一证”、实施“证照分离”等改革，实现企业从开办到注销“全生命周期”线上办理、“不见面”审批。在全省率先实现企业登记掌上办全覆盖、企业登记智能终端全覆盖、园区（商业综合体）内设企业服务站全覆盖、企业电子印章和电子证照免费发放全覆盖，全市6000余事项涉及的2.5万份纸质材料实现免提交，每年可为企业节约申报成本约320万元。推进工程建设项目审批提速增效。深化工程建设项目审批区（市）全链条闭环办理模式，选派12名业务骨干“下沉”到区（市）行政审批服务大厅，全链条办理项目审批手续，企业平均“跑腿”次数减少三分之二、时限减少三分之一；简化社会投资简易低风险项目审批，推行工程建设项目审批全链条事项电子证照共享应用，实现10个电子证照共享应用、系统信息共享和业务协同，材料比上年减少50%。在全省率先推行规划许可类三证合一、施工许可类七证合一、市政设施建设类六证合一，审批事项总数由38项压减为28项。

【政务服务水平提升】 深入推进“四减”（减材料、减时间、减程序、减跑动）行动，全市9756项依申请政务服务事项平均承诺办结时限压缩至0.86个工作日，其中即办事项占比提高到79.84%，“零跑腿”事项占比达98.54%。全面落实“全省通办”“跨省通办”，编制完成720个事项全省通办事前辅导手册，市、县两级2598项服务企业和居民的高频事项实现“全省通办”“跨省通办”，全市累计办理全省通办事项261万件次。推进政务服务“双全双百”工程（“双全”指企业从开办到退出、个人从出生到后事两个“全生命周期”；“双百”是指围绕企业、个人两个“全生命周期”，将关联性强、办事需求大、办理频率高的多个单一事项，整合形成多方协同的关联事项，各推出不少于100项事项），实现473个企业“一件事”、225个个人“一件事”集成办理服务线上办理，线下设置“双全双百”一件事综合受理窗口68个。深化电子证照共享应用，实现身份证、营业执照等18类证照在办理政务服务事项中的扫码亮证功能。完善“一链办理”系统，市、县两级2349项“一链办理”事项可通过山东政务服务网（威海）进行网上申报。深入落实政务服务“好差评”制度，加大监督检查力度，开展远程视频监察700余次，发出监督监察提醒14件次，编发《威海政务服务简报（专项整治工作专刊）》14期，全年实现群众评价85万件次，群众满意度达99.99%。

【公共资源交易服务】 持续优化“1+N+1”电子化公共资源交易平台，融合5个交易系统功能，实现“一次注册、一网通办”。实现资格预审项目电子在线评标，电子化率和“不见面开标率”达99%以上。依托“爱山东”App（威海站），搭建第三方电子保函服务平台，实现提供身份认证、电子保函办理等业务“掌上办理”，累计开具电子保函303单，为企业减负4489.75万元。完成全省远程异地评标试点，实施远程异地评审项目36个。全年完成进场项目2873个，增长46.58%，交易额268.20亿元，节约资金2.36亿元。

（杨　健）

机关事业单位人事管理

【概况】 2021年，市人力资源和社会保障局积极开展事业单位人事管理、工资管理、评比达标表彰等工作，完成各项工作任务。

【评比达标表彰】 完成威海市新冠肺炎疫情防控工作临时表彰项目的申请工作。在全市范围内开展评比达标表彰清理自查工作，进一步规范评比达标表彰管理活动。

【事业单位人事管理】 公开招聘　公布事业单位高层次急需短缺人才专业目录234条。开展2021年事业单位公开招聘，明确公开招聘的范围、条件、组织方式，加强对退役大学生士兵等群体的定向招聘和应届毕业生等青年优秀人才的招聘，市直事业单位综合类岗位公开招聘211人。完成各区（市）和市直教育系统、卫生系统等相关自主招聘事业单位公开招聘方案的审核和备案，指导做好报名、资格审核和笔试等考务工作。

岗位设置管理　结合事业单位改革机构编制职能规定，开展政策培训，规范并指导各区（市）、部门根据单位职责、人员结构和工作需要开展岗位设置和聘用工作，累计备案95家事业单位的岗位设置方案和128家事业单位的岗位聘用结果。

改革试点人员安置　会同市委组织部研究制定事业单位改革试点工作组织人事政策口径，明确人员安置原则、安置程序、处理意见和工作要求，指导各部门完成46家事业单位1443人的划转移交工作。

工作人员奖励　根据事业单位年度考核工作安排，完成市直200余家事业单位、1.72万名科级及以下事业单位工作人员年度考核结果备案。指导各区（市）、部门（单位）根据年度考核结果开展定期奖励，按照奖励权限，完成全市297人记功、市直2475人嘉奖备案。会同市扶贫开发领导小组办公室开展全市事业单位脱贫攻坚专项奖励工作，给予全市20人、10家事业单位集体记功奖励，市直38人、20家事业单位集体嘉奖奖励。

专业技术二级岗位人选评聘　会同市委组织部开展2021年事业单位专业技术二级岗位人选评聘工作，对各区（市）、部门人选推荐工作提出要求，确保推荐人选材料真实、业绩突出、行业公认，切实发挥专业技术二级岗位在事业单位高层次人才队伍建设的导向作用。经评审，2人被聘为市专业技术二级岗位人员。

管理岗位职员等级晋升制度建立　对全市县级以下事业单位管理岗位人员情况进行调查摸底，研究制定全市县级以下事业单位管理岗位职员等级晋升制度实施方案，为制度的全面实施奠定基础。

【机关事业单位工资管理】　对综合管理类公务员、公安系统执法勤务警员和警务技术职务序列公务员、监狱人民警察、法检系统司法警察、法检助理和书记员，按规定时间节点进行职级工资套改。加强事业单位绩效工资管理，对事业单位奖励性绩效工资总量进行分类核定。按照有关规定，会同市卫生健康委员会、财政局等部门及时为新冠肺炎疫情防控一线医务人员发放临时工作补助。指导开发区制定薪酬制度改革方案，测算开发区改革聘用制人员薪酬基数，明确相关口径。

（丛海平　王　蕾）

外　事

【概况】　*外事接待*　2021年，全市接待重要外宾访问团组19批次。其中，接待巴西、秘鲁、哥伦比亚、白俄罗斯、乌兹别克斯坦、阿根廷6国驻华使节及上海合作组织副秘书长洛格维诺夫·格力高力、澳大利亚驻华大使傅关汉、韩国驻华使馆国土交通公使衔参赞金泰炳等访问团组9批13人次。

友好交往　与马来西亚美里市缔结友好合作城市关系，首次实现威海市与东盟国家友城交流。承办“2021年驻华使节齐鲁行”威海站活动，组织参加中日韩对接合作发展山东行、鲁韩友城视频交流会、“续千年缘筑中日情——对话威海”中日经贸文旅交流推介会、第19届中韩K2H（心连心）国际交流公务员研讨会、俄罗斯人民外交论坛圆桌会议、山东—白俄罗斯合作对话会暨山东—维捷布斯克州友城合作周等重要国际交流活动，有效提升城市国际知名度和影响力。组织威海市企业参加“携手安第斯”云推介会、中巴服务贸易云展会等“拉美桥”经贸交流活动，与苏格兰商会开展企业一对一洽谈2次，与韩国富川市举办企业线上洽谈会1次，服务企业探索对外合作空间。与韩国富川市举办智慧城市建设经验线上交流会，与韩国大邱广域市寿城区举办友城交流及文旅相关领域线上交流活动，并联合威海电视台制作《海这边　海那边》系列友城电视宣传节目，参加新西兰蒂马鲁市“汉语周”、英国彻特纳姆“国际美食节”等活动，与俄罗斯索契市互致结好25周年贺信，与美国圣塔芭芭拉市线上共庆结好27周年并录制友城专题电视节目，与韩国富川市开展青少年线上交流会和大学生一对一交流活动，进一步巩固双方友谊。联合市委组织部、市人力资源和社会保障局等部门举办韩国留学人才云上对接会，促成山东外事职业大学、威海职业学院（威海市技术学院）、威海海洋职业学院分别与釜山外国语大学、富川大学、水原大学签署校际合作协议。与马来西亚美里市开展“山海有约，心手相牵”威海—美里线上交流推介会，促成威海职业学院（威海市技术学院）与美里廉律中学、廉律理工学院签署合作备忘录。年内，20名友好人士被授予威海市荣誉市民称号，1人被授予山东省荣誉公民称号，3人被授予山东省人民友好使者称号。

因公出国管理　全年审核审批因公出访团组7批14人次，办理因公护照7本、因公签证2批2人次，办理APEC商务旅行卡50批74人次。开展外事审批服务事项专项整治，健全APEC商务旅行卡“黑白名单”管理机制，做好APEC商务旅行卡的监督管理工作。

涉外管理　做好与外国驻鲁领事馆交往工作，与韩国、日本驻青岛总领事馆进行工作会晤3次，协调办理各类与领事馆交往事项11起。走访调研涉外企业及部门30余家，了解在境外的威海市企业和人员情况。办理外国人到威海市邀请427批693人次，处理基里巴斯船员入境等涉外及领保案（事）件20起。完善涉外新冠肺炎疫情防控工作机制、工作方案及应急预案，完成外籍旅客入境接驳工作，检查各类场所376处，督导处置问题668个，完善“从国门到家门”全流程闭环管理。完成2819名外籍人士疫苗接种工作，有关做法被全省通报推广。严格履行领事认证把关和服务职能，全年办理领事认证3194份，受理日本因私签证62人次。

【省委外办与市委外事委专题会议】　3月19日，省委外事工作委员会办公室与市委外事工作委员会召开专题会议，研究支持威海市外事工作事项，双方共同签署省委外办与威海市委外事委专题会议纪要。省委外事工作委员会办公室主任、省外事办公室主任、省对外友好协会会长蔡先金，市领导张海波、闫剑波、杨丽、高书良出席会议。

【威海市城市国际化暨外事工作专题培训班】　5月31日至6月1日，威海市城市国际化暨外事工作专题培训班举办。专家学者围绕中韩关系及因公出国管理政策、涉外综合管理等主题为学员开展专题教学，并就“做好外事工作 助推威海市国际化”主题进行研讨交流，有效提升威海市各级干部涉外工作能力，为更好地服务威海市城市国际化建设、推进地方外事工作开创新局面提供重要保障。市直有关部门、各区（市）、开发区相关负责人等 80 余人参加培训。

【巴达尔乌扎曼到威海市考察】 6 月 4 日—6 日，巴基斯坦驻华使馆商务参赞巴达尔乌扎曼（Badar U Zaman）一行 3 人到威海市考察。考察团先后考察好当家集团有限公司、山东海都海洋食品有限公司、山东蓝润集团有限公司、威海市海王旋流器有限公司等企业，并就开展经贸交流合作达成初步共识。

【6 国驻华使节到威海市考察】 7 月 13 日—14 日，巴西、哥伦比亚、秘鲁、乌兹别克斯坦、白俄罗斯、阿根廷 6 国驻华使节及上海合作组织副秘书长洛格维诺夫·格力高力一行到威海市考察。考察团沿千里山海自驾旅游公路，参观荣成海洋食品博览中心、小五队·抱海驿站、那香海·英伦风情驿站，实地考察郭永怀高等技术研究院暨威海市产业技术研究院、威海威高国际医疗投资控股有限公司、山东联桥集团有限公司等。市领导贾瑞霞、高书良会见代表团一行，双方就进一步推动各领域合作进行深入交流。

【金荣心到威海市考察】 8 月 4 日—6 日，韩国全罗南道政府中国代表处首席代表金荣心一行到威海市考察。在威海期间，考察团与威海市进口商会开展商贸洽谈，举办全罗南道商品展示会，并与市商务局就韩国（山东）进口商品博览会具体事宜进行交流。

【宋明哲到威海市考察】 9 月 7 日，韩国群山市中国代表处首席代表宋明哲一行 2 人到威海市考察，就进一步推动两市友好交流合作达成共识。

【《韩国人看威海》摄影作品展】 9 月 28 日，《韩国人看威海》摄影作品展在威海天和美术馆举办。作品展展出 10 位韩国摄影家的摄影作品 60 幅，从不同角度展示韩国人镜头里的威海自然风光、人文景观、风土人情、城乡风貌，向世界展示威海形象。

【金泰炳到威海市考察】 10 月 20 日，韩国驻华使馆国土交通公使衔参赞金泰炳一行到威海市考察。考察团先后考察威海国际物流多式联运中心和威海综合保税区，对“威海—仁川四港联动”相关工作进展情况进行调研。

【威海市与美里市友好合作对话会暨缔结友好合作关系签约仪式举行】 11 月 12 日，威海市与马来西亚沙捞越州美里市举行线上友好合作对话会暨缔结友好合作关系签约仪式，双方签署《中华人民共和国山东省威海市与美里市建立友好合作关系协议书》，威海职业学院（威海市技术学院）与美里市廉律中学、美里市廉律理工学院签署友好合作备忘录。马来西亚沙捞越州地方政府与房屋部部长沈桂贤、美里市市长俞小珊，中国驻古晋总领事馆总领事程广中，省委外事工作委员会办公室副主任孙业宝，市领导闫剑波、高书良出席活动。

（赵 静）

信访工作

【概况】 2021 年，全市党政信访部门受理群众信访事项 1.01 万件，其中信访及网上投诉事项 8772 件。全市新发生的信访事项 90% 以上化解在基层和属地，信访形势呈现持续平稳有序态势。

【重复信访治理和信访积案化解】 扎实开展治理重复信访、化解信访积案专项工作，对 1404 件重复信访事项逐案落实市及区（市）、部门领导包案。健全日监测、周调度、月通报和市级例会提级调度、重点督导、回访评估等机制，强化专班攻坚、信访听证、多元化解等措施，全力推动实体性化解。年内，纳入攻坚范围的重复信访事项全部化解。

【重大信访问题会商协调机制建立】 充分发挥信访部门在协调处置疑难复杂信访问题中的职能作用，对涉及多个部门的信访事项，由信访部门组织协调，相关责任部门参与会商，共同研究制定解决方案。对疑难复杂信访事项，细分责任，督促相关区（市）、开发区和市直部门各负其责、通力合作，共同做好信访事项化解工作，努力实现“案结事了、息诉罢访”。年内，牵头协调化解疑难复杂信访事项 23 件。

【初信初访办理】 全面推行“520”“210”工作法，大幅压缩信访事项受理、办理时限。完善答复预审制度，对责任单位信访事项答复意见书严格审核把关，对内容要素不齐全、条理不清、证据不足的退回重办。按照信访业务规范化要求，每月抽查各区（市）、开发区信访部门信访事项办理情况，对办理不规范的限期整改、跟踪问效。年内，信访事项及时受理率、按期办结率均为 100%，初信初访一次性化解率达 95% 以上。

【信访事项听证】 将“听证下沉、服务基层”活动作为党史学习教育“我为群众办实事”的重要内容，组建 350 人的听证专家库，确定重点联系单位 26 个，建立“三听响应 + 三调联动 + 三事分流”工作模式，整合区（市）、镇（街道）两级信访听证资源，把听证服务延伸至群众中。通过民意听证、简易听证、普通听证找准法理依据和事实依据，区分事项属性，接续开展人民调解、行政调解和司法调解，确保问题解决渠道畅通、方法得当、效果良好。年内，信访事项听证率为 86%，听证事项调解率超过 80%，相关工作做法被省信访局推广。

（曲江华）

编辑 闫拥军

中国人民政治协商会议威海市委员会

综　述

【概况】 中国人民政治协商会议第十三届威海市委员会于2017年3月换届产生。至2021年年底，有委员329名，常委会组成人员62名。其中，中共委员125名，占委员总数的38%；非中共委员204名，占委员总数的62%。政协第十三届威海市委员会下设办公室、研究室2个办事机构以及提案委员会、人口资源环境和经济委员会、农业和农村委员会、教科卫体委员会、港澳台侨和民族宗教外事委员会、社会法制委员会、文化文史和学习委员会、委员联络工作委员会8个专门委员会。全年收到提案321份，立案286份，全部办复完毕。

全体委员会会议

【政协第十三届威海市委员会第五次会议】 1月24日—27日召开。会议应出席委员324人，实到292人。会议期间，政协委员积极参加大会各项活动，审议通过《十三届市政协常委会工作报告》《提案工作报告》以及2021年重点协商活动计划和有关决议，听取讨论《政府工作报告》和其他有关报告，协商讨论《威海市国民经济和社会发展第十四个五年规划和二〇三五年远景目标纲要（草案）》。委员们围绕制定和实施威海市“十四五”规划、全市经济社会发展的重要问题，积极建言献策、参政议政，提交提案321份，经审查立案286份。

常务委员会会议

【十三届二十三次常委会会议】 1月18日召开。会议听取市委统一战线工作部《关于增补十三届市政协委员协商名单和辞去委员职务有关情况的说明》，审议通过增补十三届市政协委员协商名单和辞去委员职务决定。会议审议通过《关于召开市政协十三届五次会议的有关事项》，决定市政协十三届五次会议于2021年1月24日—27日在威海市举行。会议审议修改《十三届市政协常委会工作报告》《提案工作报告》，审议通过市政协2021年重点协商活动计划（草案）和有关人事事项。

【十三届二十四次常委会会议】 1月25日召开。会议听取《关于增补十三届市政协副主席、常务委员候选人协商名单的说明》；审议大会选举办法（草案），大会总监票人、监票人名单（草案），大会决议（草案），决定将上述事项提交各委员组审议。

【十三届二十五次常委会会议】 1月26日召开。会议听取大会秘书处《关于委员审议和讨论情况的汇报》；审议通过增补十三届市政协副主席、常务委员候选人名单，决定提交全体会议进行选举；审议大会选举办法（草案），大会总监票人、监票人名单（草案），市政协2021年重点协商活动计划（草案）和大会决议（草案），决定将上述事项提交全体会议审议通过。

【十三届二十六次常委会会议】 4月2日召开。会议审议通过有关人事事项；邀请专家以“坚守初心克百年苦难，勇担使命创世纪辉煌”为题，作党史学习教育专题讲座。

【十三届二十七次常委会会议】 8月20日召开。会议传达学习中共中央总书记习近平在庆祝中国共产党成立100周年大会上的重要讲话和中共威海市委十五届十一次全体会议精神，听取市政府《关于2021年上半年全市经济运行情况的通报》，围绕“全市先进制造业发展”听政议政、协商建言。会议听取市政府办公室《关于市政协十三届五次会议提案办理情况的报告》、市工业和信息化局《关于全市先进制造业发展情况的汇报》，审议通过《关于我市先进制造业发展的调研报告》和有关人事事项。

【十三届二十八次常委会会议】 11月18日召开。会议传达学习中共十九届六中全会精神及中共中央总书记习近平在深入推动黄河流域生态保护和高质量发展座谈会上的重要讲话精神和视察山东重要指示要求，围绕全市大健康产业发展协商议政。会议审议通过《关于促进我市大健康产业加快发展的建议案》《政协威海市委员会关于强化政协委员责任担当的实施意见》。

协商议政会议

【专题协商会议】 9月3日，围绕“优化人才环境和服务体系，激发人才创新创业活力”议题，市政协组织部分市政协委员与市直有关部门进行民主协商。市政协副主席吕晓东出席会议并讲话。会议听取市委组织部《关于全市人才工作情况的介绍》，7名市政协委员围绕协商议题提出意见和建议，市人力资源和社会保障局、工业和信息化局、科技局等7个市直部门负责人针对意见和建议进行现场答复，提出解决措施。

9月8日，围绕“以基本公共服务均等化推进城乡一体化发展”议题，市政协组织部分市政协委员与市直有关部门进行民主协商。市政协副主席夏景华出席会议并讲话。4名市政协委员围绕协商议题提出意见和建议，市教育局、民政局、文化和旅游局、卫生健康委员会负责人作工作情况介绍，并针对意见和建议进行现场答复。

9月29日，围绕“加强社会信用体系建设，助推城市治理效能提升”议题，市政协组织部分市政协委员与市直有关部门进行民主协商。市政协副主席李淑芳出席会议并讲话。市政协委员围绕协商议题提出意见和建议，市发展和改革委员会、民政局、司法局、人力资源和社会保障局、市场监督管理局、地方金融监督管理局等市直部门负责人作工作情况介绍，并与委员沟通协商，提出解决措施。

10月13日，围绕“发展农村土地股份合作社，壮大农村集体经济、促进农民增收”议题，市政协组织部分市政协委员与市直有关部门进行民主协商。市政协副主席夏景华出席会议并讲话。市政协委员围绕协商议题，就完善产权制度、加强风险管控、规范土地流转、提高农业社会化服务水平等提出意见和建议，市农业农村局负责人作工作情况介绍，并与委员沟通协商，提出解决措施。

视察调研活动

【农业农村发展情况视察】 10月18日，市政协组织驻威海的省政协委员视察威海市农业农村发展情况。视察团先后到环翠区张村镇王家疃村、山东樱聚缘农业科技发展股份有限公司、威海上善堂农业发展有限公司、文登区张家产西洋参交易中心、山东文登继振西洋参产业有限公司等，听取情况介绍，了解美丽乡村建设、特色产业发展、农业社会化服务等情况，并就有关问题与相关负责人沟通交流。

【委员企业调研】 2月6日，市政协主席高旭光率调研组到省政协委员和市政协委员所在的国核示范电站有限责任公司调研。调研组参观企业展厅和项目建设现场，听取“国和一号”示范工程建设情况介绍，了解公司管理运营、项目建设进度、核心技术自主研发和产业辐射带动效能等情况，并就有关问题进行座谈交流。

【森林防灭火和松材线虫病防治工作调研】 2月24日，市政协主席、市副总林长高旭光率调研组到刘公岛林场调研森林防灭火和松材线虫病防治工作。调研组先后到预警监控室、森林消防队站和储备蓄水池，察看通信指挥、应急救援、物资储备等情况以及森林防火通道、防火检查站建设情况，了解林长制责任落实、森林火灾防控和松材线虫病防治工作情况，并就有关问题与相关负责人沟通交流。

【服务贸易产业调研】 3月24日，市政协主席高旭光、副主席吕晓东率调研组到威海服务贸易产业园调研。调研组先后到威海盛农岛网络科技有限公司、山东悦朋智能科技有限公司、阿里巴巴（威海）跨境电商本地化服务中心，了解企业经营项目、技术研发、市场销售等情况，并就有关问题与相关负责人进行座谈交流。

【乡村振兴样板片区建设情况调研】 3月31日，市政协主席高旭光、副主席夏景华率调研组到文登区调研乡村振兴样板片区建设情况。调研组先后到耕读小镇样板片区的小镇中心、威海设计谷和天福山书院，了解项目规划建设和投资运营情况，并召开座谈会听取情况介绍和意见建议。

2月6日，市政协调研组到国核示范电站有限责任公司调研

（中国人民政治协商会议威海市委员会办公室　提供）

5月11日，市政协调研组调研全市先进制造业发展情况

（中国人民政治协商会议威海市委员会办公室　提供）

【先进制造业发展情况调研】 5月11日，市政协主席高旭光率调研组到威海火炬高技术产业开发区、威海临港经济技术开发区就先进制造业发展情况开展专题调研。调研组先后到山东浩然特塑股份有限公司、威海广泰科技开发有限公司、威海金威材料科技有限责任公司、威海威硬工具股份有限公司、威海光威集团有限责任公司等，考察生产车间、技术研发中心和工程实验室，召开座谈会了解企业生产经营、产品研发等方面情况，并听取企业负责人意见和建议。

【公共体育资源对社会开放情况视察】 5月31日，市政协组织部分市政协委员围绕威海市公共体育资源对社会开放情况进行专项视察，并召开座谈会。视察团先后到市体育馆、市乒羽健身中心乒羽馆、市网球场、橄榄球足球场、奥林健身中心等公共体育健身场馆，了解场地配套设施与开发情况，并现场询问市民使用场地感受。市政协副主席吕晓东参加活动。

【中韩自贸区地方经济合作示范区建设情况视察】 7月6日，市政协组织部分市政协委员视察中韩自贸区地方经济合作示范区建设情况。视察团先后到威海综合保税区泓信跨境电商公共保税仓、多模式监管中心，威海港集团集装箱查验服务中心、集中审像中心和威海海关，了解示范区建设情况，并召开座谈会听取情况介绍和意见建议。市政协主席高旭光，市政府副市长杨丽，市政协副主席徐东明参加活动。

【乡村振兴工作调研】 8月25日，市政协主席高旭光率调研组到乳山市南黄镇调研乡村振兴工作。调研组先后到乳山市西浪暖牡蛎产业融合发展示范区和南黄镇东洋水村、院后村，考察产业发展、乡村治理和为民服务情况，并就有关问题与相关负责人沟通交流。

【渔船综合管控工作督导】 8月31日，市政协主席高旭光到文登区实地督导伏季休渔结束前渔船综合管控工作。在文登区泽库镇白云码头，高旭光详细了解渔船管控工作和渔船开捕前安全检查、物资储备、船员配备、疫情防控等情况，并就有关问题与相关负责人沟通交流。

【千里山海自驾旅游公路重点交通项目建设视察】 9月9日，市政协组织部分市政协委员视察千里山海自驾旅游公路重点交通项目建设情况。视察组先后到威海经济技术开发区海螺湾休闲驿区、荣成市爱伦湾海滨公园和樱花湖南停车场、威海南海新区冠军体育小镇、乳山市乳山口大桥和冯家镇北寨村、文登区葛家镇西谭家口村、威海火炬高技术产业开发区初村镇纪家口子村等，听取工作推进情况介绍，了解项目建设运营情况，并就有关问题与项目负责人沟通交流。市政协主席高旭光，副主席李淑芳、刘亚东、徐东明、夏景华、陈伟胜、周宁参加活动。

【大健康产业发展情况调研】 9月17日，市政协主席高旭光、副主席李淑芳率调研组围绕“促进我市大健康产业加快发展”开展专题调研。调研组先后到威高普瑞预灌封注射器产业化项目和威海组普生物技术有限公司、山东柏新医疗制品有限公司、山东吉威医疗制品有限公司等企业，考察企业展厅、生产车间、研发中心，了解企业经营管理、产品研发、市场营销等情况，并召开座谈会听取情况介绍和意见建议。

【威海新机场建设推进情况视察】 11月3日，市政协主席高旭光，副主席李淑芳、刘亚东、徐东明、夏景华、陈

9月9日，市政协视察组视察千里山海自驾旅游公路重点交通项目建设情况

（中国人民政治协商会议威海市委员会办公室　提供）

伟胜、周宁视察威海新机场建设推进情况，实地察看新机场选址，听取新机场规划和建设情况。

【森林防灭火工作调研】 11月16日，市政协主席、市副总林长高旭光，市政协副主席吕晓东率调研组到棉花山、刘公岛林场实地调研森林防灭火工作。调研组先后到棉花山林场、环翠区孙家疃街道森林消防分队和刘公岛林场，察看森林防火通道建设、火情警报设备建设、林下可燃物清理、消防物资储备、上山人员管控等情况，了解林长制责任落实和森林火灾防控、松材线虫病防治工作情况，并就有关问题与相关负责人沟通交流。

【乳山市重点项目推进情况视察】 11月18日，市政协主席高旭光率视察组到乳山市视察重点项目推进情况。视察组先后到玫德集团威海有限公司、明阳海上风电装备制造产业园、乳山口大桥、潮汐湖湿地公园等，听取情况介绍，了解项目建设进度，并就有关问题与相关负责人沟通交流。市政协副主席李淑芳、刘亚东、徐东明、夏景华、陈伟胜、吕晓东参加活动。

【“精致电网”建设工作视察】 11月24日，市政协主席高旭光率视察组到国网山东省电力公司威海供电公司视察“精致电网”建设工作。视察组先后考察韩乐坊“价值融合·特色彰显”城市品质提升示范区、和平佳苑智能有序充电示范项目，参观“精致电网”建设主题长廊，并召开座谈会听取情况介绍和意见建议。市政协副主席李淑芳、刘亚东、徐东明、陈伟胜、吕晓东参加活动。

其他重要活动

【罗志军到威海市调研】 4月22日—23日，全国政协农业和农村委员会主任罗志军率调研组到威海市，围绕“加快绿色发展，保障农产品质量安全”开展专题调研。调研组先后考察威海市宇王集团有限公司、荣成市海洋食品博览中心、山东悦多果业有限公司、爱伦湾海洋牧场，并召开座谈会，听取全市农产品质量安全总体工作情况介绍，围绕坚持生态优先、强化科技创新、加强安全监管、建设质量追溯体系等问题进行探讨。省政协副主席王艺华参加有关活动。

【程红到威海市调研】 7月7日—8日，全国政协常委，民盟中央副主席、北京市委主委，北京市政协副主席程红率调研组到威海市，围绕“提案办理全程协商”开展专题调研。调研组先后考察“一战”华工纪念馆、胶东（威海）党性教育基地刘公岛教学区、华夏文化旅游集团股份有限公司等。省政协副主席、民盟山东省委主委王修林参加有关活动。

【于国安到威海市调研】 5月12日—13日，省政协副主席于国安率调研组到威海市，围绕“高水平建设海洋牧场,推动海洋渔业高质量发展”和“‘两山’理论实践创新情况”开展专题调研。调研组先后考察荣成市爱连湾、爱伦湾、好当家、桑沟湾等海洋牧场和华夏文化旅游集团股份有限公司、国威采石场、里口山风景区废弃矿山等“两山”理论实践创新基地，并召开座谈会，听取全市海洋牧场建设情况介绍，与部分海洋牧场项目负责人、专家学者进行交流探讨。

【唐洲雁到威海市调研】 4月14日—15日，省政协副主席唐洲雁率调研组到威海市，围绕“威海光威复合材料创新发展”开展专题调研。调研组实地考察威海光威复合材料股份有限公司，召开座谈会听取情况介绍，并就有关问题进行交流探讨。

【韩金峰到威海市调研】 9月26日—27日，省政协副主席韩金峰率调研组到威海市，围绕“进一步加快新能源建设，打造高标准新能源产业基地”开展专题调研。调研组先后考察国家电投新能源科技馆、国核示范电站有限责任公司、华能山东石岛湾核电有限公司、歌尔电子信息产业园，了解项目建设运行和企业生产经营等方面情况，并就有关问题与相关负责人沟通交流。

【段青英到威海市调研】 6月2日—4日，省政协副主席段青英率调研组到威海市,围绕“大力弘扬齐鲁优秀文化”开展专题调研。调研组先后考察环翠区华夏城景区、胶东（威海）党性教育基地刘公岛教学区、天福山起义纪念馆、红色胶东展馆、召文台公园、文登博展中心、马石山起义纪念馆、胶东育儿所等，了解全市在齐鲁文化的研究阐发、传承弘扬、普及推广等方面的工作与成效。

【全市政协“有事多商量”协商平台建设工作会议】 4月2日召开。会议对政协威海市委员会《关于建设“有事多商量”协商平台的意见》《政协委员工作室建设（试点）实施方案》及相关文件进行阐释和说明，并对全市政协协商品牌建设工作进行动员部署。

【“丹青绘宏图 翰墨颂党恩”——庆祝中国共产党成立100周年全国百名画家作品邀请展】 6月26日在市美术馆举办。作品展汇集全国100名画家的优秀作品，涵盖国画、油画等多种类型，呈现中国共产党百年奋斗的光辉历程。

【《故事中的威海》发行座谈会】 11月10日召开。《故事中的威海》分为地域记忆、家族印记、历史往事、文化名人、政界良吏、沙场铁骨6章约43万字，收录历史故事100篇，讲述从新石器时代至辛亥革命前，发生在威海市域内的重要历史故事和名人事迹。

（孙宏强）

编辑 闫拥军

纪检监察

综　述

【概况】 中国共产党威海市纪律检查委员会与威海市监察委员会（简称市纪委监委）合署办公，实行一套工作机构、两个机关名称，履行纪律检查、国家监察两项职能。中国共产党威海市纪律检查委员会、威海市监察委员会机关内设16个职能室（部）及机关党委，1个直属事业单位。中共威海市纪律检查委员会、威海市监察委员会设11个派驻纪检监察组。2021年，全市纪检监察机关坚持稳中求进、坚定稳妥，一体推进“三不”（不敢腐、不能腐、不想腐），发挥监督保障执行、促进完善发展作用，推动纪检监察工作高质量发展。

【纪检监察体制改革】 监督体系完善　发挥党内监督主导作用，强化纪委监委协助引导推动功能，深化落实《关于建立市委巡察机构与市纪委监委有关部门协作配合机制的实施意见》，编制巡察监督与纪律监督、监察监督、派驻监督统筹衔接工作流程导图，深入推进“四项监督”统筹衔接。健全“室组”联动监督、“室组地”联合办案制度机制，监督检查室加强对派驻机构和区（市）纪委监委的督导指导，重点案件联合攻坚、一体“作战”，提高办案质效。深化派驻机构改革，召开全市深化派驻机构改革工作座谈会，印发《派驻机构履责清单指引50条（2021年）》，推行“五驻”（常态驻、重点驻、循环驻、协同驻、机动驻）工作模式，进一步发挥派驻监督“驻”的优势。年内，市纪委监委各派驻纪检监察组立案88件，比上年增长14.3%。《创新“四化”工作机制　擦亮派驻监督“探头”》经验做法在全省深化派驻机构改革工作座谈会上交流。印发《关于巡察与审计工作联动的暂行办法》，不断完善信息互通、线索移交、成果共享等工作机制，促进党内监督与其他监督贯通协同。

监督执纪执法制度机制健全　认真学习贯彻《中华人民共和国监察官法》《中华人民共和国监察法实施条例》，增强法治意识、程序意识、证据意识。加强纪法贯通、法法衔接，建立健全与执法机关和司法机关日常工作衔接和协同协作机制，印发《关于统计机构向纪检监察机关移送统计违纪违法案件和问题线索的实施意见》。印发《规范监督检查审查调查措施文书管理工作的5项措施》等制度，完善监督执纪执法权力运行内控机制，严格按照权限、规则、程序开展工作。压实审查调查安全责任，守住安全底线，印发贯彻落实《关于建立全省纪检监察机关案件质量保障体系的意见》的实施方案，明确26项具体措施，加快构建案件质量保障体系。强化内通外联协作机制，召开监法检联席会议5次，及时解决职务犯罪案件疑难问题。加强审理干部队伍建设，建立案件审理骨干人才库，威海市审理团队在全省审理大练兵活动中获评优秀集体、2人获评优秀个人，审理业务骨干在中央纪委、国家监委举办的审理模拟案卷测试中获得个人第1名。

【纪检监察队伍建设】 政治品格锻造　市纪委常委会坚持以政治建设为统领，强化思想理论武装，坚持民主集中制，严格执行请示报告制度，把坚持和加强党的领导贯穿纪检监察工作各方面、全过程。全面提升机关党建质量，推进党建与业务深度融合，加强党支部标准化规范化建设，召开市纪委监委机关“两优一先”表彰大会，表彰优秀共产党员27名、优秀党务工作者10名、先进基层党组织5个。扎实推进机关党支部“标准化＋过硬支部”建设，制定“一支部一品牌”创建实施办法，审查调查室党支部获评山东省先进基层党组织，党风政风监督室党支部获评威海市先进基层党组织，市纪委监委机关党委获评精致模范机关建设工作标兵单位。

过硬本领锤炼　深入开展全员培训，制定《全市纪检监察干部培训工作计划》，突出思想政治教育、党性锤炼、政策理论基础、专业素养提升4个方面重点，举办学思讲堂、开设“战士讲坛”21期，运用线下集中培训、线上视频学习、干部上讲台等方式，培训干部1466人次。强化实战练兵，组织开展派驻机构干部模拟谈话，通过“情景式”教学方式，帮助参训干部补齐“短板”；选派2名干部参加第三批系统内双向学习锻炼，调配6名年轻干部到驻村、“四进”攻坚工作组、“加强农村基层党组织建设”工作队等一线实践历练。提高信息化监督能力，深化应用纪检监察系统检举举报平台，监督执纪执法信息技术保障更加坚实有力。加强纪检监察机关档案科学化、规范化管理，获评全省档案工作业务建设示范单位。

约束和监督自觉接受　认真履行内部管党治党责任，定期听取班子成员责任落实情况。加大严管严治、自我净化力度，印发《关于贯彻落实中央纪委国家监委〈关于加强新时代纪检监察干部监督工作的意见〉的工作方案》，及时更新纪检监察干部廉政档案，完善内部监督员履职措施办法。针对省纪委监委第六轮、第七轮纪检监察系统专项检查情况通报，制定《纪检监察机关履责问题清单》，组织全市纪检监察机关开展自查自纠。及时传达学习中央纪委、省纪委关于纪检监察干部违纪违法的典型案例，以案示警、以案明纪。市监委围绕廉政教育首次向市人大常委会报告专项工作，组织特约监察员到威海廉政警示教育馆开展专题调研，主动接受各方面监督。坚持刀刃向内，坚决防治“灯下黑”，全市谈话函询纪检监察干部7人，组织处理3人。

【重要会议及活动】 2月9日，中共威海市纪委十五届六次全体会议召开。会议分两个阶段。第一次会议，传达学习十九届中央纪委五次全会和省纪委十一届六次全会精神。第二次会议，市委常委、市纪委书记、市监委主任任敬喜代表市纪委常委会作工作报告。

3月1日，市纪委监委召开党史学习教育动员大会，深入学习贯彻中共中央总书记习近平在党史学习教育动员大会上的重要讲话精神，落实省、市党史学习教育动员大会精神，对市纪委监委机关开展党史学习教育进行动员部署。市委常委、市纪委书记、市监委主任任敬喜主持会议并讲话。

4月6日—10日，市纪委监委机关举行市纪委监委理论学习中心组专题读书班（市纪委监委党史学习教育专题学习班），市纪委监委领导班子成员，市纪委监委机关各室（部）、各派驻纪检监察组和市委巡察机构县处级以上干部参加集中学习。

6月30日，市纪委监委机关召开市纪委监委机关优秀共产党员、优秀党务工作者和先进基层党组织表彰大会，深入学习贯彻中共中央总书记习近平在庆祝中国共产党成立100周年“七一勋章”颁授仪式上的重要讲话精神和省、市“两优一先”表彰大会精神，激励市纪委监委机关各级党组织和广大党员干部不忘初心、牢记使命，奋发有为、砥砺前行，推进新时代纪检监察工作高质量发展。市委常委、市纪委书记、市监委主任任敬喜出席会议并作专题党课报告。

7月19日—23日，市纪委监委理论学习中心组举办专题读书班，全体学员同步收听收看市委党校主会场开班式、专题辅导报告、结业式，深入学习中共中央总书记习近平“七一”重要讲话精神，坚持学习党史与学习新中国史、改革开放史、社会主义发展史相贯通，紧密联系全市中心大局和纪检监察职能职责，开展学习研讨交流。

8月27日，市纪委监委召开全市深化派驻机构改革工作座谈会。市委常委、市纪委书记、市监委主任任敬喜主持会议并讲话。

10月26日，威海市纪委监委举办“清廉之路 你我同行”书画摄影展，展出书法、美术、摄影等各类作品200余幅，引导党员干部自觉接受清廉文化教育。

11月28日至12月3日，市纪委监委举办中共十九届六中全会精神专题学习班，市纪委监委领导班子成员，市纪委监委机关各室部、各派驻纪检监察组、市委巡察机构县处级以上干部参加学习。

12月10日，市纪委监委邀请特约监察员到威海廉政警示教育馆调研党风廉政建设和反腐败工作，就推动全市纪检监察工作高质量发展建言献策。

监督执纪

【政治监督】 加强对中共中央总书记习近平重要指示批示、中共中央重大决策部署和省委、市委重点工作安排的监督检查。聚焦中共中央总书记习近平对山东工作重要指示要求特别是“三个走在前”贯彻落实情况强化监督检查，印发《关于加强威海市黄河流域生态保护和高质量发展专项监督的工作方案》，推动落实黄河重大国家战略。围绕中共中央关于立足新发展阶段、贯彻新发展理念、构建新发展格局、推动高质量发展等重大决策，聚焦巩固拓展疫情防控和经济社会发展成果、推进科技自立自强、打好污染防治攻坚战、促进共同富裕等重大部署强化政治监督，推动重大战略任务落到实处。加强对省委、市委重点工作安排落实情况的监督检查，建立“一台账、两清单、双责任、双问责”工作机制，跟进监督、精准监督，保障落地见效。用好政治监督提示，围绕新冠肺炎疫情防控、优化营商环境等18方面发送政治监督提示211份，向全市各级党委（党组）主要负责人特别是新任职主要负责人发送《关于认真履行好全面从严治党主体责任的政治监督提示》，压紧压实全面从严治党主体责任。严明政治纪律和政治规矩，全市立案审查违反政治纪律案件13件、处分20人。

聚焦重点领域开展专项监督。紧盯粮食购销、开发区建设、停车管理等领域腐败问题开展专项整治，深化供销系统腐败治理、违建别墅清查整治。做好中央、省生态环境保护督察追责问责工作，严肃查处背后的责任问题、作风问题、腐败问题，对32名相关责任人进行问责。开展安全生产责任落实专项监督检查，发现责任落实不到位、隐患排查不彻底等8个方面44个问题，督促相关部门做好整改。狠抓海洋渔船综合管控监督，发现渔船管控相关问题223个，立案16起，处分35人次，采取留置措施4人，移送检察机关2人。

加强换届风气监督。会同中共威海市委组织部开展换届纪律换届风气监督，印发《市纪委监委机关强化换届纪律换届风气监督工作方案》，创作《村级干部履职红线“二十条”》《换届选举“十严禁”》主题漫画，在“清廉威海”微信公众号刊发评论文章，开展廉政谈话5510人次，依托宪法广场、镇村公开栏等加大换届纪律宣传，教育引导广大党员干部绷紧“换届纪律弦”。严把政治关、廉洁关，市纪委监委回复党风廉政意见5052人次。建立联查联办、快查快结机制，对失实检举控告及时予以澄清，严厉打击违反“十严禁”要求的违纪违法行为，查处违反换届纪律问题17起，给予党纪政务处分12人，通报违反换届纪律典型问题6起，对2名受到失实检举控告人员及时澄清正名，营造风清气正换届环境。

【作风建设】 中央八项规定精神落实 制定《市纪委监委机关关于监督推进干部作风建设的工作方案》，细化监督举措，开展常态化明察暗访和专项监督检查。紧盯享乐主义、奢靡之风新动向、新表现，春节前向全市县处级干部发送《廉节书信》，对廉洁过节有关要求进行提示，督促各级各部门做好干部职工廉洁过节教育工作，实现提示提醒全覆盖。开展精准监督，对违规公务接待及公款报销吃喝费用问题靶向纠治，对不吃公款吃老板、物流快递送礼、违规收送名贵特产和礼品礼金等严厉治理，对违规兴建楼堂馆所严令纠正，对违规滥发津贴补贴问题坚决查处。全市纪检监察机关查处享乐主义、奢靡之风问题98个，批评教育帮助和处理111人，其中给予党纪政务处分69人。

形式主义、官僚主义纠治　印发《关于进一步解决形式主义问题 做好2021年为基层减负工作落实方案》，重点整治贯彻落实中空泛表态、敷衍塞责以及搞“包装式”落实、“洒水式”落实、“一刀切式”落实等突出问题。用好市、区（市）、镇“直通车”机制，通过镇（街道）联系点定向监测摸排发现问题，督促有关区（市）和市直部门单位对照检查、深入整改。全市纪检监察机关查处形式主义、官僚主义问题229个，批评教育帮助和处理341人，其中给予党纪政务处分156人。

干部担当作为激励　精准规范问责，健全重点领域、重要案件提级审核把关制度，全市问责党组织12个，问责党员领导干部、监察对象164人。坚持严管厚爱结合、激励约束并重，严格落实“三个区分开来”（把因缺乏经验先行先试出现的失误与明知故犯行为区分开来，把国家尚无明确规定时的探索性试验与国家明令禁止后的有规不依行为区分开来，把为推动改革的无意过失与为谋取私利的故意行为区分开来），积极引导党员干部改革创新、干事担事，全市纪检监察机关为8名干部容错纠错，通报容错免责典型案例3起，关爱回访受处分干部763人次；印发《在处理检举控告工作中商请威海市公安局协作配合的意见（试行）》，开展“一信双查”，既调查被举报人违纪违法问题，又对涉嫌诬告陷害的举报人进行查处。全市查处诬告陷害党员干部案件6起，为27名受到失实检举控告的党员干部澄清正名。认真落实《威海市纪检监察机关从严从实加强优化营商环境监督工作的意见》，推动构建亲清政商关系，查处损害营商环境问题58个。

【“我为群众办实事”实践活动】　围绕巩固拓展脱贫攻坚成果同乡村振兴有效衔接开展过渡期专项监督，制定5年过渡期专项监督工作方案，紧盯4个方面监督重点，落实18条监督措施，监督督促各级党委政府履行主体责任、职能部门履行监管责任。全市查处巩固拓展脱贫攻坚成果同乡村振兴有效衔接方面腐败和作风问题30个，批评教育帮助和处理39人，其中给予党纪政务处分11人。紧盯基层干部和公职人员用权情况，监督打造“透明村居”，指导各区（市）进一步探索创新透明路径，打造形成一系列多样化、特色化的“透明村居”建设品牌，实现“全体透明、全域覆盖、全民监督”，助力乡村振兴。探索开展重点村（社区）集体“三资”提级监督，打造农村“三资”管理阳光平台，杜绝暗箱操作。

持续整治民生领域腐败和作风问题。坚持以“小切口”推动“大整治”，创新实行“一县一领域”“一部门一专项”工作模式，聚焦18个重点领域、30个部门（单位）持续整治群众身边腐败和不正之风，全市纪检监察机关查处民生领域腐败和作风问题289个，批评教育帮助和处理389人，其中给予党纪政务处分158人。开展服务窗口单位公职人员勾结中介牟利问题、拖欠农民工等一线劳动者工资问题等10余项专项监督工作，推动解决群众“急难愁盼”问题2200余个，及时向社会公开专项整治成果。全程跟进督办中央纪委“我为群众办实事·纪委请您来出题”专栏涉及威海市群众留言33件次，涉及问题12个。建立与市12345政务服务便民热线定期沟通对接机制，聚焦教育医疗、养老社保、生态环保、食品药品安全等重点领域，对群众反复反映、满意度低的问题梳理汇总，督促问题整改。畅通信访举报渠道，在信访举报宣传册上印制二维码，实现群众身边腐败和作风问题“码上举报”。

常态化惩治涉黑涉恶腐败和“保护伞”，印发《关于推动扫黑除恶斗争“惩腐打伞”常态化的工作要求》，把扫黑除恶与反腐败斗争、基层“拍蝇”、政法队伍教育整顿、海洋与渔业系统干部队伍纪律作风教育整顿等结合，实现扫黑除恶、“打伞破网”同步推进。全市纪检监察机关立案查处涉黑涉恶腐败和“保护伞”问题63个，给予党纪政务处分40人，移送检察机关4人。市纪委监委第三监督检查室获评山东省扫黑除恶专项斗争先进集体，党风政风监督室获评全市扫黑除恶专项斗争先进集体，1人获评全国扫黑除恶专项斗争先进工作者。

【政治巡察】　聚焦“两个维护”（坚决维护习近平总书记党中央的核心、全党的核心地位；坚决维护党中央权威和集中统一领导）根本任务持续深化政治巡察。市委加强对巡察工作的领导，召开市委常委会会议、市委书记专题会议、市委巡察工作领导小组会议，组织实施巡察工作。准确把握政治巡察的职能定位、工作方针、价值取向，紧盯被巡察党组织职能责任，强化对学习贯彻中共中央总书记习近平重要讲话和重要指示批示精神、贯彻落实党中央重大决策部署、维护群众利益情况及“关键少数”特别是“一把手”的监督，精准发现问题、查找政治偏差。组织开展十五届市委第十二轮、十三轮和十四轮巡察，对16个市直部门单位和5个开发区党组织开展常规巡察，对5个市直部门单位党组织开展巡察“回头看”，完成本届市委巡察全覆盖任务。围绕深化供销系统改革治理、政法队伍教育整顿、停车管理领域专项整治、维护国家粮食安全等中共中央重大决策部署，组织开展专项巡察，助力重点整治提质增效。全市发现各类问题1822个、线索145条。

做实巡察监督。印发《市委巡察整改工作成效评估暂行办法》，强化整改日常监督，科学评估整改成效，压实巡察整改主体责任。深化运用“红脸出汗”问题清单制度，向市领导抄告问题466个，督促履行“一岗双责”、约谈分管部门单位“一把手”43人次，确保整改落实到位。用好巡察建议，针对发现的财政资金购买服务、直管公房和公共租赁住房管理等问题，向市委提交专题报告3篇、向职能部门发出巡察建议10个，督促开展专项整治

8 项、解决问题 1100 余个、建立健全制度 90 项，推动以巡促改、以巡促建、以巡促治。供销系统合同管理问题专项整治相关做法在全省推广。

完善市、县两级巡察上下联动格局。深入贯彻《关于加强巡视巡察上下联动的意见》，市委把建立巡察上下联动监督网作为落实全面从严治党向基层延伸的重要抓手，坚持市县巡察工作一体谋划、部署、推进。加强对区（市）、开发区巡察工作的分类指导和检查督导，结合村居换届，科学谋划巡察任务，全面提高规范化建设水平和巡察工作质量。强化市县两级巡察优势互补，对供销、法院、公安系统以及停车管理、粮食购销领域开展上下联动巡察。各区（市）巡察机构党组织 406 个，完成巡察全覆盖任务。

9 月，威海廉政警示教育馆　（杨　正　摄）

【"三不"一体推进】 保持惩治腐败高压态势，全市纪检监察机关立案 1314 件、给予党纪政务处分 1235 人，留置 39 人，严肃查处一批严重违纪违法案件。在强大震慑和政策感召下，全市有 85 人主动向纪检监察机关投案，124 人主动交代问题。配合开展政法队伍教育整顿，严肃查处政法队伍关键岗位人员，中央督导组重点督办和关注的案件全部清零。

强化日常监督，统筹运用党性教育、政策感召、纪法威慑，做到实事求是、精准恰当。全市纪检监察机关接收信访举报 778 件次，比上年下降 10.1%。运用"四种形态"（第一种：党内关系要正常化，批评和自我批评要经常开展，让"咬耳扯袖""红脸出汗"成为常态。第二种：党纪轻处分和组织处理要成为大多数。第三种：对严重违纪的重处分、作出重大职务调整应当是少数。第四种：严重违纪涉嫌违法立案审查的只能是极少数）批评教育帮助和处理 3155 人次。认真落实《中共中央关于加强对"一把手"和领导班子监督的意见》，印发《市纪委监委机关强化对"一把手"和领导班子监督"三张清单"》，明确监督重点 50 个、监督措施 30 项、"一把手"自我监督对照检查标准 40 条，推动监督更精准、更规范、更有效。深化廉政谈话工作，市纪委书记、副书记同任现职 5 年以上、2021 年新任职县处级党政正职以及市属国企主要负责人 31 人进行廉政谈话。组织区（市）、市直部门单位 16 名"一把手"向市纪委全会述责述廉，建立反馈问题工作台账，逐项督促整改。

深化以案促改、以案促治，印发《关于"一案五看"压实党委（党组）主体责任 做深做实查办案件"后半篇文章"工作办法》，提出纪检监察建议 242 份，监督指导有关部门完善制度机制 200 余项、政法系统形成 8 个方面重要制度成果、供销系统完善制度 74 项。建成威海廉政警示教育馆，充分运用查处的 8 大类 67 小类 300 余个典型案例开展警示教育，编印《市纪委监委查处严重违纪违法市管干部忏悔录选编》，制作警示教育专题片 5 部，全市各级联动开展警钟长鸣"十二时"廉政教育宣讲 300 余场次，实现对党员干部和公职人员全覆盖。

分类推进新时代廉洁文化建设，涵养风清气正的政治生态。依托"清廉威海"微信公众号、网站持续办好"廉威今语""以案说廉"等 10 余个特色栏目，广泛凝聚思想共识。丰富拓展威海"清廉之路"内涵外延，累计将 26 个廉政教学点串联成"路"，制作专题片 26 部，组织开展威海"清廉之路 · 你我同行"之"如诗如歌""翰墨飘香""丹青写意""美丽印象"4 项征集活动，举办大型书画摄影作品展，全市 4500 余人次观展，1 万余人次到"清廉之路"接受廉洁文化教育，相关做法 4 次在《中国纪检监察报》头版刊发。开展"学论述 · 正家风"活动，全市开展清廉家风主题宣讲 387 场次，相关做法在《中国纪检监察报》头版头条刊发。推进廉洁文化进机关、进企业、进医院、进学校、进村居、进公园、进车站、进网络，打造一批廉洁地标、廉洁景观和廉洁示范点，筑牢廉洁思想防线。督促指导市卫生健康委员会建立"六化"（透明化、智慧化、规范化、亲清化、人文化、品牌化）医院建设机制，打造廉洁医院；督促指导市水务局打造"清澈水利 · 廉洁水务"廉政品牌，该做法在中央电视台宣传报道。丰富拓展文化传播内容形式，举办"学党史 · 明纪律 · 促清廉"百年党纪漫画作品展，3 万余人次参观学习。

（于　源　王東力）

编辑　闫拥军

民主党派与工商联

中国国民党革命委员会威海市委员会

【概况】 2021年，中国国民党革命委员会威海市委员会（简称民革威海市委会）发展新党员10人，总人数131人。其中，大学及以上学历112人，占党员总数的85%；中、高级专业技术职称64人，占党员总数的49%。17人担任各级人大代表和政协委员。民革威海市委会获评全国助力脱贫攻坚先进集体、民革全省机关工作先进集体、全市政协反映社情民意信息工作先进集体，三支部党员之家被民革山东省委会评为优秀民革党员之家，1人获评民革全国机关工作先进个人，1人获评山东省优秀企业家，1人获评全国优秀律师，1人获评威海十大统战先锋，1人获得山东省技术市场协会科技金桥奖。

【组织建设】 11月15日，民革威海市第六次代表大会暨六届一次全委会议召开，选举产生新一届领导班子。建立健全民革威海市委班子成员民主生活会制度、述职和民主评议制度，召开民主生活会和述职评议会。全年考察、培养具有界别特色的高层次入党积极分子16人，发展新党员10人，举办入党积极分子培训班2期和新党员培训班1期，在民革历史、民革党章、多党合作的理论和政策等方面开展培训，增强入党积极分子和新党员的政党意识和责任意识。开展“示范支部”“党员之家”创建活动，定时跟进建设情况，接受上级有关部门检查指导，向中国国民党革命委员会中央委员会、中国国民党革命委员会山东省委员会报送有关材料。全面梳理修订民革威海市委会有关制度，整理全体民革党员档案和历年活动档案，与市公安局对接，查找失联党员有关信息。

【参政议政】 围绕游艇产业、地毯产业、对日本经贸合作等方面开展专题调研，提交反映社情民意信息32篇、提案17篇和议政建言材料3篇。其中，2篇被省政协采用，4篇被市政协评为优秀提案，4篇调研报告得到中共威海市委、市政府主要领导批示。与市住房和城乡建设局围绕“美丽城市”建设开展民主监督，形成专题调研报告。

【宣传工作】 民革威海市委会先后有40篇稿件在《团结报》《联合日报》和“山东统一战线”“山东民革”“威海统一战线”微信公众号上发表。通过“威海民革”微信公众号，大力宣传组织亮点工作、社会服务工作和民革党员优秀事迹，鼓励党员立足本职、扎根奉献。

【社会服务】 扎实开展对口扶贫工作，积极参与“我为帮扶下一单”活动，促进贵州省纳雍县特色农产品销售；定期举办支农扶贫活动，为多个村近100名村民送去生活必需品，完善村集体设施设备。打造“爱心文具袋 考试送祝福”进校园活动品牌，为中考、高考学生赠送6438套价值3万余元的爱心文具袋。开展“博爱·牵手”活动，开展文化法律卫生服务，通过线上线下相结合的方式，实现志愿服务常态化；开办秋季书法公益课、素描基础课、“非遗”进课堂28次，受益群众1200余人。强化法律援助，以民革威海市委法律服务站为依托，定期开展法律进企业、进社区活动，开展专题培训与法律讲座9次，有200余人次参加。积极开展“双招双引”活动，促成威海市部分企业与台资企业达成贸易、文化和投资等方面的意向。

（赵雪涵）

中国民主同盟威海市委员会

【概况】 2021年，中国民主同盟威海市委员会（简称民盟威海市委会）发展盟员16人，调入2人，盟员总数392人。其中，中、高级专业技术职称或相应职务盟员264人，占盟员总数的67.35%。有省政协委员2人、市政协委员16人（其中副主席1人、常委3人）、市人大代表2人、环翠区政协委员11人（其中常委3人）、文登区政协委员5人（其中常委2人）、荣成市政协委员2人（其中常委1人）。民盟威海市委会获评纪念中国民主同盟成立八十周年先进集体、脱贫攻坚先进集体、2021年度盟务工作先进集体，6个支部获评民盟省委先进集体，1名盟员获评民盟中央先进个人，18位盟员、1名机关工作者获评民盟省委先进个人。

【组织建设】 11月17日，中国民主同盟威海市第八次代表大会召开。会议选举产生民盟威海市第八届市委会委员，并经民盟威海市委第八届一次会议选举产生主任委员、副主任委员。推进各级组织有序开展换届工作，完成基层组织成立和换届工作，对原有基层组织进行改革重组。提升组织发展质量，按照组织发展规程，严格执行审核申请、考察了解程序，完成民盟上级组织关于3%发展率、70%主界别占比要求，举办新盟员入盟仪式暨培训班。印发《关于进一步做好关爱老盟员工作的意见》，推进关爱老盟员工作制度化、规范化。以“双庆”主题为重点开展系列活动，召开庆祝中国共产党成立100周年暨中国民主同盟成立80周年大会和邱铁铠生平事迹报告会，举办“纸绎千秋——庆祝中国共产党成立100周年暨中国民主同盟成立80周年张延茹现代剪纸艺术展”和“美美与共——庆祝中国共产党成立100周年暨中国民主同盟成立80周年书画展”。

【参政议政】 向中共威海市委提交调研报告2件、协商建言信息2件、专题调研报告1件。提交市政协提案27件，其中集体提案4件，4件提案获评市政协优秀提案。提交市人大建议10件。提交社情民意信息64篇，被民盟中央、省政协、民盟省委采用39篇。

【社会服务】 稳步推进民盟和美社区服务站工作，“党盟共建、课程化服务、建立长效机制”的社区服务模式初步固定成型。持续开展“微心愿”、送春联、社区公益课堂等公益活动，进一步强化社区服务的公益属性。承办田和街道第32届“长乐之秋”文艺演出，参与组织编排节目12个，近70名演员参与演出。各基层组织开展社会服务和公益活动12次。

（毕明艳）

中国民主建国会威海市委员会

【概况】 2021年，中国民主建国会威海市委员会（简称民建威海市委会）发展新会员15人，转入5人，会员总数164人。其中，大学及以上学历154人，占比95.06%；经济界人士118人，占比72%；29位会员在各级人大、政协任职。

【组织建设】 严格把关会员发展质量，按照会员年度发展指标，加大机关事业单位和国有企业会员发展力度，优化会员结构；规范组织发展工作程序，举办入会积极分子培训，通过集中培训和支部活动评价等多个环节，对入会积极分子综合素质进行评价。创新会员活动形式，针对新会员特点，开展社区志愿服务、文明城市创建、海洋增殖放流、美丽乡村考察等活动；春节、重阳节时走访慰问老会员，增强其组织归属感。在基层组织中推行轮值活动主委制度，激发会员主动策划活动、认真组织活动的积极性；从支部工作量化考核入手，围绕《威海民建基层支部工作细则》，对会员参与会务情况进行分类细化评分，作为评先选优的依据，促进组织工作科学化。根据组织发展的地域布局和支部会员的规模数量，适时组建基层支部与调整组织结构，成立荣成市支部。针对环翠区支部人数众多、组织偏大的问题，组建环翠总支，下辖一、二支部，为会员参加活动创造组织条件。加强会员活动室和“会员之家”建设，为会员开展活动提供物质保障。规范支部建设，印发《民建威海市基层组织制度汇编》，以制度保障促进组织规范化建设。成立会员服务中心，组织会员联谊活动，受理转办会员求助，协助解决会员企业困难，增进民建组织的向心力与凝聚力。成立经济工作委员会，以规范企业运营管理为切入点，搭建企业合规经营研究推广中心，广泛开展公益宣讲和培训活动，助力企业完善内部管理制度。

【参政议政】 加强调研工作统筹力度，压实重点调研课题负责制，畅通会员、支部、市委会三级联络机制，提高参政议政质量，市两会期间，民建威海市委会向市政协提交提案20余篇，被市政协评为参政议政先进单位。结合全市新冠肺炎疫情防控、复工复产、经济稳定、攻坚突破等重点工作，组织会员深入调查研究，向中共威海市委提交专题调研报告4篇和民主监督调研1篇。开展对外宣传活动，依托民建网站、“威海民建”微信公众号等平台载体，专栏推送党史学习生动做法、社会服务典型案例、参政建言录用稿件等系列文章，宣传会员优秀事迹，传递正能量。年内，民建威海市委会累计向省、市有关部门上报社情民意50篇，其中3篇被省政协采用、7篇被市政协采用；“威海民建”微信公众号推送信息72篇，其中被省级以上刊物采用3篇，被“威海统一战线”微信公众号转发16篇；主题征文1篇被民建省委录用。

【社会服务】 推进“民建·思源”社会服务品牌建设，持续开展扶贫济困、关注弱势群体等社会公益活动。打造威海民建“彩虹·筑梦”社会公益品牌，依托健康查体、法律援助和助残帮扶3个服务平台，开展社会公益活动。以会员企业——威海美年大健康体检中心为依托，开展送医下乡和送医进社区活动9场次，免费为基层群众体检近300人次，开展医疗保健知识讲座5场次。组织法律界会员与市妇女联合会合作，以急需帮扶、救助的妇女儿童为主要对象，办理法律援助、司法公益援助案件5起。组织开展助残捐赠活动，为耳障人士捐赠价值3万余元的助听器材，举办助残晚会和工艺品拍卖等公益活动。各支部走访帮扶社区困难群体，开展捐赠福利院儿童食品、慰问幼儿园、捐助敬老院物资等活动，组织会员参与义务植树、捐资助学、社区义工服务和文明城市创建等。组织会员向河南省捐赠救灾款10.37万元，会员单位——威海爱援祥公益援助中心捐赠卫辉市价值15.5万元的物资。

（曲志华）

中国民主促进会威海市委员会

【概况】 2021年，中国民主促进会威海市委员会（简称民进威海市委会）新发展会员21人，调出会员1人，会员总数146人。其中，具有中、高级专业技术职称67人，占会员总数的45.9%。会员中有市政协委员18人（其

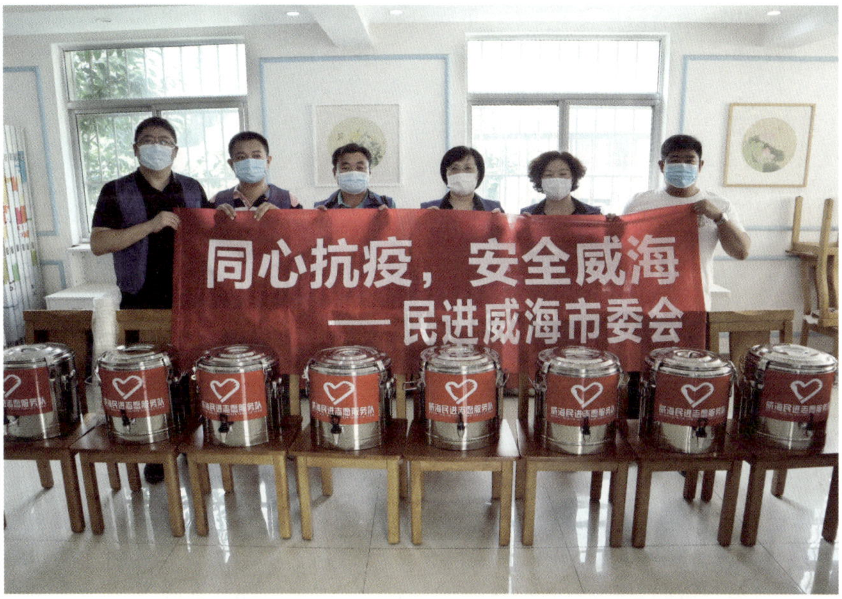

8月8日，民进威海市委会志愿服务队开展“送清凉”爱心行动

（中国民主促进会威海市委员会　提供）

中常委3人）、环翠区政协委员5人（其中区副主席1人）、文登区人大代表1人、文登区政协委员3人。民进威海市委会获评民进山东省宣传思想工作先进单位，1人获评民进全国反映社情民意信息工作先进个人，1人获评民进全国社会服务暨脱贫攻坚工作先进个人，2人获评全市政协反映社情民意信息工作先进个人。

【组织建设】　11月17日，中国民主促进会威海市第二次代表大会召开，选举产生民进威海市第二届委员会，主任委员、副主任委员和出席民进山东省第八次代表大会代表。按照《中国民主促进会章程》，完成民进文登区支部、民进高区支部、民进经区支部、民进临港区支部的成立工作，完成民进市直支部、民进环翠区支部、民进山大（威海）支部、民进哈工大（威海）支部的换届工作。6月6日，民进威海开明画院成立。

【参政议政】　民进威海市委会向市政协提交提案22件，其中1件被山东省政协采用，1件入选市政协议政大会发言材料，1件提案收录在市政协议政大会发言汇编。4篇调研报告得到中共威海市委、市政府主要领导批示，1篇调研报告获得威海市第二十三次社会科学优秀成果二等奖，2篇社情民意被民进省委会采用。

【社会服务】　开展爱心义诊活动，为残疾人士50余人开展康复诊疗、心理咨询服务。春节前夕到农村开展“春联万家”活动，赠送村民春联200余副。开展“爱在威海，e起防疫”抖音挑战赛，活动视频总播放量逾1.2亿次、总点赞量逾120万次。开展“送清凉”爱心行动，为新冠疫情防控卡点、检测点、隔离点、接种点送绿豆汤。组织“爱党、敬老、献爱心”活动，赴敬老院看望慰问老党员。组织法律咨询服务、走访贫困户和贫困学生、看望自闭症儿童等爱心活动。

（刘　辉）

中国农工民主党威海市委员会

【概况】　2021年，中国农工民主党威海市委员会（简称农工党威海市委会）有党员116人。其中，大学及以上学历103人，占89%；中、高级专业技术职称或相应职务党员57人，占49%。有市人大代表1人，市政协委员9人（其中常委3人），环翠区人大代表1人，环翠区政协委员5人，文登区政协委员4人。设有市直、环翠区、威海经济技术开发区、威海火炬高技术产业开发区、文登区5个小组，另有专委会3个。农工党威海市委会被农工党中央评为脱贫攻坚工作先进集体，被农工党山东省委会评为“情系三农”助力乡村振兴及“同心助学”先进集体、2021年度组织工作先进市级组织。

【组织建设】　7月24日，中国农工民主党威海市第一次党员大会召开，选举产生中国农工民主党威海市第一届委员会。召开三次全委会议并审议通过《农工党威海市委会关于成立专门工作委员会的决定》《农工党威海市委会参政议政、社会服务履职奖励制度》。成

7月24日，中国农工民主党威海市第一次党员大会召开

（中国农工民主党威海市委员会　提供）

立医药卫生专门工作委员会、人口资源专门工作委员会、生态环境专门工作委员会。9月，举办参政议政培训班，提高党员的参政议政意识和能力。按照《农工党山东省委制定加强常委会自身建设的意见》，强化自身能力建设，通过网络学习、参加培训等形式不断提高学习成效，深化学习效果。

【参政议政】 围绕全市重点工作，完成中共威海市委、市政府重点调研课题2篇，2篇调研成果得到中共威海市委、市政府主要领导批示，1篇民主监督调研报告得到相关部门采纳。

【社会服务】 到北京交通大学（威海）开展健康大讲堂活动，为教师职工讲解中医理疗的方法及禁忌，并进行问诊，发放艾灸礼包。到威海临港经济技术开发区嘉和社区服务中心开展送健康进社区义诊咨询活动，为社区居民150余人免费提供诊疗服务，并发放健康及环保知识宣传资料200余份。与市归国华侨联合会联合开展“金秋送健康”系列义诊活动。农工党医疗专家志愿服务队到威海军分区离职干部休养所开展“庆八一 送健康”拥军优属义诊活动，到威海临港经济技术开发区秦权社区开展民族团结进步义诊活动，为离职干部、少数民族群众提供诊治服务。开展同心助学活动，向威海市儿童福利院捐赠食品15箱，向环翠区教育局捐赠价值5万元的物资。10月22日，农工党山东省委会、威海市委会情系三农同心助力乡村振兴共建示范基地揭牌仪式在乳山市台依湖小镇举行。

（杜 平）

中国致公党威海市委员会

【概况】 2021年，中国致公党威海市委员会（简称致公党威海市委会）发展党员8人，党员总数133人。其中，大学及以上学历113人，占85%；中、高级专业技术职称或相应职务党员67人，占50%。有省政协委员1人，市政协委员16人（其中常委4人），市级人大代表2名，环翠区政协委员6人（其中常委2人），文登区政协委员1人。致公党威海市委会获评省级先进集体及反映社情民意信息工作优秀组织、助力脱贫攻坚先进集体，山东大学（威海）支部获评省级参政议政先进工作集体，环翠区支部获评省级组织建设先进集体，文登区支部、威海经济技术开发区支部获评全省第三批“示范支部”，荣成市支部增挂“致公党员之家”牌子。威海火炬高技术产业开发区支部筹备创建的致公乡村振兴实践基地和环翠区支部设立的致公助力乡村振兴爱心书屋获得省级重点工作创新奖。1篇调研报告获评省级参政议政优秀成果，1篇活动信息、1个短视频获得山东致公优秀新闻奖。20人获评省级“创先争优”优秀致公党党员，1人获评省级“创先争优”优秀机关工作者，6人获评助力脱贫攻坚先进个人。

【组织建设】 11月16日，中国致公党威海市第四次代表大会召开。会议听取并审议通过致公党威海市第三届委员会工作报告，选举产生致公党威海市四届委员会委员，在致公党威海市四届一次全委会上选举主任委员、副主任委员。推进各级组织有序开展换届工作，完成8个基层支部的换届工作，新成立荣成市支部、威海职业技术学院支部。10个基层支部班子成员计38人，具有硕士研究生以上学历21人，占55%；具有中、高级专业技术职称15人，占39%。12月21日，致公党威海市委会召开第四届委员会专门委员会换届会议。新一届专委会设立工作委员会9个，每个专委会设主任1人、副主任2人、委员3人，将近年新发展的优秀党员补充到专委会班子当中，为“人才强党”战略储备后备资源。

【参政议政】 先后参加党外人士座谈会、民主协商会、情况通报会及考察调研活动11次，提出意见建议32条。围绕海景房产业健康发展、实施“链长制”推进产业高质量发展、优化人才建设等年度重点课题开展调研8次。全年上报各类调研报告、提案、社情民意信息86篇，其中被致公党中央录用2篇，致公党省委、省政协录用30篇，市政协采用16篇。6篇调研成果分别得到中共威海市委、市政府主要领导批示。向全市两会提交提案14件，1件入选大会发言材料。在“威海致公”微信公众号推送信息79期，上报各类宣传稿件98篇、“侨心颂党”征文1篇，其中被《联合日报》采用4篇、山东电视台采用1篇、“山东统一战线”微信公众号采用2篇、“山东致公”微信公众号采用8篇、《威海日报》采用3篇、“威海统一战线”微信公众号采用23篇。

【社会服务】 开展社会服务145人次，受益群众2000余人次。开展捐赠活动4次，参与捐赠15人次，捐赠善款3万余元、物品价值约12万元，受惠团体5个、群体400余人次。威海火炬高技术产业开发区支部在初村镇佃里院村设立乡村振兴实践服务基地，积极参与乡村振兴志愿服务活动。环翠区支部在张村镇里口山服务中心设立助力乡村振兴爱心书屋，为游客及村民提供免费读书场地。

【海外联谊】 涵养维护海外联系渠道和资源，开展线上、线下国际交流活动6次。组织威海神墨教育培训机构的学员参加在韩国举办的国际青少年书画展，为俄罗斯学生和马来西亚廉律中学、廉律理工学院的师生开展中国剪纸艺术培训。

（刘京璞）

九三学社威海市委员会

【概况】 2021年，九三学社威海市委员会（简称九三学社威海市委会）发展新社员10名，社员总数184人。其中，省政协委员3人，市人大代表2人，市政协委员18人（其中常委3人）；具有中、高级专业技术职称或相应职务社员149人，占81.4%。强化参政议政、参政党理论研究、培育和践行参政党政治美德“三大品牌”建设，完成各项工作任务。1人获评2021年度九三学社中央组织工作先进个人，6人次获得九三学社山东省委会表彰。

【组织建设】 11月18日，九三学社威海市第四次代表大会和九三学社威海市四届一次全体会议召开，会议选举产生九三学社威海市第四届委员会，选举产生主任委员、副主任委员和出席九三学社山东省第八次代表大会代表。成立九三学社荣成市支社委员会，举行九三学社荣成市支社委员会揭牌仪式。对市直支社、威海火炬高技术产业开发区支社、威海经济技术开发区支社、环翠区支社、文登区支社、青年工作委员会进行换届工作，支社班子成员结构更加合理。着力进行机关规范化建设，编印《九三学社威海市委员会工作文件汇编》《九三学社威海市基层组织工作指导手册》，设计制作10个部分的机关文化墙。对制度建设、发文处理、机关运转规范、档案管理、用语规范、机关能力建设情况、机关工作活动成效7项工作进行全面规范，在九三学社中央组织的交叉检查中取得99.8分的好成绩。

【参政议政】 市两会期间，提交提案24件，其中6件获评优秀提案，3件入选大会议政发言材料，6篇调研报告得到中共威海市委、市政府主要领导批示。完成九三学社山东省委调研课题1篇。围绕智慧海洋大数据中心建设情况开展专项民主监督，形成的调研报告获得中共威海市委主要领导批示。在"九三学社山东省委员会""威海统一战线""威海九三"微信公众号、联合网、《联合日报》和《山东统一战线》等媒体上发表和推送稿件近70篇。举办以"岁月·足迹"为主题的威海社会历史变迁照片展，创作的《六项禁令八项规定歌》被人民网、"威海统一战线"微信公众号等媒体转载。1篇论文获得2020年度全省统战理论政策研究优秀成果二等奖，1人被九三学社山东省委评为参政议政工作先进个人，3人被评为理论研究工作先进个人。

【社会服务】 开展"连心桥·角膜阳光复明"救助项目，帮助20名眼疾患者复明，并给予复明援助补贴。在威海世昌中学设立美育与科技教育实践基地，通过整合美育与航空科技等资源，强化实践体验，开启文化育人新模式。社员向长城爱心大本营捐款2万元，向荣成市雁筑港城社工中心捐赠轮椅8台，向荣成市慈善总会捐款10万元，向荣成市妇女联合会捐款1万元。在崮山镇党群服务中心建立乡村振兴工作站，为乡村振兴提供智力支持。环翠支社帮助桥头镇贫困村硬化道路1条。荣成支社成立九三学社荣成市支社志愿服务队，开展义诊活动20余场，开展法律援助、法律宣传、公益讲座等活动。1人被九三学社山东省委评为社会服务工作先进个人。

（曲　兴）

威海市工商业联合会

【概况】 2021年，威海市工商业联合会（威海市总商会）有会员1.45万个（人）。其中，企业会员1.14万个，团体会员112个，个人会员2941人。威海市工商业联合会（简称市工商联）被市委、市政府评为2021年度工作优秀单位。

【威海市行业协会（商会）座谈会】 9月3日，市委书记张海波主持召开威海市行业协会（商会）座谈会，了解行业协会（商会）发展情况，研究推动行业协会（商会）健康发展的对策措施，鼓励各类协会（商会）突出特色，发挥优势，主动服务企业、服务发展，努力为全市高质量发展贡献更多力量。

【市工商联十一届五次执委会议】 3月30日召开。会议传达学习《关于加强新时代民营经济统战工作的意见》、全国工商业联合会及省工商业联合会执委会议、全市2020年度工作总结表彰大会、全市统战部长会议精神，总结2020年度工作情况，部署2021年度工作任务，通过有关人事选举事项。副市长、市工商联主席、市总商会会长杨丽代表市工商联常委会作工作报告。执委会议前，召开市工商联十一届七次常委会议。

【企业要素制约问题破解】 市工商联走访企业52家，收回调查问卷308份，收集企业反映问题40余项，梳理出企业要素制约方面问题20项，召开座谈会与民营企业家代表共同分析问题症结。制定问题台账，与中共威海市委统一战线工作部共同研究破解方法，分批次、分阶段推进解决相关问题。

【民营企业权益保护】 成立市工商联民营企业权益保护专业委员会，吸收市中级人民法院、人民检察院、发展和改革委员会、公安局、司法局、仲裁委员会秘书处等部门及中介机构代表，实

3月30日，威海市工商联十一届五次执委会议召开

（威海市工商业联合会　提供）

施道德、法律等多种方式多元化解矛盾，最大限度保护企业合法权益。权益保护工作做法被《工商动态》刊发。

【精准对接服务】 市工商联与中国农业银行股份有限公司威海分行、中国建设银行股份有限公司威海分行、中国出口信用保险公司山东分公司分别签订战略合作协议，为民营企业搭建融资通道。举办工商联会员企业专场招聘会，帮助企业拓宽人员招聘渠道。开展助力小微企业发展“春雨润苗”专项行动，促成21家税务师事务所与市工商联所属商会进行一对一结对精准服务。参与协调劳动关系三方会议，推荐威海观澜国际养老公寓股份有限公司参与“和谐同行”企业培育共同行动。

【“双招双引”助力】 用好所属商会和会员企业资源，获取“双招双引”（招商引资、招才引智）项目信息，筛选报送项目线索12条，推动中兴国际影院项目建成开业，促成智能传感器项目签约落地。举办威海市暨南海新区“双招双引”推介会，组织企业赴青岛市召开威海市“双招双引”座谈会。通过北京市、上海市、成都市等地威海商会（筹备组），邀请有关企业到威海市考察对接项目。推动成立西安市威海商会。

【参政议政】 在威海浙江商会建设市政协工商联界别委员工作室并完成验收，为委员履职和服务群众搭建新平台。调整市工商联参政议政专委会人员，进一步扩大专委会规模，召开专题工作会议，组织开展培训辅导，提升议政建言水平。提报的社情民意信息被全国工商业联合会采纳2篇、被省政协采纳6篇，市工商联参政议政经验做法在省工商业联合会参政议政培训会上进行交流。

【民营企业家培训】 组织30名青年企业家赴上海市参加威海市新生代企业家创新能力提升专题培训班，组织12名企业家参加中国海洋大学民营企业成长学院青蓝成长营培训班，组织10余名企业家参加省工业互联网专题培训班，组织120余名青年企业家参加“青蓝接力”导师分享会。深入推进挂职锻炼行动，选派29名企业家到市直部门和高校挂职锻炼，组织召开挂职观摩座谈会，开展挂职跟踪考核；推荐2名青年企业家到山东省信息产业服务有限公司、山东人才发展集团有限公司挂职锻炼。举办网络直播培训专题讲座6场，收看人数逾1600人次。围绕乡村振兴、科技创新，组织企业家开展专题沙龙活动5场。

5月20日，威海市暨南海新区“双招双引”推介会召开

（威海市工商业联合会　提供）

【“四好”商会建设】 印发《威海市工商联直属商会管理办法（试行）》，进一步规范商会成立、换届、任职培训、履职考核等方面工作，推动“四好”（班子建设好、团结教育好、服务发展好、自律规范好）商会在服务会员、维护权益、加强自律、协同参与社会治理等方面发挥更大作用。7家商会获评2019—2020年度山东省工商联系统“四好”商会，其中3家商会获评全国“四好”商会。

【所属商会党组织建设】 深化商会党组织标准化规范化建设，推动商会党的建设工作更加规范。对市总商会党委所属12名共产党员、3名党务工作者和5个基层党组织进行表彰，形成示范带动效应。威海市江苏商会党支部获评2021年度全市“红色引擎”党建工作示范点。

【脱贫攻坚助力】 开展“过暖冬·过好年”活动，走访慰问困难群众1614人次，捐赠款物合计64.68万元；向困难学生、残障儿童捐款7万元，组织50余名自闭症儿童开展“与星星天使同行”活动；为环卫工人、联系村困难群众送去棉被221床，价值9万余元。

【对口支援和扶贫协作】 组织商会、企业赴青海省门源回族自治县开展对口支援，8家企业捐赠款物合计40.6万元，并达成出口服务初步意向。赴重庆市云阳县开展东西部协作，市青年企业家商会与云阳县建兴村结成帮扶对子，4家企业捐赠款物合计11.9万元，通过消费扶贫方式采购云阳特产450余万元、销售橙子0.6万千克。赴枣庄市开展省内协作交流，举行威海—枣庄工商联协作交流座谈会暨捐资助学仪式，捐赠助学金和文化用品合计4万元，就教育、医疗、农业等方面与枣庄市有关单位达成协作意向。

（席化荣）

编辑　闫拥军

群众团体

威海市总工会

【概况】 2021年，威海市总工会辖2个区（环翠区、文登区）、2个市（荣成市、乳山市）、3个国家级开发区（威海火炬高技术产业开发区、威海经济技术开发区、威海临港经济技术开发区）和威海综合保税区、威海南海新区总工会。全市建有基层工会组织4843个，涵盖单位7079个；建会单位有职工55.48万人，其中女职工22.53万人；有工会会员54.12万人，其中女会员22.04万人；各级工会有专职工作人员1512人、兼职工作人员1.20万人。全年获评全国五一劳动奖状1个、奖章4个、工人先锋号3个，山东省五一劳动奖状3个、奖章17名、工人先锋号5个；培育选树第四届“威海工匠”20名，职工创新明星、带徒名师各10名，优秀职工500名；首次有职工获评“齐鲁大工匠”。

【“三种精神”实践展示基地打造】 2021年，全市各级工会大力弘扬劳模精神、劳动精神、工匠精神，筛选劳模、工匠领军人物，深挖事迹精神，丰富展示载体，打造“振超精神展示馆”“张富贵事迹陈列馆”等“三种精神”实践展示点22处，构成“三种精神”实践展示基地。组织劳模工匠宣讲团，广泛开展“劳动创造幸福”主题宣传教育，开展宣传宣讲670场次，同步组织在线学习，直接受众达5.5万人次。

【产业工人队伍建设】 紧盯威海市产业需求，以工会为实施主体，以职业院校和骨干企业为分支，建成威海工匠学院，并与中国劳动关系学院合办教学实践基地，组建由大国工匠、全国技术能手、齐鲁（大）工匠、齐鲁首席技师等398人组成的师资队伍，有力破解区域技能人才培养的师资瓶颈，搭建高技能人梯次成长平台，为建立现代产业体系、实现高质量发展提供有力支撑。大力开展劳动、技能、创新“三大竞赛”，在118个市级重点项目中开展“强素质、比贡献、促发展”争先创优劳动竞赛，参与职工8万余人次；层层开展职工职业技能竞赛，竞赛工种（项目）超过120个，参与企业近2000家、职工10万余人次；充分发挥66家全员创新企业和1400余家职工创新工作室引领作用，在全市范围开展创新创效竞赛，完成创新项目2万余个，评选市级创新成果160项，获评全省职工创新创效大赛一等奖1个、二等奖2个、三等奖1个，培育全省职工全员创新企业3家，省级示范劳模工匠创新工作室3个。持续深化“查身边隐患、保职工安全、促企业发展”群众性安全生产活动，各级工会举办安全培训班2006期，培训职工11.63万人次；广泛开展“查保促安康”竞赛活动，组织职工查出身边隐患5115个，整改5019个，整改率达98%，构筑“群防、群控、群治”的群众性安全生产格局。

【“汇聚工会力量·助力乡村振兴”行动】 瞄准镇域经济组织和农民工群体，实施“汇聚工会力量·助力乡村振兴”行动，助力乡村振兴。拓展组织阵地，针对镇域经济组织特点，建立特色产业工会、区域联合工会、重点项目工会等各类工会组织1200余家，吸纳农民工会员7万余名，在全市72个镇（街道）全部建立工会服务窗口、职工活动阵地和劳动关系全响应中心，为服务镇域职工搭建平台。全面下沉职能，依托镇域工会组织、服务阵地，为16.2万名镇域职工提供困难帮扶、互助保障、技能培训、创业扶持、法律援助、心理咨询、读书学习、文体活动等全方位工会服务；加快推进工友创业项目实施，建成工友创业园106个，累计吸纳农民工、农村转移劳动力就业2.78万人次，带动农民增收5.81亿元；组织劳模工匠、技术能手等成立乡村振兴讲师团，开设“田间课堂”，开展民宿经营、直播电商等特色培训420场次，培训农民工1.9万人次；组织涉农劳动竞赛、创新创效活动260场次，参与职工3.6万人次。发挥工会资源优势，组织420余家城市工会结对帮扶镇域基层工会，依托“齐鲁工惠·威海站”App等平台，广泛推介农业农村资源，吸引资本、项目“下乡”和产品、服务“进城”，产生经济效益2300余万元，实现城乡资源互补、发展共促。“汇聚工会力量·助力乡村振兴”行动工作成效获得全国总工会、省总工会和市委主要负责人的肯定，被新华社等媒体报道。

【“多层过滤·多式化解”和谐劳动关系促进机制构建】 聚焦治理现代化目标，建立“多层过滤·多式化解”和谐劳动关系促进机制，最大限度维护劳动领域政治安全。推动劳动关系协调工作向基层延伸，实现劳动领域矛盾纠纷经企业、镇（街道）、区（市）“多层过滤”。全市100人以上企业全部建立工会劳动法律监督和劳动争议调解组织，定期对企业劳动关系进行排查监测，累计摸排基层单位5510家，排查化解小争议、小纠纷3200余件；镇（街道）全部建立劳动关系全响应中心，为辖区企业和职工提供普法、咨询、调解等一站式法律服务，累计服务基层单位2400余家，职工6.2万人次；区（市）全部成立职工法律服务实体机构，组建工会律师服务团，开展普惠式、兜底式法律服务，全年提供法律咨询1386件、法律援助624起。统筹推进厂务公开、民主管理、集体协商、劳动争议调解，实现劳动领域矛盾纠纷“多式化解”。广泛开展“公开解难题、民主促发展”主题活动和优秀职工代表提案评选活动，民主管理不断扩面提质，全市建会企业厂务公开、职代会建制率动态保持在95%以上；深入推进集体协商工作，组建62人的专职指导员队伍，印发《推动新业态行业集体协商工作十条措施》，率先在旅游、农业、林业等行业开展集体协商；与市中级人民法院、人力资源和社会保障局、司法局联合开展劳动争议预防化解工作，推动更多劳动争议进入非诉讼化解渠道。持续开展工会普法宣传，构建基层和谐“助推器”。以《山东省工会劳动法律监督条例》颁布实施为契机，不断加大普法宣传力度，开展“尊法守法•携手筑梦”公益法律服务、“法治体检”活动278场次，服务职工4.5万人次；开展“法治伴您行”线上普法宣传答题活动，覆盖职工31.6万人次，营造学法、尊法、守法、用法的浓厚氛围。

【职工服务】 聚焦职工群众美好生活需要，扎实开展“为职工办实事”活动，不断提升服务质效，高标准建成荣成市、乳山市工人文化宫并投入使用。深入实施“惠工保”互助保障工程，4599家单位51.4万人次参保，比上期增长4%，至年底，理赔受益1.3万人次；开展“惠心·赋能”心理健康服务，开展心理健康公益巡讲、沙龙96场次，建立企业心理健康服务站点214个，惠及职工近8万人次；开展线上线下“送清凉”活动，投入资金258万元，为8.2万户外劳动者和高温作业职工送去慰问物品；春节期间开展“稳岗留工”关爱行动，投入资金220万元，慰问留威海建设者3万余人；新建户外劳动者服务站点57家，总数达150家，服务户外劳动者4.2万人次；“齐鲁工惠·威海站”App推出各类普惠服务，发放优惠券、助农券16.3万张，惠及职工30.5万人次，获评全国最具影响力工会服务平台；组建职工志愿服务队9支，开展“安全生产”“文明防疫”“春运暖程”“送万福•进万家”等志愿服务活动近千场，服务职工10余万人次。建立常态化帮扶机制，精准实施生活、医疗、助学救助，帮扶困难职工236户，发放救助金280万元；推出“职等你来”就业服务，征集82家企业4410个就业岗位，重点帮助农民工、困难职工家庭高校毕业生实现就业；打造“工会佳缘·为你而约”活动品牌，线上组织“云相亲”，线下举办交友活动58场，参与职工5000余人；建立爱心托管班49个，创新“托管+”服务模式，服务职工子女2.5万人次；主动全额返还1070家小微企业工会经费1040万元，有效减轻小微企业负担；以新就业形态劳动者为重点，扎实开展建会入会集中行动，在快递、外卖送餐、网约车等新业态企业建立工会组织，吸纳7667名劳动者入会，为劳动者赠送专属定制保险、开展帮扶救助，并送上保暖手套、护膝、姜粉等“温暖大礼包”；培育选树活力工会324家，总数达926家，威海服务贸易产业园工会联合会获评2021年度山东省“十佳职工信赖的职工之家”。

（孙筱楠）

9月，威海工匠学院中国劳动关系学院教学实践基地揭牌仪式举行

（威海市总工会　提供）

中国共产主义青年团威海市委员会

【概况】 2021年，威海市有团员11.85万人，团市委下设市直团委67个、基层团委280个、基层团工委42个、团总支184个、团支部4811个；有专兼职团干部1.03万名（除市直团委外，均不含中央垂直企业和驻威海高校）。年内，中国共产主义青年团威海市委员会（简称共青团威海市委）获得全省青年创新创业大赛优秀组织奖，环翠区入选全国县域共青团基层组织改革试点县，威海经济技术开发区税务局纳税服务中心、威海火炬高技术产业开发区税务局第一税务所孙家疃派出所获评全国青年文明号，山东药品食品职业学院食品系总支部委员会获评全国五四红旗团支部，魏桥科技工业园有限公司团委获评全国五四红旗团委，威海市塔山小学少先队大队获评全国优秀少先队集体，清华大学乡村振兴工作站文登站获评全省共青团助力乡村振兴实践基地，总体国家安全观刘公岛教育培训基地获评山东省青少年总体国家安全观教育实践基地，1人获得中国青年创业奖，4人分别获评全国优秀共青团员、全国优秀共青团干部、全国优秀少先队员、全国优秀少先队辅导员。

【实践育人模式探索】 在文登区建立展示少先队队史的校外教育实践基地，3个省级青少年教育实践基地全部落地威海市，打造“青少年实践教育地图”。大力传承红色基因，编印《红色胶东经典故事绘本》，面向全市少先队员发放12万册。“六一”期间，16万名少先队员通过集中入队仪式、主题队日等形式，认真学习中共中央总书记习近平回信精神，凝聚从小听党话、跟党走的思想共识。

【网上共青团建设】 实施青年网络文明志愿行动，择优组建18支1500余人的志愿者队伍，发起正能量点赞、评论5万余次，线上覆盖青少年2万余人次，筑牢青少年网络舆论安全防线，相关工作经验做法在《威海通讯》刊发。开辟“青年大学习”线上线下同步学习模式，发动全市950名基层团干部带头导学，累计参与210万人次，参学率攀升至84.11%。

【人才兴威助力】 打造“青鸟计划”就业服务工作品牌，开展就业服务季、专题招聘季、实习实践季、技能提升季4项主题活动，推介高质量就业岗位2万余个，助力签约大学生3100余名，青年人才留威海率大幅提升。在高校建立“青鸟驿站”58个，直接联系青年学子3万余人；在各区（市）设立“青年驿站”13处，为2000余名到威海青年提供“住宿、就业、融入”的“一站式”服务，相关工作经验做法以典型案例形式在全省推广。

【校地融合助力】 开展高层次青年人才“汇聚威海”行动，精准摸排79家企业的产学研需求151个，邀请清华大学、山东大学（威海）、哈尔滨工业大学（威海）等高校的250名专家学者到企业进行交流，达成产学研合作意向30个、落地项目9个；积极对接清华大学、中国工程院等，开展全国RoboMaster机甲大师高校联盟赛、青年工程师论坛、乡村振兴“耕读会”等活动，相关工作经验做法在全省共青团重点工作会议上进行交流。

【青年建功助力】 实施“青创威海”行动，为创业青年授信超100亿元；培育中国青年创业奖获得者1名、中国青年创业导师1名、中国优秀青年创新创业项目2个，共青团威海市委获得全省青年创新创业大赛优秀组织奖。聚焦24个安全生产重点领域，实施青年安全生产技能提升行动，挖掘培育集体争创青年安全生产示范岗41个。强化青年职业技能提升，培育电力、快递等行业青年岗位能手29名。深化青年职业文明建设，培育全国、省级青年文明号16个。

7月25日，共青团威海市委开展高层次青年人才“汇聚威海”行动

（中国共产主义青年团威海市委员会　提供）

【乡村振兴助力】 扎实开展乡村好青年“选、培、育、联”工作，承办全省共青团“乡村振兴·齐鲁样板·青年先行”工作论坛，推动山东省共青团助力乡村振兴实践基地在文登区大水泊镇落地。选树各级乡村好青年807名，推荐进入村（社区）“两委”班子278名，担任村（社区）团组织书记98名。2人分别获评全国乡村振兴青年先锋、山东省脱贫攻坚先进个人。

【“希望小屋”建设】 深入推进“希望小屋”儿童关爱项目，募集资金310余万元，建成“希望小屋”100间，援建枣庄市“希望小屋”150间，青年志愿服务结对率达100%，在全省率先完成资金募集、小屋建设及援建等多项任务，“希望小屋·牵手关爱”项目获评全市最佳志愿服务项目。

【社会治理现代化服务】 实施红色物业青年志愿者行动，探索机制、队伍、平台、示范“四维驱动”模式，开展精准化服务200余场次，参与青年志愿者5000余人次。推进“青春社区”创建活动，开展反金融诈骗宣传、规范社区养犬等活动750余次，覆盖社区群众3万余人，3个社区案例入选全省城市农村社区典型案例。

【青少年融入城市建设服务】 开展青少年模拟政协提案征集活动，1200余名青少年参与活动，1件作品获评全国优秀提案作品（中学组）。承办山东省“关注森林·六大行动”启动仪式，全市青少年向全省发出爱护森林、保护生态的行动号召。联合8个部门印发《关于构建全市未成年人司法工作社会支持体系的实施意见》，实现案件办理和社会工作的有机衔接。

【团的基层组织建设】 推动环翠区入选全国县域共青团基层组织改革试点，不断创新团干部选用、团组织设置和运行、团员教育管理等体制机制，相关工作被市委全面深化改革委员会办公室纳入改革任务试点，试点经验先后被中国共产主义青年团山东省委员会《工作简报》、中共山东省委全面深化改革委员会办公室《改革与制度创新》刊发并在全省推广。

（邢　贞）

威海市妇女联合会

【概况】 2021年，威海市有镇（街道）妇女联合会（简称妇联）组织72个、专职妇联干部167人，有党政机关、事业单位妇女委员会259个、村（社区）妇联2701个。

【妇联基层组织建设】 按照“试点先行，整体推进”的工作思路，统一要求、统筹安排、精心实施，印发指导手册，全市2374个村、327个城市社区全部完成妇联换届选举工作，选优配强基层妇联组织力量，村（社区）妇联主席进“两委”比例达100%。按照“哪里有妇女，哪里就有妇女组织”的工作要求，探索建设枢纽型妇联组织，在“两新”组织（新经济组织和新社会组织）建立妇女组织11处，在教育等系统新建系统妇联7处。建活建强基层阵地和队伍，按照服务妇女“全覆盖、零距离、无缝隙”原则，建立“妇女微家”106处。持续开展“巾帼领头雁淬炼”行动，对基层妇联主席和执委骨干开展分级分类培训，培训1.9万人次，有效提升主责主业意识和履职能力。

【儿童友好城市创建】 印发儿童友好城市建设三年行动方案，建立健全情况报送、通报、考核等系列工作机制，构建清晰明确的责任体系和协同推进机制。邀请专家为专班成员和基层试点单位开展培训3次，惠及300余人次。建设首批儿童友好社区、公园、城市书房等空间试点40个，进行“适儿化”空间改造和设施提升，为儿童安全出行、自由玩耍、健康学习创设软硬环境。优选50个安全教育、自然教育等儿童友好服务项目开展服务463场次。创新服务儿童模式，建立儿童议事会200余个，举办主题实践活动30余场。征集并确定儿童友好城市logo（徽标），线上线下开展立体宣传，在“Hi威海”新闻客户端、威海电视台、《威海日报》等开设儿童友好城市创建专栏、专题，发布动态信息300余条，线上单条最大浏览量达20万人次，在商场、酒店、公交站等公共场所播放儿童友好宣传语。积极参与“11·20”世界儿童日活动，在126处城市标志性建筑进行“亮灯＋宣传语”展示，提高公众参与度和知晓率。

【“三八”节庆祝活动】 以“巾帼心向党 奋进新征程”为主题，紧扣“坚定她信仰、彰显她精彩、凝聚她力量”主线，举办“巾帼心向党 奋进新征程”威海市纪念“三八”国际妇女节111周年大会，表彰全国三八红旗手等先进典型55位，展示广大妇女“团结进取、敬业奉献、务实创新、厚德博爱”的精神风貌。开展“致敬好榜样 送奖到基层”活动，市妇联主要负责人带队到威海客运中心，送去“山东省三八红旗集体”奖牌，各级妇联开展“喜报送娘家”“寻找李焕英”等活动，并送奖到基层，共600余场次。持续发掘、广泛选树各领域、各行业的先进妇女典型，选树11个全国荣誉获得者、41个省级三八红旗手（集体）、100个市级妇女典型。坚持全媒体联动，高密度多频次开展先进妇女典型宣传，在《威海日报》刊发特刊4版，在《威海新闻》开设专栏7期，在“海报新闻”“人民号”等同步宣传100余个先进妇女典型事迹，引领广大妇女学榜样、做榜样。年内，全市各级妇联组织开展庆祝活动近2000场次，直接参与活动妇女达10万余人。

【“巾帼心向党·奋斗新征程”巾帼大宣讲活动】 结合庆祝中国共产党成立100周年，以“巾帼心向党 奋斗新征程”为主题，市妇联举办“学党史·颂党恩·跟党走”红色经典诵读会、“巾帼心向党 奋斗新征程”巾帼大宣讲活动展演，表扬优秀宣讲员（集体）16个。结合党史学习教育，组建249人的“巾帼大宣讲”宣讲队伍，线上线下开展基层党组织书记宣讲等巾帼大宣讲活动500余场次，近14万人次参与活动。参与省妇联开展的“党的女儿耀齐鲁”、齐鲁女性宣讲、“中国梦 新时代 跟党走”百姓宣讲等活动，推报各类作品及典型10余个，5人次在市级以上宣讲活动中获奖。

【“巾帼情”志愿服务活动】 打造一批有特色、有力量的“巾帼情”志愿服务队，围绕“党政所急、社会所需、群众所盼和巾帼志愿者所能”，实施涵盖思想引领、文化教育、法律宣传、社区治理、生态环保等领域的巾帼志愿服务项目47个，开展各类志愿服务活动2395场次，参与志愿者5438人，惠及群众15.61万人次。命名表扬“童言童趣家风培训”等10个“巾帼情”志愿服务项目，持续打响志愿服务品牌。

【“幸福护航”婚姻家庭辅导服务】 深化“幸福护航”婚姻家庭辅导服务，举办地方标准宣贯会、维权志愿者培训36场次，培训志愿者1738人，提升婚姻家庭辅导服务规范化、标准化水平，全年开展婚前辅导培训活动35场、婚姻家庭辅导2145对，辅导率50.03%，劝和率31.7%。加强法治宣传教育，围绕《中华人民共和国民法典》《中华人民共和国妇女权益保障法》等，开展精准普法活动300余场，有效提高妇女自我权益的保护意识。

【家庭家教家风建设】 开展好家庭建设行动，开展2021年度“精致人家·精简生活”文明家庭创建活动200余场次，打造示范小区16个、示范楼宇32个，新增示范户524个。深入开展寻找“最美家庭”“好婆婆”“好媳妇”选树活动和“喜报送娘家”活动，推选最美家庭和优秀女性家庭角色580余个，新增全国最美家庭1户、省级“五好家庭”4户，获评山东省家庭工作先进集体（个人）2个。开展无烟家庭创建活动，命名无烟家庭744户。开展好家教建设行动，聚焦党史学习教育向家庭拓展，启动“颂百年风华 传红色基因”读史颂党爱国亲子阅读主题活动，开展亲子共读英雄故事、少儿党史故事大赛等活动272场，参与活动6700人次。开展好家风建设行动，承办省妇联“家和万事兴”好家风好家训巡讲巡展活动2场，开展“树清风 传家风”主题活动240场次，引领广大家庭倡树清廉家风、红色家风和新时代好家风。

【妇女儿童权益维护】 举办威海市妇

女儿童维权工作会暨维权工作站授牌仪式，在15处法律服务机构设立妇女儿童维权工作站，探索引入专业力量参与妇女儿童普法宣传、热电接听、个案受理等工作，健全维权关爱、发现报告、部门联动、舆情应对、督查激励五项机制，进一步畅通妇女儿童维权渠道。

【“社会妈妈”关爱困难儿童】 开展“把爱带回家”2021年寒假儿童关爱服务“四送”行动，开展送社会关爱、送家风故事、送家教服务、送法制安全活动171场，受益儿童2.6万人次。继续打造“社会妈妈”品牌，发起“我给妈妈写封信”活动，861名受助儿童给“社会妈妈”写信，并建立反馈交流机制。举办社会妈妈温暖“精致城市·幸福威海”捐资助学活动，组织发动全市19个市直妇女委员会、38名女企业家结对帮扶112名困难儿童，捐款近30万元。2021年，全市各级妇联组织帮助困难儿童1622名，捐款捐物246万元，选树表扬优秀“社会妈妈”100名、优秀“社会妈妈”集体37个。

【乡村振兴巾帼行动】 市妇联印发《关于进一步推进2021年“乡村振兴巾帼行动”的实施方案》，聚焦全市乡村振兴重点提升的20个样板片区，着力在促进产业高质量发展、强化人才多元化培育、丰富精致农家新内涵等方面扎实推进乡村振兴巾帼行动，为巩固拓展脱贫攻坚成果同乡村振兴有效衔接贡献巾帼力量。深化巾帼电商培育行动，探索构建“市、区（市）、村”三级电商服务体系，成立威海市巾帼电商创业发展指导中心，规划指导全市巾帼电商培训孵化工作，邀请新媒体营销资深专家举办“电商直播”专题培训1期，现场培训全市优秀巾帼创客及巾帼致富带头人200人；各区（市）打造巾帼创客孵化基地4处，为巾帼创客搭建线下技能培训、选品推介和线上销售推广、创业致富的巾帼电商发展平台，全年累计举办巾帼电商培训班53期，惠及妇女4976人次；在部分村设立巾帼创客服务站300处，开展社群团购、电商创业等活动，带动本地农特产品、民俗手工艺品“触网”销售。推动“大姐工坊”产业项目提档升级，印发《威海市“大姐工坊”项目规范管理办法》，对全市“大姐工坊”全面开展自查，对创效不明显、管理不规范的“大姐工坊”予以撤牌，引领带动全市“大姐工坊”扩规模、重规范、增效益，促进妇女群众就业增收。依托“大姐工坊”工作经验做法形成的《通过发展居家创业就业项目带动妇女脱贫增收——山东省威海市“巾帼扶贫”案例》获评第二届“全球减贫案例征集活动”最佳案例。强化妇女创业就业技能培训，围绕妇女创业就业需求较为集中的巾帼电商、家政育婴、面点加工、种养技术等领域，持续开展“乡村振兴巾帼行动”系列培训活动，全市累计举办各类培训班178期，培训妇女9000余人。积极推进“精致农家·美丽庭院”创建工作，印发《关于深入推进“精致农家·美丽庭院”创建工作的通知》，重点强化“提质扩面、特色品牌打造和长效保持”，全年新增“精致农家”示范户3.45万户、“精致农家”精品户1.74万户，打造产业发展特色庭院171处，2019年—2021年全市累计建成“精致农家”示范户13.24万户，建成率43.31%，创建工作经验做法被全国妇联《“美丽家园”建设工作案例选编》及省妇联《“美丽庭院”创建工作案例集》收录，并在全省“美丽庭院”创建交流观摩活动中进行交流，市妇联获评山东省美丽庭院创建先进集体。

【威海市“巾帼文明岗”创建活动】 为进一步倡导职业文明、树立行业新风，搭建提高威海市妇女素质、促进女性成才的实践平台，市妇联印发《关于开展“争创文明岗 奋斗新征程”活动的实施方案》，在全市职业女性中组织开展“争创文明岗 奋斗新征程”巾帼文明岗创建活动，经各基层单位自查上报、各推荐单位检查验收、组织评审委员会实地抽查、核实岗位所在单位社会信用情况、官网公示等环节，命名2021年威海市“巾帼文明岗”71个。为推动“巾帼文明岗”创建工作更加规范化，市妇联印发《关于开展威海市“巾帼文明岗”复查工作的通知》，对全市609个威海市“巾帼文明岗”授牌岗位进行复查，并依据《威海市“巾帼文明岗”管理办法》，对44个岗位撤销威海市“巾帼文明岗”称号并收回“巾帼文明岗”奖牌。

【第二届“巾帼创业 圆梦威海”女性创新创业大赛】 聚焦女性创业者群体，市妇联、人力资源和社会保障局、商务局共同举办“中国人寿杯”第二届“巾帼创业 圆梦威海”女性创新创业大赛，搭建招才引智、互动交流、对接资源、推广宣传平台。5月大赛启动后，累计收到全国19省（直辖市）的103个参赛项目，涉及生产制造、现代农业、生物医疗、新能源及节能环保等领域和行业，其中16个项目晋级决赛。将晋级项目与中节能（威海）环保科技产业园等创新园区、孵化基地、重点企业进行精准匹配，先后组织开展“线上线下”专题辅导、“优秀项目区市行”和投资人对接会等10场活动，助力女性创业者提升素质，扶持项目高质量成长。11月20日，“中国人寿杯”第二届“巾帼创业 圆梦威海”女性创新创业大赛决赛举办，评选出一等奖3名、二等奖5名、三等奖8名。创新举办“线上对接会”活动2场，5个参赛项目与威海市产业园区达成初步合作意向。

【“乡村振兴 巾帼助农”系列服务活动】 市妇联、农业农村事务服务中心、广播电视台联合开展“乡村振兴 巾帼助农”系列服务活动，搭建“成立1支队伍、开展3项活动、打响1个品牌”的“1+3+1”的服务体系，将助农增效与产业发展、人才培养紧密结合，助推乡村产业和人才振兴。4月14日，启动仪式在文登区大水泊镇彩云间开心农场举行，首批吸纳33名农业技术专家入库，举行“送科技下乡”活动21场次，开展“直播助农”活动12场次，推出“巾帼好产品”电视展播、“对话演播厅”专题电视节目22期，拓宽农产品销售网络，实现妇女群众增收创富，打响巾帼电商服务“三农”工作品牌。

【低收入妇女“两癌”救助项目】 市妇联、卫生健康委员会、财政局等部门联合开展城乡适龄妇女“两癌”（乳腺癌和宫颈癌）免费筛查，累计投入资金1.12亿元，为82.92万名适龄妇女进行免费检查。开展“两癌”防治知识到村庄、到社区活动，促进“两癌”早发现、早诊断、早治疗，累计开展活动137场，惠及妇女1.1万余人次。10月14日，市妇联联合中国人寿保险股份有限公司威海分公司在文登区宋村镇南马村举行2021年“学党史 办实事”关爱女性公益保险捐赠仪式，向全市2748名低收入妇女赠送总保费13.74万元、保额8244万元的女性安康公益保险，并走访慰问部分“两癌”患病妇女。实施低收入妇女“两癌”救助行动，累计争取“两癌”救助资金105万元，为155名患病妇女送去救助资金，初步构建起“以‘两癌’筛查为先导、以女性安康保险为保障、以‘两癌’救助为补充”的女性健康保障体系。

【威海市女企业家协会建设】 围绕高质量发展，立足女企业家所急所需所盼，做好对市女企业家协会指导、扶持工作。聚焦女企业家融资诉求，整合资源、做优服务，全市累计发放支持妇女创业“巾帼信用贷”“创业担保贷”“鲁担巾帼贷”等贷款产品余额22.45亿元，受益女性企业6224家；举办“巾帼创业 金融助力”威海市金融服务妇女创业发展银企对接会，4家银行与4家巾帼企业举行“银企合作”示范签约仪式，现场授信金额总计4300万元；与中国银行股份有限公司威海分行举行战略合作协议签署仪式，9名会员与银行达成合计26亿元贷款授信。联合市工业和信息化局举办2021年威海市“青蓝接力”女企业家赋能提升专题培训班，赴上海市、杭州市的7家知名企业考察学习，帮助女企业家开拓创新思维，推动企业高质量发展，市女企业家协会部分会员、威海市“十强”产业链骨干企业中的优秀女企业家20余人参加培训。先后组织开展“庆建党百年业 立产业报国志”红色教育及企业交流走进区（市）活动，搭建女企业家交流学习、成长提升平台，进一步提升协会向心力、凝聚力。2021年，1名会员获评全国杰出创业女性，5名会员分别获评山东省十大最具影响力女企业家、山东省十大最具行业领导力女企业家等，威海市女企业家协会获评最具活力团体会员。

【妇女儿童活动中心工作】 坚持公益性、普惠性原则，致力于“立德树人，以美育人，以文化人”，不断提高引领服务能力，努力打造妇女“温馨智慧家园”和儿童“健康成长乐园”。开设17个专业的儿童文体特长培训项目和7个专业的妇女素质提升培训项目，开课7000余课时，培训妇女儿童1500余名。以家庭教育、亲子阅读、传统文化等为主题，开展2021年“幸福威海·精致女性”系列公益活动、女子合唱公益培训、传统文化公益培训、家庭教育志愿服务、亲子阅读公益活动等80余场次。聚焦建设儿童友好型活动中心，先后投入资金近20万元改善相关设施，创设更适合儿童成长的环境。面向全市少年儿童公开征集威海儿童友好型城市logo（徽标），收到作品109幅，评出优秀作品10幅并颁奖；举办“儿童友好 共绘美好未来”庆“六一”活动，100余人参加；开展庆祝中国共产党成立100周年“童心向党”儿童学员书画展，展出作品120余幅，评出优秀作品14幅。开展“我与小树共成长”植树活动等儿童友好主题活动，面向社会免费开放公共文化设施和部分活动场地，组织开展舞蹈、太极拳、形体培训等公益活动，累计参加活动620人次；举办妇女学员书画展等活动。加大新媒体宣传力度，传播正能量，年内，在“威海市妇女儿童活动中心”微信公众号发布宣传信息75篇，有43篇信息被“威海市妇联”微信公众号采用，《暑期儿童培训》专题视频在“学习强国”学习平台发布。年内，中心获评威海市事业单位脱贫攻坚专项奖励嘉奖集体、山东省第六届全民阅读先进典型全民阅读示范基地，获得2021年全国少年儿童“童声歌颂 百年辉煌”文化艺术会演活动优秀组织奖、2021年“身边的榜样”全国少年儿童图文创作大赛优秀组织奖、“威海农商银行杯”威海市第十一届全民健身运动会青少年武术馆校比赛优秀组织奖，28名学员在国家级、省级文艺比赛中获奖。

（汤 婕）

威海市科学技术协会

【概况】 2021年，威海市科学技术协会（简称市科协）所属市级学会16个，企业科学技术协会52个，高校科学技术协会8个。市科协坚持“小部门大平台、小部门大服务、小部门大协作”，聚焦聚力，挖潜增效，在“学典型 促发展”比学赶超活动总结推进会、威海市委党的群团工作会议进行经验交流，被中国科学技术协会评为2021年全国科普日活动优秀组织单位。

【市科协第八次代表大会】 9月2日，威海市科学技术协会第八次代表大会召开。会议审议通过市科协第七届委员会工作报告，选举产生威海市科协第八届

9月2日，威海市科学技术协会第八次代表大会召开

（威海市科学技术协会 提供）

委员会主席1人、专职副主席2人、兼职副主席3人、常务委员15人、委员37人。

【全民科学素质工作开展】 履行市全民科学素质领导小组办公室作用，牵头制定《威海市全民科学素质行动计划纲要实施方案（2021—2025年）》征求意见稿，向各成员单位和各区（市）征求意见1次。重点扶持发展农村专业技术协会5个、农村科普基地10个、科普员10名，引进推广新品种、新技术15项。争创省级项目12个，获得扶持资金128万元，用于基层科普设施建设和科普活动开展。利用中央免费开放专项补助资金227万元，购置、改造科技馆展项4件，做到常展常新。新建科普e站15处、社区科普体验馆3处，认定市级科普教育基地66处，威海市科普体系进一步完善。年内，威海市科技馆接待观众11万余人次，“威海科普”智慧电视点播平台累计推送科普视频1440部，“威海科普”微信公众号累计推送各类科普文章990余篇，单篇文章最高点击人数突破1000人次。

【主题科普活动】 采取线上线下相结合的方式，深入开展全国科普日等主题科普活动，积极营造崇尚科学的社会氛围，先后举办各类主题活动450余场次， 受益人数达58万余人次。2020年威海市科普日活动被列入中国科学技术协会典型案例。开展“科普研学游”活动，依托千里山海自驾旅游公路沿线的15处科普教育基地，开展线上线下科普研学游活动200余场次，参与人数30余万人次。

【科创助力百千万工程实施】 搭建科创资源共享和竞技平台，成立由100家单位组成的青少年科创教育联盟，吸纳科创人才136人入库。全年开展科技辅导员专题培训2期、科创活动445场次，组织参加市级以上大型比赛活动7次，参与学生2.1万余人次，获得各类奖项674项。

【助企赋能“双百”工程实施】 通过线上和线下协同实施助企赋能“双百”工程，发挥“科创中国”平台资源汇聚作用，对187家注册海外专利信息资源库的企业进行跟踪指导服务，组织省、市学会专家150余人次深入企业走访调研，围绕企业发展瓶颈，为企业送技术、送服务，帮助企业解决技术难题，营造科技力量服务高质量发展的良好氛围。

【科学决策服务】 充分发挥科协人才、智力密集的优势，组织智库专家开展课题研究，决策咨询工作取得新成效。年内，重新修订《威海市科技智库调研课题管理办法》，通报表扬智库优秀成果13项，重新遴选科技智库专家60名入库，推荐智库专家3名参加省智库高端人才遴选工作，进一步激发智库专家建言献策的积极性。《关于加快游艇产业发展的调研报告》获得2021年度全市优秀调研成果特等奖。

【学术创新支持】 深入开展学术活动资助工作，印发《威海市科协学术活动资助申报及执行指南》，重点资助市级学会、高校科协、企业科协开展的学术沙龙、技术交流等活动10项，营造浓厚学术氛围，其中青年工程师论坛、绿色制药产业发展高峰论坛等活动反响较好。开展第十五届威海市自然科学优秀学术成果奖评选工作，有149项成果参评，73项成果获奖。

【青少年科创教育和竞赛】 开展威海市青少年科普报告百校行希望行活动，邀请专家为威海经济技术开发区中小学校作科普报告8场次，受益师生1600余人次。举办2021年威海市青少年科技创新大赛，参与师生达4500余人次，获奖作品552项。组织5000余名学生参加省级以上赛事6次，获奖122个，威海市科技馆在多项赛事中获评优秀组织单位。

（邹志鹏）

威海市文学艺术界联合会

【概况】 2021年，威海市文学艺术界联合会（简称市文联）以庆祝中国共产党成立100周年为契机，狠抓党史学习教育和各项业务工作，促进文艺精品工程建设。全年通过“威海市文联”微信公众号发布信息50期，累计阅读量达2.41万人次。市文联机关获评山东省文联系统先进集体，市文联党支部获评先进基层党组织。

【庆祝中国共产党成立100周年活动】 主办庆祝中国共产党成立100周年主题摄影展，展览分“百年初心、历久弥坚”“奋发图强、砥砺前行”“日新月异、幸福未来”3个部分，展出作品148幅。以“党的领导是文艺事业繁荣发展的根本保证”为题，开展党史学习教育主题宣讲。“七一”前夕，连续举办威海市庆祝中国共产党成立100周年“美术作品展”“书法作品展”“主题摄影展”等。赴环翠区环翠楼街道石河社区开展“不忘初心 铭记党史”主题党日活动。

【文艺精品成果】 在第十二届山东省“泰山文艺奖”评选活动中，《大洋深处鱿钓人》获得电影类一等奖，歌曲《全民战疫》获得音乐类二等奖，创意类组照《退潮以后》获得摄影类三等奖，短视频《一个人的升旗仪式！ 81岁“国旗手”的坚守》获得电视类三等奖。电影主题曲《胶东乳娘》获得2021年第六届加拿大金枫叶国际电影节院线类最佳原创音乐奖。书法作品《朱德攻克石门》《唐罗隐诗》《小窗幽记》均获得山东省社科界第八届人文艺术作品大赛一等奖。摄影作品《五十六个民族同呼“祖国万岁”》获得2021上海国际“郎静山摄影艺术奖”慈善摄影大赛金牌奖。长篇纪实文学《乳娘》在《中国作家》2021年第一期头题刊发，登上“百道好书榜·月榜”，入选2021年农家书屋增补书目。8部国家级非物质文化遗产纪录片相继在深圳卫视、广东卫视播出。长篇网络小说《机甲大仙》在阿里文学网、书旗网等平台连载，网络总点击超过7000万人次。

【文艺志愿者服务】 创建文艺志愿服务威海模式，充分发挥威海市新时代文明实践文艺志愿服务队和22支专业分队作用，实现文艺志愿服务专业化、制

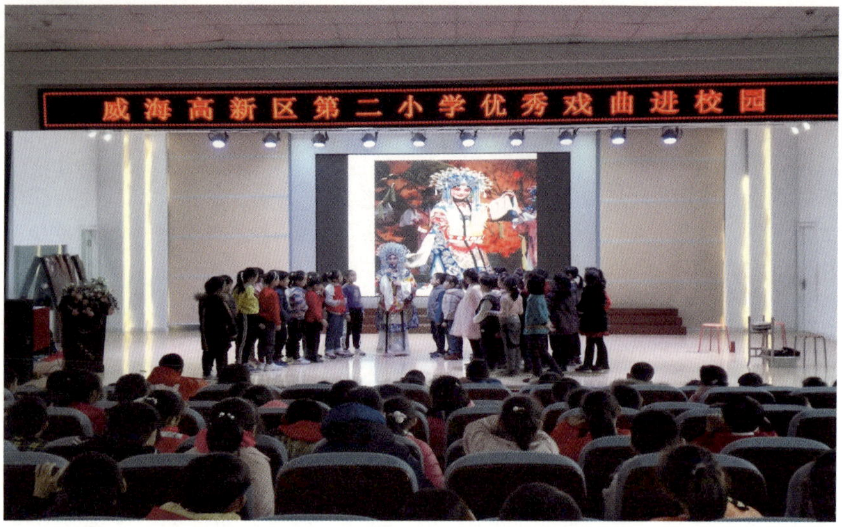

3月9日，威海高新区第二小学开展优秀戏曲进校园活动

（威海市文学艺术界联合会　提供）

度化、规范化，打造“文艺志愿服务行”品牌。创新服务形式和内容，注重运用新媒体和新文艺形式，让文艺志愿服务形式更加灵活多样，内容更加贴近生活、百姓。在全市推广“志愿+信用”模式，把志愿服务纳入“海贝分”积分管理，建立积分兑换、免费保险、星级评定等回馈措施，让志愿服务与信用建设挂钩，做深做实文艺志愿服务工作。

【协会管理】 加强文艺家协会组织建设，充分发挥党组织在协会工作中的核心作用，以党建带动协会发展，实现社团管理规范化。充分发挥职业道德和行风建设委员会、文艺工作者权益保障委员会及“文艺两新”工作委员会的作用，不断完善协会工作机制和工作职能，为广大文艺工作者提供优质服务。强化行业服务、行业管理、行业自律，建设温馨和谐的“文艺工作者之家”，推动文联工作高质量发展。

【《威海文艺》】 增设《名家新作》《新人新作》专栏，重点推介威海市籍有成就的作家、艺术家和本土文学新人，增设《文艺评论》专栏，编辑完成《庆祝中国共产党成立100周年》专栏作品。全年出版《威海文艺》6期，刊发各类文艺作品80余万字。

（史怀宝）

中国国际贸易促进委员会威海市委员会

【概况】 2021年，中国国际贸易促进委员会威海市委员会（简称市贸促会）全力推动全市贸促工作创新性发展、内涵式发展、高质量发展。全省贸促会（国际商会）系统党建交流活动暨加强党建统领深化贸促改革工作推进会在威海市召开，市贸促会获评2021年度工作优秀单位、信用建设先进单位、威海市精致模范机关建设工作先进单位等，工作经验做法在全省国际商会工作交流会上进行交流。

【上下联动工作机制完善】 市贸促会多次到中国国际贸易促进委员会、中国国际贸易促进委员会山东省委员会汇报对接工作，争取出口商品原产地签证权下放、承办经贸促进活动、中国贸促会FTA调研、RCEP（《区域全面经济伙伴关系协定》）培训等工作支持。中国国际贸易促进委员会乳山市委员会（简称乳山市贸促会）于4月批复成立，中国国际贸易促进委员会威海市文登区委员会于7月独立运作，实现区（市）贸促机构全覆盖。将会展业奖励资金初审、原产地证书签发2项依申请类政务服务事项，下放到具备条件的区（市）贸促会实施，有效激发县级贸促会内生动力。优化会员企业服务，策划实施“会员企业走进威海综保区”等8类办实事项目，设立营商环境监测点36个，代言工商功能进一步强化。

【经贸促进】 策划实施“对话日本”“新动能·青岛展览洽谈会”等经贸促进活动10个，达成一系列经贸成果，受益企业达1000家次。建立“国际商会海外联络处”机制，8处威海国际商会海外联络处开展运作，日本日中经济贸易中心、新西兰山东经贸协会在威海市设立办事机构。年内，总投资1.7亿元的2个项目实现落地。

【会展工作推进】 围绕打造“会议之城”目标，建立“会议大使”制度，积极对标先进会展城市，深入开展调研，向市委、市政府提报《关于推动会展业高质量发展的调研报告》，“会议之城”品牌培育全面启动。围绕七大产业集群和十条优势产业链，坚持一手抓展会招引、一手抓管理服务，按照“四个一批”（做强做大一批、做精做特一批、引进培育一批、策划论证一批）思路，全年举办规模以上会展活动达80场次。威海市被中国会展业高峰论坛组委会评为2021年度中国优秀会展之都。中国威海国际渔具博览会列全国同类展会前3位，国际化程度列钓具类展会第1位。

【FTA政策红利挖掘】 与威海海关、荣成海关联合开展“FTA管理提升年”活动，签署合作备忘录，建立沟通协调机制，主动防范化解出口商品原产地签证风险。扎实开展RCEP先期行动计划，对近1000家企业进行政策宣讲培训。邀请10余位专家总结提炼威海市利用FTA政策的典型案例，全面提高全市企业应用FTA政策能力和水平，工作经验做法被列入《中国贸促会FTA应用指南》。全年签发出口商品原产地证书8.9万份，其中优惠原产地证8万余份，比上年增长35%，对韩原产地证签发量占全省贸促系统的61%。

【2021境外驻华机构齐鲁行威海经贸合作交流会】 5月19日—21日召开。会

议设重点产业推介、考察、经贸洽谈等环节，日中经济贸易中心北京事务所、英中贸易协会青岛代表处、加拿大驻山东商务处等境外驻华机构5家与威海市有关机构、商协会签署8项合作协议，就建立完善交流对话机制、在威海市设立办事处、引进先进制造业技术、优质产品进出口等方面开展经贸合作。比利时驻华使馆商务处、泰王国驻青岛总领事馆商务处、德国莱法州驻中国经济代表处、韩国贸易协会北京代表处等18个境外驻华机构的代表参加活动。

【原产地信用贷款】 在全面摸清外贸企业经营现状、融资需求、融资难点的基础上，梳理研究融资政策，将每年形成的原产地签证数据转化为“信用”，形成金融机构认可的增信条件，用活原产地证信用资源。与山东威海农村商业银行股份有限公司联合推出“原产地信用贷”专属信贷产品，对符合条件的中小微涉外企业，由中国国际商会威海商会进行签证信用背书，授予原产地信用资格。企业凭借信用资格可申请最高额度为500万元的信用贷款。成立原产地信贷推进工作专班，对会员企业开展问卷调查，按照融资额度、产业类别、原产地证办理年限、年均出口额等对有融资需求的企业进行细致分类，并向威海海关等部门查询企业信用记录，确保工作审慎稳健推进。至年底，向13家企业发放信用贷款4800万元，该工作经验做法在全省贸促系统推广。乳山市贸促会与山东乳山农村商业银行股份有限公司签订合作协议，面向乳山市的外贸企业开展原产地信用贷业务。

（邹清晓）

威海市残疾人联合会

【概况】 2021年，威海市残疾人联合会（简称市残联）统筹常态化新冠肺炎疫情防控和残疾人事业发展，突出巩固拓展脱贫攻坚成果同乡村振兴战略有效衔接、重点民生实事等重点任务，在民生保障、康复服务、就业增收、权益维护、社会助残、公共服务6个方面持续发力，推动残疾人事业高质量发展，不断提高残疾人群众获得感、幸福感、安全感。山东省东部片区“如康家园”建设观摩活动在威海市举行，中国残疾人联合会副主席、副理事长程凯对威海市工作做法给予充分肯定。

【脱贫攻坚】 巩固拓展残疾人脱贫攻坚成果同乡村振兴有效衔接，各项扶持政策继续覆盖享受脱贫政策和即时帮扶的残疾人及家庭。继续开展基层党组织结对助残活动，帮扶残疾人家庭1000户发展生产、增加收入；对残疾人家庭210户实施临时救助。高标准建成“如康家园”12处，创建省级残疾人辅助性就业示范机构3处，为智力、精神和重度肢体残疾人170余名提供服务。加大东西部扶贫协作力度，与重庆市云阳县残疾人联合会协作，落实残疾人帮扶资金168万元，为困难重度残疾人家庭326户和云阳县残疾人职业技能培训中心实施无障碍改造；与枣庄市残疾人联合会协作，为困难残疾人家庭400户实施无障碍改造，开展“手工制作”“盲人按摩”培训班2期，培训残疾人46名。

【机构改革】 结合村（社区）“两委”换届工作，统筹推进和加强村（社区）残疾人协会建设，覆盖率达100%。开展所属2个事业单位的改革试点工作，将党的领导列入事业单位章程，并设立党支部委员会，保证党的全面领导的制度落实；加强领导班子建设，健全主任1名、副主任2名的领导班子。完善事业单位章程管理和政事权限清单，明确事业单位宗旨、业务范围、主管部门权利与义务，确保主管部门和事业单位政事权限清单运行规范。提升专业服务能力，合理设置管理与专业技术岗位，为进一步提升残疾人就业、康复服务提供组织保障。

【民生保障】 建立困难残疾人生活补贴和重度残疾人护理补贴标准动态调整机制，“两项补贴”标准提高10%。提升保障能力，1.01万名残疾人享受最低生活保障、3567名残疾人享受特困供养政策，分别比上年增加720人、179人；1.01万名残疾人享受生活补贴、6.27万名残疾人享受护理补贴，分别增加1121人、5754人；5438名残疾人享受教育、住房、就业和临时性救助，9753名残疾人接受康复护理、心理辅导等支持性服务。

【残疾康复】 提高残疾儿童康复救助质量，投入1262.3万元救助残疾儿童784名，训练补助比省定标准高出3000元，并给予家长每年4000元送训补贴，康复救助率100%，家长满意率99%。提高残疾人辅助器具适配服务水平，修订印发《威海市残疾人基本型辅助器具适配补贴目录（第四版）》，将残疾人基本型辅具适配种类由70种增至91种，增加言语残疾人、部分视力残疾人和肢体残疾人生活类辅具；推进“互联网＋辅具适配”服务优化升级，完善威海市残疾人基本型辅助器具综合服务平台建设，开发建设“威海辅具”微信小程序，实现“指尖上”选定、申请、审核合适辅具，机构上门“评估、配送、指导”一站式服务，全年为3285名残疾人适配辅具，电话抽查满意率达95%以上。实施精准康复服务，通过政府购买服务的方式确定定点康复机构，对符合条件的重度肢体残疾人提供为期3个月、每周1次、每次不少于40分钟的居家康复服务；继续实施“威高光明行动”，使用善款130余万元，对1357名白内障患者复明手术进行补贴。年内，为4.94万名残疾人提供基本康复服务，有康复需求的残疾人服务率达99%。

【就业帮扶】 完善促进残疾人就业政策，多部门联合印发《关于对威海市经营性人力资源服务机构促进残疾人就业进行奖励的通知》《关于对用人单位超比例安排残疾人就业进行奖励的通知》。实施“共享阳光·残疾人就业创业工程”，创建省级示范基地2处，新建市级残疾人就业基地7处。开展就业援助月活动，走访残疾人登记失业人员家庭476户，登记失业的残疾人280人，组织举办就业援助专场招聘会3场次。年内，残疾人就业达1.20万人，比上年度增加903人。其中，按比例、集中安置残疾人就业2673人，比上年增加1730人，就业质量明显提升，残疾人就业形势稳定。

【权益维护】 市人大常委会开展《中华人民共和国残疾人保障法》和《山东省实施〈中华人民共和国残疾人保障法〉办法》实施情况执法检查，市政府组织有关部门对相关意见和建议进行研究和办理，进一步促进威海市残疾人事业发展。创新残疾人事业宣传手段，建设市残联融媒体中心，提升宣传的覆盖面和影响力。丰富残疾人文体活动，参加全省第十届残疾人艺术会演，7个节目获奖，市残联获得优秀组织奖；举办乳山市第二届"梦想跑者"轮椅半程马拉松赛事，全省17名轮椅选手参加比赛；参加全省第五届残疾人象棋锦标赛暨第四届残疾人飞镖锦标赛，获得金牌1枚、银牌1枚。加大残疾人权益维护力度，完成613户残疾人家庭无障碍改造任务；扎实开展残疾人信访工作，通过下发律师函、村居调解、社会帮扶等办法，积极做好信访矛盾化解工作，按时办结率、群众满意率均达100%。

【社会助残】 广泛动员社会力量扶残助残，威海威高国际医疗投资控股有限公司连续17年开展威高光明行动，累计捐款2963.8万元，帮助2.03万名白内障患者复明。培育以"长城爱心大本营"为代表的社会组织22个，开展志愿者助残"阳光行动"。在"全国助残日"活动期间，30家企业为残疾人捐赠价值22万元的轮椅、助听器及各种生活用品等；18家医院的100余名志愿者为900余名残疾人提供免费义诊、体检、康复指导等服务。中央电视台，央视频、《人民日报》、新华网客户端多次报道威海市社会助残工作。

（梁幸幸）

威海市红十字会

5月8日，威海市红十字会志愿服务队在环翠区万达广场举办应急演练

（威海市红十字会 提供）

【概况】 2021年，威海市红十字会扎实开展以"三救三献"（应急救援、应急救护、人道救助，献血液、献造血干细胞、献人体器官组织）为核心的业务工作，获评山东省红十字系统先进集体。10处城市社区成立红十字基层组织，创建省级"博爱家园"示范点10个，争取山东省红十字会向博爱家园拨付药品、便民设备等物资2批次，总价值36.56万元。

【社会救助】 开展红十字博爱送温暖活动，发放帮扶款物总价值188.9万元，受益群众达4000余人。争取中国红十字基金会小天使基金救助白血病患儿，年内有19名患儿获得项目帮扶，救助金额计59万元。向各级红十字会、相关敬老院拨付各类救济物资总价值30万元。瑾元资本管理有限公司向19家单位定向捐赠一次性医用口罩96万只，总价值48万元。向青海省门源回族自治县、重庆市云阳县拨付毛毯、衬衣等物资总价值21.01万元。援建的门源回族自治县血液净化中心项目于7月投入使用。针对河南省特大暴雨灾害，接收社会捐款17.34万元，向灾区运送救灾物资3批次，总价值308.33万元。

【应急救护培训】 组织威海市代表队参加全省应急救护技能大赛，获得团体比赛一等奖和单项比赛二等奖3个。在乳山市举办省级救护师资培训班，培训骨干救护师资30人。年内，培训持证救护员2300余人，举办公益讲座100余场，普及应急救护知识4万余人次。

【造血干细胞和遗体器官捐献】 全年采集志愿者血样301份，全市干细胞入库资料累计1.38万人份，组织志愿者捐献造血干细胞5例，累计捐献88例。红十字文化公园（遗体器官捐献纪念园）开工建设，累计实现遗体捐献45例、眼角膜捐献88例、器官捐献105例。器官捐献协调员的先进事迹在山东卫视播出，社会反响良好。

【志愿服务】 成立威海市红十字冬泳爱好者志愿服务队，对红十字造血干细胞志愿者服务队、红十字爱尔眼科志愿服务队等9支志愿服务队伍进行重新登记，强化规范管理，基本形成组织完善、人员稳定、服务多样化的队伍体系。组织5支志愿服务队伍参加"红十字博爱周"宣传活动。红十字蓝天志愿救援队参与"3·15"东方宾馆施工坍塌事故搜救，2名被困伤员获救。

（苗延颂）

编辑 闫拥军

法　　治

人大立法

【概况】　2021年，威海市人民代表大会常务委员会着眼以良法促发展、保善治，主动适应经济社会发展和法治建设新要求，深入践行习近平法治思想，积极稳妥推进特色立法、精细立法，不断提高立法质量和效率，为“精致城市·幸福威海”建设、经济社会高质量发展提供法治保障。3月17日，全省地方立法工作会议召开，市人大常委会分管负责人在威海分会场作典型交流。

【年度立法工作计划编制】　围绕市委对经济社会发展作出的战略部署和总体安排，积极回应人民群众的新要求、新期待，在深入走访调研、广泛征集意见的基础上，将城市国际化、停车管理和服务、海洋牧场管理等纳入2021年立法工作计划，以人大立法引领保障全市经济社会高质量发展。

【重点领域立法推进】　聚焦市委重大战略部署，开展立法调研、立法座谈会和立法研讨会等活动50余次。坚持开门立法、问需于民、问计于民，广泛听取、认真吸收各方面的意见和建议，先后到各区（市）、国家级开发区和威海南海新区实地调研，现场察看跨境电商出口平台、国际海洋商品交易等城市国际化推进有关情况，听取18位知名专家学者、各区（市）政府及有关部门、企业的意见和建议，明确威海市城市国际化的战略目标和定位，增加产业经济国际化的部分内容，优化条例的体例结构，印发《威海市城市国际化促进条例》。加快推进城市管理领域立法工作，开展各个层面的征求意见活动，发放征求意见材料300余份，开展实地调研、立法座谈会等30余次，并赴成都市学习考察相关方面的先进经验，制定印发《威海市停车管理和服务条例》。聚焦推进胶东经济圈一体化发展，参与推进胶东五市区域协同立法，将海洋牧场管理作为协同立法的首个立法项目。在深入调研论证的基础上，统筹考虑威海市海洋资源禀赋和产业发展基础，充分体现区域特色，制定《威海市海洋牧场管理条例》，重点围绕海洋牧场平台管理，对生产性、经营性海洋牧场平台提出管理要求，对临时登乘人员活动及恶劣天气下平台人员撤离作出详细规定。明确需采取协同措施的“显性条款”，包括编制海洋牧场规划时相互衔接、建立海洋牧场管理信息沟通和重大事件通报制度、建立执法联动响应和协作机制、协同提供科技支撑等，在鼓励措施、监管要求、处罚标准等方面保持基本一致。

【地方性法规新闻发布会】　8月3日，市人大常委会召开《威海市城市国际化促进条例》新闻发布会，通报立法背景、过程和主要内容，介绍条例的贯彻落实措施，并分别回答记者的提问。12月9日，市人大常委会召开《威海市停车管理和服务条例》新闻发布会，介绍条例涵盖内容和实施时间，并分别回答记者提问。

（于云龙）

政法工作

【概况】　2021年，全市政法机关扎实推进政法各项工作，为经济社会高质量发展提供坚强政法保障。完成政法队伍教育整顿各项工作任务，整体工作得到中央督导组、省级指导组高度肯定，是全省5个未被中央督导组点名反馈问题的地级市之一，58个经验做法被山东省政法队伍教育整顿领导小组办公室刊发简报推广，70余篇典型经验被中央、省级媒体报道。全市有97个集体和190名干警受到市级以上表彰。“精致公安”建设经验获得省领导批示肯定。加强和完善社会治安防控体系建设，严厉打击“黄赌毒”“盗抢骗”等违法犯罪活动，全方位净化社会治安环境，在2021年度全省平安建设考核中，威海市居第2档、第2名，群众安全感满意度居全省第1位。2个区（市）、9个集体、10名个人参评全国、全省平安建设先进典型，警务航空经验被中共山东省委政法委员会刊发简报推广。聚焦争创首批全国市域社会治理现代化试点合格市，全面深化“六治一网”［政治（党建）、自治、法治、德治、智治、信治和网格化服务管理］市域社会治理模式，工作经验在全省试点推进会上进行典型交流。网格治理“五色工作法”经验被中共中央政法委员会向全国推广，获评全省市域社会治理创新优秀成果。“信治”经验被确定为全省重点推广的社会治理特色品牌，信用治理和平台优化整合两项工作被省委政法委员会推荐申报全国试点项目。深化政法领域改革，年初确定的39项改革任务全部完成。在全省率先实行金融审判机制改革创新，建立“诉裁调”三位一体商事纠纷快速解决机制，办案周期和办案质效显著提升。强化审判权运行监督工作经验在全省政法领域改革推进会上进行交流。高标准打造涉案财物集中管理中心和执法办案管理中心，跨部门大数据平台试运行效果明显。市中级人民法院“三位一体审判监管”机制在全省政法领域全面深化改革推进会上进行典型交流，市检察院“三三制”民事争议化解工作法入选全省检察工作创新项目，加强合同管理做法被中央全面依法治国委员会办公室《工作简报》刊载并向全国推广。

【平安威海建设】 加强社会治安防控体系建设，对各类苗头隐患进行集中整治，群众安全感满意度保持全省前茅，建设整体工作得到省督察组肯定。开展“平安校园”“平安医院”“平安铁路”等7个方面的基层平安创建，以创建活动为载体，夯实平安建设基础。健全扫黑除恶斗争常态化机制，对7个重点行业领域开展专项整治，侦办恶势力犯罪集团案件2起、恶势力团伙案件1起，查封、冻结、扣押涉案资产2600余万元。开展“追逃犯、反诈骗、打盗抢、防极端”专项行动，破获刑事案件5706起，抓获侵财类犯罪嫌疑人1378人，逃犯到案数和存量下降率居全省第1位。破获全国首起利用自然人代开虚开发票案，获得省领导批示肯定。开展打击治理电信网络诈骗犯罪三年攻坚战，破案505起、抓获犯罪嫌疑人293人。开展平安建设领域风险隐患排查整治、影响社会稳定矛盾风险排查行动，累计排查风险隐患问题129个，其中维护生物安全专项工作成果获得省领导批示肯定。持续推进社会治安全息感知体系建设，建成智慧安防小区906个、“技防村”2314个，重点部位核查核录系统布建率达100%。深化“雪亮工程”建设，建设视频监控系统。开展涉渔违法违规专项整治，涉海违法犯罪比上年下降40%，工作经验获得省领导批示肯定，全省公安机关海洋渔船综合管控现场推进会在威海市召开。

【市域社会治理】 扎实推进“1+2+N”平台整合，全面深化“六治一网”市域社会治理模式，工作经验被《高管信息》《长安》等媒体专题报道。印发《2021年“六治一网”市域社会治理工作要点》，召开第三次全市市域社会治理现代化工作现场推进会，推动各级各部门聚焦重点、持续发力。开展防风险补短板攻坚行动，在排查梳理的115个短板弱项中，“销号”完成42项，取得积极进展73项，未出现负面清单重大事项6项。开展“六治一网”精致治理“十项行动”，推进重点项目22个，梳理社会治理地域品牌30个，总结创新工作经验100余个。按照“1+2+N”总体部署，基本完成区（市）、镇两级平台优化整合工作，工作做法得到中央和省委政法委领导肯定。优化设置城乡网格6077个、海上网格1486个，配备专兼职网格员7000余人、专业和辅助人员25万余人，在全省率先实现省、市、区（市）三级网格平台数据互通。印发《关于进一步加强网格员队伍建设的实施方案》，开展网格员知识技能竞赛，提升专业化水平。年内，网格员累计巡查走访320万户次，处置网格事件104万件。印发《关于持续深化诉源治理提升非诉讼纠纷化解效能的实施意见》，搭建集约化诉非讼纠纷化解平台，化解矛盾纠纷1.7万余件，化解成功率99.6%，工作经验在全省平安创建和社会矛盾综合治理视频调度会上进行交流。

【法治威海建设】 深入贯彻新发展理念，将法治教育与法治实践相结合，服务经济社会高质量发展。组织开展“八五”普法，常态化开展百名法学家百场报告会和青年普法志愿者法治文化基层行活动，提高干部群众的法治素养。开展村（居）法律顾问管理规范年活动，为群众无偿提供法律咨询3.3万件、代书法律文书2200余件。扎实做好法律援助工作，年内受理法律援助案件5133件，挽回经济损失6800余万元，工作经验在全省司法行政改革推进会上交流推广。印发《关于严格依法办事优化法治化营商环境的实施意见》，开展政法机关走访企业服务发展活动，组建政法服务团队239个，走访企业2570家3488次，帮助解决问题1941个，提供法律建议4666条。深化包容审慎监管政策，新增涉企“首违不罚”“首违轻罚”事项121项，年内办结“不罚”“轻罚”案件9360件，减免处罚金额1112.2万元。开展“执法司法规范化建设年”活动，确定重点任务37项、具体措施30条，全部落实责任并稳步推进。深入开展判处实刑罪犯未执行刑罚专项清理活动，专项清理完成率99.2%。开展案件评查，发现整改问题1052个，进一步提升执法司法规范化水平。深入开展涉法涉诉信访积案化解活动，排查重点案件351件，全部化解。

【政法队伍建设】 成立由市委主要领导任组长的高规格领导小组，先后召开动员会、推进会等专题会议30余次，开展督导调研活动11轮次，推动教育整顿环环相扣、走深走实。突出“忠诚”主题，全面开展“四项教育”（政治教

6月17日，全市政法系统先进事迹报告会召开
（中共威海市委政法委员会　提供）

育、党史教育、警示教育、英模教育)，开展“筑牢政治忠诚”培训班、政法系统先进事迹报告会等专题教育活动700余场次，进一步夯实忠诚纯洁可靠的思想根基。坚持宽严政策攻心与重点案件线索攻坚“两轮并进”，以“自查从宽”引导，以“被查从严”倒逼，坚决清除“害群之马”。认真开展自查自纠，实现谈心谈话全覆盖。加大组织查处力度，立案审查涉嫌违纪违法干警，累计核查案件线索2056件，线索办理机制经验做法被全省推广。按照“6+N+X”思路，对各类“顽瘴痼疾”进行大起底、大排查，累计排查整治问题7906个。坚持“当下改”与“长久立”相结合，积极推进建章立制，探索建立制度成果639项，进一步健全正风肃纪和执法司法制约监督机制。

(张 昱)

法治政府建设

【概况】 2021年，威海市认真落实推进法治建设第一责任人职责，举办市委理论学习中心组习近平法治思想专题报告会，部署开展习近平法治思想宣传月活动，全市87个部门单位培训率达100%。开展党政主要负责人履行推进法治建设第一责任人职责述职述法工作。制定“十四五”期间法治威海、法治社会及法治政府建设规划方案，定期召开市委常委会会议、市政府常务会议和依法治市相关会议，研究部署法治建设重点工作。威海市法治建设“四个融入”(将法治建设融入精致城市建设、融入推动高质量发展、融入市域社会治理、融入为民办实事实践活动)经验做法被《法治日报》头版刊发推广。

【政府机构职能优化】 持续优化政府组织结构，强化部门职责界定，推进镇(街道)行政管理体制改革创新，依法编制区(市)、镇职责“两张清单”，整合区(市)12345政务服务便民热线、网格化、数字城管3个工作体系，提升区(市)、镇社会治理服务协同配合能力。建立常态化编制下沉机制，推进编制资源和人员力量向基层和执法办案一线倾斜。

全面普及行政审批服务“马上办、网上办、就近办、一次办、自助办”，全市政务服务事项可全程网办率达99%，“一次办好”事项占比达100%。全面推行证明事项告知承诺制，证明事项压缩25.4%。深入推进“证照分离”“多证合一”，实现“全省通办”高频便民事项314项。推出涉企法律服务措施10项，打造威海智慧谷“园区式”公共法律服务中心等园区服务平台3个。

【依法行政制度体系建设】 加强有效制度供给，按照“突出重点，小步快跑、逐年推进”的工作思路，制订年度立法项目计划，印发《威海市停车管理和服务条例》等法规规章2部，修订《威海市建筑垃圾管理办法》，对罐装液化气钢瓶使用管理开展调研论证。加强行政规范性文件监督管理，备案登记规范性文件72件，清理文件853件，有效破除影响法治环境的制度性障碍。建立重大行政决策事项目录制度，将7个项目纳入重大行政决策事项范围，及时公开并实行动态管理。严格落实重大行政决策合法性审查制度，充分发挥法律顾问、公职律师作用，印发《关于加强镇(街道)重大行政决策和行政规范性文件合法性审查(审核)工作的意见》，为基层治理提供法治保障。

【行政执法行为规范】 在全省率先印发《威海市行政执法委托管理规定》《威海市涉企行政检查管理办法》。加大重点领域执法力度，依法做好渔船管控、安全生产等领域执法工作。深入实施包容审慎的监管政策，新增“首违不罚”“首违轻罚”清单121项。构建“信用监管+双随机”监管模式，对全市9万余家企业实行信用风险分级分类监管。开展行政处罚法专题培训，培训执法人员2.7万余人次。

【突发事件应对能力提升】 建立健全各类突发事件应急预案，完善突发事件监测预警、应急响应、调查评估等机制。高标准搭建应急指挥中心，实现国家、省、市、区(市)四级应急部门和市委、市政府及所有涉灾部门间的音视频互通互联，突发事件防控和应对处置信息化水平不断提升。提高依法快速有效处置突发事件能力，加强应急预案数字化工程建设，构建威海市数字化应急指挥决策系统。常态化开展各类应急演练，制订年度应急预案演练计划，开展应急演练8452场，对3664家企业应急预案进行督导检查。

【社会矛盾纠纷化解】 完善矛盾纠纷调处机制，印发《关于持续深化诉源治理提升非诉讼纠纷化解效能的实施意见》。在自然资源、文化旅游等领域新成立调解组织26个，新建区(市)级“一站式”矛盾纠纷调解中心8个，全市调解组织调处各类纠纷1.74万件。突出抓好土地历史遗留问题处置，处置案件10余件，1件案件获评最高人民法院典型案例。建立行政复议提级管辖制度，全市行政复议综合纠错率达42%。充分发挥信访和仲裁作用，完善依法分类处理信访诉求、律师参与信访等工作机制，信访事项及时受理率达100%。推进重点领域信访突出问题专项治理和信访积案化解专项工作，山东省交办和威海市自查的信访突出问题化解率、中央信访联席办交办信访事项化解率、市级领导分包信访事项化解率均达100%。深入推进诉裁对接调解，实现诉裁对接调解区域全覆盖，年内受理案件1484件，标的额8.29亿元。

【行政权力制约和监督】 主动接受各方监督，及时研究办理人大代表和政协委员提出的意见和建议，按时办结率保持100%，及时落实、反馈司法建议、检察建议，按期办复率达100%。实行政务公开清单管理制度，收到政府信息公开申请308件，依法答复率100%。推进政务诚信建设，将政务诚信情况纳入绩效管理考核体系，健全信用修复、异议处理等机制，“信用威海”城市品牌获评全省改革品牌，“海贝分”应用等3个案例入选山东省信用惠民便企应用优秀案例。全面加强机关事业单位合同管理，工作经验被《全面依法治国工作简报》刊发推广。

【法治宣传教育】 全面启动“八五”普法工作。加强领导干部学法用法，举办全市依法治市暨法治政府建设培训班，开展全市公务人员集中学法考法活动。开展《中华人民共和国宪法》《中华人民共和国民法典》宣传，在渔船管控、安全生产等重点领域开展宣传活动1500余场次。印发《关于加强社会主义法治文化建设的具体措施》，新建市级宪法主题公园，在荣成市和乳山市新建“法治融屏”2处，威海市实现“法治融屏”全覆盖。

（孙荟萃）

公　安

【概况】 2021年，全市公安机关深入践行“靠前一步、主动作为”警务理念，全面完成防风险、保安全、护稳定、战疫情各项任务。“两个大抓”（大抓基层、大抓基础）和“精致公安”建设、海洋渔船综合管控、涉税犯罪打击、政保重点人管控等工作，获得省部级以上领导肯定性批示8件次。全省海洋渔船综合管控、反恐防范、打击涉税犯罪、科技信息化、特巡警等工作现场推进会在威海市召开，推广威海市公安局的经验做法。指挥情报、国际警务合作、社会治安防控体系建设、监所管理、智慧公安建设、涉海管控、特警工作、警卫安全8项重点工作被省公安厅评为优秀等次，威海市公安局获得全省公安机关建党100周年安保维稳突出贡献奖，连续4年获评全省优秀市级公安局；在省委组织的全省群众满意度调查中，连续3年居全省第1位。全面推行基层党组织“评星定级”管理，6个基层所队、7名民警获评全省公安机关“红旗单位”“示范单位”和“红星个人”。

（张长春）

【平安威海建设】 围绕庆祝中国共产党成立100周年、中共十九届六中全会、各级两会等重大活动安保维稳任务，先后研判预警情报信息1882条次、化解各类涉稳风险742件次。攻坚化解公安信访积案64起，完成党和国家领导人到威海市视察等警卫任务11批次。坚决扛牢联防联控与社会稳定工作责任，排查随访145万人次，研判数据116万条，监管进出境船舶4110艘次、船员8.5万人次，妥善处置涉疫突发情况12起。监管部门统筹做好新型冠状病毒肺炎疫情防控和羁押监管工作，市看守所获评全国基础设施建设示范公安监所。深入推进“护网”“净网”等专项行动，清理境外有害信息6472条，依法打击涉网案件230起、346人。网络安全通报中心高效运行，发布安全预警412期，阻断黑客攻击，网络安全预警处置能力不断增强。

（张　涵）

【基层基础建设】 持续加大严打整治力度，深化扫黑除恶斗争，打掉恶势力犯罪集团2个、团伙1个，8类严重暴力犯罪案件比上年下降12%，连续8年保持命案全破。破获电信网络诈骗案件起数、抓人数均比上年上升。侦办涉森林和野生动植物、食药环和知识产权、毒品和跨境赌博刑事案件157起，破获“2·22”全国首起自然人代开虚开发票案。深化“三联”警务机制建设，组建特警PTU快反队8支，发动4100余名保安队员实行“建制巡防”，带动3万余名社会群众开展“平安守护”。发扬新时代“四千四万”精神，创新推行渔港码头警长制，深化涉渔违法违规专项整治，打击召回非法出海作业大马力渔船70艘。深化道路交通安全大排查大整治，查处道路交通违法行为108.6万起，其中酒（醉）驾4822起，道路交通事故起数、死亡人数比上年分别下降1.3%和1.6%。开展社会治安起底式“大清查”，持续加强枪爆物品、散装汽油、寄递物流等安全监管，烟花爆竹禁放区连续3年实现“零燃放”。

（王　禹）

【公安改革推进】 不断创新实战警务机制，搭建“情指勤舆”综合实战平台，研发数据模型22个，妥善处置各类敏感案事件43起，实战贡献率提升30%。打造威海特色“情报矩阵”，情报产品被中央国家安全委员会办公室采纳15件、中央领导批示2件。组建国际刑警组织威海联络办公室，国际刑警实战化建设走在全省前列。不断优化智慧警务机制，探索打造威海公安“Z+”数智体系，智慧安防小区覆盖率达91.5%，人像、车辆数据比上年分别增长15%和19%。全省政法网格智能化平台全息感知示范项目落地威海市，感知应用经验做法在全省推广。联合高校研发的水下搜排爆设备，助力完成中央首长视察东营市安检任务，受到省公安厅特勤局通电表扬。不断完善规范警务机制，扎实开展执法规范化建设年活动，持续深化执法“双清”专项行动，快办行政案件3999起，清理积案4067起，清仓率达100%；威海市公安局执法办案管理中心与市跨部门涉案财物管理中心揭牌启用，执法规范化建设进一步深化。印发《威海市停车管理和服务条例》，着力破解停车难问题；制定便民利民十条措施，减免证明材料150万份，免费为新开办企业发放电子印章，节省成本300万元；深化威海“微警务”二期建设，上线公安政务服务电

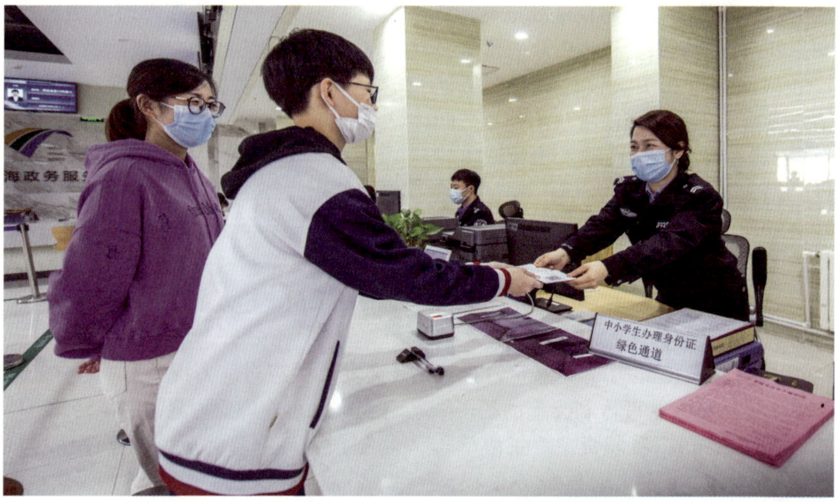

4月，威海市公安局开通绿色通道为中小学生办理身份证

（威海市公安局　提供）

子地图，建成“智慧警局”3处，设立“警邮”“警医”合作网点、机动车登记服务站137处，群众获得感不断增强。在12345政务服务便民热线办理考核中列部门单位第2名。

（张长春）

【公安队伍建设】 开展教育整顿动，深挖问题线索1017条，排查整改顽疾问题1649个，运用“自查从宽”政策处理485人、立案审查53人。创新“隐患排查治理和风险分级防控”机制，获公安部肯定推广。完成审计项目75个，促进增收节支181.5万元。突出实战练兵，高标准建成警察训练中心，公安部警用无人驾驶航空器高级培训基地落户威海市，举办各类培训班21期，开展“红蓝对抗”“专业比武”26场次，连续5年举办“枪王”选拔赛，威海市公安局在全省警体运动会、全市运动会上分别获得团体第3名和团体第1名，特警六项比武中获得全省第1名。全市公安队伍涌现出二级英模陈强、环翠分局治安大队和海岸警察支队孙家疃派出所等先进典型。市公安局在全市“学典型、促发展”年终测评中名列第1。“威海警方在线”微信公众号获得省、市两级表彰，6部原创作品获省级奖项。威海市公安局文登分局、威海市人民警察训练中心升格为副处级单位。在全省率先完成辅警层级套改，为留置看护专班追加特岗补助490万元。发放慰问金、互助金420.7万元，查处侵权案件89起，公开为32名民警维权正名，队伍的凝聚力和战斗力进一步增强。

（李恩涛）

检 察

【概况】 2021年，威海市检察机关大力开展“学典型、促发展”活动，营造比学赶超、争先进位氛围，21项改革经验、调研成果、典型案例等被上级编发，获得领导批示肯定14次，29个集体、56名个人获得市级以上表彰，群众满意度持续保持全省前列。

10月14日，威海市检察院检察官到威海市第四中学开展“法治进校园”活动　　（威海市人民检察院　提供）

【平安威海建设服务】 2021年，起诉各类刑事犯罪3454人，依法不捕不诉、变更强制措施1216人。认罪认罚适用率超过87%，确定刑量刑建议采纳率超过99%，案—件比保持1：1.1。抓实扫黑除恶常态化工作，落实市院同步审查把关制度，起诉24人，追诉3人，改变定性2件，提出财产处置意见6件，发出检察建议30份；11个集体、20名个人获得市级以上表彰。

【经济发展服务】 细化保障营商环境、乡村振兴等检察举措14项。与青岛市人民检察院联合开展增殖放流活动，推动胶东五市协作机制落地落实。加强生物多样性保护，在对胡某非法占用农用地造成林木毁坏案提起刑事公诉的同时，提出补植复绿3倍数量的附带民事公益诉讼，获得法院判决支持。持续防范金融风险，起诉非法集资、洗钱等犯罪309人，发出的金融风险防范检察建议获评全省十佳社会治理类检察建议。加强民营企业合法权益保护，建立联系企业“1+3+N”机制，开展涉民营企业专项活动7个，通过调查评估、认罪认罚、听证审查，依法不诉涉企人员28名，办结涉企申诉76件，清理“挂案”25件，监督变更强制措施13人，起诉侵害民营企业合法权益犯罪78人。开展禁食野生动物、打击冻品走私等专项活动6个，督促移交线索18件，起诉14人，追缴罚金、惩罚性赔偿金35.4万元。选派“第一书记”6人，提供帮扶款43.2万元，司法救助291万元，起诉涉扶贫、涉民生等职务犯罪28人。落实群众信访件件有回复、领导包案等举措，处置群众控告、申诉、举报等信访事项2143件。通过支持起诉，帮助7名七旬老人追回6年欠薪，该案获评全省民事支持起诉典型案例。

【未成年人健康保护】 积极参与儿童友好型城市创建，落实检察长担任法治副校长制度，开展校园欺凌、远离毒品等主题宣讲，推动学校、家庭、司法、社会综合保护。办理“强制报告”案件6起，起诉侵害未成年人犯罪66人，对未成年人不捕不诉48人。

【改革试点和检察创新】 落实检察官单独职务序列改革制度，完成两级院遴选资格审查、考试、考核、考察等工作，配合完成面试工作，全市遴选员额检察官8人。对因工作单位调整、参加薄弱基层院帮扶的14名员额检察官申请重新办理入额手续，全市退出员额8人。开展企业合规改革试点及“知识产权检察职能集中统一履行试点”试点，完善第三方评估、案件移交管辖等机制，办理有关案件10件，1起案件获评全省知识产权综合司法保护典型案例。创新推出民事争议化解“三三制”（划分三个风险类别、预置三种处置路径、动员三方社会力量）工作法，促成和解363件，经验做法获评全省检察工作创新一等奖。开展“不捕不诉”“四类案件”专项评查和“突击式阅卷”评查活动，评查案件500余件。开展智能化助推顽瘴痼疾整治、久拖不结案件清理等工作，促进案件质量提升。

【检察队伍建设】 扎实开展检察队伍教育整顿，突出忠诚教育，开展各类学习活动53场次。统筹抓好专题民主生活会、政治承诺分析会等工作。针对反映的问题，完善制度11项，推动常治长效。落实整治违规"减假暂"检察责任，纠正问题案件91件，立查司法人员职务犯罪3人。开展"学党史、抓整顿、改作风、办实事"主题活动，举办"四史"和检察史教育及读书班31场次。推出服务清单12项，办实事339件，联系企业、服务发展经验被省人民检察院转发，保障到威海市务工人员合法权益做法在全市推广。提升检察人员专业水平，细化权力清单，深化推进员额检察官绩效考评。强化综合能力建设，组织参训3000余人次，开展检法、检律同堂培训13期；"检答网""检察案例库"实现常态化应用。6名干警获评全省"十佳""标兵"等，11名干警入选全省专家人才库。

【检察基础建设】 制定落实方案，明确基层院建设工作思路。落实"突出问题破解年"举措25项，开展结对帮扶、交流观摩活动，推动互学共促。在薄弱院培育实施改革创新项目7项，促进要素汇聚、攻坚破难，对确定保留的8个检察室重新规划。基层院建设做法4次被最高人民检察院、省人民检察院转发。贯彻"能动司法"理念，提高涉民营企业案件、诉讼监督案件等6项指标比值，办理刑事、民事、行政监督案件数量明显上升。统筹开展检察官助理、行政人员业绩考评，提升工作积极性。强化完善内部监督制约，发挥班子"头雁效应"，入额院领导办理疑难复杂案件204件、列席审委会54次、主持公开听证64件。高度重视案件质量，对不捕、不诉及捕后判缓案件逐一评查，纠正瑕疵。完善公益诉讼快速检测技术支撑体系，解决公益诉讼办案难题。强化证据支持和技术服务，提升工作质效。加强智慧检务建设，推行"2.0系统"，完成"安可替代"工程，牵头建设全市跨部门大数据办案平台。

（王红丽）

法　院

【概况】 2021年，威海市两级法院坚持服务大局、司法为民、公正司法，整体工作位列全省法院前茅。全市法院受理各类案件7.53万件，办结7.22万件，比上年分别下降4.1%和11.9%。其中，威海市中级人民法院受理6582件，办结6430件，分别下降6.1%和13.6%。

【营商环境优化】 制定"优化营商环境改革创新行动意见"，持续深化繁简分流改革，11%的速裁法官办理40%的简单案件，审结各类一审合同纠纷1.9万件，平均用时45.6天，为简易程序法定审限一半左右。发挥破产审判市场出清和重整救治作用，推动完善府院联动机制，大力推行预重整、简易案件快速审理新模式。创设破产案件信息化工作平台，审结破产案件38件，盘活存量资产25.7亿元，释放土地资源93.27公顷。其中，简易程序审结6件，平均用时50天；用时32天，处置停摆6年的某生物公司有序退出市场。审结破产重整案件14件，运用预重整程序，用时3个月，助力"烂尾"两年的房地产项目重新启动，惠及购房户282户。加强知识产权司法保护，实行知识产权刑事、民事、行政审判"三合一"，加大知识产权侵权行为惩治力度，坚决制止商标攀附、"仿冒搭车"行为，审结知识产权案件300件。

【企业发展服务】 制定《涉企案件快速办理工作指引》，审结涉企案件1.5万件。持续开展涉企纠纷大调研大走访，系统分析2020年涉企案件1.6万件，发布2018年后涉企案件审判白皮书，上门走访企业224家，现场解答问题、提供法律建议121条。创新金融案件跨域集中管辖，成立全省首家跨域集中管辖金融审判庭，开发应用金融案件智审平台，联合中国人民银行威海市中心支行等部门印发服务金融业高质量发展和促进金融纠纷多元化解意见，为企业发展营造良好金融生态，经验做法在全省推广。

【平安威海、法治威海建设】 树牢总体国家安全观，依法惩处各类刑事犯罪，审结一审刑事案件2704件，判处罪犯3092人。推动扫黑除恶斗争常态化，审结一审黑恶犯罪案件8件29人、二审5件36人，涉黑恶案件财产执行到位率84.9%，发出司法建议27条。严厉惩治涉众型经济犯罪，依法审理案件59件，会同有关部门稳妥推进案件财产处置工作。监督支持行政机关依法行政，保障行政相对人合法权益，审结一审行政案件438件，行政机关负责人出庭率达100%。大力弘扬社会主义核心价值观，妥善审理"自甘风险"、高空坠物等案件，以司法裁判引领社会向上向善。开展"法官进渔港"等普法活动290余次，推出《剧说民法典》等普法短视频、典型案件350余个，营造全社会尊法、学法、守法、用法的浓厚氛围。

【市域社会治理现代化建设】 推进非诉讼纠纷解决机制，积极融入"六治一网"市域社会治理，将"一审民商事案件万人收案数浮动情况"纳入各区（市）高质量发展考核，会同镇（街道）党（工）委打造网格调解室、"诉讼服务e站"等解纷平台，主动与金融、住房和城乡建设、物业等35个行业主管部门对接，推进人民法院调解平台进乡村、进社区、进网格，邀请397名调解员入驻，诉前调解成功案件1.9万件，案件总量比上年下降4.1%。其中，一审民商事案件下降2.1%，实现"三连降"。牢固树立"案结事了"理念，将调解和释法析理贯穿办案全过程，60%左右的案件以调解或撤诉方式妥善化解，近98%的案件经过二审后当事人服判息诉。

【"我为群众办实事"实践活动】 优化诉讼服务，构建线上、线下一体化诉讼服务体系，线上实现立案、送达、交退费等诉讼事务"一网通办"，民间借贷等25类常见纠纷诉状自动生成，执行立案"两不要"；线下全面建成一站式诉讼服务中心，23处人民法庭全部

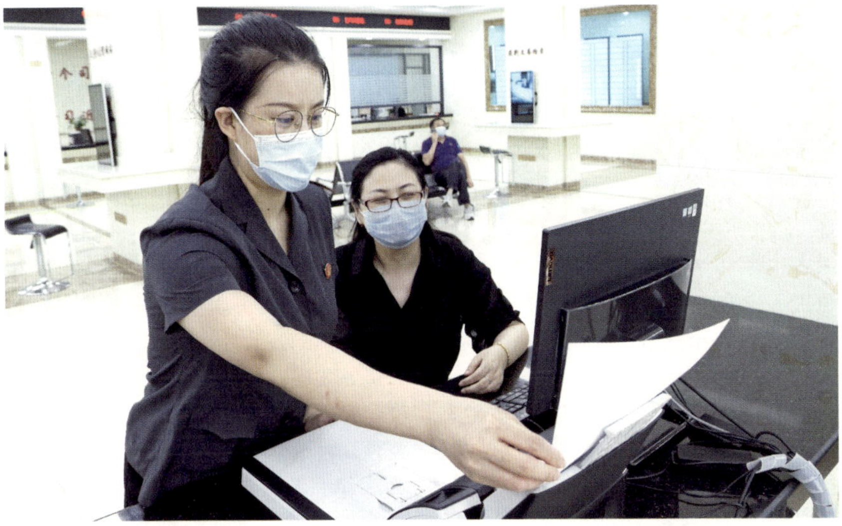

2021年，市、区（市）两级法院诉讼服务中心完成升级改造，为群众提供“肩并肩”“代办式”诉讼服务 （威海市中级人民法院 提供）

建成诉讼服务站，为群众提供“肩并肩”“代办式”诉讼服务，群众在“家门口”就能办理各类诉讼事务。完善综合治理执行难大格局，开展涉民营企业、涉民生、涉金融等专项执行行动和执行案款专项清理，执结案件2.9万件，执行到位金额47.2亿元，清理执行案款16.5亿元，在全省率先实现“无法定事由超期未发放案款全部清零”。畅通司法救济渠道，建立“判后答疑—案件评查—联合听证”信访案件梯次化解机制，化解率99.2%，司法救助困难当事人138人362.3万元。

【司法体制机制改革】 构建权责统一、监管有效的司法责任体系，压实“政治、办案、监管、层级”4个责任，明晰法官、法官助理、书记员权责边界，修订专业法官会议工作规则，强化专业法官会议、审判委员会集体把关和院庭长监督管理，建立定期巡回指导和改发案件评析机制，经验做法在全省政法领域推广。全面应用全流程网上办案、庭审语音智能识别等系统，推动电子卷宗同步生成和深度应用，常态化无纸化办公办案。应用线上证据交换平台，引导当事人线上举证、质证，平均庭审时间缩短2.1个小时。将“12368”诉讼服务热线嵌入办案系统，同步向当事人推送案件流程信息，信息有效公开率99.7%。

【法院队伍建设】 全面落实管党治党主体责任，完善作风建设长效机制，扎实开展政法队伍教育整顿，大力整治顽瘴痼疾，严格落实防止干预司法“三个规定”，制定完善规章制度，党纪政务处理干警48名，开除严重违纪违法人员8名。

（王红云）

司法行政

【概况】 2021年，威海市司法局紧抓基层基础和突破创新，按照“围绕一个中心、突出四大领域、抓好八个重点”的总体思路，充分发扬“严谨、求实、创新、高效、担当、守纪”的品质，全力推动依法治市和司法行政工作实现高质量发展，先后获评全省司法行政系统先进集体、全国“七五”普法先进集体、全国维护妇女儿童权益先进集体、全国“法援惠民生 扶贫奔小康”品牌活动表现突出单位等。16项经验做法得到国家和省级有关部门的肯定推广。2项成果获评全省司法行政系统优秀成果，“十百千工程”获评全省政法系统为民办实事优秀成果。

【依法治市】 市委依法治市办公室制定《市委全面依法治市工作会议重点任务分工方案》，明确工作任务和责任主体。中共威海市委印发《法治威海建设规划（2021—2025年）》和《威海市法治社会建设实施方案（2021—2025年）》。市委依法治市办公室、市司法局编印《威海市“十三五”时期法治建设领域亮点工作典型经验汇编》，进一步发挥典型的示范引领作用。充分发挥市委依法治市委员会办公室职能作用，加大统筹推进力度，召开委员会、委员会办公室和各协调小组会议，审议重要事项16项，部署重点工作20项。建立党政主要负责人履行推进法治建设第一责任人职责年终述职述法制度，组织区（市）、开发区和46个市委、市政府工作部门主要负责人进行述法，编印述法报告汇编，进一步压实法治建设的主体责任。总结宣传工作经验，编写典型经验信息11篇。

【法治政府建设】 深入推进法治政府建设示范创建和典型培树工作，形成一个部门统筹、全市整体参与的创建合力。2个单位获评全省首批法治政府建设先进典型，2个单位及2名个人分别获评2016—2020年山东省法治政府建设先进集体和先进个人。

【法治环境优化】 开展优化法治环境重点任务攻坚突破行动，将优化法治环境与精致城市、平安威海、幸福威海、信用威海、开放威海建设相结合的“五个结合”的经验做法在全省推广。聚焦优化法治营商环境，围绕着产业发展、企业成长、项目落地、人才服务制定服务措施10条。威海经济技术开发区打造威海智慧谷“一站式”公共法律服务中心，相关经验做法为全省首创。实施服务企业的“十百千”工程，为企业提供靶向服务，全年走访企业1000余家，解决涉企法律问题1500余个，经验做法被司法部推广。编印惠企政策汇编资料2批次，向企业免费发放6000余册。全面推行证明事项告知承诺制，证明事项数量压缩25.4%，审批效率提高3.3倍，实现由“ 摞证明”到“一纸承诺”的转变。

【行政立法】 市政府办公室印发《2021年威海市人民政府立法项目计划》，确定市人民代表大会常务委员会地方性法规制订计划中需要市政府研究落实的项目5件、政府规章项目4件、立法后评估项目1件。印发《威海市行政执法委托管理规定》，用规章的形式为破解行政机关“事多人少”难题提供一揽子解决方案。印发《威海市停车管理和服务条例》，修订《威海市建筑垃圾管理办法》，开展罐装液化气钢瓶使用管理规定的调研论证工作，为精致城市建设提供制度保障。

【备案审查及合同管理】 对重大行政决策事项实行清单式管理，建立重大行政决策事项目录制度，并实行动态管理。强化强基导向，制定关于加强镇（街）重大行政决策合法性审查工作的意见，为基层治理提供法治保障。威海市重大行政决策程序制度建设被省司法厅通报肯定。加强法规规章和规范性文件动态管理，适时清理853件，保留768件，有效破除影响法治环境的制度性障碍。对市级机关事业单位合同进行严格审查，全年审查合同4887件，涉及金额约129.63亿元。

【行政执法监督】 进一步提升涉企执法制度的系统化、规范化、法治化水平，深入实施包容审慎的监管政策，新增“首违不罚”“首违轻罚”事项121项，总数达445项，为全省最多，全年办结相关案件1.39万件，减免罚金4557.29万元，最大限度地为市场主体提供健康有序、宽松适度的发展环境。印发《关于进一步改进和加强行政执法工作的意见》，打造执法新机制，推行柔性执法和智慧执法相结合的执法新模式，实施伴随式执法监督，开展行政执法领域突出问题专项整治行动，有效提升行政执法规范化水平。加强执法监督制度体系建设，威海市被司法部确定为全国行政执法协调监督工作体系建设试点城市。

【行政复议应诉】 全力打造将证明事项告知承诺与信用监管、信息共享、风险防控、执法监督相结合办案新模式，将案件的办理效果转化为制度成果。办理涉及市政府的重大疑难案件12件，1件被最高人民法院确定为典型案例，避免经济损失近2亿元。继续深化行政复议体制机制改革，印发《威海市行政复议体制机制改革工作方案》，首创行政复议提级管辖制度，建立行政复议咨询委员会和行政复议调解和解委员会。2021年，全市办结行政复议案件341件，行政复议综合纠错率达42.3%。改进和加强行政应诉管理工作，印发《威海市行政应诉管理办法》，落实行政应诉责任，提升案件办理质量。全市办理一审行政案件362件，一审败诉率为7.3%，比上年下降57%，负责人出庭应诉率达100%。涉及市政府的案件41个，市政府胜诉率100%。

【监狱工作】 抓好新冠肺炎疫情常态化防控，实行全封闭管理，强化联防联控，确保疫情处置稳妥有序。持续抓好重要节点安保维稳工作。深化以心防工程为特色的改造工作及重点执法领域整治，精准教育转化水平和规范执法水平不断提升，实现连续20年监管安全无事故。深化执法领域重点环节整治，开展案件排查治理，全面倒查监狱成立后“减假暂”相关案件，制定完善减刑、假释案件办理流程制度，建立案前沟通、及时研判、全过程监督的案件办理机制。2021年，依法提请办理减刑、假释案件360余件，全部落实信息公开，办案流程更加规范。

【社区矫正工作】 年内，威海市社区矫正管理局成立，严格落实社区矫正各项监管制度，全市社区矫正对象未发生脱（漏）管情况。探索社区矫正新模式，文登区将社区矫正对象吸纳到“小蚂蚁”志愿服务队伍中，收到良好效果。加强社区矫正档案规范化建设，召开威海市社区矫正档案规范化管理现场会暨社区矫正工作推进会，统一社区矫正执法操作规范，做到监管有法可依、执法证据完整、档案内容规范。

【公共法律服务】 市司法局印发《关于全面提升公共法律服务实体平台建设的实施方案》《威海市公共法律服务实体平台建设标准（试行）》，明确各级公共法律服务实体平台建设标准和要求，推动公共法律服务实体平台提档升级，实现公共法律服务的标准化、精准化、便捷化，为群众提供普惠式、公益性、可选择的“一体化、一站式”公共法律服务，全市公共法律服务实体平台的服务能力明显提升。印发《威海市司法行政系统开展“乡村振兴 法治同行”活动实施方案》，通过提高乡村公共法律服务体系建设水平、保障困难群众获得优质法律援助、促进法律服务多元化专业化、加大农村普法与依法治理力度等主要措施，为乡村振兴提供便捷高效的法律服务和法治保障。持续开展村居法律顾问管理规范年活动，印发《村（社区）法律顾问问题整改实施方案》，规范理顺村（居）法律顾问办公场所，扩大村（居）法律顾问知晓率等，强化村居法律顾问尽职履责能力。

【普法与依法治理】 举办全市安全生产法电视知识大赛和网络知识竞赛，参与企业1000余家。加强法治阵地建设，以新媒体建设为契机，打造开放共享的普法宣传阵地“威海样板”。市妇女联合会等4个集体和14名个人获评山东省“七五”普法依法治理先进

9月1日，威海市安全生产法电视知识竞赛举办　　（威海市司法局　提供）

集体和先进个人。启动农村（社区）“法治带头人”“法律明白人”培养工作，2749个村启动培育工程，初选“法治带头人”2770名和“法律明白人”8236名，开展培训189场次，针对农村群众累计开展普法宣传活动2109场次。

【律师工作】 深入开展律师行业突出问题专项治理，组织律师开展政治教育、警示教育和先进典型教育。开展公益普法宣传、为中小微企业公益“法治体检”等活动，为群众办实事、做好事、解难事。加强涉外律师法律服务工作，市司法局印发《关于进一步加强涉外律师法律服务工作的通知》，建立健全涉外法律服务工作制度和机制，服务全市城市国际化战略。组建威海市人民政府第四届法律顾问团，修订完善《威海市人民政府法律顾问考核办法》，制定《威海市人民政府法律顾问代理案件费用核定办法》和《威海市人民政府法律顾问学习培训制度的通知》，健全完善政府法律顾问团工作制度。

【人民调解】 推广说事、说理、说法、说情“四说”模式，大力推进行业性专业性调解工作。至年底，全市建立行业性专业性人民调解委员会143个，涵盖矛盾纠纷多发行业26个，调解各类纠纷2.2万件。探索调解新路径，文登区推行“调解＋信用”模式，相关做法被《法治日报》转发推广。

【基层基础建设】 开展全市司法所“品牌引领年”行动，以“组织机构建设好、人员队伍发展好、体制机制完善好、基础设施配备好、经费保障落实好、职能作用发挥好”为目标，推动全市司法所规范化建设再上新台阶。1个司法所获评全国模范司法所，2名司法所所长获评全国司法所模范个人。

【人民监督员工作】 完成2020年度人民监督员考核评优工作，5人获评全省优秀人民监督员。抽选人民监督员211人，监督检察机关办案活动92次。

【法律职业资格管理】 完成2020年度统一批次392人申请法律职业资格审核和证书发放工作，应届毕业生40人申请法律职业资格审核和证书发放工作。完成2021年法律职业资格考试，客观题报名1369人、参考989人；主观题机考报名638人、参考627人；承接青岛市、东营市、烟台市和威海市纸笔考试，报名116人、参考111人，实现考试组织实施和新冠肺炎疫情防控“两个万无一失”目标。

【公证工作】 办理全国首例不动产跨省通办、联办业务。市司法局印发《关于进一步优化公证服务更好利企便民的通知》，指导各公证处在确保公证质量的前提下，采取远程视频公证、“代办＋联办”“零接触”“零跑腿”等举措，全面推行“最多跑一次、一次办好”服务，全面开通公证事项的网上办证服务68种，切实解决群众“办证难、继承难、证明难”等问题。2021年，全市公证处办理远程视频公证近900件，代办不动产登记业务3000余件，“为民办实事”360件，减免费用2万元，累计办理各类公证事项2.91万件。其中，国内公证1.79万件、涉外公证1.12万件。

【司法鉴定】 召开威海市司法鉴定协会成立暨第一次会员代表大会，成立司法鉴定协会，选举产生第一届协会理事及领导班子，强化行业自律管理职能作用。推进鉴定服务标准化工作，进一步规范执业行为，打造良好的鉴定执业环境，提高全市司法鉴定机构外观形象、内部管理水平和服务质量。市司法局印发《关于推动全市司法鉴定行业高质量发展的实施方案》，明确具体措施19项，持续推动提高司法鉴定从业者的政治素质、业务能力和服务意识，推动全市司法鉴定行业高质量发展。

【法律援助】 加强法律援助标准化建设，深化刑事法律援助改革，全市办理法律援助案件6300余件，为群众减免法律服务费用4000余万元，挽回经济损失8000余万元，相关做法被确定为全省典型。实现“12348”热线与12345政务服务便民热线归并整合，实行7×24小时运行机制，全年解答电话咨询4万余人次，比上年增长60%。市法律援助中心被司法部表彰为“法援惠民生 扶贫奔小康”品牌活动表现突出单位。

（孙荟萃）

仲 裁

【概况】 2021年，威海仲裁委员会在提高办案质效、推广仲裁制度、提升管理水平、参与市域社会治理、维护社会和谐稳定、推进经济持续健康发展等方面取得较好成绩，获评2021年度全省仲裁工作先进单位。至年底，受理案件1484件，标的额8.29亿元；结案1529件，标的额8.90亿元。案件涉及商品房买卖合同纠纷、借款合同纠纷、委托合同纠纷等20余类。仲裁委裁决书被法院撤销和不予执行案件为0件；调解结案的案件602件，调解结案率40.6%。

【诉裁对接调解】 2021年，深入推进诉裁对接调解工作，扩大调解覆盖面，威海仲裁委员会先后与乳山市人民法院、荣成市人民法院、青岛海事法院人民法院调解系统对接，实现诉裁对接调解威海区域全覆盖。增强调解人员配备，设立专职调解员岗位2个，制定“累进制报酬计算方法”，明确专职调解员考核期内淘汰规则。向2家基层法院试行派驻仲裁秘书，就近、及时地为当事人提供仲裁咨询、仲裁程序、仲裁文书等服务。拓宽诉裁对接调解模式，开发调解、调解加确认两种运行模式，方便市场主体解决纠纷。2021年，威海仲裁委员会诉裁对接调解中心接收法院推送案件971件，标的额7896万元，调解成功543件。

【营商环境优化】 针对知识产权侵权案件当事人之间没有仲裁条款约定的难点，威海仲裁委员会先后与有知识产权案件管辖权的威海市环翠区人民法院、市中级人民法院进行座谈，畅通知识产权案件的移转渠道，2021年调解法院推送的知识产权纠纷20余件，调解成功7件。与多部门联合开展知识产权保护工作，威海仲裁委员会、市律师协会、市公证协会联合印发《关于建立知识产权纠纷仲裁调解对接机制的意见》，并召开公证处、律师事务所座谈会，鼓励引导符合仲裁调解条件的知识产权纠纷当事人到仲裁调解机构进行调解。威海仲裁委员会与威海电视台联合制作播出《仲裁时刻》，分别以保护公司小股东权利、保护著作权、知识产权保护等为主题，采用案例加专家点评的方式进行法律宣传。在威海仲裁委网站开辟优化营商环境专栏，发布报道20篇。

【仲裁制度宣传】 创新宣传形式，威海仲裁委员会与威海电视台联合制作播出《仲裁时刻》，进行法律宣传。先后赴企业、专利事务所等多家专利代理机构走访座谈，宣传仲裁制度，鼓励企业在合同中选择仲裁方式，保护合法权益。与行业协会对接，先后与省专利代理行业协会、威海市建筑业协会、市建筑装饰协会等座谈交流，宣传仲裁制度和诉裁对接调解机制，介绍仲裁特有的保密性强、管辖灵活、域外执行等制度优势。与部门协作，在金融案件治理方面，与威海市中级人民法院、司法局等部门联合印发《关于推进金融纠纷多元化解的实施办法》，将仲裁的职能加入其中。

【诉讼与仲裁衔接】 落实司法监督沟通长效机制，联合召开仲裁与司法监督座谈会。11月26日，威海仲裁委员会与市中级人民法院联合召开诉讼和仲裁衔接工作推进会。会议就仲裁案件的保全、仲裁案件的司法审查等方面达成共识；对仲裁主动靠前服务，加大在行业及企业的宣传力度，将更多民商事纠纷引导至仲裁途径解决提出更高要求。威海市中级人民法院、威海仲裁委员会印发《关于提升诉讼与仲裁衔接质效的指导意见》，全方位提升工作衔接的系统化。

【互联网仲裁】 2021年，威海仲裁委员会与威海蓝海银行股份有限公司、阿里巴巴（中国）有限公司的网上纠纷处理机构签署战略合作协议，免费试用互联网仲裁办案系统半年，至年底，完成该系统技术搭建2次。

（马海冰）

典型案例

【方某等人诈骗案】 2021年7月29日，威海市公安局环翠分局根据上级移交线索，在环翠区万福山庄将犯罪嫌疑人庞某龙抓获。经查，以庞某龙为首犯罪团伙于2020年10月至2021年7月，通过银行账户在网络上以买卖虚拟币USDT的形式层层转移，达到洗钱目的，获利120余万元。8月9日，团伙首要骨干分子方某投案自首。威海市公安局环翠分局抓获该团伙成员14名，涉及外地案件680余起，涉案金额6200余万元。11月16日，该案被公安部列为督办案件。

（刘京瑜）

11月26日，威海市中级人民法院、威海仲裁委员会诉讼与仲裁衔接工作推进会召开 （威海仲裁委员会 提供）

【销售假冒注册商标的商品案】 2020年9月后，犯罪嫌疑人鞠某华等人在无生产经营资质的情况下，从网上购买无任何标识的一次性医用防护服，加工包装成假冒"瑞安森"牌一次性医用防护服13万套，通过中间商销售到河北省、安徽省等16省（市）。4月16日，威海市公安局文登分局分别在潍坊市等地抓获鞠某华等犯罪嫌疑人10名，打掉犯罪团伙2个，查扣假冒天津"瑞安森"品牌医用防护服6000余套及作案工具1宗，涉案价值1000余万元。该案被列为全省公安机关"昆仑2021"专项行动第三批督办案件。

（宋晓晴）

【特大虚开发票案】 2021年6月4日，乳山市公安局抽调警力50余人，赴青岛市、烟台市同时开展对戚某刚等人涉嫌虚开发票案的收网行动，抓获违法犯罪嫌疑人23名，扣押电脑32台及相关发票等财务资料1宗，冻结银行卡4张，冻结资金280余万元。经查，戚某刚等人通过实际负责的公司，先后在乳山市，烟台市蓬莱区、芝罘区，淄博市等地为企业代开发票金额54亿元。

【"宏福养老"特大非法吸收公众存款案】 乳山市公安局接报警，威海宏福养老服务股份有限公司涉嫌非法吸收公众存款。2021年1月20日，民警将犯罪嫌疑人张某义、于某涛、林某祥抓获归案。经查，威海宏福养老服务股份有限公司在无相关融资资质的情况下，以预售养老床位的名义，承诺以福利补贴（床位补贴）的形式按照6.8%～9%的年息回报作为诱饵，向社会公众非法吸收资金1.89亿余元，至案发给群众造成损失1.69亿余元。

（宋文杰）

【涉嫌贩卖毒品案】 2021年3月14日，云南警方通报线索称有疑似毒品运到荣成市。3月18日，荣成市公安局将犯罪嫌疑人徐某鹏、姚某东、何某红、孙某博抓获归案，查获毒品冰毒1954.47克、手机10部、涉案车辆2辆。

（肖建强）

编辑　李传强

军　事

威海军分区

【概况】　2021年，威海军分区（简称军分区）聚焦主责主业，强化练兵备战，完成年度工作任务，被山东省军区评为战备工作先进单位、军事训练先进单位、信息服务先进单位、新闻宣传工作先进单位。

【思想政治建设】　军分区坚持领学促学、督学通报和互学交流机制，抓实党委理论中心组带机关理论学习，组织群众性读书交流会活动，深化学习教育效果。采取领导带头辅导、实地参观见学、理论知识竞赛、重温入党誓词和共享地方党校"红色胶东"微党课等多种形式开展党史学习教育，并为基层办实事16项。每季度召开新闻线索和政工业务推进会，开展业务培训，总结工作成果，全年在省部级以上刊物发表稿件59篇。建强宣传舆论、文化娱乐和红色教育阵地，组织编写《中共威海地方武装斗争史》，协调成立威海革命军事馆建设领导小组，召开多轮推进会强力督导，稳步推进威海革命军事馆建设。定期分析基层建设和预防犯罪形势，实现谈心谈话和心理检测全覆盖。邀请专家授课辅导，组织"送法进军营"活动，印发政法和安全预防工作资料，确保部队纯洁稳固。举办第21个国防教育日活动和第五届"爱我国防"大学生演讲比赛，组织"拥军船"船长代表和先进学生代表进行国防教育成果展示，全民国防教育质效不断提高。助力乡村振兴，开展第三轮扶贫工作，组织"弘扬时代新风、军民共建学雷锋"主题活动，向长城爱心大本营残疾人捐献轮椅，与中国共产主义青年团威海市委员会联合为贫困儿童建设"希望小屋"。

【练兵备战】　军分区聚焦备战打仗，协调重点国防动员单位安装保密电话，引接地方行业信息系统，与驻军单位建立值班联动机制，拓展海上民兵通联方式，初步形成军地联合、固机结合、陆海互通的指控体系。严格规范各类值班执勤制度，结合重大节日、重要时期组织值班培训和战备演练，时刻保持高度戒备状态。围绕国防动员组织指挥、动员潜力转化运用、抢险救灾等具体问题，开展"学战研战"活动，1项训法研究成果被山东省军区主要首长批示肯定，1项年度理论成果被山东省军区评为一类成果。开展群众性练兵比武活动，组织主官任教、机关封闭集训和年度课题训练，完成各类人员年度训练任务。强化军地联训联演，会同市人民防空办公室开展重要经济目标防护演练和人防指挥部推演，组织民兵分队和国防动员力量参加战区演训活动，动员筹划、联合指挥、实兵协同和综合保障能力得到有效提升。坚持经费投向、物资保障向军事训练聚焦，补助各单位训练经费缺口，升级改造市民兵训练基地，配齐建强民兵教练员队伍，战训保障基础进一步夯实。

【国防动员建设】　2021年，召开全市基层武装建设专题会议，研究解决制约民兵建设的重难点问题，为改革任务有序推进奠定组织领导基础。印发《威海市基干民兵优待和权益保障实施意见》《关于组织基层武装建设达标考评的通知》等，对民兵建设、使用、保障、考评等进行全面规范。扎实开展国防动员潜力普查、重点领域潜力调查和民兵组织整顿，科学优化民兵编组，集中组织民兵点验，完成民兵编组任务。组织全市新任职基层武装部部长进行集中业务培训和任职资格认证，不断提升履职能力。深入开展"征兵宣传进校园""征兵宣传月"活动，联合多家新媒体平台组织覆盖式宣传。召开征兵工作研讨会，分析解决大学毕业生征集、体格检查、量化考评等方面的问题，研究制定大学生梯次储备、条件兵巡回体检等措施。研究制定定兵指导原则，严格落实《加强廉洁征兵工作措施》，有效化解低学年大学生报名人数过多的矛盾，完成男性义务兵和直招士官征集任务，大学生征集比例达95.9%，大学毕业生征集比例达49.5%。持续抓好大学生义务兵优待金增发和大学毕业生优先精准定兵等政策落实，完成大学毕业生退役士兵定向招录工作，形成良好示范效应。

【基层建设】　军分区贯彻落实《军队基层建设纲要》，严格党委常委挂钩帮抓帮带制度，加强分类指导，基层建设基础更加牢固。组织召开规范化建设推进会，统一建设标准，规范登记统计和标识标牌等要素，提升部队正规化建设水平。以基层武装建设调研和达标考评为指引，对全市基层武装部和普通民兵连进行拉网式普查调研。召开民兵基层建设推进会、日常工作落实研讨会和高校武装部规范化建设现场会等，进一步规范建设标准。成立军地联合检查考评组，对基层武装部进行星级达标考评、挂牌，促进基层武装部和民兵连建设提质增效，文登区参评的5个基层武装部全部达到"五星"标准。实施“暖心工程”，为家庭困难人员发放慰问金，做好军人父母赡养补助和家属荣誉金首次发放工作，看望慰问老干部和遗属169人次，解决好退役军官安置、随军家属就业、军人子女入学等问题。指导干部休养所搞好老干部服务保障、幼儿园开展幼儿教育工作。文登区人民武装部被山东省军区评为人武部建设先进单位。

【综合保障】　军分区推进民兵装备仓库调整改革，开展枪弹大清查活动，确保枪弹管理安全稳定。加强财经管理力度，聚焦问题整改，推进军费管理体制改革，提高经费使用效益。扎实做好新型冠状病毒肺炎疫情防控工作，认真落实各种刚性措施，积极筹措防疫物资，完善应急防控预案，全区实现零感染。加强基础设施建设，对部队宿舍楼、老旧主干路、供暖主管道进行改造，不断改善官兵训练、工作、生活条件。

（张志强）

武警威海支队

【概况】　2021年，武警威海支队聚焦使命任务，扎实练兵备战，忠实履行使命，全面完成年度各项任务。

【思想政治教育】　武警威海支队开展党委中心组理论学习、研讨交流、“双百”微课（习近平新时代中国特色社会主义思想百堂微课、习近平强军思想百堂微课）展演等活动，推动理论武装走深走实。扎实做好思想政治教育工作会议“下篇文章”，深化“微课、手机进课堂、研讨式课堂、体会式笔记”群众性自我教育，完善营区政治文化环境，积极构建“一队一品＋兴趣小组＋精品节目”文化格局，举办主题文艺会演和先进典型颁奖典礼，文化育人成效明显。全力打好意识形态领域斗争主动仗，做好隐蔽斗争和“四反”（反渗透、反心战、反策反、反窃密）工作，确保官兵思想纯洁可靠。

【练兵备战】　武警威海支队立足应对强敌背景，做好方案动态修订，常态化组织不打招呼实兵实装拉动和不定时查训。突出抓好重难点科目和特战训练，在武警山东省总队特战干部骨干、教练员比武中分别获得团体第5名和个人专业第2名，1人获评训练标兵。坚持把值班室当哨位进行建设，定期组织值班执勤业务培训，强力推进执勤隐患治理，建设执勤目标辊闸门3处，处置无人机误闯监区事件1起，全年完成武装押解、联勤武装巡逻等各类勤务80余次。

【基层全面建设】　武警威海支队树牢大抓基层鲜明导向，落实经常性工作讲评机制，以学习贯彻落实军队党建法规为重点，分2批组织干部进行《军队基层建设纲要》培训，结合“组织建设规范周”活动，系统规范12个党支部组织设置，全力夯实基层基础。荣成中队、机动中队获评“四铁”（铁一般信仰、铁一般信念、铁一般纪律、铁一般担当）先进单位。坚持办好“暖心惠兵”实事，开展“我为群众办实事”实践活动，改善基层基础设施建设，改造接待用房。

【综合保障】　武警威海支队着眼现代化后勤建设，致力提升“一组五队”（后勤指挥组、综合物资保障分队、给养保障分队、卫勤保障分队、运输油料保障分队和维修技术保障分队）素质能力，开展后勤专业兵大比武，专业保障能力有效提升。加大伙食管理力度，召开伙食精细化管理观摩会，每周进行食谱审查、市场询价、伙食讲评，官兵伙食满意度达99%。深化后勤重点行业领域整肃治理，全面起底清查资产历史遗留账目，清查资产，核查整改采购项目，实现“以清促改、以清促建”目标。

（马保安）

退役军人事务

【概况】　2021年，威海市退役军人事务系统以“活动年”“创新年”“提升年”为抓手，用心、用情、用力做好服务保障工作，扎实为退役军人办实事、解难题，各项工作全面起势，在省考核中连续3年获评“好”等次。退役军人服务保障“三张清单”制度、思想政治工作“十百千”工程工作经验得到退役军人事务部领导批示肯定。威海市军休中心获评全国军休工作先进单位，威海市军用饮食供应站获评全国重点军供站。王

7月24日，荣成市人和镇院夼村“拥军船”船长集体获评全国“最美拥军人物（集体）”　（威海市退役军人事务局　提供）

9月23日，全省双拥工作推进会议在威海市召开

（威海市退役军人事务局　提供）

文水获评“全国最美退役军人”，荣成市人和镇院夼村“拥军船”船长集体获评全国“最美拥军人物（集体）”，全国退役军人先进典型事迹巡回报告会在威海市举行。1个创业项目获得全省退役军人就业创业大赛一等奖。

（李太强）

【移交安置】 2021年，完成转业军官和由政府安排工作退役士兵安置任务，转业军官安置到公务员岗位的比例达94%，由政府安排工作退役士兵安排到事业单位的比例达57%。积极构建以居家为基础、军休机构为依托、市场供给为主体、医养结合为载体的新型军休干部服务管理保障模式，军休干部的医养需求得到有效满足。扎实做好企业军转干部服务管理工作，审核发放补助经费。

（赵振禽）

【优待抚恤】 全市退役军人系统广泛开展退役军人和优抚对象走访慰问活动，发放慰问信、春联和联系卡。建立定期探望优抚对象制度，打通服务优抚对象“最后一公里”。市退役军人事务局、中共威海市委组织部等部门联合印发《关于印发威海市军人军属、退役军人和其他优抚对象基本优待目录实施细则的通知》，明确5类151小项优待事项，全面提高全市优待工作水平。组织开展“为烈士寻找回家的路”活动，先后为103名烈士找到亲属。整修保护烈士纪念设施175处，组织开展英烈事迹“五进”活动197场，制作《让红色抗战精神代代相传——威海抗战老兵事迹抢救纪实》专题片，编辑出版《威海抗战老兵》，切实做好抗战老兵事迹抢救保护。

（范曙光）

【就业创业】 2021年，全市举办退役军人专场招聘会50场次，在线上平台发布企业用工信息，并为退役士兵开办技能培训。举办威海市第二届退役军人创业创新大赛，推荐3个项目参加第二届山东省退役军人创业创新大赛，其中2个分别获得一等奖、二等奖。4人获评山东省退役军人“创业之星”、2人获评山东省退役军人“就业之星”，金猴集团有限公司董事长柳富林入选全国退役军人创业光荣榜。威海威高国际医疗投资控股有限公司捐赠20万元，支援新疆维吾尔自治区喀什地区退役军人就业创业工作。为小微军创企业发放创业扶持贷款7623.4万元，新建退役军人产业园、孵化园、科技园58家，其中1家挂牌成立山东省退役军人西洋参培训基地，1家挂牌成立山东省退役军人就业创业指导站。

（孟凡勇）

【双拥工作开展】 威海市退役军人事务工作领导小组印发《关于创建军民共建模范村（居）的实施意见》，评选军民共建模范村（居）10个。整理近100个感人双拥故事，编纂出版《威海双拥故事》。提高未就业随军家属生活标准，发放生活补助金，安置随军随调家属到机关、事业单位工作岗位。走访慰问驻军单位和立功受奖家庭，赠送慰问金、慰问品。9月，全省双拥工作推进会议在威海市召开，威海市开展双拥工作的经验做法在会上进行交流。

（王　颖）

【服务保障】 2021年，威海市服务对象100人以上的村（居）退役军人服务站一次性通过全国示范型服务站验收，荣成市俚岛镇、乳山市崖子镇等6家退役军人服务站获评全省百家红色精品退役军人服务站，文登区金山综合服务中心双龙社区退役军人服务站站长刘芳获评全国退役军人服务保障先进个人，6名退役军人服务站站长获评全省百名优秀服务标兵。发放“威海崇军卡”。完成中华人民共和国成立前和参加抗美援朝作战老兵信息采集，整理短视频424个，采集信息2097条，拍摄“印象·退役军人”主题系列短视频13部、老兵视频19部。成立威海市关爱退役军人协会，构建退役军人事务管理机构、公益事业单位和社会组织共同服务退役军人新格局。开发退役军人志愿服务平台，开展志愿活动6800余场次，服务群众15万余人次。

（魏庆安）

人民防空

【概况】 2021年，威海市人民防空办公室（简称市人防办）坚持以“巩固提升再晋位”为目标，强化以战领建、体系建设，开展“军事日”等活动，较好完成各项工作任务。

【人防工程建设与管理】 市人防办抓好重点工程建设，开工建设1个改造提升工程，完成防空专业队工程的可行性研究报告编制及审查、地质勘查、地下管线情况探测等前期工作。全面完成人防工程普查工作，摸清全市人防工程的底数和现状。坚守人防领域安全生产底线，开展3轮单建人防工程安全生产大排查、大整治行动，重点对已开发利用人防工程、早期人防工程和对外租赁场所开展拉网式巡查检查，年内进行巡查检查60余次。

12月，人防工程防护单元网格化管理培训会召开

（威海市人民防空办公室　提供）

【精致城市建设助力】 市人防办联合市房地产业协会及人防专业队组建单位、重要经济目标单位、人防中介机构等企业100家，建立政策信息互通、动态展示、新技术运用、协同协作等机制，搭建“1+百+N”服务平台，有效打通人防行业供应链、服务链、业务链，打造“铸盾护民·温馨服务”品牌。推进防空地下室精细化管理，印发《威海市防空地下室精致管理指引（试行）》，进一步规范人防工程内的标识制作和悬挂，明确防空地下室使用要求和维护责任，助力精致城市建设。研发“资料电子化、位置数据化、状态影像化、统计图形化、应用便利化”人防工程精致管理系统，建立人防数据库，实施人防工程防护单元网格化管理。

【组织指挥与信息建设】 威海市对人防指挥部进行重新编成，确定重要经济目标，全面提升人防组织指挥能力。结合全市第23次防空防灾警报试鸣活动，组织开展水务集团防护演练，进一步优化组织指挥流程，实现平时训练与战时防空无缝衔接，该活动被《中国国防报》、山东卫视等媒体报道。组织全市218所学校46万名学生开展防空疏散演练、组织“威防—2021”人防指挥部室内演练，加强警报系统巡检维护，启动人民防空方案计划编制工作。相关经验做法得到省委常委、省军区主要领导批示，被省人民防空办公室转发，并在全省人民防空演习演练课目规范试点观摩会上进行推广。

【人防依法行政】 市人防办加强执法队伍建设，完成《行政执法音像记录使用规范》《行政执法文书送达规范》起草工作，制定“威海市人民防空轻微违法行为不予行政处罚清单”和“一般违法行为减轻处罚清单”。加强执法人员法治素质和能力的培养，通过法治讲堂、法庭旁听、法律顾问和专家讲座等形式开展人防专业法律法规学习活动5次。

5月，组织学生开展防空疏散演练　　（威海市人民防空办公室　提供）

【人防宣传教育】 市人防办组织开展“5·12”防灾减灾日和“5·24”防空警报试鸣日等主题日、人防宣传教育进社区、人防知识宣讲进学校、人民防空常识进机关等活动。依托市红十字生命健康安全体验馆、华田体育公园，建成人防宣传教育工作站2个。面向全市所有初中二年级学生普及人民防空知识，年内累计培训学生1.6万余名。围绕人民防空指挥，为2021年第二期处级干部进修班、任职班及中青年干部培训班学员进行授课。常态化向城区居民免费发放应急救援包，累计开展应急救援包使用培训3000余人次，开展走访调研20余次，了解居民对人防知识的掌握情况和对培训工作的满意度。借助新媒体推动人防宣传教育融合创新，在威海广播电视台海洋频道开设《人防之声》栏目，累计播出43期。人防宣传教育相关经验做法被《人民防空通讯》转发。

（李　静）

编辑　闫拥军

经济监督与管理

发展规划与综合调控

【疫情防控和经济恢复成果巩固】 2021年，市发展和改革委员会充分发挥宏观管理和综合协调职能，准确把握经济走势，多措并举应对经济下行风险，编制印发《威海市2021年国民经济和社会发展计划》，统筹新冠肺炎疫情防控和经济社会发展，全力以赴稳定经济基本盘，确保全市经济社会平稳运行。按照科学编制、精益求精的原则，编制并印发实施《威海市国民经济和社会发展第十四个五年规划和二〇三五年远景目标纲要》，确定2035年远景目标和“十四五”时期经济社会发展主要目标，围绕产业现代化、城市国际化、新型城镇化、发展绿色化、治理现代化5个领域部署13个方面主要任务。严格落实“六稳”（稳就业、稳金融、稳外贸、稳外资、稳投资、稳预期）、“六保”（保居民就业、保基本民生、保市场主体、保粮食能源安全、保产业链供应链稳定、保基层运转）促进高质量发展政策实施，至2021年年底，省2021年发布的4批政策清单所列180项政策中，涉及威海市的163项政策均落实到位或正在推进。梳理10个方面43条惠企利民政策，全年为企业减免各类税费近4亿元，降低企业各类成本近1亿元，推动老旧小区改造、农村供水提质及清洁取暖等一批民生实事落地见效。全力保障经济运行，加强经济运行分析监测预警，构建全市经济运行月度分析报告制度，加强对地区生产总值、规模以上工业增加值、服务业增加值、一般公共预算收入、固定资产投资、社会消费品零售总额、进出口总额、实际到账外资、工业用电量9项指标的实时监测、分析研判，推动计划目标任务顺利完成。全年全市实现地区生产总值3463.93亿元，按可比价格计算，比上年增长7.5%。

【新旧动能转换】 统筹推进集群壮大、企业培育、产业转型，推动抱团式协同、双循环发展，新旧动能转换根基更加坚实。聚焦产业“主战场”，医疗器械产业集群入选国家创新性产业集群试点，碳纤维复合材料、海洋冷链物流产业集群获评省“十强”产业“雁阵形”集群，文登汽车及零部件产业、威海火炬高技术产业开发区医疗器械产业入选全省特色产业集群名单，威海威高国际医疗投资控股有限公司等5家企业成为省级产业链“链主”。2021年，6个制造业产业集群规模以上企业实现营业收入2821.2亿元，比上年增长11.7%，康养旅游产业集群预计实现旅游总收入644.1亿元，增长63.9%。七大产业集群实施重点项目210个，年度计划投资144.8亿元，年度实际完成投资243.8亿元。大力实施企业冲击新目标行动，100家入库企业、100家后备库企业全年实现营业收入3090.4亿元，增长16.1%，其中193家工业企业实现营业收入2535.3亿元，增长15.1%，成为全市经济高质量发展主力支撑。冲击新目标企业实施重点项目286个，总投资621.7亿元，2021年计划投资140.9亿元，年度实际完成投资260.9亿元。突破发展现代服务业，天润工业技术股份有限公司获评第二批国家级“两业”融合试点，威海南海新区、荣成康派斯新能源车辆股份有限公司获评第二批省级“两业”融合试点，荣成康派斯新能源车辆股份有限公司入选国家级服务型制造示范名单。威

3月，威海威高国际医疗投资控股有限公司预灌封注射器生产车间

（威海日报社　提供）

海综保区获评省级现代服务业集聚示范区，全市获评省级服务业创新中心2个、省级服务业专业人才1人。

【重点项目建设】 坚持把重点项目建设作为拉动内需的重要手段，全面推行项目专管员制度，推进全市项目一张网管理、一个平台统筹，实现投资项目全周期信息化管理，加快构建以重点带全面、以大项目促大投入的发展格局。2021年，威海市实施省、市重点项目724个，完成投资1148.8亿元，超年度计划50.1个百分点，其中311个项目当年开工建设，94个项目当年完工投用。97个省级重点项目完成投资424.2亿元，323个市级重大项目全年累计完成投资864.9亿元，投资完成率154.1%。完善落实“要素跟着项目走”机制，争取专项债券发行额度68.04亿元，获批企业债券3只、28.4亿元，争取各级无偿资金超过10亿元。重大基础设施建设全面提速，完成莱荣高铁项目（威海段）征地拆迁，工程建设用地获得自然资源部批复，至年底，桥梁桩基完成99%，墩台身工程完成97%，威海市专班指挥部被省委、省政府授予山东省攻坚克难先进集体称号。桃威铁路电气化改造项目取得自然资源部《建设项目用地预审批复意见》、省自然资源厅《建设项目用地预审与选址意见书》等批复，立项关键要件基本组卷完成。已出具威海新机场预可研评估报告并转报中国民用航空局内部审查；航站楼建筑方案征集及机场命名工作同步展开。

【固定资产投资调控】 建立固定资产投资运行定期调度和通报机制，把投资500万元以上项目进展情况全部纳入“亮灯”管理。推进落实《威海市项目策划生成管理办法（试行）》，组织市直有关部门对列入前期项目计划的市级政府投资项目开展策划论证，完成多个市级政府投资项目的策划生成、规划及建设条件的集成并立项审批。持续做好中央预算内投资计划日常管理工作，获得2020年度中央预算内投资计划执行情况综合评价全省第1名。2021年，全市固定资产投资增长6%。

【重点领域改革】 加强信用“五进”（进企业、进校园、进机关、进农村、进社区）工程建设，着力打造信用示范点750个，实施“信易贷”“信易游”等惠民政策4982项，打造信用银行、信用超市等应用场景2750处。推进行业监管制度建设，信用监管领域由30个增至53个，初步建成覆盖各村居、融入各行业、全民共参与的社会信用网络体系，全国城市信用监测综合排名在261个地级市中平均排名第6；修订《威海市公共信用信息管理办法》和《威海市守信联合激励和失信联合惩戒办法》，增强信用工作的指导性、操作性；开展信用修复攻坚月活动，对全市1400家重点企业进行“信用体检”，完成1296条信用修复；获批省级企业信用管理试点城市，威海市信易贷规模列全省第1位，工作经验在全国信易贷工作现场会上进行交流，荣成市、文登区利用信用抓手创新农村社会治理体系做法被省委副书记杨东奇批示。规范公共资源交易，推进公共资源交易监管省市一体化试点，实施“三项制度、四张清单”（三项制度指《威海市工程建设招标投标交易规则》《威海市工程建设招标投标监督管理办法》《威海工程建设招标投标不良行为量化管理办法》，四张清单指《工程招投标交易服务流程清单》《招标投标部门监管职责清单》《招标人主体责任清单》《招标投标不良行为量化清单》）制度，规范招标投标制度规则、招标投标交易活动、公共资源交易平台运行服务，建立投标人、代理机构、评审专家等不良行为量化记分制度，构建交易与监管全口径制度体系，实现招标投标监管一体化、智慧化、信用化，交易环节由24个优化为16个，整体办理时限压缩10个工作日，办事效率提升约20%，企业满意度达98%。开展山东省县域经济高质量发展差异化评价，环翠区入选综合评价先进县、文登区入选新旧动能专项评价先进县。扎实推进开发区体制机制改革创新，编制并印发实施全市“十四五”开发区发展总体规划。

【能源事业发展】 按照“东核西风”新能源布局，加速推进电力源网荷储一体化和多能互补发展，构建清洁低碳、安全高效的现代能源体系。华能高温气冷堆示范工程累计完成投资102.6亿元，12月20日并网发电；“国和一号”示范工程累计完成投资365亿元，按计划完成工程建设节点任务。文登抽水蓄能电站项目累计完成投资48.2亿元，占总投资的56%，完成下水库蓄水验收，上水库建设完成84.8%。乳山海上风电装备制造产业基地纳入山东省“十四五”能源规划，作为全省新能源装备产业基地进行布局。全力推进总投资180亿元的明阳高端海洋装备智能制造产业园、远景乳山零碳产业园等重点项目建设，全力打造山东省海上风电装备制造产业基地，拓展延伸新能源产业链条。加快推进国和示范电站500千伏送出工程、文登抽水蓄能电站500千伏送出工程等重大电网项目建设。提升能源安全保障水平，推进能源企业驻点监管，建立检查对象库、责任落实清单、隐患排查清单“一库两清单”制度，累计排查问题隐患601项，完成整改586项。依规设立煤炭销售场所，方便居民用煤需求。促进产业绿色低碳转型，开展碳达峰行动方案编制工作，排查“两高”（高耗能、高排放）项目，全年单位地区生产总值能耗下降3.41%。完成3个国家级、4个省级园区循环化改造验收。切实做好有序用电工作，建立部门联动、政企互动机制，每日研判用电形势，不断调整优化有序用电方案，扎实开展企业大走访工作，累计走访企业近3000家。

【社会民生福祉提升】 着力提升公共服务水平，促进全市养老托育服务健康发展，落实解决老年人运用智能技术困难实施方案，加快推动“银发经济”发展，打造高质量为老服务和产品供给体系，争创国家应对人口老龄化重点联系城市。全面落实乡村振兴战略，组织开展第二批乡村振兴示范县、镇、村示范创建认定，文登区被确定为威海市第二批次申报示范县（区、市），环翠区张村镇、荣成市夏庄镇和宁津街道、威海临港经济技术开发区苘山镇、乳山市海阳所镇被确定为示范乡（镇、街道），58个村被确定为示范村。申报第三批乡村振兴重大项目12个、拟贷款额度90.7亿元，获批“三农”领域无偿资金3.39亿元。全力保障粮食储备安全，落实省核定地方储备粮规模，实施储备粮动态监管体系建设，开展粮食质检机构能力提升行动，加快区域性成品粮油配送中心、“中国好粮油”示范企业建设，推进军粮供应工程项目建设。做好对口支援和东西部协作，为重庆市云阳县引入江苏恒顺醋业股份有限公司年产10万吨调味品智能化生产项目，实现对口部门结对帮扶全覆盖。

【调查研究开展】 坚持为市委、市政府科学决策服务和为经济社会发展服务的原则，持续加大跟踪调研力度，力求准确把握经济发展走势，充分发挥参谋助手作用，认真做好信息和调研各项工作。全年编发各类《发展和改革工作简报》100余期，累计向市委、市政府报送政务信息、意见建议400余篇，被上级部门采用90余篇，在2021年市委、市政府办公室信息考核中列第1位。加强对事关经济社会发展全局的重大问题的研究，围绕产业体系、“双碳”目标、新型城镇化、粮食安全等形成调研报告20余篇，提出具有针对性的政策建议，为市委、市政府决策和经济社会发展提供科学依据。接待上级部门或学术机构检查、督导和调研活动15批次，及时反映全市关于重大项目支持政策、资金扶持、精致城市建设的诉求及意见建议。加强对特色园区发展研究，按照“项目集聚化、集聚园区化、园区特色化”的方向，依据各区（市）优势产业，分类培育打造一批资源配置效率高、专业分工明确、产业链条完善的特色园区，完善产业生态，促进产业集群集聚膨胀和产业链优化。主动融入黄河流域高质量发展重大战略，推进黄河流域生态保护和高质量发展战略落实，谋划储备涉及黄河流域生态保护政策、事项、工程等240项，印发市黄河流域生态环境突出问题专项整治方案；积极推进胶东经济圈一体化发展，谋划打造威海火炬高技术产业开发区—牟平高技术产业联动区、乳山—海阳新能源产业联动区。

固定资产投资管理

【概况】 2021年，全市强化项目建设，全面建立“项目专管员”“项目督导四级联动”“要素供需联动”“一张网管理、一个平台统筹”四项机制，坚持以优质项目带动有效投资，推动项目谋划招引和落地见效，为全市经济社会持续健康发展提供支撑。

【固定资产投资】 2021年，全市固定资产投资平稳增长，投资结构持续优化，投资运行呈现高开低走的态势，一季度起步较高，增速达15.9%，全年增速为6%，与全省平均增速持平，居全省第11位。“四新”（新技术、新产业、新业态、新模式）经济投资比上年增长13.5%，占全市固定资产投资比重为59.5%，高于全省8.3个百分点，居全省第2位。高技术产业投资增长26.2%，占全部固定资产投资比重为15.8%，高于全省7.2个百分点，居全省第1位。

12月，莱荣高铁项目莲花城特大桥施工现场　（孙大伟　摄）

【三次产业结构】 全市三次产业增速平稳，制造业投资拉动作用明显。第一产业投资比上年增长21.4%，提高16.4个百分点；第二产业投资增长15%，提高3.2个百分点；第三产业投资与上年持平。三次产业投资占比调整为2.3∶40.4∶57.3。制造业投资增长19.8%，提高6个百分点，增速高于全市固定资产投资13.8个百分点，拉动全市固定资产投资增长5.6个百分点。

【民间投资和基础设施投资】 全市民间投资比上年增长8.9%，提高14.8个百分点，高于全市固定资产投资2.9个百分点，拉动全市投资增长5.7个百分点。民间投资占全部投资的比重为65%，低于全省0.2个百分点，居全省第10位。民间投资占比提高1.8个百分点，高于全省0.5个百分点，居全省第7位。年内，全市缺乏规模较大的新开工基础设施项目带动，支撑基础设施投资持续增长力度有限。全市基础设施投资下降0.4%，下降13.4个百分点，增速低于全市固定资产投资6.4个百分点，拉低全市固定资产投资增速0.1个百分点。

【房地产开发投资】 全市房地产开发完成投资382.5亿元，比上年下降2.8%，下降5.5个百分点，居全省第13位。全市新建商品房施工面积3576.9万平方米，下降4.8%，降幅收窄4.6个百分点；竣工面积736万平方米，增长2.8%，增速回落12个百分点；累计销售面积518.5万平方米，下降6.5%，降幅收窄5.3个百分点；累计销售均价7590.7元/平方米，下降4.1%，下降7.9个百分点。

【项目建设要素保障】 全面落实“要素供需联动”，建立重点项目土地、资金等要素需求周调度机制，统筹协调解决制约项目落地的堵点、难点问题。全年为省重大项目申请新增用地55.8公顷，全部由省级统筹保障；为莱荣高铁、国和一号等项目报批用地指标505.3公顷；在交通、水利、城建等重大基础设施领域争取专项债68亿元、企业债28.4亿元、外债16.5亿元、政策性贷款36.1亿元、无偿资金10.2亿元。其中，获得保障性安居工程奖励资金占全省的53.5%，占全国的10%，居全省第1位。

【新立项项目投资】 2021年，全市新立项项目个数及总投资均实现增长，有效夯实投资基础。立项投资500万元以上投资项目1967个，比上年增加320个；项目总投资4227.3亿元，增长36.8%。其中，审批项目161个，减少30个，总投资164.5亿元，下降35.6%；核准项目45个，减少21个，总投资128.5亿元，下降30.6%；备案项目1761个，增加371个，总投资3929.5亿元，增长48.7%。

（姜富井）

国有资产监督管理

【概况】 2021年，威海市国有资产监督管理委员会（简称市国资委）围绕推动国有经济高质量发展，以落实国企改革三年行动重点任务和开展对标行业一流管理提升行动为切入点，持续深化国资国企改革，推动国资国企发展。至年底，19家市属国有企业资产总额838.08亿元，所有者权益425.43亿元，实现营业收入98.25亿元。

【现代企业制度建设】 强化发展战略引领，编制印发《威海市市属国资国企改革发展“十四五”规划》，进一步完善企业编制的“十四五”发展规划和三年滚动发展规划。加强公司合规管理，印发市属国有企业章程的管理办法，规范公司章程制定、实施、监督，强化公司章程依法治企作用。加强外部董事监管，健全完善外部董事监督管理制度，强化对企业投融资、股权和资产处置、改革改制等重大事项的决策和监督。充分发挥财务总监作用，完善财务总监对企业财务状况的分析报告制度，每季度对企业财务状况进行分析。加强资金监管平台管理，推动企业将活期存款改为协定存款和7天通知存款，年可增加利息收入3000余万元。加强债务风险管控，印发加强国有企业债务风险管控工作指导意见，在全市范围内开展债务风险排查。优化威海产业投资集团有限公司、威海城市投资集团有限公司资产质量，增强防范化解债务风险能力。

【市场化经营机制建设】 稳妥有序推进“三项制度”（人事、劳动、分配制度）改革，推动威海产业投资集团有限公司、威海粮油发展有限公司开展高级管理人员市场化选聘，指导威海城建集团有限公司开展内部竞聘，择优选聘副总经理2名，薪酬按照市场化水平确定，并按合同约定严格考核奖惩。印发市属国有企业市场化选聘高级管理人员薪酬指导意见、实施中长期激励试点意见，建立长效激励约束机制。做好企业用工备案管理，对企业招聘方案进行把关审核，年可节约人工成本1640万元。加强投融资管理，建立市属国有企业投资项目负面清单，严控盲目投资和非主业投资。审批企业投资事项4个，投资总额6.91亿元，备案企业增资事项5项，增资额2.29亿元。印发市属国有企业债券发行管理办法，规范企业发债行为。审批企业发债事项5个，发行各类债券3笔，合计38亿元。推动中小企业分类改革，按照“因企制宜，一企一策”的原则，推动9家市属各级次企业分类改革。开展亏损子企业专项治理，对市属国有企业现有的亏损子企业进行全面摸排，推动整改，至年底7家企业完成整改。

【专项行动开展】 狠抓国企改革三年行动落实，将省国企改革领导小组印发的45项考核指标和94项量化指标以项目化、清单化的方式进行分解，加快推进。经省国企改革领导小组评估，威海市国有企业改革进度位居全省“第一方阵”。以问题为导向，开展市属国有企业对标行业一流管理提升行动，明确规划管理、运营管理等7个领域27项重点提升任务，推动企业强管理、增效益、防风险、激活力，市属国有企业完成创新创效任务5.7亿元。强化安全生产管理，深入开展安全生产“大排查大整治”行动、消防安全“大起底大整治”行动、安全生产专项整治三年行动，加强企业风险隐患排查整治，累计发现各类安全生产风险隐患1657个，整改问题1639个，整改率达99%。开展招商引资优化提升行动，印发市属国有企业招商引资优化提升行动方案，推动国企建立专业招商队伍，并将招商引资列入企业负责人经营业绩考核。先后赴山东省商业集团有限公司、山东发展投资控股集团有限公司等企业进行重点推介，促成中青旅控股股份有限公司、山东发展投资控股集团有限公司等与威海市政府签订战略合作协议。

【国资监管体制改革】 市国资委印发市属国有企业债券发行管理办法、市属国企市场化选聘高级管理人员薪酬指导意见等11个文件，进一步完善威海市国资监管制度体系。加强出资人审计监管，选聘9家中介机构对19家市属国有企业开展全面审计，发现问题163个，整改问题138个。深入推进国有企业“阳光采购”，推动企业合标采购全部上线交易，节约采购资金1.84亿元，节支率5.18%。建立市属国有企业人资考核监管平台，对企业经营发展情况、人员流动情况以及工资发放情况实施动态监管。加强国资国企在线监管系统建设，搭建联通市国资委与市属国有企业的实时在线市级监管系统，覆盖19家市属国有企业及320余户各级子企业，至年底，完成与省国资监管系统的对接，实现数据实时自动上报。

·市属国有企业简介·

【威海国有资产经营（集团）有限公司】 2021年，公司有各类出资企业24家，资产总额14亿元，净资产7.9亿元，实现营业收入9145万元、净利润1452万元，完成扭亏增盈的目标。

公司加强与深圳市创新投资集团有限公司的合作，优化基金投资结构，提升投资价值，年内完成对山东长信化学新能源及威海西力电子2个新项目投资。发挥威海投融资市场自身资源和渠道优势，做好市财政资金股权投资试点业务，发挥财政资金引导激励作用。稳健审慎开展应急转贷业务，参与应急转贷业务153笔，发放金额9.7亿元，直接为企业节约融资成本近1000万元。围绕服务国企改革，持续打造高效规范的国有产权交易中心，完成国有企业产权代理项目20余笔，涉及交易金额近2亿元。拓展经营取得新进展，托管运营的山东药品食品职业学院阳光公寓项目、威海市职业中等专业学校培训基地项目成为优质高效益托管项目。威海国际商务大厦有限公司、威海市阳光大厦有限公司不断拓展市场经营，持续提升服务水平，实现逆势增长。企业家培训基地创新开设中高层班课程，开展各类培训30期，与中国（深圳）国际人才培训中心签署人才培训战略合作协议，打造威海干部教育培训南下精品路线。依法依规妥善处理"僵尸企业"，对长期亏损、扭亏无望的企业坚决关停退出，化解累积多年的经营风险。盘活低效、闲置资产，全力开展招租工作，实现租金收入逆势增长。统筹深化改革与精细管理，实施全员绩效考核、全面预算管理、中层员工全员轮岗交流、全集团资金集中管理、全集团用工统一管理、全员绩效与公司目标挂钩管理，建立各项工作流程，抓好防风险各项工作，保证企业经营管理有序、规范、高效、安全。

【威海城市投资集团有限公司】 2021年，公司注册资本50亿元，有下属企业19家（1家分公司，16家全资公司，2家控股公司），产业涵盖城市公用设施建设、房地产开发、投资与资产管理、商品混凝土产销、市政施工、城市停车管理、健康医养、物业管理、公路勘察设计与施工、质量检测等多个板块，是集投、融、建、管为一体的集团化企业。公司实现营业收入16.93亿元，净利润3.06亿元。

公司积极推进重大基础设施项目建设。浅海科技湾区项目完成首期建设任务，为国家海洋综合试验场、海洋创新平台提供承载空间；市民中心项目基本完成裙楼主体施工；桃威铁路电气化改造接续工程基本完成；栖霞街、老港改造以及地中海俱乐部项目启动施工；威海国际经贸交流中心项目会展区和逍遥湾国际商务酒店投入运营；泊于棚改项目于7月完成交付，蒲湾棚改项目处于施工阶段；未来科技城项目1～5号楼主体结构及幕墙工程完成施工。深入参与城市运营，打造的威海"智慧停车"项目，每年可为市民提供停车服务1500万次；餐厨垃圾处理项目年均处理餐厨垃圾3.3万吨、污水6万吨。

【威海城建集团有限公司】 2021年，公司注册资本1亿元，有房地产开发二级、AAA级信誉等级、AAAAA级诚信等级和园林绿化设计、公共设施及市政工程管理、金属制品、物业管理等资质，实现营业收入3.86亿元。

公司加强在建项目建设，加大销售力度，有效盘活闲置资产。城建新苑壹号项目完成年度销售额7870.27万元、回款额1.99亿元；通过租售并举等多种方式销售去化闲置资产20处、租赁34处，实现低效资产处置回款2724.39万元。

【威海港华燃气有限公司】 2021年，公司加大机构改革力度，工作部门由19个压缩至13个，成立涵盖更多生产生活服务功能的综合性服务公司。以经营管理全过程零事故为目标，严格落实全面品质管理（TQM）办法和风险分级管控措施，安全生产形势持续向好。起底式排查室外管线2300千米，即查即改隐患19处，整改率100%。细化"高、中、低"三级风险管控方案，全面提升风险管控水平。设置专职稽查队伍，对户内安检质量严格抽查考核，确保安检效果，全年整改户内一级隐患998处。对多次到访不遇用户建立特别档案，积极沟通联系，尽可能做到入户实检，短期销号。提升服务质效，成立营商环境建设办公室，定期汇总梳理用户诉求，研究解决办法，年内办理用户电话18万个、政务热线派单1385单，满意率99.7%。全年居民用户燃气业务线上办理率达85%，比上年提高20个百分点，并与供水、供电业务"共享"营业厅，实现业务通办。对非居民用户业务，从项目报建至验收通气，推行"全程包办"。协助34家企业完成由热电集中供气向燃气分布式供气的转换，确保企业正常运营，年可减少碳排放12万吨；推动远大科技集团有限公司在威海临港经济技术开发区建设绿色能源项目，为企业高效用能、城市持续减排探索可复制经验。新增"泰—青—威"天然气管线下载点，提高全市气源保障和自主调配能力。

【威海产业投资集团有限公司】 2021年，公司下辖全资、控股、参股等企业52家，资产总规模376亿元，上缴税费6710万元。

公司确立"以提高盈利能力为纲，以风险防控为要，以助推威海产业发展为本，聚焦主责主业、突出产业投资"的发展定位。在产业投资方面，积极构建投前、投中、投后全过程的投资管理制度体系，新设基金2只，新增基金规模55.56亿元，新增投资项目21个，投资金额12亿元。存续子基金和产业基金19只，基金规模106亿元，实缴出资71亿元，累计完成90余个项目投资（其中上市公司9家），投资金额58亿元。在产业金融方面，以风险防控为前提，积极探索投贷联动、投保联动、投贸联动，累计投放贷款110笔、开展担保业务212笔，金额合计27.86亿元，累计实现贸易额9.75亿元。在民生事业方面，推进威海市大威石油有限公司与山东壳牌石油有限公司签署全方位战略合作协议，实现大威石油国有品牌国际化；充分发挥市民卡市域全覆盖优势，为智慧城市建设发挥重要载体功能。

【威海市交通发展投资有限公司】 2021年，公司资产总额41.32亿元，实现主营业务收入7.71亿元、净利润2276.54万元，可上缴国有资本收益409.78万元。

针对环山路相关隧道光亮度低、个别路段环境差等问题，公司统筹资金5000余万元，实施项目提升工程，改善通行环境。实施陶家夼、黄家夼、东夼3座隧道光亮提升工程；增设噪声屏障520米，最大限度降低噪声影响；重新完成土地组卷和生态保护红线无法避让性论证等工作，加快完善相关政策手续。主动承接原归属威海港集团有限公司的防波堤、航道等非经营性资产1.44亿元、对应负债1784万元，与相关债权单位逐笔签订债务承接合同，偿还债务900余万元；与航道、航标灯维护单位，厘清航标养护责任，每年投入维护资金80余万元；理顺疏港铁路维护运营体系，投资60余万元完成铁路网整修维护，逐步恢复疏港铁路运输功能，推动“公转铁”运输结构调整。创新开展投资拉动型物资贸易，与中铁十四局集团有限公司、济南城建集团有限公司组成联合体，中标总投资46.5亿元的济南莱芜片区开发项目，资金年综合收益率达16.4%。积极做大营收规模，实施全产业链物资供应，加快融入央企产业链、供应链，持续调整优化物资供应品类结构，不断提升高附加值品类供应比例，年内实现物资供应规模7.77亿万元，净利润 1039.55万元。

【威海市东山宾馆有限公司】 2021年，公司持续打造“管家式”会议品牌，服务多次重大会议，仔细研究服务细节，为客户提供合理化、专业化建议。强化菜品精品意识，成立菜品创新工作室，每周研发新菜品，并根据客户反馈意见，反复改良菜品，不断提升菜品质量；提高婚宴菜品档次，定期变化婚宴菜品做法和原料，对菜品造型、颜色搭配和装饰等方面创新，客户满意度不断提高。充分利用空间资源，分别于7月、10月推出花园烧烤、韩式料理项目，丰富服务项目。强化政务接待保障能力提升，先后接待省“四进”工作组、省政法队伍教育整顿指导组、省委老干部休养团等多个重要长驻团组，承接新冠肺炎疫情防控、环保督察、政法整顿、渔船管控、党史学习教育等多个市级工作专班的常驻保障任务。至年底，公司资产总额2.33亿元，比上年增长1.2%；负债总额4848万元，下降26%；营业总收入4815万元，增长25%。

【威海粮油发展有限公司】 2021年，公司围绕储备粮管理主责主业，注重在储备粮安全管理、多种经营、加强安全生产等方面持续用力，实现社会效益和经济效益同步提高。年内，争取到省级储备粮指标，实现销售收入比上年增长188%，高大平房仓容利用率91%。

公司严格落实仓储管理制度，认真执行《威海市地方储备粮管理办法》和“一规定两守则”（《粮油储存安全责任暂行规定》《粮油安全储存守则》《粮库安全生产守则》）管理规定，各类储备粮全部达到管理要求。粮情检测、机械通风、环流熏蒸3项储粮技术应用率100%。安装储备粮库业务管理信息化系统和储备粮动态监管系统，实现业务管理数字化、自动化、智能化，粮食数据信息与各级粮食管理部门实现互联互通，提高工作效率。拓展采购销售渠道，代理销售东北大米。利用军供品牌开设惠民便利店，服务群众。完成威海市区域性成品粮油配送中心项目建设。

（王海兰）

市场监督管理

【概况】 2021年，威海市市场监督管理局以“实干创新突破年”为主线，全面推进各项工作，被国务院予以督查激励1项，先后18次在省级以上会议作经验交流；先后23次被国家市场监督管理总局、省市场监督管理局等以工作简报、正式文件等形式推广其工作经验；获评全国食品安全工作先进集体、全国市场监管卫士、全国市场监管系统扫黑除恶专项斗争工作成绩突出集体、山东省先进基层党组织、全省药品安全监测工作突出集体。

【食品安全监管】 *食品生产企业分级分类监管* 全市开展日常监督检查1309家次，责令整改305起，立案49起，罚没款103.74万元。推动小作坊规范提升，全市检查食品小作坊1064家次，责令整改209起，立案51起。探索开展食品生产集聚区质量规范提升行动，指导文登区花饽饽加工产业园区制定团体标准，建设共享实验室。国家市场监督管理总局批复同意威海市开展西洋参“药食同源”试点。

食品流通质量安全提升 落实“建设智慧放心农产品批发市场”为民办实事项目，研发“食安小智”App，实现食用农产品信息线上溯源、实时查询。全市4家批发市场的770家入场销售者全部应用“食安小智”App，累计上传食品安全追溯信息5.52万条，实现市域农批市场食品安全信息化追溯管理全覆盖。持续推进食用农产品批发市场快检工作，快检食用农产品32.1万批次，发现并处置不合格农产品39批次。深化食品销售风险分级管理，完成15家集中交易市场和3.72万家食品销售者的等级评定和调整，定级覆盖率100%。落实食品供货商主体责任，加强“一票通”追溯管理，立案查处12起。开展校园及周边食品、保健食品、农村假冒伪劣食品、流通环节等专项整治行动，检查各类食品经营单位7154家次，立案6起。

餐饮服务质量安全提升 在全市40余个餐饮示范街区中试点打造“明厨亮灶”示范街区，带动街区内2600余家餐饮单位水平提档升级。开展餐饮服务单位经营条件专项整治行动，立案213起。开展网络订餐净网行动，全年累计监测入网经营商家12.6万家次，检查网络订餐餐饮单位6568家次，责令整改497家次、下线435家次，立案119起。持续开展校园食品安全守护行动，责令整改73家次，立案查处6起。强化对社区食堂、医院食堂、养老机构食堂等集中用餐单位监管，全年开展单位食堂联合督导检查75家次，立案查处2家。开展餐饮街区规范提升行动，全市检查夜间消费集聚区、特色街区等夜间餐饮单位213家次，责令整改14家次。深入开展餐饮具清洗消毒专项整治，全覆盖检查餐饮具清洗消毒单位，责令整改433家次，立案查处28起。开展餐饮服务风险分级管理工作，全市持证餐饮服务提供者风险等级评定完成率持续保持100%。

【药品医疗器械安全监管】 *药品零售综合治理* 构建远程处方审方一体化平台，全市10家药品零售连锁总部、1070家零售药店、4家远程审方服务平台、6家互联网医院进驻，可提供服务的执业医师和执业药师数量达890名。印发《威海市家庭过期药品回收销毁管理办法》，累计设立定点回收门店200家，实现镇（街道）全覆盖，全年回收销毁过期药品7吨。开展药品零售综合治理，全市检查零售药店

3010家次、药品使用单位3094家次，立案425起，罚没款129.24万元。加强化妆品安全监管，全市立案查处化妆品案件115起。

医疗器械经营使用环节监管　对全市2793家经营企业全面实施网格化监管，强化分类分级管理，全市检查三级监管企业344家，覆盖率105.6%；检查二级监管企业642家，覆盖率81.3%；检查一级监管企业1267家，覆盖率55.7%。引入信用治理机制，注销经营许可证（或备案凭证）66家，列入经营异常名录12家。开展医疗器械质量安全风险隐患排查治理，排查经营使用单位3672家，责令整改603家，立案47起。开展医疗器械监督抽检，完成国抽1批次、省抽20批次。

不良反应监测　年内，收集、审核药品不良反应监测报告3694例、医疗器械不良事件监测报告2333例、化妆品不良反应监测报告699例。全年上报药物滥用监测报告487份。

【特种设备安全监管】　推行“服务+保险”工作模式，全市电梯责任保险覆盖率达100%。建立电梯按需维保地方标准，实施电梯按需维保与检验检测改革试点。开展老旧电梯隐患集中整治行动，1065部老旧电梯全部完成整改。开展特种设备安全大排查大整治行动，全覆盖检查特种设备使用单位6173家，排查问题隐患7506处，下达特种设备安全监察指令568份，立案查处66起。开展电站锅炉阀门整治行动，对全市电站锅炉527个阀门的阀体外表面全部进行检验，发现存在问题阀门174个，全部完成整改。开展气瓶安全整治行动，组织对全市14家在营工业气瓶充装单位整治情况进行验收，累计检验气瓶2.22万只，报废气瓶2854只，立案7起；指导全市103家在营气瓶充装单位全部完成气瓶追溯体系建设。开展小渔港起重机械联合整治行动，对全市590台无档案起重设备进行初步筛查，并对不能确定归属的277台无档案起重设备进行鉴定评估。加强特种设备检验，实施检验报告电子化，特种设备登记率、定检率持续保持100%。威海市特种设备安全监管工作经验在全省特种设备安全监察工作视频会议上进行交流。

【质量安全监管】　生产环节质量监管　开展产品质量监督检查，检查生产企业207家，发现并移交涉嫌违法案件线索2起。开展产品质量监督抽查活动，抽查1124批次产品，不合格检出率1.78%。

流通环节质量监管　强化流通领域产品质量抽检，抽检农业生产资料、消防产品、建筑和装饰装修材料等10类797批次产品，不合格检出率8.9%，立案查处31起；各区（市）抽检流通领域产品3444批次，不合格检出率5.69%，立案查处154起。开展危险化学品经营企业违法采购危险化学品行为大排查行动，排查经营危险化学品的企业739家次，发现涉嫌违规情况6起，全部责令整改到位。开展学生和儿童用品专项守护、冬春季火灾防控、电线电缆、交通安全、塑料制品和农膜等专项整治行动，开展应急抽检49批次，11批次不合格，立案查处违法主体8家。推进煤炭场所综合整治，加强煤炭质量检测，全市抽检煤炭59批次，全部合格。抽检成品油1177批次，发现不合格1批次，立案1起。

9月28日，威海市预付式消费协同服务平台启动仪式举行

（威海市市场监督管理局　提供）

【消费环境治理】　价格监管　发布《商品和服务明码标价规范》，规定商品和服务明码标价的术语和定义、基本原则、基本要求、标价内容，保护消费者和经营者的合法权益。开展转供电差异化监管工作，实现压降电费159.74万元，降价幅度达39.3%。开展涉企收费专项检查，检查单位60家，立案5起，罚没款10万元。聚焦教育、医疗、殡葬、疫情防控价格等重点民生领域开展整治，立案5起，罚没款115.4万元。采取“以查代训”方式指导开展医疗机构收费检查8家，立案3起。开展旅游景区销售保险费专项检查，检查旅游景区3家，立案3起。开展校外培训机构检查，发现问题18个，均监督整改到位。全年查办价格案件13件，办理简易程序案件15件，办理投诉举报93件，处置及时率、满意率均达100%。

反不正当竞争　推进增量文件审查，完成149件涉及市场经济主体政府文件的公平竞争审查，清理存量政策措施684件。加大案件查办力度，查处不正当竞争案件14起，罚款104.91万元。严厉打击野生动物违规交易行为，立案查处野生动物违规交易案件1起。开展反垄断调查，对公用企业5家进行反垄断提醒告诫。

打击传销和规范直销　年内，全市查处传销窝点240余处，教育遣散传销人员590余人，查办案件305起，罚没款405.89万元，移交公安机关案件3起。培训网格员1580名，创建“无传销”村（社区）1145个。加大防范打击传销普法宣传力度，发放宣传资料4.2万余份，定向推送防范打击传销警示短信8.8万余条，制作发放《全民防范传销实用手册》10万册。

网络市场监管　开展汽车消费领域专项整治、健身消费侵权治理、侵害消费者个人信息专项整治、暑期校外辅导机构专项整治行动，查办案件14起。与哈尔滨工业大学（威海）开展网络交易智慧化监管方面的课题合作，“面向网络直播带货监管的视频目标检测识别技术研究”课题被国家市场监督管理总局纳入“揭榜挂帅”活动技术需求榜单。建立渔具行业线上线下一体化消费维权服务站，处理消费纠纷51起，和解成功率100%；挂牌成立国家渔具产品质量检验检测中心便企服务站，产品检验时间由15个工作日缩短到5个工作日。

广告监管　年内，全市查处虚假违法广告案件253起，罚没款96.62万元。监测各类广告7.1万条、86.1万条次，查看率、处理率均达100%。组织企业参加全省“庆祝建党100周年”暨“泰山杯”公益广告大赛，17件作品获奖，2个单位获得优秀组织奖。

侵犯知识产权和假冒伪劣行为打击　全市查办侵权假冒违法案件661起，罚没款411.56万元，移交公安机关7起。

渔船管控　严查采购、销售和加工无法提供合法来源凭证水产品的违法行为，休渔期检查水产品生产经营单位及餐饮单位1.75万家次，责令改正165家，警告36家，立案查处12家，移交涉嫌非法渔货物案件线索7起。

“僵尸企业”清理和信用修复　全市立案吊销“僵尸企业”729家，为1875家经营异常名录企业、52家严重违法失信名单企业依法依规修复信用。

【质量提升推进】　推进品牌高端化建设，23家企业入选山东省高端品牌培育名单。威海火炬高技术产业开发区医疗器械产品基地以621亿元居2021年山东省优质产品基地品牌价值十强榜单第1位。威海威高国际医疗投资控股有限公司和威海拓展纤维有限公司获得中国质量奖提名奖；成山集团有限公司和陈学利获得第八届山东省省长质量奖。

质量认证体系建设　扎实开展小微企业质量管理体系认证提升行动，推动4家省级试点、8家市级试点通过认证。3家企业通过“泰山品质”认证审核。加强检验检测机构监管，监督检查检验检测机构120家，立案13起，罚没款28.715万元。加大认证活动监管力度，检查强制性产品认证企业90家、流通领域强制性产品认证销售业户11家，检查自愿性认证等企业20家，下达责令改正通知书5起，对强制性产品生产企业1家和销售业户2家进行立案调查。加快推进“三同”（同线、同标、同质）工程建设，印发《同线同标同质企业建设指南》，启用“三同”标志，将“三同”企业认证从食品行业向消费品和工业品生产企业拓展，首批认证“三同”企业48家。做好3C进口产品免办工作，严格审核3C免办申请46批次，发放免办证明36张。

计量监管服务效能提高　全市抽查加油站、医疗机构、定量包装商品净含量、眼镜制配场所等重点民生领域企业2568家，立案查处143起。建设高频民生计量器具信息查询平台，将全市377个加油站、2447辆出租车计量器具基础信息和检定信息全部录入平台并实时更新，实现“一车一码、一站一码”。

【知识产权发展与保护】　知识产权培育运营　2021年，全市有高价值发明专利1602件，每万人有高价值发明专利5.5件。获评省高价值专利培育中心项目2个、获得第二十二届中国专利奖优秀奖4项。协调国家知识产权局专利局专利审查协作天津中心建立审查和服务实训基地13家。全面开展知识产权质押融资，全市专利权质押登记251项，比上年增长239%，质押金额32.8亿余元，增长300%。其中，宏安集团有限公司采用“商标＋专利”组合方式质押融资3730万元。实施医疗器械“产业＋园区”专利导航项目，形成《威海医疗器械产业专利导航报告》，威海威高国际医疗投资控股有限公司新增授权发明专利20件，山东威高集团医用高分子制品股份有限公司提交PCT申请1项。积极推动非诉调解维权，打通“法院调解平台—调解委员会—调解员—纠纷当事各方”衔接渠道，成功调解案件225起，成功率84%。

知识产权保护　开展各类知识产权专项行动，办理假冒专利案件37件、商标案件250件。威海市被确定为省级专利侵权纠纷行政裁决示范建设工作试点市，全年处理专利侵权纠纷行政裁决案件24件。强化地理标志产品保护，完成地理标志商标换标23件，申请使用专用标志企业达65家。乳山市政府获批筹建乳山牡蛎国家地理标志产品保护示范区；乳山牡蛎和文登西洋参被列为国家地理标志运用促进重点联系指导名录；文登西洋参被确定为国家级地理标志运用促进运用工程项目，乳山牡蛎被确定为省级地理标志运用促进工程项目。

【标准化战略实施】　积极落实标准化激励政策，完成2020年度标准化资助资金评审，资助102项标准化项目323万元。加快推进市级地方标准制定，征集市级地方标准79项，立项48项，发布地方标准29项。全市新立项国际标准2项、国家标准12项、行业标准12项，新增团体标准35项。持续推进标准化试点创建，14个市级标准化试点通过现场评估；《运恒餐饮营养膳食提供服务标准化试点》等4个国家级试点通过国家标准化管理委员会专家组现场评估；《威海市环翠区红色旅游服务标准化试点》等4个项目获批立项国家级标准化试点项目。开展自我声明公开企业执行标准和团体标准监督检查工作，检查企业执行标准500项、团体标准44项。依托企业高质量发展服务平台，在线提供韩国KS标准3.5万项，团体标准4025个，技术法规3259项。线上、线下收集发布TBT通报58条、SPS通报38条、对韩国出口受阻信息370项、预警通报110条。

（朱子龙）

政府审计

【概况】　2021年，威海市审计局以“依法依规、守正创新”为目标，揭示风险促进深化改革，维护法纪促进风清气正，助力全市经济社会高质量发展。全年完成审计项目182个，查出主要问题金额468亿元，促进增收节支15.27

亿元，促进被审计单位采纳建议366条，建立健全规章制度340项。

【政策跟踪审计】 把推动重大政策措施贯彻落实作为审计工作的重点，以资金、项目、政策和重大改革任务推进情况为着力点，突出对宏观层面的把握、对重点领域的关注、对末端细节的延伸，围绕与人民群众切身利益紧密相连的养老、医疗、住房、教育等问题，组织对全市社会保险基金、基层医疗卫生服务能力建设、保障性安居工程等11个项目开展政策跟踪审计，推动保障和改善基本民生，促进惠民富民政策落地见效。

【预算执行审计】 推进部门预算执行审计，对市级86个一级和207个二级预算单位的预算执行情况进行全面数据分析，重点对6个预算单位开展现场审计，对48个一级和86个二级预算单位开展数据分析疑点核查，通过大数据审计进一步规范部门预算管理。加大财政资金绩效审计力度，对涉及预算资金5.26亿元的50个项目，从事前绩效评估、绩效目标编制到预算资金执行、项目绩效监控等进行全过程审计，促进提升预算管理水平、优化财政支出结构、推动提高财政资金的配置效率。全年预算执行审计查出12类204项问题，整改192项，整改率94%，整改金额达42.44亿元。其中，促进资金拨付16.54亿元，盘活存量资金10.30亿元，节约投资7.87亿元，促进非税收入上缴入库4.93亿元，完善各类制度办法56项。

【经济责任审计】 坚持制度引领，印发《经济责任优秀审计项目评选办法（试行）》《经济责任审计项目实施流程管控工作方案》，对授权交叉项目管理等2项制度进行修订完善。认真落实任中审计为主和政策绩效审计理念，任中审计比例近60%。狠抓流程式管理和过程式整改，查处贯彻落实上级各项经济政策及决策部署不力等方面问题103项，涉及单位占比73%。拓宽揭示提醒渠道，以领导干部任前经济责任告知办法及重点风险防范手册为依托，对近年发现的新问题、新案例等予以补充完善，由市委组织部结合领导干部任前事项告知，向新任领导干部发放，持续做好预警预防。

【自然资源资产审计】 开展耕地保护和土地利用情况跟踪审计、全市海域资源资产管理和保护利用专项审计，重点围绕建设用地管理利用、土地出让收入及耕地开垦费等资金征管用、海域资源管理利用、污水污泥处置、入海排污口治理等方面进行审计。进一步探索应用地理信息技术，梳理海洋、水资源等方面法规300余项、各类操作指引110余条，为开展自然资源资产审计工作奠定基础。

5月，工作人员进行耕地保护和土地利用情况跟踪审计

（威海市审计局　提供）

【政府投资审计】 坚持理念创新、技术创新和管理创新，扎实推进投资审计快速转型。出台制度1项，对2021审计年度的8个项目实施竣工决算及绩效审计，做到竣工决算项目绩效审计覆盖率达100%，节约投资4.89亿元，三维实景建模技术在投资审计中的应用探索经验做法在省审计厅作典型交流。拓展投资审计管理平台使用功能，实现全过程审计质量和风险管控，促进投审业务管理效能大幅提升。

【民生审计】 开展“我为群众办实事”实践活动，以政策、资金、项目为主线，相继组织实施社会保险基金、保障性安居工程、基层医疗卫生服务能力建设、乡村振兴、重点民生工程等审计项目，深入揭示各领域存在的突出问题和风险隐患，推动利民惠民富民政策落地落实，确保兜牢基本民生底线，增进民生福祉。

【审计信息化建设】 扎实推进“金审工程”三期工程建设，完成网络适配改造、终端部署、系统测试等各项任务，10月在全市审计机关全面启用运行，工作经验在全省推广。瞄准创新主方向，在多个政府投资项目中探索应用三维实景建模技术，在审计思路和大数据分析技术手段上取得新突破。从审计理念、方法、模式等维度，持续优化“双主审、双报告”运行模式，强化大数据技术与审计业务的深度融合，促进技术和业务“深度融合、双轮驱动”。

【内部审计指导】 创建“指导更加精准全面、监督更加常态有力”的内部审计指导模式，持续完善内审工作制度框架，印发《威海市内部审计工作规定（试行）》《威海市市直单位内部审计资料备案管理办法（试行）》。建立与市国有资产监督管理委员会等主管部门协作机制，推动大中型国有企业建立总审计师制度。强化线上指导、专项检查、结合审计项目监督等举措，创新培训交流工作机制，推动内部审计工作成为部门（单位）规范管理、完善内控、防范风险和提质增效等方面的重要手段，构建国家审计与内部审计协同发展的“大审计”监督格局。

【审计整改】 以制度建设为引领，不断强化审计整改规范化建设，全面落实整改告知、整改承诺、整改约谈、结果公告、责任追究等整改工作机制，切实推动审计整改成效全面提升。凝聚整改合力，聚焦行业改革难点、堵点问题全力攻坚，推动化解和处置重点难点问题，优化党委领导、人大监督、政府落实、行业管理、单位实施的审计整改工作格局，实现“机制更加健全，责任更加清晰，成效更加显著”的总体目标。

（潘　康）

自然资源和规划管理

【概况】 2021年，全市自然资源和规划系统围绕高质量发展大局，持续推进国土空间规划编制，开展“三区三线”（城镇空间、农业空间、生态空间3种类型空间所对应的区域，分别对应划定的城镇开发边界、永久基本农田保护红线、生态保护红线3条控制线）划定，各项工作取得显著成果。全年报批产业项目新增用地168公顷，保障重点项目用地需求。创新研发项目用地合规性智能辅助查询平台，以“数字赋能”助推招商引资提速升级。创新打造“不动产登记+N”全场景便民服务模式，持续化解“办证难”问题。参与完成的山东省威海市海洋牧场示范区海底沉积物地球化学调查项目获得山东省自然资源科学技术奖二等奖。

【自然资源保护】 深入贯彻落实《威海市山体保护条例》，明确山体保护区域、分区管控措施、重点工程以及规划实施保障等，组织编制《威海市山体保护专项规划（2021—2035年）》。全市336座山体被列入保护区，保护区面积459.12平方千米，其中重点保护区面积345.18平方千米，一般保护区面积113.94平方千米。

【国土空间规划编制】 威海市把“碳达峰、碳中和”纳入生态文明建设整体布局，对国土空间总体规划内容进行梳理，增加“碳中和与碳汇”内容，并采用“分区+镇”的镇级规划编制模式，实现市、区（市）两级规划有效衔接。科学开展“三区三线”划定，年内开展三轮试划工作，先后提交划定方案近20版，自然资源部、省自然资源厅调研组先后2次到威海市专题调研，多项意见和建议被采纳。

【精致城市建设】 开展“海上看威海”城市风貌研究，重点对城市各类建筑物，特别是待建或待改造低效用地的建设高度、体量、色彩等提出控制指引，留足视线通廊，塑造错落有致、富有层次与韵律感的滨海天际轮廓线，研究成果初步形成。加快《威海市国土空间规划管理技术规定》修编，科学确定总体框架，及时根据最新要求进行更新完善，重点在集约节约利用土地、存量规划、精细化管控等方面创新举措，服务经济社会发展大局，技术规定（征求意见稿）经审议通过。落实精美设计理念，提升规划管理业务水平，在市级项目设计方案审查过程中，全面采用三维实景方式，注重建筑与周边区域环境协调，对重点地段项目进行多方案比选，完成市级项目方案审查78项次。参照工业项目“拿地即开工”模式，对栖霞街改造一期、老港区更新改造、卫城大院等市级重点项目实行提前技术辅导和容缺审查。因地制宜推进村庄规划编制，根据不同类型村庄发展需求，科学有序地制订规划编制计划，在2020年完成村庄分类成果的基础上，加快编制集聚提升类等建设需求量大的村庄规划，城郊融合类的村庄纳入城镇控制性详细规划统筹编制，搬迁撤并类的村庄原则上不单独编制。至年底，基本完成34个村庄规划并通过专家评审。

【耕地保护】 全面推进“田长制”改革，建立起以集体经济组织为主体、以村“两委”成员或村民小组长、村民代表为“田长”的基层耕地保护新机制，实现对全市耕地和永久基本农田全方位、全覆盖、无缝隙管理。统筹推进永久基本农田核实整改补足，结合“三区三线”试划，合理划定耕地和永久基本农田的空间落位，实现耕地资源保护空间和经济社会发展空间的“双保障”。始终保持对违法违规行为的高压态势，有效规范自然资源利用秩序。对763个乱占耕地建房疑似新增问题图斑进行核查，对排查发现的51宗新增农村乱占耕地建房进行拆除复耕或补办手续；开展“大棚房”问题整治“回头看”行动，排查设施农业项目1.22万个、1280公顷，巩固“大棚房”问题清查整治成果；完成2020年度卫片执法检查和2021年度季度卫片执法检查工作，全市依法依规用地氛围进一步浓厚。

【建设用地管理】 落实“要素跟着项

7月13日，山东省不动产历史遗留问题工作会在荣成市召开

（威海市自然资源和规划局　提供）

目走”机制，全年报批产业项目新增用地168公顷，争取省重大项目专项指标59公顷，获得省级统筹新增用地指标奖励108公顷，保障莱荣高铁、国和一号等重点项目用地需求。建立常态化沟通对接机制，高质量完成省、市重点项目土地要素对接工作。召开全市土地要素保障专题会议，对项目落地全流程、全链条涉及的最新政策要求进行解读，形成“四个一”(《土地要素保障政策宣讲材料》1篇、项目用地合规性智能辅助查询平台1个、《全市闲置和批而未供土地资源手册》1本、《土地要素保障政策法规汇编》1套）成果。创新研发威海市项目用地合规性智能辅助查询平台，以“数字赋能”助推招商引资，保障项目快速高效落地，相关工作经验在全省推广。开展全市土地要素保障专题宣讲8场，有1200余人参加，现场解答问题80余个。

【土地供应管理】 认真贯彻落实土壤污染防治工作，严格建设用地准入管理，对123宗地的土壤污染状况调查报告进行评审，未发现污染地块。深化落实“标准地”改革，印发《威海市“标准地”控制指标体系》，推进土地节约集约利用，全市重点区域内出让工业用地93宗、460公顷，“标准地”供地比例由30%扩展到全部工业用地。年内，组织挂牌出让国有建设用地使用权586宗、1853公顷。

【土地开发利用】 落实“增存挂钩”机制，利用威海市项目用地合规性智能辅助查询平台，推进闲置和批而未供土地处置，全年处置批而未供土地519公顷、闲置土地337公顷。组织实施城镇低效用地再开发，完成中心城区低效用地规划整治371公顷（其中政府收储229公顷、环境改善142公顷)，五洲太阳城南周边区域示范项目入选全省第一批城镇低效用地再开发示范项目（区域）典型案例，经验做法以省自然资源简报形式发布推广。审慎稳妥推进集体经营性建设用地入市，制定推进农村集体经营性建设用地入市的具体措施和实施办法，荣成市出台相应暂行办法，乳山市完成首宗集体经营性建设用地挂牌出让。

【地质矿产管理】 推进绿色矿山和绿色勘查建设，6家矿山企业入选2021年度第四批省级绿色矿山遴选名单，2个项目入选自然资源部绿色勘查示范项目，2个项目申报2021年省级绿色勘查项目。加强地质勘查工作，印发《威海市城市地质工作实施方案》，不断拓宽地质工作服务领域，完成矿产资源总体规划和地热资源专项规划编制。稳妥推动部分企业无证开采宝泉汤地热田地热资源历史遗留问题化解，实现矿业权竞争性出让工作流程再造。加大废弃矿山治理力度，争取中央、省级治理资金2891万元，推进市场化废弃矿山治理，完成威海市生态修复信息采集工作，建立威海市矿山生态修复数据库，筛选出一批具备资源综合利用价值、适合社会资本投入的废弃矿山项目。其中，荣成市人和镇伯家岛区域历史遗留工矿废弃地综合整治项目与中国保利集团有限公司达成合作协议，按照“矿山修复＋产业”的综合治理模式实施治理。

【营商环境优化】 创新打造“效率规划、阳光规划”品牌，破解规划设计方案审批环节多、外循环、效率低、耗时长的难题，全面落实“一窗受理、限时办结、全程监督”审批模式。简化审批内容并实行分级审批，加大对基层规划管理部门的授权力度，减少县级项目内部审批环节，同步提升市、县两级审批效率，审批完成市级项目29项、县级项目417项。打通“一网通办”瓶颈，完善方案联合审查平台，实行全链条网上闭环管理，网上办理方案联合审查257项。强化相关政策解读、公众参与、存档留痕和监督管理，与设计单位、开发企业集中开展座谈交流、宣讲答疑；发放“阳光规划监督告知书”，印发《关于进一步加强规划公开公示工作的意见》，主动接受群众监督，改革经验入选全市“学典型 促发展”典型案例。持续推进“多测合一”改革，企业测绘服务时限缩短50%，测绘费用节省20%以上，“多测合一”威海模式在全省宣传推广。加快行政许可“一窗受理、一次办好”，实施承诺告知和容缺受理机制，全年办理审批事项236项，受理群众和企业咨询308件。

【测绘管理】 加强地理信息测绘服务和行业监管，构建“市级统筹、分级保障、纵向贯通、统一推进”的省、市、区（市）三级地理空间框架更新体系。编制印发《威海市“十四五”基础测绘规划》，稳步推进省卫星中心威海节点项目建设，实现“原始数据接收储存→影像融合→正射校正→匀光匀色→标准分幅→大数据共享→分发服务各行业部门”能力，在闲置地动态监测、耕地“非农化”“非粮化”、财政绩效评价等工作中成效显著。

【调查监测】 市自然资源和规划局、海洋发展局、林业局联合印发《威海市自然资源调查监测体系构建实施方案》，构建自然资源调查监测体系。完成第三次国土调查耕地资源质量分类专项调查及8个专项调查成果上报省级核查工作，并通过省级验收，正式公开发布。强化国土变更调查质量管控，变更图斑7.94万个（其中外业举证图斑2.17万个、举证照片26.07万张)，市级核查贯穿县级成果上报始终、“5步走”工作方案等经验在全省推广。开展林草生态综合监测评价工作，调查林草湿图斑29.51万个(其中举证图斑3.61万个、举证照片11.16万张)。推进草原监测评价工作，草原基况和年度动态监测成果全部通过省级核查。

【不动产登记】 推行“互联网＋不动产登记”模式，“网上办、掌上办”业务类型100%全覆盖，推广应用不动产登记电子证照、电子票据系统，不动产登记服务实现24小时“不打烊”，所有业务均实现1个工作日办结。推行人性化、个性化服务，设立“潮汐窗口”“异地代收窗口”等特色窗口，实行导办帮办、绿色通道、上门服务等涵盖不动产登记事前、事中、事后的全方位服务举措，全年为群众提供上门服务161次，通过绿色通道提供服务600余次，提供证书免费邮递服务5448件。打造“不动产登记+N”全场景“便民集成服务包”，推动不动产登记进社区、进金融、进房企、进公证、进法院等，推行不动产抵押登记“不见面全程网办”“交房（地）即办证”和水电气暖过户业务“一站式”办理等模式，相关做法被《山东政务信息》采编刊发，并在《大众日报》《中国自然资源报》等宣传推广。持续化解“办证难”难题，累计解决16万套房屋办证问题，整体化解率居全省第1位。7月，全省不动产历史遗留问题工作会议在荣成市召开，威海市2个土地房屋产权历史遗留问题化解案例入选全省10大优秀案例。

（张钦钦）

统计管理

【概况】 2021年，威海市统计局牢记“为国统计、为民调查”的宗旨，坚守“数据质量是统计工作生命线”原则，扎实推动统计工作高质量发展，不断优化提升统计服务保障效能。

【普查调查】 扎实开展第七次全国人口普查相关后续工作，做好普查数据安全保密、资料归档管理、“两员”（普查指导员和普查员）补助发放、公报发布、总结表彰等，制作“人口普查、感恩有你”视频，发布《威海市第七次全国人口普查公报》，介绍全市10年内人口在数量、结构、分布等方面的变化情况。做实做细各项常规调查和统计报表，认真组织人口变动情况抽样调查，按时完成数据汇总、审核、验收、上报等。搭建威海市第七次全国人口普查数据分析挖掘系统，构建集数据管理、更新维护、分析研究等功能为一体的数据资源管理系统，深度挖掘普查数据价值。年内，市统计局获评全国第七次全国人口普查先进集体。

【监测预警】 建设全市重点经济指标线上归集监测分析应用项目，每月召开经济运行分析会，增强全市经济预警分析工作的预见性、针对性和有效性。坚持“开网即查、随报随审、抓质保量、防线控面”原则，建立完善动态“绿蓝黄红”四色图监测，每月对“链主企业”“瞪羚企业”和冲击新目标企业的数据进行重点监测、重点分析。创新建立威海市排头兵发展指标体系，选取27项指标，撰写《威海市排头兵发展指标体系的说明》，为威海市争当现代化强省建设排头兵提供统计支撑。构建“精致城市·幸福威海”指标体系，从人口就业、经济发展、居民生活和生态环境4个领域选取22个指标，撰写高质量调研报告，全面客观梳理精致城市建设领域的优势和不足。探索共同富裕监测指标体系，从经济富裕、发展协调、文化繁荣、公共服务普惠共享、生态优良、社会和谐6个方面选取15项核心指标作为参考依据，开展威海市争当共同富裕先行区研究，为全市开展共同富裕先行先试提供决策参考。

【数据质量管控】 市统计局印发《威海市统计数据质量管控体系（2021）》《关于进一步加强规范部门统计工作的通知》等，坚持数据质量分级、分专业管控，坚决防范数据弄虚作假。印发《威海市关于落实国家统计督察反馈意见整改工作方案》《威海市统计系统贯彻落实国家统计局统计督察反馈意见整改工作方案》，对反馈意见中的11项问题，均整改到位。常态化开展统计执法检查、数据质量核查，对150家企业进行执法检查，对12家企业进行部门联合抽查，对300余家企业和项目进行质量核查，及时发现和解决源头统计数据的问题，纠正执行统计制度方法中的偏差。按照“事前全力督导，事中全力配合、事后认真总结”的工作思路，建立全市统计督察联络工作机制，落实省防范和惩治统计造假专项督察。

【统计改革】 市统计局落实《山东省统计系统基层基础建设年行动方案》，实施“基层统计力量、基层统计队伍素质、关键少数、企业统计规范化、部门统计”5个提升行动，开展统计基层基础建设观摩活动，深入基层开展专题调研，编写《基层统计实务操作培训教材》，组织现场培训25次、视频培训26次，强化统计台账建设，推进基层统计治理体系和治理能力现代化。积极推进联网直报企业财务报表自动有序转换生成统计报表工作，设计开发实现智能映射功能的单机转换软件，3061家企业实现报表自动转换，占全部规模以上企业的98.77%。制作《升规纳统指导手册》，开展4轮“准四上”（规模以上工业企业、资质等级建筑业企业、限额以上批零住餐企业、规模以上服务业企业达到纳统标准80%及以上）单位监测核实，探索乳山牡蛎、文登西洋参、商业综合体等纳统新路径，年内实现新增单位453家。市发展和改革委员会、工业和信息化局、统计局等6个部门联合印发《威海市推动“四上”企业纳统奖励政策措施》，促进小微企业成长升级为“四上”企业，夯实“四上”企业纳统基础，以高质量纳统精准反映高质量经济发展水平。

【统计服务】 实施“一线工作法”，深入302家企业进行专业调研，开展企业信用修复培训，深度挖掘行业供应链、产业链难点和堵点问题，面对面指导解决填报指标理解不到位和填报口径不确定等填报问题。高质量完成统计公报、统计手册、统计年鉴等统计产品，举办国民经济运行情况新闻发布会4次，完成依申请公开信息6条、政民互动15条、12345政务服务便民热线平台信息18条，配合完成调查访问工作3次，政务资源数据挂载率、更新率达100%，实现“数据威海——掌上市情推送系统”数据实时共享至全市大数据平台。建立服务高质量发展工作机制，编印《主要统计指标实用指导》，从省级、市级、区（市）、企业4个维度加强考核指标研究分析、跟踪监测，做好各类考核数据保障。开展高质量发展系列调研，提供数据1028余次、约稿190余篇，完成统计分析121余篇、各类信息310余篇。

（吴 斌）

编辑 闫拥军

农村·农业

综　述

【概况】　2021年，威海市有耕地面积246万亩，农业种植户数24.8万户，市级以上农业产业化龙头企业195家，农民合作社5568家，家庭农场2266家。全年实现农林牧渔业及辅助性活动增加值363亿元，比上年增长7.5%；农村居民人均可支配收入达25692元。威海市是国家优质农产品的传统产区，小麦、玉米、花生等传统产业，苹果、西洋参、无花果等12个特色优势产业竞相发展。全市粮食播种面积182.77万亩，增长6.4%；产量72.67万吨，增长9.9%；单产397.61千克／亩，增长3.2%。苹果栽培面积达71万亩，年产量110万吨。其中，现代苹果园面积达33万亩，栽培规模和整体技术水平均处于国内领先地位。西洋参种植面积7万亩，绿色食品认证基地达0.5万亩。年产鲜参7500吨，年加工出干参1900吨，产量占全国的70%以上。全市无花果栽培面积达4万亩，是全国最大的青皮无花果产区。全市拥有“威海大花生”“乳山茶叶”等农产品地理标志。

（王军委　刘甜甜）

【优势特色产业链发展】　按照“六个一”（每个产业至少有一个行业协会、有一支专家队伍、有一片产业基地、有一套生产标准、有一群龙头企业、有一批知名品牌）发展模式，开展苹果、西洋参等12个优势特色产业建链、强链、补链工作，打造链条完整、功能完善、竞争优势突出的产业链条。2021年，市委农业农村委员会印发《支持乡村振兴十条激励政策》，市政府办公室印发《关于加快推进精致农业发展实施意见》等文件，从市级层面提出指导性意见和政策扶持，推进优势特色产业向精致化方向发展。全市新建现代农业产业基地20处、智慧农业示范基地10处；全市现代农业产业基地达374处、智慧农业示范基地达22处。新培育省级知名农产品区域公用品牌2个、省级知名农产品企业产品品牌5个；累计培育省级知名农产品品牌22个、市级知名农产品品牌60个、省级知名农产品区域公用品牌3个。落实农产品加工补助，支持44家农牧业主体更新升级加工设备，补助资金3391万元，撬动农产品加工投资1.05亿元。

（戴婧豪）

【政策性农业保险】　在小麦、玉米、花生等农作物领域开展政策性农业保险7种，开展玉米“保险＋期货”、主粮作物最低收入险等地方特色险种14种，总投保面积185.6万亩，财政补贴资金4946.18万元，受益农户50.72万户。在全省首批试点开展玉米“保险＋期货”、苹果“保险＋期货”、主粮作物完全成本险和主粮作物最低收入险补贴政策。其中，玉米“保险＋期货”投保面积20.39万亩，苹果“保险＋期货”投保面积1.05万亩，玉米完全成本险投保面积18.12万亩，主粮作物最低收入险补贴面积8.38万亩。积极落实地方优势特色农产品险种省级奖补资金573万元。

（于燕波）

【新型经营主体培育】　2021年，全市有农民专业合作社5568家，其中市级示范社110家、省级示范社28家、国家级示范社15家。有家庭农场2260个，其中省级家庭农场示范场33个、市级家庭农场示范场60个。开展农民专业合作社规范提升示范县创建工作，评定规范提升示范县3个，文登区入选省级和国家级农民合作社整县提升试点县和省家庭农场高质量发展整县提升试点县。

【农业社会化服务】　聚焦服务小农户，实施中央资金农业生产托管项目，服务面积470万亩次，直接服务小农户40余万户，联农带农、为农服务能力不断增强。规范提升农业社会化综合服务中心14家，择优确定全市农业社会化综合服务中心典型创建示范单位5家，通过示范引领促进全市农业社会化服务工作提档升级。文登区入选2021年度全国和省级农业专业化社会化服务机制创新试点县。

（邹　涛）

【农产品品牌建设】　2021年，全市评选出威海市知名农产品区域公用品牌3个、威海市知名农产品企业产品品牌12个；“威海无花果”等2个品牌获评山东省知名农产品区域公用品牌，获评山东省知名农产品企业产品品牌13个，7家知名农产品品牌企业获评粤港澳大湾区“菜篮子”生产基地。创新农产品品牌宣传方式，开展威海特产地直播带货节、威海知名农产品直播带货节等公益直播活动5场，举办第五届知名农产品展暨第十二届苹果擂台赛活动和“威海农产下江南”——武汉站、长沙站专题推介活动。通过威海市广播电视台等新闻媒体进行农产品品牌宣传推广，“威海农产　品味自然”“威海

苹果 甜蜜诱惑”品牌知名度不断提高。

【产业融合】 实施农产品加工补助政策，鼓励各类新型农业经营主体提升精深加工技术水平和农产品附加值，为24家经营主体发放农产品加工设备补助资金2218万元，撬动社会投资2.7亿元。新培育市级农业产业化龙头企业34家，山东省人和集团产业园获评省级农产品加工示范园区，4家企业获评省级农产品加工示范企业，6家联合体获评省级农业产业化联合体。荣成市获评全国休闲农业重点县。

（乔其彬）

【“齐鲁乡村之星”评选】 聚焦乡村振兴和现代农业发展人才需求，进一步加强农村实用人才队伍建设，抓好农村优秀人才选拔工作，大力挖掘培育“本土”优秀人才。2021年，37人获评“齐鲁乡村之星”，至年底，全市累计74人获评“齐鲁乡村之星”。

（陈浪波）

【农民教育培训】 充分发挥农民教育培训体系作用，整合利用优质教育培训资源，分层分类开展全产业链培训，强化教育培训质量效益提升，加强培育成果示范推广，发展壮大高素质农民队伍。2021年，完成高素质农民培训3146人。

（唐兆飞）

【高标准农田建设】 完成2020年度高标准农田建设项目9个，建设高标准农田10万亩。投资2.47亿元，实施2021年度高标准农田项目12个、面积16万亩。至年底，全市高标准农田面积达159万亩。

（姜宏浩）

【农产品质量安全监管】 全面推行食用农产品合格证制度，建立种植业、畜牧业生产主体名录库，入库生产主体900余家，开具合格证70万余张。开展食用农产品“治违禁 控药残 促提升”三年行动，将全市整治品种增加到16种。开展种植业农产品定量检测2700余批次，风险监测合格率99.6%，速测7万余批次，合格率99.9%。6家农产品生产单位获评全省农产品质量安全信用“A+”级别。组织制定市级农业地方标准16项，乳山绿茶纳入“全国名特优新农产品”名录。

【农药包装废弃物管理】 2021年，制定标准化回收处理台账，在农药生产经营单位设置回收点1151个，在重点村设置回收点2471个，在农业生产基地设置回收点464个，设置县级回收站9个，全市回收农药包装废弃物100余吨，处理70余吨。

（隋军锋）

【种质资源保存】 2021年，依托中日韩精致农业研究院，开展国内外合作交流，广泛收集国内外种质资源，建成高水平的苹果、大樱桃、无花果、蓝莓、脱毒薯类种质资源保存圃，收集保存种质资源300余个。新引进果树新品种147个。其中，苹果新品种12个，梨新品种26个，桃新品种25个，大樱桃新品种35个，无花果新品种15个，蓝莓新品种17个，蓝靛果、黑加仑等东北寒地特色小浆果品种17个，甘薯品种20个，马铃薯株系92个。

【农作物品种选育】 自主培育的无花果新品种“锦青”（威青1号）通过国家植物新品种权前期审查。在苹果新品种选育方面，开展基于“威海金”性状改良的杂交育种实验，培育“威金”系列新品种，配置杂交组合22个，获得杂交种子1.44万粒。玉米育种方面，播种玉米选系材料790份，鉴定材料776份，29个杂交新组合通过省夏玉米区域预备试验，2个杂交新组合通过省夏玉米适应性试验。西洋参品种选育方面，筛选标记优良单株，获得种子材料533份，其中人参—西洋参杂交组合10份。开展大姜、草莓脱毒快繁技术研究，推广大姜、草莓脱毒品种面积2万亩，提升产业效益4000万元以上。与山东省农业科学院合作共建山东省甘薯育种协同创新平台，建立新品系评价鉴定基地，播种杂交甘薯种子2000余粒，选留优良株系1079个。

【农业科技创新】 开展苹果绿色飞控协同创新试验研究，联合企业实施无人机防治苹果病虫害试验示范，切实提高防控效果。举办威海市现代苹果绿色飞控观摩培训会，为现代苹果园植保无人机防治病虫害提供技术支撑，苹果种植企业、基地等200余人参加。争取省课题山东省农业良种工程项目“优质高效甘薯突破性新品种选育”和山东省苹果·果业产业技术创新创业共同体项目“威海无花果科技创新中心建设”。山东省重点计划项目“苹果无袋化生产配套农药基准应用技术集成研究与示范（2018GNC111006）”通过结题验收。制定《西洋参土壤改良绿色高效栽培技术规程》《无袋苹果质量评价技术规范》等威海市地方标准8项。

（丁 荔）

5月，科研人员对甘薯、马铃薯以试管苗形式进行种质资源保存

（威海市农业农村局 提供）

【农业行政执法】 深化“放管服”改革，持续推进减证便民，动态调整农业

农村部门权责清单，推动落实行政许可事项清单管理，权责清单事项合计317项。推进行政审批制度改革，确保下放及委托的许可事项依法依规实施，全年承接办理审批事项21件，完成行政处罚案件6起。依法科学民主决策，落实重大行政决策启动、公众参与、专家论证等程序，坚持法律顾问制度，规范开展文件制定与合同审查工作，制定部门规范性文件1件，保留有效的规范性文件5件，审查备案合同60份。印发《威海市农业综合行政执法事项目录清单》，规范威海市农业综合行政执法工作。开展春季农作物种子专项治理行动、农（兽）药和肥料经营主体监督检查专项整治行动、农业投入品生产经营单位“双随机、一公开”监督检查，出动执法人员500余人次，检查农药生产企业7家、农资经营门店126家、农业转基因生物加工企业3家、兽药生产企业2家、兽药经营企业5家、饲料生产企业11家；抽检农药产品125批次、肥料产品20批次、饲料及饲料添加剂产品70批次；立案查处1起，罚没款5190元。开展鼠药专项整治行动，收缴违法经营的鼠药12.7千克。加大对生猪屠宰企业的执法检查，严密监控私屠滥宰高发时段高发地域，有力打击生猪违规屠宰行为，检查屠宰企业5家、病死畜禽专业无害化处理厂2家、无公害畜产品养殖企业5家、生鲜乳收购站1家。针对宠物医院和宠物诊所存在的问题，开展专项整治行动，检查动物诊疗机构21家、病原微生物实验室5家，对存在问题及时下达限期整改通知，对2家动物诊疗机构的违法违规行为进行立案调查，查处动物诊疗机构违法案件3起，累计罚款3500元。

（梁丽君　吴庸飞）

【农产品抽检】 开展“治违禁、促提升”行动、农产品生产经营主体“双随机、一公开”监督检查等专项行动，针对重点产品、重点生产区域、重点薄弱环节，排查风险隐患，查处禁限用农兽药使用及超标问题。印发《2021年度威海市种植业产品质量安全监测工作方案》，结合全市当季农产品生产特点，开展市级农产品质量安全执法检查，检查生产主体100余家，抽检样品365个，合格率100%。完成省农业农村厅蔬菜水果例行监测、监督抽查、重点时段及重点产品专项监管，抽检样品810个，合格率98.2%，查处违法案件2起，罚没款3237.5元。配合开展生鲜乳、肉蛋、猪（牛、羊）尿液等抽检工作，完成省级抽检302批次、市级抽检200批次。

（吴庸飞）

农村工作

【概况】 2021年，全市有涉农镇（街道）62个，村2374个。全市农村基础设施和公共服务水平不断提升，环卫基础设施配备率、生活垃圾无害化处理率均达100%，无害化厕所覆盖率95%，农村通户道路硬化、饮水安全、公交出行等基本实现全覆盖。农村集体经济发展壮大，全市集体经济收入5万元以下的村全部清零，其中集体经济收入10万元以上的村达95.8%，比上年提高14个百分点。

（邹　涛　彭　贝）

【农村人居环境整治】 启动农村人居环境整治提升5年行动，健全长效管护机制，因地制宜补齐水电、物流、污水处理等基础设施短板。持续推进村庄清洁行动，开展村庄清洁行动“春季战役”“夏季战役”和“秋冬战役”，创造性开展“一提升两整治”行动（提升村容村貌、整治残垣断壁、整治线路杂乱）。至2021年年底，创建省级清洁村庄680个，覆盖率达30%以上，实现市级清洁村庄全覆盖。荣成刁家110千伏输变电工程竣工，新增变电容量10万千伏安，组塔63基，线路长度13.5千米；乳山35千伏西园站10千伏间隔扩建工程竣工，新增可接待负荷1.3万千伏安；完成农村清洁取暖改造5.15万户；新增农村生活垃圾分类村庄275个。创新“信用+”模式，把信用体系建设融入农村人居环境整治工作，发挥守信激励的正向引导作用，有效调动农民群众参与农村环境整治的积极性，初步建立起“群众主动参与、自我监督”的农村人居环境整治长效管护机制。

【美丽乡村建设】 2021年，完成对2020年度23个省级美丽乡村示范村的市级、省级验收和71个市级美丽乡村示范村的抽验。完成2021年度27个省级美丽乡村示范村、100个市级美丽乡村示范村的名单确定、方案编制，推进美丽乡村建设。开展美丽乡村宣传活动，深入挖掘美丽乡村典型，拍摄关于美丽乡村特色产业发展、红色文化旅游、信用助力长效管护等主题的《美丽乡村我的家》宣传短片7期。

【乡村治理】 2021年，开展信用进农村工作，至年底，实现全市2374个村信用进农村全覆盖。在荣成市入选全省乡村治理体系建设试点市、文登区大水泊镇入选全国乡村治理体系建设试点镇的基础上，2个村入选第二批全国乡村治理试点村。7月12日，全国乡村治理体系建设试点示范工作交流会在威海市召开。

（吕晓光）

【农村综合改革】 文登区、荣成市深入推进农村综合改革试验区试验任务，创新农业社会化服务体系建设和信用建设助推乡村全领域综合治理经验做法获得省农业农村厅肯定，文登区入选2021年全省乡村振兴政策集成改革试点县。6月2日—4日，全省乡村振兴政策集成改革现场交流活动在文登区召开，农村闲置宅基地流转、农村信用体系建设及“保险＋期货”农业保险新机制做法获得省级领导及与会代表肯定。乳山市入选2021年度全国农村产权流转交易市场建设项目制试验任务试点县。

【农村土地“三权分置”】 在土地二轮承包到期的13个村开展农村土地承包期再延长30年试点工作。其中，3个村基本完成国家级试点延包工作，组织村民签订延包合同；10个村完成调查摸底工作，组织制定延包工作方案。引导农村土地规范流转，全年全市新增流转土地面积13万亩，累计面积达121万亩，占农村家庭承包耕地总面积的60%，土地规模化经营水平进一步提升。

【农村财务与集体资产管理】 扎实做好村级清产核资工作，逐村对村集体所有的固定资产和资源性资产进行盘点清查、界定权属、核实存量、重估价值、建立台账，全面详细登记资产、资源的数量和价值，确保账实相符。抓好农村财务事前审计工作，农村集体开支单据先审计后入账，严格控制农村非生产性开支金额。完成2374个村干部任期和离任经济责任专项审计工作，完成率100%，对村“两委”工作业绩进行客观公正、实事求是的评价，确保村“两委”换届工作平稳推进。抓好农村财务公开工作，按照内容真实、全面、易懂，便于群众监督的原则，对村级事务涉及的强农惠农政策落实、救灾救济政策落实、社会保障政策落实、集体“三资”（资金、资产、资源）管理、专项工作内容以及群众关心的热点问题，进行全面公开。

【农村集体经济发展】 充分利用当地资产资源，多渠道发展壮大农村集体经济。2021年，全市开展农村集体招投标项目1152宗，涉及金额9931万元，增加村集体收入2000余万元。扶持发展薄弱村集体经济，市县两级财政按照每村30万元标准，投入资金1亿元，扶持2019年集体经济收入5万元以下村334个；用好中央财政扶持资金，扶持乳山市60个村投资9个重大产业项目，资金年收益率达8%以上。高质量推进村党组织领办合作社工作，至年底，全市党组织领办合作社1741家，增加村集体收益3亿元。

（邹　涛）

乡村振兴

【概况】 2021年，威海市以建设“精致化城乡融合发展先行区”为统领，大胆探索、积极实践，创新形成样板片区示范带动、乡村规划师团队下乡、信用提升乡村治理、支部引领村社一体发展等一系列乡村振兴经验模式，乡村振兴工作取得阶段性成效。

【产业振兴】 推进精致农业发展，新建苹果、西洋参等特色产业基地20处，支持44家农牧业主体更新加工设备，补助资金3391万元，撬动社会投资1.05亿元。推进种业提质增效，选育“威青1号”无花果等一批“威字号”品种，实施水产育种项目38个。加强种质资源保护，采集植物种质资源207个，普查水产个体671家。安排2000万元资金支持撂荒地整治，复耕复种率达98%以上。推广“土地股份合作＋全程托管服务”等模式，完成社会化服务62万亩次。

【人才振兴】 创新乡村人才集聚新模式，印发《威海市乡村振兴首席专家招募工作三年行动方案（2021—2023）》系列文件，招募各级首席专家828名，评选优秀首席专家20名，选树“首席专家制度推广示范片区”12个，为33名农业领域专家学者颁发“威海英才卡”。推进“一县一项目”特色培训品牌建设，创新开展西洋参田间管理与初加工等特色项目培训15个。实施职业技能提升行动，培训农村转移就业劳动者9099人次。

【文化振兴】 强化思想引领，打造“党史学习角”2400余个，组建宣讲小分队900余支，有效解决农村基层宣讲资源缺乏难题。突出文明育农，开展“公共文明引导”等主题活动4000余场次，文明达标村覆盖率达97%。推进农村移风易俗，发放喜事新办简办、抵制恶俗婚闹倡议书7000余份，举办免费集体颁证仪式39次。加大文化惠农力度，完成送戏下乡演出1.5万余场，提升300个基层服务点图书更新率，打造公共文化服务精致化发展示范村50个。

【生态振兴】 优化农村人居环境，不断完善农村基础设施，建设改厕服务站121个，323个村完成生活污水治理，农村黑臭水体全域“清零”。实施美丽乡村建设“十百千”工程，建成省级美丽乡村示范村27个、市级100个；“美丽庭院”示范户达13.2万户，建成率居全省第1位。

【组织振兴】 强化党建引领，对168个软弱涣散村进行集中整顿，95%的村集体经济收入超过10万元，村“两委”换届后党组织书记“一肩挑”比例达99.4%。深化“六治一网”[政治（党建）、自治、法治、德治、智治、信治和网格化服务管理]治理效能，规范农村网格2883个，配备兼职网格员2842名，处置涉农网格事件52万余件。推进“信用进农村”，行政村信用体系建设实现全覆盖。

（彭　贝）

【乡村振兴责任落实】 加强组织领导，继续坚持市负总责、区（市）镇（街道）抓落实、部门主管的领导体制，召开全市脱贫攻坚总结暨乡村振兴工作推进会议，做到巩固衔接工作有人管、事情有人办。印发《关于巩固拓展脱贫攻坚成果同乡村振兴有效衔接的实施意见》等文件，明确全市脱贫攻坚成果同乡村振兴有效衔接目标任务和工作重点。保持帮扶政策总体稳定，梳理攻坚期主要帮扶政策9类37项，明确过渡期内接续推进的重点任务。印发《关于贯彻落实习近平总书记重要讲话精神推进巩固拓展脱贫攻坚成果同乡村振兴有效衔接的实施方案》，联合行业主管部门印发《威海市2021年度特惠保险实施方案》等医疗保障、就业帮扶政策意见和操作办法，通过特惠保险为4749人次脱贫人口理赔548.2万元。

【脱贫攻坚成果巩固】 保持财政投入力度不减，及时下达省级财政资金1538万元、市级财政资金6300万元，为巩固拓展脱贫攻坚成果同乡村振兴有效衔接提供充足的资金保障。优化帮扶力量，1.05万名帮扶责任人和496名“第一书记”结合“我为群众办实事”活动，帮扶脱贫群众协调解决问题1万余件次。全面摸排脱贫人口务工就业情况，建立数据库，对脱贫人口继续免费开展各类职业技能培训，统筹运用公益岗位，鼓励引导有意愿、有能力的脱贫人口外出务工就业，2781名脱贫人口实现务工增收，634人参加公益岗位，脱贫人口自我发展能力显著增强。对标6500元省定监测线，逐户逐人开展防止返贫监测帮扶排查，认定脱贫不稳定户、边缘易致贫户、严重困难户“三类监测帮扶对象”107户、204人，按照“缺什么补什么”原则，协调行业主管部门落实低保“五保”、临时救助、特困人员供养等针对性帮扶措施，有效杜绝返贫和新致贫风险。

【脱贫攻坚经验宣传】 编印《脱贫攻坚看威海》，对脱贫攻坚工作进行全面总结，翔实记录全市脱贫攻坚奋斗历程，为乡村振兴工作提供有益经验。加强典型宣传推广，通过发展居家创业就业项目带动妇女脱贫增收——山东省威海市“巾帼扶贫”案例入选第二届“全球减贫案例征集活动”获奖案例。

【特困群体帮扶】 全面落实低保“五保”、基本养老保险、残疾人补贴和孝善养老政策，发放低保金、“五保”金5690余万元，为1.27万名困难人员代缴居民养老保险费380.49万元，为困难残疾人、重度残疾人发放生活补贴、护理补贴2059.86万元，提供孝善养老补助金556.9万元，牢牢兜住特困群体基本生活底线。

【特色优质产业培育】 以乡村振兴样板片区及周边为核心区域，统筹考虑脱贫人口分布、村级集体经济收入、村庄规模和发展规划等因素，确定乡村振兴重点帮扶村103个。安排资金1.11亿元，围绕乡村振兴片区主导产业，发展特色产业项目15个。强化扶贫资产管理，已建产业扶贫项目实现年度收益2733.36万元，年平均收益率达8.8%，全部按程序完成分配。

【民生保障水平提升】 发挥牵头抓总作用，督促行业主管部门政策落实到位。2021年，累计为890人次脱贫户学生减免、补助资金119.67万元。发现、改造脱贫户危房15户，实施“靓居”工程853户。对1.47万名脱贫人口进行慢性病备案，备案率达69.4%。“六重保障”为脱贫人口报销医疗费5036.74万元，合规住院费用自付比例降至9.2%。开展农村供水问题排查整改行动，发现的161个供水问题全部完成整改，脱贫群众生活质量进一步提升。

【省内协作帮扶】 2021年，威海市与枣庄市继续深化省内协作，保持财政资金投入规模总体稳定，着力保障和改善民生，深化产业协作、劳务协作，加强文化教育卫生帮扶和人才智力支持，促进两地深入交流交融。威海市及区（市）财政全年安排拨付资金2480万元，用于枣庄市巩固拓展脱贫攻坚成果同乡村振兴有效衔接工作。

民生帮扶落实 实施教育帮扶工程，重点帮扶4000名困难家庭学生解决“上学难”问题。实施就业帮扶工程，帮扶3700名困难人口设立失能人员护理岗。实施“大姐工坊”扶持工程，重点扶持具有示范引领、就业带动强的“大姐工坊”15处。实施残疾人帮扶工程，为400户困难残疾人家庭实施无障碍改造，提高重度困难残疾人生活质量。开展“希望小屋”困境儿童关爱项目，针对150名经济困难家庭且无独立居住和学习环境的8～14岁困境儿童，依托原有住房隔断打造独立空间。实施山城中心幼儿园提升项目，解决枣庄市山亭区山城街道学前教育幼儿“入学难”问题。开展枣庄市坊上小学改扩建项目及第二十六中学改造等教育提升工程。

产业项目合作 依靠两地产业对接平台，深化两地产业项目合作建设，组织引导医药健康、纺织服装、食品加工等优势产业链企业到枣庄市开展实地考察对接。继续推动山东科宏纺织有限公司新厂区建设，开展生产线智能化改造，投入改造资金1.2亿元，吸纳劳动力就业380人。推进农业特色产业发展，搭建两市农业特色产业合作平台，积极引导威海市农业龙头企业赴枣庄市投资建园，创新生产经营模式，深化与当地农业企业的合作，华沃智慧农业产业园同威海胶东伯瑞农业发展股份有限公司达成合作意愿。深入开展枣庄市山亭甘薯产业园项目、中国石榴全产业链技术集成创新示范基地项目等协作帮扶项目。支持农村公益设施建设。结对区（市）着眼民生需求，配合枣庄市乡村振兴示范镇创建，选点支持枣庄市6个村的美丽村庄和精品示范村建设，因地制宜推进乡村垃圾清运、污水治理等小型公益性生活设施建设。迪尚集团有限公司等威海市服装企业，与枣庄市服装企业开展贸易合作，加大对枣庄市订单投放，贸易额达8100余万元。制定针对枣庄市消费协作奖补政策，威海市级安排资金50万元，给予威海市采购枣庄市农产品达到一定规模的企业补助。家家悦集团有限公司在枣庄地区建立长期稳定的产销关系，收购农产品4200余吨。

现代金融支持 支持威海市商业银行股份有限公司枣庄分行为枣庄市政府和企事业单位提供资产证券化、股权融资等全方位的金融产品和服务，持续增加在枣庄市信贷投入，信贷投放总量为36.48亿元，涉农贷款占全部贷款的52.9%。

文旅资源融合 深化两地文旅产业合作平台，加强威海千公里海岸线同枣庄市台儿庄古城、古运河等特色旅游资源的互惠共享，推动红色胶东同铁道游击队等红色旅游资源互动对接。加大枣庄旅游资源在威海市推介力度，利用两地旅游资源的差异化，优化威海—枣庄的精品旅游线路，深化合作，共同推进两市游客互送。

人才交流 推进干部交流培训，开展两地党政干部挂职交流，重点在支持乡村振兴、现代农业等方面互派挂职交流干部66名。强化教育协作帮扶，继续开展8对中小学校结对帮扶，重点从教学管理、师资培训等方面提高受援学校办学质量。坚持优中选优、好中选强的原则，选派15名骨干教师赴枣庄市开展为期1年的支教工作。深化医疗协作帮扶。以威海市立医院与枣庄市立医院结对为契机，选派技术骨干赴枣庄市开展支医带教工作。通过信息化技术，开展远程会诊等活动，提高双方医疗机构的诊疗技术服务水平。推动科技人才交流，组织枣庄市科技致富带头人、农科驿站负责人等到威海市开展业务拓展和考察交流。加强文艺馆际交流，鼓励引导两地“非遗”传承人、老艺人广泛开展文化交流。加强两地党建工作交流，结合枣庄市公共文化服务实际，对舞蹈创编、声乐创作等项目开展培训。

劳务协作 实施转移就业。对威海市用工企业进行梳理，筛选工作岗位，每季度将企业用工信息提供给枣庄市人力资源和社会保障部门。与枣庄市开展家政服务领域劳务协作对接，吸引当地脱贫人口到威海市从事家政服务务工。开展专场招聘活动，组织用工企业前往枣庄市开展供需见面会、专场招聘会等活动。支持枣庄市因地制宜探索“虚拟岗位”，规范设立公益岗位，通过设置失能人员护理岗等，解决失能半失能困难人口照料帮扶问题，同时带动3700名脱贫享受政策人口实现就业增收。以就业为导向，实施技能培训专项行动，联合枣庄市相关部门举办技能提升培训班。依托威海职业学院（威海市技术学院），定向200名枣庄籍学生进行高职教育学习。深入开展职业教育校企合作办学，推动威海职业学院（威海市技术学院）、大中型企业同枣庄市职业院校开展校企合作、校校合作，联合培养人才，开展学生实习实训。

（张　宇）

种植业

【概况】　2021年，威海市农业农村事务服务中心根据山东省农技推广中心确定的年度主推技术，结合威海市的生产实际，通过强化技术培训与指导，主要推广丘陵旱薄地花生高产稳产栽培技术、甘薯高效轻简化覆膜栽培技术、夏玉米全程机械化绿色高效生产等新技术20项，推广普及率达80%以上，为全市农业增产和农民增收发挥积极作用。

（姜　勇）

【粮食生产】　2021年，全市粮食播种面积182.77万亩，比上年增长6.4%；粮食产量72.67万吨，增长9.9%；单产397.61千克／亩，增长3.2%。其中，小麦播种面积70.7万亩，总产量26.52万吨，单产375.15千克／亩；玉米播种面积95.25万亩，总产量39.49万吨，单产414.61千克／亩。

（王军委）

【测土配方施肥】　2021年，全市采集化验土壤350份，开展小麦、花生、玉米、苹果和茶叶等田间试验20项。在春播秋种时，及时发布玉米、花生、小麦和果树大配方20份。组织科学施肥培训8次。全年全市配方肥应用面积达125万亩。

【有机肥替代化肥推广应用】　依托耕地保护与质量提升项目，推广商品有机肥和堆肥，增加有机肥资源利用，减少不合理化肥投入，提升耕地质量。2021年，全市商品有机肥施用量达15万吨，举办培训班4期，培训300人次，引导和带动全市果业有机肥替代化肥技术的推广应用，提升全市苹果园土壤有机质含量，促进果业健康发展。

（孙洪助）

果茶业

【概况】　2021年，威海市有水果园面积3.38万公顷，比上年增长0.2%；水果总产量119.99万吨，增长1.1%。在主要树种中，苹果面积2.65万公顷，下降3.1%，产量106.2万吨，与上年持平；梨面积0.13万公顷，产量0.34万吨，分别增长4.9%和下降4.6%。全市有茶园面积608.47公顷，下降6.8%。其中，采摘园面积446.4公顷，增长33.6%；茶叶产量68.64吨，增长16.5%。年内，威海南海新区万和七彩农业科技有限公司获评2020—2021年山东省十佳优质草莓示范基地、获得首届“泉城‘莓好食光’品鉴会”一等奖，威海市德禧农业发展有限公司获得“2020—2021年山东省十佳优质草莓示范基地——市场开拓奖”。全市大樱桃种植基地参加山东省大樱桃评选活动，威海市获得组织奖，美早品种大樱桃获得优质奖。4家晚熟桃种植基地参加首届山东晚熟桃评选活动，其中1家获得大赛优质奖。“威海无花果”获评山东省第六批知名农产品区域公用品牌。全市有1人入选农业农村部等部门设立的重点人才工程专项国家苹果产业技术体系威海综合试验站，聘期5年。全市果茶产业有4人入选山东省直部门设立的重点人才工程，聘期5年。

【现代苹果业发展】　持续改革苹果栽培制度，一批省级以上苹果项目落户威海市。其中，省高效特色农业发展平台（水果）项目2020年度在文登区和荣成市实施，获得省级以上财政资金1880万元；2021年度在文登区和环翠区实施，获得省级以上财政资金1000万元。国家苹果产业集群项目继续在文登区和荣成市实施，3年累计获得国家财政资金支持约1.2亿元。

【无袋栽培试验示范基地建设】　2021年，威海市农业农村事务服务中心联合威海苹果行业协会、威海市农业科学院和国家苹果产业技术体系威海综合试验站，开展苹果无袋栽培示范基地评选活动。经基地自主申报、县级初评推荐、市级现场核验和网站社会公示等环节，确定威海市级苹果无袋栽培试验示范基地13家。威海市构建“专家—农技人员—示范基地—新型经营主体（农户）”链式技术推广应用模式，实现无袋栽培技术集成熟化、示范展示、推广应用无缝链接，切实发挥引领性技术在推动产业增效和区域农业转型升级的重大带动作用，威海苹果无袋栽培继续示范引领全国苹果产业发展走向。

【知名农产品展暨苹果擂台赛】　11月19日—21日，威海市2021年相约乡村振兴路系列活动——“爱威海　爱威海农产”威海市第五届知名农产品展暨第十二届苹果擂台赛在威海国际展览中心举办。展会设展区7个，汇聚全市市级知名农产品、畜产品品牌100余家，村党组织领办合作社20余家、苹果擂台赛参赛样品61个，现场展示苹果分拣机械设备1套。举办威海现代果树产业发展座谈会，开展农业专家顾问团专家下田间实地开展技术交流指导等活动。全市有24个单位的52个样品参赛，评定出金奖3名、银奖6名、铜奖9名、优秀奖32名。“威海金”苹果（曾用名维纳斯黄金）在擂台赛中获得金奖3个、银奖5个和铜奖7个。

【防灾减灾和安全生产】　根据2021年威海市冰雹频发、低温多雨的情况，进行实地技术指导，印发《苹果生产的影响及应采取的防治对策》《茶园应对洪涝灾害生产技术指导意见》等单项技术意见，通过《威海日报》刊登《严阵以待　迎接今年最强降雨》，做好果茶防灾抗灾减灾工作。市农业农村局印发

《威海市果树抗灾减灾救灾及灾后生产恢复技术指导意见》，做好全市常规性的果业突发性重特大自然灾害紧急救灾和灾后生产恢复工作，有效避免或减轻晚霜冻、冰雹、涝害、旱灾等自然灾害对全市果业生产带来的损害。威海市探索提出选栽抗旱品种、林网生态调控等关键性技术措施，有效增加水分蓄积、减少水分蒸发散失、提升水分利用效率、精准补充降水亏缺，解决北方茶树生产栽培中的干旱问题，满足茶树正常生长发育对水分的需求，提高茶树抗旱节水能力。《北方茶园抗旱节水栽培关键技术》在《落叶果树》发表。年内，对全市水果和坚果等加工企业进行有限空间作业安全生产情况进行检查，对果树栽培基地首次进行支架支撑系统安全检查，建立健全安全生产档案。

【“威海茶”品牌建设】 2021年，威海茶从业者首次以俗语形式提出——“威海茶‘三大怪’”（春茶“立夏”采，高纬“雪窝”埋，“蛋香”“蛎鲜”嗨），文字生动形象，易于传播、易于记忆，提升“威海茶”品牌形象。举办威海新茶上市发布会品鉴会，组织全市茶企业参加第四届中国国际茶叶博览会、中国（哈尔滨）茶叶博览会，开展威海茶叶评优等活动，宣传推介威海茶叶品牌，扩大威海茶叶影响力。根据台湾地区与威海市地理位置、地形及茶业发展的异同点，深入对比分析两地的茶叶生产、加工技术、茶叶品类、品牌特点情况和茶产业发展，加强交流互鉴，促进茶产业高质量发展。《台湾与威海两地茶业发展情况分析及启示》在《落叶果树》发表。

【茶机研发】 针对茶园鲜叶采摘等劳动用工成本不断升高的问题，省茶叶体系威海综合试验站与荣成市寻山街道技术人员合作公关，自主研发推出轨道式茶园综合作业平台、茶园作业平台回转装置等茶园机械设备，为茶园机械化提供装备基础，相关设备均申报专利。与农业农村部南京农业机械化研究所等部门合作，在环翠区张村镇研发生产乘骑式采茶机械并于11月在日照市五莲县召开的茶叶产业体系会议上进行现场演示。

附：威海茶　威海茶叶产区位于北纬36°41′～37°35′、东经121°11′～122°42′，属于中国北方茶区，为中国露天茶树栽培的较北端和最东端。威海茶树种植历史有900余年。《金史》记载，金章宗承安三年（1198）八月“遂命设官制之”。承安四年（1199）三月，金国“于淄、密、宁海（今牟平区、文登区）、蔡州，各置一坊造新茶”。《海嵎書识·昆嵛山》记载，元初宁海州设茶场提举，专事茶叶生产与加工。清光绪二十三年（1897），《文登县志·土产》载，“昆嵛山产茶，土人不谙制法，西商购去装至江南制造”。至2021年，威海市各地茶叶均为1966年山东省实施“南茶北引”后再次栽培种植的。至年底，威海茶栽培面积1820公顷，干毛茶产量约560吨，各区（市）均有分布。主要栽培品种有鸠坑、福鼎大白、黄山群体种等。茶叶加工品的类型有绿茶、红茶、白茶、黄茶等。此外，威海市出产桑叶茶、蒲公英茶、无花果茶、芊罗叶茶、山竹茶、百合花茶等代用茶。优越的生态环境条件、成熟的栽培技术和加工工艺，形成威海茶叶独特外形和口感风味。其中，威海绿茶具有“香气高、滋味浓、耐冲泡”等特点，威海红茶具有“汤色红亮、香气浓馥、滋味醇厚、回甘快”等特点。

（王林军　王梓清）

畜牧业

【概况】 2021年，全市畜牧工作以高质量发展为主线，以完成生猪稳产保供硬指标为重点，在打造精致牧场、提升养殖水平，落实疫病防控、确保产业安全的前提下，积极推进畜牧业创新发展。全市生猪存栏85.5万头，出栏112.2万头；牛存栏2.4万头，出栏2.7万头；羊存栏4.8万只，出栏7.4万只；家禽存栏2047万只，出栏5829.2万只。肉、蛋、奶产量分别达18万吨、18.7万吨、4.1万吨。

【畜牧产业发展】 提升畜牧产业化水平，继续推进乡村振兴现代畜牧业产业基地建设，年内创建现代畜牧业产业基地40个。开展“精致牧场”评定，创建“精致牧场”20个。全市肉蛋奶总产量持续平稳，畜禽规模养殖比重达85%，家禽养殖实现全程机械化达90%以上。推动三产融合，突出蜜蜂经济休闲旅游功能，扶持蜜蜂科普馆等全产业链综合体项目发展。揭牌成立海大（威海）宠物食品研究院暨海大（威海）宠物实验基地，投资200余万元，引进100余种犬猫新品种用于食品研究和饲喂试验。组建动物医疗器械产品研发中心，制订发布系列产品标准，填补全国动物医疗器械行业标准化建设空白。

【生猪供给】 在“抓增量、防减量、强扶持、压责任、保数字”上做实做细，认真落实国家、省出台的各项稳定生猪生产扶持政策，指导各区（市）统筹利用好中央和省级财政支农资金，确保各项鼓励生产、无害化处理等补贴政策落实到位。新建、改扩建养殖场198家，增加生猪存栏20万头，产能进一步恢复。严格落实屠宰环节“两项制度”，生猪屠宰企业全部按要求配备官方兽医并实现非洲猪瘟自检或委托第三方检测，同时实行电子出证。鼓励屠宰企业产能升级，加强冷链物流基础设施建设和装备购置，完善冷链运输体系，全市冷链物流运输车辆达19辆，运输能力46吨，有效保障生猪产品冷链运输。

【动物疫病防控】 全面推进动物疫病区域化管理，做好胶东半岛无规定动物疫病区的日常维持工作，努力构建疫病防控一体化格局。积极推进规模场强制免疫“先打后补”工作，调拨疫苗776余万毫升，免疫畜禽1270余万头（只）。扎实开展动物疫病监测与流行病学调查，全市兽医实验室检测样品5.45万份，抗体监测合格率80%以上。严格检疫规程，产地检疫畜禽4.06亿头（只），屠宰检疫4057.54万头（只）。加强外引动物及动物产品的审批监管，登记备案调运畜禽58.4万头（只）、产品293吨，发放各类动物检疫证57.5余万份、检疫标签1000万枚。无害化处理病死畜禽8821吨。协调中国动物卫生与流行病学中心在荣成市建成中国兽医流行病学实践基地，举办中国兽医流行病学实践基地建设暨现场推进会，有效提升威海市动物疫病监测预警能力。

【畜产品安全监管】 强化畜产品质量安全专项整治，主动加大饲料、兽药和屠宰环节的检测力度，产品监测合格率达 99.6% 以上，荣成市畜牧业发展中心获评全国食品安全先进工作集体。开展畜产品质量安全监测，重点进行牛、羊瘦肉精排查。全市开展瘦肉精快速检测 5.1 万批次，检测畜产品 3000 批次，产品监测合格率均达 99.6% 以上。强化饲料兽药等投入品监管，推行兽用抗菌药使用减量化试点行动，完成兽药饲料抽样 46 批、兽医器械抽样 15 批次。试行畜禽、禽蛋合格证制度，建立养殖主体名录，纳入主体 599 家，全市实施合格证的主体达 496 家，附带合格证上市的畜产品 4 万余吨。

【畜禽养殖废弃物资源化利用】 以省级环保督察为契机，全面开展规模场粪污处理设施配建的督导检查。对粪污处理设施配建不到位的畜禽养殖场（户），建立台账、限期整改、实行销号管理。对涉牧举报件中涉及的 228 个畜禽养殖场均建立整改台账，调度跟进整改工作进度，办结率 100%，畜禽粪污综合利用率继续保持在 92% 以上。指导规模场提升设施装备水平，加大养殖专业户等规模以下养殖主体的技术指导服务力度，打造农牧循环一体化养殖企业 5 家，发挥典型示范作用，深入推进农牧循环。

【智慧畜牧发展】 注重鼓励保险、信贷等企业以多种形式投资畜牧业，加强合作，利用大数据、云计算、耳标识别等信息化技术，实现“互联网 + 监管 + 服务”的智慧管理。配合市财政局对畜牧业政策性保险承保机构开展遴选工作，制定完成遴选方案，累计为 30 家养殖场户完成贷款 620 万元。推进“保处联动”（保险与无害化处理监管联动）机制建设，全市新增投保能繁母猪 2.48 万头，育肥猪 53 万头，保险承保面达 80% 以上。积极开展智慧应用基地创建，建设畜牧业智慧应用基地 3 个、智能牧场 1 个。加快推进畜产品线上销售，普及应用物联网、智能装备技术，充分利用电商、微商、直播带货、社区团购等新兴业态，扩大畜牧品牌影响力。通过威海市知名农产品展，为 20 家知名畜产品品牌企业搭建平台，展会期间现场交易额达 12 万元。

【“保处联动”机制建设】 优化畜牧业政策性保险与病死畜禽无害化处理联动机制，扩大保险承保面、承保率，降低畜禽养殖风险。全国畜禽养殖废弃物资源化利用现场会在威海市召开，农业农村部畜牧兽医局负责人现场观摩威海市病死畜禽无害化处理体系建设，对保处联动新模式以技术手段跟踪覆盖病死畜禽无害化处理全过程的做法给予好评。

（邢莉莉）

林　业

【概况】 2021 年，威海市林地面积 317.96 万亩，森林面积 253.34 万亩，森林覆盖率 28.96%。全市完成植树造林面积 3120 公顷，实现林业总产值近 70 亿元，高标准完成松材线虫病疫木无害化处理 252 万株。威海市林业局经全国绿化委员会备案为全国绿化先进单位，市林业发展中心获评山东省生态环境保护先进集体。

【林长制建设】 建立市、区（市）、镇、村四级林长制体系，设立市级林长 7 人、区级林长 55 人、镇级林长 253 人、村级林长 2492 人。以 2020 年森林资源管理“一张图”为底图，完成 5997 人管护范围落图，构建全市林地资源管理“一长两员”（林长、森林资源监管员和专职护林员）管护信息矢量化架构，实现全市林木林地的“鱼鳞图”管理。聚焦“护绿、增绿、管绿”工作任务，市级总林长带头深入林区一线，督导检查林长制落实、森林防火等工作开展情况，帮助林业部门推进林业工作，各级林长分别开展巡林护林活动，形成全市齐抓共管森林资源保护的良好局面。积极创建民间林长、小林长、妇女林长等队伍，营造全社会植绿、护绿、爱绿的良好氛围。探索建立“产业林长”“流动林长”等，充分发挥社会监督作用。创新推行“信用 + 森林防火”新模式，印发防火信用管理办法，细化管理细则，打通防火“最后一公里”。印发《威海市林长制工作绩效评价办法》，将植树造林、松材线虫病防治等 12 项重点工作纳入林长制绩效管理体系。印发《关于进一步深化林长制改革的实施意见》，明确从全面深化林长制改革的任务清单、责任清单、措施清单。

【植树造林】 持续推进“绿满威海 · 四季多彩”国土绿化行动，系统开展荒山绿化、水系绿化、绿色通道建设、城市绿化、村镇绿化美化、沿海防护林修复攻坚突破行动，重点实施伟德山、里口山、昆嵛山、正棋山 4 个山系生态修复工程，累计完成退化林修复和低效林改造 3120 公顷、森林抚育面积 1.02 万公顷。为尽快恢复火烧迹地和松材线虫病疫木采伐迹地，创新实施人工造林与工程造林相结合、飞播造林和抟土播种相配合等植绿方式，完成伟德山苗木栽植 30 余种 191 万株、飞机播种 2000 余千克，里口山栽植苗木 25.6 万株、撒播树种 200 余万粒。进一步改善林相，有效提升全市绿化、花化、彩化水平，栽植云杉侧柏、色木槭、黄栌等各类绿化苗木 30 余种 200 余万株，绿满威海的生态景观初见成效。广泛开展全民义务植树活动，全市参加全民义务植树活动 150.8 万人次。其中，78 个市直机关单位、2300 余名干部职工参与义务植树活动，栽植各类苗木 2 万余株。

【林地湿地资源保护】 按照市级总林长管护职责范围，实行班子成员包片管理新模式，在森林防火关键期、松材线虫病攻坚期等重要时间节点，全部深入一线督导检查，督导台账整改，确保林区安全稳定。充分发挥镇级森林资源管护队的作用，划分责任区域，配备摩托车进行带装巡逻、不间断巡逻，并利用“森林防火可视化对讲系统”直接督导每日巡逻路线，第一时间发现问题、上报、处置，切实打通森林资源管护的“最后一公里”。坚持“立行立改、边查边改”的原则，采取“日常调度、现场核实”的形式，深入推进森林资源督查等专项行动，不断完善规范林业管理秩序，累计完成森林督查整改图斑73个，审计涉林问题整改图斑45个，跟踪督办中央、省环保督察反馈事项案件调查及整改工作167件。全面开展打击毁林、国家级公益林监测监管、森林督查等专项行动，全面清查整治破坏森林资源问题，完成《威海市林地保护办法》立法后评估，持续开展林业政策法规宣传月、草原普法月等活动，1个单位获评山东省“七五”普法先进集体。

1月，威海市高点红外热感自动报警高清监控系统

（威海市林业局　提供）

【林业产业管理】　采取“合作社＋基地＋农户”和“企业＋农业大户＋贫困户”的经营模式，重点发展核桃、板栗、榛子等干果产业，建成乡土树种资源“5库1园9基地”，北美冬青产业发展居全国第1位。在第十七届中国林产品交易会上，威海市6家企业的产品获得金奖6项、银奖1项，威海市林业局获得优秀组织奖。在胶东五市（青岛）林产品展销会上，威海紫光圣果科技有限公司等10家企业的无花果酒系列产品、碧根果、玉玲花油、西洋参等获得金奖11项。依托交易平台，扩大林产业技术交流，利用全市优质特色林产品资源，大力开展林业招商引资，不断提升本市林产品知名度和影响力，助力威海市林业产业发展。

【林业有害生物防控】　开展冬春季松材线虫病疫木除治攻坚专项行动，累计组织疫木除治作业工人22万人次，清理枯死松树面积86.8万亩、作业小班8001个、枯死松树252万株，基本实现“四存量”（山体疫木存量、公路和景区疫木存量、交界处疫木存量、处理厂疫木存量）的全部“清零”。在全国率先开展全域飞机施药防治松材线虫病媒介昆虫行动，对全市林区、景区、主干道两侧松林进行3轮飞防施药，飞防区域面积233万亩。创新引入“互联网＋航空施药”精准监理机制，经监测，威海市虫口密度大幅度下降，松材线虫病蔓延态势得到有效遏制。

【森林防火】　按照《威海市森林防火工作标准体系》，统筹抓好镇级森林管护队队员、检查站值守员、林区巡逻员“三员”队伍建设，加快推进道路网、阻隔网、水源网、监测网、通信网“五网”建设，全面提升森林火灾综合防控能力和水平。全市组建镇级森林管护队、检查站值守队、林区巡逻队等三级森林防火队伍，镇级森林管护队达81支1833人。2021年，开发森林防火可视化对讲系统，购置视频对讲系统1400余台，基本完成护林员在岗在位、巡逻管护的“可视化”“全过程”管理视频监控网建设。开发森林防火预警系统，全市监控数量达231处（其中新建高点视频监控144处，无人值守卡口1270处），配合670座护林检查站、94座瞭望台，基本实现全市重点林区监控的全覆盖。新建防火通道281千米，比年度计划超额完成180千米，全市森林防火通道达1824千米，隔离带518.6千米。加强水网设施建设，新建林内水源178处，全市林区水源地达1284处，为快速以水灭火提供有效保障。在林区通信信号薄弱区，建设宽窄带融合小基站34处、高山大基站10处，实现重点林区通信信号全覆盖、无盲区。

【自然保护地管理】　结合自然保护地整合优化，将自然保护地内154.7公顷的商品林和基本农田调出自然保护地范围，促进全市自然保护地整合优化成果更科学合理。完成里口山和赤山2处省级风景名胜区的规划修编。全力做好桃威铁路电气化改造、国道18线等大项工程占用自然保护区的协调保障工作。强化自然保护地监管力度，理顺执法职责，加强海洋保护地执法力度，协调市海洋渔业监督监察支队，厘清双方在涉海自然保护地的监管职责，签订行政执法委托书，为涉海自然保护地的海域执法工作打下基础。印发《关于进一步加强自然保护地监管工作的通知》，将自然保护地监管工作纳入林长制监督考核和巡查巡护体系。制定湿地行业标准，联合市财政局等部门印发《威海市重要湿地和一般湿地认定标准和管理办法》，推进规范管理湿地。

【野生动物保护】　市政府印发《关于进一步加强野生动物保护工作的实施意见》，并召开新闻发布会向全社会进行解读。开展野生动物保护“五进”（进企业、进农村、进社区、进学校、进家庭）活动，制作《野生动物保护宣传手册》，在农村大集、农贸市场发放宣传资料1000余份。建成野生动物救助机构3家，救助野生动物300余只，均得到妥善处置。实行禁猎区管理，有效保护陆生野生动物及其栖息地。有序开展陆生野生动物保护专项行动，对全市1674处森林公园、湿地公园、主要河流等陆生野生动物栖息地、迁徙通道等进行督导检查。

【国有林场建设】　在文登区天福山林场开展“绿色林场红色印迹”全国媒体行主题宣传活动启动仪式，《人民日报》、新华网等媒体进行宣传报道。山东省“关注森林·六大行动”启动仪式在环翠区华夏城景区举行，政协山东省委员会主席付志方、副主席刘均刚参加启动仪式。为纪念优秀共产党员沈秀芹诞辰80周年，由中国林业职工思想政治工作研究会主办的学习沈秀芹事迹暨生态文明教育报告会在荣成市成山林场沈秀芹事迹陈列馆举行。刘公岛国家森林公园以台湾赠送大陆的梅花鹿“繁星”“点点”和长鬃山羊“喜羊羊”“乐羊羊”入住刘公岛10周年为契机，携手台北市立动物园，采用线上线下结合方式，举办台湾梅花鹿和长鬃山羊入住刘公岛十周年纪念活动。中国生物多样性保护与绿色发展基金会在刘公岛设立“中国绿发会野生梅花鹿保护地·刘公岛”。山东农业大学在成山林场建立山东农业大学教学科研实践育人基地、松材线虫病监测与防控研究试验基地。

（戚俊杰）

水　利

【概况】　2021年，全市水利水务系统积极践行“节水优先、空间均衡、系统治理、两手发力”的治水思路，统筹推进“六水共治”（广蓄水、引客水、淡海水、用中水、治污水、节约水共治）、“五化提升”（水资源治理系统化、水系连通网络化、河湖管护规范化、城乡用水同质化、供水排水一体化提升），多项工作位居全省乃至全国前列。2021年，全市平均降雨量1077.8毫米，比上年同期（886.4毫米）偏多21.6%，比历年同期（757.2毫米）偏多42.3%。汛期（6月—9月）平均降雨量645.7毫米，比上年同期（544.6毫米）偏多18.6%，比历年同期（537.5毫米）偏多20.1%。12月31日，威海市16座大中型水库蓄水4.03亿立方米，比上年同期（2.48亿立方米）偏多62.2%，比历年同期（2.02亿立方米）偏多99.7%。威海市河湖工作经验被水利部、中共山东省委全面深化改革委员会办公室、省河长制办公室发文推广，获得国务院河湖长制工作督查激励；水务经理节水经验在全省推广，污水处理提质增效工作获评全省优秀等级，威海市水务局被水利部表彰为全面推行河长制湖长制先进集体，被省委、省政府表彰为“勇于创新奖”先进集体、全省防汛防台风工作先进集体。

【水旱灾害防御】　5月，全市防汛抗旱暨河长制湖长制工作现场会议召开，安排部署全市防汛抗旱救灾及河长制湖长制工作。汛前完成原定年底完工的33座小型水库安全鉴定和17座小型病险水库除险加固工程，补齐防洪薄弱短板。2021年，降水量为近30年最高值，特别是汛期降水总量多、持续时间长。面对严峻汛情，全市各级水利水务部门科学组织各类水利工程预泄、预排、拦洪、分洪，累计预泄水量3.05亿立方米，拦洪2.66亿立方米，成功应对台风“烟花”和多次暴雨过程，实现“人员不伤亡、水库不垮坝、重要堤防不决口、重大基础设施不受冲击”的工作目标，威海市水务局、环翠区水利局被省委、省政府表彰为防汛防台风工作先进集体。

【水利规划计划实施】　2021年，长会口水库工程被列入国家“十四五”水安全保障规划，编制完成水库建设规划论证报告及海域占用、海洋生态环境初步研究报告。市政府印发《威海市“十四五”水利水务发展规划》，全面总结评估水利水务发展“十三五”规划实施情况，科学研判面临的新形势，谋划4类、131项重点工程，全面提升全市水安全保障能力。谋划2022年重点工程建设，计划实施供水保障、防洪提升等工程53项，总投资31亿元。充分落实国家拉动内需、发行政府专项债券政策，累计落实发行政府专项债券资金7.2亿元（其中省级偿还本息4.49亿元），落实中央财政补助资金1.1亿元。高标准完成荣成市水美乡村方案，获批国家级水系连通及水美乡村建设试点，获批中央无偿补助资金8000万元。

【河流治理】　2021年，全面完成威海市黄垒河（小观—入海口段）治理等河流治理工程竣工验收任务17项。开工建设威海市黄垒河（市管段）综合治理、荣成市小落河治理、荣成市沽河治理等中小河流工程。

【水库闸站建设】　*黄垒河地下水库工程*　位于黄垒河下游，采用梯级开发方式，通过新建拦河闸、坝拦蓄雨洪资源。主要建设内容为新建拦河闸2座、橡胶坝1座，建设地下防渗墙，同时对河道进行综合整治，估算总投资5.98亿元。工程于2019年8月开工建设，2021年11月完成合同工程完工验收，实现新增蓄水能力4215万立方米。

母猪河地下水库工程　位于母猪河流域上游道口村东侧河道以上区域，主要建设内容为新建橡胶坝2座、新建地下截渗墙3.1千米，估算总投资1.76亿元。2020年11月开工建设，2021年11月完成合同工程完工验收，实现新增蓄水能力2014万立方米。

威海市河库水系连通工程（黄垒河地下水库—母猪河地下水库—米山水库连通）　该工程为市域中线水资源调配体系的重要组成部分，将重点水源串点成线、“库库、河库”连通，有效拦蓄黄垒河、母猪河雨洪水。工程主要建设内容包括新建泵站2座、铺设输水管道38千米，总投资3.4亿元。2020年8月，市政府同意将该工程补充列入2020年市级政府投资前期项目计划。2021年3月，工程可研报告获得威海市发展和改革委员会批复。2021年9月开展迁占补偿工作，2021年11月开工建设，工程建成后每年可增加区域雨洪资源利用量5000万立方米。

【农村水利建设】　*农村供水保障*　完成农村供水工程建设任务，进一步夯实工程基础。编制《威海市“十四五”农村供水保障工作方案》，投资9199万元，新建文登区昆嵛山水厂和泽头水厂，实施荣成市高落山水厂管网延伸工程；对56个供水薄弱村庄进行管网改造；乳山市完成6个偏远山村自来水工程建设，全市农村集中供水覆盖率由99.8%提升至100%。全面开展农村供水问题排查，采取县级自查与市级复核相结合的方式，开展为期38天的农村供水问题排查，对全市2558个村庄供水工程逐一核查，建立农村供水问题整改台账，对排查发现的263个供水问题进行逐个整改销号。将农村供水保障融入干部作风大改进等专项行动，印发《携手巩固提升农村饮水安全的倡议书》《农村饮水安全知识手册》，开展2轮农村饮水安全入户宣讲；主动搜集解决农村供水问题，全年保持省级以上农村供水热线“零来电”，12345政务服务便民热线转办问题“零再办”，通过国务院第8次大督查。编制《关于实现巩固拓展水利水务扶贫成果同乡村振兴保障有效衔接的工作方案》，开展贫困人口饮水安全保障工作，市水务局获评全省脱贫攻坚先进集体称号。成立农村专业化供水公司，基本完成农村供水市场化、物业化管理的工作目标。各区（市）全部组建农村供水专管机构，农村水费收缴率达96%，完成4处水厂和302个村庄供水管理移交，通过收取水费、提供维修服务进行市场化运行。

农业水价综合改革 编制《威海市“十四五”农业水价综合改革方案》，将全市改革任务由240万亩调整为145.9万亩，将改革完成年限由2025年提前至2022年。完成年度改革任务面积23.71万亩，累计完成改革面积138万亩。

灌溉水有效利用系数测算 在全市选取样点灌区11个、典型地块44个进行灌溉水有效利用系数测算，全市2021年度农田灌溉水有效利用系数为0.7005，农田灌溉效率列全省第1位。

【水生态建设】 2021年，建设改造排水管网101.8千米。全面摸排全市城市河道47条，完成4条县级城市黑臭水体“长制久清”省级专家评估，实现全市城市黑臭水体全部销号、全面“清零”，荣成市镇驻地生活污水处理经验在全省建制镇生活污水处理工作视频推进会上作典型交流。威海市综合指标在省住房和城乡建设厅通报的全省前三季度城市污水处理设施建设运行和黑臭水体整治情况中，列全省第3位。完成水土流失综合治理任务，治理面积98.19平方千米，超出省定任务15.5%，其中坡改梯面积2.09平方千米、水保林面积27.08平方千米、经济林面积4.65平方千米、种草面积2.54平方千米、封禁治理面积33.84平方千米，年度减少土壤流失量25.66万吨。落实省级资金1200万元，完成生态清洁型小流域综合治理工程5个。

【水资源管理与保护】 2021年，威海市引用外调水3943.77万立方米，保障城区供水安全。全市用水总量为4.50亿立方米（含非常规水源），万元地区生产总值用水量比上年下降5.2%，满足省考核指标要求。全市下达用水计划1075个，其中自备水源720个、公共管网355个。

【河湖管理】 坚持河湖岸一体，巩固深化水系综合治理模式。制定市、区（市）、镇、村四级河湖长履职细则、巡查工作机制等30余项，通过智慧考核平台实行一人一档、电子化考核。市河长制办公室各成员单位紧密联系、协同联动，各级河湖长严格履职尽责，推动全市河湖长制工作稳居全省前列。4个区（市）全部成立生态文明建设协调中心，将县级河长、湖长、湾长进行调整理顺，同一水系的县级“三长”基本由同一人承担，管理范围包括河湖水系，涵盖沿岸150米范围内的陆地，强化源头管控，形成水陆统筹、协同联动的良好局面。坚持水利水务一体，实现“蓄、供、排、节”全链条融合。完成黄垒河、母猪河地下水库建设，新增蓄水库容6200万立方米。实施黄垒河地下水库—母猪河地下水库—米山水库连通工程，每年可增加区域雨洪资源利用量5000万立方米，有效提升水资源综合利用水平。联合开展河湖水质提升行动，推动市区3处污水处理厂提标改造，全面完成6条城市黑臭水体治理，完成母猪河水质净化提升目标任务，挂号河流全部通过省级交叉检测，全市镇驻地污水处理设施实现全覆盖，化肥农药使用量降低10%，污粪综合利用率达95%以上。强化节水管理，推行“五位一体”（水务经理、余水收集、中水回用、智能节水和动态监控）节水管理模式，实施“信用＋节水”“科技＋节水”激励手段。坚持城市乡村一体，提升全域水生态治理水平，启动实施精致河湖建设三年行动，打造省级美丽幸福示范河湖15条、市级精致河湖10条，高标准完成126条省级美丽幸福河湖达标建设任务，成功争创国家级水系连通及水美乡村试点。结合“智慧城市”“数字水利”建设，探索建立“大数据＋河湖长制”管理模式，整合全市376座水库、504条河流及全市相关人员信息，优化完善监管平台，实现管理范围全覆盖。坚持市、区（市）、镇三级联动，深入开展清河行动、清违清障等工作，以“河长湖长＋N”的全方位护水管水工作体系为基础，全年巡河13万余次，累计排查整治问题1777处。市公安局、生态环境局、自然资源和规划局、水务局等部门密切配合，深化线索通报、案件移交、检验鉴定等工作机制，形成保护河湖水域生态环境和自然资源安全的强大合力。

【工程建设管理】 全年完成水利建设投资17亿元，投资计划完成率100%。完成4项重点水源工程建设，18项重点工程竣工验收；1项规划通过论证并被列入国家规划。开工建设黄垒河地下水库—母猪河地下水库—米山水库连通工程，市域中线水资源调配体系初步形成。将省级骨干线路由米山水库延长至荣成市八河水库，将龙角水库—米山水库—八河水库线路布局纳入省级骨干水网统筹规划实施，加快构建市域现代水网。华能海水淡化项目实现6月月底出水目标，开辟城市供水第三水源。组织开展水利工程质量提升专项行动，加强对项目法人、设计、监理、施工及检测等水利市场主体监管，有效提升项目建设管理水平，1家企业获得全省五一劳动奖状提名；打造精品工程、样板工程，5个项目争创治淮文明工地并通过省级初审。

【工程运行管理】 开展水利工程标准化管理，威海市水利工程标准化创建经验被省水利厅推广。崮山水库、武林水库、米山水库、龙角山水库、八河水库获评省级示范工程。开展小型水库管理体制改革，环翠区获批省级小型水库管理体制改革样板县，全市4座小型水库获评省级样板水库。

【水务改革创新】 以系统观念统筹河湖工作，推动县级全部成立生态文明建设协调中心，实现河湖水系一体化治理，基层治理效能显著提升。威海市在2021年水利部1次暗访、省2次暗访中成绩优异，是全省唯一取得“零”督办成绩的地市，威海市河湖工作经验在全国、全省推广。全面推行水务经理管理制度，在市（区）年用水量1万立方米以上的用水大户设立水务经理380名，建立微信工作联系群；举办威海市水务经理培训班，邀请专家分别对水平衡测试技术与方法、威海市区城市计划用水管理实施细则等进行解读，全市300余名水务经理参加授课。推进招投标全流程电子化交易，加强“互联网+监管”，提升水利工程建设监管工作质量和效能，优化水利建设市场营商环境，威海市获批水利工程建设项目电子招投标监管省级试点。

【水行政执法】 市水务局印发《工作制度汇编》及水行政执法规范性文件4个，规范执法程序，完善水政执法案件标准化流程。加强水源地日常监管工作，对威海火炬高技术产业开发区、威海经济技术开发区、威海临港经济技术开发区19条城郊河道2500余千米的河岸线进行全面排查，在黄垒河界河段、局属水库及市区河道开展“水利普法”活动。汛期前张贴法律明白纸200余份，在河道两岸设立安全警示牌10个，杜绝防溺水和防偷砂现象发生。全面开展“双随机、一公开”工作，对非法打井、非法取水行为进行重点排查和严厉打击，取用水秩序逐步规范。全年处理信访转办件63起，处理非法采砂案件5起，非法取水案件2起，下达各类法律文书128份、责令停止违法行为51次、责令改正违法行为67次、行政处罚7次。

【城乡供水】 2021年，城市公共供水管网漏损率达4.8%。城市生活污水处理厂全部达到一级A排放标准，城市污水处理率达98.1%，污泥无害化处置率达100%。城市黑臭水体整治任务全部完成。市区再生水利用率达35.4%。

龙山净水厂及配套工程 计划总投资1.13亿元，设计规模为每天5万立方米，采用预处理+常规处理+臭氧活性炭深度处理工艺。配套取水泵站位于泊于水库东，设计规模为每天5.5万立方米。取水管管长226米，输水管管长1995米，均采用球墨铸铁管材。工程于2020年5月开工建设，2021年12月具备通水条件。

柳林净水厂深度处理工程 计划总投资8600万元，设计处理能力每天10万立方米，采用臭氧活性炭深度处理工艺，主要建（构）筑物有深度处理综合池1座，污泥浓缩池叠合排泥水池1座，臭氧制备车间叠合回用水池1座，配套氧气站1座，污泥脱水车间1座。工程于2020年7月开工建设，2021年12月具备通水条件。

金线顶新建污水泵站工程 计划总投资3135.6万元，新建污水泵站1座，规模为每天1万立方米。项目占地面积1070平方米，总建筑面积809.6平方米，其中地下建筑面积289.8平方米，为粗格栅、集水池、事故水池；地上建筑面积519.8平方米，为泵房、除臭设备间、中控室、配电室、检修间、值班室等。工程于2020年9月开工建设，2021年8月通水运行。

乳山市第二水厂建设工程 计划总投资1.7亿元，设计规模为每天10万立方米，包含折板絮凝平流沉淀池、V形滤池、臭氧接触池及活性炭滤池、清水池等。净水工艺采用常规工艺+深度处理工艺，该工程于2020年12月开工建设。

（张 超）

农业机械

【概况】 2021年，威海市农机总动力达503.98万千瓦，有农用拖拉机25.82万台、各种配套机具54.26万台（套）。全市农作物耕种收综合机械化率达90.5%（其中小麦综合机械化率99.98%，玉米综合机械化率97.17%）。年内，全省农机管理干部培训班在威海市举办，全省农机化管理干部70余人参加培训。山东省农业农村厅在威海市举行“3·15”消费者权益日开幕式和“6·16农机安全咨询日”启动仪式，在荣成市开展山东省第四季度农机安全应急演练工作，在文登区举办全省“平安农机”创建现场观摩暨申报工作培训班。

【农机惠农政策落实】 2021年，全市落实中央财政农机购置补贴资金1019.84万元（含2020年结余资金），通过手机应用程序申请受益农户和生产经营组织420户，补贴各类农机具532台（套）。实施农机深松整地作业面积10万亩，其中中央补贴面积5.5万亩，享受资金补贴165万元。

【农机化推广】 围绕机收减损、降本、提效、保质，提升全市粮食生产机械化质量，卫星平地、机收减损、小麦玉米联合收获等技术得到有效推广，推进农机农艺深度融合，实现粮食的丰产丰收和节本增效。通过举办春耕备播和深松整地作业现场推进会、“三夏”“三秋”生产全程机械化现场会等方式，大力推广农机化“一条龙”作业新模式，构建全程机械化作业技术体系，巩固提升主要农作物全程机械化水平，促进全市农机化转型升级。以苹果、茶叶、中药材、大姜等大宗经济作物和特色经济作物为重点，实施重点攻坚突破，推进苹果、中药材向全程机械化、智能化迈进，为特色产业发展提供装备支撑。以禽畜养殖机械化与禽畜粪污、农作物秸秆资源化利用技术试验示范为重点，推进饲料加工、禽畜饲喂、粪污处理等装备应用，推进畜牧养殖业关键环节机械化突破发展。

【农机安全保障】 全年办理农机车辆业务4749次、驾驶证业务5425次，完成新增车辆挂牌办证、到期农机审车换证以及农机驾驶员的培训工作。选派优秀机手参加山东省“技能兴鲁”职业技能大赛——首届高素质农民（农机驾驶操作员）技能大赛，获得个人优秀奖1个、优秀组织奖1个。荣成市宝丰农机专业合作社纳入全省“全程机械化+综合农事服务中心”典型案例。

（刘新兵）

编辑 李传强

海洋与渔业

综　述

【概况】　2021年，全市海洋发展系统统筹发展和安全，以国际海洋科技城建设为统领，深入实施海洋强市战略，各项工作取得明显成效。

【威海市海洋发展研究院揭牌】　2月9日，威海市海洋发展研究院揭牌仪式举行。威海市海洋发展研究院加挂市海洋发展事务中心、山东省（威海）远洋渔业促进中心牌子，为市海洋发展局所属正处级公益一类事业单位，主要职责是承担海洋强市战略、政策和海洋经济管理研究，海洋领域招才引智和招商引资服务，海洋领域产学研合作，海洋公共服务等。

【获评中国休闲渔业之都】　3月，中国休闲垂钓协会组织有关专家对威海市“中国休闲渔业之都”称号进行复审。经过听取工作汇报、查阅资料、现场考察等环节，威海市通过复审并继续被授予“中国休闲渔业之都”称号。

【中央海洋生态保护修复项目获批】　5月21日，威海市2021年中央财政支持海洋生态保护修复资金项目获批，获得中央财政资金支持3亿元。该项目总投资5.23亿元，分为威海市朝阳港海岸带保护修复工程和威海市石岛湾海岸带保护修复工程2个子项目，主要内容包括修复砂质岸线10.91千米，生态化改造海堤13.52千米，修复植被防护带13.52千米，修复盐沼35公顷。

【中国（威海）第二届海洋放鱼节暨世界海洋日宣传公益活动】　6月6日，2021中国（威海）第二届海洋放鱼节暨世界海洋日宣传公益活动举办。活动以“养护水生生物　建设美丽中国”为主题，旨在养护海洋生物资源，促进生态文明建设，传播文明城市正能量。全市放流大泷六线鱼、牙鲆、黑鲷等优质鱼类苗种35万余尾，放流虾蟹类、鱼类总规模逾4500万单位。

【山东省远洋渔业协会成立大会】　6月18日，山东省远洋渔业协会成立大会在荣成市召开。会议选举山东省远洋渔业协会第一届理事会会长、秘书长。远洋渔业科研教学单位、全省远洋渔业及上下游配套服务企业负责人100余人参加会议。

【“零碳”海洋牧场投运】　7月21日，爱伦湾海洋牧场“零碳”智慧用能示范项目在荣成市寻山街道建成投运。该项目利用光伏和空气源热泵等清洁能源减少能源供应端的碳排放量，通过“零碳”智慧用能管理系统，实现海洋牧场分布式光伏、空气源热泵供暖制冷、微藻玻璃大棚智慧用能、海带育苗智慧用能、海洋生物体验展馆等各部分的监测与协调控制，提升海洋牧场的电力供给和能源使用效率。

【共建国家海洋综合试验场（威海）协议签署】　9月24日，自然资源部与山东省人民政府共建国家海洋综合试验场（威海）协议签约暨揭牌仪式举行。自然资源部副部长、国家海洋局局长王宏，副省长曾赞荣分别代表自然资源部、省政府签署《自然资源部　山东省人民政府共建国家海洋综合试验场（威海）协议》，并共同为“国家海洋综合试验场（威海）”揭牌。市领导张海波、高书良及涉海有关部门、科研院所、企业代表100余人参加仪式。

【《威海市海洋强市建设三年行动计划（2021—2023年）》发布】　11月12日，市政府新闻办公室举行新闻发布会，解读《威海市海洋强市建设三年行动计划（2021—2023年）》有关情况。本轮海洋强市建设三年行动计划明确产业突破行动、科技领航行动、生态提升行动、开放联动行动、安全固本行动5个行动及17项重点任务，布局打造海洋经济特色园区16个，推动建设总投资734亿元的93个海洋经济重点项目，推进全市布局合理的海洋产业体系、竞争力较强的海洋创新体系和陆海联动的海洋保障体系3个体系建设。

【山东省渔业碳汇工作研讨会】　11月30日，山东省渔业碳汇工作研讨会在威海市召开。与会人员就海洋渔业碳汇领域最新研究进展，渔业领域如何认识碳达峰碳中和、如何发挥渔业在碳达峰碳中和中的作用，如何实现全省渔业资源高效利用和渔业产业绿色低碳发展等问题进行交流研讨。威海市渔业碳汇工作经验在会上进行交流。省财政厅、农业农村厅相关处室负责人及涉海有关部门、科研院所、企业代表参加会议。

【获评省级海洋意识教育基地】　12月15日，山东省海洋局印发《关于对2021年度省级海洋意识教育基地命名授牌的通知》，威海海洋科技馆、荣成市石岛实验小学、荣成市好运角中学、荣成市石岛实验中学、荣成市寻山街道寻山完小获评省级海洋意识教育基地。

【国家海水利用工程技术（威海）中心启用】 12 月 30 日，国家海水利用工程技术（威海）中心正式启用。该中心是自然资源部天津海水淡化与综合利用研究所、山东海水淡化与综合利用产业研究院、威海市、环翠区共同支持联合成立的新型科研机构，旨在打造集科技研发、企业孵化、产业服务等于一体的科创平台，助力国家海水淡化与综合利用示范城市建设。

【威海海洋生物产业技术研究院启用】 12 月 31 日，威海海洋生物产业技术研究院启用仪式在威海南海新区举行。该研究院以中国科学院海洋研究所科研与管理体制为依托，承接威海市海洋产业布局，利用陆海 4 个中试基地，海洋信息技术与装备、海洋牧场集成技术与设备测试等 9 个中试支撑平台，打造国家级科技成果转化平台，形成海洋科技产业集群和人才集聚高地。

海洋经济

【概况】 2021 年，全市坚持政产学研用相结合，促进创新链与产业链深度融合，加速海洋新旧动能转换，推动海洋经济高质量发展。

【海洋经济总体规模】 2021 年，全市实现海洋生产总值 1215.13 亿元，比上年增长 18.3%，占地区生产总值的 35.1%。主导海洋产业方面，海洋旅游业、海洋渔业和海洋水产品加工业 3 个主导产业增幅加大，增加值合计 687.49 亿元，占海洋生产总值的 56.6%。海洋新兴产业方面，海洋工程装备制造业、海洋药物和生物制品业、海洋可再生能源利用业、海水利用业均保持正向增长。

【海洋产业结构】 2021 年，全市海洋一、二、三产业增加值分别为 260.04 亿元、423.72 亿元、531.37 亿元，分别增长 18.2%、15.4%、20.8%。海洋三次产业结构比为 21.4：34.9：43.7，海洋第三产业占比不断提高，产业结构得到优化。

海洋及相关产业构成方面，海洋产业增加值为 917.37 亿元，占海洋生产总值的 75.5%。其中，主要海洋产业增加值 851.09 亿元，海洋科研教育管理服务业增加值 66.29 亿元。14 类主要海洋产业增加值构成方面，海洋旅游业、海洋渔业、海洋水产品加工业的增加值分别为 266.88 亿元、255.78 亿元、164.83 亿元，占主要海洋产业增加值的比重合计为 80.8%。海洋科研教育管理服务业增加值构成方面，涉海金融服务业、海洋管理、海洋技术服务业增加值分别为 19.99 亿元、16.97 亿元、16.45 亿元。海洋相关产业增加值构成方面，涉海设备制造、海洋产品零售、海洋产品批发 3 个产业增加值分别为 86.06 亿元、81.59 亿元和 67.88 亿元。

2021年威海市海洋及相关产业增加值情况表

表 3

产业名称	海洋渔业	海洋水产品加工业	海洋矿业	海洋盐业	海洋船舶工业	海洋工程装备制造业	海洋化工业	海洋药物和生物制品业	海洋工程建筑业	海洋可再生能源利用业	海水利用业	海洋交通运输业	海洋旅游业	海洋科研教育管理服务业	海洋相关产业	海洋生产总值	涉海规模以上企业（家）
增加值（亿元）	255.78	164.83	4.86	0.36	34.58	33.09	2.84	23.81	14.98	9.14	3.84	36.10	266.88	66.29	297.75	1215.13	821
增幅(%)	18.2	11.8	9.8	63.7	17.0	23.0	12.8	14.7	6.9	18.8	12.8	20.0	24.1	10.5	19.7	18.3	
比重(%)	21.0	13.6	0.4	0.0	2.8	2.7	0.2	2.0	1.2	0.8	0.3	3.0	22.0	5.5	24.5	100.0	

海洋渔业转型升级

【概况】 2021 年，市海洋发展局聚焦海洋种业、深远海养殖和远洋渔业发展，以水产养殖绿色发展为主线，不断推动海洋渔业转型升级，全年全市水产品总产量 307.1 万吨、产值 432.5 亿元。

·海洋捕捞·

【概况】 2021 年，全市加快实施远洋渔业“百亿工程”，举办中国远洋渔业公海转载观察员派遣启动活动、全省远洋渔业高质量发展座谈会，建成全国最大的远洋渔业辅助运输船，新开辟索马里等远洋渔场 2 处，全市企业实际经营的远洋渔船达 473 艘，远洋产业链规模突破 100 亿元。

【远洋渔业基地建设】 沙窝岛国家远洋渔业基地一期工程完工，港池面积 42 公顷的中心渔港通过农业农村部验收，年修造能力 100 万载重吨的船舶修造中心、年生产能力 10 万吨的鱿鱼精深加工车间和总面积 6 万平方米的干海产品加工园等项目建成投产。

【远洋作业渔场及船队建设】 首次开发索马里和几内亚远洋渔业项目，其中索马里远洋拖网项目获批，4 艘远洋渔船开展生产。打造全国远洋渔业高质量发展示范区，提升全市远洋渔船

2021年威海市渔业生产基本情况表

表 4

水产品总产量（万吨）					养殖面积（万公顷）			渔业船舶拥有量（艘）			
合计	海洋捕捞	远洋渔业	海水养殖	淡水养殖	合计	海水养殖	淡水养殖	总数	近海捕捞	养殖渔船	辅助渔船
307.1	62.0	47.5	195.4	2.2	11.24	10.98	0.26	10168	4314	5795	59

2021年威海市海洋捕捞主要产品产量表

表 5

种类	鱼类														甲壳类						贝类	头足类			其他类
	鳀鱼	沙丁鱼	鲱鱼	白姑鱼	黄姑鱼	大黄鱼	小黄鱼	玉筋鱼	带鱼	梭鱼	鲐鱼	鲅鱼	鲳鱼	马面鲀	虾				蟹			乌贼	鱿鱼	章鱼	海蜇
															毛虾	对虾	鹰爪虾	虾蛄	梭子蟹	青蟹					
产量（万吨）	24.56	0.24	0.42	0.08	0.39	2.59	1.89	5.72	0.31	0.96	6.84	1.09	0.09	0.14	0.14	0.61	0.67	0.49	0.04	2.14	0.01	2.72	0.35	0.17	24.56

装备能力，更新改造远洋渔船 20 艘，全市实际经营的远洋渔船达 473 艘，远洋产业链规模突破 100 亿元。

【极地渔业发展】 全国最大的远洋渔业辅助运输船“华祥 8”船建成投产（全长 150 米、主机功率 5220 千瓦、船舶总吨 9441 总吨），赴太平洋和大西洋公海从事远洋渔业运输生产任务。投资 5.28 亿元的南极磷虾捕捞加工船开工建造。

· 水产养殖 ·

【概况】 2021 年，全市实施水产养殖“深蓝行动”，推进养殖活动由近浅海走向深远海。推动水产养殖绿色发展，荣成获评首批国家级水产健康养殖和生态养殖示范区。

【海洋牧场建设】 争取中央资金 3542 万元支持海洋牧场建设，新建成周长 40 ~ 90 米深水养殖网箱 30 个。靖海集团有限公司和乳山龙汇海产养殖有限公司分别申报第七批国家级海洋牧场示范区、省级海洋牧场示范区，持续扩大海洋牧场示范规模。

【水产种业发展】 9 月，市政府办公室印发《关于加快推进精致农业发展的实施意见》，规划建立“2+5+N”现代水产种业发展体系（在威海北部规划建立海洋生物育种中心 2 处，打造威海北部水产种业“芯”高地；在威海南部集中建设现代水产种业园区 5 处，构筑水产种业隆起带；在全市规划建立 N 处水产种业联合育种基地，打造现代海洋渔业示范带），加快推进水产种业升级。组织开展水产种质资源普查，完成普查个体 570 家，完成率 99%。实施水产种业项目 38 个，验收项目 22 个，建设标准化生产车间 10 万平方米，建立工厂化循环水养殖系统 8 套、尾水处理系统 12 套、热能循环利用系统 14 套。年内，全市新增省级水产原种场 3 家，新增新品种 1 个（皱纹盘鲍“寻山 1 号”），白刺参、紫刺参等良种选育通过阶段性验收。

【深远海养殖发展】 加快探索深远海养殖新模式，实施北黄海冷水团深远海三文鱼养殖项目，在褚岛以北 30 海里投放无人智能深海养殖试验平台，大西洋鲑成活率达 95%。实施威海海恩蓝海水产养殖有限公司 5.5 万方水体深水智能大网箱、荣成成山鸿源水产有限公司 8000 立方米水体鲍鱼养殖平台以及威海白云渔业有限公司、山东鑫弘集团有限公司大型养殖工船 4 个项目建设，推动深远海养殖产业高质量发展。

2021年威海市海水养殖主要产品产量表

表 6

种类	鱼类					甲壳类				贝类		藻类				其他类		
						虾			蟹									
	鲈鱼	大菱鲆	牙鲆	河鲀	黑鲪	南美白对虾	中国对虾	日本对虾	梭子蟹	牡蛎	其他	海带	裙带菜	紫菜	江蓠	海参	海胆（万千克）	海蜇
产量（万吨）	0.23	0.04	0.01	0.10	0.06	0.64	0.25	0.13	0.42	57.72	65.65	47.52	5.10	1.21	5.01	3.70	300.70	130

2021年威海市主要水产苗种生产情况表

表 7

淡水鱼苗（万尾）		淡水鱼种（吨）	投放鱼种（吨）	海水鱼苗（亿尾）		虾类育苗（亿尾）		贝类育苗（亿粒）		海带（亿株）	海参（亿头）
合计	罗非鱼			合计	鲆鱼	合计	南美白对虾	合计	鲍鱼		
7350	600	750	750	5.19	2.68	84	27	276.47	1.30	72	66.41

2021年威海市主要水产品加工情况表

表 8

水产加工企业（家）	水产加工能力（万吨/年）	水产冷库（座）	冻结能力（万吨/日）	冷藏能力（万吨/次）	制冰能力（万吨/日）	水产加工品总量（万吨）	水产品冷冻（万吨）	鱼糜制品及干腌制品（万吨）	藻类加工（万吨）	罐制品（万吨）	水产饲料（万吨）	鱼油制品（万吨）	其他水产加工品（吨）
864	479.05	546	6.26	63.68	1.51	365.11	264.30	27.25	35.38	11.16	23.31	3.42	2915

·水产品市场与品牌建设·

【概况】 2021 年，全市深入实施渔业品牌战略，引导企业精准对接国内市场消费升级需求，融入国内国际双循环新格局。着力构建“1+3+N”渔业品牌体系（1 个整体区域品牌、3 个特色区域品牌和 N 个企业产品品牌），增强全市海洋食品市场竞争力。

【水产品进出口贸易】 2021 年，全市有 341 家企业发生水产品进出口实绩，出口业务涵盖 89 个国家和地区，完成水产品进出口总额 115.2 亿元，其中出口额 86.2 亿元、进口额 29 亿元，分别比上年增长 −1.4%、13.9%，实现贸易顺差 57.2 亿元。

【品牌宣传与市场开拓】 4 月 20 日，齐鲁灵秀地品牌农产品——“百品千店山东农品进万家”暨“威海海鲜节春参开捕季”启动仪式在济南市、威海市、荣成市同步举行。其间，山东广播电视台和家家悦集团股份有限公司签订“光合计划”战略合作协议，威海市海洋发展局和家家悦集团股份有限公司签订“渔超合力 威海海鲜进万家”战略合作协议，家家悦集团与乳山市海阳所镇及 8 家企业签订深度合作协议，拓宽威海海鲜线下销售渠道。9 月 2 日，家家悦第三届威海海鲜节启动仪式在济南市举行，家家悦集团股份有限公司在全国的 940 余家直营连锁超市同时开展威海海鲜品牌宣传和产品推介。9 月 9 日，“威海海鲜官方旗舰店”在天猫商城上线运营，搭建威海海鲜产业发展新平台。12 月 4 日，威海职业学院（威海市技术学院）、威海市海洋发展局签署《深度合作框架协议》，共同打造威海海鲜品牌推广和电商培育新平台，培养水产行业的“带货达人”“头部企业”，推广销售优质海产品，提升“威海海鲜”的品牌价值。12 月 20 日，威海市再次被中国水产流通与加工协会授予中国海参之都称号，并被授予东北亚水产品交易中心称号。

海洋科技创新

【概况】 2021 年，全市加快推进海洋科技研发机构建设，焦念志院士工作站获批备案，2 家共建科研机构落地启用，培育海洋产业科技人才团队 10 个。32 处省级海洋工程技术协同创新中心通过省级考评，10 处被认定为 2021 年省级海洋工程技术协同创新中心。1 家企业获批建设山东省现代海洋产业技术创新中心，13 家企业获批全国水产绿色健康养殖技术推广“五大行动”基地。

【海洋科技人才引进】 组织实施海洋产业科技人才团队支持计划，聚焦海洋种业、海产品精深加工、海水淡化等领域，引进拥有国家杰出青年科学基金获得者、泰山学者等称号的专家学者 10 名，并实施新型船用大风量仿生通风机、鱼糜冷冻变性中的肌原纤维蛋白抗氧化、反渗透海水淡化透平式能量回收装置等一批科技攻关项目，提升海洋科技示范引领能力。

【涉海创新平台建设】 全国第一个专注研究海洋碳汇的院士工作站焦念志院士工作站正式通过省科学技术厅备案。与中国科学院海洋研究所共建威海海洋生物产业技术研究院，与自然资源部天津海水淡化与综合利用研究所共建威海市海水综合利用产业技术研究中心，着力开展项目遴选、产业布局、人才引进等方面工作。推进省级海洋工程技术协同创新中心建设，32 处省级海洋工程技术协同创新中心通过省级考评，10 家企业被认定为 2021 年省级海洋工程技术协同创新中心。加快海洋优势和潜力产业高质量发展，威海光威复合材料股份有限公司获批建设山东省现代海洋产业技术创新中心（海洋工程碳纤维复合材料）。

【渔业技术推广】 推进各区（市）渔技推广体系改革与建设，明确主导品种 4 个和主推技术 4 项，遴选技术指导员 57 名，培育科技示范主体 695 户，建设试验示范基地 14 处。完善绩效考评制度，加强渔技队伍管理与建设，全面提升渔技推广体系服务效能，促进渔业科技成果转化。环翠区、文登区、荣成市、乳山市连续第 10 年被列为山东省基层渔技推广体系改革与建设补助项目区（市），获得补助资金211万元。加快推进水产养殖业绿色高质量发展，全市有13家企业获批全国水产绿色健康养殖技术推广“五大行动”基地。基地实现水产养殖用药使用量比上年减少5%，深入开展配合饲料替代幼杂鱼试验示范，研究制定适应全市产业发展需求的生态健康养殖技术模式系列标准和操作规范，打造威海绿色健康养殖示范样板。

海洋综合治理

【概况】 2021年，全市海洋综合管理工作以海岸线修测成果实施、养殖用海调查、海洋生态保护修复、互花米草治理、海洋监测预警等工作为重点，着力强化依法管海用海，大力推进海洋生态文明建设，形成海洋资源利用高效集约、开发保护空间格局逐步优化、海洋生态环境质量持续改善的海洋综合管理事业新格局。

·海域海岛管理·

【概况】 严格执行国务院《关于加强滨海湿地保护严格管控围填海的通知》，采取最严格围填海管控政策，在围填海历史遗留问题处理、海洋生态保护修复等方面取得初步成果，年内未新增围填海项目。开展全市海域使用动态监测、养殖用海调查等工作，提高全市海域海岛管理规范化、科学化水平。

【海域动态监管】 开展建设用海项目跟踪监测，每季度收集双岛湾等9宗围填海项目跟踪监测数据，全年收集30余份，编制季度通报4份、《2021年威海市用海项目动态监视监测报告汇编》1册。开展已批准尚未完成围填海项目巡查监测，收集全市48宗已批准尚未完成围填海项目的权属数据资料，出动车辆10余次开展全面现场巡查，编制《已批准尚未完成围填海项目现场监测记录》，绘制围填海项目专题图50余张，编制完成《威海市已批准尚未完成围填海项目基础数据资料图集》，为管理和利用围填海项目提供支撑保障。

【养殖用海调查】 重点开展围海养殖、开放式养殖用海的外业调查、内业填报、资料收集及图斑审核等工作，完成5543个用海图斑(面积46.1万公顷)调查工作，经自然资源部北海局审查后，最终确定养殖用海图斑4815个（用海面积45.5万公顷），初步摸清全市海水养殖业底数。

【养殖用海调查成果利用】 从各区（市）养殖用海分布状况、各用海方式分布现状、养殖品种分布情况、养殖用海权属类型、用海主体构成和养殖水域滩涂规划内养殖用海分布情况6个方面分析养殖用海现状以及养殖用海的合规性，编制完成《威海市养殖用海调查成果统计分析报告》。开展海域海岛动态监管系统维护，协助做好“海域使用权审核”和“海域使用权转让审核”划转后的海域动态监管系统节点新增工作，配合做好4个区（市）行政审批服务业务账号的申请和海洋专网的开通，保障海域使用审批服务工作的连续运行。

【海洋生态保护修复】 以实施海洋生态保护修复项目为践行海洋生态文明建设的着力点，加快推进双岛湾蓝色海湾项目、乳山浪暖口至和尚洞海岸带修复工程、2021年威海市海洋生态修复项目3个中央财政支持海洋生态保护修复项目建设，全年修复岸线超过12千米。

【互花米草治理】 乳山市与山东省海洋资源与环境研究院签订合作协议，完成包含螺旋式水陆两用船在内的3种类型6套互花米草治理设备的研发工作，探索实验刈割打捞、化学处置、遮盖处置等多种处置方案，累计开展互花米草治理实验面积约43公顷。年内，全市累计治理互花米草面积250公顷（其中文登区33公顷、荣成市33公顷、乳山市184公顷）。

【绿潮（浒苔）处置】 按照“早关注、早部署、早准备、快处置”的原则，积极做好浒苔灾害应急处置工作。根据砂质岸线优先设置、重点区域多道设置等原则增加拦截网布设数量，科学合理布设拦截网，进一步提高拦截效果。年内，争取省级财政支持资金1389万元，累计投入资金3200万元，布设海上拦截网64千米，出动人员6149人次、船只53艘次、车辆8594辆次，处置浒苔总量18.6万吨，进行无害化处置和资源化利用浒苔总量7.8万吨。

·海洋监察·

【概况】 2021年，加强全市管辖海域监察执法，严格落实岸线巡查制度，持续开展常态化执法巡查，全市未发生重大违规用海行为。

【海域海岛专项执法行动】 市海洋发展局印发《威海市海域海岛专项执法行动实施方案》，组织开展执法检查行动，将重要海湾及全市主要河流入海河口、开发利用的无居民海岛（有居民海岛）、疑点疑区多发频发区域、海洋生态整治修复项目和2017年国家海洋督察发现违法用海整改情况作为重点检查内容。8月—10月，全市累计派出执法人员412人次、车辆167辆次，行程达9115千米，登岛检查52航次、航程1231.8海里，检查用海项目206个、海洋生态整治修复项目21个、海岛57个。

【海岸带执法巡查】 严格落实岸线巡查制度，定期开展海域海岛巡查执法和督导检查。至年底，开展陆地巡查370次，派出执法人员1476人次，巡查里程约2.07万千米；开展海上巡查115次，巡查里程约3575海里。

·海洋预报减灾·

【概况】 2021年，市海洋发展局在保障海洋观测设施稳定运行的基础上，开展海洋预报业务规范化工作，积极做好海洋灾害预警与灾害过程评估，为全市海洋经济发展服务。

【海洋灾害风险普查】 市海洋发展局印发《威海市海洋灾害风险普查实施

方案》，全面开展海洋灾害风险普查，至年底，完成县级海洋灾害风险普查外业调查、数据收集、图件成果等工作。

【海洋预报】 市海洋发展局强化海洋预报会商工作，建立周、季度会商工作机制，拓宽发布渠道，全年发布常规海洋预报及海洋牧场、海洋公园、重点渔港、海水浴场等专项预报600余期，发布海洋预报周报20余期。

【海洋观测运维】 严格落实海洋观测设施的维护、比对与检定，对海洋观测站进行定期和灾害过程期间的应急巡视维护，对小石岛、逍遥港2个海洋台站开展比对维护30余次。每月定期巡检海洋观测网，保障海洋观测设施稳定运行和海洋观测数据的顺利获取。

【海洋防灾减灾】 扎实做好风暴潮、海浪、海冰等海洋灾害的应急观测和预警信息发布。及时对灾害过程的观测数据进行分析，全年编制过程分析报告13份、海洋灾害状况季度通报4期、灾害预警报信息70余期、预警短信近30万条。及时关注台风“烟花”等的动向和发展趋势，开展海洋灾害现场调查，发布相关技术通报3期。

【海洋突发事件应急保障】 开展海洋灾害应急预案、应急观测预案等的编制修订工作，与自然资源部北海预报中心、山东省海洋预报减灾中心建立会商协调机制，参与海洋突发事件的应急处置，重点做好“4·19”威海港客滚船爆燃等海洋应急突发事件技术支持，累计发布应急技术服务简报4期，提供威海港邻近海域海洋环境预报14期，派出技术人员14人次。

·海洋生态预警监测·

【概况】 2021年，市海洋发展局着力开展海洋生态基础监测，强化水母灾害、大型藻类、赤潮灾害等生态预警监测，不断提升海洋生态预警监测能力。

【海洋生态基础监测】 市海洋发展局编制完成《2021年威海市海洋生态预警监测工作实施方案》，在全市近岸海域布设海洋生态基础监测站位32个，开展水环境、沉积环境和海洋生物监测。全年累计出海14个航次，航行600余海里，采集各类样品1500余个，获取监测数据5000余组。

【水母灾害早期预警监测】 结合全市生态预警及生态环境监测工作，在近岸海域开展水母灾害早期预警监测，通过肉眼观察及拖网监测的方式，对海水浴场、增养殖区、华能威海发电有限责任公司取排水口等敏感区域进行监视监测。年内，全市近岸海域未发生水母大规模爆发灾害。

【大型藻类监视监测】 市海洋发展局修订完善《2021年威海市绿潮（大型藻类）监视监测工作方案》，及时启动大型藻类监视监测预报工作，通过卫星遥感解译、船舶巡航、岸滩巡视、海域监控系统监视、无人机监测以及志愿服务等方式，全面监视监测浒苔绿潮发生、发展和影响情况，及时掌握南部海域大型藻类分布范围及相关海域生态基础状况变化趋势，累计完成9个航次船舶监测和实验室分析工作，取得水质样品328个、生物样品12个，获取数据1500余个，编制专项通报13期、重点区域绿潮专项预报34期，为针对性开展绿潮浒苔拦截、打捞及处置等工作提供技术支持。

【赤潮灾害应急监测】 针对11月下旬市区北部海域出现的疑似赤潮灾害，及时启动赤潮应急监测程序。通过海上巡视、无人机航拍等方式，结合海洋卫星遥感影像资料，开展现场调查，并进行水质、生物样品采集和实验室分析，全面掌握近岸海域水色异常情况分布范围及变化趋势，累计开展6个航次外业监测工作，出动外业调查人员20人次，航行300余海里，采集各类样品200余个，编写水色异常通报7期。

【海水入侵及土壤盐渍化监测】 在枯水期（3月—4月）和丰水期（7月—8月）分别开展海水入侵和土壤盐渍化监测与评价工作。在双岛湾两侧及乳山市区域布设断面3个、站位12个，累计采集海水样品28份、土壤样品26份，完成相关项目实验室分析工作，并形成《2021年威海市海水入侵监测评价报告》《2021年威海市土壤盐渍化监测评价报告》。

·渔业生态监测·

【概况】 2021年，市海洋发展局组织开展重点海水增养殖区及海水养殖排水口监测，探索开展紫菜养殖调查，渔业生态环境监测与评价工作稳步推进。

【重点海水增养殖区监测】 在烟威近岸养殖区、荣成片区及乳山文登片区分别布设36个、33个和41个监测站位，开展重点海水增养殖区监测与评价，编制养殖环境通报4期，全面掌握全市重点海水增养殖区环境现状。

【海水养殖排水口监测】 市海洋发展局编制完成《2021年全市重点养殖排水口监测方案》，指导各区（市）每季度开展辖区范围内养殖排水口监测1次，及时整理评价相关监测数据资料，编制全市养殖排水口状况通报4期。

【紫菜养殖调查】 与山东大学（威海）等高校院所合作，开展文登紫菜养殖区海洋生态影响跟踪监测，编制跟踪监测方案，根据紫菜养殖周期，定期开展跟踪监测，探索紫菜养殖与绿潮浒苔爆发生长的关联性。

渔业管理

【概况】 2021年，市海洋发展局深入开展“平安渔港”建设，扎实推进海洋渔船综合管控、海上涉渔安全生产、水产品质量监管、渔业资源修复等工作，渔业生产秩序稳定，渔港港区初步实现“港美、境优、海清”的工作目标。

·渔政管理·

【概况】 2021年，市海洋发展局强化渔船综合管控，制定完善渔港“港长制”和渔船包保责任制，升级改造44.1千瓦以上渔船第2套北斗定位设备，应用“船脸”“人脸”识别技术，推动违法行为动态“清零”，渔业资源得到有效保护。

【渔业专项执法行动】 以“中国渔政亮剑2021”专项执法行动为主线，围绕渔船管控提质增效，组织开展海洋涉渔“三无”（无船名号、无船籍港、无船舶证书）船舶清理整治、伏季休渔管理、违禁渔具清理整治、外省籍渔船管理等20余项渔业专项执法行动，构建全年无缝隙执法新机制。

【海洋涉渔“三无”船舶清理整治】 坚持深入细致、动态清零的原则，扎实开展“三无”渔船排查整治行动。通过开展船东、船长、船员见面活动，问询涉渔“三无”船舶船主等方式，全面摸排“三无”渔船线索，为渔船管控工作奠定坚实基础。全面开展渔船身份核查等执法检查活动，严厉打击套号、假号、无法确认身份和来历不明等涉嫌涉渔“三无”船舶，全市查获涉嫌涉渔“三无”船舶283艘。按照“全面、彻底、干净”和“可核查、不可逆”的原则，组织开展涉渔“三无”船舶集中拆解行动2次，集中拆解涉渔“三无”船舶251艘。

【伏季休渔管理】 开展休渔渔船核查，5月1日12时休渔渔船归港后，对全市4178艘应休渔船进行渔船身份甄别3次，核查出涉嫌违法违规渔船18艘。强化异地停靠渔船管控，对37艘在外地停靠休渔渔船全部实施专人驻港监管，对在威海市停靠的外地渔船联系其属地进行召回监管。严格执行渔船坞修、转港避风、打捞浒苔等重要环节的转港申请批准制度，对转港渔船实施专人随船监管，做好应休渔船重要环节的闭环管理，全市批复市内跨县转港坞修渔船439艘、市内跨县转港避风渔船35艘、市内跨县转港物资补给渔船35艘。创新开展异地联合调查，联合市公安局组成10个异地联合调查组赴省内外886处渔港，调查渔船7.65万艘，发现并扣押涉嫌违法违规渔船16艘，均依法依规处置。首次开展特殊资源品种专项捕捞渔船监管，对全市100艘获批休渔期鱿鱼专项捕捞许可证的渔船严格实施限额捕捞、专项标识、渔获物定点上岸、船位动态监控、执法船伴航管理，切实加强渔船作业的全过程监管。

【捕捞渔具管理】 市海洋发展局印发《威海市2021年伏季休渔“清网”行动实施方案》，开展常态化“清网”行动，全面清理违禁捕捞渔具。对停泊休渔渔船及海上渔船进行检查，全方位搜索清查违禁渔具“网位仪”，联合市市场监督管理局对渔具店进行联合执法检查，对使用、生产经营违规渔具的企业依法查处。年内，全市没收违禁渔具7356套。

【涉外渔船管控】 统筹做好新冠肺炎疫情防控和守法守规教育宣传，严格实施跟踪监管，有效防范违规越界、技术违规等情况发生。年内，组织培训涉韩国入渔人员500余人次，全市有340艘渔船入渔生产，配额完成率80.4%，入渔通报信息上报准确率达100%。

【水生野生动物保护】 市海洋发展局印发《关于开展水生野生动物保护执法“清风行动”的通知》和工作方案，开展水生野生动物保护执法“清风行动”，对全市水生野生动物繁育利用情况进行拉网式执法检查，严厉打击一切非法捕杀、交易、食用、非法繁育经营利用水生野生动物违规违法行为。印发《威海市2021年水生野生动物保护科普宣传月活动实施方案》，启动以“关爱水生动物，共建和谐家园”为主题的威海市2021年水生野生动物保护科普宣传月和进“四区”（学区、社区、渔区、景区）科普宣传月活动，全面宣传和普及水生野生动物保护科普知识及法律法规，营造保护水生野生动物的浓厚氛围。12月21日，海关查没水生野生保护动物及其制品交接会召开，威海海关将查没的水生野生保护动物制品2件移交刘公岛博览园，作为科普宣传、警示教育展品予以保存。

【渔港环境综合整治】 加大渔港环境综合整治力度，对省级渔港名录内20处渔港进行督导调度，并将渔港名录外渔港、停泊点、自然港湾纳入整治范围，督导省级环保督察通报渔港进行整改；建立常态化督导检查机制，定期开展渔港环境督导检查，及时发现整改突出问题，严厉查处渔船乱倒乱排污染物、在港区从事拆解和维修等非法行为，维护渔港良好环保秩序。

【识别系统技术应用】 创新渔船、船员管理模式，研发渔船船员“船脸”“人脸”识别系统（威海市渔政核查核录系统），对全市2687艘44.1千瓦以上渔船图像进行采集，采集照片54万余张，建立渔船图像体征库，并与全国渔船和渔业船员数据库实现数据流通。通过移动核录终端采集人脸照片、身份证信息及渔船照片，与国家渔业船员数据库、全国在逃人员库、本地重点人员库等进行比对，自动判定渔船身份，及时发现查处无证上岗人员，为打击套牌渔船、涉渔“三无”船舶提供技术支撑。

【渔船包保责任制实施】 为提升全市渔船管控水平，构建严密渔船监管网络，中共威海市委海洋发展委员会办公室印发《威海市渔船包保责任制实施办法》，对纳入国家和省渔船数据库管理的海洋捕捞渔船、专业远洋渔船、渔业辅助船、休闲海钓船等渔业船舶逐级采取定人包船模式，实施三级包保责任管理机制，全市登记渔船包保责任人1877人。加大渔船包保责任制落实力度，对全市渔船包保责任人和部分渔船进行抽查，督促各区（市）严格落实渔船包保责任制度，累计抽查渔船包保责任人1769人次。

·渔业安全生产管理·

【概况】 2021年，市海洋发展局坚持“技防”和“人防”，强化宣传教育和岗位培训，突出源头治理、风险防控和隐患排查，构建渔业安全生产长效机制，全市渔业安全生产形势持续稳定。

【渔业安全检查行动】 扎实开展以渔业安全生产专项整治三年行动为主线，大排查大整治及专项整治攻坚等相结合的各类检查行动，加大对渔业生产经营单位主体责任不落实，渔港安全管理不规范，渔船消防救生、通信导航设施配备不齐，船员证书证件不齐、临水作业不穿救生衣等问题的整治力度，全年检查渔业生产经营单位5.7万处（次），整改问题隐患3639处。深入开展渔业安全生产全覆盖督导检查，成立督查组8个，对基层渔业安全生产工作落实情况开展督查，全年开展督查行动9轮，整改安全隐患89处。

【渔业安全技术防控】 市海洋发展局印发《威海市渔业技术管控设备升级及配装方案》，对全市2743艘渔船现有北斗卫星定位终端进行升级改造，加装卫星示位仪，通过“双北斗”实现渔船船位监控“双保险”。完善渔船监控系统功能，升级北斗星通版船舶安全保障集中监控管理平台，新增韩国特定水域和特定禁区电子围栏、商船航道和锚地海图标识、多边形区域渔船搜索等功能。加强渔港视频监控系统建设，对接威海市公共安全视频共享平台，接入渔港视频监控探头605个，覆盖全市人工渔港85处，实现港内渔船动态24小时实时监控。

【渔业安全宣传教育培训】 开展全市渔业“安全生产月”活动、防范商渔船碰撞安全警示教育活动及“安全生产法宣传周”活动，通过举办安全生产培训班、开展典型事故警示教育、发放各类宣传材料、签订主体责任清单等方式，增强渔业从业人员安全意识和求生技能，累计组织宣传培训活动186场，观看警示教育片213次，受教育人员1.5万余人次，发放宣传资料3.8万余份。

【渔业安全应急值守处置】 严格执行24小时安全值班和领导带班制度，安排专人负责海上安全及监控值班，实时掌握海上安全生产动态，对韩国专属经济区、朝鲜东海岸等敏感水域开展重点监控，发现并通报短暂进入韩国专属经济区海域渔船123艘，印发北斗终端异常通报621期。伏季休渔期间，通过山东省近海海域雷达监控系统发现疑似作业渔船、海上“网位仪”目标283艘（个），以技术手段强化渔船安全管理。及时做好灾害性天气的预警预报和信息发布工作，并根据海上救援指令积极开展渔船民搜救。年内，发送各类预警信息417期，组织海上各类救援行动85起，救助渔民127人、渔船5艘。

·水产品质量监管·

【概况】 2021年，市海洋发展局严防、严管、严控水产品质量安全风险，坚持源头治理、标本兼治，不断完善监管体制机制、丰富监管措施手段、加大产品检验检测，水产品质量安全水平显著提升，水产品质量安全监督抽检合格率100%。

【水产品质量安全整治】 市海洋发展局印发《2021年度水产品质量安全专项整治方案》《威海市水产品质量安全执法巡查工作方案》，与市农业农村局联合印发《威海市水产养殖投入品专项整治三年行动方案（2021—2023年）》，与市农业农村局等6个部门联合印发《威海市食用农产品“治违禁 控药残 促提升”三年行动方案》，强化水产品质量安全监管，严厉打击各类违法违规行为，开展多批次、全方位执法检查与督导巡查，累计出动执法人员657人次，执法车辆310辆次，检查苗种场、养殖场281个次，有效规范水产品育苗养殖企业的生产秩序。开展海参专项整治行动，对海参养殖池塘、投入品库房、生产车间等区域进行现场检查，重点检查是否违规使用国家禁用渔药或农药的行为，累计出动执法人员1170人次，检查企业713家次。开展水产品质量安全教育培训，组织水产品养殖投入品使用、水产品质量追溯暨健康养殖等培训班23次，发放宣传材料2800余份，培训人员920人次。

【水产品质量安全监测】 2021年，全市完成各级水产品抽检任务1077批次，其中完成产地监督抽检任务759批次、风险监测任务318批次。按照科学分配、合理采样的要求，分阶段完成国家级水产品监督抽检样品48个，省级水产苗种监督抽检样品82个、水产品监督抽检样品170个，市级水产苗种监督抽检样品110个、水产品监督抽检样品90个，县级监督抽检259批次；完成各级投入品风险监测27批次，水产品风险监测163批次，贝类卫生与风险监测128批次。抽检品种以海参、大菱鲆、贝类、对虾、蟹类等大宗养殖品种为主，总体合格率达99.6%。

【水产品质量安全机制完善】 市海洋发展局修订印发《威海市水产品质量安全突发事件应急预案》，健全突发水产品质量安全突发事件的应急体系和运行机制。印发《威海市海洋发展局水产品质量安全舆情监测处置工作制度》，建立快速应对、依法处置水产品质量安全领域负面舆情信息的预防和控制屏障。印发《威海市常态化开展水产品质量安全督导检查方案》《威海市水产品质量安全执法巡查工作方案》，进一步推进属地管理责任落实，提高基层监管的能力和水平。

·渔业资源修复·

【概况】 2021年，市海洋发展局通过稳定增殖放流规模、加快现代化海洋牧场建设等方式，有效保护涵养海洋生物资源，改善海洋生态环境，提升全市渔业资源种群结构和质量。

【增殖放流】 举办2021中国（威海）第二届海洋放鱼节暨世界海洋日宣传公益活动，组织公众参与放流活动。全年放流中国对虾、海蜇、三疣梭子蟹等水产苗种超过4亿单位，有效补充全市近海渔业资源。

（崔维程）

编辑　于鹏飞

工　业

综　述

【概况】　2021年年底，全市有规模以上工业企业1276家、从业人员28.2万人，总资产达4308.7亿元；有33个工业行业大类、125个工业行业中类、266个工业行业小类，工业产品种类达3000余种。全年规模以上工业实现营业收入2869.7亿元，比上年增长10.1%，实现利润238.6亿元，营业收入利润率达8.3%。

【产业结构】　2021年，全市三次产业比重为10.1∶39.1∶50.8，制造业占地区生产总值比重达31.7%，高新技术产业产值占规模以上工业总产值比重达67.1%，重点培育新一代信息技术、新医药与医疗器械、先进装备与智能制造、碳纤维等复合材料、海洋生物与健康食品、时尚与休闲运动产品、康养旅游七大产业集群，初步形成医药医疗器械、碳纤维及复合材料等优势产业链10条。新一代信息技术产业、新医药与医疗器械产业、先进装备与智能制造产业、碳纤维等复合材料产业、海洋生物与健康食品产业5个产业集群入选山东省"十强"产业"雁阵型"集群名单。文登汽车及零部件产业、荣成海洋生物食品产业、威海火炬高技术产业开发区医疗器械产业入选山东省特色产业集群名单。

【企业培育】　2021年，200家冲击新目标入库和后备库企业营业收入比上年增长16.1%，其中193家工业企业增长15.1%；200家创新型企业营业收入增速达16.5%，增长面72%；新增"小升规"企业225家。至年底，全市工业领域实现营业收入过10亿元的企业有31家，过50亿元的企业有5家，过100亿元的企业有2家。其中，威海威高国际医疗投资控股有限公司营业收入达511亿元，迪尚集团有限公司营业收入达175亿元。

【创新平台建设】　依托"1+4+N"高端平台体系，初步形成1个研究院牵头、4个优势平台支撑、24个专业平台协同的产业创新体系，基本实现重点产业链公共创新平台全覆盖。至年底，全市有省级制造业创新中心3家，国家级工业设计中心5家、省级23家，国家级技术创新示范企业9家、省级18家，省级"一企一技术"研发中心101家，先后有26名高层次人才入选泰山产业领军人才（传统产业创新类）名单。累计培育国家级制造业单项冠军企业（产品）11家、省级32家，国家"专精特新""小巨人"企业19家、省级"专精特新"中小企业170家、省级瞪羚企业44家。

【数字化转型】　2021年，全市建成5G基站3581个，基本实现市、区（市）核心区域及部分重点区域5G信号室外连续覆盖。工业互联网标识解析二级节点（威海）累计接入企业72家，平台注册量2200余万条。围绕"1+10+N"工业互联网平台体系建设，全市首个综合性平台（蓝海工业互联网平台）上线运行，省级以上工业互联网试点示范项目达31个。新增市级智能工厂和数字化车间24家，总数达60家，15家企业入选省级智能工厂和数字化车间，省级数字经济园区达6个。

【绿色制造】　至年底，全市有国家级绿色工厂6家、绿色供应链管理企业4家，3家企业入选国家级工业产品绿色设计示范企业，15个产品入选国家级绿色设计产品名单，威海火炬高技术产业开发区获评国家级绿色园区；6家企业获评省级绿色工厂；累计认定市级绿色工厂32家、绿色供应链管理企业6家，威海南海新区获评市级绿色园区。建成文登化工产业园、南海化工产业园、临港塑料助剂产业园3个省级化工园区，三角（威海）华盛轮胎有限公司、浦林成山（山东）轮胎有限公司等5个化工重点监控点通过省级认定。

【重点产业集群发展】　新一代信息技术产业　全市有规模以上新一代信息技术企业144家，资产总额420亿元，从业人员4.5万人。主要产品有计算机外设产品、电子元器件、电子信息机电产品、电子测量仪器、通信设备等。2021年，规模以上企业实现营业收入391.1亿元，利润22.8亿元。

新医药与医疗器械产业　全市有规模以上新医药与医疗器械企业38家，资产总额1182.3亿元，从业人员近4.9万人。主要产品有医疗器械、医用耗材、化学原料药及制剂、新型中成药及植物药、生物药物及基因工程药物等10个系列2000余个品种规格。2021年，规模以上企业实现营业收入697.1亿元，利润106.7亿元。

先进装备与智能制造产业　全市有规模以上先进装备与智能制造企业261家，资产总额1061.4亿元，从业人员7.2万人。主要产品有大型数控机床、压力容器、电机、风机、工业机器人、航空地面设备、多用途集装箱船、汽车运输船、豪华客滚船、海洋工程船、远洋渔船、专用车、房车、各类子午胎、曲轴、钻夹头等。2021年，规模以上企业实现营业收入704.3亿元，利润54.1亿元。

碳纤维等复合材料产业　全市有规模以上碳纤维等复合材料企业136家，资产总额414.7亿元，从业人员2.9万人。主要产品有碳纤维及复合材料、稀土功能材料、高性能复合材料、镁铝合金材料、新型化工材料、新型节能环保建筑材料、光电光热材料、耐磨材料、高性能钨钼材料、纳米材料等。2021年，规模以上企业实现营业收入304.6亿元，利润36亿元。

海洋生物与健康食品产业　全市有规模以上海洋生物与健康食品企业226家，资产总额346.5亿元，从业人员3.6万人。主要产品有海洋生物医药、海洋保健品、冷冻调理食品、即食休闲食品等10类产品，其中冷冻调理食品、浓缩果汁产量居全国前列。2021年，规模以上企业实现营业收入280.5亿元，利润14.5亿元。

时尚与休闲运动产品产业　全市有规模以上时尚与休闲运动产品企业216家，资产总额415.3亿元，从业人员5.4万人。主要产品有服装、纺织品、钓具、房车、游艇等。2021年，规模以上企业实现营业收入443.5亿元，利润28.6亿元。

【优势产业链发展】　医药医疗器械产业链　全市有规模以上医药医疗器械产业链企业42家，以威海威高国际医疗投资控股有限公司为龙头，形成医药与医疗器械较为齐全的产业链条。威海威高国际医疗投资控股有限公司为全省医疗器械产业链“链主”企业，形成10个系列2000余个品种规格主导产品，其中医疗器械进入全球15个细分市场中的11个，空心纤维透析器市场占有率居全球前5位、全国第1位。威海火炬高技术产业开发区获批国家新型工业化产业示范基地（医疗器械）。

碳纤维及复合材料产业链　全市有规模以上碳纤维及复合材料产业链企业56家，以威海光威复合材料有限公司为代表，碳纤维生产企业搭建涵盖“装备制造—原丝—碳纤维—织物—预浸料—碳纤维制品—检测分析”的全产业链研发生产能力。威海光威复合材料有限公司、有研稀土（荣成）有限公司为全省碳纤维产业链、稀土功能材料产业链“链主”企业。

纺织服装产业链　全市有规模以上纺织服装产业链企业132家，以迪尚集团有限公司、金猴集团有限公司、威海市联桥国际合作集团有限公司、威海海马地毯集团有限公司、威海市山花地毯集团有限公司为龙头，产品主要涵盖服装服饰、家用纺织品、地毯、皮革制品、产业用纺织品等。迪尚集团有限公司为全省纺织服装产业链“链主”企业，迪尚智慧时尚生活方式集成创新平台入选全国首批纺织服装创意设计示范园区（平台）。

打印设备及智能服务终端产业链　全市有规模以上打印设备及智能服务终端产业链企业35家，“链主”型企业主要有捷普电子（联想）有限公司、联想图像（山东）科技有限公司、山东新北洋信息技术股份有限公司，配套企业包括山东华菱电子股份有限公司、亿和精密工业（威海）有限公司等，激光打印机年产能达1700万台，智能终端产品年产能达200万台，80%以上的零部件实现本地化生产。威海火炬高技术产业开发区获评国家新型工业化产业示范基地（五星级）。

海洋食品产业链　全市有规模以上海洋食品产业链企业145家，“链主”型企业主要有好当家集团有限公司、荣成泰祥食品股份有限公司、威海市宇王集团有限公司等，构建生物遗传育种、养殖、精深加工、冷链物流、品牌培育等于一体的全产业链条，年加工量363万吨。荣成市获评国家新型工业化产业示范基地（海洋食品）。

轮胎产业链　全市有规模以上轮胎产业链企业16家，“链主”型企业主要有三角集团有限公司、浦林成山（山东）轮胎有限公司等，配套企业主要有贝卡尔特（山东）钢帘线有限公司、腾森橡胶轮胎（威海）有限公司、威海市润通橡胶有限公司等，拥有6类5000余个品种产品，涵盖乘用、商用、工业、农业等多个领域的车辆用胎，远销全球180余个国家和地区。三角集团有限公司、浦林成山（山东）轮胎有限公司分列世界轮胎百强排行榜第21位、第30位。

船舶与海工装备产业链　全市有规模以上船舶与海工装备产业链企业46家，其中修船、造船企业16家。“链主”型企业主要有招商局金陵船舶（威海）有限公司、黄海造船有限公司等，产品涉及多用途集装箱船、客滚船、重吊船、科考船、豪华邮轮、半潜船等15类40余个品种。威海市成为国内重要的游艇出口生产基地和玻璃钢船艇生产基地，被认定为首批国家级船舶出口基地。

专用汽车产业链　全市有规模以上专用汽车产业链企业81家，其中13家企业被列入工业和信息化部汽车生产企业公告目录。“链主”型企业主要有威海广泰空港设备股份有限公司、荣成康派斯新能源车辆股份有限公司、重汽（威海）商用车有限公司等，拥有天润工业技术股份有限公司、威海伯特利萨克迪汽车安全系统有限公司、山东双连制动材料股份有限公司、明池玻璃股份有限公司等一批产业链关联及配套企业，优势产品涉及曲轴、转向节、刹车片、玻璃等。威海市是全国房车生产集聚区、全球品种最全的空港地面设备生产基地，荣成市获评中国房车产业出口基地。

钓具产业链　全市有规模以上钓具产业链企业38家，“链主”型企业主要有威海光威户外装备有限公司、山东环球渔具股份有限公司等，已形成预浸料、竿、饵、轮、导眼等钓具全产业链条，本地配套率达80%以上。威海市是全国重要的钓具生产加工和出口基地，先后获评中国钓具之都、中国钓竿之城、中国轻工业特色区域和产业集群创新升级示范区等。

电机产业链　全市有规模以上电机产业链企业28家，“链主”型企业主要有山东华力电机集团股份有限公司、文登奥文电机有限公司、山东力久特种电机有限公司等，产品涵盖船用民用三相异步电动机、高效电动机等1500余个品种，形成产品研发、整机装配、分工协作相对完整的产业链条。威海市是国内重要的电机制造基地。

（王力召）

2021年威海市主要工业产品产量一览表

表 9

产品名称	计量单位	产量
饲料	万吨	41.44
精制食用植物油	万吨	1.65
冷冻水产品	万吨	66.35
焙烤松脆食品	吨	4065.00
乳制品	万吨	3.83
罐头	万吨	4.81
味精（谷氨酸钠）	万吨	1.06
酱油	吨	1291.90
营养、保健食品	吨	7956.58
饮料	万吨	4.88
纱	万吨	1.44
布	万米	3548.13
口罩	亿个（亿只）	9.86
服装	亿件	3.81
轻革	万平方米	270.28
鞋	万双	410.82
家具	万件	52.42
纸制品	万吨	44.05
硫酸（折100%）	万吨	8.61
烧碱（折100%）	万吨	5.21
农用氮、磷、钾化学肥料（折纯）	万吨	1.79
涂料	吨	4462.91
化学试剂	万吨	4.32
中成药	吨	506.30
化学纤维	万吨	1.64
橡胶轮胎外胎	万条	4129.50
塑料制品	万吨	8.74
水泥	万吨	262.00
商品混凝土	万立方米	514.45
平板玻璃	万重量箱	1040.79
日用玻璃制品	万吨	4.10
生铁	万吨	26.28
钢材	万吨	2.23
黄金	千克	2142.83
钢结构	万吨	6.10
钢丝绳	万吨	17.29
铸钢件	万吨	10.71
金属切削机床	台	3468.00

续表 9

产品名称	计量单位	产量
起重机	吨	1892.26
泵	万台	9.12
液压元件	万件	23.85
工商用制冷、空调设备	万台（万套）	47.10
改装汽车	辆	5268.00
民用钢质船舶	万载重吨	33.66
电动机	万千瓦	1464.28
电力电缆	万千米	3.31
光缆	万芯千米	880.22
显示器	万台	120.45
打印机	万台	952.91
电子元件	亿只	14.78
印制电路板	万平方米	2.20
工业仪表	万台（万个）	330.68
船舶修理	万载重吨	453.66

（刘伟浩）

企业选介

【山东金洲矿业集团有限公司】 2021年，公司有总资产13亿元、职工940余人，累计完成黄金产量1012.37千克，实现利润总额1.21亿元。2项成果分别获得国家发明专利授权和实用新型专利授权，13项成果获奖，地质创新工作室和采矿创新工作室获评山东黄金集团“标准创新工作室”。

公司以“强基固本、争先进位”为目标，推行系列举措，确保生产稳定。金青顶矿区新选厂试车投产，实现新、老选厂同时运转，提高选矿处理能力。完成宋家庄矿区主井及风井井筒掘砌、安装等工程，加快推进辅助井改造、井下基建开拓等工程。通过建设井下集中运输系统，推行高中段持续采矿法和上向采准下向进路采矿法，提高采出矿效率。开展“誓夺首季开门红”“冲刺双过半”“奋战四季度”等劳动竞赛，加大重点采出工程考核力度，提高采出矿质量和效率。资源增储方面，通过加强成矿规律研究，优化探矿施工方案，深入开展探矿会战，实现资源增储。

（张岩峰）

【三角轮胎股份有限公司】 2021年，公司坚持高质量发展目标，生产经营保持稳中向好、进中有质的良好态势，全年生产轮胎2504万条、销售轮胎2404万条，分别比上年增长8.7%、1.7%，实现营业收入约89.5亿元、净利润约6亿元，获评2021年度智能制造试点示范工厂、2021年度中国品牌价值500强、山东省智能制造标杆企业、山东省科技领军企业等。

公司坚持科技创新和精益制造，全力推进三角航空子午胎项目建设，航空轮胎实验室和航空子午胎生产线建成投用，在A320客机、C919客机前起轮胎通过动态模拟试验的基础上，完成后起轮胎的开发试制。公司承担的“航空子午胎关键技术攻关及产业化”项目通过山东省新旧动能转换重大课题验收。

公司持续开展全球化营销与品牌建设活动，冠名全国24条高铁干线上的56组列车，开行三角冬季轮胎京张高铁品牌专列，利用高铁车身、列车内静态画面、语音与LED滚动播报等进行全方位宣传。参加湖南（国际）通用航空产业博览会、第130届中国进出口商品交易会、第二届中日科技创新合作大会及法国里昂重卡及商用车辆展览会，展示产品优势，提升品牌影响力。

（端木晨明）

【威海中玻镀膜玻璃股份有限公司】 2021年，公司强化技术创新，研发成功Sun-E®水晶蓝膜，总成品率超过96%。改造F区出口吹扫风机，解决产品破碎率高的问题。注重降本增效，使用原材料本地砂替代长石并增加用量，年可节省成本约940万元。控制部分规格产品原板宽度，实现增产。开展内部节约挖潜活动，做好窑炉焊补作业，避免产量损失。实施余热发电，提升能源使用效率，余热电站全年发电量2389.31万千瓦时。降低压缩空气系统压力，调整新空分装置运行参数，报停2号主变，节省基本电费266.92万元。通过调整策略节约采购资金、出售废旧物资等方式，回笼资金约3816.99万元。年内，公司累计总成品率94.42%，实现主营业务收入12.98亿元、利润总额4.05亿元，获得2021年省级生态文明建设节能奖补资金，获评2021年山东省高端品牌培育企业、威海市市级绿色工厂、“三同”示范培育企业、“好品山东”品牌等。

（马　骁）

【招商局金陵船舶（威海）有限公司】 2021年，公司占有陆域面积140万平方米，可使用海域面积165万平方米，码头岸线2841米；有3万吨级船台1座、10万吨级造船坞和修船坞各1座，分别配套800吨、400吨龙门吊等设施，主要从事大中型船舶和海洋工程装备设计、制造和维修改装业务，重点聚焦高端客滚船建造和海洋工程装备维保服务。全年实现营业收入25.45亿元，比上年增长32%。其中，交付高端客滚船2艘，实现产值21.45亿元；维保船舶157艘、海工平台12座，实现修改装及非船业务收入4亿元。生效高端客滚船建造订单1艘、7000车双燃料汽车滚装船建造订单4艘。

公司加大科技研发投入，投资建成面积1.2万平方米的研发大楼，与哈尔滨工业大学（威海）、武汉理工大学等高校、科研院所建立产学研用关系，为高端客滚船及海工装备设计、建造、改装提供研发及技术支持。高端客滚船获评第五批山东省制造业单项冠军产品，“中尺度高端客滚船批量快速建造技术及其应用”项目获得山东省科学技术进步奖二等奖。

（宫本旭）

【威海市山花地毯集团有限公司】 2021年，公司下辖控股子公司5家和温泉、桥头2个工业园，占地面积100余公顷，有员工1400余人，其中技术研发人员200余人。公司主要生产阿克斯明斯特地毯、威尔顿地毯、单面威尔顿地毯、彩印地毯、方块地毯、簇绒地毯、手工地毯等高端地毯及汽车地毯等产品，有地毯毛纱、尼龙及丙纶长丝、纱线及地毯染整、地毯PP纬纱等原材料配套产品，年综合生产能力达1800万平方米。通过2个国际贸易部门、19个驻外分公司、数百家经销商及合作伙伴，建立覆盖国内和全球主要地毯消费地区的销售网络。

公司坚持“精益生产、精细管理、精准营销”理念，聚力“销售端＋生产端”，实现主营业务收入13.02亿元、利润4060万元。6月22日，世界品牌实验室在北京市发布“中国500最具价值品牌”排行榜，公司品牌“山花”以117.72亿元的品牌价值连续13届入围，为中国地毯行业唯一入围品牌。

（隋明玉）

【威海海马地毯集团有限公司】 2021年，公司占地面积53.33公顷，下辖子公司8个，有工业园区3个、员工2300人，主要生产阿克明斯特、尼龙印花、尼龙方块和羊毛手工地毯等品种，产品广泛应用于宾馆、酒店、写字楼、影院、航空、游轮等领域。全年实现营业收入25亿元，比上年增长29%。

公司加大技改投入力度，启动建设科创纤维和环能方块2个项目，完成土建工程3.5万平方米，引进设备101台（套）。积极开拓市场，加强重点工程和经销渠道建设，销售总量增长22%。实施创新推动发展战略，围绕产质耗、交期服务及公司高质运行实施创新项目199项，先后获得成果表彰11项，子公司威海海马大华地毯有限公司通过国家高新技术企业认定。

（褚志伟）

【迪尚集团有限公司】 2021年，公司依托“工贸一体、产研结合、市场多元”的发展理念，优化升级组织架构和业务结构，构建外贸、工装和品牌新零售协同发展的新格局，实现营业收入175亿元。

公司全面开展数字化、智能化建设，制定信息化建设五年规划，致力打造纺织服装垂直生态链平台，将产业链中的上下游企业连接，用数字信息化驱动资源和信息的即时共享，科学调配资源，实现柔性协同生产。开展技术创新，实现虚拟缝制，以服装3D模型展示成衣效果，节省实际样衣的反复缝制时间，提高效能。

公司全力做好重大活动服务保障工作，成立研制专班，研制完成庆祝中国共产党成立100周年大会现场方队中4500名共青团员和少先队员代表服装，北京2022年冬奥会中国体育代表团开幕式礼服以及志愿者和工作人员使用的具备防护功能的工作服。

公司加大职业装研发设计力度，参与研发设计的医护服装在2022春夏中国国际时装周活动中发布，以中式设计塑造新时代中国医护工作者形象。参与新时代中国乡村劳动者服装设计暨美好生活时尚工程建设，为中国乡村劳动者推出工装800余款。

（屈　飞）

【威海威高国际医疗投资控股有限公司】 2021年，公司占地面积600余万平方米，有子公司80余家及上市公司3家、员工3万余人，先后获评第十一届“中华慈善奖”、中国质量奖提名奖、山东省两新组织党建工作示范点。6月，山东威高骨科材料股份有限公司在上海证券交易所科创板挂牌上市。

公司大力完善创新体系，与罗氏诊断产品（上海）有限公司签署战略合作协议，双方将通过产品整合、开发与共享销售服务网络等形式展开合作；与中国科学院苏州生物医学工程技术研究所签署三重四极杆质谱仪项目合作签约仪式，建立仪器、试剂以及前处理设备全套解决方案。3月，威高（上海）国际研究院项目奠基，打造公司迈向国际化的总部基地。

公司相继举行特殊医学用途配方食品、内镜诊疗领域耗材和设备、威高医疗制品智能生产基地3个项目开工仪式。4月，公司起草的国家医药行业标准《人类体外辅助生殖技术用医疗器械　胚胎移植导管》实施。10月，公司获批国内首张腔镜手术机器人产品注册证。11月，“足踝外科精准微创治疗关键技术体系建立与推广应用”项目获得国家科学技术进步奖二等奖。

（王保明）

【迪沙药业集团有限公司】 2021年，公司有西药制剂、原料药、中药、海洋生物新材料、海洋生物健康产品5个生产基地和员工近3000人，缴纳税金1.5亿元。

公司以研发为基础，重点突破绿色高科技原料药板块，稳定西药制剂板块，探索新零售板块，调整中药制剂、大健康产业板块，继续完善产业链条，实现稳定运营。全力保证一致性评价开展，确保各项工艺验证尽快实施，制剂人均产值提高16.34%，1个制剂产品获批、3个通过一致性评价。原料药产量比上年提高32%，建成大健康产业保健食品与化妆品生产车间并投入使用。制定新零售板块战略规划，成立新零售创新合作事业部，启动多种线上电商运营体系，推进公司商业生态系统的布局建设。全年完成发明专利申请16件，获得专利授权19件。公司及下属子公司迪嘉药业集团有限公司均通过国家高新技术企业认定，“特色化学药物原料与制剂产业化共性关键技术创新与生产体系构建”项目获得山东省科学技术进步奖一等奖。

（于丽丽）

【国核示范电站有限责任公司】 2021年，公司以创建一流核电企业为目标，高质量推进工程建设，实现安全质量稳定可控，项目管理日趋完善，企业治理合规增效。

项目建设与管理　发布年度大质保监查监督计划，覆盖项目主要参建单位16家，涵盖质保、设计、采购、工程、调试、核安全监督等领域行动任务206项，并加大质保监督检查力度，确保质保体系有效运行和全面覆盖。健全完善“国和一号”项目TOP风险管控体系，发布《核电工程项目风险管理手册》，通过“TOP管理工具”“第一次事项”等方法，排查各类风险隐患，项目风险管理水平不断提升。持续推进HSE国际标杆建设，“国和一号”示范工程在HSE国际标杆建设2021年年底评估工作中被评定为7.8级，HSE国际标杆建设团队获评2021年全国工人先锋号。加大“智慧工地”建设力度，国和一号“智慧工地”监管中心投入使用，“智慧工地”集成管控平台、工程量与工效分析系统上线运行，智慧仓储“慧仓一号”完成施工。

综合智慧能源建设　国家电力投资集团有限公司与威海市政府签署战略合作协议，共同推进威海市综合智慧能源建设。10月，“国和一号+”智慧核能综合利用示范项目一期工程投入使用。该项目是首个“核能+”商业模式创新项目，作为中国案例入选国际原子能机构发布的《核能——打造零排放世界》报告，并被载入第26届联合国气候大会宣传册。

（卢　强）

【华能威海发电有限责任公司】 2021年，公司占地面积66.67公顷，注册资本18.22亿元，火电运营装机容量200万千瓦，风电运营装机容量5.7万千瓦，光伏电站容量2万千瓦，供热能力2000万平方米，备案新能源项目7个（容量50.7万千瓦），日产3万吨海水淡化水市政供水项目投产，获评华能山东发电有限公司“先进企业”等。

电热保供　全力做好电热保供工作，火电、新能源发电量分别比上年增长18.17%、6.30%。新建供热首站1座，完成2号首站扩容和3台机组供热改造，供热能力、供热面积、供热量分别增长1200万平方米、870万平方米、105万吉焦。

安全生产　深入落实安全生产责任制，持续深化“三创+”（创无违章班组、创无障碍设备、创无泄漏现场）治理，实现安全运行。实施机组灵活性改造和深度调峰试验，4台机组深度调峰均实现20%额定容量安全运行，5号机组成为省电力系统首台完成调整能力核定试验机组。

节能创优　强化生产对标管理，坚持节能挖潜和运行优化，在全国火电机组能效对标中，5号机组获评AAA机组，3号、4号机组获评AAAA机组，6号机组获评AAAAA机组，并获得最佳煤耗、最佳厂用电率奖，4台机组在中国华能集团有限公司机组评级中合并排名上升74位。

降本增效　全年采购进口煤57.18万吨，降低成本3000余万元。加强与山东港口威海港有限公司合作，获批20万吨存煤用地。获批无减载靠泊2船次，减少转运费80余万元。积极争取财税优惠，减免税费2270余万元，缓缴税费597万元。可再生能源发电项目纳入国家补贴目录。

（祖金川）

【威海热电集团有限公司】 2021年，公司扎实开展各项工作，全年对外供汽311万吨，完成上网电量18亿千瓦时，实现营业总收入26.99亿元。至年底，公司总资产113亿元，总装炉容量5130吨/小时，总装机容量578兆瓦，在网建筑面积9077万平方米，在网供热用户78.4万户，实际供暖面积逾6000万平方米，实际供暖用户逾48万户。

供暖服务　认真落实优化营商环境要求，积极推动供热业务“一次办好”，做到“同城通办、马上就办、办就办好”。推行容缺受理政策，实行供热报装前置办理，全面压减审批时限。加大客服回访力度，供暖工单处结率达100%，回访满意率达98.67%。

节能降耗　加快热源的配套建设及维修改造，新建、改建供热管网约170千米，升级供热站房396座，改造老旧小区管网241个。主动对标12家先进供热企业，有序推进羊亭镇、桥头镇等部分区域蒸汽管线停运工作，供汽网损比上年下降3.93%，综合厂用电量下降8.7%，锅炉效率增长0.37%，供热管网失水量减少47万吨。

安全生产　压实压紧安全生产责任，稳步推进双重预防体系建设，推进安全管理升级。开展安全培训教育活动，建立“一企一档、一人一档”培训档案。强化安全隐患排查和安全风险管控，全年查改安全隐患1277个。重新修订《安全生产应急预案》，开展各类应急演练400余次，有效提升员工应急救援能力。至年底，实现连续安全生产4086天。

绿色低碳供暖　实施华能威海发电有限责任公司余热利用二期工程、文登区垃圾余热利用工程、威海综合保税区和桥头镇空气源热泵供暖工程等清洁能源项目，综合能源供暖面积达1560万平方米。完善节能环保基础，持续开展低氮燃烧改造、湿电除尘改造、脱硫设备改造。停运燃煤锅炉7台、汽轮机组5台，煤炭消耗减少40万吨。完成2019—2021年度碳排放履约清缴工作，盈余碳配额200万吨。组建威海清洁能源有限公司，探索开展全市光伏、风能、空气能等清洁供暖产业项目。

供热一体化推进　托管乳山市热力集团有限公司，实施供热设施升级改造，新建、改建乳山市区供热管网14.6千米，实施换热站智能升级改造64座。向东延伸华能威海发电有限责任公司余热利用管网，实现荣成市港西镇2000余户居民集中供暖。

（崔福涛）

编辑　于鹏飞

信息产业

综　述

【概况】 2021年，全市加快工业互联网建设，推动“两化”融合（信息化和工业化的高层次的深度结合）发展。全市有规模以上新一代信息技术企业144家，资产总额420亿元，从业人员4.5万人，规模以上企业实现营业收入391.1亿元、利润22.8亿元。加大软件产业培育力度，3项产品获评省首版次高端软件产品，11个项目获评省软件产业高质量发展重点项目。

【新型基础设施建设】 加快新型基础设施建设，市工业和信息化局印发《威海市移动通信基础设施空间布局规划（2020—2035年）》，科学指导全市移动通信基础设施的建设和管理。全市累计建成5G基站3581座，开通服务3500座，实现市、区（市）核心区域信号连续覆盖。山东威高手术机器人有限公司的“5G+医用微创手术机器人系统远程手术应用模式的构建”项目和威海市中心医院的“5G+电磁导航机器人在外科领域的应用”项目获评2021年国家5G+医疗健康应用试点项目。工业互联网标识解析二级节点实现规模应用，累计接入企业72家，标识注册量突破2200万条。

【《威海市移动通信基础设施空间布局规划（2020—2035年）》实施】 9月6日，作为全市进行移动通信基础设施规划和建设活动的指导性文件，《威海市移动通信基础设施空间布局规划（2020—2035年）》实施。该规划遵循“需求导向、适度超前、统筹布局、存量挖潜、资源共享、融合开放、优化传导、强化实施”的原则，与《威海市国土空间总体规划（2019—2035年）》相衔接，重点对威海市域内移动通信基础设施空间布局、移动通信基础设施建设形式引导进行规划，并在实施保障方面明确7条保障措施。

【工业互联网发展】 市工业和信息化局、财政局印发《威海市工业互联网发展专项资金实施细则》，发挥财政资金引导作用，加快推进工业互联网创新发展，助力产业数字化转型。加大省级以上工业互联网类试点项目培育力度，三角轮胎股份有限公司的“基于研产销工业互联网平台的质量全维度智能管控集成创新解决方案”、威海纺织集团进出口有限责任公司的“基于尚织工业互联网平台纺织服装行业供应链协同优化解决方案”、工业和信息化部威海电子信息技术综合研究中心的“工业互联网设备与控制安全创新应用试点示范”3个项目获评工业和信息化部2021年工业互联网试点示范项目；荣成康派斯新能源车辆股份有限公司的“基于成本管理的进销存一体化能力”、威海市联桥国际合作集团有限公司的“国家毛纱纱线资源共享平台”、威海宝威新材料科技有限公司的“数字化生产全流程管控项目”、工业和信息化部威海电子信息技术综合研究中心的“蓝海工业互联网平台”、威海海洋职业学院的“中德智能制造产教融合人才培养示范基地”5个项目获评工业和信息化部2021年新一代信息技术与制造业融合发展试点示范项目；山东渔翁信息技术股份有限公司的“车联网安全防护及国产密码综合应用项目”获评工信部车联网身份认证和安全信任试点示范项目；威海火炬高技术产业开发区医疗器械与生物医药产业园获评首批省级工业互联网园区。

【大数据产业发展】 加快推进数字产业化、产业数字化进程，发挥大数据创新体系的支撑和带动作用，促进大数据产业高质量发展，威海国际服务外包软件园、威海市文登区化工产业园等4个园区获评2021年山东省数字经济园区；天润工业技术股份有限公司的“天润工业大数据平台”等3个平台项目获评首批山东省工业大数据平台示范项目；金猴集团有限公司等7家企业获评首批山东省总数据师制度试点企业；浦林成山（山东）轮胎有限公司、威海职业学院（威海市技术学院）获评2021年山东省大数据发展创新平台；山东同域信息技术有限公司的“基于大数据的高校智慧校园综合管理服务平台”等8个项目获评2021年省级大数据“三优两重”项目。

（曲小康）

智慧威海建设

【概况】 2021年，全市围绕新型智慧城市主线，聚焦精致城市关键领域，立足民生福祉核心问题，坚持全域化布局、智慧化发展、一体化推进，充分发挥大数据、云计算、物联网等新技术的创新驱动作用，加快完善基础设施，深化数据创新应用，不断提升城市建设管理智慧化水平和群众生活品质，在四星级新型智慧城市建设试点终期评估中通过专家组验收，达到四星级新型智慧城市标准。市大数据中心获评2020山东省第一届新型智慧城市建设“先进推进单位”，市大数据中心的一体化大数据平台获得2021数字政府管理创新奖，“建设一体化疫情防控管理系统，精准掌握目标人群信息”案例获评2021数字政府特色评选创新案例（数据体系创新奖）。

【智慧城市基础支撑体系完善】 加快推进“千兆光网城市”建设，全市光纤网络出口带宽超过2200Gbps，城乡用户全部实现100Mbps以上光纤宽带接入；建成5G基站3581座，实现机场车站、旅游景点、公园广场、政务服务中心等城区重点区域5G网络室外全覆盖。依托威海云计算中心，开通电子政务“云”虚拟服务器2940个，部署公用业务系统及部门业务系统571个，全市政务系统全部上“云”，政务服务效能大幅提高。威海市信息资源共享交换平台汇聚全市487个部门单位70亿条数据，数据交换量16.4亿条次，在省公共数据开放网向社会开放25个领域1.13万余个数据集，开放数据量16亿条次。部署市县镇一体化视频会议系统终端600余个，为各单位召开跨层级、跨部门、跨地域、跨业务视频会议提供有力保障。

【城市治理智慧化应用创新】 创新“信用+”模式，突出信用应用与联合奖惩，推出“清单式、模块化、嵌入型”联合奖惩模式，对全国900余万条动态失信被执行人信息和威海市发布的2.3万条动态“红黑名单”信息全部实现自动实时查询，并应用于49个部门的3384个行政管理服务事项，累计对3972个严重失信主体实施联合惩戒措施，对8763个守信主体实施联合激励措施，为4217家企业发放信用贷款4.6亿元，有1.33万名失信被执行人履行义务。在“海贝分”个人信用积分建设方面，推出信用超市、信用消费、信用就医等120余个激励场景，以“信用有价”引领基层治理方式转变，全市信用应用水平在全国262个地级市城市信用监测排名中稳居前列。构建信息化治理体系，建设市级一体化网格化服务管理信息系统，整合综合治理、市场监督管理、安全生产、应急管理、社会救助等10余个领域工作网格，将全市城乡重新划分为7000余个网格，通过全程可察、智能分派、精准处置实现全流程闭环处置，做到“小事一格解决、大事全网联动”的全新网格化服务管理。加强以“数”制“疫”，立足新冠肺炎疫情防控实际情况，发挥大数据在疫情预警、人员追踪、物资调配、复工复产和政务决策等方面的作用，先后开发到威海人员管理系统、密切接触人员管理系统、公安重点人群管理系统、在校生健康管理系统等，覆盖全市重点领域、重点人群，实现联防联控。开发零售药店发热药品登记系统，登记零售药店购买发热药品信息136万人次，确保药品可追溯至每名购用者。开发移动端“现场接种疫苗信息登记功能”，并利用省市一体化大数据平台，实现接种疫苗数据的同步上传，实现区（市）、镇（街道）、社区、接种点数据实时联动，精准、实时掌握居民接种情况、核酸检测结果。

【民生福祉数字项目优化】 优化移动服务，依托“爱山东”App，着力打造全市统一的移动端政务服务总门户，突出办事类和便民服务类项目，通过跨部门、跨层级数据共享，创新打造一批掌上服务应用，并大力推行跨省通办、跨市通办，与江苏、河南等省的30余个地市建立“异地打照”生态圈。上线政务服务事项990项，打造线上新生入学服务平台，实现中小学招生入学“一网通办”，免去提交材料、入户调查、联合审核的人工流程，实现系统自动核验、自动划片，办理时间由1个月缩短为几分钟，为城区2万余名学生提供便利。聚焦群众需求，开展大数据创新应用，持续丰富公共服务数字化应用，遴选打造一批数字化、智能化解决方案和应用场景，累计推动跨层次共享应用50个。采用“1+X”形式，整合全市公共文化资源，打造“一站式”公共文化服务平台，推出文旅资源“云端漫步”计划，广大市民可通过手机、电脑等终端观看文艺演出、收看文化课堂、阅览图书、欣赏展览、预定场馆、互动点评，实现城区内图书通借通还。打造“互联网＋医疗健康”服务新模式，推动全市3个医疗集团发展互联网医院，实现网上预约挂号、远程会诊、双向转诊等，满足群众看病便利、结算便捷的需求；加大医保电子凭证推广力度，开展人脸识别、身份核验、刷脸支付应用，融合家庭共济、混合支付和信用就医等业务场景，实现全市“码上就医”“码上就办”。

【基层智慧化建设】 以“设施智能、服务便捷、治理精细、环境宜居”为目标，加快推进智慧社区平台建设，推动“互联网＋多元服务”向社区延伸，通过信息化、智能化手段，打造集社区政务服务、公共事业缴费查询服务、在线社区医疗、居家老人远程看护、警民联动、紧急支援、在线网购等于一体的综合服务平台，为社区居民提供全方位、多领域的“一站式”服务，有22个智慧社区达到四星级标准。加大智慧住宅小区建设力度，把最贴近居民生活的住宅小区建设作为智慧社区（村居）建设的突破口，强力推进老旧小区智慧化改造，全面提升新建小区智慧化水平，全年改造建设智慧住宅小区200个，增设智能快递柜、智能垃圾分类箱、智能电动车充电桩等设施，升级视频监控、智能门禁、车牌识别等系统。建设一体化市级智慧物业综合信息服务平台，汇聚市、区（市）两级物业主管部门、各街道办事处、社区居委会、业主委员会、物业公司以及业主服务，实现对居民反映问题的及时跟踪、处理，并提供相应服务，提高居民生活的舒适性、便捷性。

（于凤江）

无线电管理

【概况】 2021年，威海市无线电监测中心（简称中心）依法规范开展各项业务活动，不断加强监测技术设施建设，持续提升无线电台站管理服务水平，切实做好重大活动和各类考试无线电安全保障，深入开展打击“黑广播”、伪基站专项行动，及时查处无线电干扰，全市电磁环境不断优化，空中电波秩序保持良好态势。中心连续14年保持省级文明单位称号，在全省无线电监测和行政执法工作考核中居全省第4位，在全省无线电监测技术演练中获得团体三等奖，省工业和信息化厅对中心工作给予高度评价，并发信致谢。

【频率台站管理】 至年底，全市有设台单位197个、各类无线电台（站）1.3万部（个）（其中广播电视台32部，甚高频、特高频电台1916部，卫星地球站4个，公众移动通信基站1.1万个，微波接力站22个，无线接入基站11个，其他台站16个），分布在航空、广电、海事、通信、气象、交通、建筑、宾馆酒店、小区物业等行业和领域。年内，中心受理台站设置变更等行政许可110项，全部按时实现“一网通办”，提供行政审批咨询服务260余次；开展无人机生产销售企业专项检查，责令4家企业限期办理销售备案；举办全市业余无线电爱好者培训班，宣传无线电管理法规及5G知识；组织开展以“守护空中电波、共建精致威海”为主题的“政府开放日”活动，邀请公众代表30余名通过“坐下来＋知识科普”“走出去＋现场观摩”“实操作＋互动体验”等方式，带领群众了解无线电管理工作；利用自主开发的业余无线电学习平台组织操作资格验证考试2次，为53名考试合格人员核发操作资格证书；全年保持打击“黑广播”、伪基站高压态势，坚决遏制不法分子利用无线电手段进行电信诈骗违法活动，查处“黑广播”案件11起。

【监测保障工作】 中心严格落实监测计划，认真开展常规、专项、特殊监测；继续保持对航空导航、广播电视、水上通信等重要频段的重点监测监听，保障相关业务正常进行。完成春节、全国两会、“迪尚杯”第14届中国新生代时装设计大赛等重要节日和重大活动期间无线电安全保障工作。全年派出保障人员149人次、监测车辆47车次、技术设备215台次，完成全国高考、律师职业资格考试、会计资格考试等22场重要考试无线电安全保障任务。高效排查无线电干扰事件10余起，均妥善处置。

【技术设施建设】 对28个监测站、29台（套）监测检测设备进行定期维护和保养，保障各类设备正常运行。购置考试保障侦测管制系统1套，提高防范和打击作弊行为的效率。购置GNSS干扰测向系统1套，可快速排查GNSS干扰信号，及时消除安全隐患。完成威海国际机场监测站和航空监测站建设，为飞行安全提供无线电技术支撑。进一步提升课题创新水平，研究报告《威海市城区电磁辐射现状研究》在《中国无线电》刊登。

【无线电宣传】 坚持“抓宣传、促管理”的理念，扎实开展“世界无线电日”宣传活动、无线电宣传月活动等，深入宣传无线电频谱资源在服务经济社会发展、服务国防建设、服务党政机关等方面的作用，收到良好成效。通过广播电台、短信等播报公益宣传语，制作无线电科普宣传片在电视台、机场、公交车等平台循环播放，受众45万余人次。开展5G建设及科普宣传，形成全民关注5G和无线电建设的浓厚氛围。将宣传活动与考试保障工作相结合，在考场外设置宣传专栏，向考生宣传有关考试政策。

（蔡媛媛）

电　信

【概况】 2021年，全市加快5G网络建设及应用，推进宽带网络升级改造，统筹提高城乡宽带网络普及水平和接入能力，提升服务质效，严厉打击治理电信网络诈骗及其关联违法行为，保障网络信息安全。

【中国联合网络通信有限公司威海市分公司】 2021年，公司在“数字威海”建设、“智慧小区”建设、助力威海七大产业集群、推进乡村振兴等方面加快“新基建”建设，保障网络信息安全，推动数字经济和实体经济深度融合，为“精致城市·幸福威海”建设贡献力量。

5G网络建设　持续推进5G基站建设，年内投入资金1.7亿元，开通5G移动互联网站点859个，实现市区及各区（市）城区5G信号连续覆盖。按照“做深做广做精，打造精品网”要求，加大对机场、威海客运中心、医院、大型商超等重点区域的5G信号覆盖建设力度，新增88栋建筑物实现5G信号覆盖。

“千兆城市”创建　推进“千兆城市”创建，对全市整体网络进行升级改造，建成覆盖全市的全光纤网络，光纤入户能力覆盖率达99%以上。开通10G PON端口近2万个，全市万兆端口占比达30%。推出“五星宽带”标准，累计为6万余户家庭提供千兆端口接入服务。

实体经济赋能　聚焦威海特色产业、优势行业，推出5G重点工程10类、5G应用成果100余项，助力全市在5G技术应用、新业务开展方面高质量发展。建成“5G+智慧社区”“5G+智慧海洋”等大型信息化项目，通过5G数字化赋能各行业创新发展。

优质口碑牢树　聚焦破解群众“急难愁盼”问题，开展以“千兆进社区 网络大提速”活动为载体的网络测速、5G知识宣讲等活动1000余场。新建社区服务站30余处，开通便捷办理通道，实现通信业务“社区办”。

（宋怡范）

【中国移动通信集团山东有限公司威海分公司】 2021年，公司加快5G、工业互联网等新型基础设施建设，不断提升服务能力，扎实推进“六稳”“六保”工作，较好地服务全市经济社会发展。

“双千兆”网络建设　加快5G网络建设，全年建设5G基站近1000个，实现市区、各区（市）城区、镇驻地及热门景点、核心商业区、交通枢纽区域的5G网络连续覆盖。深度优化4G网络覆盖，全年新增4G基站400余个，4G网络覆盖率达99%。不断提升网络服务能力，新增千兆接入平台200余个，实现市区住宅小区全覆盖，完成近2000栋楼宇的家用宽带网络建设，增箱、扩容点位3000余处。

客户服务质效提升　扎实推进提速降费工作，持续优化套餐设置，全面实现套餐扩容，推动流量资费下降。全面开展老旧小区宽带义诊活动，免费提供宽带检测和升级服务。提升线上服务能力，智能化升级营业系统，城区营业厅实现线上预约取号。不断提升信息化服务能力，健全大数据防控能力，推动疫情防控再升级。建立24小时专班机制，针对故障及时处理，确保客户问题快速解决。以满足客户需求为导向，建立爱心服务岗、爱心专席、现金交费等绿色通道。推动“适老化”服务再升级，常态化开展老年课堂，辅导老人使用智能终端。优化“10086”客户呼入机制，对60岁及以上老人实现免语音提示，直接呼入人工客服。与威海市云智慧养老便民服务中心合作，为全市60岁以上老人开展优惠套餐活动，累计让利近3000万元。针对残疾人、退役军人推出优惠资费，对贫困家庭推出扶贫资费，累计惠及客户2万余人。

网络信息安全　坚决打击治理电信网络违法犯罪行为，严格用户入网管理，协助市公安局建立诈骗态势预警管控系统，实行实时预警机制，异常号码及时关停。配合反诈中心开展公益宣传活动，累计发送反诈骗短信逾1000万条。开展防范电信诈骗宣传活动，提高老年人等易受骗群体的自我防护意识。对涉诈电话卡、“一证多卡”、境外诈骗高发地卡等高风险电话卡开展二次实名认证。

数字化赋能　推动5G赋能行业数字化再造，为重点行业客户建设5G专网，聚焦“智慧＋产业”“智慧＋民生”“智慧＋服务”3个场景，深入探索工业互联网、港口、医疗、海洋等领域，协同政府部门、企业共同打造“5G+智慧工厂”“5G+智慧港口”“5G+远程医疗”等5G智慧应用。加快工业互联网标识解析应用生态建设，提升威海市工业互联网标识解析二级节点服务能力，累计为70余家企业的设备及产品发放国家“身份证”，平台累计标识注册量达2200万条。开展企业问诊活动，针对供应链管理、产品追溯及产品全生命周期管理等需求，制定基于标识解析的智能化改造方案。打造数字时代通用计算平台，提供新型计算、存储、网络和软件资源服务，基于电子政务、工业制造、金融、教育、医疗、互联网等不同行业特点，按需提供定制方案，全年累计为400余家企业提供“云”服务。全面参与智慧城市建设，累计参与22个智慧社区改造项目建设，不断提升社区优质网络接入能力，融合信息技术加强对社区的智能化改造，实现社区在智能管理、智慧服务等方面的全方位升级。

（许　涛）

【中国电信股份有限公司威海分公司】

2021年，公司全面实施“云改数转”战略，升级端到端服务能力、建设智慧运营体系、注重精益管理；积极践行以人民为中心的发展思想，实施“满意服务年”活动，开展“我为群众办实事”主题实践活动。

“双千兆”网络建设　实施千兆光网宽带建设，推动千兆光网在重点场所、重点领域覆盖和应用，完成2560口10G PON端口建设，274个小区实现宽带升级，覆盖家庭客户16.4万个。稳步建设5G网络，建成5G基站1771个、室内分布系统160套，实现城区5G网络连续覆盖和重点场所、重点客户深度覆盖。发挥各类频率资源融合优势，深化共建共享合作，持续提升网络覆盖、网络质量和用户体验。

提速降费　持续开展提速惠企行动，以提升客户感知为基础，推出提速升级、融合升级、服务升级等举措，助力企业提升信息化水平。开展企业上“云”行动，推出数字化专员服务，针对中小企业用户推广“宽带＋云＋应用”“专线＋云＋安全”等组合化优惠产品，助推企业数字化转型升级。实施精准降费，对脱贫村和脱贫户延续优惠资费政策；面向老年人推出“孝心卡”专属优惠资费套餐，免费提供安全守护服务、生活关爱业务；对残疾人群给予业务优惠，确保特殊群体用户享用最优资费。

“满意服务年”活动　创新开展延伸增值服务，将常用电信服务实现“跨省通办”。推进信息无障碍和“适老化”服务。针对老年人推出“孝心卡”优惠资费政策，设置营业厅爱心通道，优先接待老年人、残疾人等群体，提供“无健康码”登记绿色通道、爱心台席、现金／银行卡支付缴费、终端应用辅导4项基础“适老”服务。建立“爱心翼站”专区，设置科技助老微讲堂，配置便民服务箱，改造无障碍出入口。在线上营业厅设置老年人关爱版专区，方便老年人线上办理业务。

智慧城市助推　坚持“服务社会，发展为民”理念，依托全业务运营和技术优势，积极开发和推广新产品新技术，在全市行业系统数百家单位实现信息化应用，为广大客户提高运营管理效率、降低运营成本提供有力的信息化支撑。强化科技创新与产品自研，着力打造“网定制、边智能、云协同、X随选”的差异化5G定制网解决方案和“云、网、边、端一体化”的安全能力，助力智慧城市建设。与街道办事处、物业公司等合作，完成56个智慧社区、10个数字乡镇和40个数字乡村的建设。

社会责任履行　强化网络安全保障，加强网络基础设施与数据安全管理，增强安全技术保障能力，健全完善网络综合治理工作机制，网络安全和通信保障水平不断提高。持续深化通信网络诈骗防范治理，从严落实行业防范治理各项重点任务。依法规范开展行业内外的数据共享和治理联动，推进反诈技术能力整合。建立市、区（市）两级涉诈风险信息库共享机制，建立政、警、企3方联动保障机制，加强源头治理，严格实名制管理，建立黑名单拒入网机制，电话用户实名登记准确率达100%。大力开展垃圾短信专项治理工作，针对端口类短信进行清单级管理，强化对商业广告短信的管理。优化推广“谢绝来电”等防骚扰服务，完善话务防控处置系统能力，严格管控呼叫源头行为，规范主叫号码传送，从源头上减少和杜绝垃圾短信。

（孙连钊）

编辑　闫拥军

交通·邮政

综　述

【概况】　2021年，全市交通运输系统坚持党建强引领、项目促发展、治理提效能，推动多项工作高质量发展。地方铁路发送旅客115.86万人次、完成货运量103.69万吨，分别比上年增长16.78%、22.44%。城际铁路发送旅客414.51万人次，增长41.15%。民航运输完成旅客吞吐量200.48万人次、货邮吞吐量1.92万吨，分别增长10.92%、17.01%。水路运输完成客运量222.4万人次、货运量1793.5万吨、港口货物吞吐量4273.54万吨、集装箱吞吐量134.45万标准箱，分别增长27.82%、-5.91%、10.62%、9.9%。道路客运完成旅客发送量586.83万人次，增长4.49%。邮政行业累计完成业务总量19.17亿元。

【基础设施建设】　强化规划的引领带动功能，编制实施《威海市综合交通运输"十四五"发展规划》和11个专项规划。推进项目建设，加快推动莱荣高铁、乳山口大桥、旅游公路示范工程等14个大项目建设和国道18线荣乌高速威海绕城段、威海新机场等6个大项目前期工作，完成投资48亿元。依托全市近1000千米海岸线和西部环山路、东部环海路，串联全市90%以上的旅游资源，打造全长1001千米的千里山海自驾旅游公路，同步开通"千里山海·自在威海"客运专线。加强智慧公路建设，"物联感知　数据孪生　威海智慧公路服务新标杆"案例入选山东省新型智慧城市"强基"领域优秀案例，获得第一届中国新型智慧城市创新应用大赛三等奖。

5月，半岛环海路　　（李洪明　摄）

【物流运输】　陆上通道方面，积极推动中韩整车运输试运行，中国、韩国双方就谅解备忘录内容基本达成一致意见。新开通中俄班列，年内欧亚班列发运货物6294标准箱。推动高铁公交化运行，全市每日到发列车达130余列。加强物流试点项目建设，山东中外运欧亚物联网运营有限公司的"日韩—威海—欧亚"东西双通道"一单制"试点工程被列入全省多式联运"一单制"试点工程，荣成市完成农村客货邮融合发展样板县创建工作，2项试点点争取补助资金400万元。海上通道方面，新开通航线4条，完成威海港与乳山港资源整合，新建500客位旅游船3艘并投入威海—刘公岛航线运营。空中通道方面，加大航线开辟力度，国内通航点达42个、航线达48条。新开通威海—东京、威海—芜湖货运航班，加密威海—大阪、威海—仁川货运航班，周货运航班量达30班。

【城乡交通建设】　"四好农村路"建设方面，投资4.8亿元新建、改造农村公路78.5千米，改善路面401.9千米，消除存量危桥145座，实施重要及三级以上村道安防工程150千米，在全市推行农村公路"路长制"。公共交通服务方面，实现全市公共交通"一卡通"县级互联互通全覆盖，并与全国313个地级以上城市互联互通。市交通运输局、财政局印发《关于落实老年人乘坐公交车优待政策的通知》，严格执行60周岁以上老年人免费乘坐城市公共交通工具政策。加快公交都市创建，建成公交枢纽站6个，新开通和优化调整公交线路49条，新增更新公交车31辆。运输服务方面，统筹推进城乡交通运输一体化建设，荣成市获评全国城乡交通运输一体化示范县。促进公路交通与旅游融合发展，威海市被列入全国ETC“交旅融合绿色通行”主体试点城市。加强出租行业规范发展，印发威海市中心市区巡游出租汽车技术条件和车型核验有关工作流程。

【行业管理】 全面加强安全监管，落实好政治安全、行业安全、常态化新冠肺炎疫情防控，围绕工程建设、港口引航等重点领域，起底式、拉网式开展安全生产大排查大整治行动，加强企业驻点监管和安全总监配备，确保行业安全稳定。全面优化营商环境，深化“放管服”改革，先后实施道路货运车辆综合性能检测和安全技术检验“两检合一”、取消道路普通货运驾驶员从业资格考试、下放普通货运车辆年审实行检测审验一站办理、机动车驾驶员培训经营许可改备案等改革。推动信用交通建设，威海市被列入全省“信用交通市”试点单位，荣成市被列入全省“信用交通县（市、区）”试点单位，山东省交通运输信用体系建设现场推进会在荣成市召开。全面提升行业治理能力，探索在公路领域和水路领域开展委托执法工作，淘汰“国三”及以下排放标准营运柴油货车6966辆，完成“双百”（淘汰总任务100%、车辆正常拆解率100%）目标。扎实开展交通运输执法领域突出问题专项整治和胶东五地市跨区域打击非法营运专项整治工作，全年查处违章车辆2039辆次，处置高速公路路产损坏案件105起，清理和制止公路沿线摆摊设点、未经许可涉路施工等行为300余起，威海市被列入全省交通运输执法系统移动执法综合服务试点单位。全面推进文明建设，组织开展“党建引领 文明与您同行 交通运输服务大提升”活动，围绕文明城市、卫生城市、精致城市建设，发动11支志愿队500名志愿者常态化开展文明创建活动，创新打造“红色公交”“红色出租”等红色党建品牌。全系统6个单位获评全省百佳文明服务窗口，10人和2家企业分别获评全省城市交通客运行业“最美驾驶员”和优秀城市交通客运企业；在全市选树“最美驾驶员”90名，通报表扬在“警的”巡防联动中表现突出的驾驶员10名。

（夏国栋）

【威海交通场站管理有限公司】 2021年，公司聚焦“客运中心＋公务用车调度中心”双主业，实现平稳运行，社会满意度达99.88%，连续5年列市属公益类国有企业第1位。

威海客运中心 1月14日，威海站长途客运站正式投入使用，威海客运中心实现出租车、私家车、公交车、长短途客车、普速列车、城际铁路“六站合一”的运营新模式。全年到发旅客764.48万人次，比上年增长46.59%；疏导进站车辆297.28万辆次，增长41.41%。单日最高运行列车达139列，单日旅客最高到发量达6.34万人次。公司参与卡口防疫人员累计近2万人次，检测、核验、登记到站旅客425.26万人次，增长51.14%；妥善处置红黄健康码、高体温、境外返威海及疫情中高风险区旅客3.60万人次。

公司致力打造青年志愿服务站、退役军人服务站、“小海豚”志愿服务队、“WE先锋”党员志愿服务队等志愿服务品牌。全年累计帮扶重点旅客490人次、开展公益服务1800余小时。“爱心接力”志愿服务项目获得威海市首届青年志愿服务项目大赛金奖。

威海市级公务用车调度中心 全面推行线上订车服务，彻底实现无纸化派车。全年完成派车任务3.26万辆次（其中新冠肺炎疫情防控出车量2156辆次），服务大中型会议和活动4场，最高日出车185辆次，安全运行389万公里。

（周郝钧）

交通运输综合执法

【概况】 2021年，威海市交通运输综合执法支队优化完善执法检查计划，开展各类专项整治行动，严厉打击各类交通运输违法违规行为，全市交通执法机构查处违章车辆2279辆次、收缴罚款569万元（其中支队查处违章车辆975辆次、收缴罚款220.6万元）。

【运政专项执法】 加大超限超载整治力度，联合市公安局交警支队对全市29家重点运输企业和货物源头企业进行约谈，并签订运输企业落实交通安全

8月，威海客运中心威海北站 （威海日报社 提供）

主体责任承诺书，要求相关企业规范装载和运输行为，杜绝超限超载行为。严格管控客运市场秩序，先后组织开展集中专项整治行动20余次，参与跨区域打击非法营运专项整治行动7次，对违法行为起到较大震慑作用。全年查处非法营运车辆和网络预约出租车155辆次、违规的班线客车和旅游包车102辆次、超限超载车辆394辆次。

【港航专项执法】 常态化开展营运船舶、港口等领域检查，深化与威海海事局等部门的协作机制，开展联合执法检查，共同打击海上违法违规行为，并做好渔船管控等工作。全年召开安全生产联席会议11次，在重点海域开展联合执法检查34次、海上联合巡逻6次，检查船舶企业37次、营运船舶92艘，暗查暗访港口码头、船舶企业26次。

【路政专项执法】 围绕“保护路产路权，保障公路安全畅通”的宗旨，强化公路路政执法检查和路政宣传服务，不断提升路政执法效能。通过说理式执法，重点清理整治在机场路、初张路、滨海旅游公路等路段摆摊设点行为。建立健全高速公路执法协同监管及联系机制，与高速公路经营企业、市公安局高速公路交通警察支队建立“一路三方”联动机制。全年检查公路里程17万千米，处置高速公路路产损坏案件106起，清理和制止公路沿线摆摊设点、未经许可涉路施工等行为300余起。

【安全生产宣传监管】 开展以“落实安全责任 推动安全发展”为主题的系列宣传活动、水上运输安全咨询活动等，并将安全生产宣传贯穿到执法检查全过程。深入开展安全生产驻点监管工作，安排34名执法人员进驻17家重点客运企业、危险品运输企业、水运企业，督促企业严格落实安全生产主体责任，提升安全管理能力，消除事故隐患，促进企业安全健康发展。强化重点领域安全检查，结合成品油市场“自流黑”专项整治行动，与市公安局、商务局、市场监督管理局建立协同监管机制，重点检查伪装成加油车的厢式货车。开展道路交通安全“两路两车”（国省道、县乡道，大货车、面包车）专项整治行动、城镇燃气运输环节安全排查整治行动，消除运输环节风险隐患。强化“两客一危”车辆（从事旅游的包车、三类以上班线客车和运输危险化学品、烟花爆竹、民用爆炸物品的道路专用车辆）GPS动态监控系统的联合管控，查处违法违规的运输车辆19辆次。

【交通运输执法长效机制建设】 建立多渠道监督机制，聘请相关人员担任执法监督员，在媒体上公布举报投诉电话，不定期走访企业了解情况，由内部监督转为运输业户监督、社会群众监督、舆论媒体监督等全方位、多渠道监督，不断规范执法权力运行。建立打击非法与市场共建并重机制，针对初村镇大学城人员流动特点，加大非法营运车辆整治力度，同时采用疏堵结合方式，协调相关公司开通定制公交线路，增加区域运力，全年累计运送学生4万余人次。建立教育与处罚相结合机制，从处罚型执法向管理型、服务型执法转变，重在批评教育和帮助指导。建立执法理念引导机制，在职工中广泛培育和践行执法理念，形成良好的执法导向，最大限度避免选择性执法、盲目执法、趋利执法和为了执法而执法的倾向。建立处罚与信用管理相结合机制，在治理超限超载、打击非法营运车辆等领域实施信用监管，通过信用平台的违法联合惩戒机制对部分企业所属车辆的严重违法行为实行惩戒，促进企业守法经营的自觉性。建立问题导向机制，全面强化社会投诉举报的处理与跟踪回访制度，开展不满意热线工单清零行动，对未达到群众满意的179件工单全部重新办妥。

（张 鹏）

港 口

【概况】 全市港口统称为威海港，是《全国沿海港口布局规划》确定的全国沿海地区性重要港口，由威海湾港区、南海港区、石岛港区、龙眼湾港区和乳山口港区组成。全市有港口经营企业27家（含修造船企业8家和陆岛运输企业5家），有经营性泊位94个，其中商用泊位53个（含万吨级以上泊位33个，泊位最大靠泊等级为7万吨级）、修造船等专用装卸泊位21个、陆岛及旅游泊位20个，有船舶港口服务类企业35家。2021年，全市港口完成货物吞吐量4273.5万吨（其中外贸1239.4万吨）、集装箱吞吐量134.4万标准箱、旅客吞吐量16.5万人，分别比上年增长10.6%、9.9%、－66.5%。港航安全生产形势持续稳定，实现“零安全生产责任事故”目标。

【威海港引航站】 2021年，引航站引领各类船舶5508艘次（其中引领进出港口船舶3129艘次、进出船厂船舶2379艘次）、9565.93万总吨、4972.57万净吨，分别比上年下降0.76%、3.36%、3.73%，引领250米

8月，威海港威海湾港区 （朱春晓 摄）

以上超大型船舶117艘次（其中成功引领340米长、32万载重吨的散货船“巴西丸”轮靠泊），实现安全引航无事故。

【威海湾港区】 威海港集团码头作业区　东邻华能威海发电有限责任公司，西邻杨家湾，南邻海埠村、沟北村，北邻威海湾，码头岸线总长3340米，陆域面积为210万平方米，水域面积为471万平方米，拥有泊位14个、各种主要港口装卸作业设备186台（套）。开通每月200余个班次的至韩国、日本和中国青岛、大连等港口的国际国内集装箱班轮航线和至韩国仁川、平泽以及中国大连等港口的国际国内客滚班轮航线，被列为中韩陆海联运试点口岸；开通多条至潍坊、东营、莱州等环渤海港口的散杂货和集装箱中转航线。2021年，完成货物吞吐量2701.1万吨、集装箱吞吐量110.2万标准箱、国际国内旅客吞吐量16.5万人次，分别比上年增长3.9%、9.9%、－66.5%。

华能威海发电有限责任公司煤码头作业区　位于威海湾港区东南端，是华能威海发电有限责任公司投资建设的企业自用煤炭专用码头。码头全长375米，拥有泊位2个，防波堤长180米，设计年吞吐能力560万吨。码头配备卸船机及输煤系统5台。2021年，完成货物吞吐量425.0万吨。

威洋石油有限公司码头作业区　位于威海湾港区东南端，西邻华能威海发电有限责任公司煤码头，是威洋石油有限公司投资建设的石油专用码头、国家一类开放作业区，主要接卸成品油、液化石油气、燃料油、液体化工品，有经营性泊位2个，配置输油、输气设备和配套的消防、污水处理等辅助设施，设计年吞吐能力200万吨。码头成品油罐区容积18.2万立方米。2021年，完成成品油吞吐量54.5万吨。

【石岛港区】 石岛港作业区　位于荣成市石岛湾西侧，是集客货、集装箱、散杂货等运输功能于一体的现代化港口和国家一类开放口岸，有经营性泊位15个、主要港口装卸作业设备39台（辆），先后获批中韩陆海联运试点口岸、进口冰鲜水产品指定口岸、进口食用活水生动物指定口岸、荣成海关跨境电商监管场所、进口肉类指定口岸、进口澳大利亚屠宰用肉牛指定海运口岸。2021年，完成货物吞吐量450.5万吨、集装箱吞吐量19万标准箱。

荣喜港作业区　位于荣成市人和镇山西头村靖海湾畔，有泊位2个、门座式起重机1台，是国家一类开放作业区，主要从事鱼、货、石油类产品的装卸、储存。2021年，完成货物吞吐量1.3万吨。

好当家港（凤凰尾）作业区　位于荣成市西南端、靖海湾畔，港区面积3.5万平方米，水域面积12万平方米，有经营性泊位2个、16吨汽车轮胎式起重机1台。2021年，无货物吞吐量。

【龙眼湾港区】 龙眼港作业区　位于荣成市成山镇西霞口龙眼湾港区内，是全国第一家村办国家一类开放港口，以石油、煤炭、矿物建材、木材、水产品等散杂货运输为主，有经营性泊位8个、舾装泊位1个、主要港口装卸设备6台（辆），经营龙眼港至韩国平泽客滚班轮航线，先后获批中韩陆海联运试点口岸、进口冰鲜水产品指定口岸、进口食用活水生动物指定口岸。2021年，完成货物吞吐量87万吨、集装箱吞吐量5万标准箱。

马山港作业区　位于荣成市成山镇养鱼池湾，由于该作业区地处荣成大天鹅国家级自然保护区的缓冲区域内，2017年7月后，停止一切经营活动。

【南海港区】 南海港作业区　位于文登区靖海湾港区西岸、泽库镇前岛村南，是新建港口作业区。一期工程建有码头岸线305米、杂货泊位2个，年设计吞吐量107万吨。2021年，完成货物吞吐量62.2万吨。

张家埠老港作业区　位于文登区靖海湾港区北岸，码头岸线总长220米，有泊位3个。港口装卸设备最大起重能力16吨，主要经营柴油、液碱、稀盐酸、煤炭、砂石等。2021年，无货物吞吐量。

【乳山口港区】 乳山口港作业区　位于乳山市乳山湾南端，码头岸线长460米，有泊位3个，设计年吞吐能力209万吨，配备16～25吨散杂货装卸门机4台、装载机6台、叉车2台和清扫机1台，最大起重能力25吨，主要以矿物建材、煤炭、矿石等散杂货为主。2021年，完成货物吞吐量436万吨。

海　运

【概况】 2021年，全市有省际水运企业39家，经营船舶123艘。省际水路运输企业方面，有省际水运企业23家、省际运输船舶71艘（40.3万总吨位、4422客位、332车位、684标准箱）。中韩客货班轮企业方面，有注册地在威海市的中韩客货班轮企业4家、注册地在韩国的中韩客货班轮企业1家，有中韩客货班轮航线5条、营运船舶6艘（7004客位、1947箱位）。市内水路旅客运输企业方面，有市内水路客运企业11家、营运船舶46艘（4153客位），其中，有载客12人以下海上观光企业5家、营运船舶17艘（142客位）。国际船舶管理企业方面，有管理企业6家、受委托管理船舶19艘。国内船舶管理企业方面，有管理企业5家、受委托管理船舶44艘（22.2万总吨位）。无船承运人备案企业方面，有备案企业53家。国际船舶代理企业方面，有威海市向交通运输部备案的企业45家。全年全市水运企业完成客运量284.3万人、旅客运输周转量2771万人千米、货运量1793万吨、货运周转量140.5亿吨千米，分别比上年增长27.8%、－64.6%、－5.9%、－9.7%。

【威海市海大客运有限公司】 主营威海—大连航线的滚装客船运输业务，注册资本6000万元，固定资产4.39亿元，船舶总客位4422个，车道线长度3700米，有员工130人，是交通运输系统安全生产标准化一级达标企业。2021年，公司运营371航次，运送旅客8.4万人次，运输车辆2.6万辆。

【威海胶东国际集装箱海运有限公司】 主营威海—韩国平泽的客货班轮运输业务，兼营进出口货物的国内、国外运输代理业务。2021年，公司运营140

航次，运送集装箱7.37万标准箱。

【荣成大龙海运有限公司】 主营中国龙眼港至韩国平泽港的客货运输业务，是与韩国平泽港航程距离最短且最早通航的航运公司，是交通运输系统安全生产标准化二级达标企业。2021年，公司运营148航次，运送集装箱5.4万标准箱。

【威海市升安海运有限责任公司】 注册资本2540万元，主营国内沿海及长江中下游普通货船运输、港口拖轮和驳运服务，经营“新生生”系列散货船6艘、拖轮3艘，管理及整套配员滚装船舶6艘、集装箱船舶3艘。2021年，公司完成货运量19.3万吨、货物周转量6.84亿吨千米。

【威海市旅游码头有限责任公司】 主营威海至刘公岛、环刘公岛观光游等旅游客运业务，是交通运输系统安全生产标准化水路旅客运输二级、港口客运二级达标企业，并通过威海海事局NSM体系审核。2021年，投入运营200客位船舶2艘，拥有旅游船艇19艘2623客位（其中威刘航线营运船舶13艘、环岛航线营运船舶3艘290客位、游艇2艘、登陆艇1艘），全年完成客运量221.6万人次。

【荣成市鸡鸣岛旅游开发有限公司】 主营鸡鸣岛码头至朝阳角码头间陆岛客渡运输、环鸡鸣岛指定航线海上观光业务，有客渡船4艘361客位，是交通运输系统安全生产标准化二级达标企业。公司码头位于港西镇虎头角港，海岸线长24海里，码头总长150米，占地总面积3000平方米，有泊位3个。2021年，公司完成客运量约29万人次。

【荣成新锦成海上旅游有限公司】 位于荣成市成山镇龙眼湾，主营范围为海上旅客运输、海上休闲观光服务、码头经营等，有船舶12艘496客位。2021年，公司完成客运量10.3万人次。

5月，在威刘航线上营运的旅游船舶　　（朱春晓　摄）

道路运输与管理

【概况】 2021年，全市有客运车辆879辆（含客运包车531辆），二级以上汽车客运站6个，公交线路384条、公交车2163辆，巡游出租汽车2487辆、网络预约出租汽车注册2639辆，营运货车1.51万辆，危险货物运输车辆550辆，教练车987辆。

【行业管理】 围绕优化交通运输营商环境，推进道路运输各领域“放管服”改革。稳妥推进道路运输车辆综合性能检测和安全技术检验“两检合一”及取消道路货运驾驶员从业资格考试改革，全面推进道路运输从业资格高频服务事项“跨省通办”，创新推进道路运输车辆审验方式改革，开发货运车辆“网上审核、线下审验”便民服务系统，在道路运输便民服务站实现“一站式”直接办理车辆检测、年审签章，全力推进道路运输便民服务向一线从业者、基层延伸。

【行业发展】 统筹推进城乡交通运输一体化建设，荣成市获评全国城乡交通运输一体化示范县。加大“国三”及以下排放标准营运柴油货车淘汰工作力度，实现“双百”（淘汰总任务100%、车辆正常拆解率100%）目标。推动物流业快速发展，山东中外运欧亚物联网运营有限公司的“日韩—威海—欧亚”东西双通道“一单制”试点工程被列入全省多式联运“一单制”试点工程，荣成市完成农村客货邮融合发展样板县阶段性创建工作。紧扣服务民生大局，统筹协调做好威海汽车站整体搬迁工作，正式启用威海站长途客运站。推进“交通＋旅游”融合发展，以解决群众出行需求和串联沿途景区为目的，开通“千里山海　自在威海”客运专线，专线串联东浦湾房车营地、那香海沙滩浴场、鸡鸣岛、成山头等风景区及沿途的社区（村），打通游客到景区的“最后一公里”。

【行业改革】 注重新培训模式、新管理方式、新技术手段在机动车驾驶员培训领域的实践应用，全面启动计时培训新模式，同步规范完善培训服务合同，有效保障学员培训学习效果。结合“许可改备案”改革，交通运输部门全面负责机动车驾驶员培训业务，研究理顺全市规范统一的备案标准流程，实行运力增减与考核结果挂钩、培训能力与日常管理挂钩，有序开展机构场地及车辆人员的备案管理。坚持放管结合、放管齐抓，论证推出放宽面积限制、取消营运证件等举措，推广使用机器人教练新技术，推动机动车驾驶员培训行业创新发展。

【安全生产】 坚持宽进严管、真抓善管，着力提升道路运输行业治理能力水平。对已实施备案的行业适当放宽准入门槛，全年办理国际道路运输经营备案7件、机动车驾驶员培训经营备案10件、维修备案65件。探索驻点监管、“双随机、一公开”监管、信用监管等监管方式的综合运用，组织人员参与重点行业驻点监管。对普通货物运输企业3283家、维修企业809家、危险货物运输企业16家、驾培机构10家开展“全覆盖、拉网式、起底式”排查整治行动，提升企业本质安全水平。完成普通货物运输、危险货物运输、维修、机动车驾驶员培训4个领域企业的年度质量信誉考核，督促企业整改安全隐患500余个。全年处理各级各部门抄告超限超载货运车辆308辆次，规范行业发展秩序。

（孙佳鑫）

【威海交通运输集团有限公司】 2021年，公司全力做好新型冠状病毒肺炎疫情防控工作，建立健全多种疫情方案、规范和制度，做好班次营运、场所消毒、车辆消杀、人员测温、职工防护、应急值守等工作，同时为民生企业提供车辆运输服务。公司经营层多次分组带队深入各单位调研，推进企业转型升级。各客运分公司、汽车站不断强化运营管理，完善网络及自助售票程序，提升服务水平；旅游汽车分公司多渠道拓宽通勤班车、旅游包车业务；交运公交公司以服务为中心，提升智能化服务水平；校车管理服务有限公司强化校车管理，普惠更多中小学；石油分公司、金鸽保险代理、机动车驾驶人培训中心等多种经营单位通过加大网络营销力度，维持业务稳定。

（陈　莹）

【威海市联运有限公司】 2021年，公司以提高公司产品（服务）质量为重心，以增产节约为重点，各项业务稳步发展。稳定货运物流主业，加大配载业务承接力度，取得良好效益。加强城市出租车管理，提高出租车驾驶员、乘客满意度，推进“雷锋车队”出租车队品牌建设。改善威海经济技术开发区货运市场基础设施条件，创造良好营商环境。

（傅　俊）

城市公共交通

【概况】 2021年，全市公交运营线路达384条，运营线路总长度达1.24万千米，公交车辆达2163辆，完成客运总量1.60亿人次。其中，中心城区公交运营线路98条，运营线路总长度2600.4千米；公交车辆1131辆，完成客运总量1.03亿人次。全市巡游出租汽车达2487辆（其中中心城区巡游出租汽车1551辆），完成客运总量4416.5万人次。全市网络预约出租汽车合规车辆达2639辆，完成客运总量1204.5万人次。

【威海站长途客运站启用】 1月14日，将原威海汽车站整体搬迁至威海客运中心（威海站长途客运区），威海站长途客运站正式启用，威海客运中心实现出租车、私家车、公交车、客车、普通列车、城际铁路“六站合一”功能，为群众创造“零距离”换乘的交通出行环境。

【公交“一卡通”改造】 统筹推进市域内公交“一卡通”改造，实现威海市民卡市域公交“一卡通用”，并与全国313个城市互联互通。依托交通互联互通管理平台，统一全市威海市民卡特种卡的审核标准，实现“一次审核，全域通用”。开发线上威海市民卡特种卡审核系统，推出威海市民卡特种卡线上年审业务，市民使用“威海市民卡”App可随时进行移动端操作。将全市公交实时查询接口统一集成到“威海交通”微信公众号、“威海公交官方”App中，市民可以根据需求随时查看各区（市）公交线路走向、车辆位置、公交站点、发车时间等实时信息，方便市民合理选乘。依托市大数据共享平台的数据资源和实名制的威海市民卡实现“卡码联动”，公交车刷卡系统自动核验持卡人的“健康码”状态。

【“精致公交”创建】 组织编制《威海市城乡公交发展专项规划（2020—2025）》，从公交线网布局、公交运营组织模式、公交优先同行系统、票制票价体系等方面进行规划。全面优化提升公交出行条件，鼓励企业购置和使用新能源公交车，全年新购置新能源公交车60辆。新开通公交线路12条，优化调整公交线路42条，进一步方便市民快捷出行。投入大型高级公交车15辆，试点开通“千里山海　自在威海”客运专线，实行公交化运营，专线串联东浦湾房车营地、那香海沙滩浴场、鸡鸣岛、海驴岛、西霞口、成山头等风景区及沿途的社区（村），打通游客到景区“最后一公里”，解决沿途群众出行需求。

5月，威海站长途客运站　　（威海日报社　提供）

【巡游出租汽车更新选型】 推进中心市区巡游出租汽车更新选型，市交通运输局印发《关于印发威海市中心市区巡游出租汽车技术条件的通知》，从车辆类型、车身尺寸及结构、安全性能、环保性能、舒适性、车内专用装置、车载智能装置、车辆技术等级8个方面明确中心市区巡游出租汽车技术条件；印发《关于印发威海市中心市区巡游出租汽车车型核验有关工作流程的通知》，公布中心市区巡游出租汽车车型核验工作流程。至年底，开展准入车型核验2批次，12种车型纳入《威海市中心市区巡游出租汽车车型目录库》并通过威海市交通运输局网站向社会公开。

【网络预约出租汽车合规化推进】 加快推进全市网络预约出租汽车合规化进程，市交通运输局印发《威海市网络预约出租汽车合规化工作方案》，督促有关网络预约出租汽车平台及时清理不合规车辆，提高网络预约出租汽车平台的经营许可证、运输证、驾驶员证3证合规比例。

（李慧霞）

【威海公共交通集团有限公司】 2021年，威海公共交通集团有限公司以服务民生为宗旨，开展“成本管控年”活动，实现线网全优化、服务全监督、安管全下沉、形象全提升、制度全构建、考核全覆盖，为方便群众出行、服务经济社会发展贡献力量，全年完成客运量1.14亿人次，营运里程5252.7万千米。公司着力打造大数据系统，推动“互联网+公交”深度融合，智慧公交出行服务平台获评山东省新型智慧城市“惠民”领域优秀案例。科学调配运力，在29条线路投放早晚高峰加班车、区间车47辆，新增服务里程67.2万千米；调整运力过剩线路67条，全年压缩低效里程近500万千米。持续优化线网，构建“快干支微+多样化线路”线网架构，先后与崮山、泊于、嵩山等镇（街道）联合建设枢纽站，开通快线4条、崮山内循环线1条和定制线6条，调整14条线路。完善服务设施，累计更新国标单杆（箱式）站牌121个，新建、修缮候车亭138座。

（张　黎）

公路建设与管理

【概况】 2021年，全市公路系统统筹服务新冠肺炎疫情防控和经济社会发展，践行新发展理念，推动“精致公路”建设。全年实施公路工程11项，完成投资5.1亿元；受理12345政务服务便民热线群众诉求事项713件，按时办结率100%，受理数字城管平台案件157起，结案率98.7%。

【规划编制】 市交通运输局编制完成《威海市普通国省道“十四五”发展规划》，规划公路重点项目44个，其中31个项目被列入《全省综合交通运输“十四五”发展规划》，概算投资133.9亿元，进一步优化公路干线网络结构。

【重点项目建设】 全面完成乳山口大桥项目主线征迁及基本建设程序，项目建设进入快速推进期，基本完成水上作业，正式启动桥梁上部结构施工。威海九龙湾至西霞口段旅游公路示范项目主体工程基本完工。完成国道228丹东线荣成斥山街道至虎山镇东双庙段大中修项目年度投资计划，并于11月通车。妥善解决省道201环山路改建项目有关问题，获得省政府建设用地批件。稳步推进隧道亮化提升工程，完成交工验收。

【公路养护管理】 加强公路日常养护，精准实施各类养护工程，修补路面1.6万平方米，修复路基126米，维修桥梁7座，完成小修投资400余万元。开展道路安全风险排查整治行动，确定临水临崖、急弯陡坡、交通事故易发路段等风险监控点位65处，排查整治各类隐患88处，整改标志标线13处、交通安全设施11处、穿村过镇街路段警示标志54处，施划标线3044米，维修护栏2952米。提升桥隧运营安全水平，委托专业机构对长会口特大桥进行特检，全面了解桥梁技术状况。积极争取上级危旧桥梁资金补助，完成马井泊河桥危桥改造工程，确保桥梁通行安全。加强路网运行监测，全面提高公路养护精细化管理和智慧化服务水平，智慧安全公路服务管理系统案例入选全省新型智慧城市“强基”领域优秀案例，并获得第一届中国新型智慧城市创新应用大赛三等奖。

【安全管理】 强化检查督导，开展安全生产三年整治专项行动、安全生产驻点监管、安全隐患拉网式大排查专项行动等，全年累计开展各类安全检查82次，查出隐患198处，整改完成率100%。加强宣传教育，扎实开展“安全生产月”宣传活动，张贴标语45条，

8月，西部环山路　　（孙大伟　摄）

悬挂横幅 88 条，发放宣传材料 1200 余份。加大安全生产有关法律法规的宣传力度，及时调度中心党组织隶属企业全员安全生产培训考核实施情况，培训完成率 100%。强化应急管理，坚持关口前移和重心下移，完善分级分类管理制度和风险隐患信息数据库，做好相关部门预警信息以及公路突发事件信息的搜集、接收、整理、分析等，提升应急管控的科学化、精细化水平。

（任晓宇）

【“四好农村路”建设】 2021 年，全市完成农村路网延伸通达工程 51.5 千米、路网改造提升工程 27 千米、路面状况改善工程 401.9 千米、重要或三级以上村道安保工程 150 千米，消除存量危桥 145 座，交（竣）工项目合格率 100%，村级物流网点覆盖率 100%。构建农村公路长效管理机制，建立区（市）、镇、村三级农村公路路长制，推进农村公路治理体系和治理能力现代化。加大路域环境整治力度，全方位提升改善西部环山路服务设施与沿线环境，实施绿化美化工程和景观小品工程，打造“生态保护、节约简朴、乡土气息、旅游风情”的绿色生态路和旅游景观路，全年完成投资 6354 万元。其中，施划彩色旅游标线 4.8 万平方米，喷涂旅游公路标志 315 平方米，安装旅游公路标识 200 个。

（谷 旻）

铁路建设与运输

【概况】 2021 年，威海桃威铁路有限公司开展以“转型、瘦身、扩能”为主题的系列改革，确定“客货并举，多元化发展”工作思路，探索摆脱困境、突破发展的新路径，有效激发企业发展活力，全年完成客运量 115.9 万人次、货运量 103.7 万吨、运输总收入 2.34 亿元，分别比上年增长 16.8%、22.4%、20%。

【安全生产】 深入开展“安全生产月”活动，常态化组织安全培训和安全警示教育，全员安全责任意识持续增强。严格落实监管工作责任制，“人防、物防、技防”三位一体安全保障体系进一步完善。修订技术规章 20 部、作业指导书 70 余部，制度规范化建设成效明显。开展安全专项整治行动，全年开展起底安全隐患大排查 10 次，日常添乘检查 70 余次，整改安全隐患问题 738 个。完善应急预案，强化实战演练，开展多维度应急演练 68 次。加大监督检查和考核力度，坚持正向激励、失职追责、一票否决，全年累计奖惩人员 102 人次。至 12 月 31 日，实现安全生产 9778 天。

【营销机制创新】 主动适应现代物流运输新趋势、新要求，以市场为导向，实施全员营销。公司经营层重点对接相关公司、货主，各部门以分区块、网格化形式定期走访客户，建立营销档案。采取灵活调整运价和提供优质服务等措施，与客户签订运输协议，并通过“一企一策”方式，动态掌握企业客户的产、运、销情况，主动开展服务。实施“底薪＋提成”的薪酬模式，科学制定营销奖励考核办法，激发职工营销积极性。

【货运市场拓宽】 加强与中国外运山东有限公司威海分公司、山东港口威海港有限公司等企业战略合作，加大中欧、中亚、中蒙等集装箱班列运输力度，推进威海国际物流多式联运中心建设，在车辆配备、运输价格、短途运输等方面提供全方位保障服务。积极拓展海铁联运业务，发挥“公转铁”承接能力，深化与山东恒邦冶炼股份有限公司、威海中玻镀膜玻璃股份有限公司、威海威高国际医疗投资控股有限公司合作关系，实现精矿粉、纯碱、石英砂、医用品等货物由公路运输转向铁路运输。全年开行班列 66 列，累计发送集装箱 6294 标准箱。

【客运发展推动】 成立客运业务工作专班，协调上级业务主管部门将威海至曹县方向的 5042/5039 次旅客列车升级为快速旅客列车，提升客运经营品质；停开曹县至枣庄西段列车，将终点站由曹县改为菏泽，由四组车底套跑减为三组车底套跑，节省客车底 17 辆。创新“客运＋旅游”合作模式，开行“齐鲁之星”济南—威海旅游列车，加强与复星国际有限公司合作，研究论证定制高端旅游专列，探索客运发展新模式。扩大客运宣传覆盖面，加大对旅游流、务工流、学生流、探亲流等客流营销力度，宣传桃威铁路普速列车票价优惠、“一路顺馨”优质服务、“朝发夕至”等特点，深度挖掘潜在客流。加强与旅行社对接，实行团体旅客“一团体一方案一服务专员”的定制化服务。丰富服务项目，全面推行普速列

3 月，桃威铁路电气化改造项目施工现场

（孙大伟 摄）

车“电子客票”“网络订餐”“候补购票”等举措，提升服务档次。

【体制改革】 扎实推进体制改革，完成事业单位转型为国有企业改革工作。健全激励与约束机制，制定完善37类228项制度，公司规范化管理水平进一步提升。优化组织架构，调整内设科室，成立货运分公司，开展货运业务。深化劳动用工、薪酬考核改革，按照“因事设岗、人岗相适、各尽其能”的原则，压缩管理岗位，部分站段管理人员改为一线生产人员，建立竞争机制。按照“以岗定薪、岗变薪变”的原则，设置4级管理岗、6级生产岗，建立科学的薪酬体系和考核激励机制，激发员工工作热情。

民用航空

【概况】 2021年，山东省机场管理集团威海国际机场有限公司（简称威海机场）统筹做好新型冠状病毒肺炎疫情防控、安全管理、航线网络优化、基础设施建设等工作，服务全市经济社会发展。全年完成运输起降2.26万架次、旅客吞吐量200.52万人次（其中国内旅客199.19万人次、国际旅客1.33万人次）、货邮吞吐量1.92万吨（其中国际货邮1.59万吨），获得2021年山东省五一劳动奖状，获评民航服务质量品牌建设山东辖区先进单位、山东航空“优秀合作伙伴”等。

【民航安全管理】 修订《机场使用手册》《安全管理手册暨SMS手册》等，推进安全管理体系建设。扎实开展安全集中整顿等活动，确保问题隐患“闭环清零”。聚焦关键岗位，强化监督检查，全年开展公司级专项检查11次，发布风险警示18期，修订预案15个，完成各类演练36次，应急处突能力全面增强。

【航线网络构建】 引进成都航空有限公司驻场飞机4架，实现与济南、济宁、东营、日照4个城市通航。持续加大航线开辟力度，新开通宜昌、银川等客运通航点8个，加密北京、济南等热点航线10余条，全年通航点达42个、航线达48条。全力推进航空货运发展，威海机场被中国民用航空局列入第一批“提升航空物流综合保障能力”试点单位，引进天津货运航空有限公司驻场全货机2架，新开通威海—东京、威海—芜湖货运航班，加密威海—大阪、威海—仁川货运航班，周货运航班量达30班。获批中国国际航空股份有限公司水产品运输资质和成都航空有限公司ARJ机型货物收运资质，有效提升货物集散能力。

【基础设施建设】 按照“以建设促发展”思路，积极推进基础设施建设。新机坪投入使用，机位由10个增至20个；新货库投入运行，货运安检通道增至6条；安检通道及附属设施改造工程完工；有序推进新机场迁建工作，开展立项前军地协议签署工作，对航站楼方案进行规划设计。

【智慧机场建设】 自主研发应急预案综合管理平台，实现线上预案分解、信息推送与线下员工执行的实时、快速联动。开发低压配电消防智慧监控管理系统，实现重要用电负荷及燃气24小时实时监控。开展“智慧旅检”建设，国际旅客入境托运行李在传送中同步完成过机检测，实现旅客“无感通关”。航易行（RFID）行李全流程跟踪系统进入试运行阶段，实现旅客对行李的全流程跟踪。

【服务品牌建设】 修订完善《服务质量制度汇编》《高端旅客保障指导意见》等，进一步规范服务标准。推出“适老化”服务，为老年旅客乘机“健康码”查验提供代查代办服务。改造升级母婴休息室，确保硬件设施完备、舒适。启用“特服旅客线上预约”功能，有效节省旅客申请轮椅服务的等待时间。推出“无成人陪伴儿童乘机”动态服务，帮助无成人陪伴儿童400余名安全出行。

（祝旦帅）

邮　政

【概况】 2021年，全市邮政行业累计完成业务收入（不包括邮政储蓄银行直接营业收入）20.83亿元、业务总量19.17亿元，分别比上年增长13.53%、20.04%，累计完成邮政寄递服务业务量4093.97万件、业务收入0.77亿元。快递服务企业累计完成业务量1.26亿件，增长30.43%。其中，累计完成同城业务量1527.27万件，增长30.43%；累计完成异地业务量1.08亿件，增长30.52%；累计完成国际及中国港澳台业务量315.18万件，下降0.29%。全市快递服务企业累计完成业务收入15.60亿元，增长16.36%。其中，累计完成同城业务收入0.80亿元，增长20.13%；累计完成异地业务收入8.84亿元，增长19.85%；累计完成国际及中国港澳台业务收入2.82亿元，增长10.95%。

【“两进一出”工程建设】 全力推进“两进一出”（快递进村、快递进厂、快递出海）工程建设，提升快递业服务水平。坚持因地制宜的原则，在各区（市）分类推进“快递进村”。推动荣成市开展农村客货邮融合发展样板县创建工作，建成客货邮县级分拨中心1处、镇级客货邮综合服务站4处，开通客货邮专线5条，落实免费场地3处，配备自动化分拣机、厢式货车5辆、厢式面包车20辆、高清监控设备等。文登区以泽库镇、文登营镇为试点，把闲置的交通站作为镇级快递分拣场所免费提供给寄递企业。乳山市4家寄递企业合作共建代理点80余个。创新服务模式，以山东安然纳米实业发展有限公司、威海贝特鲜食品有限公司为试点，实施“快递进厂”服务项目，对接产业供应链，提供定制化的寄递服务。推动顺丰控股股份有限公司在威海市开通全国首条“中国—韩国”海运电商专递，为跨境电商企业提供双向直航的海运干线物流服务。全力发展中韩“海运邮路”业务，有效降低企业国际物流成本，提升出口货物运输时效。

【产业融合推进】 加大乳山牡蛎快递寄递扶持力度，至年底，乳山牡蛎寄递业务量达316.3万件，实现业务收入7903.25万元。开展“快递＋地域特产”专项服务，对线上、线下农特产品的寄递提供专属通道，提升农特产品运输时效。

【绿色快递体系建设】 加大绿色快递推进力度，协同各寄递企业开展宣传，发放《“绿色快递、你我同行”倡议书》500份，播放绿色快递宣传标语，悬挂绿色寄递宣传横幅，开展“进校园”“进社区”“进商家”普及快递绿色包装和回收知识活动。开展快递纸箱“回箱计划”，在各类用户中推广绿色包装，并引导用户将包装废弃物进行回收、循环使用，实现包装绿色化、减量化。

【寄递安全监管】 深入开展涉枪涉爆、危化品、禁毒、扫黄打非、安全生产大排查大整治等专项治理活动，通过采取“双随机”抽查、部门联合检查等方式，坚持全面检查与严格执法相结合，加大执法力度，全局累计出检人数296人次，检查企业96家，纠正和查处违法违规行为61起，处理违法行为案件11起，约谈企业13家，下达整改通知书37份。强化寄递安全主体责任机制建设，督导企业完善检查记录、建立考核奖惩管理运行机制、实施内部主体责任“痕迹化”管理，提升安全管理水平。

【快递从业人员权益保护】 全面落实《关于做好新就业形态灵活就业意外伤害保险补贴申领发放工作有关问题的通知》，协助快递从业人员40人申请购买意外伤害保险补贴。实施快递从业人员职业技能提升培训“246”工程，开展快递员职业技能培训，培训人员220人。推动成立中共威海市快递行业委员会，印发《关于加强快递行业党建工作的若干措施》，打造“威海‘骑’先锋”快递行业党建品牌，拓展党群服务中心、网格服务站功能，为快递从业人员提供阅读学习、避暑取暖、充电等服务。组织快递从业人员参加爱心互助补充医疗保障项目，保障快递从业人员合法权益。组织参加市总工会举办的“春送岗位、夏送清凉、秋送助学、冬送温暖”四季服务活动，营造关心关爱快递员群体的良好社会氛围。

（周冬喜）

11月，中国邮政集团有限公司威海市分公司邮件处理中心快递包裹分拣现场

（刘志鹏 摄）

【中国邮政集团有限公司威海市分公司】 2021年，中国邮政集团有限公司威海市分公司以高质量发展为主线，以打造行业领先“国家队”为目标，统筹做好经营发展和新冠肺炎疫情防控工作，完成业务收入（含寄递事业部）6.51亿元，比上年增长16.9%，实现利润4480.27万元。

公司全力提升普遍服务水平，全年累计投资960万元，规划装修普遍服务网点13处，全市104处邮政普遍服务网点、876条普遍服务投递段道、32辆普遍服务邮运车辆保障全市行政村通邮率达100%。稳步推进党报党刊发行工作，年内发行党报党刊4.2万份。加大“扫黄打非”工作力度，签订威海市邮政“扫黄打非”责任书，文登区分公司查堵非法出版物近1000本、印刷资料4套，1人获评2021年全国“扫黄打非”先进个人。围绕平安威海建设，做好全国两会、第四届中国国际进口博览会等重大活动期间邮政服务和寄递渠道安全保障工作。

公司加强区（市）、镇、村三级物流体系建设，与8家快递公司签订邮快合作框架协议。荣成市分公司按照“邮政服务站点＋社会运力＋电商企业”三级物流体系模式，全面建成县级仓配处理中心。加快推动“交邮合作”“邮快合作”，邮件可依托公交车辆代运，3家快递公司的包裹由投递人员共同配送。

公司加快推进服务乡村振兴战略实施，围绕农民合作社、家庭农场和龙头企业等农村新型农业经营主体需求，依托邮政商流、物流、资金流“三流合一”和“直达源头”优势，致力于解决“融资难”“销售难”“物流难”等问题，涵盖农业生产前、中、后三个阶段，提供集信贷、保险、寄递和电商为一体的综合服务方案，打造邮政惠农合作新生态。印发《威海邮政惠农合作项目实施方案（试行）》，成立惠农项目领导小组和工作小组，启动农民合作社走访建档活动，为客户建立档案，提供定制服务，先后走访建档个体会员3.4万户，发放贷款2000余万元。与市农业农村局共同举办威海市知名农产品产销对接战略合作签约仪式，与威海苹果、西洋参等特色产业协会12个和知名网络直播营销机构4家建立合作关系。建立“融资＋农资＋金融＋寄递”一体化服务模式，全年销售农产品3400万元，配送农用物资5000余吨。

（荣 茜）

编辑 于鹏飞

城乡建设与生态环境保护

综　述

【概况】 2021年，市住房和城乡建设系统紧扣“威海要向精致城市方向发展”总目标、总方向、总遵循，聚焦产业现代化、城市国际化、新型城镇化、发展绿色化、治理现代化，注重精当规划、精美设计、精心建设、精细管理、精准服务、精明增长，推进城市有机更新，提升精准服务水平，统筹发展与安全，保障和改善民生。全市完成“美丽城市”建设试点城市创建任务，连续2年获评中国最具幸福感城市，入选住房和城乡建设部“加强物业管理，共建美好家园”试点城市、山东省城市体检试点城市，老旧小区改造、海景房销售管理试点、“红色物业”等经验做法获得住房和城乡建设部推广。

【城市建设推进】 以192项城建重点工程为抓手，实施城市更新行动，推动城市结构优化、功能完善和品质提升。高标准打造环翠区卫城片区、威海经济技术开发区韩乐坊片区2个省级城市品质提升试点片区，建成并对外开放鲸园文体公园、金线顶公园等一批“网红打卡地”，有序推进栖霞街改造、海港公园建设、金线顶区域整体改造，累计建设滨海步道163.71千米。建成统一南路齐鲁大道至凤林路段、齐鲁大道至友发钢管厂段市政道路，启动环山快速路（市政段）工程，打通断头路5条，建成停车场4处、新增车位3079个。市生活垃圾焚烧厂扩建项目完工，完成市区建筑垃圾资源化项目选址等前期工作，推进艾山垃圾处理场（二区）改造工程项目。实施华能威海发电有限责任公司余热利用工程，工业余热供暖规模达1700万平方米。

【城市综合管理】 创新治理理念、治理手段、治理模式，提高城市管理科学化、精细化、智能化水平。以地方标准形式发布住宅设计、城市立体绿化、城市道路工程常见问题防治等住宅规范和市政园林导则5项，发布市政工程预制混凝土构件设计、装配式围墙设计等设计图集2部。将威海海高园（石岛管理区）成熟区域接入数字城管平台，数字城管覆盖范围达373平方千米，受理派遣城管案件15.33万件，结案率99.56%。建成运行智慧物业综合信息服务平台，实现全市超过三分之一的小区与平台对接，开发“红色物业”App。开展户外广告、禁燃禁烧、露天烧烤、住宅小区储藏室经营行为、铁路沿线环境、共享单车等10余类专项整治行动，结合环保督察开展散煤治理、施工扬尘、餐饮油烟、城市容貌、旱厕改造等整治行动。全市375条2749万平方米主次干道深度保洁示范路比例达100%。

【民生实事办好】 紧扣民生“痛点”“堵点”，在6项为民办实事项目的基础上，拓展形成16个专项33个小项的“我为群众办实事”清单。推进5条断头路打通工程，建成停车场4处、口袋公园30处、城市公厕19座、公共场所直饮水设施57处，棚户区住房改造基本建成3728套，新增农村清洁取暖用户5.15万户，持续推进生活垃圾分类、农村改厕规范升级及后续管护。举办全国红色物业专家座谈会，全市住宅小区物业覆盖率、业委会（物委会）覆盖率、物业缴费率、业主满意率分别为100%、98%、87.2%、90.5%，“红色物业·情暖万家”成为城市新名片。全市累计解决不动产权“办证难”问题15.98万件、盘活闲置项目及“半拉子”工程221个。

【发展和安全统筹】 坚持“房住不炒”定位，加强土地供应和房地产销售市场联动，加大力度推进商品房库存去化，持续整顿规范市场秩序，房地产市场保持平稳健康发展。编制绿色城市发展实施方案及指标体系、绿色建筑专项规划，制定7项鼓励政策推进绿色建筑高质量发展，中共威海市委党校新校建设项目获得全省勘察设计成果竞赛“绿色建筑类”一等奖，4个项目获评高星级绿色建筑评价标识。发布建筑工程参建单位主体安全责任规范、建筑工程应急预案编制规程2项建筑施工安全管理导则，全力落实好建筑施工、燃气热力、园林防火、户外广告等领域安全生产，确保安全生产形势持续稳定。

【营商环境优化】 开展房地产企业、建筑市场主体信用评价，根据评价结果实施差异化监管，加大农民工工资清欠保支力度，加强企业资质动态管理，新增纳统企业105家、建筑施工总承包一级企业4家。将市政园林领域7个备案验收事项整合为1个，打破市政公用企业独立运作模式，推行水、电、气审批事项“一窗通办”服务，全年办理各类审批服务事项7000余件。简化房屋建筑和市政工程招投标程序，实现招投标全流程电子化。全市实现新建商品房买卖合同电子签约。

精致城市建设

【概况】 2021年，威海市精致城市建设办公室坚持全领域全环节全要素推进精致城市建设，编制《威海市精致城市建设规划纲要（2021—2035年）》，以地方标准形式发布精致城市评价指标体系、“红色物业”建设规范，全市完成“美丽城市”试点任务和2020年城市体检工作，威海市入选2021年城市体检省级试点城市。

【上榜中国最具幸福感城市】 12月30日，2021中国幸福城市论坛以线上线下相结合形式在北京市召开。论坛公布2021中国最具幸福感城市系列榜单，威海市获评中国最具幸福感城市（地级市），连续两年上榜中国最具幸福感城市，荣成市获评中国最具幸福感城市（县级市）。

【“美丽城市”建设试点完成】 2019年威海市获批“美丽城市”建设试点后，突出城市“精致”内涵，围绕开展城市体检、营造生态宜居空间、塑造滨海特色风貌、优化道路交通系统、提升生活服务功能、推进城市多元包容发展、提高城市安全韧性、激发城市发展活力、提升城市治理能力9个方面综合提升城市人居环境，增强市民的获得感、幸福感、安全感。2021年2月，全市对“美丽城市”建设试点创建情况进行总结，形成《关于“美丽城市”建设试点工作开展情况的报告》并报送住房和城乡建设部，“美丽城市”建设试点任务完成。

【精致城市建设政策体系健全】 为科学评价精致城市建设成效，以地方标准的形式印发《威海市精致城市评价指标体系》，从生态环境、城市特色、公共服务、发展动能、社会治理5个方面明确精致城市建设评价50个指标，并明确2025年和2035年目标值。编制《威海市精致城市建设规划纲要（2021—2035年）》，纲要分为9章34节，紧扣高质量发展主题，统筹宽、窄两个口径，明确精致城市的建设目标、建设思路、建设任务、建设重点和建设举措，是统筹指导全市精致城市建设的重要依据。围绕城市规划建设管理的每个环节，编制道路综合整治、人行道建设、小游园建设管理等技术导则10余部，确保城市建设管理全过程各环节精致精细。全市基本构建以精致城市建设条例为骨架、以评价指标体系为指引、以一系列政策文件和技术导则为支撑的顶层设计体系。

【城市体检】 2021年，全市完成2020年城市体检工作。在50项城市体检指标中，全市有6项指标优秀、36项达标，总体达标率84%；在50项精致城市评价指标中，全市有16项指标提前达到2025年目标值。9月，威海市入选2021年城市体检省级试点城市。在总结2020年城市体检工作经验的基础上，印发《威海市2021年城市体检工作实施方案》，结合城市定位和发展规划，构建具有地方特色的“65+9”城市体检指标体系，至年底，《2021年度威海城市体检报告》完成并通过专家评审，逐步建立“一年一体检、五年一评估”的城市体检工作机制。

【全域精致城市建设推进】 2021年，全市着力解决“全域推进精致城市建设”问题，全领域、全环节、全要素打造精致城市建设标杆。市精致城市建设办公室以精致理念推动城乡融合发展，编制《威海市新型城镇化和城乡融合规划（2021—2035年）》，指导文登区推进城乡融合发展试验区建设，提升新型城镇化质量。实施国家、省级重点示范镇和中小城市试点、特色小镇培育，以14个精致小城镇为重点，开展小城镇补短板强弱项行动，环翠区羊亭科技产业小镇被命名为第一批省级特色小镇。积极开展乡村建设行动，以“农村七改”（改路、改房、改厕、改水、改校、改暖、改电）工程为重点，持续推进农村改厕规范升级及后续管护，探索粪污资源化利用，新增农村清洁取暖5.15万户，实施农村低收入群体危房改造91户。

【第三届精致城市评选活动】 2021年，第三届精致城市评选活动举办。经过区（市）推荐、部门初审、市民投票、专家评审等程序，评选出精致林荫路（含绿道）、精致口袋公园（含公园）、精致城市公厕、精致城乡垃圾分类项目、精致红色物业服务示范项目、精致村居、精致信用、精致养老机构、精致设计、精致河湖、精致公共文化示范村、精致基层医疗卫生机构、精致语言环境建设示范项目、精致电网14个系列、124个示范项目。

【精致城市沙龙角论坛】 2021年，精致城市沙龙角论坛举办。活动以城市更新为命题，围绕老厂房老街区、城市公共空间、15分钟生活圈打造等5个专题，邀请专家学者为城市更新工作建言献策。至年底，举办4期活动。

城市管理

【概况】 2021年，全市对标先进城市，运用系统观念，坚持从细处着手、从深处着力，推进城市治理现代化。创新开展红色物业工作，健全四级联动机制，整治热点难点问题近10万件，住宅小区物业覆盖率、业委会覆盖率、物业缴费率、业主满意率分别达100%、98%、87.2%、90.5%，打造“红色物业·情暖万家”行业品牌。推动智慧城管平台拓展升级，城市管理案件处置率达99.56%。

【《红色物业建设规范》施行】 为推动物业服务深度融入基层治理，打造“红色物业·精致社区”威海样板，全市对“红色物业”建设创新实践、举措进行系统化梳理，固化实践探索和制度建设成果，深化“红色物业”内涵，印发《红色物业建设规范》地方标准。该规范分为8章，从党建引领、融合共治、行业共塑、精致共建、美好共享5个方面明确“红色物业”的内涵、领导体制、建设主体、各建设主体的职责、建设内容与应达到的标准等，自8月1日起施行。

【红色物业建设高质量发展专家座谈会】 11月5日，由中共威海市委、威海市人民政府、山东省住房和城乡建设厅主办的红色物业建设高质量发展专家座谈会在威海市召开。会议以“红色物业”推进城市基层治理高质量发展为主题，通过研究探讨物业行业党建和城市基层治理新路径，进一步加强党建引领，推进“齐鲁红色物业”建设，促进提升城市基层治理水平。全国基层党建领域和物业行业部分知名专家学者以及部分城市组织、住房和城乡建设部门负责人等30余人以视频连线的形式参加会议。

【“加强物业管理，共建美好家园”试点建设】 2021年，威海市被住房和城乡建设部确定为“加强物业管理，共建美好家园”试点城市后，结合“齐鲁红色物业”建设，深入推进“我为群众办实事”实践活动，印发“共建美好家园活动的实施方案”“美好家园评价细则”，在全市住宅小区开展美好家园创建活动，重点培育打造候选项目25个，累计为群众办实事1100余件。11月23日，威海市试点工作经验在住房和城乡建设部召开的“加大物业服务收费信息公开力度”“共建美好家园”经验交流电视电话会上进行交流。

【数字城管系统运行】 将威海海高园（石岛管理区）的10.95平方千米区域纳入全市城市精细化管理范围，按照威海市数字城管标准开展巡查考评工作，全市精细化管理面积增至373平方千米。结合数字城管系统平台，开展违规清雪、雪后路面及附属设施破损、灯杆景观缺亮以及附属设施破损、非正规建筑垃圾堆放点等各类专项普查12次，累计普查和上报问题7032件。发挥平台考核职能，细化考核指标，充分调动各区（市）对重点案件提前发现、主动处置的主动性。城市综合管理服务平台全年派遣案件15.33万件，结案15.26万件，结案率99.56%。

【《威海市建筑垃圾管理办法》修订】 10月30日，《威海市人民政府关于修改〈威海市建筑垃圾管理办法〉的决定》经市政府第109常务会议审议通过，并于11月27日起施行。新修订的《威海市建筑垃圾管理办法》对建筑垃圾管理的适用范围、相关部门机构的管理职责、建立建筑垃圾分类制度、推动建筑垃圾资源化利用、增加违法行为处罚等方面进行修订完善。

【生活垃圾分类工作推进】 7月1日起，《威海市生活垃圾分类管理办法》施行。该办法对生活垃圾分类类别、分类设施、收集容器、投放要求等进行明确规范，并对分类收集、分类运输、分类处置、社会参与等工作提出制度要求。全市围绕生活垃圾减量化、资源化、无害化目标，配齐分类设施，强化宣传引导，推广“定时定点+指导”垃圾分类模式，推进全社会自觉养成生活垃圾分类习惯。至年底，全市在15个街道、193个社区开展城市生活垃圾分类工作，在59个镇、2432个村开展农村生活垃圾分类工作。

【餐饮油烟问题整治】 针对餐饮业油烟扰民问题集中的情况，市住房和城乡建设局印发《威海市餐饮油烟问题整治专项行动方案》，按照“属地主管、企业主责、行业指导、联合治理”的原则，进一步规范餐饮油烟污染问题监管程序，集中整治群众反映的热点、难点、堵点问题。整治行动开展期间，累计摸排餐饮企业1.42万家，发现并整改问题470余个，进行油烟达标排放检测387次。

【市容环境整治】 为进一步提升改善市容环境，结合中央及省级生态环境保护督察、国家卫生城市复审等相关工作，市住房和城乡建设局先后组织开展旱厕专项整治、城乡环卫一体化普查整治、建筑垃圾堆放点排查整治、城市容貌专项整治攻坚行动等市容环境整治专项行动，累计排查整改各类环境问题5000余个，整治旱厕592座。

【滨海生态步道建设】 2021年，新建、改建西海岸至成山头海岸线沿海步道21.71千米，累计建成滨海生态步道163.71千米，基本实现西海岸至成山头全线贯通，形成集山、海、湾、林、礁于一体的独特景致，架空木栈道、观海平台、喂海公园、东浦湾和小五队房车营地等多处景点成为网红打卡地。

村镇建设

【概况】 2021年，全市实施农村危房改造91户，实现农村低收入群体住房安全有保障。加强农村改厕规范升级和后续管护，探索粪污资源化利用。完成农村清洁取暖建设5.48万户，排查整治农村环境卫生问题3051个，入选美丽村居建设省级试点的6个村在全省评估考核中被评为优秀。环翠区羊亭科技产业小镇获评第一批省级特色小镇。

【农村危房改造和房屋安全隐患排查整治】 市住房和城乡建设局、财政局、民政局、乡村振兴局联合印发《2021年威海市农村低收入群体等重点对象住房安全保障工作实施方案》，组织各区（市）对农村低收入群体等重点对象房屋进行摸排，加强对B级房屋的动态监测，全年发现和完成危房改造91户。建立全市农村房屋安全隐患排查整治工作推进机制，开展农村房屋安全隐患排查整治工作，至年底，全市累计排查农房64.80万户。其中，用作经营的自建房有2.18万户，初判存在安全隐患的有50户，鉴定为C级、D级的危房30户完成整治；其他农房62.62万户，初判存在安全隐患的有5672户，鉴定为C级、D级的危房3095户完成整治。

【美丽村居试点建设】 建立市、县两级督导机制，实行季调度、年考核制度，将美丽村居试点建设工作纳入市级乡村振兴考核范围。认真对照试点实施方案和村庄设计方案，突出既有建筑改造提升和新建建筑建设、人居环境整治、景观节点打造等重点内容，梳理建设项目，完善建设内容，细化建设要求，明确建设时序，统筹谋划推进，确保各项试点任务和建设项目有序有效落地实施。在省住房和城乡建设厅组织的年终评估考核中，全市美丽村居建设工作获得第1名。

【农村改厕后续管护】 市住房和城乡建设局印发《农村改厕服务站管理指导意见》《农村公厕管理指导意见》，指导各区（市）规范农村改厕服务站管理和运行，提升服务质量和效率，建立健全农村公厕长效管理机制，巩固“厕所革命”的工作成果。以发现问题为导向、以群众满意度为目标，开展农村厕所革命问题摸排整改工作，发现问题1.17万个并全部整改到位。

【农村清洁取暖】 积极推行分散电采暖，完成农村清洁取暖建设5.15万户，争取省级补助资金3225万元。协调国网山东省电力公司威海供电公司对农村电采暖用户落实第一阶梯电价政策，有效降低农户采暖费用。

房地产开发与管理

【概况】 2021年，全市坚持把“房住不炒”和“因城施策”作为房地产政策的主基调，保持调控政策连续性稳定性，整顿和规范市场秩序，防范和化解市场风险，优化企业发展环境，切实解决投诉热点难点问题，提高群众满意度，确保房地产市场健康平稳运行。

【房地产市场宏观调控】 市住房和城乡建设局编制《威海市“十四五”住房发展规划》，明确“十四五”时期住房发展的指导思想、基本原则、发展目标、主要任务指标、分区引导和保障措施，科学指导住房发展。加大去化力度，加强土地供应和房地产销售市场联动，会同市自然资源和规划局加强土地开发整理和储备。严格落实商品房预售价格审查备案、装修价格评估报备、停车位销售价格备案等制度，印发《关于进一步规范商品房销售现场信息公示管理的通知》，进一步加强销售现场公示信息管理，坚决杜绝未批先售和炒买炒卖等违法违规行为，确保房价稳定。

【海景房问题整治】 为规范海景房开发和销售行为，市住房和城乡建设局印发《进一步规范和加强海景房开发和销售管理试点方案》，率先在乳山市银滩旅游度假区开展海景房开发和销售管理试点工作。乳山市创新推行“六步购房法”（建立“看房团”备案制度、设立银滩房地产销售有形市场、建立房产销售权利义务告知制度、实行“购买新建商品房须知”与合同备案挂钩制度、推行购房“签约室”统一签约制度和实施5天购房冷静期制度）、“三码五真”（在营中介机构必须主动公示中介机构二维码、从业人员二维码、房源二维码，对外发布房源必须落实“真实委托、真实图片、真实产权、真实存在、真实价格”）等措施，打造从看房、签约到售后、买卖的全链条监管机制，切实保护购房群众合法权益，累计备案看房人数3.5万人次，为成交客户800余人在“冷静期”内办理无理由退房，有效降低购房纠纷发生率，相关经验做法被住房和城乡建设部以信息专报形式印发推广。

【房地产项目建设条件意见书调整】 结合精致城市建设要求，从精细监管入手，研究项目建设条件政策和依据，修改优化多项建设条件意见，重点对新建商品房销售、装配式建筑、绿色建筑以及绿色城区建设等建设条件提出意见，不断提升新建小区住房品质和居住环境。对售后包租、返本销售、商铺分割拆零销售行为等在建设条件意见书中做出约定，从源头上规范和指导商品房销售行为。

【房地产业信用监管】 开展2020年度房地产企业信用评价工作，推进房地产行业信用体系建设。全市有611家房地产开发企业参加评审，经过自评、初审、复核、评审等程序，评审出AAA级企业61家、AA级企业122家、A级企业144家、B级企业243家、C级企业41家。按照近年企业经营情况和信用等级，对开发企业的预售资金监管实行差异化管理，缓解诚信经营企业的资金压力，加强对存在违规经营行为的企业的监管。

【商品房合同电子签约实行】 市住房和城乡建设局会同市自然资源和规划局联合印发《关于实行新建商品房买卖合同电子签约的通知》，推行房屋网签备案远程办理、“不见面”办理、“掌上”办理。将“电子网签合同”纳入市数据共享平台电子证照库，购房者在办理不动产登记、房屋抵押以及其他网签合同相关事项时，无须提供纸质合同，方便服务对象办理各种手续。

【老旧小区改造】 2021年，全市被列入省级项目库的老旧小区改造项目有58个，建筑面积426万平方米，涉及居民4.55万户，计划投资9.33亿元。按照“一小区一规划、一小区一设计”的原则，组织各区（市）科学设计方案，广泛征求群众意见，严格落实全过程监管，确保符合安全监督、质量监督、文明施工等管理要求。多渠道筹措资金，累计争取中央、省级及国家发展和改革委员会保障性安居工程补助资金4.54亿元，乳山市按照“4+N”模式向中国农业发展银行贷款，其典型做法被住房和城乡建设部在全国推广。至年底，全市改造老旧小区103个、惠及居民5万户。

【既有住宅电梯加装】 市住房和城乡建设局认真破解既有住宅加装电梯难题，在总结加装电梯试点经验的基础上，借鉴其他地市先进经验，广泛征求社会各界意见，会同市公安局、财政局、自然资源和规划局、市场监督管理局、行政审批服务局联合印发《威海市既有住宅加装电梯实施意见（试行）》，创新实行双“三分之二”、双“四分之三”表决方式（经本单元房屋专有部分面积占比且人数占比三分之二以上的业主参与表决、参与表决专有部分面积四分之三以上且表决人数四分之三以上的业主书面同意即可启动安装程序），推进加装电梯工作。全年完成既有住宅加装电梯22部。

【智慧住宅小区建设】 2021年，对全

市100个住宅小区实施智慧化改造提升行动，改造项目包括设置高空抛物防护、周边防护、一键报警等安全防护设施及自动售卖机、智能垃圾分类箱等智慧便民服务设施计20余项，全面提升群众生活安全性、便利性。

【智慧物业综合信息服务平台启动】 市住房和城乡建设局综合运用大数据、云计算等技术，建设“红色物业”大数据中心，搭建集日常监督、登记备案、信用信息管理、住宅专项维修资金监管等功能为一体的全市智慧物业综合信息服务平台，并同步开发移动客户端。10月，威海市智慧物业综合信息服务平台上线，实现物业管理智慧缴费、智慧报修、智慧投诉、智慧投票及行业诚信智慧考核等功能。至年底，全市三分之一以上的小区与智慧物业综合信息服务平台对接，实现数据共享。

【新就业无房职工阶段性租赁补贴发放】 市住房和城乡建设局、财政局、人力资源和社会保障局联合印发《关于做好市区新就业无房职工阶段性租赁补贴发放工作的通知》，全面放宽新就业无房职工准入条件，取消收入审核环节，降低申领门槛，提高补贴标准，新就业无房职工最低补贴标准由240元调整到300元，并引入学历层级补贴，单个家庭每月最高可领取补贴750元。至年底，全市审核发放新就业无房职工阶段性租赁补贴37户、金额1.5万元。

【村庄安置区工程质量安全大排查】 市住房和城乡建设局印发《威海市已建成安置区工程质量安全大排查工作实施方案》，组织对全市已建成安置区质量安全开展拉网式大排查，逐楼逐户进行排查，建立问题台账和整改台账，对问题实施“销号”管理，确保整改到位。市委组织部、市住房和城乡建设局等7个部门联合印发《威海市村庄安置区工程质量安全大排查大整治督导检查工作方案》，对全市村庄安置区工程质量安全大排查工作开展情况进行督导检查，督导各区（市）加强工程质量安全管理，做好问题整改落实，保障群众住上“放心房”“安心房”。至年底，发现工程质量安全问题234个，完成整改192个。

市政基础设施建设和园林绿化

【概况】 2021年，全市建成统一南路齐鲁大道至凤林路段、齐鲁大道至友发钢管厂段市政道路，启动环山快速路（市政段）工程，完成BC5路（环山路—世昌大道）、华盛轮胎西路、平度路（统一南路至环山路）、望岛河南路（青岛路至海滨路）、威海南海新区海岛南路5条断头路打通工程。建成威海经济技术开发区第一工业园改造工程停车场、金线顶公园地下停车场、鲸园文体公园停车场、世纪大厦东南侧地下停车场，新增停车位3079个。鲸园文体公园、金线顶公园建成并对外开放，新建、改建口袋公园30处，新增城市绿道32.7千米。

【统一南路齐鲁大道至凤林路段通车】 9月13日，作为市区南北纵向路网贯通工程中的重要部分，统一南路齐鲁大道至凤林路段建成通车。该路段属于统一南路（华夏路—凤林路）项目的一部分，道路长度3075米，红线宽度25米，设计标准为城市次干道、双向四车道，行车道宽18米，为沥青混凝土路面，两侧各设2米宽人行道和1.5米宽绿化带，设跨河桥2座。

【鲸园文体公园开放】 鲸园文体公园位于威海市人民广场东，鲸园小学北，占地面积约1.5公顷，是依托地下停车场工程建设的一座集文体、休闲、普法教育功能于一体的综合性公园，于1月8日开工建设，6月1日建成开放。

公园设儿童游乐区、林下健身区、复合球场、家长等候区、宪法主题公园5个功能区，并配备公共卫生间2处、管理房1处，通过慢行步道和健康跑道串联各个功能区，为不同年龄段人群提供休闲健身场所。天桥延伸工程将鲸园小学跨文化路过街天桥延伸至公园家长等候区，实现天桥与公园的直通。公园地下停车场分为5层，有停车位521个。

【金线顶公园开放】 金线顶公园位于威海市区金线顶山巅，北邻刘公岛码头，南接金线顶路，西靠金线顶环路，占地面积约9.18万平方米，于2020年10月开工建设，2021年7月1日建成开放。

公园设地下停车场、休闲广场、婚庆广场、空中观景、运动健身、儿童娱乐、林下休闲健身、北侧观海休闲等功能区。地下停车场分为2层，有停车位288个，休闲广场占地面积2500平方米，婚庆广场占地面积5000平方米，空中观景金线桥长318米，运动健身区建有篮球场、门球场、迷你足球场、网

6月，鲸园文体公园　（威海市住房和城乡建设局　提供）

球场及荧光跑道，北侧观海休闲区设有观景平台、景观凉亭和悬挑看台。园内设置《爱的殿堂》《誓言》等爱情主题雕塑 11 组，营造“千里姻缘金线牵”的爱情主题。

【落叶缓扫】 市住房和城乡建设局印发《威海市落叶缓扫实施方案》，在全市范围内选取城市道路、景区道路、公园、广场和绿地等代表性观赏点 25 处，选择乌桕、悬铃木、白蜡、银杏、榉树、栾树等 10 种观赏价值高的彩叶树种试点推行落叶缓扫，尽可能保留林下空间、草坪、甬路上的自然落叶，增加城市人文韵味和景观层次，满足市民亲近自然、感受自然的需求。对保留落叶的景观区域采取“捡拾保洁”，及时清除落叶中的垃圾。在不影响防火安全的前提下，减少清扫收集的频率，保留水分含量高、颜色鲜艳的树叶，及时清理干燥树叶，以达到延长保留秋冬落叶景观的效果。

【直饮水设施配备】 充分发挥公园、广场的公益属性，在幸福公园、威海公园、人民广场、国际海水浴场、鲸园文体公园、金线顶公园等 34 个公共场所配备直饮水设施 57 台，为市民及游客提供便捷服务。

【口袋公园建设】 加强口袋公园建设，结合建设用地现有资源及周边环境，着眼群众实际需求，积极融入花化彩化、海绵城市、文化传承等设计理念，有针对性地完善功能配套，做到“一园一特色”，为市民提供便捷的绿色活动空间。全年新建口袋公园 30 处，其中环翠区 7 处、文登区 4 处、荣成市 4 处、乳山市 1 处、威海火炬高技术产业开发区 4 处、威海经济技术开发区 5 处、威海临港经济技术开发区 2 处、威海南海新区 3 处。

【绿道建设】 全市稳步构建城市绿道系统，完善绿道服务设施，优化服务标识，建设具有休闲、运动、旅游、文化、科普、交通等单项或多项功能的绿道，至年底，完成环海路猫头山段绿道、金花河西段绿道等 17 段绿道建设，总长度 32.7 千米。

（邱雅晖）

公用事业

【概况】 2021 年，全市完成全社会用电量 152.21 亿千瓦时，城市公共供水总量 1.26 亿立方米，天然气供应量 3.23 亿立方米，集中供热入网面积 1.33 亿平方米，城市道路清扫面积 3133.49 万平方米，清运生活垃圾 122.97 万吨，城市生活垃圾无害化处理量 122.97 万吨。

【城乡供电】 2021 年，全市全社会用电量完成 152.21 亿千瓦时，比上年增长 10.44%。其中，工业用电量 89.74 亿千瓦时，增长 8.83%。

“精致电网”建设 树立电网与城市发展“网城融合”的理念，以“碳达峰、碳中和”为引领，以“坚强电网·智慧电网·绿色电网·融合电网”为内涵，打造“精致电网”。确立“精致电网”建设方案和指标体系，推进建设 220 千伏福河电网新基建、韩乐坊城市品质提升、双岛湾高质量发展、海洋牧场乡村振兴等特色示范区项目。

电网升级改造 坚持“宁让电等发展、不让发展等电”的原则，全年完成电网投资 12.76 亿元，满足局部区域快速发展的用电需求，推动华能石岛湾高温气冷堆核电站示范工程并网发电。持续做好配农网升级改造工作，新建、改造 10 千伏线路 182.7 千米、低压线路 94.5 千米，新增、更换变压器 100 台，重点解决城区电网网架不合理、负荷转供能力不足及变压器台区重过载等问题。完成 1172 项电网常规检修任务，压降配电网故障问题，城乡综合供电电压合格率达 99.94%，配网供电可靠率达 99.98%。

服务质效提升 全面构建以客户为中心的现代服务体系，推行“物流式”办电，全景全流程向客户展示办电进程。市发展和改革委员会、财政局、国网山东省电力公司威海供电公司联合印发《威海市 10 千伏高压接入用户延伸投资界面出资方案》，实现 10 千伏电力客户接入“零投资”。市发展和改革委员会、财政局、国网山东省电力公司威海供电公司等 15 部门联合印发《威海市电动汽车充电基础设施建设运营管理实施意见》，推进全市电动汽车充电基础设施建设，提升建设运营管理水平。实施高压电力接入工程“告知承诺制”，实现“承诺即开工”。推行“水电气暖通信广电”报装“一站式”服务，提高项目报装办理便捷度。将老旧小区电力改造和农村电网改造纳入全市年度“为民办实事”清单，升级改造电力设施，提升供电可靠性。建成双岛湾“获得电力”示范区，高效服务产业项目用电需求。全力支撑脱贫攻坚与乡村振兴有效衔接，实施乡村电气化提升工程 18 项、惠农富民项目 9 个，公司获评山东省脱贫攻坚先进集体。

7 月，荣成市好运角旅游度假区绿道 1 号线

（威海市住房和城乡建设局 提供）

电力保供　面对电力供应紧张形势，秉持“政府主导、电力主动、多方参与”的原则，相继推出企业轮休、节约用电等举措，做到“限电不拉闸、限电不限民用”。国家电网山东电力（威海）彩虹共产党员服务队开展“心连心·e同行”行动，集中走访工商业客户1.5万户，完成3900余户线上调查，逐一告知国家电价改革、代理购电、有序用电等政策，增强客户用电的幸福感获得感。

（金晓鹏）

【城市供排水】　2021年，全市城市公共供水总量为1.26亿立方米。生产运营用水量3683.6万立方米，占城市公共供水总量的29.07%；居民家庭用水量5032.08万立方米，占城市公共供水总量的39.88%。人均日生活用水量109.88升。其中，市区公共供水总量为8174.89万立方米；生产运营用水量2393.39万立方米，占市区公共供水总量的29.28%；居民家庭用水量3105.32万立方米，占市区公共供水总量的37.99%。人均日生活用水量119.82升。

威海市水务集团有限公司　2021年，公司完成供水1.10亿立方米，比上年增长4.5%，日均供水30.1万立方米，最高日供水量35.4万立方米。供水产销差率为9.6%。处理污水9087万吨，增长8.9%，污水处理率98.2%。处置污泥16.5万吨，污泥处置率100%。实施重点工程21项，新增日供水能力5万立方米、深度处理能力15万立方米、污水处理能力3万立方米、污水提升能力2万立方米，铺设供排水管道353千米。

城市供水保障。加大基础设施建设力度，柳林净水厂深度处理工程、龙山净水厂及配套工程具备通水条件，崮山净水厂深度处理工程按计划推进，完成90个村的供水管道铺设任务、43个老旧小区供排水改造工程，实施万福山庄等7个总表小区供水改造工程，近6000户居民用水条件显著改善。围绕供水安全保障，利用东西互济、一网调度的调水体系，合理调整各水厂生产运行负荷，确保供水持续稳定。加强从源水到水龙头的全过程水质监管，对水库源水、水厂进厂水和出厂水、关键工艺节点出水、管网水进行全流程监管，对管网末梢水加强跟踪监测，始终保持出厂水水质合格率100%。全面开展供水系统“降热线数量、降管道故障、降停水次数、降漏损率、降安全风险”行动，供水运行服务精细化水平进一步提高。年内，市区供水总体保持安全稳定良好态势。

污水污泥治理。威海临港经济技术开发区污水厂扩建工程和金线顶污水泵站建成通水，完成环保督察整改任务；羊亭至张村污水管道建成投运，有效缓解初村污水厂产能不足问题。坚持长效管理与集中整治相结合，加强排污体系管护，检修泵站设备2966台次，清淤、疏通管道720处，清挖维修污水井1313座，吸污2196吨。开展排水管网普查和污水厂提标改造前期工作，加大对污水乱排超排、雨污混流等整治力度，做好河道清淤保洁。持续提升污泥处置无害化、成品化、资源化水平，根除二次污染风险。在全省城市污水处理考核中，威海市获得污水、污泥处理双满分。

营商环境建设。坚持“三度”（有态度、有速度、有温度）服务原则，升级打造以“省事、省时、省心”为主要内容的“三三三”服务体系，提升用户的获得感、幸福感和满意度。在开展获得用水“四零服务”（零申请、零材料、零跑腿、零费用）的基础上，实现二手房用水“无感过户”，对部分工程报装实行“零环节、零等待”举措，有103家企业享受相关报装费减免政策，减免金额910万元。打破独立运作模式，与国网山东省电力公司威海供电公司、威海港华燃气有限公司共享营业网点、设立水电气暖综合业务办理窗口，为用户提供“一站式”服务。联合威海市商业银行、威海农商银行等增设代收水费网点100个，打造15分钟缴纳水费服务圈。省住房和城乡建设厅将威海市获得用水先进经验做法向全省推广。全面推行“网格化+智慧化”服务，为居民配备身边的“用水管家”，把网格员工作细化覆盖至每个客户，建立网格群2346个、点至点服务用户微信账号9.95万个，形成网格“无缝隙”覆盖，解决涉水问题8350余件。全年受理水务热线、数字城管平台、12345政务服务便民热线、政务微博、阳光问政热线等反映的问题8.9万余件，及时处理率100%。

（刘明哲　孙艳伟）

【城镇供气】　2021年，全市天然气供应量为3.23亿立方米，比上年增长18.7%。全市各类燃气管网总长度8173.9千米（其中低压管网4252.8千米，中压管网3485.6千米，次高压以上管网435.5千米），有各类燃气用户100余万户。

供气安全管理　市住房和城乡建设局印发《进一步加强燃气安全管理工作的实施方案》《威海市中心城区燃气附属设施更新行动工作方案》，开展瓶装液化石油气专项整治、学校燃气安全排查整治、餐饮场所安装可燃气体报警装置排查整治等专项整治行动，全市出动燃气行业检查组244个、人员504人次，检查企业594家次，发现并整改问题隐患607处。

供气安全宣传　开展“安全用气宣传咨询日”活动，组织社区开展知识讲座，现场为群众讲解相关安全知识。组织各区（市）燃气主管部门及燃气经营企业进企业、进农村、进社区、进学校、进家庭开展燃气安全宣传教育活动，发放居民安全用气手册、安全宣传单张10万余份。

【城镇供热】　2021年，全市集中供热入网面积为1.33亿平方米，实际供热面积8264.42万平方米；有换热站1732座，热水管网7697.01千米，蒸汽管网359.56千米。

热源统筹、管网规划、核电供热供水一体化规划　2021年，市住房和城乡建设局编制完成《威海市热源统筹、管网规划、核电供热供水一体化规划（2020—2035年）》。该规划明确全市将通过应用余热回收、大温差供热、水热同送等先进技术，优化热源统筹和管网布局，推动石岛湾核电、海阳核电供热海水淡化水热同输工程建设，保障居民供暖，降低燃煤消耗，改善冬季大气环境。

供暖设施建设　推进华能余热利用供热管网系列工程建设，优化华能余热利用管网配置，华能余热利用工程向北覆盖至金线顶区域、向南覆盖至温泉镇区域、向东覆盖至港西镇和那香海景区区域，管网总长17.64千米，总供暖入网面积增至1350万平方米。拆除中心城区20世纪90年代初建设运行的蒸汽管网，涉及用户300余户。改造老旧管网、站房，完成241个小区老旧管网改造，对396个站房加装或升级自控装置，对1.24万个小区单元加装控制装置，对0.6万个典型用户安装室内测温装置。

供热服务水平提升　对2021年—2022年供热季城市居民分情况、分步骤执行不同的供热价格标准，对居住在非居民住宅中的用户，2021年供热季供热价格按25元／建筑平方米执行。采取“看天供热”方式，根据室外温度变化提前和延期供热。实施AAA级奖励机制，对信用达到AAA级的用户减免供热费300元，全年补助对象2300余户，补贴资金近20余万元。

【城市环境卫生】　2021年，全市城市道路清扫面积为3133.49万平方米，其中机械清扫3056.46万平方米，机械清扫率97.5%；清运生活垃圾122.97万吨，全部日产日清；城市生活垃圾无害化处理量达122.97万吨，无害化处理率100%；有环卫公厕250座，水冲公厕比率100%。

道路深度保洁　市住房和城乡建设局印发《威海市道路深度保洁工作方案》，按照“标准化配置、标准化管理、标准化保洁、标准化考核”的要求，以深度保洁示范路创建活动为驱动，深入推进城市道路深度保洁。到年底，全市375条主次干道（面积2749.83万平方米）全部达到道路深度保洁标准，并将道路附属设施（人行道、绿化带、候车厅、交通护栏、路牙石、排水口、路边座椅、挡雪板等）纳入深度保洁作业中，进一步细化道路深度保洁模式。

城市公厕升级改造　根据居民需求及人流量合理规划新建公厕，并对部分老旧公厕的设施进行升级改造。2021年，全市有环卫公厕249座，新建、改建城市公厕19座，全部达到二类以上标准。

生活垃圾焚烧厂扩建　加快推进市生活垃圾焚烧厂扩建项目，至年底，项目配套的渗滤液处理系统建成并投入使用，主厂房于12月18日进行生活垃圾焚烧，实现并网发电。

建筑业

【概况】　2021年，全市持有资质证书的建筑企业计689家（其中总承包企业313家，专业承包企业376家），有建筑施工总承包特级企业1家，建筑施工总承包一级企业11家（年内新增4家）。建筑业总产值为353.1亿元，比上年增长8.1%。

【建筑市场主体信用评价开展】　开展2020年度威海市建筑市场主体信用等级评价工作，对在威海市从事房屋建筑和市政工程建设活动的建筑市场主体（包括勘察、设计、施工图审查、建筑业、监理、招标代理、造价咨询和质量检测等企业）进行信用综合量化评分及信用评级，全市有745家企业参评，评出AAA级企业244家、AA级企业235级企业家、A级企业240家、B级企业19家、C级企业7家。根据信用评价结果，对不同等级企业实行差异化管理，对信用评价等级高的企业减少抽查检查次数、减免各类保证金，每年可为全市建筑业企业释放流动资金约2亿元。

【建筑领域农民工工资治欠保支】　充分发挥威海市农民工工资支付监管平台效能，推动实名制管理、分账管理、农民工工资保证金管理、按月足额发放工资、总承包代发工资、工资支付信息公示6项管理制度覆盖所有在建工程项目，相关经验做法在全省房屋建筑和市政工程建设领域实名制管理工作部署及业务培训视频会上进行交流。4月，市住房和城乡建设局被省委、省政府评为山东省就业创业工作先进集体。

【工程招标投标监管】　8月31日起，《威海市工程建设项目招标投标交易规则》《威海市工程建设项目招标投标监督管理办法》《威海市工程建设项目不良行为量化管理办法》施行，全市建立招标投标交易与监管“全口径”制度体系，为工程建设项目招标投标工作提供制度保障。以“制度加科技”为手段从源头上控制和减少工程招标投标领域腐败现象。投标保证金采用网上缴退管理，通过技术手段自动识别基本账户，杜绝投标人从非基本账户缴纳保证金；借助电子辅助评标系统，压缩评委“自由裁量权”；对工程量清单进行自动比对，审查不平衡报价。强化事后监管，定期组织标后评估专家对投标人的投标行为规范性进行分析、评价和总结，并建立标后评估机制。

【装配式建筑提质扩面】　加快推进装配式建筑发展，明确全市规划区范围内新建住宅项目全面推行预制楼梯、叠合楼板、非砌筑内隔墙，推广应用单面复合墙板、非砌筑内隔墙、单面复合墙板、空调板、预制烟道、预制管道井等成熟装配式部件。积极推广钢结构装配式建筑，明确城镇建设用地范围内政府投资或以政府投资为主的校舍应当采用钢结构建筑，其他政府投资或者以政府投资为主的公共建筑及大跨度空间结构、单体面积超过5000平方米的公共建筑优先采用钢结构建筑。年内，全市新开工装配式建筑面积140.78万平方米。

【绿色建筑发展】　市住房和城乡建设局、发展和改革委员会等6个部门联合印发《威海市关于全面推进绿色建筑高质量发展的实施意见》，明确5项重点任务，实施7项支持政策，促进城乡建设步入绿色、循环、低碳的科学发展轨道。市住房和城乡建设局、发展和改革委员会等7个部门联合印发《关于印发〈威海市绿色建筑创建行动实施方案〉的通知》，明确16项工作措施，推动全市绿色建筑高质量发展。市住房和城乡建设局编制《威海市绿色建筑专项规划》《威海市绿色城市发展实施方案》《威海市绿色城市建设指标体系》，推动实现“碳达峰、碳中和”与全市绿色建筑高质量发展协调统一。年内，全市绿色建筑竣工面积802.02万平方米，完成可再生能源建筑应用项目61个、面积284.85万平方米。中共威海市委党校新校建设项目获得全省勘察设计成果竞赛“绿色建筑类”一等奖。威海市东发现代城·垛山一品雅苑、威海市东部滨海新城五渚河生态城一期、威海经济技术开发区威海国际经贸交流中心、威海市环翠区公共文化服务中心（一期）4个项目获评省2021年高星级绿色建筑评价标识。

【建筑施工安全地方标准实施】 12月23日起，《建筑工程参建主体安全责任规范》《建筑工程应急预案编制规程（导则）》2项地方标准施行。《建筑工程参建主体安全责任规范》明确建设单位、勘察单位、设计单位、施工单位、监理单位以及起重机械产权、检测、安拆单位8个参建单位的主体安全责任和主要负责人的安全责任，指导参建单位和人员在明确各自安全责任的基础上认真履责；《建筑工程应急预案编制规程（导则）》对建筑施工企业及工程施工项目部应急预案中的综合应急预案、专项应急预案及现场处置方案的编制提出明确的标准和要求，指导企业更加科学地制定应急救援预案。省住房和城乡建设厅印发通知，推广威海市建筑施工安全生产典型经验做法。

【建筑施工领域安全风险排查整治】 围绕建筑施工领域安全生产三年行动，组织开展安全生产大排查大整治行动、全国两会期间安全检查、春季开复工安全生产检查、消防安全风险隐患"大起底大整治"专项行动、建筑施工安全生产执法百日攻坚行动、建筑施工安全生产专项督查、大排查大整治决战决胜工作检查、建筑施工汛期应急防范检查、人员密集区域施工机械安全使用排查、住建领域涉及学校安全工作专项检查、安全生产许可证动态核查等一系列安全风险排查整治行动，全市累计成立检查组1200个，出动人员5700人次，排查项目5800个次，排查整治安全隐患1.65万余处，对36家企业和25名执业人员进行信用惩戒，对107家企业行政罚款208万元。

【预制混凝土制品推广】 针对混凝土制品在城市建设中的设计应用问题，市住房和城乡建设局组织威海建设集团股份有限公司、威海市建筑设计院有限公司等成立产业研发专家组，总结形成地方标准《市政工程预制混凝土构件标准设计图集》《ECP/PC装配式围墙设计图集》，并在老旧小区改造、市政道路建设等项目上推广应用预制混凝土产品，预制混凝土应用点从12个增至45个、产量增长210%。

【质量安全责任压实】 市住房和城乡建设局针对施工质量、安全生产管理短板和问题，以压实工程质量安全责任、规范工程质量安全行为重点，印发《建筑工程质量责任手册》《建筑工程安全责任手册》，明确工程参建单位（机构）质量行为"十强条"、安全行为"十强条"，8类重点项目"十强条"，建设、施工、监理单位企业层级的质量安全职责，施工现场建设、施工、监理人员关键岗位的质量职责、安全职责和质量安全监督机构的监管职责。

【重点建筑材料专项整治】 开展房屋市政工程进场重点材料专项整治行动，对所有在建工程和预拌混凝土企业进行拉网式排查，全年开展重点材料进场排查、巡查1498次，检查在建房屋市政工程项目1553个次，倒查预拌混凝土生产企业560家次，抽测钢筋1477组、混凝土940件、保温防水材料149件，发现质量隐患260处，下达执法建议书或限期整改通知单172份，组织企业进行问题整改，安排专人督办复核，确保工程主体结构安全。

（邱雅晖）

生态环境保护

【概况】 2021年，全市坚持生态立市、环境优先、绿色发展，实施环境质量和环保工作"双领先"战略，全力打好污染防治攻坚战，统筹推进生态环境高水平保护和经济高质量发展，打造绿色发展示范区、共同富裕先行区。乳山市获评国家生态文明建设示范区，全市实现国家生态文明建设示范区创建市域全覆盖。环境空气质量继续居全省第1位，$PM_{2.5}$年均浓度为24微克/立方米，达到世界卫生组织空气质量过渡时期第二阶段目标。国控地表水断面水质指数居全省第3位，沽河实现"提优Ⅲ"目标。近岸海域水质优良比例达100%，受污染耕地安全利用率和污染地块安全利用率均达100%。生态工业园区数量居全省第1位。威海南海新区获评省级"绿水青山就是金山银山"实践创新基地。市生态环境局被省生态环境厅评为2021年度考核优秀等次，被市委、市政府评为2021年度市级机关绩效考核优秀单位，被中共威海市委市直机关工委评为精致模范机关建设标兵单位。6个集体、3名个人获评全省生态环保先进集体或先进个人。

【经济高质量发展推动】 积极应对气候变化，成立应对气候变化工作领导小组，以减污降碳协同增效为总指引，把降碳作为治理源头，指导15家发电行业重点排放单位开展碳排放权交易，完成重点排放单位碳排放权交易市场第一个履约周期碳排放配额履约清缴工作。加强生态环境分区管控，市政府印发《关于印发威海市"三线一单"生态环境分区管控方案的通知》，在全市划定环境管控单元3类241个，建立"1+91"（"1"为市级清单，"91"为环境管控单元清单）两级生态环境准入清单管控体系，加强"三线一单"（生态保护红线、环境质量底线、资源利用上线，生态环境准入清单）成果在政策制定、环境准入、执法监管等方面的应用。推进环评审批提速增效，健全要素跟着项目走机制，对重点项目、企业、工程开辟环评审批绿色通道，全力服务企业项目；严把环评审批关，坚决遏制"两高"项目（高耗能、高排放建设项目）盲目发展，全年审批项目506个。全面落实排污许可制，推行以排污许可为核心的固定源执法监管模式，强化复核率、提交率"双百"任务落实，实现"一证式"管理，全年核发排污许可证92张、变更427张、延续28张。

【现代环境治理体系构建】 制定生态环境保护责任清单，明确理顺50个市直部门（单位）的生态环保责任445项，落实"一岗双责"责任；开展机构改革，指导12个事业单位完成法人设立变更、资产划转和人员转隶。启动新一轮"四减四增"（调整产业结构，减少过剩和落后产业，增加新的增长动能；调整能源结构，减少煤炭消费，增加清洁能源使用；调整运输结构，减少公路运输量，增加铁路运输量；调整农业投入结构，减少化肥农药使用量，增加有机肥使用量）三年行动，深入调整产业、能源、运输、农业投入与用地结构。健全环境应急管理体系，开展“以案促建”，建立专家库、完善物资库、组建应急队伍、开展应急演练，建设完成化工园区有毒有害气体环境风险预警体系，顺利完成“中华富强”轮火灾应急、“交响乐”轮海上溢油处置和含油废物跨市转移、浒苔灾害应对等环境应急事件处置。构建“三位一体”（媒体＋社会＋典型）宣传教育模式，开展环保设施向公众开放活动、环保志愿服务活动，引导公众自觉践行绿色低碳生活方式。承办全国中小学教师美境行动培训交流会并进行经验交流，1 名环保志愿者获评 2021 年全国百名最美生态环保志愿者，1 家环保设施开放单位、2 人获评全省十佳设施开放单位和十佳设施开放讲解员，环翠区望岛小学“打造无废校园　扮靓精致城市”案例获评 2021 年山东省生态环境宣传教育优秀案例，60 名学生获评齐鲁生态环保小卫士。

【蓝天保卫战】　狠抓挥发性有机物、扬尘、移动源、重污染天气应对“四个关键问题”。加强挥发性有机物治理，以市区为重点区域，以有机化工、表面涂装、包装印刷、加油站为重点行业，建立 400 余家涉挥发性有机物企业排放源清单，“一企一策”对 70 家重点企业实行强化监管和治理提升。围绕源头替代、过程控制、末端治理，引导企业使用挥发性有机物含量低的原辅材料，减少无组织排放。采取卫星遥感、走航监测等高科技手段精准科学治污，加快在线监控设施安装联网，建立以用电监控为核心、覆盖 200 余家涉挥发性有机物企业的排污智能管控系统，实行 24 小时不间断监控，确保生产设备与治污设备同开同启，挥发性有机物实现应收尽收、应治尽治，全面提升企业废气收集率、处理率、运行率。引导 350 余家涉挥发性有机物企业实施精准错时生产，组织建成区 210 余家加油站落实错峰加油、卸油措施，加大城区道路洒水力度。完成 41 台 35 蒸吨／小时及以下燃煤锅炉淘汰任务。强化属地责任、行业部门主管责任，实施分类治尘，加强企业堆场料场、混凝土搅拌站、建筑工地、道路施工、裸露土地扬尘整治。以火电、平板玻璃、水泥等行业企业为重点，建立 140 余家工业企业整治清单，对物料运输、装卸、储存、转移和工艺过程等开展无组织排放扬尘源深度治理。针对各类工地、渣土堆和裸露土地等，开展无人机航空巡查，272 处问题点位全部整改完成。在 102 辆公交车、30 辆出租车安装物联网移动车载大气监测平台，快速精准治理市区道路 $PM_{2.5}$、PM_{10} 污染。加强移动源监管，累计建成机动车尾气遥感监测系统 6 套，完成非道路移动机械摸底调查和编码登记 1.57 万台，安装重型柴油车远程在线监控 6440 台及非道路移动机械精准定位装置 2000 台并联网，强化联合执法检查，严格落实“三个不得使用”（对不编码、身份不明的机械不得使用；排放超标、明显有可视黑烟的机械不得使用；在禁止使用高排放的区域内，不符合低排放规定的机械不得使用）。加强重污染天气应对，鼓励企业自主减排，实施重点行业企业绩效分级管理，修订 558 家企业应急减排清单，“一企一策”实施精准减排，降低污染峰值、缩短污染时长。严格落实专项督查、问题曝光、销号管理、预警约谈、考核问责、生态补偿“六项机制”，强化大气污染防治驻区专项督查，组织 8 名县级督查专员常驻各区（市）实地督导检查，对连续不达标的镇（街道）实施预警、约谈。全年 $PM_{2.5}$、O_3 分别比上年改善 4%、0.7%，优良天数比例 90.1%。

【碧水保卫战】　严格落实河长制、湖长制、湾长制，加强重点河流水质超标预警、通报、督办，健全流域横向生态补偿机制，开展汛前河湖水质超标隐患排查整治工作，推进 384 个入河排污口溯源整治，加密监测、加强巡查，保障汛期全市水环境质量稳定达标。加强农村饮用水水源地保护管理，科学划分、调整 1568 处农村饮用水水源地保护区（保护范围），加强日常监管，建立长效机制，12 处集中式饮用水水源地水质达标率 100%。加强海洋生态环境保护，召开湾长制工作会议，印发湾长制工作要点，建成湾长制管理信息平台，组织开展常态化巡湾，全年 637 名湾管员巡湾 2.4 万余次，通过平台解决问题 3400 余个；制定入海排污口整治工作方案，按照“查测溯治”要求推进 4855 个入海排污口整治，全年完成整治 2769 个；开展海洋环境问题大排查大整改，建立无人机航空巡查、部门实地督导、专员销号督察制度，整改完成省级海洋环保专项督察及“回头看”反馈的 43 项问题、全省生态环保大会警示片反映的 3 项问题。

【净土保卫战】　开展土壤污染状况调查，严把用地准入关、报告质量关，推进受污染耕地和重点建设用地安全利用。加强医疗废物环境管理，紧抓“两个重点”（产生、处置单位）和“四个环节”（收集、运输、贮存、处置环节），建立日检查、日报告制度，推进医疗废物、医疗污水处理处置工作，实现全市所有医疗机构及设施环境监管与服务全覆盖，医疗废水、医疗废物及时有效收集、转运、处置全落实。总结“无废城市”建设试点经验，编制“十四五”时期“无废城市”建设实施方案，试点经验获评全省生态环境系统改革试点成果。加强核与辐射安全监管，完成石岛湾核电站核应急联合演习。

【生态环境问题整改】　建立督导检查机制，坚持市委常委分区督导、市政府领导包案督导，责任单位负责落实的工作制度，构建市级综合督查、区（市）属地督查、部门专项督查常态化督查体系，对第二轮中央和省级生态环境保护督察交办的信访件和反馈问题不间断地组织现场检查、暗访抽查，统筹督导推进整改工作。建立区（市）销号、市直部门验收“双轨制”和市县两级“双公示”的整改销号制度，确保不发生敷衍整改、虚假整改、表面整改等问题。印发《威海市生态环境突出问题集中整治攻坚行动方案》，在全市开展散煤治理、工业企业整治等 10 个专项行动，切实解决生态环境难题。设立市生态环境领域投诉举报热线，受理的信访投诉件全部办结。

（王厚海）

编辑　于鹏飞

商　　贸

综　述

【概况】　2021年，威海市社会消费品零售总额1347.6亿元，比上年增长15.5%，网络零售额163.7亿元，增长7.5%。完成货物进出口总额2032.5亿元，增长25.8%。实现服务进出口额118.1亿元。重点在建内资项目（总投资额3000万元以上）247个，总投资额1033.9亿元。新设立外资项目343个，增长4.3%。实际使用外资14.5亿美元，增长6.7%。备案设立境外企业19家，中方协议投资额4.07亿美元、实际投资额3.4亿美元。

【市场秩序建设】　市商务局发布商务领域“2020年度全市开放工作突出贡献企业”红名单，办理并公示行政许可156件、行政处罚2件，开展信用核实900余次、联合奖惩31例、信用承诺447家次，对家政、成品油流通、对外劳务合作3个行业529家企业发布信用分级分类清单，开展差异化监管。开展2021年“诚信兴商宣传月”活动，举办新闻发布会，扩大诚信宣传影响。完成成品油零售经营企业经营资格年度检查。按照规定抽检比例，开展“双随机、一公开”抽查，全年抽查加油站36座，督促成品油经营企业建立购销台账制度，完善油品来源、销售去向、油品检测报告等凭证材料档案。开展“自流黑”专项整治行动，排查自备油罐541处，查处流动加油车67辆，打击“黑加油站点”5处。

【市场体系建设】　积极推动以大型农产品流通企业为龙头的产供销一体化发展模式、以连锁超市为主体的“农超对接”发展模式和以农产品批发市场为基础的市场带动型发展模式，联结农民专业合作社544处、生产基地3.52万公顷，直采规模达33亿元。在全省率先开展“区超对接”工作，开设销售专区、专柜117处，年销售额达7亿元。不断升级改造农产品流通设施，改造老旧农产品流通设施面积28.2万平方米，家家悦集团股份有限公司、荣成泰祥食品股份有限公司等新建改造乡镇商贸中心57处，新建、改造经销鲜活农产品超市、便利店、专卖店490处。

【消费促进】　市商务局印发《关于开展“品质消费、全民乐享”系列消费促进活动的通知》，开展全年消费促进相关工作，调度汇总各区（市）专题活动计划。指导家家悦集团股份有限公司开展海鲜节、邻里节生鲜季等系列促销活动，组织商贸流通企业参与第二届山东消费年“惠享春夏消费季”“礼惠金秋消费季”“钜惠暖冬消费季”系列活动，开展半月湾国际沙滩音乐节、华发新天地滨海嘉年华、威海夏季和秋季汽车展示交易会、“我是大明星晋级赛”、家电“年中惠民消费大补贴”、“共抗疫情　百万补贴”家电专项公益活动、“畅享网红打卡地，玩转欧乐坊零点夜市”等消费促进活动，提振城乡居民消费信心，促进消费升级。

【山东省—韩国经贸合作交流会暨韩国（山东）进口商品博览会】　9月9日—12日，山东省—韩国经贸合作交流会暨韩国（山东）进口商品博览会在威海市举办。博览会由山东省人民政府、韩国产业通商资源部主办，山东省商务厅、威海市人民政府、韩国贸易协会承办，是全省首个针对韩国市场举办的进口博览会。会议以“四港联动·中韩共赢”为主题，分别在山东威海、韩国首尔设置主会场，先后举办2021中韩（威海）机器人产业合作论坛、中

9月9日晚，中韩美食文化节暨威海海鲜美食广场启动仪式举行

（威海市商务局　提供）

韩（威海）服务贸易创新发展论坛、第三届（威海）中韩跨境电商大会、韩国美妆体验日、采购对接会、中韩美食文化节等活动，307家企业、近1000人参展，推动签约及启动项目22个，达成意向投资额62.2亿元，中央电视台等50余家国内媒体及123家韩国媒体进行集中报道。

【开发区建设】 2021年，全市各省级以上开发区深化体制机制改革，威海综合保税区《发挥区位优势 大力发展跨境电商新业态》入选全省开发区高质量发展首批典型案例，威海火炬高技术产业开发区《聚焦三个专业 打造全球打印机基地》入选山东省2021年地方改革案例（园区改革创新专题）。威海火炬高技术产业开发区、威海南海新区获批全省开发区东西合作共建试点。威海火炬高技术产业开发区、威海经济技术开发区、威海南海新区分别获得省财政厅年度实际利用外资前10名开发区奖励资金。

对外及对中国港澳台地区贸易

【概况】 2021年，全市4909家企业与218个国家和地区有贸易往来，完成进出口总额2032.5亿元，比上年增长25.8%。其中，出口额1494.03亿元，增长28.3%；进口额538.50亿元，增长19.4%。加大新兴市场开拓力度，对“一带一路”国家进出口总额451.9亿元，增长41.1%，占全市进出口总额的22.2%；对《区域全面经济伙伴关系协定》（RCEP）成员国进出口总额1082亿元，增长32.2%，占全市进出口总额的53.2%。

【外贸稳增长】 培育外贸经营主体，引导创业人员、内贸企业运用跨境电商平台开展外贸业务，提升外贸主体活跃度。年内，全市备案外贸企业突破1万家，有进出口实绩的外贸企业数量快速增加，货物进出口指标保持高位运行。

【跨境电子商务发展】 举办第三届（威海）中韩跨境电商大会，开展B2B出

2021年威海市进出口综合情况表

表10

项目	进出口（亿元）			出口（亿元）			进口（亿元）		
	金额	比上年增长(%)	比重(%)	金额	比上年增长(%)	比重(%)	金额	比上年增长(%)	比重(%)
合计	2032.54	25.8	100.0	1494.03	28.3	100.0	538.50	19.4	100.0
按企业性质划分									
内资企业	1516.46	29.5	74.6	1182.72	33.9	79.2	333.74	16.0	62.0
其中：民营企业	1332.96	33.7	65.6	1043.04	41.3	69.8	289.92	12.2	53.8
外商投资企业	516.20	16.0	25.4	311.51	10.6	20.8	204.69	25.3	38.0
按贸易方式划分									
一般贸易	1463.19	29.8	72.0	1133.84	33.5	75.9	329.35	18.6	61.2
加工贸易	499.60	9.1	24.6	319.73	4.6	21.4	179.88	18.1	33.4
其他贸易	69.87	124.7	3.4	40.66	301.5	2.7	29.21	39.3	5.4
按商品构成划分									
初级产品	157.80	3.5	7.8	115.63	0.7	7.7	42.17	12.0	7.8
工业品	1872.72	28.0	92.1	1376.46	31.1	92.1	496.26	20.0	92.2
按大类商品划分									
纺织服装	323.85	9.0	15.9	317.78	9.1	21.3	6.07	5.1	1.1
农产品	160.09	2.7	7.9	115.65	0.7	7.7	44.43	8.4	8.3
轮胎	80.51	11.0	4.0	80.50	11.0	5.4	0.01	13.6	0.0
渔具	48.70	41.1	2.4	47.84	40.8	3.2	0.86	64.6	0.2
机电产品	734.85	21.1	36.2	585.91	22.7	39.2	148.94	15.3	27.7
高新技术产品（包含部分机电产品）	175.36	24.3	8.6	85.42	22.0	5.7	89.94	26.6	16.7

口监管政策、“1210”进口退换货政策、所得税优惠政策等宣传推介及培训对接活动20余次，宣传威海跨境电子商务发展资源和优势，推动跨境电子商务平台与贸易企业对接洽谈。赴上海市、深圳市、北京市等地对接跨境电商平台企业，推动速卖通跨境电商平台、顺丰威海创新中转场、洋码头购物平台等项目落实落地。积极培育跨境电商主体，完善跨境电商生态圈，跨境电商平台1个、产业园2个、海外仓4个被认定为2021年省级外贸新业态主体。

【国际市场多元开拓】 创新组展参展模式，采用线上“云展会”以及远程代参展模式，引导企业多元化开拓市场。组织企业82家次参加山东出口商品系列“云展会”活动31场，组织水产企业13家次参加中国水产线上交易会。组织“抢抓RCEP,开拓日本市场”系列活动，围绕纺织服装、水海产品等优势行业，以线上和线下相结合的模式组织展会9场,参展企业58家次。对澳大利亚、智利2个新兴市场组织展会各1场，参展企业6家。

【外贸转型升级】 加大外贸转型升级示范基地培育力度，环翠区渔具基地、威海火炬高技术产业开发区服装基地、文登区家纺基地、荣成市海产品基地4个外贸转型升级示范基地通过商务部审核，全市国家级外贸基地达5个。其中，渔具基地、房车基地出口额分别比上年增长约50%、100%。结合韩乐坊商圈发展状况，印发《深化日韩商品交易集散地建设方案》，推动韩日食品日用品交易集散地转型升级，打造国内外韩日商品集散地首选品牌。抢抓开放机遇，研究分析《区域全面经济伙伴关系协定》(RCEP）对全市外贸行业影响，制定促进外贸发展措施，引导企业在RCEP生效前开展培训活动，并扩大优势产品出口。发布《同线同标同质企业建设指南》市级地方标准，引导外贸企业开发“三同”(内外贸产品“同线同标同质”）产品供给国内市场，组织企业参加“外贸优品汇 扮靓步行街”出口产品转内销系列活动，助推企业出口产品转内销。推进各区(市)外贸发展，文登区、环翠区分别被认定为2021年度山东省外贸高质量发展区、山东省进口贸易促进创新区。

【外贸营商环境优化】 开展外贸政策宣讲系列活动，引导企业申报AEO高级认证企业。开展化妆品、钢铁产品出口退税、棉产品出口、海运费上涨、有序用电等专项调研30余次，依托山东省稳外贸稳外资服务平台，帮助企业解决问题近100个。落实国家、省级支持外贸发展的财政政策，争取进口贴息、外贸转型升级试点县奖励资金等外贸扶持资金近5000万元。指导近100家企业申报锯材出口配额、羊毛和食糖进口关税配额、进口设备免招标、生皮加工贸易进口等进出口许可事项。

中韩自贸区建设

【概况】 2021年，以中韩自贸区地方经济合作示范区建设为中心推进对韩国开放，在地方经济合作、“四港联动”物流通道建设、经贸合作及人文交流等领域取得阶段性进展。

【地方经济合作深化】 开展顶层设计，印发《威海中韩自贸区地方经济合作示范区建设攻坚突破三年行动计划（2021—2023年)》，围绕深化地方政府沟通、构建国际物流大通道、强化产业贸易合作、推动金融开放创新、促进人文交流5个领域提出举措30条，为加强与韩国仁川市在贸易、投资、服务、产业合作等领域的合作提供指引。举办威海—仁川地方经济合作联合委员会第四次工作会议，与仁川市有关部门和高校围绕产业、经贸、跨境电商、科技、人才等领域合作议题对话交流，达成多项共识，并签署机器人产业合作协议及人才培养协议、威海—仁川消费者权益保护合作协议。

【“四港联动”物流通道建设】 推动交通运输部、海关总署与韩国国土交通部、关税厅就中韩整车运输试运行谅解备忘录签署事宜进行协商，制定整车运输新冠肺炎疫情防控方案，完善整车运输工作手册，起草业务启动方案，为正式启动做好相关准备工作。推进海空港联动多式联运建设，新开通威海—东京货运航班，加密威海—大阪、威海—仁川货运航班；山东港口威海港开通多条内贸航线，形成以威海为中心的支线网络；建成运营威海国际物流多式联运中心一期项目，中欧、中亚、中蒙班列实现常态化运营，新开通中俄铁路班列。

【对韩经贸合作推动】 强化对韩国招商引资，对接SK集团、浦项钢铁集团、希杰集团等韩国龙头企业以及重点商协会、机构，推动中韩自贸区地方经济合作示范区产业园重点项目开工建设，引进鲲鹏跨境电商供应链项目等一批产业项目。搭建国际化活动平台，举办山东省—韩国经贸合作交流会暨韩国（山东）进口商品博览会，推进威海市与韩国的深度合作。推进国家跨境电商综合试验区建设，速卖通跨境电商平台、顺丰威海创新中转场、跨境电商零售进口退货中心仓等跨境电商项目落地并投入运营。推动日韩集散地转型升级，打造国内日韩商品集散地首选品牌。组织FTA原产地管理提升年推进会暨RCEP政策宣讲会、海关企业信用管理及RCEP协定解读培训等活动，引导企业掌握政策规定，扩大对韩国出口。

【对韩多领域交流】 深化与韩国地方政府交流，与韩国富川市政府、大邱市政府等举行线上对接会，围绕经贸合作、教育科研、人文体育等方面进行沟通。召开2021境外驻华机构齐鲁行威海经贸合作交流会，同韩国贸易协会北京代表处等驻华机构5家签订业务合作协议8项；召开韩国留学人才云上对接会，举行威海国际人才驿站（韩国）揭牌仪式并启用威海（中韩）人才交流平台，3所高校与韩国高校签订合作协议；举办第四届中韩创新大赛，举行中韩科技合作线上签约仪式、中韩高端人才创新创业孵化园揭牌仪式，助推中韩科技成果转化和项目落地。举办2021中韩非遗文创交流会、中韩韩国文化周、2021中韩美术国际交流展等活动，参加韩国仁川亚洲艺术博览会、2021 仁中论坛等活动，推动中韩人文交流合作深入发展。

服务贸易创新发展

【概况】 2021 年，全市完成服务进出口总额 118.1 亿元。其中，完成服务进口额 37.8 亿元；完成服务出口额 80.3 亿元。

【深化服务贸易创新发展试点推进】 5 月，国务院服务贸易发展部际联席会议办公室印发《关于印发深化服务贸易创新发展试点“最佳实践案例”的函》，威海市《助力远洋船舶维护维修业集群式发展》案例获评全面深化服务贸易创新发展试点最佳实践案例并在全国推广。举办威海—仁川地方经济合作联委会会议、2021 中韩（威海）服务贸易创新发展论坛、第四届中韩创新大赛等活动，助力中国、韩国服务贸易发展；推进“四港联动”物流通道建设，推动中韩整车运输试运行，增开对韩国空中与海上航线、货运包机航班。

【新业态、新模式培育】 市商务局印发《关于印发〈威海市服务贸易示范企业（机构）认定管理办法〉〈威海市服务贸易示范园区认定管理办法〉的通知》，认定示范企业 8 家、示范园区 2 家，通过示范企业、园区的引领作用，培育壮大服务贸易市场主体，促进服务贸易产业集聚发展。迪尚集团有限公司、威海倍佳贸易有限公司等成立研发设计公司，进一步深化服务贸易业务发展。其中，威海迪尚服装技术研发公司获评 2021 年度技术先进型服务企业。

【专业园区载体建设】 打造特色服务出口基地，逐步形成威海火炬高技术产业开发区服务外包、文登区家纺工艺、威海海高园（石岛管理区）船舶维修、荣成经济开发区房车制造、乳山经济开发区汽车零部件设计研发等省级特色服务出口基地，推动产业相互协作、协同发展。威海服务贸易产业园引入 230 余个项目入驻运营，吸引各类人才 2000 余人，先后获评山东省现代服务业集聚示范区、山东省科技企业孵化器、山东省数字经济园区名录库入库园区。鼓励支持各区（市）建设各类特色服务贸易载体，打造荣成服务外包产业园、环翠文化创意产业园、威海综合保税区跨境电商创新产业园等一批重点园区。

（张明悦）

3 月，威海服务贸易产业园 （朱春晓 摄）

粮食购销与加工

【概况】 威海市发展和改革委员会（简称市发改委）及所辖文登区、荣成市、乳山市发展和改革局，履行管理和服务全社会粮食流通职能。市发改委内设粮食职能科室 2 个，辖直属事业单位 1 个。2021 年，全市累计收购粮食 13.4 万吨，完成加工总量 69.1 万吨，实现销售收入 39.2 亿元。

【粮油保供稳市】 严格落实国家粮食收购政策，组织以夏粮收购为重点的收购工作，有效掌握粮源，杜绝农民卖粮难问题发生。强化粮食市场供应保障，研究制定“就地过年”供应保障措施，加强市场价格监测和库存调度，及时下达储备轮换计划，指导承储企业优先保障本地加工企业用粮需求，协调签订小麦购销协议。健全应急保障体系，推进市成品粮油配送中心项目建设，组织修订《威海市突发粮食事件应急预案》，按计划开展应急培训和演练，提高突发事件应对综合能力。

【储备粮规范化管理】 充实储备规模，在分解落实省核定的地方储备粮规模的基础上，调增成品储备粮数量，指导乳山市完成县级储备小麦增储计划，争取省级储备粮布局威海指标，完成省级储备小麦接收入库任务。抓好储备轮换，统筹市内、市外两种资源，保质保量组织完成地方储备轮换任务。推进规范化管理，制定市级储备粮动用方案和市级储备粮油承储企业选定现场核查标准，实施政府储备粮动态监管体系等项目建设，库区、仓房全部实现全方位监控，在部分库区、仓房安装计算机粮情检测系统，地方储备粮实现动态远程监管、粮情在线监测、信息互联互通。

【粮食产业发展】 加强项目建设，总投资 1 亿元的 2 个区域性成品粮油配送中心主体工程完工，威海威高食品有限公司主食产业园技术更新升级项目和市级粮食质检机构能力提升项目通过项目验收。推进威海“胶东花饽饽”品牌建设，聚焦培育区域品牌，致力做精做细工艺标准，完成“胶东花饽饽”商标注册，组织企业参加品牌推介会，以山东益养德康食品科技有限公司、威海长林生态农业有限公司等为代表的企业初步实现规模经营和产业聚集效应。开展粮食科技和节粮减损宣传活动10余场次，展示粮食物资储备科技成果，引导城乡居民树立爱粮节粮的意识。

【粮食行业监管】　扎实做好粮食安全责任制考核工作，认真履行牵头职责，加强与其他考核成员单位沟通，调度和整理汇编考核资料，强化问题调度和整改，年度粮食安全责任各项任务指标全部落实。组织开展政策性粮油库存检查，完成对日照市重点抽查和东营市对威海市抽查等各项工作任务。加强常态化执法监管，认真开展粮食收购、库存和政策性粮食出库监督检查和2019年大清查发现问题整改“回头看”活动、“亮剑2021”专项执法行动，累计开展各类检查19次，出动执法人员65人次，检查各类经营主体34家次。强化粮食质量监管，针对全市因持续阴雨天气导致小麦质量下降的情况，指导企业严格执行有关规定，秉持最大限度减少农民损失的原则，坚持敞开收购、单收单储、全程监控、闭环管理、售前报备、定向销售，确保粮食流向可倒查、责任可追究。印发《关于进一步落实安全生产工作职责全面加强安全生产规范化标准化管理的通知》，建立驻点监管机制，维修改造仓库，新建微型消防站2座，开展安全生产大排查大整治等活动，累计排查整治安全隐患129处。

（姜富井）

供销合作

【概况】　2021年，威海市供销合作社聚焦服务乡村振兴，深化综合改革，努力打造服务农民生产生活的综合平台，各项工作取得新成效。

【农业社会化服务完善】　市政府办公室印发《关于支持供销社深化土地托管服务增强为农服务能力的实施意见》，为支持供销系统提升土地托管服务能力提供制度保障。完善服务标准体系，大力推广“土地股份合作+全程托管服务”模式，依托农业服务公司6家，构建完善区（市）、镇、村三级联动服务网络。加强新型农业装备购置应用，组建供销社无人机植保飞行大队，探索农业环节托管服务新模式。在农业生产时节，推广免耕播种、种肥同施、播后镇压等标准化技术，宣传典型经验，促进良种、良技、良法落地。全年累计完成社会化服务土地面积4.13万公顷、土地托管面积1.07万公顷、土地全托管面积2266.67公顷，承接政府购买服务项目土地面积4733.33公顷。广泛开展惠农助农活动，举行“金秋惠农季·供销社在行动”系列活动启动暨荣成农产品云服务中心揭牌仪式，助力农民丰收和农产品流通。针对极端天气对秋收造成的不利影响，组成调研组深入作业现场指导抗湿应变抢抓农时工作，并购置、整合全市农机设备、烘干设备等100余台（套），帮助农民抗灾减损、降本增效。常态化督导各区（市）供销合作社严把农资采购、运输、存储、销售、使用等各环节质量关，保证农资质量。

【基层组织建设】　厘清44家依靠出租房产维持运营的基层社现状，按照“一社一策、因社制宜”的原则进行分类改造，积极盘活社有资产。根据涉农镇（街道）分布情况和区域业务重点，将34个暂时无力开展经营的基层社调整优化为由“强”社、“标杆”社带动的18个中心社，结合产业状况开展经营，实现转型升级。强化机制建设，建立目标绩效管理责任制，印发《基层社目标绩效管理考核办法》，对农业社会化服务、农资、农产品流通等业务实施动态考核管理，不断激发内生动力。通过内部选拔、聘用等方式选用人员，做到人岗适配。按照“龙头企业+基层社”模式，与农业骨干企业6家对接合作，推动企业、基层社与三农工作结合，引导带动基层社开展土地托管、农资经营、农村电子商务等业务。发展农民专业合作社，健全基层服务网络，清理“僵尸社”“空壳社”，理顺经营方式，带动76家农民专业合作社健康发展。

【农产品流通方式创新】　按照线上线下融合发展的思路，积极探索农产品电子商务经营模式，综合运用电子商务等途径开辟新的销售渠道。加强镇村流通网络体系建设，设立农村物流配送网点，整合快递配送、废旧回收、农产品购销等服务，开展村级物流配送，构建覆盖范围广、辐射作用强的供销流通网络体系。在荣成市设立农产品云服务中心，集中展示销售名优产品650余种，持续丰富产品供应链。通过对接供销扶贫832、抖音、微店等电商平台，组团参加第二届胶东经济圈供销

6月，工作人员正在制作花饽饽，庆祝中国共产党成立100周年

（孙大伟　摄）

一体化农产品展销会，开展公益助农直播活动等方式，加大农产品品牌的培育推广力度。

【低收入人群帮扶】 理顺各区（市）相对低收入人群名单，发动优势经营主体，采取农业服务帮扶、产业项目帮扶、“第一书记”帮扶等措施，累计帮扶相对低收入人群418人，帮扶金额12万余元。

（梁志鹏）

烟草专卖

【概况】 2021年，威海市烟草专卖局（公司）坚持稳中求进工作总基调，发扬“一切在于干”的作风，一体推进“抓基层、打基础、强管理、重创新”总体思路，统筹做好“抓重点、补短板、树亮点、促提升”各项工作，争当全省烟草专卖系统高质量发展“排头兵”。全年实现税利7.63亿元，比上年增长4.62%；实缴税金5.47亿元，增长8.07%；上缴地方税金1.23亿元。获评全国卷烟打假工作先进集体、威海市2021年度地方纳税50强企业，连续15年保持省级文明单位称号。

【卷烟营销】 落实“总量控制、稍紧平衡，增速合理、贵在持续”的方针，强化卷烟营销，有力破解“稳量提档”难题，企业发展的稳定性、协调性和可持续性不断增强，较好实现“为消费者服务、为地方财政增收服务、为满足社会需求服务”的目标任务。开展市场化取向改革，扎实推进“营销精准施策”攻坚战，实施智能化货源投放调控，有效满足消费需求，社会存销比保持在1左右。建立数据驱动的品牌精准靶向培育机制，精细开展品牌培育，重点品牌销量占比94.6%，创新产品销量增长20%，大品牌布局加速形成。持续夯实营销网建基础，精细升级现代卷烟零售终端布局，终端提升覆盖面达91.2%，品牌店、精品店占比达30.2%。深化零售客户信用体系建设，诚信互助小组“自运行”覆盖面达77.5%，价格执行到位率提升至99.5%。丰富“我与客户共成长”载体，发挥零售客户讲师引领作用，搭建网络直播平台，全年开展线上培训1696次，培训客户1.18万人次。

【专卖监管】 坚持以“维护国家利益，维护消费者利益”为使命，健全完善精准监管体系，始终保持打假打私高压态势，全年查处各类涉烟违法案件703起，查获各类非法卷烟3380.76万支，增长102.07%；涉案案值3497.37万元，增长169.71%，专卖人员人均、社会人口每万人、卷烟销量每万箱平均查获假烟走私烟数量3项指标均居全省第1位。依托“党委政府领导、部门联合、多方参与”的协作机制，深入开展“齐鲁利剑”专项行动，与威海海关、市公安局等签署打私合作备忘录，构建“海陆空网”全域监管新模式，查获重大海上走私假冒卷烟案件2起，查获5万元以上的大要案67起，破获符合公安部、国家烟草专卖局标准的网络案件2起；涉案人员刑事拘留21人、逮捕9人、判刑9人。守护青少年健康成长，开展“净网”行动，全面清理中小学周边卷烟零售点，实现持证零售客户销售电子烟“清零”。持续提升行政许可管理水平，推广“网上办”等便民措施，实现“一次认证、全网通行”和办证“零跑腿”。全面推动法治烟草建设，加大执法审核力度，严控企业法律风险，开展普法活动30余次，提供法律咨询170余次。

【企业管理】 以增强法治思维、底线思维和风险意识为重点，坚持效率提升、创新驱动、规范夯基。突出抓好管理创新，持续拓展流程建设的广度深度，强化流程建设成果应用，4个流程被山东省烟草专卖局（公司）评为“十佳流程”。聚力问题解决，构建精准高效管理诊断模式，开展诊断11场次、解决问题205个。年内，2个课题分别被山东省烟草专卖局（公司）评为一等奖、二等奖，公司获得山东省烟草专卖局（公司）科技进步奖2项、专利奖2项、计算机软件著作权奖1项，授权计算机软件著作权3项，通过企业诚信管理体系认证，被中国烟草职工思想政治工作研究会吸纳为会员单位。突出抓好效能建设，注重打基础与利长远相结合，编制实施“十四五”规划，在荣成市召开营销网建暨管理创新现场会，推动工作重心、工作力量向基层下沉。创新实施设备智慧管理、“T＋0”卷烟送货，推行卷烟塑膜回收，智慧物流建设快速推进。强化风险防控，构建系统完备、防治一体、职责清晰、运行有效的“大规范”体系，资金安全、管理规范水平不断提升。

【软实力建设】 坚持“扶贫”与“扶智”相结合，扎实开展联系村帮扶工作，投入资金25万元，实施项目5个，助力乡村振兴。开展“社会妈妈”和“慈心一日捐”活动，成立“雁行者”志愿服务队，参与公益活动60余次。积极参与阳光问政热线节目，为服务对象解困解惑，在群众监督中转作风、提效能。把人才作为高质量发展的第一资源，坚持机关和基层、专业技术和行政管理、不同年龄段干部、学习培训和实践锻炼“四个统筹”，构建横向打通、纵向激活、双向交流机制，深化多维度考核机制，不断推动干部职工想作为、敢作为、善作为。开展职工健康管理，组织心理沙龙、健步走、登山等活动，加速形成“齐心干事、舒心共事”的从业氛围。落实安全管理“党政同责、一岗双责”，稳步做好安全隐患排查等工作，全年实现安全稳定无事故。

（纪　靖）

石油供应

【概况】 2021年年底，全市有在营成品油仓储企业1家（威海威洋石油有限公司）、在营批发企业7家、在营加油站381座（含高速加油站，其中中国石化销售股份有限公司山东威海石油分公司107座、中国石油天然气股份有限公司山东威海销售分公司38座、威海市大威石油有限公司11座、其他社会加油站225座）。年内，全市车用汽柴油机出量（加油机销售量）约44.23

万吨，其中中国石化销售股份有限公司山东威海石油分公司约24.47万吨，中国石油天然气股份有限公司山东威海销售分公司约5.7万吨，其他约14.06万吨。全市成品油日供应量约1211.8吨（其中中国石化销售股份有限公司山东威海石油分公司和中国石油天然气股份有限公司山东威海销售分公司日均供应量约826.6吨），其中汽油908.3吨、柴油303.5吨。

【中国石化销售有限公司山东威海石油分公司】 作为威海市成品油经营主渠道，担负着全市工、农、渔业生产，交通运输及人民日常生活用油的主要供应任务。2021年，公司实现销售收入26.6亿元，销售成品油33.9万吨（机出量24.47万吨），实现非油品营业额1.6亿元。

安全环保　公司将安全生产主体责任分解落实到每个业务主管部门和各基层单位，完善责任、能力、预防、应急体系建设，坚持做好新冠肺炎疫情防控常态化工作，全面提升本质安全水平。坚持开展"四不两直"检查，加强现场安全监管，组织开展季度、专项、换季等安全检查11次，查出问题973项，整改率100%。强化员工安全教育培训，定期开展法律法规、管理制度专题教育培训和各类逃生应急预案演练，切实提升广大职工的安全意识和自救能力。扎实推进安全生产分级管控隐患排查治理双体系和标准化建设，以"识别大风险、消除大隐患、杜绝大事故"为主线，全面识别风险。依法依规做好企业环保工作，委托专业机构对相关加油站开展地下水、土壤检测，完成所有在营加油站的环评手续。

数质量管理　公司按照"最严格的管理、最严格的执行、最严格的追责"的要求全面强化数质量管理，形成全员、全天候、全方位抓数质量管理的局面。按照"突击性、针对性、高覆盖性"原则，加大油品质量抽检力度，确保油品质量合格。开展数质量检测、宣传等系列活动，获得群众好评。

【中国石油天然气股份有限公司山东威海销售分公司】 2021年，公司着力销售网络开发建设，探索推进社会站资源融合，进一步平稳区域油品价格，面对柴油供应紧张等情况，积极协调油品资源配置，保障社会资源供应。探索新能源业务转型布局，完成部分站点光伏发电及充换电项目前期考察。深入实施QHSE政企管理标准融合建设，积极开展安全培训及隐患治理活动，严格管控油品质量各环节，强化全员安全兜底意识，全年安全生产零事故。全年成品油销量达5.7万吨。

投资促进与经济技术合作

【概况】 2021年，全市重点在建内资项目247个，总投资额1033.9亿元。其中，总投资额10亿元以上项目28个，实物工作量3000万元以上项目68个，属于七大千亿级产业集群项目213个。全市在66个国家（地区）设立企业277家，新核准设立境外企业19家，中方协议投资额4.07亿美元，中方实际投资额3.4亿美元。新签对外承包工程合同额4.6亿美元，完成营业额5.7亿美元，派出各类劳务人员2999人。

2021年威海市对外及中国香港地区投资情况表

表11

投资国家（地区）	境内企业（家）	设立企业（家）	设立机构（个）	项目总数（个）	中方协议投资额（万美元）
美国	23	24		24	168597.82
中国香港	47	51		51	100393.38
乌拉圭	6	6		6	27435.20
马来西亚	1	1		1	22000.00
泰国	2	2		2	20582.00
韩国	36	39	13	52	15177.16
新西兰	2	3		3	13722.11
阿拉伯联合酋长国	3	2	1	3	11000.00
斐济	3	3		3	10192.50
毛里塔尼亚	3	4		4	8700.00
印度尼西亚	7	6	1	7	7914.61
阿根廷	2	2		2	7868.75
缅甸	5	7	1	8	7642.00
巴拿马	2	1	1	2	7000.00

续表 11

投资国家（地区）	境内企业（家）	设立企业（家）	设立机构（个）	项目总数（个）	中方协议投资额（万美元）
柬埔寨	5	8		8	6360.00
刚果（金）	1	2	1	3	5481.06
新加坡	9	8	2	10	6885.14
英属维尔京群岛	3	3		3	4255.00
加纳	2	3		3	3350.00
伊朗	1	1		1	3000.00
越南	5	6		6	2830.80
莫桑比克	3	6	1	7	2479.48
苏丹	3	5		5	2308.40
毛里求斯	2	2		2	2230.80
斯里兰卡	1	1		1	2200.00
坦桑尼亚	2	3		3	2124.00
墨西哥	1	1		1	1708.00
塞内加尔	2	3	1	4	1572.00
几内亚	3	3	1	4	1443.98
德国	5	4	1	5	1441.35
日本	30	18	17	35	1392.23
加拿大	2	2		2	1300.02
刚果（布）	1	2		2	1001.00
埃塞俄比亚	1	1		1	1000.00
肯尼亚	3	3	2	5	1000.00
西班牙	2	2		2	831.35
博茨瓦纳	1	1		1	800.00
赤道几内亚	2	2		2	740.00
澳大利亚	3	2	1	3	648.00
科特迪瓦	3	3	1	4	550.00
尼泊尔	1	1		1	500.00
印度	1	1	0	1	500.00
英国	7	7		7	451.11
吉尔吉斯斯坦	1	1		1	400.00
孟加拉国	3	3		3	385.30
喀麦隆	1	2	1	3	350.00
阿曼	1	1		1	306.00
荷兰	1	2		2	181.20
比利时	1	1		1	100.00
哥伦比亚	1	1		1	120.00

续表 11

投资国家（地区）	境内企业（家）	设立企业（家）	设立机构（个）	项目总数（个）	中方协议投资额（万美元）
哈萨克斯坦	1	1		1	100.00
纳米比亚	1	1		1	100.00
菲律宾	1	1		1	80.00
乌克兰	1	1		1	49.00
马里	1	1		1	34.00
乌干达	1	1	1	2	29.00
布基纳法索	1	1		1	20.70
多哥	1	1		1	10.00
尼日利亚	1	1		1	5.00
马达加斯加	1	1		1	5.00
厄瓜多尔	1	1		1	2.50
俄罗斯	1		1	1	
沙特阿拉伯	1		1	1	
乌兹别克斯坦	1		1	1	
以色列	1		1	1	
意大利	1		1	1	

【招商引资优化提升】 市委办公室、市政府办公室印发《关于印发〈威海市招商引资优化提升行动方案〉的通知》，突出制造业、大项目、日韩资招商，确定实施加强专业队伍建设、明确产业链招商目标、聚焦500强企业招商、夯实日韩招商载体、明确产业合作方向、策划实施重点活动、加强项目评估评审7个优化提升重点行动。

优化顶层设计，提升专业化、一体化招商水平。在专业化招商方面，加强市投资促进中心人员队伍建设，深入推进市场化、公司化管理机制；组建全球合伙人事业中心，全面整合全市驻外经贸代表处，通过长期派驻等方式，全面加强重点区域招商攻势；引导各区（市）组建专业招商团队，确定产业主攻方向，建立产业链招商和500强招商的目标企业名单，重点围绕制造业实施靶向精准招商。在一体化招商方面，深入推进市领导分包重点项目机制，市领导分包指导15个特色园区的招商引资工作，推动优质资源、项目向园区倾斜、聚集，同步分包推进重点在谈招商引资项目20个，推动重大项目加快落地；扩大对市直部门招商引资目标任务考核范围，对全市85个市直部门分精准招商、重点招商和信息联络部门3类实施差异化管理，在35个市直部门、单位增设或加挂产业发展科，专门负责招商工作，并引导15个职能优势较强的部门将招商力量下沉至重点园区，凝聚市、区（市）两级联动合力。调整完善内外资考核方法和招商引资奖励支持办法，突出制造业招商的目标引导，延长制造业大项目的认定年限、提高制造业项目实物工作量的认定比重，引导全市资源、政策、空间向引进的制造业大项目倾斜。

搭建活动平台，推动重点项目梯次推进。市委、市政府主要领导带队先后赴北京市、上海市、宁波市、西安市、深圳市等地拜访先锋高科技（上海）有限公司、西安航空制动科技有限公司等重点企业30家，推进重点项目合作。组织参加深化山东与港澳台合作推进会、深化山东与欧盟合作推进会、“对话商协会·齐鲁之约”等省级重点活动，举办第二届青岛峰会威海交流对接会、第四届威海市市长国际经济咨询委员会年会，全方位推介威海投资机会。

强化保障机制，破解项目要素制约。成立威海市招商引资项目要素保障专项小组，建立专项小组工作机制，统筹全市重大招商引资项目的扶持政策，落实“要素跟着项目走”的综合保障机制。全年收集3批次10个要素保障项目，推进联想图像激光打印机、地中海俱乐部等项目落地。

做优招商指引，扩大资源匹配成效。搭建威海投资热力图电子服务平台，聚拢全市合作机会、产业地块、闲置资源等信息数据，提高对外推介招商资源的便捷化、高效化水平，并建立动态调整机制，对热力图进行动态调整。

【外商投资管理服务水平提升】 加强《中华人民共和国外商投资法》宣讲，落实外资准入前国民待遇加负面清单管理制度，积极推动实施外商投资信息报告制度，夯实外商投资信息报告数据质量；落实外商投诉机制，保障外商及外资企业合法权益。发挥招商“服务大使”作用，举办送政策线上讲堂活动5期，外资外贸企业650余家参会。

发挥稳外贸稳外资工作专班作用，组织外资企业1600余家在山东省稳外贸稳外资服务平台注册，解决解答问题84个。组织外商投资企业开展年度投资经营信息联合年报，开展外商投资初始报告、变更报告和年度报告的“双随机、一公开”监督检查，做好服务和监督工作，全年有1694家外资企业参加年报申报。

【企业“走出去”发展推动】 积极推动重点国家和优势产能领域的投资合作，先后举办RCEP和对外投资合作风险培训会、“把握投资新机遇、开拓海外新商机”威海企业交流会等投资合作促进活动24次，全年对外实际投资额3.4亿美元，对外承包工程营业额5.7亿美元，外派劳务人员2999人；省级境外经贸园区华坦东非商贸物流产业园综合服务合作区通过确认考核，吸引注册商户941家，累计带动出口额2.8亿美元。

【威海国际物流多式联运中心建设】 加大多式联运中心建设推进力度，做好2019—2020年市级专项支持资金的使用绩效评估，威海国际物流多式联运中心一期配套设施建设基本完成，全年发运集装箱1万标准箱。继续实施多式联运中心发展政策，向中国铁路济南局集团有限公司申请开通威海中欧班列直发计划，满足全市企业的国际物流运输需求。开拓班列运营渠道，与乌兰察布货运平台合作，开通中俄班列货运渠道。开辟班列多点发运新模式，针对班列集装箱紧缺的情况，开发成都、西安、北京等地的舱位，为客户提供更多选择，确保中欧、中亚班列稳定运营。加强联运市场营销，深挖客户资源，开发威海奥文机电科技股份有限公司、三角轮胎股份有限公司、浦林成山（山东）轮胎有限公司等客户，加深与天润工业技术股份有限公司、威海北洋电气集团股份有限公司等的深度合作，承接部分公司的越南过境业务和国内采购货物的班列发运业务，推进班列业务的持续发展。年内，多式联运中心项目被列入《山东省国民经济和社会发展第十四个五年规划和二〇三五年远景目标纲要》《山东省“十四五”现代物流发展规划》《威海市国民经济和社会发展第十四个五年规划和二〇三五年远景目标纲要》，“日韩—威海—欧亚”东西双通道多式联运一单制试点工程获评山东省多式联运“一单制”试点工程。

（张明悦）

会　展

【概况】 2021年，全市会展业呈现较快恢复态势，全年举办规模以上会展活动80场次，2021中国威海国际户外休闲产业博览会，第十四届中国威海国际渔具博览会等活动有力带动相关产业发展，提升城市知名度、影响力和美誉度。

【2021中国威海国际户外休闲产业博览会】 7月24日—26日在威海国际会展中心举办。博览会采取线下展览展示与线上海外采购商一对一洽谈相结合的方式举办，展览总面积约3万平方米，设置中国（威海）钓鱼用品、房车及配件展览会和中国（威海）国际游钓艇及配件博览会，分渔具及配件展示、游钓艇及配件展示、大型游钓艇展示、房车展示、嘉年华活动5个区域，并举办游钓艇创新设计大赛、游钓艇发展论坛、户外休闲系列讲座等活动。国内302家参展商、443家采购商现场参加展会，观展人数达2万人次，现场成交金额800余万元，意向采购金额4000万元。意大利、美国、新西兰、韩国等19个国家（地区）的注册采购商线上观展，14个国家（地区）的15家国际采购商预约展会视频连线服务，与50余家参展商进行线上视频洽谈，达成意向采购金额130万美元。

【第十四届中国威海国际渔具博览会】 10月23日—24日在威海国际会展中心举办。博览会采取“线上＋线下”相结合的方式，线下展区展出总面积约3万平方米，搭建国际标准展位1000余个，全国16个省（直辖市）的528家企业和578家注册专业采购商参展参会，观展人数近2万人次。开通网络观展平台和海外采购商专区，平台注册参展企业1253家、上架产品5197件，62个国家（地区）的378家企业、536名海外贸易商进行线上平台注册，10余家公司开展“一对一”连线洽谈服务。同期举办中国威海休闲钓鱼产业高峰论坛等配套活动，推动会展与体育、休闲、康养等产业互融互促。展会期间，发放山东省体育消费券50万元，直接带动消费678万元，邀请国际展览联盟（UFI）官方团队现场考察指导并开展认证评估工作，现场增设知识产权执法、渔具质量监督检验、法律和旅游咨询以及快递服务等展位和专区，提供咨询、快递等服务。

【2021新动能·青岛展览洽谈会】 7月15日—17日，组团参加在青岛市举办的2021新动能·青岛展览洽谈会。威海市城市展区以“千里海岸线，一幅山水画、一条创新链、一个创业梦”为主题主线，通过视觉、听觉、触觉方式，展示全市上下牢记中共中央总书记习近平“威海要向精致城市方向发展”嘱托，奋力开创“精致城市·幸福威海”新局面的蓬勃气象，涵盖七大产业集群、10条优势产业链的40余种代表性展品，展现全市着力推动产业链、供应链、创新链协同发展取得的成就。全市注册参会人员546人，36家企业参加同期举办的线上云展，通过3D虚拟展厅方式开展对外交流洽谈，完成线上预约洽谈116次、即时沟通542次、洽谈合作意向26个。

（邹清晓）

编辑　于鹏飞

口　　岸

综　述

【概况】 2021年，全市海港口岸完成货物吞吐量4273万吨，比上年增长10.6%。其中，外贸货物吞吐量1239万吨，增长4.6%；集装箱吞吐量134万标准箱，增长9.9%。威海国际机场全年完成进出口货运量8821吨，增长110.7%；运输出入境人员2.08万人次，下降75.6%。

【口岸开放】 根据全市口岸开放实际和企业发展需要，加大组织协调和推进落实力度，按计划完成友联修船（山东）有限公司5号舾装码头1号、2号泊位，龙眼港口岸东港池1号舾装码头3个泊位对外启用省级验收，黄海造船有限公司、荣成造船工业有限公司和荣成荣通船业有限公司等企业码头的7个泊位获批临时对外启用或延长临时对外启用期限。加强口岸开放资源优化整合，在省内率先启动涉外作业点退出管理，石岛港口岸石岛老港客运泊位、石岛老港1号～3号泊位、蚂江港1号～2号泊位6个不具备国际航行船舶进靠作业条件的泊位获批退出对外启用，促进资源集约利用和口岸健康发展。

【口岸综合管理】 完善口岸查验设施，创新"四港联动"整车运输通关查验流程，加快口岸物流信息系统和整车运输查验监管设施建设。参与威海航空口岸重大建设项目审查论证，协调解决通关查验监管等方面问题，保障机场新监管仓库、国际航站楼连廊及局部改造查验区、停机坪扩建工程顺利完工并投入使用。实施进境托运行李先期机检试点改革，实现进境旅客"无感通关"。按照疫情防控工作统一部署安排，严格开展新型冠状病毒肺炎疫情防控。加强口岸公共卫生核心能力建设，强化进出口货物安全准入监管，严格开展卫生检疫和动植物疫病疫情检查，认真执行船舶巡查监护和安全风险评估制度，落实落细国际船舶海上安全管控措施，严厉打击偷登、偷渡行为，确保口岸运行规范有序、健康安全。加强通关查验保障，建立口岸通关协调机制，坚持提前介入、多方联动，积极协调解决夜间通关查验力量不足、机组人员落地防疫等问题，保障威海机场新开辟对日本、韩国航线和加密航班开通，国际货运航班由每周16班增至23班。充分发挥协调服务职能，为入境人员、展品、物品提供最优通关便利，保障韩国（山东）进口商品博览会、第十四届中国威海国际渔具博览会等国际展会顺利举办。加强口岸协管员服务管理，会同有关部门和单位做好人员配备和经费补助工作。

【口岸服务】 聚焦中韩客货班轮复航作业服务，针对威海至仁川、威海至平泽中韩客货班轮受"中华富强"轮事故影响停航事件，及时召开专题会议，协调组织口岸查验单位和山东港口威海港有限公司开展围网改造、监控设备调试和浮标设置等工作，强化现场查验监管，确保5月中旬威海至仁川、威海至平泽班轮航线顺利复航和良好运营。聚焦企业开放服务，定期组织威海市、荣成市查验单位到修造船企业现场服务，对企业查验设施建设进行现场指导。完善优质监管服务，组织查验单位为修造船企业量身打造"数据监控、无事不扰""数据预警、立即介入"的静默监管模式，为企业减免船舶代理保证金8000余万元。

【口岸营商环境优化】 根据省政府办公厅《关于进一步优化口岸营商环境促进跨境贸易便利化的通知》，研究制定具体措施23条，由市政府办公室印发文件实施。组建工作团队，积极发挥牵头作用，组织协调有关部门单位，调度指导各区（市）牵头单位，合力优化口岸营商环境，促进跨境贸易发展。在全省营商环境评价考核通报中，威海市跨境贸易指标位列前茅，3个二级指标为全省最优。按照"工作项目化、项目清单化、清单责任化、责任时效化"要求，梳理优化提升重点事项37项，建立目标任务清单，坚持每周调度、每月小结、每季度评估，确保各项改革措施和目标要求落实见效。深化"提前申报""两步申报""两段准入"等通关改革，优化港口作业流程，加强智慧口岸建设，规范口岸收费，口岸单证实现全流程电子化，进出口环节常规收费处于全国较低水平，通关效率保持全省海运口岸第1位。强化政策文件解读和工作成效宣传，综合运用新闻发布会、威海营商环境专栏、部门网站、微信公众号及各类市级媒体等，专题解读重要政策文件1次，宣传各级重要文件15份，报道工作成效160余次，在《威海政务》刊发信息12条（其中被《山东政务》信息采用3条），提炼优化营商环境典型案例18个，其中3个作为威海市优化营商环境典型成果报省专班，1个作为全省典型成果报国务院办公厅政府职能转变办公室。

【国际贸易"单一窗口"建设】 加强

功能开发对接和应用推广，持续拓展系统功能，新上线运行小企业出口信用保险、关务平合、出口退税等功能，功能范围由口岸通关执法向口岸运行、税费办理等前置后续环节进一步拓展延伸，基本覆盖跨境贸易全链条业务。发挥口岸大数据优势，进一步提升系统操作便利化智能化水平，货物申报实现智能录单、自动比对等便捷功能，出口退税实现“一点接入、一次提交”，小微企业出口信保全程线上投保实现“不见面、零接触”。持续加大业务推广应用范围，坚持线下培训辅导与线上技术服务相结合，举办全市“单一窗口”业务培训，邀请省电子口岸专家现场授课，向企业提供“一对一”辅导服务。2021年，全市注册使用“单一窗口”业务企业达3700余家，基本涵盖各类进出口贸易企业，进出货物、舱单、运输工具申报等核心业务使用率保持100%，新增业务得到常态化应用。

（张朝明）

海　关

·威海海关·

【概况】 2021年，中华人民共和国威海海关监管进出口货运量373.9万吨，比上年下降15.3%；监管进出口总值2141.6亿元，下降20.5%；审核进出口报关单51.7万票，增长9.8%；征收税款23.3亿元，增长6.3%；备案加工贸易合同3577份，增长1.4%；监管进出境飞机1837架次，增长38%；监管进出境船舶1346艘次，下降8%；监管集装箱47.7万标准箱，增长6.1%；监管进出境人员3.9万人次，下降67.8%。落实减税降费政策，减免税款6341.4万元，累计签发原产地证书14.6万份。威海海关获评青岛海关工作优秀集体，威海海关驻邮局办事处获评山东省“扫黄打非”工作先进集体，综合业务一科获评抗击新冠肺炎疫情山东省三八红旗集体。

7月21日，威海海关关员现场查验进口压力容器　（威海海关　提供）

【海关监管】 2021年，查获进境固体废物364.2吨，截获邮递进境新型毒品LSD（俗称“邮票”）10张、国家管制一二类精神药品2565粒，在邮递渠道查获用于跨境赌博及电信网络诈骗的银行卡12张。开展打击非法医疗美容器械专项整治行动，案值1300余万元。严厉打击侵犯知识产权行为，查获侵权情事324起，集中打击出口侵犯“Dyson”商标权犯罪团伙，案值800余万元。把牢卫生检疫关口，检出HIV（艾滋病病毒）等传染病14例，查获人体胎盘提取液300支。严防动植物疫情传入，截获进口非洲猪瘟疫区猪肉制品18.2千克，检出外来物种426种次，首次在非贸渠道查获加拿大一枝黄花和兔尾草。不断强化国门食品安全监管，退运不合格食品、化妆品25批次，连续12年保持辖区企业农兽药残国外零通报。促进商品质量提升，查发进口商品检验不合格88批次，检出伪报进口危险品9起，查获青岛关区首起违规进口种植牙配件情事。

【口岸营商环境优化】 行政审批事项全部实现网上办理，持续保持办理综合评价“零超时”，实现“零差评”。深化“证照分离”改革，企业办理海关注册登记业务实现“不见面、网上办、零跑腿”，助力辖区备案企业超1万家。在关区率先对海关监管作业场所（场地）进行巡查，开展“双随机、一公开”试点。积极参与威海市营商环境迎评工作，7条经验做法入选“威海营商行”2021年度营商环境建设成果。深入推动“两步申报、两段准入”作业模式改革，实行“船边直提”“抵港直装”无感通关模式，全年进出口整体通关时间分别为18.66小时、1.23小时，比2020年压减2.5小时和0.49小时，列青岛关区主要口岸第2位。

【对外开放服务】 服务中韩“四港联动”实质化运作，参与推动中韩整车物流试运行谅解备忘录签署，提前做好口岸调整、系统调试、资质备案等准备工作，助力威海东西双向互济物流大通道建设。推动辖区口岸扩大开放，乳山口港正式对外启用。促进中欧班列发展，推进文登多式联运中心海关监管作业场所建设，开通中欧班列内外贸货物混编业务，全年出口货物3740标准箱，比上年增长75%。巩固提升原产地管理水平，与中国国际贸易促进委员会威海市委员会签署《“FTA原产地管理提升年”活动合作备忘录》，深化智能审核、自主打印等改革措施，签发证书量增长43.7%，居青岛关区首位。

【服务企业发展】 建立关领导联系企业机制，实行“一区一策”“一企一策”，合法合规解决发展难题47个。创建“AEO示范市”海关，联合市商务局印发《AEO示范市创建工作方案》，新培育高级认证企业6家，新增数量和占比均居青岛关区前两位。创新进口化妆品样品监管模式，样品通关时间压缩50%，助力打造中日韩化妆品进口集散地。创新造船行业“静默监管”模式，累计为企业减免保证金7900余万元，工作做法入选山东省深化“放管服”改革优化口岸营商环境十佳实践案例。支持威海市10条优势产业链发展，为惠普打印机重点配套企业减免保证金2.6亿元。积极助力新冠肺炎疫苗注射器生产，报送的新增进口暂定关税建议被采纳，累计为企业减免进口环节税629万元。

【新业态发展服务】　支持威海综合保税区发展，“四自一简”（综合保税区内企业自主备案、自定核销周期、自主报核、自主补缴税款及简化海关业务核准手续）、委托加工、增值税一般纳税人改革落地见效，关区首个跨境电商退货中心仓投入运营，全区一线进出口总值增长136%。发挥跨境电商综试区优势，推行“简化申报、清单核放、汇总统计”通关模式，支持启用关区首个跨境电商零售进口退货中心仓，跨境电商进出口总值列全省第2位。试点中韩海运邮递物品“一点清关”作业模式，首次实现进口国际邮件数据使用中文传输，通关时间压缩至2小时。推进快件“智能审图＋智能同屏比对＋自动分拣”模式应用，智能查验涵盖率65%。

【海关科研攻关】　进一步提升实验室检测实力，参加能力验证计划8次，申报行业标准1项，在核心期刊发表论文1篇。实验室新增检测项目83项，完成新冠病毒样品检测5.6万份；申报科研项目9项，获评海关科技三级成果1项，入选青岛海关“组阁揭榜”项目课题1项。

（赵　莎）

·荣成海关·

【概况】　2021年，中华人民共和国荣成海关全年监管进出口货物266万吨、货值614亿元，监管进出口集装箱19万标准箱、进出境（港）船舶4088艘次、进出境人员7.9万人次，监管跨境电子商务出口货物总值41.5亿元。审放报关单22万份，完成入库税收8.3亿元，签发各类原产地证书1.8万份、货值9.5亿美元。荣成海关通过全国文明单位复审。加强与有关部门联防联控，实战化开展应急处置演练。加强对进出境（港）船舶和进出境人员检疫，发现发热和有症状人员船舶76艘次、139人。升级改造冷链专用查验平台，完成集装箱1703批、2778个和3艘散货船进口冷链货物核酸采样。完成进口高风险非冷链货物核酸检测采样集装箱9批、10个；完成预防性全面消毒监督集装箱198批、320个。试点上线无接触式卫生检疫平台，入境船舶检疫时间缩短80%。核酸检测人体样本6.3万人次、商品样本6.6万管次，检出人体样本阳性26例、环境样本阳性1例、冷链货物阳性3批次、外籍船员双抗体阳性6例。

【口岸监管】　强化全链条监管，开展外来有害生物监测、“国门绿盾2021”等专项工作。在进境集装箱、旧机电产品等货物中检出检疫性有害生物5种、16种次，非检疫性有害生物12种、25种次。检疫进口种牛2批、5273头，检出二类传染病1次。查获进口非洲猪瘟疫区的猪肉及其制品200余千克。在电商渠道查获出口危险品1批次，并与海事部门联合处置。加强打击侵权违规行为，办理知识产权案件227起。

【打击走私】　加大对“洋垃圾”走私打击力度，配合威海海警局查获海上走私电子垃圾集装箱42个、1000余吨。在货运渠道查发伪报进口的固体废物23.8吨，依法监管退运出境。强化非设关地港口码头走私巡查，推进建设打私综合治理、协同作战体系，全国基层反走私综合治理示范点建设通过省级验收。立案侦办青岛关区首起通过邮递物品藏匿方式走私进境新型毒品案。严厉打击烟草走私，立案侦办走私香烟案1起、案值1.31亿元、涉税1.09亿元，该案被列为海关总署缉私局一级挂牌督办案件。全年立案侦办刑事案件7起、案值2.1亿元、涉税1.7亿元，抓获犯罪嫌疑人10名；移送起诉案件10起、犯罪嫌疑人23人，案值9.3亿元、涉税2.4亿元。

【稳外贸促发展】　落实优先查验、收发货人免于到场、“先放后检”等措施，通过“少接触”“无接触”方式办理业务402次。推广原产地证书自助打印和智能审签，全年为荣成市企业节省进口国关税2600余万美元。优化营商环境，口岸通关效率保持全省领先，口岸吞吐量、报关单票数均创历史新高。指导企业创新“包船出海＋冷藏运输＋运抵直装”业务，破解远洋贸易供应链困局，全年为企业节省海运费8000余万元，港口企业增收600余万元。调研梳理辖区资优企业基本情况，确定培育重点，探索信用培育新路径，威海百合生物技术股份有限公司等4家企业通过AEO高级认证评审，荣成市获评青岛关区首批AEO示范市。优化远洋渔船对国外注册推荐工作流程环节，荣成市通过欧盟注册的远洋渔船达126艘次，居青岛关区首位。提升远洋渔业减免税审批质效，远洋渔业审批货值30.01亿元，减免税金额6.08亿元，均居青岛关区首位。

【业务改革创新】　2021年，荣成海关获批青岛关区RCEP（区域全面经济伙伴关系协定）海关监管服务创新试验基地。自主开展改革项目5个，承接总署总关改革试点项目8个，落实常规改革项目5个，通过改革创新为辖区企业节省费用超过7000万元。承接青岛关区远程卫生检疫系统试点、巴氏杀菌乳检验监管模式改革扩大等试点。

【口岸开放布局优化】　2021年，龙眼港口岸1个泊位正式对外启用，荣成荣通船业有限公司舾装码头首次临时对外启用，黄海造船有限公司码头等3个泊位延长临时对外启用。初步建立口岸泊位开放退出机制，推动蜊江港1号、2号等6个泊位退出对外启用，降低涉关地码头走私风险。

【跨境电商业务发展】　启动跨境电商“9610”直购进口业务和B2B出口监管改革试点（9810）两类跨境电商新业务。监管跨境电商进出口货物总值6.4亿美元，比上年增长近4倍，其中“9610”模式出口增长约1.5倍，“9710”模式出口增长约15倍。帮扶荣成市房车企业建设“海外仓”，加快拓展国际市场。

（张　斌）

海　事

【概况】　2021年，中华人民共和国威海海事局全年服务保障船舶进出港8.3万艘次，货物到达发送量3363.1万吨，运送旅客430.4万人次。VTS（船舶交通服务系统）监控服务船舶11.8万艘次，提供信息服务16.5万次。辖区发生水上交通安全事故5起，事故四项指标“一降三升”。发布预警信息75期，两级搜救中心妥善处置险情24起，比上年减少3起，成功救助人员809人。全年开展船旗国监督检查（FSC）检查327艘次，滞留船舶62艘，开展远程港口国监督检查99艘次，公司审核29次，船舶审核88艘次。办理各类海事政务10.8万件，签发船员证书1.2万本，组织各类培训考试2.8万人次。职工满意率98.1%，行政执法社会满意度97.5%。

【海事应急处置】　立足海事职责、服从属地大局，应急处置“中华富强”轮火灾，会同有关部门相继开展海上救助、参与事故应急、配合事故调查等各阶段工作。高效配合“交响乐”轮应急处置，全力组织文登区、乳山市、石岛辖区的海上污染防备和清除工作，调配资源支持青岛防污染攻坚战。协调市、区（市）两级政府，将“交响乐”轮靠泊石岛船厂开展维修，把控风险，做好“交响乐”轮维修的安全保障、污水处置和事故调查等工作。

【专项整治活动开展】　统筹12类专项活动，制定大排查大整治工作方案，开展海上安全集中整治行动。牵头开展全市水上交通安全督导检查，细化实化措施、压紧压实责任。开展海上游艇安全专项执法行动，全面摸清辖区游艇底数、分布、用途，加强与市交通运输局、海洋发展局等部门执法联动。全年退回登记申请40余批次，注销、变更登记17艘次，签发停航通知16份，处罚违法案件8起，滞留游艇11艘。汇总梳理问题整治清单5个方面16项，细化明确整改措施76项，问题整改率100%。

【海事工作机制优化】　召开全市海上搜救工作会议，构建市级海洋发展与海事安全联合会商机制。修订《威海市海上搜救应急预案》，印发《威海市海上搜救中心工作规则》《办公室工作细则》，实现险情分类分级响应。更新应急专家库，选聘专家39名。全年组织开展搜救应急行动21次。优化法治工作机制，成立法治（督察）工作室，以专岗专人专班模式全面提升全局法治建设水平和执法督察效能，依法依规完成首起刑事案件移送。优化日常考核机制，常态化开展综合督查考核。优化船艇管理机制，印发《海巡执法船艇效能化管理建设方案》，按照“分散驻守、集约化管理”的运行模式，在信息化建设、效能化巡航等方面开展示范创建。建设“互海通”海巡船艇信息化管理平台，打造“同舟共济、卫海先锋”党建文化品牌，提升船艇效能。

【海事服务能力提升】　开展应对新型冠状病毒肺炎疫情应急演练，妥善做好“银鹰”轮4名确诊船员收治工作，累计服务保障船员换班5028人次。巩固海上安全工作，市政府将海上交通安全工作纳入重要议事日程，辖区民用爆破货主企业和液货码头公司建立船载爆炸品和液货船选船机制，全年累计对“两员”（船舶载运危险货物申报人员和集装箱现场检查员）实施违法记分42人次、121分。对新修订的基础法律进行全员轮训，建立船舶安全检查实训基地，组织调查官开展知识更新培训，持续开展VTS国际事务跟踪。威海海事局主导的《〈船舶交通服务导则〉修订草案》获得交通运输部海事局优秀国际会议提案一等奖，在全省海事调查技能比武竞赛中获得个人第1名、团体二等奖。构建以信用为基础的海事政务服务新机制，成立信用管理工作室。推行证明事项告知承诺制度，覆盖91%的政务服务事项。深化“一网通办”，审批事项平均用时压缩50%。小型无人机项目完成工厂验收，推进石岛海事工作船码头建设，提升各项服务保障能力。

（石立磊）

1月11日，威海市海上搜救中心成功救助落水船员

（威海海事局　提供）

船舶检验

【概况】　2021年，山东省威海船舶技术服务中心检验各类船舶395艘次。其中，建造检验187艘次，营运检验198艘次，审查船舶图纸45套，船用产品检验9批次，船舶检验到位率和船舶证书发放合格率均为100%。

【船舶安全质量监管】　始终将“抓质

量保安全”作为船检工作的切入点和落脚点，加强关键环节的重点监控。严把船舶设计图纸审查关，严格执行图纸二审制，避免错审漏审。针对部分游艇企业设计力量不足、送审图纸质量差、船图不符等情况，组织验船师重点督促指导，提出解决方案并取得较好效果。开展船厂评估和开工前检查，协助行业安全生产专项整治领导小组对辖区船厂进行检查指导，整改安全隐患。强化检验过程控制，严把船用产品检验质量关，保证船舶建造质量。严格按规定执行转籍船舶初次检验，对于老旧船舶在正式与原船检机构沟通前，必须提前登船检查，查阅图纸资料，提出整改意见，船方承诺整改后，方可接受；对存在重大质量问题的船舶，坚决不接受检验，避免低质量船舶进入辖区。克服新冠肺炎疫情影响，与船公司积极沟通，及时受理检验申请，按时开展营运船舶检验，未出现影响船舶正常营运的现象。加强对第三方检测机构的管理和评估，对检验检测活动进行现场监督，认真核实检测数据，确保检测结果真实有效。充分发挥船检质量管理体系作用，加大对质量管理体系文件的学习和宣传贯彻力度，提高全体验船师的质量意识，严格按照体系要求，强化产品实现过程的监视和测量，确保体系有效运行。开展船舶检验质量监控和船舶检验资料的自查活动，认真核查船检归档资料，对发现的问题及时纠正。

【船舶检验能力提升】 制订年度工作计划，明确目标任务，细化分工，落实责任。加强责任意识教育，组织学习贯彻《船舶和海上设施检验条例》《船舶检验管理规定》等法律法规，学习《工作过错追究制度》，教育引导验船师牢固树立责任意识，准确把握船舶检验工作的基本定位，严格遵守船舶检验机构执业道德准则，按照核定的检验业务范围开展检验工作。加强业务工作培训，组织验船师参加业务培训学习，不断提高整体验船师队伍业务素质和工作技能。加强内控管理，及时调整内部工作机制，完善船舶检验、质量控制等内控制度，采取整合人力资源、调整部门工作职能、简化工作程序、强化监督检查等措施，克服3名业务骨干外派造成业务人员短缺的困难。

【企业发展助力】 全力助推辖区企业复工复产，辖区威海东海船舶修造有限公司接续签订4艘船舶建造合同后，威海船舶技术服务中心发挥船检职能作用，加班加点对船舶设计图纸进行初审，协调省交通运输厅船舶检验局对图纸进行集中复审，确保船舶如期开工；针对船舶修造公司首次采取验船师驻厂制度，制定《驻厂验船师工作程序和管理制度》，派出资深验船师在节假日开展驻厂检验，该公司年度总建造量达5.13万载重吨，《中国水运报》对威海船舶技术服务中心做法进行专题报道。严把游艇检验质量关，印发《游艇建造企业报检指南》，企业可根据指南知悉报检过程中所需提供的文件资料，实现“只跑一次腿”；对引导游艇建造企业健全质量管理体系，促进企业高质量发展提供有效技术支撑。根据法规规范，制定《船舶远程检验办法》，作为服务中心验船师、船舶航运企业及船上高级船员在实施远程检验时的指导性文件，明确在适用的检验中实施远程检验的具体要求和应用流程。

（陈迪波）

出入境边防检查

•威海出入境边防检查站•

【概况】 2021年，中华人民共和国威海出入境边防检查站检查出入境人员5.31万人次，比上年下降61.3%；检查出入境飞机1823架次，增长37.7%；检查出入境船舶1349艘次，下降7.8%。精准对焦跨境赌博、涉电信诈骗进行研判，在全国口岸成功拦阻18人次，查获违法违规人员11人次。

【平安口岸建设】 全力完成重大安保任务，部署开展“国门利剑2021”系列专项行动，统筹推进妨害国（边）境犯罪、跨境赌博、电信诈骗、“三非”（非法入境、非法居留、非法就业）外国人治理“攻坚战”。开创“以自有大数据分析研判、互联网收集筛查、案事件线索追踪为主，跨警种部门信息交流为辅”的开源情报技战法，获取情报线索21篇，其中16篇被国家移民管理局、山东出入境边防总站转发采用。推进“精研智控”指挥室、执法办案区智能化改造等工程落地，协调威海港集团有限公司、威海国际机场集团有限公司投资290余万元，建设完成海、空港智能验证台。主动融入“平安威海”工作大局，牵头威海边检协作区与威海市公安局签订警务合作协议，与市国家安全局、威海海关等部门建立联动机制，协助威海市公安局侦办公安部督办的“威海4•27跨境开设赌场案”，获赠感谢信。充分发挥边检机关职能作用，向市委、市政府推送涉新冠肺炎疫情数据6200余条，保障换班船员近1900人，妥善处置境外输入确诊病例13例，实现预警甄别境外直接输入病例、妥善处置口岸发热病例、扎紧扎实海上输入防线“三个100%”，“三三机制 五五布局”新冠肺炎疫情防控快速应对模式和“三区两类一规范”学习法被国家移民管理局转发。结合新冠肺炎疫情形势变化，因时因势调整勤务模式，积极协调解决海港边检隔离用房和海、空港防疫方舱建设等难题。

【经济发展服务】 主动服务国家开放战略，及时跟进中韩“陆海联运四港联动”省级战略项目，高标准完成边检查验场地建设及查验设施配备工作，超前落地“合作查验、一次放行”车辆一站式通关模式。聚焦威海打造对外开放新高地发展战略，落实国家移民管理局《促进服务航运企业发展16项新措施》，加快推进“网上办”“掌上办”“一网通办”，实现“让数据多跑腿，让群众少跑路”。完善口岸诚信评价体系，助推4个新增泊位对外开放、2条货机航线通行，保障乳山口港开通首航业务。打通海上救援边检通道，威海出入境边防检查站获评山东省海上搜救工作先进集体。

（张泽中）

•石岛出入境边防检查站•

【概况】 2021年，中华人民共和国石岛出入境边防检查站检查出入境人员

5.85万人次，检查出入境船舶2702艘次，查获办理行政执法案件9起11人次，查获移交在控在逃人员2人次，配合市政府部门做好入境和在港人员核酸检测6500余人次。年内，3名民警立个人三等功、12名民警获嘉奖。

【口岸协作共管】 严格落实党委国家安全责任制，从严抓实口岸反恐维稳、反分裂等5项重点任务。筹备召开石岛口岸执法合作暨联勤联动工作会议，与海关、海警、海事等部门签订合作协议，累计组织联合处突演练3次、锚地巡查11次，查获擅自改变出境口岸等海上违法违规案件4起。打破地域限制，与浙江出入境边防检查总站舟山边防检查站签订全面合作协议，在远洋渔船管控、数据共享联查等方面加强合作，提升重点环节管控力度。构建"边·警"多维警务合作新模式，与威海市公安局建立警务合作机制，加大资源共享、信息共通、平台共建力度，在打击违法犯罪、反恐反渗透、多警种执法合作方面打开新局面。与海关、海事部门密切联动，对船舶入境坞修、船员换班等开展风险联评、问题联查、手续联审。组建数据核查专班，对入境船舶和船员实施100%轨迹回溯、身份排查，全年核查出入境人员2万余人次、船舶1058艘次。加强对修造船厂梯口监管制度落实情况的督导检查，安排民警在重点港区开展24小时不间断巡查，累计发现劝阻未满足防疫要求擅自离船船员3批7人次。

【口岸风险管控】 做好庆祝中国共产党建党100周年等重大安保维稳任务，开展"国门利剑"专项行动，紧盯重点码头、关键区域、高风险船舶，实施"静态管控、动态防控、合成打击"一体化勤务模式，将警力全部下沉一线，全面提升码头见警率和动态掌控力。开展为期3个月的"净港"专项行动，有针对性地抓好风险隐患排查、反偷渡整治等工作，并联合驻地派出所对港区周边58个非开放码头进行梳理排查，布建网格管理员，公开举报热线，确保违规行为能够及时发现处置。推进妨害国（边）境管理专项斗争，先后筛查出入境记录30万余条，核查出境未归及涉赌涉诈人员9000余人，上报涉嫌非法出入境11人，被上级采用案件线索9条、立案1条。

【口岸发展保障】 以国家移民管理局服务发展"十六项新举措"为指导，印发《服务全市高质量发展12项措施》，将"数字提速""一次办好"等承诺落到实处。全年一次性办结国际航行船舶入出境手续346艘次，为196艘次外籍船舶在国内港口间移泊免办边检手续。按照"24小时即申即办"原则，服务保障维修船舶入出境635艘次，为1400余名作业人员免办边检行政许可。配合联防联控与社会稳定组完善船员换班流程，累计服务保障5210名船员换班，其中外国籍船员3批7人次。11月，全力保障某公司5名不符合换班条件船员完成换班任务。

（郝振波）

·龙眼港出入境边防检查站·

【概况】 2021年，中华人民共和国龙眼港出入境边防检查站检查出入境船舶1095艘次、出入境员工1.36万人次。1个集体获评国家移民管理局"四强"党支部。创新打造"三位一体"党员教育管理监督闭环模式，获评山东省边检机关"十佳优秀党建案例"。1人立个人二等功，1人立个人三等功。

【口岸管控】 突出防风险、严打管、强震慑"三道关口"，建立安保专项风险评估机制，全面加强"情指勤"一体化实战型指挥中心建设，构建"1+3"情报数据研判架构，利用港口系统和船讯网等平台对船舶航行轨迹、船员出入境记录进行全面核查分析，严把"信息预警"关和"风险研判"关。2021年，核查出入境船舶及人员信息8500余条，排查发现非法出入境嫌疑船舶2艘，在风险防范预警方面取得显著成效。深入推进"国门利剑2021"系列专项行动，紧盯集中打击妨害国（边）境管理、涉"三非"、涉赌诈"三项攻坚"，始终保持严查、严控、严打高压态势，整理上报案件线索32条，立案12起，涉案嫌疑人员155人次。其中，遣送出境"三非"人员126人次，中国籍人员非法出入境4人次，跨境涉电赌诈人员12人次，外国人非法居留13人次。

【勤务改革深化】 依托船舶风险评估和诚信管理机制，结合口岸限定区域封闭、港区企业自管情况及船舶风险等级采取相应管理措施，实现警力精准投放，助推边检勤务工作的提档升级。加强与驻地海关、公安、卫生健康等部门沟通联系，进一步完善口岸联防联控机制，实现勤务全流程闭环运行。推广实施智能梯口查验模式，实现上下外轮许可、搭靠外轮许可网上申请、审核、签发。在龙眼港、俚岛港全面实行无纸化查验模式，实现边检治理效能新提升。2021年，为企业节约办证时间200余小时，船舶手续办理时间平均缩减半小时。网上签发边检行政许可5745份，办理船员换班手续552人次，开通"绿色通道"紧急救助受伤船员3名，出入境边防检查站因优质服务获赠港航企业锦旗2面。

【边检队伍建设】 扎实推进队伍正规化建设，持续固化"一人一事"经常性思想工作体系，完善修订《龙眼港出入境边防检查站行政管理规定（试行）》，探索建立行管闭环监管体系，创新推行智能化管队模式，维护队伍高度集中统一和安全稳定，保持建站21年安全无事故的态势。全力抓好边检业务培训、警务实战训练、基础体能锻炼，以考促训、以考促练，全面增强民警综合能力素质，全站初级检查员等级考试通过率85.7%，1人被国家移民管理局评为全警实战大练兵"标兵个人"。

（郭惠君）

编辑　李传强

旅　　游

综　述

【概况】　2021年，全市接待游客总人数4407.3万人次，比上年增长35.3%；实现旅游总收入533.52亿元，增长35.7%。其中，接待国内游客4403.93万人次，增长35.4%；国内旅游收入533.52亿元，增长36.1%。全市有国家A级以上旅游景区49家，旅行社160家，星级饭店40家，民宿195家，国家级工业旅游示范点7家，省级以上农业旅游示范点78个，精品采摘园32个，星级“农家乐”60个。开展第五届威海市文化和旅游惠民消费季活动，先后发放消费券269.91万元，拉动消费1079.63万元。千里山海自驾旅游公路自5月1日正式启动，带动自驾游数量比上年增长492%，增幅居全国第2位，单日流量最高突破40万人次，入选“中国潮经济·2021网红城市百强榜”，成为全国文化和旅游市场的“现象级”事件。威海千里山海自驾旅游公路文旅创新项目获评第五届山东省文化创新奖，被中央电视台品牌强国工程重点推介。

（王　园）

【威海文旅发展集团有限公司】　威海文旅发展集团有限公司是威海市委、市政府重点打造的唯一市属国有文旅产业专业化运营平台，于2019年8月16日成立，注册资本5亿元，有直属单位14家，主营景区运营、酒店餐饮、节庆会展、体育赛事、教育研学5个业务板块。2021年，公司聚焦各项主责主业加快发展。景区旅游板块，刘公岛景区入选山东省热门景区。酒店餐饮板块，抱海大酒店、塔山宾馆、海景花园大酒店3家老字号酒店增开新店7家。教育研学板块，推出“课堂+基地”教育新模式，培训班次和学员人数实现双增长，实现全国省级行政区和党政军民学各个群体全覆盖。体育赛事板块，举办千里山海帆船赛、仙境海岸半岛城市帆船拉力赛（威海站）等比赛。节庆会展板块，承办韩国（山东）进口商品博览会等。一体化运营千里山海自驾旅游公路，整合加盟驿站15家、生态伙伴87个，策划线路产品22套、网红打卡点100个。5月1日启动后，自驾游客数量增长近5倍，单日最高突破40万人次，2～3天“深度体验游”占比提升至80%，带动景区、酒店收入比上年增长近20%。9月10日—12日，韩国（山东）进口商品博览会举办，Brand-K、三星、SK、浦项、LG、韩亚航空等行业知名品牌参展，新媒体阅读量超过100万人次，各类活动线上观看量超23万人次，国内各级媒体50余家及韩国媒体123家对展会集中报道，中央电视台中文国际频道进行专题报道。9月9日，威海海鲜美食广场建成运营，项目位于刘公岛旅游码头东侧，场地南北最长处150米，东西最宽处190米，占地面积约2.5万平方米，入驻“抱海· 纳百川”“塔山·金顶丽湾”“海景·海湾丽景”3家品牌餐饮店；先后举办迪尚时装秀、中韩美食节、冬季冰雪嘉年华等6个活动，吸引观众7万余人次。承办仙境海岸半岛城市帆船拉力赛（威海站），威海、青岛、烟台等半岛7个市的8支队伍近100位运动员参赛。打造威海文旅产业互联网平台，完成二期建设，搭建“自在威海”智慧旅游平台，吸引入驻商家134个，上架旅游产品282种。与携程旅行网深度合作，共享流量，实现游客一键下单，平台总访问量122万人次，单日最高访问量4万人次，销售额突破4000万元。开发“自在威海”App，

5月1日，威海千里山海自驾旅游公路首批加盟驿站授牌仪式举行

（威海文旅发展集团有限公司　提供）

接入高德地图导航架构，建成国内首个针对封闭型自驾旅游公路的智慧导航系统。加强品牌宣传推广，主流媒体持续关注，中央电视台、新华社报道刘公岛景区6次，先后推出《护航之道》《党课开讲啦》《发掘记——永不沉没》《甲午警世钟》等专题报道。强化千里山海自驾旅游公路品牌营销，推出“创作一支歌曲”“拍摄一部宣传片”“发布一本旅游护照”“推出一张‘山海畅游’卡”“策划一套‘文旅锦鲤’”等活动，线上传播量5天破1亿人次。“威海自驾游”搜索热度排名全省第1位、全国第2位，入选驴妈妈旅游网“国内长线游热门十大目的地”。

（张 斌）

旅游规划与项目建设

【概况】 2021年，全市开工建设重点文旅项目90个，计划投资86.28亿元，完成投资86.3亿元。华夏城生态文明教育馆、生态文明培训中心，那香海探险世界和国际经贸交流中心均对外营业，那香海温德姆花园酒店基本完成建设。大乳山景区、圣经山景区、呼雷汤等项目盘活取得初步成效。

【文旅项目招商引资】 2021年年初，完成38个重点招商项目梳理和包装，编印招商手册。先后邀请中国旅游集团有限公司、上海电气输配电集团股份有限公司、东软集团股份有限公司等投资商实地考察文旅项目。7月6日—9日，举办威海文旅产业招商推介大会系列活动，邀请48家国内投资商参加招商推介会，面向全国客商推介东部滨海新城文旅综合开发、昆嵛山休闲度假小镇等项目，并接受投资专家点评；签署合作协议，签约项目覆盖特色小镇、乡村振兴文旅项目、农旅融合现代产业园等多种业态，总投资超过100亿元。中国文旅新业态博览会巡回展同步举行，全国各地30余家文旅企业、景区等参展，其中威海市参展企业11家。其间，举行知名文旅企业家山东行、文旅产业高质量发展专题研讨会等产业推介系列活动。

（曲茜茜）

【智慧文旅建设】 配合做好全省“好客山东 云游齐鲁”智慧文旅项目建设，全面做好国家A级旅游景区、重点乡村旅游区点、餐厅美食、精品线路等信息上传。4月29日，“好客山东 云游齐鲁”智慧文旅平台上线试运行。完成全市文化与旅游重点区域监测平台建设，平台接入文化和旅游单位90余家，视频监控覆盖累计380余路，全市文化与旅游重点区域监测平台被列入数字强省建设案例。

（张 华）

旅游宣传与促销

【概况】 2021年，威海市旅游宣传与促销工作以全时、全域、全要素旅游理念为引领，以高站位、高标准、高强度推进千里山海自驾旅游公路为着力点，积极培育文旅消费新载体，形成拉动区域消费新格局，全力推进威海“国际滨海休闲度假旅游目的地”城市建设。

【千里山海自驾路运营推进】 市文化和旅游局牵头推进千里山海自驾旅游公路项目建设运营，串联起威海90%以上的文旅资源，将全市变成一个没有边界的大景区，重点构筑以自驾路为核心的运营生态体系、品牌形象体系和品牌产品体系3个体系，15处驿站开放并成为网红打卡新地标。推动威海文旅产业互联网平台和“自在威海”智慧旅游平台建设，上线供应商89家，总访问量595万人次，活跃用户超20万人，构筑起线上线下的运营生态体系。量身定制一句广告语、一个LOGO（徽标）、一组歌曲+MV（音乐短片）、一部宣传片和一本自驾游护照，构筑起自驾路专属品牌形象体系。打造独具威海特色的“爱在威海”四季文旅品牌产品，推出精品线路20条和打卡点100个，形成自驾路品牌产品体系。9月28日，“最美风景在路上·畅游美丽中国”活动新闻发布会在北京市召开，现场首发“千里山海·自在威海”组歌（《山海在路上》《等你来》《遇见》《爱上你》），提升威海千里山海自驾旅游公路的品牌形象和品牌价值。

【“千里山海 自在威海”自驾游品牌建设】 实施四大“引爆”（征集环节、发布环节、启动环节、推广环节“引爆”）行动，打响“千里山海 自在威海”自驾游品牌。面向全国开展路名、LOGO和广告语及主题曲的征集活动，吸引5000余万人次参与，征集有效作品7083件。在北京地铁天安门站、烟台蓬莱国际机场、济南火车站累计投放主题广告牌75块。4月20日，市政府召开新闻发布会，组织100余家权威媒体重点报道，在线与网友互动，多平台实现观看量1000余万人次。5月1日，威海千里山海自驾旅游公路正式启动。通过“主会场+分会场”现场连线互动形式，推出特色主题活动146场，组织1万名游客自驾游威海。邀请一批“100万级‘粉丝’量”的旅游短视频博主、网络“大V”实地打卡，自主原创攻略型短视频，实现线上话题宣传的叠加效应。联合“Hi威海”新闻客户端启动“千里山海行”大型融媒体品牌宣传活动，推出重点打卡地图文、视频融合报道16期，专辑报道19期，名家报道4期，综合报道9期等，全网100余家新媒体平台实现流量1.08亿次。

【“最美风景在路上·畅游美丽中国（威海）自驾行”活动】 10月25日，由文化和旅游部指导，中国文化传媒集团有限公司、山东省文化和旅游厅、威海市人民政府主办，威海市文化和旅游局承办的“最美风景在路上·畅游美丽中国（威海）自驾行”活动在威海市启动，市文化和旅游局作典型经验交流。活动发起并成立全国旅游公路推广联合体，设立最美旅游公路大会永久会址，发布“最美风景在路上·自驾游”主题线路，最美风景在路上打卡点落户威海市，联动全国26个省级自驾游协

10 月 25 日，“最美风景在路上 • 畅游美丽中国（威海）自驾行”活动启动仪式举行　　　　　　　　　　　　　　　　　　　　（威海日报社　提供）

会共同发起“全国百城最美乡村自驾助力行”主题活动并授旗，探索建立导航自驾数字智慧化。邀请全国 20 余家媒体现场直播报道，官方直播平台在线观看人数超过 27 万人，全网全媒体播放量突破 1000 万次。威海市政府副市长杨丽两次做客“文旅中国会客厅”，为威海千里山海自驾旅游公路推介代言。

【全媒体矩阵营销】　通过开设主题专栏、深度报道、策划采风活动等形式，在主流媒体持续营造宣传热点。“五一”期间，威海市两天 4 次被中央电视台《新闻联播》《晚间新闻》《中国新闻》等栏目报道，全网播放量 5 天内破 1 亿次，新华社客户端单条浏览量达 100 万次以上。11 月，中央电视台中文国际频道百集系列节目《行走海岸线》威海段播出，财经节目中心主办的大型融媒体活动《百年百城•威海篇》上线。在“抖音”“快手”短视频平台开设“千里山海自驾旅游公路”话题，吸引原创自驾旅游攻略短视频 1030 条，累计播放量 9700 万次。开展千里山海自驾旅游公路大型融媒体活动，深度挖掘宣传沿线网红打卡点。策划自驾路短视频 380 余个，通过多媒体平台广泛发布。联合各区（市）在北京地铁天安门站开设“辉煌的中国•威海市文化旅游大道”广告牌，将威海市融入“辉煌中国”推介，《精致威海，在天安门向世界递出中国新名片》宣传报道引发全媒体平台广泛传播，单日在线浏览量突破 2000 万次。“五一”等时间节点，联合威海日报社，策划推出“千里山海行”大型融媒体品牌宣传活动；中秋假期，“威海小伙驾游千里山海自驾旅游公路迎娶新娘”“中国最美迎亲路”话题登上“抖音”短视频平台同城热搜榜第 1 名。开展“名模打卡游威海”活动，当日直播观看量突破 100 万次，吸引互动热度破 1 万次。融入新媒体矩阵联盟，以线上营销刺激线下消费。与驴妈妈旅游网、《假日自助游》杂志合作，打造四季自驾精品旅游线路产品，推出涵盖住宿、餐饮、交通的自驾游威海攻略，吸引更多游客自驾游威海。在“抖音”旅游推广月期间，推出“威海美好旅行直播季”活动，在公路沿线的景区开展直播活动 10 余场，售票成交额突破 100 万元。其他行业与旅游业主动融合、合力联动，实现“+ 旅游”的产业生态重塑。“时尚 + 旅游”方面，与迪尚集团有限公司开展“超模打卡游威海”活动；“交通 + 旅游”方面，开通“千里山海 • 自在威海”客运专线和 46 路网红观光巴士；“农业 + 旅游”方面，开展“畅游山海 • 寻梦田园”活动，推出乡村旅游打卡地 60 个，拉动乡村经济；“健康 + 旅游”方面，贯通 182 千米滨海步道，打造主客共享的城市休憩空间。通过宣传推广营销，实现单日客流量突破 40 万人次，自驾游占比达 70% 以上，2 ～ 3 天“深度体验游”占比提升 80%。

【国际化推介交流】　威海市被文化和旅游部列为俄罗斯旅游市场及中俄开展高质量旅游合作调研目的地城市之一。市文化和旅游局配合市商务局组织“续千年缘 筑中日情”——“对话威海”中日经贸文旅交流推介会，配合市人民政府外事办公室线上开展对日本、韩国线上推介交流会。积极融入胶东经济圈文旅一体化推广，推进区域旅游合作。

（张宗祥）

旅游行业管理

【概况】　2021 年年底，威海市有星级饭店 40 家，其中五星级 3 家、四星级 15 家、三星级 21 家、二星级 1 家。有旅行社 160 家，其中 A 级旅行社 57 家，出境社 17 家。全市文化和旅游行业做好安全生产、新冠肺炎疫情防控、市场秩序 3 个基础性保障工作，以标准化为重点，不断优化营商环境，提高行业服务质量，提升行业队伍素质，推动文旅行业高质量发展。

【旅游饭店业“双减双升”行动】　2021 年，市文化和旅游局在全省创新开展“双减双升”（减少宴会菜品数量、菜品分量，提升菜品质量、餐饮服务质量）行动，以标准化引领，在全市旅游饭店开展制止餐饮浪费的特色实践和有益探索。《“双减双升”助力全域休闲度假产业升级　推进国际滨海休闲度假目的地城市建设》被《中国旅游报》专题报道，并纳入全市比学赶超典型案例。制定行动指南 20 条，创建标准化菜单体系，设置采购、加工、服务全链条“标准食谱卡”，设立“喜事管家”“服务管家”“文明用餐引导员”，实现“标准 + 优质”双提升。设立创新工作室，注重“创新 + 传承”，推出上百道创新菜。开展“双减双升”大家谈、做客直播间、“光盘有礼”和“双减双升”进社区进校园等活动，推出全民互动答题赢红包活动，3 天参与点赞人数 2.6 万人次，引导消费者树立健康节约餐饮习惯，全市参与行动旅游饭店 60 余家。在《威海日报》、“文旅威海”微信公众号等开

12 月，在餐厅主要位置设立“双减双升”行动宣传展板

（杨 正 摄）

设专栏，在各旅游饭店摆放易拉宝、播放宣传片。以“酒店＋”为转型引擎，推出“酒店＋亲子”“酒店＋酒吧”等模式，增强休闲属性和延展服务。

【2021 中国（威海）国际海鲜美食节活动】 在全市开展中国（威海）国际海鲜美食节活动，活动包括 2021 半月湾国际沙滩音乐节、2021 威海·青岛啤酒海鲜美食嘉年华等系列活动，挖掘餐饮文化内涵，打造地方特色美食，通过“美食＋文化＋体验”，丰富群众夜间休闲生活，提升“中国海鲜·享威海”品牌的知名度。

【旅游安全生产管理】 深入开展安全生产隐患大排查大整治活动和安全生产三年行动，摸清行业监管对象底数，印发领导班子成员安全生产责任清单，严格落实部门安全生产责任。督导 934 家企业修订全员安全生产责任清单，落实企业主体责任；召开安全生产和假日市场专题部署推进会议 18 次，举办安全专题培训 3 次，迎接省、市专项督导 21 次，协调 3 名驻点人员对 6 家重点企业进行流动驻点，印发通知文件 130 余个，参加恶劣天气视频调度会 26 次，发布温馨提示 162 条，组织法规学习、宣传教育活动 18 次；制定安全生产隐患排查标准化清单，检查文旅企业 5796 家次，出动人员 7625 人次，发现隐患 680 处，全部整改到位。建立全市文旅领域疫情防控平急流转机制，开展新冠肺炎疫情防控督导检查，出动检查人员 6234 人次，检查文旅经营单位 3500 家次，确保各项防控政策落地落实。全年全市文旅领域整体平稳有序，未发生安全责任事故。

【文旅行业政务服务水平提升】 市文化和旅游局市级 80 项依申请政务服务事项全部纳入市政务服务大厅文旅局窗口集中办理，依申请事项进驻率、一次办好率、可全程网办率均为 100%。优化网上办理事项要素，实行容缺受理，提供贴心帮办服务，提高群众的满意度。对省政府下放的 11 个权力事项承接工作进行自查梳理，做好省级专题调研工作。2021 年，受理各类业务 1164 件，办结 1164 件，按时办结率 100%。

【文旅市场环境优化】 组织 2021 年第一期全国文化执法培训班、全国文化市场综合执法运行机制座谈会和全省文化市场综合执法培训班。认领“互联网＋监管”事项 214 个，并做好与政务服务事项系统的映射关联，实现关联率、覆盖率、及时率 3 个 100%。开展“双随机、一公开”抽查任务 13 项，设立市级旅游诚信先行赔付金 70 万元，做好优化营商环境市场监管指标迎评工作，推行非现场执法监管经验。开展未经许可经营旅行社业务、旅游市场专项整治等行动，组织全市 159 家旅行社签订规范诚信经营承诺书，在电视台录制《安全出行 欢乐度假》专题节目。推荐荣成市申报全国文化和旅游市场信用经济发展示范点。

【行业队伍素质提升】 举办新引力沙龙角讲座 7 期，围绕民宿管理、文化创意、产业发展等方面进行授课。组织企业赴济南市、日照市等地学习民宿政策、扶持奖励等方面的经验和做法。年内，1 家民宿获评山东省五星级民宿。落实旅游服务质量保证金政策，全年为 18 家旅行社暂退保证金 289.5 万元。开展 2021 年“导游云课堂”在线培训，1 名导游员获评 2020 年“金牌导游”培养项目“金牌导游”，1 名导游员入选文化和旅游部 2021 年“金牌导游”培养项目，1 名导游获评全省十佳导游主播，选派 2 名选手参加第七届山东省旅游行业导游职业技能竞赛；刘公岛景区、威海卫大厦获评省级文明旅游示范单位；完成 34 项文明城市创建网上材料申报和 8 类场所实地测评工作。

（曲晓琳）

景区景点

【概况】 威海市旅游资源丰富，自然资源与人文资源兼备。2021 年，全市有旅游景区（点）80 余处，有国家 A 级以上旅游景区 49 家，其中国家 AAAAA 级 2 家、AAAA 级 13 家、AAA 级 30 家、AA 级 4 家。自然资源以“海、岛、滩、湾、泉、山”为特色，全市拥有 978 千米海岸线，沿线沙滩细腻绵延，海水碧蓝纯净，有国际海水浴场、文登金海滩、乳山银滩等天然海水浴场 10 余处，有威海湾、半月湾、九龙湾等海湾 16 个，有刘公岛、海驴岛等大小海岛 168 个，有优质地下温泉 9 处，有昆嵛山、圣经山、里口山、铁槎山、大乳山等山地风景区。人文资源以秦汉文化、民俗文化、道教文化、甲午文化、英租文化为代表。全市有各级文物保护单位 217 处，其中国家级 4 处（刘公岛甲午战争纪念地、威海英式建筑、文登圣经山摩崖、荣成留村石墓群）、省级 78 处、市级 41 处、县级 94 处，一般不可移动文物 502 处；

另有省级水下文物保护区 1 处（威海湾北洋海军定远沉舰遗址）。中国甲午战争博物院获评首批国家一级博物馆，天福山起义纪念馆获评全国爱国主义教育基地。全市初步形成以东夷文化遗存、成山头秦汉遗迹、圣经山摩崖石刻、明清海防遗迹、刘公岛甲午战争纪念地、威海英式建筑、天福山革命遗址等板块为主的人文旅游景观体系。

2021年威海市国家AA级以上旅游景区一览表

表12

景区名称	级 别	地 址	获得时间
刘公岛风景区	AAAAA	威海市刘公岛	2010年8月
华夏城景区	AAAAA	威海市环翠区华夏路1号	2017年2月
成山头景区	AAAA	荣成市成山镇	2002年10月
赤山景区	AAAA	威海海高园（石岛管理区）	2005年12月
天沐温泉度假村	AAAA	威海市文登区张家产镇	2009年11月
汤泊温泉度假区	AAAA	文登经济开发区大连路2号	2010年5月
大乳山滨海旅游度假区	AAAA	乳山市海阳所镇	2002年10月
乳山银滩旅游度假区	AAAA	乳山市银滩	2009年11月
仙姑顶景区	AAAA	威海市环翠区望岛村西	2010年5月
林海湾旅游区	AAAA	威海火炬高技术产业开发区北环海路178号	2014年6月
环翠楼公园	AAAA	威海市公园路13号	2014年6月
威海海滨生态公园风景带•“侨乡”号游轮	AAAA	威海海滨沿线	2014年6月
乳山福如东海文化园	AAAA	乳山银滩旅游度假区	2017年2月
那香海景区	AAAA	荣成市那香海国际旅游度假区	2017年12月
里口山风景名胜区	AAAA	威海市环翠区张村镇	2021年12月
槎山风景区	AAA	荣成市人和镇	2007年10月
圣水观景区	AAA	荣成市崖西镇朱埠村	2002年7月
岠嵎山景区	AAA	乳山市乳山寨镇	2009年11月
老虎山生态旅游园	AAA	威海经济技术开发区城子村	2011年12月
荣成市博物馆	AAA	荣成市成山大道东段28号	2012年8月
圣水宫景区	AAA	乳山市冯家镇孔家村	2012年8月
多福山景区	AAA	乳山市白沙滩镇	2012年8月
毛泽东像章珍藏馆	AAA	威海临港经济技术开发区苘山镇正气路	2012年8月
小石岛旅游景区	AAA	威海火炬高技术产业开发区大连路2-8号	2012年12月
石佛山休闲观光园	AAA	乳山市乳山寨镇赤家口村	2013年12月
小汤温泉	AAA	乳山市冯家镇汤上村	2013年12月
康博尔海洋健康博览园	AAA	威海火炬高技术产业开发区初村镇兴山路115号	2013年12月
山泰生态园	AAA	威海市文登区宋村镇下徐村	2015年11月
伴月湾风景区	AAA	威海市环翠区孙家疃街道	2015年11月
台依湖国际酒庄生态文化区	AAA	乳山市夏村镇台依湖西岸零零柒酒庄	2015年11月
乳山益天生态旅游观光园	AAA	乳山市白沙滩镇玉前庄村北	2016年12月
荣成成山森林公园景区	AAA	荣成市成山镇驻地	2016年12月
荣成东楮岛风景区	AAA	威海海高园（石岛管理区）宁津街道东楮岛村	2016年12月
威海韩乐坊景区	AAA	威海经济技术开发区乐天世纪城5号	2016年12月
荣成市樱花湖体育公园	AAA	荣成市悦湖中路	2017年12月
文登区栗景新天地景区	AAA	威海市文登区米山镇西铺头村北	2018年9月
威海羊亭河湿地公园	AAA	威海市环翠区羊亭镇	2020年1月
荣成甲子山庄	AAA	荣成市石岛管理区宁津街道北场村北	2020年6月
威海海螺湾休闲驿区	AAA	威海经济技术开发区滨海大道1688号	2020年6月
威海市裕红祥丝绸文化馆	AAA	威海市环翠区鲸园街道戚谷疃社区2号楼101室	2020年9月
文登天福山红色旅游景区	AAA	威海市文登区文登营镇天福山	2020年10月

续表 12

景区名称	级　别	地　址	获得时间
威海回龙山李龙文化民俗园	AAA	威海市文登区宋村镇寺前村	2020年10月
国家电投新能源科技馆	AAA	荣成市八河水库东侧	2021年12月
好当家海参博物馆	AAA	荣成市虎山镇好当家大健康产业园	2021年12月
东浦湾景区	AAA	威海经济技术开发区崮山镇五渚河入海口东侧	2021年12月
花斑彩石景区	AA	荣成市俚岛镇	2001年12月
马石山风景区	AA	乳山市诸往镇马石山	2015年7月
胶东育儿所	AA	乳山市崖子镇田家村	2017年12月
文山公园	AA	文登区文山东路	2018年9月

（曲茜茜）

【刘公岛风景区】 刘公岛位于山东半岛最东端的威海湾内，东西长4.08千米，南北最宽处1.5千米，面积3.15平方千米，最高点旗顶山海拔153.5米，距威海市区2.1海里，是国家AAAAA级旅游景区。刘公岛自然风光优美，素有“海上仙山”和“世外桃源”的美誉。岛上地势北高南低，北部直立陡峭，南部平缓绵延。岛内植被茂密，森林覆盖率达87%，有植物100余种、动物20余种，其中银杏、水杉、鹅掌楸为国家重点保护野生植物，岛内栖息的200余只野生梅花鹿为国家一级保护动物。国宝大熊猫、国家一级保护动物麋鹿、台湾梅花鹿和长鬃山羊相继在岛内安家落户。受海洋调节作用，岛内冬暖夏凉海洋性气候特点明显，全年平均气温在12℃左右，是避暑、度假、疗养的理想之地。刘公岛人文景观丰富，有上溯千年的战国遗址、汉代刘公刘母的美丽传说，有清朝北洋海军提督署、水师学堂、古炮台等甲午战争遗址，有众多英租时期遗留下来的欧式建筑，素有“东隅屏藩”和“不沉的战舰”之称。2021年，按照“建设中华民族警醒之岛”发展定位，持续开展胶东（威海）党性教育基地深化提升，实施总体国家安全观刘公岛教育培训基地一期提升和二期建设，新建公所后炮台体验馆、黄岛炮台国帜主题公园2处教学场所，中央保密委员会办公室、山东省青少年总体国家安全观教育实践基地等3个单位挂牌设点。持续优化提升岛内自然环境和服务设施，通过国家无废景区验收。

中国甲午战争博物院　为国家一级博物馆，其前身为成立于1985年的威海市北洋海军提督署文物管理所，是全国重点文物保护单位刘公岛甲午战争纪念地的专门管理保护机构，负责管理和保护威海湾南北两岸与刘公岛上28处北洋海军和甲午战争遗址。馆址位于刘公岛北洋海军提督署及其附属建筑内。1992年，经国家文物局批准备案，更名为中国甲午战争博物馆。2009年9月11日，经中共威海市委研究，由威海市机构编制委员会批准更名为中国甲午战争博物院。

中国甲午战争博物院陈列馆　由中国科学院院士彭一刚主持设计，于2008年建成开放，建筑面积7622平方米。该馆以“国殇·1894—1895——甲午战争史实展”为基本陈列，分“甲午战前的中国和日本”“日本打开战争魔盒”“民族屈辱与抗争”“警钟长鸣”4个部分进行展示，展陈面积4500余平方米，展出历史照片500余幅、珍贵文物300余件，辅助展品100余件套，以及大量油画、雕塑等艺术展品，是一座全面展示中日甲午战争历史的综合性展馆。

北洋海军提督署　又称水师衙门，建成于清光绪十七年（1891），位于刘公岛西部南坡傍海高地，坐北朝南，背山面海，占地面积1.7万平方米，是中国近代第一支正规化海军的指挥机构。作为刘公岛甲午战争纪念地的代表性文物遗址，是国内保存最完整的军事衙门之一。因是海军提督丁汝昌的驻节之地，故民间又称此为“丁公府”。2010年4月，对北洋海军提督署进行原状复原，2014年7月25日完工向游客开放。本着遵照历史、严格考证的原则，先后对提督署16个厅室按照原有功能进行原貌复原，总计陈列仿制古典家具300件、历史塑像18尊、各类文物200余件以及瓷器、字画、楹联、枪械等辅助展品1500余件，真实再现北洋海军鼎盛时期的历史风貌。

龙王庙　位于北洋海军提督署西100米处，始建于明朝末年，清末筹建海防，刘公岛成为北洋海军基地，驻岛北洋海军和北洋护军筹资重修。龙王庙为砖木举架结构，四合院布局，由山门（倒厅）、东西厢房和正殿组成，前后两院，房屋14间，连同庙前戏楼占地面积1700平方米，属道教庙观。正殿内正中供奉东海龙王塑像，两侧设有夜叉、龟相塑像，东西两侧内山墙上分别绘有《三国演义》和《封神演义》故事壁画。

丁汝昌纪念馆　原为丁汝昌寓所。建于光绪十五年（1889），位于刘公岛西端，东距北洋海军提督署约200米，坐北朝南，属砖木举架结构。寓所占地面积7000平方米，布局与原安徽巢县汪郎中村丁汝昌故居相似，分三组，左、中、右三跨院落，西院为内寓，东院为侍从住房，中院为丁汝昌办公、住宿和会客的场所，大门两侧为门房和书房。院内有1株百年紫藤，系丁汝昌亲手栽植，老干已枯死，发出的新枝虬曲，生长茂盛，每年5月花团锦簇，清香四溢。光绪十四年（1888），北洋海军成军后，丁汝昌携眷在此居住6年多，又称“小丁公府”。

威海水师学堂　位于丁汝昌寓所西150米处。北洋海军提督丁汝昌奉北洋大臣李鸿章之命，在刘公岛西端择购民地，兴建水师学堂，光绪十五年（1889）开工，次年建成，当年即招收46名驾驶学生授课。花费购地银、工料银合计近1万两，建筑房屋63间，占地面积1.8万平方米。光绪二十年

(1894）中日甲午战争爆发时，学堂第一届学生毕业，派登各舰参战。次年2月刘公岛失陷，学堂许多建筑毁于战火，学堂停办。该学堂是清末继福州船政学堂、天津水师学堂、广东水陆师学堂之后的第4所海军学堂，因校址在刘公岛上，故又称刘公岛水师学堂，是全国唯一有迹可循的近代水师学堂。

铁码头　位于刘公岛西端南面海中，呈“丁”字形，系北洋海军成军后，为其舰船提供停泊，补给煤炭、弹药、军械之所。刘公岛铁码头由道员龚照玙主持设计建造，光绪十五年（1889）施工，光绪十七年（1891）竣工，工料总造价白银15.15万两。民国4年(1915)，上部被改接成长205米，宽6.9米的铁架；民国24年（1935)，因铁板锈蚀进行修建，涨潮时可停靠万吨轮船。中华人民共和国成立后，1953年，将锈蚀的铁板、墩柱和铁框等更新；1971年，增建“丁”字形引桥。

北洋海防炮台　刘公岛上有清代北洋海军时期海防炮台6座，分别为黄岛炮台、麻井子（又称“公所后”）炮台、旗顶山炮台、迎门洞炮台、南嘴炮台、东泓炮台，与威海湾南北两岸炮台遥相呼应，控扼威海湾南北2个海口，均由德国人汉纳根设计。与炮台配套建有地下通道、兵舍、弹药库等，并相互贯通。炮台及配套建筑使用花岗岩砌筑、水泥灌浆，设计合理，工艺讲究，施工严谨，坚固实用。

刘公岛博览园　占地面积5万平方米，有展区6个、展厅19个，采用高新科技与传统工艺相结合的展示手法，全方位、立体化地讲述刘公岛刘公文化、甲午战争和英租历史3个主题文化。海圣殿内，精选30余吨、上千种天然彩色玉石，由江南玉雕艺人精雕细琢而成的彩玉壁画，讲述汉代皇太子刘民历尽艰辛漂泊至刘公岛的传奇经历，集中展现刘民在刘公岛上扶危济困、乐善好施的故事。望海楼，始建于唐代，系登州刺史为迎候武则天东巡所建，后毁于战乱。复建的望海楼，高约30米，为博览园最高点，分为春福厅、夏禄厅、秋寿厅、冬禧厅4层，楼内汇集国内20余位顶尖工艺美术大师的精品杰作，堪称“艺术宝库”。中华海坛，为纪念中日甲午战争110周年而建，与天坛、地坛并称的中华海坛，是国内唯一的祭海神坛，坛中高16.8米的定海神针巍然耸立，古代宝鼎雄浑大气，56条巨龙盘踞坛座，整体架构气势磅礴。英租威海卫历史博物馆，展厅面积1290平方米，通过场景复原、影视蜡像、雕塑等先进展示手段，真实再现作为“七子”之一的威海卫被英国强租32年、刘公岛被英国强租42年的屈辱历史。鲸馆，建筑面积1600平方米，存放世界上岸最大抹香鲸（长约19.6米，重50.1吨）的表皮、骨骼以及重要器官的标本，通过模拟海洋生态环境，以展示标本为主体，综合运用图片、展板、多媒体等高科技手段，全面展示抹香鲸及相关鲸类知识，是国内规模、特色和档次最高的鲸豚科普教育基地之一。钓鱼岛主权馆，于2015年9月7日在刘公岛开放。该馆是全国第一个全面展示钓鱼岛历史与主权的专业场馆，通过近100幅真实的历史图片、翔实的历史资料和珍贵的文物实物，从享有主权、宣示主权、捍卫主权3个角度，深入阐述钓鱼岛的沧桑命运，用历史事实和法理道义阐明钓鱼岛是中国固有领土，中国对其拥有无可争辩的主权。

刘公岛国家森林公园　占地面积266.67公顷，有树木19个科目80余种，野生花草50余种，鸟类50余种，树木以黑松为主，梅花鹿等数十种野生动物栖息园中，听涛崖、五花石、刘公泉、板疆石、贝草嘴等自然景观遍布园中。其中，为纪念北洋海军成军100周年而建的北洋海军忠魂碑，位于刘公岛国家森林公园西部山顶，碑身为白色、六棱形，高28.5米，上书“北洋海军忠魂碑”7个金黄大字。碑文下部两侧是表现北洋海军将士英勇杀敌、浴血奋战的群像浮雕。

刘公岛珍稀动物园　位于刘公岛国家森林公园西部避风朝阳、草木繁茂区域，占地面积3万余平方米。国宝大熊猫馆，于2010年9月30日落成，同年11月5日开馆，中国大熊猫保护中心四川雅安碧峰峡基地的一对名为“竹灵”(雌性，2007年生)、“宁宁”(雄性，2008年生）的国宝大熊猫在馆内安居。台湾梅花鹿和长鬃山羊馆，于2011年5月28日开馆。台湾梅花鹿和长鬃山羊纪念馆，于2012年6月9日建成开放，全程记录台湾梅花鹿和长鬃山羊从台湾迁居刘公岛国家森林公园的全过程。麋鹿馆，于2011年8月2日开馆，国内最大的麋鹿饲养区江苏大丰国家级麋鹿自然保护区的国宝级珍稀动物——麋鹿在馆内安居。

刘公岛艺术馆　利用修复后的英租时期蒸馏塔改造筹建，展陈面积600余平方米。在北洋海军成军130周年和改革开放40周年之际，举办《今昔刘公岛，光影130年》影像展，遴选130幅具有代表性的刘公岛历史老照片及部分摄影家、景区职工的摄影作品，涵盖北洋海军、英租历史、景区发展面貌等影像，诠释刘公岛130年今昔变迁，记录“铭记历史教训，传承红色基因，不忘初心使命”的历史情怀和责任担当。

唐长沙窑瓷器博物馆　2012年，投资230万元修复英租时期英利商行，展陈面积500余平方米。2018年12月1日，辟建唐长沙窑瓷器博物馆，作为威海市公益文化空间项目之一，免费对外开放。展出不同器型唐代瓷器106件，瓷器多为青釉，工艺为贴模烧制，具有西域和波斯域外特色，具有较高艺术价值。

“定远”号纪念舰　2003年投资建成，舰船主体依据素有“亚洲第一巨舰”之称的北洋海军“定远”号旗舰，按照长94.5米、宽18米尺寸1∶1复制，真实再现历史场景。作为展示甲午历史，弘扬海权文化，普及舰船知识的综合景区，定远舰是唯一的19世纪铁甲舰复制舰。“定远”号纪念舰于2014年与刘公岛景区实施一体化经营，于2015年12月11日迁至刘公岛客运中心，实现资源共享、优势互补。2018年，定远舰景区完成展陈布局升级改造工程，全舰可供参观的地方分为上下5层，其中甲板上3层为武器装备，舰内2层为历史展厅。经过大量历史资料考证，复原蒸汽机、锅炉舱、煤舱、弹药舱以及官兵生活舱等，填补舰船复制史的空白。2019年12月，纪念舰迁址刘公岛，与刘公岛景区联票运营。

历史选择展馆　系修复利用的北洋海军机械局和屯煤所等历史文物建筑，展馆室内面积3000平方米，展陈面积2.2万平方米。作为胶东（威海）党性教育基地的核心部分，该馆分民族救亡道路的艰难探索、历史在国共两党身上聚焦、历尽苦难的中国共产党、万众归心迈向新中国和书写辉煌的历史答卷5个部分，运用大量历史文献资料图片、展板和油画，以声光电半壁画、LED视频等技术，运用对比、写实的手法，从中华民族复兴历史的大视野，全方位观察中日甲午战争后中国政治舞台上的各种政治力量，回答历史和人民为什么会选择中国共产党。2017年6月，通过中共山东省委组织部统筹推进胶东党性教育基地建设专题研讨会专家验收并正式启用。

东泓炮台展馆　修复利用东泓炮台陈设布展，布设“北洋海军威海卫基地防务掠影”主题展览，分为“北洋海军基地威海卫”“刘公岛炮台防务体系”“威海湾炮台防务体系”“甲午国殇，警钟长鸣”4个部分，通过遗址复原和图文形式系统展示北洋海军威海卫基地的建设背景、过程、设防及历史事件。2019年6月12日，展馆免费向公众正式开放。

总体国家安全观教育展馆　通过修复利用刘公岛北洋海军基地后勤保障设施机器局、鱼雷修理厂等历史文物建筑打造而成，由“警钟长鸣，国家安全的历史警示”“安国之路，捍卫国家安全的辉煌历程”“思危图强，国家安全的时代呼唤”“安国基石，国家安全的根本遵循”4个部分组成，展示总体国家安全观形成与发展的历史渊源、思想基础、时代背景、丰富内涵、践行要求、重大意义。2020年9月27日，该馆试运营。

隐蔽战线·特殊力量展馆　通过修复利用刘公岛北洋海军基地后勤保障设施工程局等历史文物建筑打造而成，由“为了民族独立、人民解放”“为了国家富强、人民幸福”“为了民族振兴、人民向往”3个部分组成，展示隐蔽战线和保密战线在国家安全中的特殊贡献。2020年9月27日，该馆试运营。

黄岛炮台——国帜主题公园　黄岛炮台位于刘公岛最西端，原为一座孤悬海上的小岛，距离刘公岛200余米。围绕“祖国在我心中”，深入挖掘“国帜三易”历史故事和题材，对黄岛炮台历史遗址进行修复利用，改造提升周边环境，打造国帜主题公园，是总体国家安全观刘公岛教育培训基地的二期工程，于2021年6月建成并开放运营。公园以1条景观轴线，串联

4月23日，“110”号退役驱逐舰向社会开放　（孙大伟　摄）

公园入口标识、国家安全主题雕塑、国旗宣誓广场、“国歌”主题墙、国家安全主题景观、“国帜三易”遗址、兵营工事等重要景点。通过讲解“国帜三易”历史，举行升国旗仪式，引导人们增强国家意识、爱国意识和国家安全意识。

公所后炮台体验馆　坐落在刘公岛西端岬角处，西与黄岛炮台相望，北面隔威海湾与北帮炮台相对峙，南与刘公岛水师学堂相接，毗邻麻井子船坞。公所后炮台因位于海军公所后而得名，又因西临麻井子船坞，亦称麻井子炮台。该馆依托北洋海军所后炮台遗址遗迹，修复利用炮台兵舍、弹药库、炮位等历史文物建筑设施，完善周边环境配套设施，打造军事项目体验馆。结合炮台防御工事构成，体验馆划分为序厅、炮台环境体验区、兵舍武器体验区、尾厅4个组成部分。序厅位于西坑道入口处，以图文展板、数字化沙盘等形式，展示刘公岛保卫战相关历史背景。炮台环境体验区由坑道、弹药库、炮台等空间组成，分为西、中、东3个坑道，通过数字投影形式，呈现刘公岛保卫战期间炮台作战风貌和战争氛围。西炮台利用原有环境，在炮位安装地陷炮仿真模型，修复避难坑、零件库、弹药库、运弹坑道等空间环境，以“实物+数字”展示的方式，营造炮台战争氛围。东炮台保持历史原貌，用于遗址参观。兵舍武器体验区，主要位于中兵舍和东兵舍，东兵舍主要采用“墙面微调+数字投影”方式，呈现战争场景体验，中兵舍侧重于武器互动体验，设置有重炮互动、速射炮体验、策略游戏、榴弹炮模型阵列等。尾厅位于中兵舍西侧，采用“投影+玻璃造景”、光子膜成像方式，展示结语、刘公岛英魂展示、刘公岛战后遗迹等内容。作为总体国家安全观刘公岛教育培训基地的二期工程，于2021年6月建成并开放运营。

“110”号退役驱逐舰　是中国自主设计建造的第1代国产导弹驱逐舰，在中国军舰建造史上具有里程碑式意义。该舰于1979年6月在中华造船厂开工制造，1981年8月正式下水，1984年12月正式编入北海舰队服役，2019年5月退役。服役36年间，该舰在各种演习、护航中获得多项殊荣，为人民海军的发展壮大、捍卫祖国领海安全做出重要贡献。2020年9月，“110”号退役驱逐舰驻泊于刘公岛码头，打造军事博览新品牌、国防教育新阵地、威海文旅新地标，开展国防、海防和爱国主义教育，2021年4月23日向社会开放。

（张　斌）

【华夏城景区】　位于环翠区华夏路1号，占地面积20平方千米，是一座集旅游、大型演艺及餐饮、住宿等服务设施于一体的现代化旅游新城，是国家AAAAA级旅游景区。景区内有全面展示尧舜禹时期历史文化的禹王宫，集中展示胶东民俗特色的夏园，有威海人民防空教育馆，有依照矿坑地势而建的华夏第一牌楼以及杂技、马术等丰

6 月，华夏生态文明馆　　（杨 正 摄）

富多彩的传统演出，有集海洋观光旅游与科普教育于一体的威海神游海洋世界。其中在矿坑里打造的实景演艺——《神游传奇》秀实现自然景观与人文景观相结合，观众乘坐移动式看台可以欣赏到水、陆、空全方位的跨时空精彩演艺，2017 年，被中国演艺联盟评为中国十大实景演艺之一。2019 年，景区实施提档升级项目，总投资约 25.5 亿元，利用 3 年时间，重点实施生态修复提升 9 个项目，打造集生态培训、休闲度假、商务会议于一体的国际生态度假区。2021 年 6 月，华夏生态文明馆、服务中心及生态文明培训中心对外开放。

【环翠楼公园】 位于威海市区中心地带，包括环翠楼公园和环翠楼广场两部分，是国家 AAAA 级旅游景区。环翠楼始建于明弘治二年（1489），楼台建在威海卫城的西北角，登楼可见碧波浩渺于城东，绿翠掩映于四周，因兼沧海山川之胜、水光山色之美，遂得名“环翠楼”。后因年久失修逐渐倒塌，经过多次重建重修。民国 33 年（1944）12 月，环翠楼被日伪军焚毁。中华人民共和国成立后，于 1977 年重新修建，1980 年竣工。重建的环翠楼，建筑面积 800 平方米，高 16.8 米，登上环翠楼放眼远眺，市区景色尽收眼底。园内有动物区、花卉区、游乐区等。2009 年，市政府投资 5.22 亿元对环翠楼公园进行改造，将环翠楼公园面积由 14 公顷扩建至 53.8 公顷。2013 年 1 月 6 日，新环翠楼落成开放。新环翠楼由清华大学教授郭黛姮主持设计，坐落于始建环翠楼旧址之上，建筑主体为明清风格，总建筑面积约 7500 平方米，建筑主体高度为 57.7 米。建筑外部均采用黄铜材质装饰，总用铜量达 700 余吨。建筑功能集观光游览、历史陈列、展览展示、文化交流于一体，以历史文脉贯穿全园，分为一轴（刘公岛—环翠楼—山顶会所组成一条景观轴线）、两脉（山脉和文脉）、三核（入口广场、环翠楼、山顶会所）、四区（民俗风情街区、娱乐活动健身区、历史文化展示区、自然体验游赏区）。

【威海海滨生态公园风景带·“侨乡”号游轮】 位于威海市区海滨沿线，包括幸福公园、威海公园、悦海公园、海上公园、“侨乡”号游轮 5 个部分，是国家 AAAA 级旅游景区。

幸福公园　北起体育路，南至金线顶，东与刘公岛隔海相望，西接中心商业区，全长 1465 米，平均宽度 137 米，占地面积 20 公顷，是集旅游、休闲、商业、餐饮、娱乐为一体的综合性开放式公园，由北向南沿海岸线依次分为海韵、海阅、海赋、海情、海翔 5 个景区。

威海公园　位于市中心南部，面向威海湾，总面积 67.6 公顷。公园以碧海蓝天为背景，以海洋文化为主题，由北向南，沿海岸线的带状区域依次布局为海伢景区、海恋景区、中心文化广场、海颂景区和海慧景区。公园由护岸、道路、绿化、灯光等部分组成。其中，护岸全长 3265.3 米，采用以斜坡为主，圆筒、台阶与之结合的 3 种结构形式，兼具防护与观光双重功能；绿地面积 36.1 万平方米；铺装面积 7.74 万平方米；采用多种光源和高新技术产品，形成交相辉映、五彩斑斓的海滨夜景。以威海公园为主体的海滨南路环境绿化美化工程获得 2001 年中国建筑工程鲁班奖。

悦海公园　位于威海公园南，海上公园北，海滨路以东，东与刘公岛隔海相望，地块形状呈陆地向海面延伸的一个半岛状，南北长 1.3 千米，东西向最宽处 150 米，占地面积 15.4 公顷，绿化面积 8.84 万平方米。公园以休闲、健身、家园为设计主题，体现以人为本、生态环境、节能环保、突出特色的理念和休憩功能。公园分为休闲运动区、主广场中心区、科普游憩区及海上游乐区。休闲运动区在公园最北侧，设逻辑乐园、娱乐空间、休闲广场；主广场中心区设置整个公园的中心——悦海广场，富有“归航”主题意义的灯塔位于中心位置；科普游憩区以增加科普知识及参与趣味活动为主，设有潮汐广场，展现与海洋有关的潮汐现象，以趣味形式提示生物进化过程；海上游乐区位于公园最南端，结合避风港设置游艇码头，在靠近避风港处设计观鸟平台。

海上公园　位于威海经济技术开发区皇冠小区东侧，北与悦海公园相接，总规划面积 217 公顷，包括游乐园、人工湖、奇石苑、九龙湾旅游度假区等 6 个部分。其中，游乐园、人工湖两个景区占地面积 13.4 公顷，绿化面积 6 万平方米，硬化面积 2 万平方米，湖面面积 5.4 万平方米。公园规划设计博采国内外众家所长，兼具中国江南水乡特色和日韩海岛风光、中西合璧的独特风格。游乐园区北部绿草鲜花，小径迂回，一派田园风光；中部欧式风格的“创业门”气势宏伟；南部湖区拱桥流水，碧波荡漾，如临江南水乡，是集游人休闲、儿童娱乐、生态观光等多功能于一体的大型海上游乐园区。公园被《山东园林》杂志列为 1999 年全省新建 3 个优秀公园之一。

“侨乡”号游轮　停泊于威海湾区域。游轮汇集海上观光、高端娱乐、休闲度假等多种功能，推出刘公岛环岛游、公海看日出、青烟威城际游等特色航线，以国内外中高端游客和商务时尚群体为目标游客，打造中国滨海旅游的旗舰品牌。游轮总长95.8米，垂线间长83.8米，宽15.8米，型深（主甲板）5.4米，服务航速不少于15海里，续航力1000海里，载客量500人。游轮有4层游客活动区，包括露天观景甲板、餐饮甲板、娱乐甲板和酒店客房主甲板；设有多功能演艺大厅、观景酒吧、咖啡吧、西餐厅等配套设施。

【仙姑顶景区】 是一座集自然风光、神话传说、道家文化于一体的国家AAAA级旅游景区。仙姑顶是巍峰山脉的主峰，海拔375米，位于威海市环翠区望岛村西北部，距威海市中心约5千米。仙姑庙始建于宋朝建德年间，1992年重修，并根据传说中的仙姑生日，恢复每年农历三月十五的庙会。庙会持续7天，秧歌、锣鼓、耍狮、舞龙等相互竞技，热闹非凡。2010年4月28日，经过3年重新设计和精心打造，景区以“仙姑顶玉文化旅游区”的新形象对外开放，以仙姑文化、玉文化和福文化作为景区主题。从辽宁鞍山引进2000余吨优质岫玉，依托道家文化和民间传说，制作近千件大型玉雕艺术品，品相丰润，富有文化底蕴和传奇色彩，是全国玉石总量最多、单体玉雕最大的旅游风景区。景区内分布有参悟五行哲理的五行门、天人合一的通灵元玉、品茗养生的如意湖及万寿广场、仙禄广场、乾坤玉道、通灵玉道等景观。

【里口山风景名胜区】 是威海“山、海、城”格局的核心，是城市的“绿核”，2004年被省政府批准为省级旅游风景区，2012年被列为威海市6个重点开发区域之一，是环翠区园区、景区、城区“三区”共融发展战略的重要板块之一。2021年，里口山风景名胜区获评国家AAAA级旅游景区。景区定位为城市中心区的郊野公园，本着“服务市民、多元休闲”的理念，依托里口山优美的自然风光和地处城区中央的区位优势，打造成为广大市民闲暇之余享受慢生活的首选目的地及集休闲养生、旅游度假、体育健身于一体的综合性旅游景区。景区有广福寺、里口山登山健身步道、国际山地自行车赛道、里口山农业休闲观光园、里口山书院、里口山写生基地等景点。

【伴月湾风景区】 位于威海市环翠区孙家疃街道环海路，是国家AAA级旅游景区。景区礁奇岛多，山拥水裹，林秀海碧，滩平沙细，森林覆盖率68%，负氧离子含量每立方厘米5万个，空气纯净清新，环境优美宜人。景区建有1条总投资10亿元、长10千米的环海景观大道，可欣赏森林、大海、沙滩和奇岩。梭鱼台、铃铛石、蟒眼滩、猫头山、靖子头、龙王庙等传统民俗旅游景点，展示风景区的独特魅力和深厚的文化底蕴。服务驿站、观景台、停车场等配套设施齐全，有帆船基地、游艇等健身项目，绿色骑行、环海健步走、“渔家乐”等娱乐活动丰富多彩，是休闲、旅游、度假的风景胜地。景区内建有威海市半月湾铁人三项专用赛场，中国铁人三项运动协会将威海铁人三项赛道命名为中国铁人三项运动协会专用赛道，吸引国内外游客游览观光。

【威海羊亭河湿地公园】 位于威海市环翠区羊亭镇，总长度约为6.8千米，总面积85.22公顷，湿地面积36.81公顷，湿地率43.2%。分为湿地入口形象区、湿地科普体验区、运动休闲区等5个区域。公园地理位置优越，生态环境宜人，野生动植物资源丰富，是集生态保护、旅游观光、休闲娱乐为一体的生态型公园。2020年，获评国家AAA级旅游景区。

【裕红祥丝绸文化馆】 位于威海市环翠区戚谷疃社区2号楼1层，面积860平方米，是国家AAA级旅游景区。馆内设游客中心、丝绸与文化展区、柞蚕放养过程展区、威海老纺车展区等展区11个，展示威海的山蚕文化。裕红祥丝绸文化馆先后获评山东老字号、中国传统工艺示范基地、山东省工业旅游示范点、山东省金牌旅游店、省级非物质文化遗产保护单位、“丝绸中国”四星级示范店等。

【天沐温泉度假村】 由珠海天沐集团投资兴建，是国家AAAA级旅游景区，位于威海市文登区张家产镇。度假村温泉区包括室外森林养生温泉和室内温泉SPA馆，可同时容纳1500人沐浴温泉，日最高接待量可达上万人。室外温泉区包括鼋山五福泉、鼋水六德汤、美芦荟温泉区等，设有室外特色功能温泉浴池66个。室内温泉水疗区（含功能池9个）通过一系列的机械功能，利用高压作用使温泉水呈现各种放射性的水柱，高强压地冲击人体各处穴位，促进血液循环，加速毛细血管展开，有效吸收温泉矿物质，同时具有按摩的功效，利于皮肤润滑、解除疲劳等。

【汤泊温泉度假区】 位于文登经济开发区，是一处集天然温泉、休闲娱乐、会务接待、健身养生为一体的综合性休闲度假区，是国家AAAA级旅游景区。汤泊温泉水质清新甘美，出水温度高达78℃，水质澄明清澈，具有祛病、保健等功能，被誉为“温泉中的极品”。其中有极深泉水1眼，采出的泉水可以直接饮用，口感甚佳。区内建有各种温泉泡池60余处，室内、室外、深水、浅水、高温、低温皆有，设施完备，品种齐全，适合不同游客不同季节避暑畏寒的需求。建有28幢温泉湖景别墅，小门独院的温泉泡池，推门可一览水光山色，关门可尽情放松浸泡。

【山泰生态园】 位于威海市文登区宋村镇下徐村，是借鉴国际先进生态理念打造的现代化农业产业园区，是国家AAA级旅游景区。园区占地面积160公顷，坐拥李龙故里美名，尽享回龙山下灵气，拥有将军墓、神仙脚等多处文化古迹。景区青山绿水、鸟语花香，以生态循环为核心，重点打造5000平方米的园林化酒店、66.67公顷的油桃和草莓采摘园、威海市规模最大的户外滑雪场等主题景观，涵盖绿色种植、生态养殖、餐饮旅游、休闲养生等特色项目，融合四季采摘、特色餐饮、主题婚庆、农家乐园、冬季滑雪等综合服务。2015年，成功举办全国冬季户外登山挑战赛暨威海首届滑雪文化节。

【文登栗景新天地景区】 位于威海市文登区米山镇西铺头村，是国家AAA级旅游景区。景区以“全年长青、四季有花、月月有景、景景宜人”为宗旨，打造威海城郊集休闲旅游、民俗体验、生态采摘等多功能为一体的综合性示范园区，先后获评山东省精品采摘园、山东省旅游特色村。在不破坏生态环境的原则下，打造石榴园、月季园等观赏园区，园区内种植的草莓、蓝莓、树莓、苹果、葡萄等交替上市。

【天福山红色旅游景区】 位于威海市文登区城区东20千米的文登营镇天福山，占地面积7万平方米，先后获评国家级抗战纪念遗址、全国爱国主义教育示范基地、山东省重点文物保护单位等，是国家AAA级旅游景区。1937年12月24日，中共胶东特委在此举行抗日武装起义，成立胶东第一支人民抗日武装——山东人民抗日救国军第三军。景区拥有天福山起义纪念馆、天福山起义纪念塔、起义会址、中共胶东特委临时会址、竖旗地址、红旗亭等景点。其中，天福山起义纪念馆建筑面积1020平方米，陈列有关天福山起义的文物与史料140余件。纪念馆通过“唤醒民众求解放”“天福山上举义旗”“浴血抗日战敌顽”“天福铁军展雄风”“党群同心奠根基”5个部分，利用视频、展板、实物、资料等形式，展示胶东党组织从创建到发展壮大的历程、胶东根据地军民抗战的经典战例和第27军、31军、32军、41军的发展历程等内容。

【回龙山李龙文化民俗园】 位于威海市文登区宋村镇寺前村，依托国家级非物质文化遗产“秃尾巴李龙王的传说”，聚合发扬李龙文化，传承弘扬“仁孝”文化，是国家AAA级旅游景区。民俗园所在地原为一处闲置学校，2017年，威海李龙文化发展有限公司对面积6000平方米的原有校舍进行仿古改建，建有李龙文化博物馆、民俗博物馆、龙王殿、儒家学堂、文登将军馆等。

【文山公园】 又名召文台公园，是国家AA级景区，因秦始皇召集文人登山而闻名。位于文登城区，公园正门门额所书“文山公园”为中国书法家启功手迹。园门三门四柱的巨大石坊，由花岗岩雕刻而成，阳面对联系文学家、书法家于植元撰书。园内曲径通幽，花木扶疏，美不胜收。主要有召文台、文登学陈列馆、钟楼、文星石亭、哈哈镜等景点。

【成山头景区】 位于荣成市成山镇东端，因地处成山山脉最东端而得名，是国家AAAA级旅游景区。景区内最高点海拔200米，东西宽0.75千米，南北长1千米，占地面积2.5平方千米。景区群峰苍翠连绵，大海浩瀚碧蓝，峭壁陡峻，巨浪滔天，气势恢宏，是理想的避暑胜地。1988年被国务院批准为国家级风景名胜区。2005年10月，在由《中国国家地理》杂志社主办并与全国多家媒体联合评选“中国最美的地方”活动中，成山头风景区获评中国最美的八大海岸。区内有海驴岛、花斑彩石、俚岛海滨、成山林场、始皇庙、秦代立石、秦桥遗迹、观涛阁和镇龙石等景点。

【赤山景区】 位于荣成市石岛港西北，山海相连，占地面积12.8平方千米，因山石颜色发红而得名，以“东方神山”“佛教圣地”“海岛民俗”“森林公园”而著称，是国家AAAA级旅游景区。景区有赤山法华院、赤山禅院、荣成民俗馆、张保皋传记馆等景观区，另有摩崖石刻、无字天碑、仰天大佛、坐佛石等系列景观，与凤凰湖滨海旅游度假区、海水浴场、天后宫、花村、画村、渔村等连点成线。法华院是威海市最早的开放式佛教寺院，是中国唯一传承中、日、韩三国友谊的佛教圣地，被誉为“一寺连三国”。

【那香海景区】 位于威海好运角旅游度假区内，是国家AAAA级旅游景区。2012年开工建设，计划总投资100亿元，以10年为周期，建设以旅游度假、健康养生为主，集休闲、养老、娱乐、体育等功能为一体的大型旅游目的地。景区资源丰富，汇集大海、沙滩、黑松林、温泉、港湾、岛屿、河流等多种自然资源，依托全地理型资源开发建设健康医疗中心、水上运动中心、文化艺术中心等10个中心和香海假日酒店、香海尼斯假日酒店等5座酒店，打造旅游服务产业链，承载10余种旅游度假生活方式，打造以休闲型旅游度假为主的旅游景区。

【槎山风景区】 槎山是国家级森林公园、山东最具代表性的省级地质公园、中国原始地迹遗产保护区，1992年被山东省政府批准为省级风景名胜区，是国家AAA级旅游景区。风景区位于荣成市南部黄海之滨，总面积45平方千米，海岸线86千米，主峰清凉顶海拔539.8米。槎山的“槎”字，古代作“筏”字解，船的意思。春夏季节，时有海雾随风漫上岸来，翻卷升腾，形成雾海。时有槎山的部分峰顶浮于茫茫雾海之上，宛如叶叶扁舟，“山如海上槎”，故名槎山。因槎山有9座俊美的峰顶，满山的岩石其色似铁，又称铁槎山或九顶铁槎山。槎山雄伟壮美，道教遗迹众多，自古被称为“大东胜境”。主要景点有云光洞、龙泉井、仙人桥、千真洞、九龙池等。

【圣水观景区】 位于荣成市崖西镇朱埠村，是国家级森林公园、国家AAA级旅游景区，是道教全真派发祥地之一，因观内有一泓“圣水”而得名。圣水观山势坐北朝南，宛如一把太师交椅，30余处自然景观鬼斧神工，有气势磅礴的荣成伟德将军碑廊，记载着150余位荣成籍将军的手迹、生平。景区是山东省爱国主义教育基地、国防教育基地。

【荣成市博物馆】 位于荣成市成山大道东段28号，是国家AAA级旅游景区、山东省农业旅游示范点。展馆面积2100平方米，以荣成的历史变迁为主线，围绕荣成人与海洋的关系，挖掘荣成人与海的深厚文化底蕴，书写荣成人与海共生的历史，彰显荣成儿女创造的历史奇迹。展馆分家园、史事、古港、民俗、海魂等展示板块8个，陈列文物1000余件，展示老照片1500余幅，复原古场景3处，运用视频及投影技术8处，有各种鱼类标本50余件。运用文物、图片、场景复原、多媒体等，展示渔家文化及荣成厚重的文化积淀。

【荣成成山森林公园景区】 位于荣成市好运角旅游度假区成山镇国营成山林场驻地，是集餐饮、住宿、会议、娱乐、休闲养生为一体的综合性森林旅游度假公园，是国家AAA级景区。园区有客房55间，可接待120人住宿及用餐、150人会议及聚会，设有素质拓展、真人CS野战、射箭、赶海、垂钓等娱乐项目。公园内保存有全国最为完整的“五七”干校旧址，建有沈秀芹纪念馆、非物质文化遗产展示馆等场馆，免费对游客开放。

【荣成东楮岛风景区】 位于荣成市石岛管理区最东端，是国家AAA级旅游景区。优美的自然环境、丰富的海产资源、浓郁的渔家文化、众多的民间传说、别具特色的海草房民居、悠久的地方特色文化，使东楮岛成为中国最美渔村之一。风景区主要以滨海休闲类、民族风情类、历史文化类为主，景区有海草房观赏园、唐乡主题酒店、乡村记忆馆、海钓采摘体验区、“渔家乐”特色餐饮区、海草房住宿体验等特色体验项目和人文历史资源。

【樱花湖体育公园】 位于荣成市崖头街道绿岛北湖，是国家AAA级旅游景区。景区以绿岛北湖水域为中心，投资总额1.7亿元，占地面积253.33公顷（水面面积220公顷、绿化面积33.33公顷），将绿岛湖周边自然风光、人文景观与体育竞技紧密结合，打造全民参与型休闲运动主题公园兼生态体验区。建设6000米长、宽8米的环湖健身路，配套可承办国际赛事的环湖自行车赛道、马拉松比赛和皮划艇训练设施。沿湖周边栽植染井吉野、关山樱、早晚樱等20余个品种的樱花1万余株，打造樱花特色景观。设计制作“樱花湖之恋”大型灯光雕塑，配套建设地上和地下停车场、公共自行车车道、观景平台、水循环系统等，为群众提供高品位、舒适的休闲健身场所。每年冬天有300余只大天鹅在此过冬，设置观鸟平台，游人可近距离观赏大天鹅。

【荣成甲子山庄】 依托荣成市朝阳洞山山脉的主峰甲子山建设，总面积86.6万平方米，是国家AAA级旅游景区。甲子山庄将海滨特色旅游、海洋文化和茶文化旅游连接，打造以生态餐饮、度假休闲为主，融娱乐、观光、养生、度假、户外拓展为一体的度假休闲旅游胜地。

【国家电投新能源科技馆】 位于荣成市八河水库以东，2021年，获评国家AAA级旅游景区。该馆以核能及新能源科学普及为主题，由企业馆、生活馆、书吧影院、临展和会议论坛4个部分组成。其中，企业馆讲述世界核能发展史，中国核能与科技发展历程，以及国家电力投资集团公司在光伏、风电、水电、核电等清洁能源和智慧能源产业等新能源领域行业内的领军地位；生活馆以“核能生活”“核能未来”为主线，展现核能科技和核能能源的科普知识，以及其作为安全可靠和成熟的技术与能源形式，在日常生活中得到广泛应用的场景与实例。

【好当家海参博物馆】 于2018年11月18日开馆，由好当家集团有限公司总投资1亿元建设，建筑面积6000余平方米。2021年，博物馆获评国家AAA级旅游景区。博物馆是全国第1家展示海参生物研究、科普教育、历史文化的专业化博物馆，是集物产资源与人文资源于一体的旅游景点。通过信息技术，全息实景展示海参小镇渔民的传统生活，收集全球上百种海参标本，演绎海参传统加工的“非遗”工艺；展示数十种活海参、水母、观赏鱼等海洋生物，普及海参营养保健、食物搭配、食用加工、海参鉴别、海参存储等知识。

【花斑彩石景区】 位于荣成市东北海岸，离岸50余米，是一座长方形海蚀柱，长约35米，宽约20米，高约9米，总体积7000立方米，是国家AA级旅游景区。因体积巨大，造型奇特，色彩艳丽，花纹多变，被誉为大东胜景，清道光年间被列为荣成八大景之一，被誉为“中华海上第一奇石”。

【大乳山滨海旅游度假区】 位于乳山市海阳所镇，以景观独特的大乳山为中心，陆海面积48平方千米，是国家AAAA级旅游景区。景区以乳山口秀丽的海山景观为依托，与大片风景林、生态林、经济林、观花、观叶、观果植物等形成的丰富林相、季相交相辉映。以“养生文化、康体健身”为主线建设景区，开展福地养生、内海休闲、挑战极限等游客参与性养生健身活动。度假区分为大门景观区、荷合双福、东方琉璃世界、海天康乐园等功能分区14个。

【银滩旅游度假区】 位于乳山市东南海滨，在沿海岸线20余千米的带状规划区内，林秀海碧，礁奇滩曲，集山、海、岛、湖、泉、河、林为一体，绵延20余千米长的沙滩，坡缓滩平，沙质细腻松软，洁白如银，“银滩”因此而得名，被誉为“天下第一滩”，是国家AAAA级旅游景区。区内有全国最早的潮汐发电站，拥有蓄水量3000万立方米的潮汐湖，以及珍珠湾、白浪湾、宫家岛、三观亭、仙人桥、万亩海防松林带等自然景观，是天然的旅游度假胜地。

【乳山福如东海文化园】 位于乳山银滩旅游度假区的中部北斗湾地区，是国家AAAA级旅游景区。景区由威海广澳旅游投资有限公司投资开发建设，投资总金额20亿元，规划用地面积113.33公顷，使用海域面积100公顷，以千年厚重的“福文化”“东渡文化”和“东夷文化”为主题，按照国家AAAAA级旅游景区标准规划建设，主要包括一轴（福如东海文化旅游主轴）、二带（滨海景观带和长江路绿化景观带）、四区（福如东海书画院区、度假酒店区、游艇俱乐部区和旅游商业区），旨在打造具有浓厚滨海特色的、集旅游观光和文化体验于一体的精品文化景区。建成对外营业的项目和子景点包括福海龙珠、游客中心、宁海广场、三观亭、文化美术馆等。园区先后获评山东省重点文化产业园区，入选全国优选旅游项目名录。

【岠嵎山景区】 位于乳山市区西约18千米处，西面山脉南北走向，分水岭为乳山、海阳两市边界，是国家AAA级旅游景区。景区四周众山险立，区内相对高度极大，2条宽阔幽深的沟夼分别自西北、西南宛然向东，汇成人字形而至于东面山口。特殊的地质条件造就岠嵎山特异的自然风光，山上奇石林立，千姿百态，如禽似兽，似人如物，堪称一座天然石雕园。主峰玉皇山海拔589米。

【圣水宫景区】 圣水宫，又名玉虚观，位于乳山市冯家镇孔家村，是国家AAA级旅游景区、省级重点文物保护单位，名列《中国名胜辞典》之中。景区群山绵亘，峰奇谷幽、林岚深邃、清泉奔涌，素有“小昆嵛”之美誉，自然人文景观丰富。唐贞观年间在此建庙曰“圣水宫”。其鼎盛时期在金元时期，曾是全真教三大圣地之一。景区总投资1.2亿元，规划面积1.6平方千米，是以道教养生为主题的养生文化名山。

【多福山景区】 位于乳山市隮崮山，面积10余平方千米，主峰神仙顶海拔395.95米，是《山海经》所述《列姑射日》中的一座海上仙山，是国家AAA级旅游景区。景区以古刹、庙会、圣水、奇石而闻名，山巅天然形成的“负阴抱阳”独特景观令人称绝。山上建有1000余年历史的碧霞宫及近700年历史的青龙禅寺等古庙名刹，有玉液天池、圣水泉、长寿泉等名泉圣水6个和玄武献寿、青龙飞天、招财金蟾等奇石景观72处，山顶有一“寿星石”栩栩如生，神仙顶因之得名。传统庙会始于明万历年间（1573—1620），每年农历四月十五前后举行盛大庙会。

【石佛山休闲观光园】 位于乳山市乳山寨镇赤家口村西，是国家AAA级旅游景区。景区建有正华茶场、正华山庄（三星级酒店），茶园10余公顷、果园20公顷，温室大棚13座、特色动物园1处、垂钓场1处、原生态山谷（情人谷）1处，特色观光园内栽种各种热带植物、沙漠植物、珍奇植物等。正华山庄可同时供100余人住宿，300余人就餐。动物养殖区有梅花鹿、马鹿、孔雀、珍珠鸡、火鸡、野猪等多种观赏及食用动物。

【小汤温泉】 位于乳山市小汤村南，总面积3公顷，规划建设热带雨林区、星级酒店、特色餐厅3个区域，是国家AAA级旅游景区。热带雨林区内种植热带植物种类数百种，区内配套设施可供1000人同时沐浴，配有先进的按摩冲浪泡池、电脉冲池、煮蛋池、牛奶池等，有康体理疗中心、水吧、自助餐及购物超市等各种休闲养生娱乐设施。星级酒店客房可容纳约300人住宿；综合楼内设有20～150人的会议室，多功能厅可容纳200余人，配有现代化的会议设施设备，有可供500余人就餐的生态餐厅。

【台依湖国际酒庄生态文化区】 位于乳山市夏村镇台依湖西岸，是国家AAA级旅游景区。景区由台依湖集团有限公司投资开发建设，以台依湖水域为中心，投资总额30亿元，规划用地面积6666.67公顷，拟建设300座大小风格各异的酒庄，打造集葡萄种植与酿造、现代农业、科普文化、采摘体验、休闲旅游与度假为一体的综合项目。建成对外营业的项目包括007酒庄、私家葡萄园种植区、房车营地、天鹅湖、养殖场—鹿苑—孔雀园区、薰衣草花海、希望沙滩（儿童游乐沙滩）、海盗船餐厅、水上高尔夫、婚庆礼堂等子景点，打造万亩葡萄园、千亩水景、千亩公园、百亩湿地生态景观4个。

【乳山益天生态旅游观光园】 位于乳山市白沙滩镇徐家堡村北，是国家AAA级景区。园区规划占地面积65.33公顷，计划总投资2.12亿元，坚持生态优先的原则，将现代特色农业与生态旅游相结合，规划道观人文区、生态采摘区、商务餐饮区等功能区5个，是一座集体育休闲、采摘体验、宗教养生、旅游观光、商务活动等为一体的现代旅游景区，先后获评山东省农业旅游示范点、山东省精品采摘园。

【马石山风景区】 位于乳山市西北部马石山上，主峰海拔467米，占地面积53公顷，是国家AA级旅游景区，系“马石山十勇士”诞生地、马石山惨案遗址。1943年1月25日，胶东区行政主任公署在陵墓前侧立马石山殉难军民之墓；2月18日，立马石山殉难军民纪念碑。1971年始建烈士陵园，修建烈士纪念堂。1972年在马石山主峰修建抗日烈士纪念塔。1985年，上将许世友、少将林浩为陵园题词。景区先后被省政府批准为省级烈士纪念建筑物重点保护单位、山东省爱国主义教育基地、省级文物保护单位，2014年8月，被国务院列入首批国家级抗战纪念设施、遗址名录，2015年11月，被列为国家级爱国主义教育基地。作为5个抗日英雄群体之一，“马石山十勇士”入选民政部公布的首批300名著名抗日英烈和英雄群体名录。2013年起，乳山市投资5000余万元对马石山风景区整体进行改造，景区占地面积1.69公顷，建筑面积2927.5平方米。主要包括重建马石山十勇士纪念馆、乳山革命纪念馆和宣传教育中心，成立威海马石山红色教育基地。

【胶东育儿所】 位于乳山市崖子镇田家村，是国家AA级旅游景区。景区由胶东育儿所纪念馆、胶东育儿所旧址2部分组成，建筑面积7520平方米，展室10处，展陈面积1030平方米。2016年，对原胶东育儿所旧址进行保护性修复，列入乳山市级重点文物保护单位，进行挂牌保护。胶东育儿所教育基地展出看板222幅、实物427件，反映在生死考验面前，乳娘挺身而出用朴实无私的行动谱写大爱篇章的感人事迹，集中展现“忠心向党、大爱无疆”乳娘精神的传承与发展。

【林海湾旅游区】 位于威海火炬高技术产业开发区北海岸，冬暖夏凉，四季分明，属于典型的海洋性气候，是国家AAAA级旅游景区。环海旅游路浴场景区与刘公岛、中央电视台威海影视城连在一起，形成一道独特的滨海风光。景区陆地面积80.7公顷，海域面积200公顷，由国际海水浴场、林海公园和国际休闲帆船基地3个部分组成。

国际海水浴场　东起玛珈山、西至烟墩山，海岸线长2800米，是一个自然天成的半月形海湾。景区景观层次丰富，以沙滩、海水为主要基调，突出蓝天、阳光、沙滩、大海、绿树、青草的和谐统一。各项设施精心设置，游人可到海中畅游，可进行运动、休闲、娱乐。浴场内更衣、冲洗等配套服务设施齐全，快艇、摩托艇、海盗船等游乐项目丰富，海上救护、环境保护等管理措施健全。

林海公园　依托环绕国际海水浴场的千亩防护林带，在充分保护松林原始风貌的前提下，利用林间原有的地势地貌，建设以休闲、文化、娱乐、健身等功能于一体的综合性休闲区。公园总占地面积32.7公顷，有幸福大道、儿童乐园、婚庆广场、健身广场等景点。

国际休闲帆船基地　有各种帆船100余艘，利用国际海水浴场自然优势，以海陆一体、协同发展的“蓝色经济”为创新发展模式，打造亚洲最大、最具影响力的休闲帆船基地。基地主要开展帆船帆板驾驶培训、海上运动休闲娱乐、组织各类海上赛事、航海设备特色展览。基地取得国际帆联认证，是国际帆联指定中国培训基地、国际航海组织重点关注发展联动协会成员、国际帆联 NOCSP 活动指定训练基地。

【小石岛旅游景区】 位于威海火炬高技术产业开发区大连路，由威海西港小石岛旅游服务有限公司开发建设，是国家 AAA 级旅游景区。景区陆地面积 1000 平方米，海域面积 186.67 公顷，是国家级刺海参种苗培育基地，胶东半岛最大最优质的刺海参养殖基地，省级休闲渔业游示范点，2009 年 5 月投入运营，投资 1500 余万元。景区内有乘船出海观光、垂钓、特色餐饮 3 个旅游项目，有游艇码头 1 个，旅游客船 7 艘。

【康博尔海洋健康博览园】 位于威海火炬高技术产业开发区初村镇兴山路 115 号，占地面积 9.07 公顷，是威海康博尔生物药业有限公司投资开发建设和管理的集海洋健康文化展示、海洋健康品研发加工、旅游观光、休闲健身娱乐于一体的海洋健康主题综合旅游景区，是国家 AAA 级旅游景区。景区主要有海洋健康博物馆（规划在建）、海洋健康品研发加工展厅、海洋微生态药浴疗养中心、3000 米海岸线观光体验等功能区，设有海洋健康产品超市、游客接待中心、停车场、健身器材等配套设施。

【老虎山生态园】 坐落于威海市区东南，南枕老虎山，北望威海湾，规划面积 266 公顷，是威海经济技术开发区金城实业发展公司打造的现代农业生态旅游园区，是国家 AAA 级旅游景区。园区融地域文化与生态绿色为一体，有以生态为主题的原生态森林、农业采摘园等景点 16 个，在挖掘丛氏姓氏文化历史的基础上，新增丛氏大宗祠等仿古建筑。

【威海韩乐坊景区】 位于威海经济技术开发区乐天世纪城。占地面积 5.6 公顷，总建筑面积约 10 万平方米，是国家 AAA 级景区，是国内首家韩文化主题商业景区。景区有韩国商业步行街、丽水门、庆会楼、韩国民俗体验馆、韩国茶艺体验馆、精品夜市、各种主题的韩国文化休闲广场及风情街等，是中韩友谊、文化、艺术、商品、旅游、信息沟通交流中心，韩国品牌、商品在中国的展示中心及贸易集散地，建筑、民俗、旅游、饮食、非物质文化遗产等韩国文化在中国的体验中心。

2 月，东浦湾景区房车营地　（杨　正　摄）

【海螺湾休闲驿区】 位于威海市滨海大道 1688 号滨海旅游景观公路新城服务区，与大海仅一路之隔，地理位置优越，自然环境优美，是国家 AAA 级旅游景区。项目一期占地面积 32.4 公顷，总投资约 1 亿元，根据功能划分为公路服务区、休闲娱乐区和民宿餐饮区，分别建有加油站、生态停车场、汽车充电桩、海螺展馆、骑行驿站、特色餐饮等，打造“服务 + 休闲 + 旅游”模式。景区建筑参照省级非物质文化遗产“海草房”进行建设，主体均为框架结构，外墙选用特色石材砌筑而成，以威海渔家独有的海草、虎皮石为特色技艺进行表现，内部装修采用现代简约格调。景区内的奇遇小螺号成长乐园目标定位 3 ~ 12 岁儿童，围绕“欢乐休闲、亲子互动、研学旅行”为主题进行开发，打造全国首家以儿童为主题的户外成长乐园及研学旅行目的地，是合家欢聚、寓教于乐的亲子体验空间。

【东浦湾景区】 位于威海经济技术开发区五渚河口东侧，紧邻五渚河公园，2021 年，获评国家 AAA 级旅游景区。景区包括东浦湾房车营地、东浦湾自助餐厅、儿童乐园、东浦湾海水浴场和在建的东浦湾景区二期，占地面积 98.6 万平方米。其中，东浦湾房车营地由休闲服务区和房车营地区构成，设计独院、二合院、三合院 3 种主要房车单元形式，并设计帐篷营地和适量自行式房车车位，各单元及组合有独立的休闲活动空间。房车有商务间、情侣间和亲子间多类型，满足游客不同的入住需求。东浦湾景区二期以“海洋奇遇・花海探险”为设计理念，打造集卡丁车赛道、房车宿营、滨海商街、儿童游乐等为一体的多功能国际海滨景区。

【毛泽东像章珍藏馆】 位于威海临港经济技术开发区苘山镇正气路 22-1 号，建筑面积约 3000 平方米，是国家 AAA 级旅游景区。馆内收藏各个时期的毛泽东像章、军功章、奖章、勋章、纪念章 150 余万枚，收藏 20 世纪 60 年代毛泽东的塑像及相关的瓷器、书籍、宣传画等藏品。

（曲茜茜）

编辑　李传强

财政·税务

财　政

【概况】 2021年，全市一般公共预算收入266.88亿元，完成预算的102%，比上年增长5.7%。一般公共预算收入，加地方政府一般债务转贷收入、返还性收入、转移支付收入和上年结转收入等245亿元，收入共计511.88亿元。全市一般公共预算支出343.31亿元，完成预算的99%，下降2%。一般公共预算支出，加地方政府一般债务还本支出、上解省级支出和结转下年支出等168.57亿元，支出共计511.88亿元。

市本级一般公共预算收入13.57亿元，完成预算的158%，增长39.9%。市本级一般公共预算收入，加地方政府一般债务转贷收入、返还性收入、转移支付收入、各区（市）上解收入和上年结转收入等191.19亿元，收入共计204.76亿元。市本级一般公共预算支出72.33亿元，完成预算的95.6%，下降4.2%。市本级一般公共预算支出，加地方政府一般债务还本支出、上解省级支出、返还性支出、补助各区（市）支出和结转下年支出等132.43亿元，支出共计204.76亿元。

【营商环境优化】 全面落实中央、省各项减税降费政策，重点加大对中小微企业扶持力度，助力企业渡过发展难关。持续开展送政策上门服务企业活动，组织涉企收费专项检查行动，全年新增减免税费29.7亿元。优化完善“信财银保”联动机制，升级打造“一站式”资金惠企平台，注册企业1.7万户，全年助企融资55.5亿元，建立“涉企政策超市”，93项涉企政策实现从申报到拨付全程在线办理，63项政策探索实行“免申即享”。全面优化政府采购营商环境，建立政府采购电子化交易机制和政府采购信用制度体系，打造便捷采购、诚信采购、绩效采购3个品牌。

【企业发展引导】 聚焦产业现代化，加强涉企专项资金整合，安排专项资金为工业互联网平台建设及应用提供奖励扶持，支持540个智能化改造、高水平技术改造、数字经济发展项目以及20个新旧动能转换重点项目推进。通过“专项资金＋专项基金”支持“1+4+N”科技创新平台体系建设，设立齐鲁工业大学（山东省科学院）产学研协同创新基金，鼓励中国科学院海洋大科学研究中心等校地、校企合作项目落地威海市。落实城市国际化发展战略，出台货运包机补贴政策，支持欧亚班列常态化运营，加快推进“四港联动”物流一体化，打造外贸物流大通道，发挥跨境电商、境外市场开拓及出口信用保险等政策作用，帮助企业应对复杂贸易环境变化。

【企业发展助力】 用好金融杠杆，以入围全国财政支持深化民营和小微企业金融服务综合改革试点城市为契机，加快推进财政金融融合和普惠金融发展，加大创业担保贷款实施力度，为创业者和小微企业发放贷款5亿元。加快推进全市政府性融资担保体系建设，修订完善科技支行、资本市场直接融资补助等政策，精准保障不同市场主体融资需求。用好基金杠杆，瞄准七大产业集群、十条优势产业链等重点领域，加快推进时尚创意等产业子基金设立，参与设立总规模40亿元的齐鲁前海（青岛）创业投资基金和总规模1000亿元的山东半岛城市群基础设施基金；启动实施财政资金股权投资改革试点工作，变直接奖补为股权投资，精准扶持优质企业快速成长。

【乡村振兴助推】 多渠道筹集资金，保障老旧小区改造、鲸园文体公园建设等民心工程。利用新增地方政府债券，加快推进威海市重大基础设施和重点项目建设，全年成功发行债券5批，获债券资金68.04亿元，为莱荣高铁、黄垒河地下水库等46个项目建设提供资金支持。支持生态保护和绿色发展，通过落实奖惩机制、实施生态补偿，更好发挥政策导向作用。支持打好污染防治攻坚战，提升环境保护监测能力，统筹推进土地、海洋资源的开发、保护和修复。助推乡村振兴战略，持续加大支农投入和统筹整合力度，整合各类涉农资金37.1亿元。积极推进金融惠农，优化农业保险保费补贴政策，推出主粮作物最低收入保险政策，开展完全成本保险试点，更好发挥农业生产保障作用。扎实开展农业信贷担保工作，新增政策性农业信贷贷款32.5亿元，人均新增担保额列全省首位。

【公共服务提升】 全市民生支出总额266.7亿元，占一般公共预算支出的77.7%。做好新冠肺炎疫情防控常态化保障工作，筹资2.7亿元，保证疫苗购置、接种工作顺利实施。安排新冠肺炎疫情防控补助资金3.4亿元，支持全员核酸检测、发热门诊改造、防疫物资及检测设备购置等工作开展。积极稳定和扩大就业，通过奖励、补贴等方式，加大对重点群体的创业就业扶持力度，完善农民工工资支付保障制度，维护农民工合法权益。持续提高政策保障水平，居民养老保险基础养老金人均财政补助标准提高到162元／月，城乡最低生活保障、城乡特困供养、孤儿集中和分散供养、计划生育死亡和伤残家庭特别扶助等政策标准进一步提高。提高居民医疗保障和公共卫生服务水平，居民医疗保险、基本公共服务人均财政补助标准分别提高至580元／年、79元／年，支持推出与基本医保衔接互补的首款商业医疗保险产品“威你保”，提高居民大病保险报销比例和最高限额。强化教育发展保障，支持新建、改扩建幼儿园7所、中小学10所，为普通高中特色多元发展、职业教育创新发展高地建设提供支持，保障中小学生综合实践教育中心三期、市直高中消防改造等教育重点项目建设顺利实施。大力支持文化、体育事业发展，开展威海千里山海自驾游公路多元化宣传，同步利用发放消费券等形式拉动文旅消费，通过建设城市书房、举办公益文化和全民健身活动，不断丰富居民文体生活。

【民生保障】 严格落实减税降费政策，通过优化涉税服务、深化综合治税等措施，堵塞征管漏洞、聚拢零散税源，全力保证收入持续稳定增长；主动做好向上争取工作，获取专项转移支付资金19.8亿元，全国美丽乡村建设重点县、水美乡村试点县等一批重点项目落户威海市；发挥好常态化直达资金机制作用，累计争取中央、省直达资金27.5亿元，分配及支出进度持续保持全省前列，保证直达资金惠企利民效果。严把财政支出关口，市本级日常公用经费较上年压减10.4%，其中“三公”经费、差旅及培训经费压减42%。从严从紧抓好预算执行管控，严格控制预算追加，加强执行动态监控，将当年无法执行的项目资金6841万元及时收回财政。加大存量资金清理盘活力度，收回、盘活存量资金8.3亿元。

【风险防范化解】 深化预算管理改革，加强上级资金与本级资金、预算资金与债券资金、存量资金与当年财力的统筹安排；做好预算管理一体化系统推广应用，实现市、区（市）两级全面覆盖，强化预算管理全流程动态管理；加强预算执行管控，简化项目资金审批程序，通过“先预拨、后清算”的方式，加快预算执行进度；高标准、严规范推进预决算公开。深化财政体制改革，进一步理顺教育、科技、文化、交通运输、应急、自然资源等领域市与区（市）财政事权和支出责任。推进绩效管理提质增效，对新增政策和项目全部开展事前绩效评估，项目资金绩效目标管理、绩效跟踪监控和绩效自评率均达100%，选择24个政策和项目开展重点绩效评价、18个项目开展重点绩效跟踪，部门整体绩效管理范围扩大到所有市直部门。开展政府购买服务、财政对外借款和拖欠工程款专项整治，出台《威海市政府购买服务管理实施办法》等配套办法。积极有序化解存量隐性债务，严格管控新增债务规模，健全完善风险防控、应对措施，守牢守好风险底线。加强国有资产管理，把好行政事业单位资产配置、处置关口，开展国有金融资本产权登记。

（徐祥钊）

税　务

【概况】 2021年，威海市完成税收收入347.77亿元。主体税种合计完成收入208.37亿元，比上年增长1.62%；10个地方税种合计完成收入101.32亿元，增长5.44%。市县级收入中，主体税种完成102.8亿元，占比50.36%。收入贡献前5位的行业为制造业、房地产业、金融业、批发零售业和建筑业，合计完成税收262.54亿元。

【社会保险费管理】 国家税务总局威海市税务局坚持以缴费人为中心，推动“政府主导、部门协同、社会参与”的社保费征收工作机制，坚持传统服务与智能创新服务“两条腿”走路，以自主缴费为主，积极推广“非接触式”立体化缴费模式，同时保留传统人工收现服务。全年组织社会保险费159.03亿元，增收119.26亿元，增长299.84%。其中，企业职工基本养老保险费83.37亿元，增收78.80亿元，增长1725.23%；城乡居民基本养老保险费2.96亿元，增收5074万元，增长20.55%；机关事业单位基本养老保险费14.52亿元，增收4333万元，增长3.08%；职工基本医疗保险费43.38亿元，增收32.30亿元，增长291.46%；城乡居民基本医疗保险费6.53亿元，减收15万元，下降0.02%；失业保险费3.25亿元，增收2.61亿元，增长405.19%；工伤保险费3.99亿元，增收3.61亿元，增长928.13%；其他补充保险费9977万元。

【非税收入】 国家税务总局威海市税务局成立非税收入划转工作专班，专责推进相关工作，强化与财政、人民防空、水务、行政审批服务、自然资源和规划等部门的沟通配合，深入企业开展政策宣传、申报辅导，确保缴费人享受政策。全年组织非税收入9.89亿元，增收2.18亿元，增长28.22%。其中，教育费附加4.22亿元，增收2309万元，增长5.79%；地方教育附加2.81亿元，增收1551万元，增长5.84%；残疾人就业保障金5572万元，增收1736万元，增长45.26%；水利建设基金992万元，减收5640万元，下降85.04%；场外核应急准备收入92万元，增收23万元，增长33.33%。可再生能源发展基金收入73万元，增收39万元，增长114.71%。大中型水库移民后期扶持基金收入14万元，增收7万元，增长100%。国家重大水利工程建设基金收入7万元，增收4万元，增长133.33%。免税商品特许经营费收入2万元；水土保持补偿费3760万元；防空地下室易地建设费收入1.80亿元；代征工会经费9652万元，增收799万元，增长9.03%。

【税收政策落实】 采取“线上＋线下”方式，及时反馈企业个性需求，形成涵盖各重点行业的服务管理模板，构建包括税收优惠政策、纳税服务事项、需求答复实效等内容的服务指标体系，确保纳税人清楚掌握优惠政策，全年落实税费优惠政策115.6亿元。

【征收管理】 以“一户一策”落实为主线，优化岗责流程体系、压实税收监管职责，纵深推进税收征管改革。对2730户规模以上企业进行“一户一策”

精准监管，并组建智慧税务运维基地，征管问题分析提报时长下降45%以上。强化基层减负，制定税收业务领域实体化实施方案，统筹各业务部门下达监管任务，累计承接上级发布任务1.15万项，市、区（市）两级直接解决问题8411项，占比73.14%。注重责任落实，将27项全局性、复杂性监管服务职能集中到市局开展；将15项基层难以独立承担的统筹性工作和相对复杂的监管服务职能提升到区（市）局专业管理，有效减轻基层负担。

【税收法治】 建成执法信息公示平台，采取“市局搭建模板，基层规范套用”的方式，对需要公示的事项，整理形成模板，对口下发，指导基层严格规范，统一开展公示；积极推广使用执法音像记录平台，成立市、区（市）两级重大执法决定法制审核委员会，实行集体审理。推行“非接触式+面对面”沟通模式，搭建税企“钉钉”群，实时对接企业需求，实行网格化单元管理；专家顾问采取实地走访的形式“面对面”服务企业涉税需求，重点应对高难度复杂问题，提升服务层级和深度。

【税务稽查】 加强稽查情报信息研判，严厉打击骗取税费优惠行为，切实抓好重点行业风险管理，开展对建筑、房地产等行业专项检查。全年通过风险管理增加收入8.77亿元，清理欠税3.79亿元，稽查查补收入3.27亿元，挖掘潜在税源4.1亿元，合计增加收入19.93亿元。查办“2·23”全国首例自然人代开虚开案，山东省打击自然人代开类虚开犯罪专项行动现场推进会在威海市召开。通过“双随机、一公开”方式统筹开展行业检查，抽取建筑、废旧物资等10余个行业74户企业开展检查，形成行业性检查指引，协查案件检查回复时间由户均57天降至户均34天，案件审理时间平均缩短52%，检举案件回复满意率上升8个百分点。

【大数据和风险管理】 开展风险分级分类预警监管，扎口下发风险任务3500户次，实现应对入库税收5.98亿元；任务量下降48.57%，户均成效增长71.50%，问题发现率80.14%，列山东省税务系统第2位。对建筑、房地产、石油炼化等重点行业开展专项风险监控分析，实现查补2.38亿元，提升重点风险精准管控效果。

【办税缴费服务】 以纳税人需求为导向，围绕优化税收营商环境，统筹“大服务”体系建设，优化服务举措，提升纳税人满意度。提升办税缴费便利度，对传统办税服务大厅重新布局，窗口数量缩减60%，建立集事项办理、权益维护等为一体的“纳税人之家”，推行“威您办”远程办税服务，搭建“云端办税服务厅”，打通“非接触式”办税缴费服务“最后一公里”，全年受理工单1.76万笔，提供免费邮寄370笔，接受咨询4948条，“非接触式”办税比例95%以上。提升办税服务规范性，开展纳税服务质量监控，加强现金收缴管理，印发《现金收缴业务风险防控指南》，涵盖不动产交易、代开发票等4类17项业务，为现金税费征缴风险防控提供详细操作指引。制定办税服务厅人员管理办法和绩效管理办法2项制度，推动人员管理更加统一规范。提升税费诉求满意度，建立涉税诉求快速反应机制，专人专职负责投诉事项转办、反馈，纳税人综合满意率99.28%。对12345政务服务便民热线转办的2728个工单开展分析，针对举报量较大的不按规定开具发票问题，积极推行电子发票，相应工单降低10%。深入剖析294个不满意工单产生原因，及时进行回访并落实整改，确保无重复投诉发生。

【国际税收】 稳妥推进反避税工作开展，不断完善“管理—调查—服务”三位一体格局。2021年，威海市反避税合计调整补税2.13亿元，增长29.23%。优化完善非居民跨境涉税信息收集、分析、应对工作模式，构建非居民税收风险监控体系，组织非居民税收收入2.3亿元，增长10.3%。发挥情报增值利用效能，着眼国际税收工作瓶颈，探索打通以情报交换推动国际税收整体工作开展的有效途径，通过国家税务总局向韩国、新加坡税务局发出专项核查情报3份，该工作列山东省国际税收绩效考核量化指标第1位。

【政务管理】 以深化机关实体化为抓手，确定“1+5”年度重点工作任务，形成6类70项工作要点，突出项目清单抓管理、督考一体抓执行，推动工作高效落实。优化行政管理提效能，与国家税务总局山东省税务局办公室联合申报“政务事务实体化”省级重点制度创新项目，打造以行政运转、事务服务等4个序列为支撑的“1+4”体系架构，提升29个复杂事项的统筹层级，对政务信息支撑、税收宣传扎口等10项流程进行优化再造，推动机关职能由“上传下达”向“主管+主办”转变。政务实体化相关做法先后被国家税务总局、国家税务总局山东省税务局转发，并被山东省社会科学界联合会立项为省部级重点课题。强化督查落实，编发《抓工作落实督查督办办法》，构建涵盖11类37项101个指标的行政管理评价指标体系，统筹工作落实督查、质量督查等“四项督查”，紧盯数量指标、质量效率等4个方面，按条目分解督办，抓好重点工作督导落实。年内，制发工作督办单39份，通报和讲评市税务局层面7类26项问题、区（市）税务局层面6个序列12项问题，问题全部整改完毕。

（孟新华）

编辑 侯志杰

2021年度威海市地方纳税50强企业

威高集团有限公司
威海市商业银行股份有限公司
迪尚集团有限公司
三角集团有限公司
威海华发房地产开发有限公司
成山集团有限公司
惠普打印机（山东）有限公司
威海建设集团股份有限公司
家家悦集团股份有限公司
山东达因海洋生物制药股份有限公司
豪顿华工程有限公司
山东威海烟草有限公司
天润联合集团有限公司
威海光威集团有限责任公司
赤山集团有限公司
威海北洋电气集团股份有限公司
威海中玻镀膜玻璃股份有限公司
威海广泰空港设备股份有限公司
金猴集团有限公司
山东安然纳米实业发展有限公司
迪沙药业集团有限公司
威海城市投资集团有限公司
石岛集团有限公司
海泰和信集团有限公司
威海市水务集团有限公司
国网山东省电力公司威海供电公司
山东威达集团有限公司
威海昊阳集团有限责任公司
山东港口威海港有限公司
威海信泰房地产开发有限公司
荣成泰祥食品股份有限公司
威海市西郊建设集团公司
贝卡尔特（山东）钢帘线有限公司
文登威力工具集团有限公司
黄海造船有限公司
山东文登农村商业银行股份有限公司
中国工商银行股份有限公司威海分行
好当家集团有限公司
华能威海发电有限责任公司
威海海马地毯集团有限公司
威海国兴置业有限公司
中国建设银行股份有限公司威海分行
威海魏桥科技工业园有限公司
威海威东航运有限公司
山东万恒置业投资有限公司
威海兴茂置业有限公司
中国银行股份有限公司威海分行
山东荣城建筑集团有限公司
山东鸿洋神水产科技有限公司
豪雅光电科技（威海）有限公司

金　融

综　述

【概况】　2021年，威海市金融系统坚持稳中求进工作总基调，不断提高金融服务实体经济质效，切实维护全市经济大局总体平稳。至年底，辖区有银行业金融机构31家，全市本外币存款余额5246.04亿元，比年初增加513.26亿元，增长10.8%；本外币贷款余额4048.31亿元，增加651.69亿元，增长19.2%，增幅居全省第1位。银行业资产总额7095.6亿元，负债总额6736亿元，分别比年初增长12.9%和13.3%；实现利润40.5亿元。全市有证券、期货机构20家，设有分支机构30家，各类证券交易额9243.89亿元。有保险业机构54家，全市保险业实现保费收入122.41亿元，支付各项赔款和给付保险金37.78亿元；有地方金融组织58家。全年实现金融业增加值182.93亿元，比上年增长11.2%；占地区生产总值的5.3%，成为地区支柱产业之一，为经济高质量发展提供有力支撑。

【资本市场发展】　2021年，全市有境内外上市公司15家，总股本达188.46亿股，总市值约3400亿元，通过首发、增发、配股等方式累计从股票市场融资361.77亿元。至年底，新三板挂牌企业累计35家，区域股权交易市场挂牌企业累计369家。2010—2021年，全市非金融企业累计发行非金融企业债券154只，融资1230.65亿元；发行存续债券82只，存续债券金额612.16亿元。至年底，新发行非金融企业债券40只，金额216.05亿元。威海国际海洋商品交易中心实现大宗海产品线上交易额182.48亿元，累计交易额突破233亿元，注册交易会员1032家，累计完成鱿鱼、经济鱼类等质押融资业务5.77亿元；标准化改造监管仓库10个，可视化监管库容超过1.5万吨。

【地方金融组织发展】　2021年，全市有各类地方金融组织58家，涵盖小额贷款公司、民间资本管理公司、融资担保公司、典当行、融资租赁公司等各领域。至年底，全市有小额贷款公司17家，注册资本25.3亿元；贷款余额28.68亿元，全年实现营业收入1.66亿元，营业利润1525.75万元。有民间资本管理公司6家，注册资本17.9亿元；投资余额13.96亿元，全年营业收入8167.3万元，营业利润1596.09万元，上缴税金2450.48万元。有融资担保公司8家，注册资本21亿元；在保责任余额28.41亿元，在保户数2818户。有持证典当行15家，注册资本3.54亿元，典当余额3.36亿元。有融资租赁公司12家，全部为外商独资或中外合资公司。

（翟琳琳）

宏观调控

【概况】　2021年年底，全市社会融资规模存量5200.9亿元，比上年增加846.3亿元，多增150.3亿元，增长19.4%。全年实现金融业增加值182.93亿元，比上年增长11.2%；占地区生产总值的5.3%，下降0.2个百分点。

【货币政策落实】　做好法人信贷调控，合理规划信贷投放节奏和力度，稳定金融供给。2021年，全市10家法人机构新增贷款378.6亿元。发挥再贷款、再贴现以点带面作用，全年发放再贷款144.95亿元、再贴现68.81亿元，分别是上年的2.03倍和1.63倍，实现地方法人银行再贷款全覆盖。深入落实利率市场化改革要求，继续引导贷款利率下降，推动社会融资成本稳中有降，12月，全市一般贷款加权平均利率4.99%，比年初下降0.14个百分点。

【实体经济支持】　延续落实“两项直达工具”，坚持“应延尽延”“应贷尽贷”，全年为地方法人金融机构发放延期工具奖励资金0.45亿元，发放信用工具奖励资金11.69亿元。发挥“1＋N”常态化银企对接机制作用，先后举办银企区域对接、专场对接、特色对接活动13场次，达成融资意向83.2亿元，助力科技创新、青年创业、海洋经济发展。开展“齐心鲁力·助商惠民”支持个体工商户发展专项行动，向银行机构推荐个体工商户1万余户，年底个体工商户有贷款余额户数3.77万户，经营性贷款余额140.8亿元，分别比上年增长18.0%和39.9%。加大首贷培植力度，完善融资配套措施，全年成功培植首贷企业3731户，首贷金额41.35亿元。深化“银担”（银行和担保公司）对接合作，发挥政府性融资担保作用，累计纳入山东省投融资担保集团有限公司再担保范围5.5亿元，增幅居全省第3位。扎实推动破产重整企业完成信用修复，为2家破产重整企业分别提供低风险票据池授信额度3000万元、贷款1000万元。

【金融改革创新】 以服务乡村振兴为重点，深化“银担”合作关系，全市16家金融机构与省农业发展信贷担保有限责任公司开展实质性合作，“鲁担惠农贷”增加32.52亿元，是上年的2.5倍。特色化活体动产抵质押金融产品全年完成动产融资登记2265笔，比上年增长675.7%，开展全省首笔活体抵押贷款，解决农户融资难题。金融赋能科技创新，用好科技贷款风险补偿机制，全年开展知识产权质押融资登记业务251件、金额32.8亿元，增长239%和300%，质押件数居全省第1位。持续推动国家级绿色金融改革创新试验区创建工作，完成《威海市绿色金融改革创新试验区总体方案》及编制说明，山东省首批2笔再贷款减碳引导项目落地威海市，创建全省首家“赤道银行”，推动荣成市同步创争省级试验区。推动“金融链长”工作机制，为49家企业开展供应链融资92笔，发放供应链贷款3.8亿元，工作作法被中共山东省委改革办公室作为地方改革案例上报中央全面深化改革委员会办公室。

【金融风险防范化解】 持续健全防范化解金融风险长效机制，按季绘制威海市金融风险图谱，分析各区（市）金融风险情况，提高金融风险治理能力，提升金融风险防控的前瞻性、全局性和主动性。细化主监管员制度，加大法人机构贴身监测，常态化提醒督促金融机构稳健经营，连续9个季度无央行评级8级及以下高风险机构。扎实开展早纠和央行评级工作，积极督导做好风险化解，按月调度化解进展，不断提高金融机构经营稳健性。2021年年底，不良贷款余额29.63亿元，比年初下降3.94亿元；不良率0.73%，下降0.26个百分点。

【外汇试点创新】 发挥先进科技对外汇监管能力的支撑作用，建成国家外汇管理局数据研判中心（山东），承担“模型算法实验室”职能，研发“跨境配资”“跨境交易”监测模型2个，发现并上报全国疑似地下钱庄线索14.67万条，金额755亿美元。首创外汇局与公安局数据整合模式，广泛开展重大案件线索研判，依法严厉打击外汇领域违法违规行为，推动“打击地下钱庄资金借道FDI流入境内”专项行动取得实效，支持重大涉税案件线索有效发掘。威海市成为全国6个前期测试地区及首批12个试点地区之一，参与“出口信保保单融资”应用场景试运行工作，推动全国首笔业务落地威海市，办理信保融资业务172笔，金额2864.41万美元，业务办理量居全省首位。充分发掘“出口应收账款质押融资”场景潜力，依托平台办理融资业务1605笔、金额3.6亿美元。

（于宛宁）

金融监管

【概况】 2021年，全市有银行业金融机构31家，营业网点505个，从业人员9630人；有保险机构54家（财产险机构29家、人身险机构25家），从业人员2.66万余人；有专业中介法人机构3家，各类专业中介分支机构74家。全市银行机构积极贯彻落实市委、市政府关于减费让利工作部署，主动为企业减费让利，支持企业发展。全年辖区银行机构主动下调贷款利率平均0.95个百分点，直接为1012户企业减免利息4650.80万元，减免各类费用1226.92万元。年内，辖区银行业实现盈利40.55亿元，比上年减少6.59亿元，下降13.98%；资产利润率0.61%，下降0.19个百分点。风险指标保持低位，经营稳健性提升。辖区不良贷款始终保持低位运行，不良余额及不良率均居全省第2低位。至年底，辖区不良贷款余额29.63亿元，不良率0.73%。法人机构主要监管指标达标。表外业务稳定增长，承兑汇票占主要部分。全市银行业通过表外业务等方式，向企业注入资金，支持企业发展。至年底，主要担保类业务余额527.15亿元，比年初增加71.03亿元，增长15.57%。其中，承兑汇票余额314.35亿元，增加56.38亿元，增长21.85%，占表外业务新增约八成。全市保险业承担各类风险责任7.57万亿元，比上年增长32.5%。

【金融服务质效提升】 威海银保监分局持续提升金融服务实体经济质效，持之以恒防范化解金融风险，扎实推进法人机构做大做强做优，指导保险业积极参与社会治理，助力地方经济高质量发展。全面贯彻落实宏观经济政策，按照稳字当头、稳中求进的要求，积极推动上级有利于经济稳定的政策措施落地，以金融供给优化助力宏观经济稳定。稳步推动政策落地，统筹新冠肺炎疫情防控和经济社会发展，做好延期还本付息和信用贷款支持政策的接续转换，至年底，延期还本付息业务余额144.36亿元，小微企业信用

9月7日，威海银保监分局经开区调研座谈会召开

（威海银保监分局　提供）

贷款131.06亿元。围绕金融支持企业复工复产，制定惠企政策10余份，提出靶向意见41条。开展金融惠企政策基层行暨高管走进县市区等对接活动,实现“一把手”对接及高层引导。开展金融点子送春风活动，线上线下互动，通过一行业一区（市）一专场，实现精准对接。信财银保平台整合各方资源及信息，实现精准服务。在保处联动基础上，拓展“政保银企”融资平台，实现耦合效应。推动信贷增长，引导机构着眼扩大有效需求，合理增加融资供给，增强信贷增长稳定性，“十三五”期间各项贷款余额增长1496.27亿元。调整信贷结构，紧盯重大项目，信贷投向重点项目余额545.33亿元，比年初增加60.42亿元，增长12.5%。制造业贷款余额578.86亿元，增加64.12亿元，比上年多增15.02亿元，增长12.5%，高出全省平均水平5.57个百分点。服务薄弱环节，普惠型小微企业贷款余额468.56亿元，增长51.5%，高于各项贷款增速32.3个百分点。普惠型涉农贷款余额160.63亿元，增长27.9%，高于各项贷款增速8.7个百分点。

【银行业监管】 全面提升风险管理水平，守稳守牢风险底线。在辖区银行业不良率始终保持在1%以内的基础上，坚持多方联动，推动存量不良出清。开展风险评估和每月摸排，定期研判风险态势，实行一行一策，制定具体监管方案，强化各类监管措施应用。推动机构充分运用核销、政策清收、接受抵债资产等手段，确保不良贷款始终保持低位运行。增强风险抵御能力，各银行机构持续提高拨备计提水平，2021年年底，全市银行拨备余额达107.64亿元，比上年多计提19.56亿元，银行机构风险抵御能力进一步增强。推进资本补充，域内域外引入资本7.28亿元，有效增强实力。

【保险业监管】 全面推动保险业参与社会治理，持续发挥“减震器”“稳定器”作用。在有效治理保险业市场乱象的基础上，威海银保监分局积极推动保险业多方位、多渠道深度参与社会治理，妥善做好“4·19”中华富强轮爆燃事故保险理赔，大力推广安全生产责任险，推进海洋领域保险创新、扩大覆盖面。作为社会风险管理体系的重要支柱，全市责任保险保持稳步发展，规模达2.36亿元，比上年增长20.6%，提供风险保障5821.53亿元，至2021年年底，全市安全生产责任保险累计为3951家企业提供331.18亿元的风险保障。首创的保处联动“威海模式”获得农业农村部全国推广。文登区玉米、荣成市苹果“保险+期货”，玉米完全成本保险和水产养殖海温指数保险等特色项目落地威海市。车险综合改革实施后，市场整体呈现出保费价格、手续费率“双降”和保险责任限额、商车险投保率“双升”局面，累计提供风险保障1.61万亿元，增长48.5%。全市保险业累计开展包括城镇居民职工大病、扶贫特惠保险、“威你保”等各类特色险种10余项，至年底，为社会提供各类风险保障2.78万亿元，增长1.1%。

【消费者合法权益维护和内控合规建设】 全面落实“以人民为中心”的发展思想，践行“为民监管”理念。以12345政务服便民热线满意度考评为突破口，集体研讨问题症结及解决方案，对存量问题逐家对接解决，热线不满意件呈下降趋势。开展为期1年的消费者权益保护专项整治行动，对所有存量问题进行全面摸排，对消保制度建设全面梳理，全面压实机构责任。连续3年开展行业规范建设，对机构重点人员、重点领域进行合规管理，健全内控体系，厚植合规文化底蕴，实现银行保险行业长治久安。持续加强银行业非法集资监测预警，做好客户及内部员工涉嫌非法集资监测排查。制定2021年防范非法集资宣传教育活动方案，将宣传工作落实到位。

【金融环境优化】 指导各银行保险机构持续完善金融服务，增强信贷获得便捷性，打造优质金融环境。大力推进便捷获得信贷工作,2020年“获得信贷”指标列全省考核第1位，年底小微企业获得信贷“办贷环节、办贷时间、申请材料件数”分别比年初下降0.23个、0.75天、0.81件。支持金融服务试点城市建设，打造金融服务民营、小微企业“信用+”模式，破解中小微企业融资难题做法由中国银行保险监督管理委员会刊发信息全国推广；威海市获批全国2021年民营和小微企业金融服务综合改革试点城市，获批中央专项奖励金3000万元，荣成市申报全国金融服务乡村振兴创新示范区与省级绿色金融试验区，打造乡村振兴“威海样板”。

（王 晔）

【地方金融组织监管】 牢固树立主责主业意识，加强地方金融组织监管，提升服务质效。引导地方金融组织坚守定位、聚焦主业，小额贷款、民间资本管理公司实现贷款余额43.6亿元,其中涉农及小微企业业务占80.3%。发挥政府性融资担保机构作用，减免费率、创新产品、优化服务，年内新增担保金额8.1亿元，其中支小支农业务占94%。全面规范典当行、融资租赁公司等新转隶机构经营行为，实现典当余额3.4亿元、融资租赁余额12.7亿元。威海国际海洋商品交易中心稳步发展，年内实现大宗海产品线上累计交易额突破233亿元，累计帮助企业办理质押融资5.8亿元。扎实开展年审和分类评级，全面推行“双随机、一公开”执法检查，完成首笔行政处罚。在全省率先建立地方金融领域信用分级分类监管制度，构建以信用为基础的新型监管机制。按照“防风险、提质量”总体思路，引导“僵尸”机构和风险机构加快出清，完成退出民间资本管理公司5家、小额贷款公司2家、融资担保公司4家。加快推进民间融资登记服务公司良性清盘，1家公司完善良性清盘方案，1家公司与全部出借人达成和解协议并完成2期兑付，1家公司良性清盘方案获90%以上出借人同意，1家公司担保项目完成首期兑付，4家公司平台业务存量比风险初期压降2.82亿元。

【重大金融风险防范化解】 树牢底线思维，全市不良贷款规模和比率实现“双降”，均居全省第2低位，在全省防范和处置非法集资综治平安建设考核中，威海市是全省唯一连续6年获得优秀等次的地级市。加大不良处置力度，建立不良处置周报机制，加快推进金融机构不良资产处置，全年完成不良资产处置32.1亿元，年底不良贷款率0.73%,比年初下降0.26个百分点。坚决遏制非法金融活动，理顺市、区（市）

两级处非工作机制，压实责任，推进非法集资零发案镇（街道）社区（村居）创建活动，全市无非法集资镇（街道）74个，占比97.4%；无原发性非法集资县（区、市）7个，占比78%，均居全省首位。扎实推进防范非法集资“七进”宣传教育活动，市地方金融监督管理局获评全省“防非@你”知识竞赛活动“最佳组织奖”。深入开展互联网金融违法犯罪专项整治、养老领域涉嫌非法集资风险专项整治、私募基金风险排查等活动，在全省率先完成集资融资领域信访突出问题销号清零任务，全市金融生态持续稳定。加强金融法治保障，威海市中级人民法院成立全省首家金融法庭，牵头成立威海市证券期货纠纷人民调解委员会。依托环翠区竹岛街道金融商圈，打造全市首家省级证券期货投资者教育基地，该基地是全国首家以党建引领、政府主导、公益性全民财商教育为特色的投资者教育基地。

（翟琳琳）

金融服务

【概况】 2021年，威海市金融系统深入实施“金融畅通”工程，着力在精准高效金融服务上下功夫，统筹推进服务实体经济、深化金融改革、防控金融风险任务落地落实，全市金融运行平稳向好。

【经济发展支持】 发挥银行融资主渠道作用，加强对经济发展重点领域和薄弱环节的金融支持。落实“1+N”常态化银企对接机制，推行科技支行、金融辅导、金融管家等政策，推动信贷投放继续保持较快增长，全市本外币贷款余额达4048.3亿元，比年初增加651.7亿元；贷款余额增长19.2%，居全省首位。推动市政府先后与中国农业发展银行山东省分行、中国农业银行股份有限公司山东省分行签订战略合作协议，为全市引入更多金融资源。强化普惠金融服务，全面深化金融辅导，67支辅导队、215名辅导员与1420家企业建立对口帮扶关系，对接企业需求7543条，办理融资158.5亿元。在产业园区、镇（街道）推行“金融管家”制度，威海（荣成）海洋高新技术产业园、文登区侯家镇入选全省试点，为40余家企业解决融资超5亿元。修订印发“人才贷”风险补偿资金和资本市场补助政策，进一步扩范围、降门槛、提标准。将科技支行等3项金融惠企政策纳入首批“免申即享”政策清单，符合条件的企业无须主动申请，即可享受政策红利。

【直接融资发展】 加强与多层次资本市场对接，大力拓展直接融资。市政府印发《关于推进企业利用资本市场加快发展若干政策的意见》，搭建“121”上市服务体系，引导企业用足用好资本市场工具，全年实现股票、债券等直接融资234.3亿元。加强后备资源培育，以科技型企业为重点，筛选201家企业纳入上市后备资源库（其中一类企业33家、二类企业168家），其中26家被列为省级重点后备企业。推动威海火炬高技术产业开发区获批全省上市公司孵化聚集区。启动新一轮上市三年攻坚计划，实施高新技术企业上市培育计划，对重点拟上市企业精准服务，全力加快上市进程。山东威高骨科材料股份有限公司成功上市，首发融资15亿元，实现威海市企业科创板上市“零”的突破。2家企业上海证券交易所主板上市过会，3家企业上市在审，3家企业在中国证券监督管理委员会山东证监局辅导。拓展债券融资渠道，加大发债主体培育力度，推动创新券种在威海市落地应用，全市发行非金融企业债券40只，合计金额216.05亿元。

【地方金融改革】 市地方金融监督管理局印发《威海市“十四五”金融业发展规划》，统筹实施推进金融组织壮大、资本市场提升、产融结合创新和金融生态示范“四大工程”，推进全市金融业发展提质增效。聚力打造“人才金融”服务品牌，在全省首家开展高层次人才创业保险，创新推出人身保障保险9项和研发补偿保险产品6项，为10名省级以上创业人才提供风险保障金额4.4亿元，经验做法获得山东省地方金融监督管理局发文推广。优化“人才贷”政策运行机制，累计发放47笔、金额2.67亿元。科技支行政策合作银行拓展至21家，实现市域全覆盖，全年发放贷款48.3亿元，比上年增长78.3%。全力争创国家绿色金融改革创新试验区，试验区总体方案获得中国人民银行济南分行初步同意。威海市商业银行股份有限公司成为山东省首家“赤道银行”，山东荣成农村商业银行股份有限公司成立绿色金融事业部并在全省率先发布环境信息披露报告。推动全省首批2笔、9700万元再贷款减碳引导项目落地，全市绿色贷款余额367.4亿元，比上年增长47.7%。深化地方法人银行机构改革，协调加快威海蓝海银行股份有限公司引入战略投资，度小满普惠科技（山东）有限公司落户威海市，注册资本10亿元。山东荣成

2月2日，全市银企对接视频会议举行。图为银行项目现场签约仪式

（威海日报社 提供）

农村商业银行股份有限公司引入市、区（市）两级3家政府平台公司入股，增资1.96亿股，提升资本实力和风险抵御能力。推动中国建设银行股份有限公司威海分行创新采用“住房租赁+”模式盘活乳山市银滩旅游度假区闲置海景房，投入资金约1200万元，收取房源70套，并依托“建融家园”品牌，发布各类房源信息1144条。

（翟琳琳）

银 行

【概况】 2021年年底，全市有银行业金融机构31家。其中，政策性银行1家、国有银行6家、股份制银行8家、城市商业银行6家、农村中小金融机构8家、外资银行1家、民营银行1家。全市本外币存款余额5246.04亿元，比年初增加513.26亿元，增长10.8%；本外币贷款余额4048.31亿元，增加651.69亿元，增长19.2%，增幅居全省第1位。银行业金融机构不良贷款率0.73%，下降0.26个百分点。全市银行业资产总额7095.6亿元，负债总额6736亿元，分别比年初增长12.9%和13.3%；实现利润40.5亿元，比上年减少6.6亿元。

2021年年底威海市银行业金融机构本外币存、贷款情况表

表13　　单位：亿元

机构名称	存款余额	贷款余额	机构名称	存款余额	贷款余额
中国工商银行股份有限公司威海分行	402.78	303.21	中国光大银行威海分行	77.13	101.54
中国农业银行股份有限公司威海分行	410.64	285.59	平安银行股份有限公司威海分行	12.80	19.72
中国银行股份有限公司威海分行	314.49	247.65	威海市商业银行股份有限公司	902.41	458.98
中国建设银行股份有限公司威海分行	339.52	297.50	齐鲁银行股份有限公司威海分行	41.19	61.99
交通银行股份有限公司威海分行	177.13	154.00	齐商银行股份有限公司威海分行	42.57	41.85
中国邮政储蓄银行股份有限公司威海市分行	401.15	167.64	青岛银行股份有限公司威海分行	181.16	132.79
中国农业发展银行威海市分行	44.36	289.42	日照银行股份有限公司威海分行	46.25	31.24
中信银行股份有限公司威海分行	128.26	77.97	烟台银行股份有限公司威海分行	56.85	77.79
招商银行股份有限公司威海分行	99.06	86.43	农村商业银行	873.73	568.34
上海浦东发展银行股份有限公司威海分行	92.55	105.08	村镇银行	29.52	23.06
中国民生银行威海分行	66.14	75.95	韩国友利银行威海分行	6.35	11.83
兴业银行股份有限公司威海分行	77.31	87.70	威海蓝海银行股份有限公司	330.01	299.07
恒丰银行股份有限公司威海分行	66.17	94.77			

说明：农村商业银行、村镇银行为系统合计数

（于宛宁）

【中国农业发展银行威海市分行】 2021年年底，中国农业发展银行威海市分行贷款余额289.4亿元，比年初增加43.4亿元，居全省第4位。全年累计投放各类贷款70.31亿元，比上年增加17.85亿元。全年审批中长期贷款项目15个、金额101.55亿元。全行日均存款余额60.6亿元，居全省第5位。国际业务累计结算2.1亿美元。全年实现账面利润4.29亿元，增加3595.28万元，居全省第4位；实现内部资金定向转移定价（FTP）利润4.27亿元，增加5435.86万元，居全省第4位。年内，威海市分行先后获评中国农业发展银行“五一巾帼标兵岗”、先进基层党组织、五一劳动奖状等。强化政银合作，服务乡村振兴，深入各区（市）走访地方党委、政府并召开对接会议，确定有融资意向的项目31个，拟融资金额230亿元，全年完成审批项目14个、金额101.55亿元。其中，中国农业发展银行山东省分行与市政府签约后，完成审批项目9个、金额53.55亿元。连续6年保持不良贷款“零余额”，有效防控金融风险。在全系统内首获国际金融机构转贷贷款，成功承接新开发银行转贷1.25亿元。在降低融资成本、拓宽业务边界、学习借鉴项目管理经验方面，被中国农业发展银行作为先进典型在全国推广。中国农业发展银行乳山市支行“老旧小区改造+特许经营权”模式得到省政府领导批示，被中国农业发展银行授予金农发行杯“模式创新奖”，典型经验被住房和城乡建设部在全国推广。打造“粮食银行”，全力保障粮食安全，累计发放粮油贷款1.81亿元，比上年增加0.17亿元；累计发放收购贷款4400万元，增加900万元。打造“水利银行”，促进城市建设提档升级，累计投放水利建设贷款22亿元，贷款余额64.57亿元，增加12.79亿元。打造“农地银行”，充分利用城乡建设用地增减挂钩指标和耕地占补平衡指标等开展金融创新，依托指标交易收入探索“土地+”

融资新模式，投放农村土地类贷款7.2亿元，增加4.2亿元。打造“绿色银行”，探索排污权、用能权、用水权、碳排放权等绿色权益担保方式，大力支持污染防治、生态修复、清洁能源等项目。至年底，绿色贷款余额达114.3亿元，增加35.15亿元。多措并举构建支农资金筹集新格局，开立农民工工资专户30户，发放工资1.87亿元，贡献日均存款5841万元，累计实现FTP利润136万元。中标住宅维修资金专管行资格并开户，累计营销住宅维修资金2.61亿元。累计营销非税收入2500万元。营销非贷客户（日均余额大于20万元）197户，比年初增加29户。为贷款企业及下游客户实行一企一策，合理合规延长贷款资金支付链条。关注信息动向，累计营销专项债资金19.55亿元。开展“规范建设提升年”“内控合规建设管理年”活动，通过宣传、培训等活动，完善内控合规垂直管理，提升案防能力，打造检查整改问责一体化机制，保持合规零风险态势。加强粮食库存监管，开展政策性粮食购销领域腐败问题专项整治工作，对截至2021年9月月底有余额的政策性粮食贷款进行全面检查。严格做好数据治理工作，加大考核力度，坚持奖优罚劣。开展金融普及宣传月活动，宣传金融知识及常见的金融诈骗手段，增强群众识别能力。规范财务运营，推动经营绩效再提升。银联商务合作收单业务累计达5.6亿元，居全省第5位。电子渠道客户覆盖率100%，电子支付业务替代率98.8%。开展账户清理工作，梳理规范存量账户503户。严格执行国家优惠政策，累计为客户优惠2211.84万元。加强收费合规性检查，监测、分析、研判各行减费让利数据，累计为客户减免各类费用307.70万元。彰显人文关怀，实现保障支撑再优化，累计投入23.82万元用于教育培训，外聘教授及知名学者举办专题讲座6次，举办外部监管文件、反洗钱等各类业务培训20余次。设立不动产登记服务点，抵押登记、查询等实现“不见面申请”，压缩自然资源和规划部门登记审核时间至1个工作日。有效防范各类风险，构筑风险防控严密防线，开展地方政府隐性债务风险专项排查工作，成立4个检查辅导组按季度开展辅导，及时探查风险信号，强化风险能力。加强安全保卫工作工作，强化人防、物防和技防，保证安全生产经营。

（楚鹏飞）

【中国工商银行股份有限公司威海分行】 2021年年底，中国工商银行股份有限公司威海分行本外币各项存款余额402.78亿元；本外币各项贷款余额303.21亿元，贷款余额突破300亿元，比年初增加21亿元；累计投放各类贷款112亿元，比上年增长28.8%，制造业、普惠、知识产权质押贷款增量均创新高。积极支持重大基础设施及能源保供重点项目，国核示范电站、华能威海发电等14个项目实现提款；双口径普惠贷款连续3年增幅超过50%，小企业固定资产购建贷、国担快贷等新业务成功落地。以第十九届中国国际农产品交易会为契机，推动58户农业经营主体入驻工商银行“环球撮合”平台，涉农贷款完成中国工商银行股份有限公司山东省分行增量计划的2.3倍。设立科技支行，加大科技企业支持力度，新发放知识产权质押贷款22笔、科技成果转化贷款24笔。夯实发展基础，围绕软实力提升和硬件优化，深化网点竞争力评价工作，全力建设人民满意银行；开展“暖心工行 智惠服务”“投诉深化治理年”等活动，落实6个板块适老服务举措，深化老年客户金融服务，高度关注、妥善处置客户投诉。全行个人全量客户人口覆盖率97%，在银行系统内排名第1位，各项存款时点余额首次突破400亿元。坚持稳中有进的工作总基调，拨备前利润连续5年同比正增长，提升对地方税收贡献，获评2021年度地方纳税50强第37名。强化风险管控，坚守资产质量稳控底线，夯实资产质量向好的局面，不良额、不良率连续4年实现“双降”。扎实开展内控案防，坚持“合规创造价值”理念，最大限度消除案件风险隐患，内控评价结果为二级一档，连续3年系统内排名前4位，未发生案件或重大违规事件，“人行外管合规”“反洗钱”等评价均为“A级”。

（王泽林）

【中国农业银行股份有限公司威海分行】 2021年年底，中国农业银行股份有限公司威海分行各项存款余额410.64亿元，各项贷款余额285.59亿元，缴纳税金5436万元。年内，分行先后获评普惠金融突出贡献奖、创新发展贡献企业、创建全国文明城市工作先进单位、山东银行业良好银行、省级文明单位等。赋能助力实体经济，积极支持供给侧结构性改革，优先支持十强产业发展，引导信贷资源流向科技产业和绿色项目，累计投放对公贷款112.3亿元，年底对公贷款余额比上年增加16.27亿元。强化线上渠道建设，推动普惠金融提速增效，重点推广“抵押e贷”“纳税e贷”“退税e贷”“账户e贷”等线上产品，创新开展线上供应链业务，帮助中小企业解决资金难题，年底普惠贷款余额24.2亿元，比年初增加5.16亿元。加快绿色信贷转型，编制《绿色金融发展生态图谱》，多次开展绿色金融业务研讨，创新业务发展路径，发放全国农行首笔碳汇收益权质押贷款，年底绿色信贷余额43.59亿元，比年初增加8.21亿元。全面助力乡村振兴，大力推广“惠农e贷”、金穗农担贷等信贷产品，全年投放“惠农e贷”14.2亿元，在全市779个村上线“三资”平台管理系统，数字化转型成效凸显，2021年金融服务乡村振兴考核获评“优秀”等级。全面深化网点转型，做优厅堂服务，做实“银龄无忧”工程。进村入户普及金融知识，开展支付结算减费让利；在部分网点设立医保工作站，延伸服务半径。持续加强风险管控，全年实现信息系统安全生产，没有案防风险、安全事故及违规事件发生，在金融同业安全检查中获评第1名。加大防范金融诈骗宣传力度，连续5年获评反洗钱A级单位。

（鞠玲玲）

【中国银行股份有限公司威海分行】 2021年年底，中国银行股份有限公司威海分行本外币各项存款余额314.49亿元，本外币各项贷款余额247.65亿元；不良余额0.77亿元，比上年减少0.40亿元，不良率0.31%，下降0.23%；实现营业净收入8.03亿元，拨备前利润5.70亿元，税后净利润3.25亿元，上缴税金0.67亿元；贷款规模增幅突破14%，新增企业贷款31.44亿元，比上年增长31.6%。年内，威海分行系统考核居全省第5位；先后获评总行级先进基层党组织，获得总行级“中银劳动奖状”。开展“玫瑰书香”主题阅读活动，被中华全国总工会授予优秀组织单位奖。为威海市热电集团有限公司、市交通发展投资有限公司等市属重点企业和市重点项目，新增敞口总量30.6亿元，新增贷款投放24.86亿元。为威海市第一中学等开展系统上线智慧点餐服务，为东发老年公寓入驻手机银行银发专区开展服务。服务壮大产业集群，为威海威高国际医疗投资控股有限公司等市产业集群重点企业，新增敞口总量9.55亿元，新增贷款投放9.11亿元。服务海洋经济，履约《推动海洋经济高质量发展》战略合作协议，支持海洋产业企业135户，新增25户；授信投放32.78亿元，新增8.82亿元。深度帮扶民营企业，民营企业贷款余额63.86亿元，新增9.0亿元，对公授信占比49.1%；民营企业贷款新增投放占比63.9%，不良率0.40%。坚定做好普惠金融，银监口径普惠贷款余额25.69亿元，新增7.06亿元，比上年增长37.9%，高于各项贷款23.92个百分点。与共青团威海市委员会签署战略合作协议，投放全市首笔知识产权质押贷款；与市工业和信息化局签订战略合作协议。发挥经营优势，实现国际结算量46.41亿美元，跨境人民币业务量45.86亿元，结售汇金额达34.31亿美元，份额均居同业第1位。连续10年被市外汇管理局评为银行外汇业务合规与审慎经营评估“A”级银行。助力构建新发展格局，组织普惠金融“百场千户”政银企对接会3场，组织市海外金融业务培训交流会、政府投融资培训交流会等，助力全市经济高质量发展。

（杜祖农）

【中国建设银行股份有限公司威海分行】 2021年年底，中国建设银行股份有限公司威海分行本外币存款余额339.52亿元，各项贷款余额297.50亿元；全年投放表内外综合融资191亿元，比上年增加31亿元；缴纳各项税金6.78亿元。威海分行全面助力区域经济转型和产业升级，支持基建、制造业领域项目，年底基础设施贷款余额56.4亿元，增加11.07亿元；制造业贷款余额39.34亿元，增加7.32亿元。加大民营企业支持力度，民营企业信贷余额70.93亿元，增加13.60亿元。加大新型融资力度，承销发行各类中期票据41亿元。全力支持外贸企业发展，办理全国金融系统首笔“区块链平台出口信保场景保单融资业务”、全辖首笔线上出口托收业务，在威海市银行外汇业务合规与审慎经营评估中，以总分第1名的成绩获评A类行。大力推进普惠金融，监管考核口径普惠贷款余额33.89亿元，增加8.05亿元；提出“创业者港湾”品牌战略，全年挂牌运营“创业者港湾”联盟店8家，为874家科创企业提供信贷支持5.9亿元；入选威海市科技支行合作银行，发放全省首笔“齐鲁人才贷”。扎实推进住房租赁，实现公租房租赁补贴线上代发；通过设立CCB建融家园，有效盘活乳山市银滩旅游度假区部分闲置房产资源。加大金融科技赋能，“智慧城投”项目成功上线，被总行选为数字化经营生态样板间；打造区域教育系统“建融慧学”智慧化管理样板，为文登区93所中小学、幼儿园上线缴费平台。大力支持乡村振兴，全口径涉农贷款增加8.86亿元，先后上线乳山数字牡蛎、文登西洋参交易平台2个数字产业链项目，实现“一县一品”合作全覆盖。其中，数字牡蛎项目被“新华财经”平台专题宣传，被市政府列为乡村振兴典型宣传案例。全面强化风险防控，全年处置不良资产1.7亿元，实现已核销现金回收0.6亿元。优化信贷结构，支持行业贷款增速14.4%，零售贷款占比达55.8%；基础设施贷款、制造业贷款、绿色信贷平均增速41.4%，高技术制造业贷款余额、增量、增速均居系统首位；战略性新兴产业、民营企业贷款增速分别达60.2%和23.7%。开展学习教育680次、联学联建活动80余次，办理“我为群众办实事”项目113项。持续提升服务质效，2家网点通过国家金融科技中心服务国标认证；威海经济技术开发区支行营业室获评中国银行业协会文明规范服务“千佳示范单位”。威海分行先后获得监管机构表彰14项、省行级以上表彰55项，入选威海市纳税50强，全年无监管处罚、无案件事故及严重违规事件。

（王晗莹）

【交通银行股份有限公司威海分行】 2021年年底，交通银行股份有限公司威海分行本外币各项存款余额177.13亿元，比年初增加19.49亿元；本外币各项贷款余额154亿元，增加34.75亿元。不良贷款余额0.78亿元，减少0.92亿元；不良率0.51%，下降0.91个百分点，不良贷款实现双降。2021年，威海分行积极对接区域重大战略项目，为各（区）市重点项目投放资金11.65亿，有效支持全市重点项目建设。围绕威海市专精特新、隐形冠军、农业龙头企业等优质实体企业，建立清单，逐户对接支持，先后拓展一批优质实体企业，助力威海市实体经济发展。继续加大普惠两增贷款投放力度，畅通普惠小微获客渠道，全年普惠贷款平均利率比年初下降0.18%，进一步为小微客户减少融资成本。大力支持科技型企业融资需求，为52家科技企业发放贷款6.14亿元，比上年增加8%。增加产业链授信品种，加快推进快易付、快易收、票据、交航信等供应链品种，发挥授信对主体经济的支撑作用。开展“规范建设提升年”“内控合规管理建设年”活动，全面落实监管政策法规及要求。威海分行资产质量、内控合规两项指标均列全省系统内第1名。

（刘楠楠）

【中国邮政储蓄银行股份有限公司威海市分行】 2021年年底，中国邮政储蓄银行股份有限公司威海市分行各项存款余额400.75亿元，比上年增加36.15亿元，增长9.9%。其中，个人储蓄存款372.65亿元，增加35.08亿元；公司存款28.1亿元，增加0.97亿元。各项贷款余额167.64亿元，增加41.68亿元，增长33%。积极服务国家和区域发展战略，服务实体经济，投放资金30.85亿元。推进乡村振兴，探索基于农业发展信贷担保产业链等“三农”贷款发展模式，涉农贷款余额53.54亿元；普惠小微贷款余额32.04亿元，比上年增加3.99亿元，小微贷款增长14.2%，计划完成率137.7%。加快绿色银行建设，对标国际主流准则，助力实现碳达峰、碳中和目标，严格控制“两高一剩”（高污染、高能耗的资源性的行业，产能过剩行业）客户准入，绿色贷款余额23.3亿元，增速达391%。完善风险管理体系，坚守不发生资金案件和系统性金融风险的底线，深入落实全面、全程、全员的全面风险管理理念，围绕“化解存量、严控增量”，有效落实市、区（市）两级“三单”管理机制，积极尝试多元化处置方式，筑牢风险内控新防线。不良贷款余额5132万元，不良率0.3%，资产质量居全市同业第2位，拨备覆盖率606.7%，比上年增长149.2%。以“平安邮储”建设为中心，开展安全教育培训6次、安全检查23次，建立楼长、层长和安全员工作机制，全年未发生治安案件和安全生产责任事故。强化厅堂智能化建设，完成10处自营网点排队叫号机的改造和更换，接入网点智能设备运营系统，推动营销服务一体化。开展公益活动，成立邮储银行志愿服务队，组织植建爱心林，邮爱公益健步走等志愿活动，助推公益事业发展。

（王 静）

【山东省农村信用社联合社威海审计中心】 2021年年底，全市农村商业银行各项资产总额1070.86亿元，比上年增长13.3%；各项存款余额879.56亿元，比年初增加81.16亿元，增长10.2%；各项贷款余额571.21亿元，增加67.42亿元，增长13.4%；实体贷款余额454.99亿元，增加38.05亿元，增长9.1%；存、贷款市场占有率分别达16.7%和14.0%。威海审计中心坚持把发展高质量普惠金融作为工作主线，坚守“支农支小支微、专注服务本土”的战略定位，积极下沉工作重心、聚焦实体经济、创新服务手段、应对风险挑战，着力提高金融服务覆盖面、可得性和满意度，各项工作取得较好成绩。全市农村商业银行坚持新型冠状病毒肺炎疫情防控和金融服务“两手抓、两促进”，全年累计投放复工复产类贷款13.8亿元，减费让利240万元。立足整村授信、增户扩面工作，强力支持乡村振兴和中小微企业发展，有效推进区域经济社会发展，全年涉农类贷款余额241.59亿元，比年初增加15.56亿元，增长6.9%；小微企业贷款余额169.99亿元，增加25.67亿元，增长17.8%。围绕绿色金融、现代农业、低碳循环产业等领域，创新业务品种，以绿色信贷推动低碳循环，全年新增绿色贷款117户、金额1.78亿元，“海域使用权抵贷”5.05亿元，发放全省首笔“海洋碳汇贷”2000万元、“林业碳汇贷”2500万元、“绿色出行贷”2500万元。发挥“根植本地、贴近市场和客户”优势，丰富“普惠系”信贷产品，满足各类客户差异化、个性化融资需求，全年发放“创业担保贷”2853户、金额6.84亿元，“家庭亲情贷”6671户、金额20.1亿元，“公积金e贷”1627户、金额9492万元，“微信社保贷”659户、金额6697万元，“退役军人创业贷”137户、金额2803万元。威海审计中心在市政府2021年度金融业发展绩效考核中获得一等奖。辖内农村商业银行分别获评中国地方金融十佳科技创新银行、纳税先进单位、山东省模范职工之家、全省单位内部治安保卫成绩突出集体、地方纳税50强企业、监管统计工作先进单位等。

（丛朝日 刘明超）

【山东威海农村商业银行股份有限公司】 2021年年底，山东威海农村商业银行股份有限公司各项存款余额201.1亿元，比年初增加29.7亿元，比上年多增4.7亿元，增长17.3%；各项贷款余额148.5亿元，增加18.2亿元，增长14%；全行资产总额250.78亿元，增加36.51亿元，增长17.0%。年内，获得证监会准允引入大股东，完成战略投资引入工作。充分利用“四张清单”（农村、小微企业、个体工商户、城市社区清单），创设“防疫快贷”“复工租赁贷”“抗冠特色服务贷”金融产品，并向涉疫行业创新推出“供应链”贷款，有效破解涉疫核心企业上下游小微企业融资瓶颈。全面完成“四张清单”数据导入工作，加快智慧营销系统推广应用，结合“百行进万企”“科技企业大走访”等活动获取对接清单，主动下沉经营重心，推动以产品营销为中心向以客户巩固为中心转变。在创新推出“慈善荣誉贷”“疫情关爱贷”等产品的基础上，综合运用网上预约、线上申贷、微信回访等方式，建立资金需求台账，持续提升金融服务力度。通过调整还款方式、延长授信期限、增加授信、无本续贷等措施，对92户企业办理利息延付，对158户企业进行分期还款计划调整；244户企业办理无还本续贷，金额30.7亿元。公司先后获得山东省财贸金融系统“五一劳动奖状”，获评全省农商银行“职工信赖的职工之家”等。

（黄 杰）

【威海市商业银行股份有限公司】 2021年年底，威海市商业银行股份有限公司资产总额达3045.21亿元，比上年增加369.19亿元，增长13.80%，各项业务指标均保持良好增长态势。资本充足率达14.59%以上，各项监管指标持续全面达标。全年实现净利润18.92亿元，比上年增加2.43亿元，增长14.77%；缴纳各项税金13.56亿元，增加1.67亿元，增长14%。公司不断创新服务模式，持续加大信贷供给，积极融入全市经济社会建设，各项业务实现平稳健康快速增长。积极开展“行业规范建设提升年”活动，开展制度学习月、制度考试月等“制度系列月”活动，巩固合规建设成果，夯实合规工作基础。全面启动数字化转型，按照“数据标准化，标准线上化，线上智慧化”的“三化”理念，制定数字化转型3年规划，全力打造“客户体验一流，创收创利一流”的“智慧数字银行”。启用新数据中心，上线CBUS5.0智慧银行系统，设立数字银行部，科技支撑能力不断提升。绿色金融实现新突破，成为山东省首家“赤道银行”。积极搭建“智慧平台”，充分放大“房e贷”“快e贷”等特色产品优势，并在“商车贷”的基础上开发“商车宝”专属App，通过线上化、平台化模式更加精准地服务实体经济。公司连续获评全国十佳城市商业银行，在山东省政府组织的地方金融企业绩效评价中获评AAA级。

（谭芳芳）

保 险

【概况】 2021年，全市保险业实现保费收入122.41亿元，比上年增长2.6%。其中，财产险公司实现保费收入27.87亿元，人身险公司实现保费收入94.54亿元。支付各项赔款和给付保险金37.78亿元。其中，财产险公司支出19.62亿元，人身险公司支出18.16亿元。全市开业的市级保险公司有54家，其中财产险公司29家、人身险公司25家。有各类专业中介法人机构3家，各类专业中介分支机构74家。持续开展保险业行业规范建设，统筹推进服务民生保障和社会发展大局，保险业务持续稳步发展，保险功能作用日益发挥，全市保险业上缴各类税金达4.8亿元，提供就业岗位近2.4万余个。2021年，全市保险业开展慈心一日捐活动，募集善款12万余元，全部划入威海保险业公益基金。公益基金支出8.5万元，帮扶因病致贫的家庭及贫困村改造，履行保险行业社会责任。

9月26日，威海市首款城市定制型商业医疗保险——“威你保”正式上线发行

（威海银保监分局 提供）

【保险责任履行】 做好高风险车型承保，解决全市混凝土搅拌车交强险承保、出租车（网约车）商业险投保难题，保护消费者权益。先后组织保险公司与混凝土协会进行座谈，协商解决方案，召开出租车专题会议，印发《关于做好出租车承保工作的通知》，稳妥做好出租车承保工作。启动行业应急预案，引导保险公司做好“4·19”中华富强号爆燃事故理赔服务工作，密切配合市政府相关部门，安排专人全程参与事故理赔处置专班工作。

【消费维权保障】 2021年，威海市保险行业协会受理有效投诉案件100件，案件全部在期限内办理完毕。其中，财产险58件，投诉问题主要涉及车险承保、车险理赔、家财险理赔等方面；人身险42件，投诉问题主要涉及给付纠纷、承保纠纷等；无超期件。不断完善保险纠纷诉讼调解对接机制，充分利用人民法院保险纠纷调解平台、山东司法智慧山东调解平台等，快速解决保险纠纷。威海市保险纠纷人民调解委员会全年受理保险纠纷案件99起，涉案金额910万元，成功调解达成书面协议40件，调解成功率40%，为消费者挽回经济损失418万元。扎实推进反保险欺诈工作，加强打击保险诈骗的力度，形成以保险公司、调查公司、协会、公安机关“四位一体”的打击保险欺诈新模式。7月，威海保险业反欺诈工作站聘请反欺诈案情侦研员，形成案件分析联席制度，推进打击保险诈骗工作深入开展。年内，接收公司有效报案线索10件，侦破4件，挽回经济损失7万余元。

（林玮玮）

【“威你保”商业医疗保险发行】 9月26日，由威海市医疗保障局、财政局指导，威海银保监分局监督，泰山财产保险股份有限公司为主承保方，中国人民财产保险股份有限公司、中国平安财产保险股份有限公司、中华联合财产保险股份有限公司等13家保险机构联合承保的威海市首款城市定制型商业医疗保险——“威你保”正式上线发行。“威你保”商业医疗保险参保对象为参加威海市职工或居民基本医疗保险且投保时正常享受医疗保险待遇的人员。保费标准为60周岁以下人群每人每年缴费89元，60周岁（含）以上人群每人每年缴费139元；参保人员可用医保卡个人账户资金缴费，并支持家庭成员共济，一人可为全家投保；参保人员最高可获得200万元的住院费用再次保障及30万元门诊特药费用保障。开设专属服务热线“96717006”，7×24小时受理和处理群众理赔、咨询和投诉等，实现“理赔零跑腿”。至年底，参保人数达66.5万人，参保率约26%。

（孙永涛）

2021年威海市财产险公司经营情况表

表14 单位：万元

机构名称	保费收入	赔款支出	机构名称	保费收入	赔款支出
中国人民财产保险股份有限公司威海市分公司	84792.03	54970.35	渤海财产保险股份有限公司威海中心支公司	1931.35	1599.33
中国太平洋财产保险股份有限公司威海中心支公司	25229.77	16819.36	长安责任保险股份有限公司威海中心支公司	1602.00	1456.80
中国平安财产保险股份有限公司威海中心支公司	43632.29	29710.47	中国人寿财产保险股份有限公司威海市中心支公司	14209.73	10354.84
华泰财产保险有限公司威海中心支公司	2562.21	1228.30	安盛天平财产保险股份有限公司威海中心支公司	2004.37	1494.03

续表14

机构名称	保费收入	赔款支出	机构名称	保费收入	赔款支出
天安财产保险股份有限公司威海中心支公司	2224.22	2168.25	泰山财产保险股份有限公司威海中心支公司	3702.69	1707.24
太平财产保险有限公司威海中心支公司	11868.29	8754.67	浙商财产保险股份有限公司威海中心支公司	1599.01	2309.03
永安财产保险股份有限公司威海中心支公司	2218.38	1714.50	紫金财产保险股份有限公司威海中心支公司	697.93	426.72
中国大地财产保险股份有限公司威海中心支公司	12677.02	9518.43	英大泰和财产保险股份有限公司威海中心支公司	1356.21	786.90
阳光财产保险股份有限公司威海中心支公司	21495.16	16036.52	国任财产保险股份有限公司威海中心支公司	2772.63	2156.94
华安财产保险股份有限公司威海中心支公司	1499.17	1140.61	华海财产保险股份有限公司威海中心支公司	5189.08	6715.63
中华联合财产保险股份有限公司威海中心支公司	22120.65	15560.58	安诚财产保险股份有限公司威海中心支公司	3379.50	2623.53
大家财产保险有限责任公司威海中心支公司	1411.59	887.68	亚太财产保险有限公司威海中心支公司	2638.55	1461.85
都邦财产保险股份有限公司威海中心支公司	903.10	453.83	中煤财产保险股份有限公司威海中心支公司	1000.42	465.70
安华农业保险股份有限公司威海中心支公司	2116.49	1871.62	中路财产保险股份有限公司威海中心支公司	720.44	818.29
永诚财产保险股份有限公司威海中心支公司	1185.68	1025.93			

2021年威海市人身险公司经营情况表

表15

单位：万元

机构名称	保费收入	赔款支出	机构名称	保费收入	赔款支出
中国人寿保险股份有限公司威海分公司	299235.39	64977.51	恒安标准人寿保险有限公司威海中心支公司	1236.27	846.48
中国太平洋人寿保险股份有限公司威海中心支公司	25490.45	14652.97	富德生命人寿保险股份有限公司威海中心支公司	21985.77	3441.83
中国平安人寿保险股份有限公司威海中心支公司	90218.88	13272.65	阳光人寿保险股份有限公司威海中心支公司	9564.75	1475.88
新华人寿保险股份有限公司威海中心支公司	85966.12	18879.09	中信保诚人寿保险有限公司威海中心支公司	5053.12	704.34
泰康人寿保险有限责任公司山东威海中心支公司	38822.14	14970.25	中宏人寿保险有限公司山东分公司威海营销服务部	5519.93	467.22
太平人寿保险有限公司威海中心支公司	135946.45	18747.39	华泰人寿保险股份有限公司威海中心支公司	4315.68	84.83
长城人寿保险股份有限公司威海中心支公司	9089.31	2678.04	国华人寿保险股份有限公司威海中心支公司	17797.29	809.78
民生人寿保险股份有限公司威海中心支公司	8028.26	1943.37	建信人寿保险股份有限公司威海中心支公司	28540.86	4435.44
平安养老保险股份有限公司威海中心支公司	1146.58	644.52	百年人寿保险股份有限公司威海中心支公司	8476.15	1013.31
农银人寿保险股份有限公司威海中心支公司	25265.35	3478.26	天安人寿保险股份有限公司威海中心支公司	51826.67	2896.15
中国人民人寿保险股份有限公司威海中心支公司	19297.54	5530.23	同方全球人寿保险有限公司威海中心支公司	1579.35	167.65
中国人民健康保险股份有限公司威海中心支公司	683.46	340.24	德华安顾人寿保险有限公司威海中心支公司	1952.14	121.09
华夏人寿保险股份有限公司威海中心支公司	48347.24	4966.15			

（林玮玮）

【中国人民财产保险股份有限公司威海市分公司】 2021年，中国人民财产保险股份有限公司威海市分公司实现保费收入8.48亿元，累计处理各类赔案7.05万件，支付赔款5.5亿元，缴纳各类税金（含代收代缴车船使用税）1.12亿元。为全市40万辆次机动车、650家大中型企业、700余艘船舶及进出口贸易行业、工业生产行业、交通运输业等提供风险保障8328亿元，风险保障规模、保费规模、赔付规模及税收贡献均居全市财产保险行业首位。公司恪守“根植威海，服务人民”的宗旨，充分发挥风险管理的核心职能，服务实体经济，促进全市经济发展。公司开办首台（套）重大技术设备责任保险、重点新材料首批次应用综合保险等业务，全年为全市14家企业提供首台（套）重大技术设备和新材料产品风险保障9.61亿元。针对高层次人才创新创业项目，开办高层次人才创业保险，全年为全市10家企业和11位高层次人才提供风险保障。公司连续5年中标威海市灾害民生综合保险项目，为全市94余万户居民房屋和256余万名群众生命安全提供保险保障。参与威海市医疗保障局和财政局指导开办的“威你保”城市定制型商业补充医疗保险，助力全市民生工程建设。全力支持乡村振兴工作，推动上报的文登区整县制“玉米+期货”收入保险项目通过评审，成为山东省第一个落地的整县制“保险+期货”项目，发挥“保险+期货”模式服务乡村振兴和保障国家粮食安全的作用，为文登区20余万亩玉米提供风险保障。服务文登区白羽肉鸡全产业链建设项目，新开发的肉鸡保险条款被确定为2021年山东省首批政策性农业保险首创险种。开办玉米完全成本保险，保障种粮农户预期收益，将玉米的保额从每亩保额500元提升到950元，为乳山市18.13万亩玉米提供风险保障。推出“乡村振兴保”和“社区安全保”“双保”业务，助力基层化解各类风险。

（王 永）

【中国人寿保险股份有限公司威海分公司】 2021年，中国人寿保险股份有限公司威海分公司实现总保费收入29.92亿元，占全市寿险市场份额的31.7%。公司各类长短险累计承保有效客户数达247.6万人，年度各类业务赔（给）付金额达6.49亿元，上缴各项税金超过2000万元。公司内设职能部门12个，下辖环翠、文登、荣成、乳山4个区（市）支公司和营销服务部56个，在岗内勤员工数达370人，3个销售渠道保险代理人达2988人。公司始终秉承“员富司强、永争第一”的发展理念。面向个人及团体提供人寿、年金、健康和意外伤害保险产品，涵盖生存、养老、疾病、医疗、身故、残疾等多种保障范围，全面满足客户在人身保险领域的保险保障和投资理财需求。年内，公司获评全国优质服务先进集体、全国金融系统思想政治工作优秀单位、全省系统党员示范柜面。

（赵 林）

【中国太平洋财产保险股份有限公司威海中心支公司】 2021年，中国太平洋财产保险股份有限公司威海中心支公司实现保费收入2.5亿元，赔（给）付金额1.68亿元，缴纳税金3352万元，市场份额居全市保险市场第3位。年内，公司分别为低碳环保类消费品企业提供产品质量安全责任保障1294万元，为企业环境污染责任保险提供风险保障600万元，为船舶企业提供污染损害责任风险保障5100万元，为农牧类企业提供风险保障1233万元，为威海市森林提供风险防护保障563万元。公司中标高层次人才创业保险共保体承保资格，开办专利执行保险，为企业投保的9件专利权提供调查费用70万元和法律费用130万元，并附加200万元专利侵权损失保险条款，实现全市知识产权保险“零突破”。与威海市总工会联合开展“爱心互助补充医疗保险工程”项目，10年内为约7万名员工支付赔款1.3亿元。公司获得环翠区、荣成市、威海临港经济技术开发区、威海南海新区政策性农业保险承保资格，与乳山市夏村镇桑行埠村及海阳所镇南泓南村建立帮扶结对关系，投入帮扶资金8万元，改善乡村基础设施建设，助力乡村振兴。

（王居正）

【中国太平洋人寿保险股份有限公司威海中心支公司】 2021年，中国太平洋人寿保险股份有限公司威海中心支公司实现保费收入2.55亿元，比上年增长8.6%；赔（给）付款7.57万件，赔（给）付款金额1.47亿元；缴纳税金119.29万元。公司下设分支机构5家，有员工86名、代理制销售人员506名，与经纪公司建立良好的业务合作关系，为客户提供全方位的保险保障服务。公司通过持续的产品创新和服务创新，满足客户多方面的需求，开办针对个人及团体等多种险种，覆盖人寿保险、年金保险、健康保险、意外伤害保险等。2021年，推动客户体验升级，实现“洋洋在线客服”场景化、个性化跟随服务。

（于骄骄）

【中国平安财产保险股份有限公司威海中心支公司】 2021年，中国平安财产保险股份有限公司威海中心支公司实现保费收入4.36亿元，支付赔款2.97亿元，累计提供风险保障超1.37万亿元，缴纳税金7385万元。公司辖机构7个，有员工130余人。公司中标高层次人才创业保险承保项目，切实增强高层次人才创业保障，有效分散和化解人才创新创业风险。全力配合市政府参与“4·19”中华富强轮爆燃事故风险化解，3天时间赔付金额756万元，结案率100%。入围市政府“灾害民生综合保险”项目、“威你保”惠民项目，提高居民抗风险能力，减轻群众就医负担。中标乳山市特色保险及威海经济技术开发区林业保险业务，保费规模1100万元。针对乳山市特色养殖及特色农产品开展多方位合作，积极参与产品创新，重点推进“收入保险”“保险+期货”项目。推出“疫苗安心保”赠险产品，为企业员工提供防疫保障。年内，为55家企业和个体工商户提供保障，累计保障限额6050万元。

（曹丽欣）

【中国平安人寿保险股份有限公司威海中心支公司】 2021年，中国平安人寿保险股份有限公司威海中心支公司实现保费收入9.02亿元；全年赔给付1.78万件，赔给付支出1.33亿元，比上年增长23.1%；缴纳税金677.93万元（其中个人所得税378.61万元）。公司内设人事行政合规室、财务室、队伍发展部、销售推动部等，下辖威海经济技术开发区、文登区、荣成市、乳山市4家支公司以及4个营销服务部，有内外勤员工2010人。公司着眼于大医疗、大健康板块，构建个人健康管家、大型康养服务等生活服务。持续推进“智慧客服”“金管家”“闪赔”等在线保全、理赔项目，智慧客服进一步升级，实现客户自主自助操作完成，占比达92.3%。

（高 森）

【泰康人寿保险有限责任公司山东威海中心支公司】 2021年，泰康人寿保险有限责任公司山东威海中心支公司实现保费收入3.88亿元；理赔案件2762件，赔付支出1.50亿元。至年底，威海市累计有效客户9.04余万人。公司有机构11家，其中，在文登区、荣成市、乳山市设有支公司，在文登区泽库镇，威海海高园（石岛管理区）、荣成市虎山镇、成山镇、人和镇，威海临港经济技术开发区蔄山镇及威海经济技术开发区泊于镇设有服务部。泰康健保通医疗网络是泰康保险集团股份有限公司与威海市部分优选医疗机构建立的医险合作体系，通过健保通网络直联为公司健保通客户提供一站式理赔服务，实现出院即理赔，打造极致医险服务体验。

（王 民）

【新华人寿保险股份有限公司威海中心支公司】 2021年，新华人寿保险股份有限公司威海中心支公司实现保险收入8.60亿元，比上年增长3.6%。公司理赔8773件，给付客户保险金7096.5万元。公司辖支公司5家和营业部1家，形成基本覆盖全市的机构网络。公司投保服务关键环节实现即时提醒、远程互动实时查询。通过智慧服务、科技赋能，公司理赔时效不断提升，客户的理赔申请从立案受理到审批结束平均0.42天。保全服务支持客户自助App办理通道，拥有客户信息变更、满期领取等服务60余项。设置线上智能客服“智多新”、线下智慧柜员机，打造“人工＋智能”双在线的服务新模式，创新推出“银发驿站”老年人专项关爱服务。公司高度重视风险防控工作，综合运用法规普及、案例教育、问责警示教育等形式，有效强化全员依法合规和风险防控意识，厚植公司风险管理文化。公司广泛参与捐资助学、扶危济困、关爱残疾人等公益慈善项目，先后获得“诚信企业 金尊奖”、全国“红梅玉杯支持学雷锋贡献奖”等。

（周明玉）

证 券

【概况】 2021年，全市有证券机构19家、期货机构1家，设有证券分公司2家、证券营业部27家、期货营业部1家。全年实现各类证券交易额9280.92亿元，比上年增长15.7%。全市证券、期货从业人员（不包括证券经纪人）近370人。

（翟琳琳）

【中泰证券股份有限公司威海分公司】 主要负责管理中泰证券威海地区的证券营业部，并经营证券投资咨询、与证券投资活动有关的财务顾问、证券承销与保荐等业务。公司下设部门5个、证券网点8家。2021年年底，公司有员工132人，投资者开户人数逾19万户，托管客户资产逾160亿元，全年实现证券交易4227亿元，为辖区企业实现融资50余亿元，上缴税金1600余万元。

（王 斌）

【海通证券股份有限公司威海高山街证券营业部】 营业部代理沪深A股、B股、基金（包括开放式基金和封闭式基金）、权证等交易品种。营业部遵循“务实、开拓、稳健、卓越”的海通经营理念，坚持“稳健乃至保守”的风控品牌，被山东省证券业协会评为优秀证券营业部。打造以客户为中心服务理念和体系，凭借互联网金融大数据应用平台，为客户提供场景化、智能化、精细化的金融服务，投资者可通过手机App直接收看投资策略分析视频直播。发挥营业部营业面积优势，大力发展现场服务，提升客户体验。2021年，营业部新增客户7420户，全年实现交易量1755亿元。

（王 丁）

【中国中金财富证券有限公司威海营业部】 经营业务范围涵盖证券经纪、证券投资咨询、证券交易、证券承销与保荐等，致力于帮助客户制定财富规划，为客户提供专业的投资解决方案。2021年年底，营业部有员工15人，完成交易总额（A股＋基金）646余亿元。

（梁 琰）

【中信证券（山东）有限责任公司威海文化东路证券营业部】 经营业务范围涵盖证券经纪、证券投资咨询、融资融券、证券投资基金代销、代销金融产品、为期货公司提供中间介绍业务、中国银行保险监督管理委员会批准的财产保险和人身险等。2021年，营业部有员工30人，沪深A股、基金交易总额483亿元，营业收入809.3万元，上缴税金245.55万元，客户总数2.6万户。

（王彤彤）

编辑 李传强

科学技术

综　述

【概况】　2021 年，全市科技系统深入实施创新驱动发展战略，不断强化高端创新载体建设，加速集聚国内外高端创新资源，大力培育创新型企业群体，推动高新技术产业加速发展，全市综合创新能力水平大幅提升。年内，威海市获批建设国家创新型城市，入选全国创新百强城市，综合科技创新水平指数居全省第 4 位，企业创新指数居全省第 1 位。“1+4+N”高端创新平台体系全面成型成势，北京大学威海海洋研究院揭牌成立并投入运行，引进落地威海激光通信先进技术研究院、威海黑马独角兽企业加速中心。全市市级以上科技创新平台总数达 1102 家，国家科技型中小企业达 1870 家，国家高新技术企业达 1049 家，技术合同成交额突破 130 亿元，医疗器械创新型产业集群获批国家创新型产业集群试点，全年高新技术产业产值增长 12.6%，高新技术产业产值占规模以上工业总产值的 67.1%，居全省第 1 位，高新技术产业固定资产投资占工业固定资产投资的 60.4%，居全省第 3 位。

【科技计划】　2020 年度全社会研发投入 71.13 亿元，占地区生产总值的 2.4%，比上年提高 0.1 个百分点。2021 年，全年落实上级各类科技创新项目资金 3.74 亿元。由哈尔滨工业大学(威海）承担的海空天一体化天基海洋信息获取关键技术研发与应用项目入选山东省重大科技创新工程暨驻鲁部属高校“十四五”服务山东重点建设专项项目，获批资金 7880 万元，是威海市体量最大的科技创新项目。围绕重点产业开展关键技术攻关，加快突破产业共性关键技术，促进创新链与产业链深度融合，涌现出国内首个通过民航标准检验的航空子午胎、随机切换系统的稳定性与滑膜控制、国产碳纤维复合拉挤集成技术开发及能源领域工程应用、特色化学药物原料与制剂产业化共性关键技术创新与生产体系构建等基础研究、应用研究成果。市级重点科技创新项目建设成效显著，突出“大创新”布局，围绕技术、产品、平台、模式等一体化创新，实施市级重点科技创新项目 139 项。其中，新产品、新技术创新项目 68 项，工艺、管理、品牌、模式创新项目 32 项，重大平台创新项目 39 项。加快解决重点产业发展的技术短板、缺链断链和公共服务载体不足问题,突破一批“卡脖子”关键技术，推动催生一批高新技术“引爆点”。139 项重点项目完成年度投资 26.23 亿元，申请专利 677 件、授权专利 411 件，发表论文 266 篇，引进人才 478 人，开展研发项目 382 项，形成新产品 206 个，当年实现经济效益 15.48 亿元。在全省率先实施“揭榜挂帅”机制，有效解决海洋冷链食品加工产业关键共性技术问题,探索出“揭榜挂帅”解决行业共性技术问题的全新路径。直击产业发展痛点，以海洋冷链食品加工行业劳动力匮乏、自动化机械化程度低问题为切入点，采用“揭榜挂帅”方式，在鱿鱼加工领域解决关键共性技术 2 项，形成设备 2 套，生产效率提高 3 倍，节约人工 60%，召开全市鱿鱼加工科研成果展示交易会，30 余家企业订购使用。围绕产业链布局创新链，构建“机器代人”研发攻关长效机制，建设市级海产品智能化养殖与加工装备技术创新中心等平台 4 个，畅通产业上下游成果转化应用通道，覆盖行业企业 100 余家。以“揭榜挂帅”项目为示范，加快推动重点行业“机器代人”，举办

4 月 29 日，北京大学威海海洋研究院揭牌仪式举行

（威海日报社　提供）

首届海洋领域机器人与自动化装备科研成果展示交易会，展出技术装备58（台）套。大力推动智能化、自动化设备应用，研发设备15套，实现场景应用10个，为20家企业节约人工3200余人，年节约成本3.2亿元。

【高新技术产业发展】 实施科技型企业培育工程，创新主体数量快速提升，国家科技型中小企业达1870家，居全省第5位，比上年增长65%；国家高新技术企业达1049家，增长42%，居全省第6位；18家高新技术企业上榜山东省科技领军企业，居全省第4位。认定新兴产业“金种子”企业62家，带动形成高技术产业和未来新兴产业。支持龙头骨干企业牵头组建创新联合体，整合产业链上下游企业、高校院所等创新要素开展协同攻关，备案市创新联合体5家。实施高新技术企业上市培育计划，首批入库企业25家，山东威高骨科材料股份有限公司在科创板上市，成为全市首家科创板企业。承办山东省新一代信息技术领域创新竞技行动计划现场晋级赛事，组织110家企业（团队）参赛，24家获得优胜奖，8家晋级全国赛，为75家企业落实省级支持资金1420余万元，居全省首位。支持科技型中小企业联合高校院所强化产学研协同创新，39个项目被列入2021年省科技型中小企业创新能力提升工程。组织关键共性技术研发，加速科技成果转化落地。医疗器械创新型产业集群获批国家创新型产业集群试点。全年高新技术产业产值增长12.6%，高新技术产业产值占规模以上工业总产值比重达67.1%，比全省平均水平高20.37个百分点；高新技术产业固定资产投资占工业固定资产投资比重达60.4%，比全省平均水平高13.2个百分点。

科技创新服务体系

【创新载体建设】 2021年，全市加快山东半岛自主创新示范区建设，国家“双创”示范基地获得国务院督查激励表彰，威海火炬高技术产业开发区获批国家企业创新积分制试点，入选并实施国家“科技抗疫—先进技术推广应用‘百园行动’”，在全国国家级高新区、全省开发区综合评价中稳居第一方阵。加快争创国家农业高新技术产业示范区，提升威海海洋高新技术产业园创新能力，举办威海海洋生物与健康食品产业创新暨威海海洋高新技术产业园产学研合作大会等专项创新活动，签订合作协议10余项，区内国家高新技术企业发展到26家，国家科技型中小企业发展到32家，科技创新平台达74家。遴选高水平机构编制示范区建设发展规划和实施方案并向上推介，形成省、市、区（市）三级联合争创良好局面，威海海高园（石岛管理区）在国家农业科技园区绩效评价中获得优秀等次。加快建设重大创新平台，引进中国科学院苏州生物医学工程技术研究所开展威海先进医用材料与高端医疗器械山东省实验室创建工作，确定实验室选址，建设方案报请省政府并通过专家论证。国家科技重大专项——高温气冷堆核电站成功并网发电，大型先进压水堆核电站“国和一号”加快建设，省科学技术厅布局建设山东省先进核能技术创新中心，谋划实施核能科技示范工程，加快科技攻关与示范应用，推动核能产业创新发展。威海市政府与青岛海洋试点国家实验室签订战略合作协议，在平台、项目、产业化、咨询决策和人才等方面展开合作，国家海洋综合试验场建设进入新阶段。

2021年威海市创新联合体备案一览表

表16

联合体名称	申请单位	所在区（市）
威海市智能快递物流创新联合体	山东新北洋信息技术股份有限公司	威海火炬高技术产业开发区
威海市碳纤维及复合材料创新联合体	威海光威复合材料股份有限公司	威海火炬高技术产业开发区
威海市海参产业技术创新联合体	好当家集团有限公司	荣成市
威海市房车关键技术创新联合体	荣成康派斯新能源车辆股份有限公司	荣成市
威海市电动机系统节能与应用创新联合体	荣成市荣佳动力有限公司	荣成市

【协同创新平台体系建设】 强化高端平台引进建设，北京大学威海海洋研究院揭牌成立并投入运行，筹建海洋生物分子育种等实验室3个，推动2个学科在威海市创建本科实习基地，组织对接活动10余次。与中国航天科工集团有限公司25所共建威海激光通信先进技术研究院并投入运行，围绕深海探测、空间、海洋舰船、水下激光通信等领域开展产学研合作，打造激光通信设备产业化示范基地。山东船舶技术研究院在研项目19项、产业化项目2项，授权专利5项，1个项目获得省重大创新工程计划立项。强化行业支撑平台体系建设，山东省高端医疗器械创新创业共同体吸纳行业骨干企业90余家，引进院士等高端人才团队4个，开展关键核心技术研发71项，10余种产品打破国外垄断，引进落地产业化项目35个，年新增产值超10亿元。全市创新平台总数发展到1101家，其中国家级27家、省级359家。

2021年威海市新型研发机构备案一览表

表 17

机构名称	依托单位	主管部门
武汉理工大学威海研究院	武汉理工大学威海研究院	荣成市科学技术局
中科芯（荣成）信息技术产业研究院有限公司	中科芯（荣成）信息技术产业研究院有限公司	荣成市科学技术局
威海同丰海洋生物科技有限公司	威海同丰海洋生物科技有限公司	荣成市科学技术局
威海市蓝色经济研究院有限公司	威海市蓝色经济研究院有限公司	威海南海新区科技金融局
山东大学威海工业技术研究院	山东大学威海工业技术研究院	威海火炬高技术产业开发区科技创新局
威海久宏智能科技有限责任公司	威海久宏智能科技有限责任公司	威海火炬高技术产业开发区科技创新局
威海天达汽车科技有限公司	威海天达汽车科技有限公司	威海火炬高技术产业开发区科技创新局
威海晶合数字矿山技术有限公司	威海晶合数字矿山技术有限公司	威海火炬高技术产业开发区科技创新局
山东拜罗智能科技有限公司	山东拜罗智能科技有限公司	威海经济技术开发区科技创新局
腾云创威信息科技（威海）有限公司	腾云创威信息科技（威海）有限公司	威海经济技术开发区科技创新局

2021年威海市新建市级重点实验室一览表

表 18

实验室名称	依托单位	主管部门
威海市水资源环境与膜技术应用重点实验室	山东中欧膜技术研究有限公司 哈尔滨工业大学（威海）	威海市环翠区科学技术局
威海市无人机技术研发与应用重点实验室	威海天航信息技术有限公司	威海市环翠区科学技术局
威海市高端降压药物重点实验室	山东华素制药有限公司	威海市环翠区科学技术局
威海市特殊微界面技术重点实验室	威海普益船舶环保科技有限公司	威海市环翠区科学技术局
威海市微型电感元器件设计与制造重点实验室	迈世腾科技（山东）有限公司	威海市文登区科学技术局
威海市金枪鱼资源高效利用重点实验室	荣成蓝润生物科技有限公司	荣成市科学技术局
威海市通风机流体技术重点实验室	威海克莱特菲尔风机股份有限公司	威海火炬高技术产业开发区科技创新局
威海市神经血管介入医疗器械重点实验室	禾木（中国）生物工程有限公司	威海火炬高技术产业开发区科技创新局
威海市高端制造装备智能化技术重点实验室	威海经济技术开发区天智创新技术研究院	威海经济技术开发区科技创新局
威海市激光微创医疗器械重点实验室	威海高科医疗设备有限公司	威海经济技术开发区科技创新局
威海市植物干细胞生物技术重点实验室	山东安然纳米实业发展有限公司	威海经济技术开发区科技创新局
威海市智能电源应用开发重点实验室	威海安屯尼智能电子科技有限公司	威海南海新区科技金融局
威海市仿生技术重点实验室	吉林大学威海仿生研究院	威海南海新区科技金融局
威海市海洋碳汇重点实验室	威海市蓝色经济研究院有限公司	威海南海新区科技金融局
威海市新能源车辆控制与仿真重点实验室	哈尔滨工业大学（威海）	威海市科学技术局
威海市海洋装备专用集成电路与系统重点实验室	哈尔滨工业大学（威海）	威海市科学技术局
威海市智能光声检测与传感技术重点实验室	哈尔滨工业大学（威海）	威海市科学技术局
威海市先进磁性材料与应用技术重点实验室	山东大学（威海）	威海市科学技术局

续表 18

实验室名称	依托单位	主管部门
威海市海上智能交通控制与安全保障重点实验室	山东交通学院威海校区	威海市科学技术局
威海市海上航行环境智能感知重点实验室	山东交通学院威海校区	威海市科学技术局
威海市果蔬高值利用重点实验室	威海职业学院	威海市科学技术局

2021年威海市新建市级工程技术研究中心一览表

表 19

中心名称	依托单位	主管部门
威海市无人机技术研发与应用工程技术研究中心	威海天航信息技术有限公司	威海市环翠区科学技术局
威海市激光清洗工程技术研究中心	威海光子信息技术产业研究院有限公司	威海市环翠区科学技术局
威海市生态功能性皮革工程技术研究中心	山东森鹿皮业有限公司	威海市文登区科学技术局
威海市高盐度废水处理及资源化利用工程技术研究中心	威海天辰环保股份有限公司	威海市文登区科学技术局
威海市特种艺术纸工程技术研究中心	山东凯丽特种纸股份有限公司	荣成市科学技术局
威海市船用电线电缆工程技术研究中心	山东中船线缆股份有限公司	荣成市科学技术局
威海市移动智能加油装备工程技术研究中心	山东隆泰石油装备有限公司	荣成市科学技术局
威海市大型海藻（海带）智能装备工程技术研究中心	荣成惠德环保科技有限公司	荣成市科学技术局
威海市深海鱼油分离提取工程技术研究中心	荣成爱尔斯海洋生物科技有限公司	荣成市科学技术局
威海市筏式养殖机械工程技术研究中心	荣成市博能食品机械有限公司	荣成市科学技术局
威海市织物功能助剂工程技术研究中心	山东艾文生物科技有限公司	乳山市科学技术局
威海市光通信工程仪器工程技术研究中心	一诺仪器（中国）有限公司	威海火炬高技术产业开发区科技创新局
威海市合金纤维复合陶瓷工程技术研究中心	山东兰海新材料科技有限公司	威海火炬高技术产业开发区科技创新局
威海市电池智慧管理工程技术研究中心	威海凯瑞电气股份有限公司	威海火炬高技术产业开发区科技创新局
威海市海洋生物有机高效利用工程技术研究中心	威海康博尔生物药业有限公司	威海火炬高技术产业开发区科技创新局
威海市激光气体检测工程技术研究中心	埃尔法（山东）仪器有限公司	威海经济技术开发区科技创新局
威海市物理康复治疗设备工程技术研究中心	威海市博华医疗设备有限公司	威海经济技术开发区科技创新局
威海市多维数控碳纤维缠绕装备工程技术研究中心	威海捷诺曼自动化股份有限公司	威海经济技术开发区科技创新局
威海市新型细砂回收一体装备工程技术研究中心	威海市正昊矿山设备有限公司	威海经济技术开发区科技创新局
威海市机电设备物联网工程技术研究中心	山东华方智联科技股份有限公司	威海经济技术开发区科技创新局
威海市新型医用无纺布制品工程技术研究中心	威海鸿宇无纺布制品有限公司	威海经济技术开发区科技创新局
威海市高端房车物联网工程技术研究中心	黑系智能装备（威海)有限公司	威海临港经济技术开发区科技创新局
威海市高端特种防护装备工程技术研究中心	威海华展装备科技有限公司	威海临港经济技术开发区科技创新局
威海市新型医用样本采集器械工程技术研究中心	威海赛威医疗科技有限公司	威海临港经济技术开发区科技创新局
威海市车辆尾气监测防治工程技术研究中心	山东鸣川汽车集团有限公司	威海南海新区科技金融局
威海市智能电源应用工程技术研究中心	威海安屯尼智能电子科技有限公司	威海南海新区科技金融局
威海市磁悬浮控制及驱动工程技术研究中心	山东汇科工控技术有限公司	威海南海新区科技金融局
威海市仿生技术工程技术研究中心	吉林大学威海仿生研究院	威海南海新区科技金融局
威海市绿色制药工程技术研究中心	山东药品食品职业学院	威海市科学技术局
威海市海洋机器人视觉感知与控制工程技术研究中心	山东交通学院威海校区	威海市科学技术局

2021年威海市筹建市级技术创新中心一览表

表 20

中心名称	牵头单位	主管部门
威海市工业互联网安全技术创新中心	威海天之卫网络空间安全科技有限公司	威海市环翠区科学技术局
威海市高性能个性化房车技术创新中心	荣成康派斯新能源车辆股份有限公司	荣成市科学技术局
威海市儿童药物新型制剂技术创新中心	山东达因海洋生物制药股份有限公司	荣成市科学技术局
威海市海藻技术创新中心	山东海之宝海洋科技有限公司	荣成市科学技术局
威海市金枪鱼资源高效利用技术创新中心	山东蓝润水产有限公司	荣成市科学技术局
威海市牡蛎技术创新中心	山东灯塔水母海洋科技有限公司	乳山市科学技术局
威海市高效通风冷却系统技术创新中心	威海克莱特菲尔风机股份有限公司	威海火炬高技术产业开发区科技创新局
威海市钓具装备技术创新中心	威海久宏智能科技有限责任公司	威海火炬高技术产业开发区科技创新局
威海市海产品智能化养殖与加工装备技术创新中心	威海经济技术开发区天智创新技术研究院	威海经济技术开发区科技创新局
威海市无花果育种与精深加工技术创新中心	威海紫光科技园有限公司	威海经济技术开发区科技创新局
威海市低压电源智能传输技术创新中心	威海市泓淋电力技术股份有限公司	威海经济技术开发区科技创新局
威海市高端客滚船技术创新中心	招商局金陵船舶（威海）有限公司	威海经济技术开发区科技创新局
威海市先进高分子技术创新中心	威海金泓集团有限公司	威海临港经济技术开发区科技创新局
威海市现代葡萄技术创新中心	威海神山葡萄科技股份有限公司	威海临港经济技术开发区科技创新局
威海市海洋生物多肽多糖技术创新中心	润辉生物技术（威海）有限公司	威海南海新区科技金融局

【科技服务业发展】 稳步推进全市科技服务业行业发展，全市拥有科技服务机构347家，科技服务业产业产值突破180亿元。实施“红舵引航工程”，建立起以市科技服务业行业党委为“引擎”，区（市）科技主管部门党组织、市科技服务业行业协会党委、平台型科技服务机构党组织为“轴”，全市科技服务机构为“轮”的“一擎三轴多轮”党建工作体系，覆盖科技服务机构94家、从业人员近2000名，与50余个服务机构基层党组织、200余名党员建立联络推进机制。开展“三进三访”（进机构、进平台、进园区，访支部、访党员、访服务对象）等活动30余次，组建科技服务讲师团，开展服务50余场次、4000余人次，促进科技服务业向专业化、网络化、规模化、市场化发展。深化科技云平台建设，推动科技创新资源开放共享，降低创新成本，入驻企事业单位1300余家，对接订单800余笔，共享科技文献服务数据资源3亿篇（项），入网共享科研仪器1600余台（套），累计服务8300余单、6000余万元。持续探索科技金融深度合作途径，与中国银行股份有限公司、中国建设银行股份有限公司签订战略合作协议，全年为143家企业发放科技成果转化贷款200笔、金额9亿元，贷款额比上年翻番。召开科技金融对接会2次，现场签约1750万元。构建“科技—孵化—服务”模式，推动建设“创业者港湾”联盟店6家，为在孵企业授信4.89亿元。4家专业化孵化器入选山东省品牌科技企业孵化器，总数居全省第2位，新增省级科技企业孵化器1家，推荐华田智能装备孵化器申报国家级科技企业孵化器。

【科技赋能社会事业发展】 布局提升临床医学研究中心，推进骨科与运动康复省级临床医学研究中心建设，认定市级临床医学研究中心3家，总数达8家。加强科技助力生态环境保护建设，依托优势科研机构、企业开展环保科技成果应用，在高盐度废水处理等领域布局建设创新平台6个，实现技术应用12个。围绕实现“双碳”目标，建立“碳达峰碳中和”科技服务机制，加快建设山东省海洋负排放院士工作站等创新平台4个，开展海草床人工修复增汇等3个项目研发。助力实施乡村振兴战略，加强科技特派员队伍建设，全市科技特派员发展到400余人，实现180个重点村服务全覆盖，开展服务1850次，在苹果、常绿树种、刺参等领域组建科技特派员产业服务团3个。4家省级农业科技园区内的国家高新技术企业发展到30家，国家科技型中小企业发展到76家。优化调整“星创天地”“农科驿站”，开展培训90余次、技术指导400余次、受益农户超1000户；在海产、果业等领域布局市级技术创新中心5个。与中国农业银行股份有限公司威海分行、省农业发展信贷担保公司威海中心等金融机构签订农业科技金融服务战略合作协议。获批省乡村振兴科技创新提振行动计划立项1项，推动2个项目获批省重点研发计划（农业良种工程），落实省级以上涉农科研资金1390万元。

科技成果

【概况】 2021年，威海市4家骨干企业参与的4项科技成果获评2020年度国家科学技术奖，居全省第3位，其中获得国家科技进步奖二等奖3项、技术发明奖二等奖1项。7项科技成果获评2021年度山东省科学技术奖7项，其中科技进步奖一等奖1项、二等奖4项、三等奖2项。开展威海市“十三五”重大科技成果评选活动，经过行业领域专家评审，并邀请科技界的人大代表和政协委员、市直相关部门、新闻媒体和网络大众参与投票，从126项候选成果中评选出重大科技成果30项。

【“1+4+N”创新体系】 以郭永怀高等技术研究院（威海市产业技术研究院）为龙头的“1+4+N”创新平台体系成型起势，向树品牌、扩产出、育生态方向加速推进，着力构建产业链与创新链融合发展的“威海模式”，体系成员达25家，延伸设立创新机构147家，覆盖7大产业集群和所有区（市）、开发区，入选省级新型研发机构18家。扩大技术供给，精准赋能产业，开展关键技术攻关212个，转化科技成果315项，获得授权专利603项，实施产业化项目122项。组织“双走进”（平台走进企业、企业走进平台）活动527次，解决企业技术需求191项。印发《关于支持“1+4+N”创新平台体系人才发展的若干措施》，靶向支持平台引育高端人才，汇聚院士24名、国家级和省级领军人才68名、博士376名。加快培植产业新增长点，孵化和引进企业210家，体系形成产值超过100亿元。引进设立黑马独角兽加速中心，对首批43家“专精特新”科技型企业进行成长加速。

威海市获得2020年度国家科学技术奖项目情况一览表

表21

奖项	项目名称	完成单位
国家技术发明奖二等奖	浮法在线氧化物系列功能薄膜高效制备成套技术及应用	浙江大学　威海中玻新材料技术研发有限公司
国家科技进步奖二等奖	海参功效成分解析与精深加工关键技术及应用	中国海洋大学　山东省科学院生物研究所　中国水产科学研究院黄海水产研究所　好当家集团有限公司　山东东方海洋科技股份有限公司　中国水产科学研究院渔业机械仪器研究所　獐子岛集团股份有限公司
	营养健康导向的亚热带果蔬设计加工关键技术及产业化	广东省农业科学院蚕业与农产品加工研究所　华中农业大学　中国科学院华南植物园　广东生命一号药业股份有限公司　无限极（中国）有限公司　威海百合生物技术股份有限公司
	足踝外科精准微创治疗关键技术体系建立与推广应用	中国人民解放军陆军军医大学第一附属医院　复旦大学附属华山医院　西南大学　山东威高骨科材料股份有限公司

威海市获得2021年度山东省科学技术奖项目情况一览表

表22

奖项	项目名称	完成单位
山东省科技进步奖一等奖	特色化学药物原料与制剂产业化共性关键技术创新与生产体系构建	迪嘉药业集团有限公司　迪沙药业集团有限公司　山东省食品药品检验研究院
山东省科技进步奖二等奖	中尺度高端客滚船批量快速建造技术及其应用	招商局金陵船舶(威海)有限公司　鲁东大学
	基于新型材料的化学发光关键技术研发及临床推广应用	威海市立医院　威海威高生物科技有限公司
	海洋食品品质靶向提升关键技术及产业化	中国海洋大学　山东省海洋生物研究院　山东惠发食品股份有限公司　山东美佳集团有限公司　荣成泰祥食品股份有限公司
	高性能钛基复合材料短流程制备及其高端紧固件智能制造关键技术	东方蓝天钛金科技有限公司　哈尔滨工业大学(威海)

续表 22

奖项	项目名称	完成单位
山东省科技进步奖三等奖	金融票据智能鉴伪处理设备关键技术研发与产业化	山东新北洋信息技术股份有限公司
	家禽健康高效养殖关键技术创新与推广	山东省农业科学院家禽研究所齐鲁工业大学 济南亿民动物药业有限公司　山东绿洲农牧有限公司 威海环山农牧科技有限公司

科技合作与交流

【国内科技合作与交流】 2021年，深化与高校院所的合作，畅通创新资源集聚渠道，威海市政府与中国科学院沈阳分院续签“中国科学院—威高研究发展计划”第三期合作协议，与齐鲁工业大学（省科学院）续签“威海市人民政府—山东省科学院产学研协同创新基金”第二期合作协议。围绕重点产业发展和企业技术需求，举办第十六届清华大学公共管理高层论坛、名校直通车、威海企业技术需求专题对接活动等线上线下对接活动10余次，组织“火花”行动80余场次，对接发布成果2000余项，服务企业400余家，解决问题120余个，促成产学研合作签约项目100余个。推动技术成果转移转化，完成技术合同登记2410项，技术合同成交额达129.25亿元，比上年增长17.9%；认定技术交易额5.45亿元，增长245.3%，可为企业减税2000余万元，6个科技项目获得山东省技术市场协会科技金桥奖。3家技术转移服务机构备案为省级技术转移服务机构。

【高层次人才队伍建设】 大力引育高层次人才团队，储备省级以上人才项目112人，申报人才项目62项，增长18.2%；2人入选国家级人才项目，获批人才项目19项、支持资金5227万元。扩大校地合作人才支持范围，将新型研发机构纳入校地合作人才计划支持范围，与地方经济发展深度融合，遴选培养校地合作人才18人，总数达90名，累计承担省级以上创新项目113项，获得知识产权267项，研发突破共性技术68项，实现销售收入8.95亿元。

【国际科技合作与交流】 11月9日—11日，由省政府主办的第二届中日科技创新合作大会在威海市举办。大会以“创新合作，云聚齐鲁”为主题，深入拓展与日本在技术、项目、平台、人才等全方位、多领域的创新合作，线上线下有200余名专家代表参加，在线同步收看人数达1.3万人次，10位专家被聘任为山东省国际科技合作战略专家，10个科技合作协议签约，成立中日（山东）科技创新合作联盟，加快吸引日本创新资源向山东省、威海市集聚转化。大会期间，举行中日技术转移专题报告会、资深科技外交官山东座谈会、重点产业云对接、深化鲁日科技人才交流合作座谈会4个系列平行活动。作为大会的重要环节，第二届中日创新大赛征集参赛项目66个，10个项目获评特等奖、4个项目达成落地意向。4月7日，第四届中韩创新大赛启动，在中国、韩国2个赛区同步进行，吸引655家企业（团队）参赛，60个优秀项目晋级总决赛，最终评选获奖项目12个。其间，以“科技合作云对接”模式举办线上对接活动63场次。12月24日，由山东省政府主办，省科学技术厅、威海市政府共同承办的第四届中韩创新大赛颁奖大会在威海市举行，大会主题为“携手新合作，激发新动能，共创新未来”，现场达成合作意向40余项，中韩高端人才创新创业孵化园揭牌成立。11月9日，第十八届中欧膜产业技术创新合作大会在威海市召开。大会主题为碳中和背景下的膜分离技术与水资源利用，采取线上线下相结合、线上全球直播的方式，近100位国内外专家、学者和企业代表参加会议，1万余人次线上收看同步直播，推广优质成果10余项，现场签署合作协议5项，进一步推进与欧洲国家在膜技术应用领域的合作与交流常态化，有效推动膜产业加速发展。中欧水处理及膜技术创新产业园吸引涵盖膜材料、膜装备、膜工程等领域企业28家，实现年产值近1亿元。

【国外智力引进】 采取市、区（市）共建的方式，在威海创新园建设全省首家外国专家驿站总站（环翠区分站），设置展示区、活动区、对接区等功能区域6个，全部建设完成并对外使用。推进驿站服务提档升级，整合公共服务事项24项，采取市场化手段与10个商家签订服务合作协议，不断拓宽服务领域，开展“主题行”“大讲堂”“云上荟”等专题活动17场次，集聚入库专家资源506名、海外创新项目183个，进站外国专家实施科技项目41项，获得知识产权117项，实现经济效益4.62亿元。外国专家驿站建设经验做法在《外国专家通讯》《山东科技简报》等刊物刊发推介。为外国人才到威海市工作提供便利化服务，营造创新创业的良好生态，在威海市创新创业外国专家达1668人，居全省第3位。2021年，1名外国专家获得中国政府友谊奖，1名外国专家获得齐鲁友谊奖，13名外国专家获得省级以上项目支持。

（修鹏远）

气　象

【概况】 2021年，全市气象事业发展形势稳中有进、进中提质，实现“十四五”良好开局。

【气象现代化建设】 统筹深化气象现代化建设，印发《威海气象事业发展“十四五”规划》，确定先行试点方向7个，其中1项被省气象局评为2021年气象现代化建设优秀创新发展实践工作。提升监测精密水平，建成农业小气候站2个、作物实景观测站1个，6个大监站安装冻土自动观测仪，完成荣成高空站氢气室标准化改造，高空自动放球系统投入业务试运行，威海市气象局获评全省地面观测工作优秀集体，地面测报业务、农气测报业务在全省业务管理评比中分别获得第1名和第2名。提升预报精准水平，研发客观预报产品，提高本地灾害性天气预报准确率，大风、一般性降水、晴雨技巧等方面预报质量居全省前列，威海市气象局获评全省预报业务管理先进单位，在全省气象行业职业技能竞赛中获得预报竞赛团体奖第1名。提升服务精细水平，做好重大活动及项目建设精细化保障服务，开展“国和一号”示范工程等专项服务，完成中国威海HOBIE帆船公开赛等赛事和应急演习保障服务。

3月20日，威海市气象局面向威海市北竹岛小学学生举办气象科普研学活动

（威海市气象局 提供）

【气象服务】 助力经略海洋，开展全省首批海洋牧场气象风险预警业务试点，建设海洋牧场精细化气象服务平台。选派骨干参加市海上涉渔安全工作专班，制作分海区精细化预报产品。助力乡村振兴，为西洋参、大姜、牡蛎、茶叶等特色产业种养殖户提供直通式服务，完成乳山绿茶气候品质认证。适时开展人工增雨作业，对降低森林火险等级起到积极作用，做好浒苔处置等生态环境气象服务。荣成市、乳山市成功申报“中国气候宜居城市”。

【防灾减灾】 按照“早、准、快、广、实”要求，做好“烟花”台风、寒潮等各类灾害性天气过程预报和服务工作，市委、市政府主要负责人在重要天气服务材料上批示62次，先后到市气象局调研汛期气象服务工作并给予肯定。完成9个灾种的气象灾害风险普查。

【气象科研】 《太阳色球单色像观测要求》气象行业标准通过中国气象局立项。科研项目获得省气象局立项4个、中国气象局公共气象服务中心立项1个，配合省气象局完成5个科研项目的验收认定。发表科研论文19篇，其中核心期刊4篇。

【气象管理】 采取“服务＋监管”“信用＋监管”方式帮助企业健全防雷安全管理制度。采取“监管＋专家”方式实现对390余家重点单位执法检查全覆盖，常态化开展违规施放气球行为巡查工作。

【科普宣传】 举办气象科普报告会6场，市气象局获评全省气象科普工作先进集体，威海市气象学会获评全省气象学会先进集体，文登区气象局被命名为全国气象科普教育基地。在世界气象日等时间节点广泛对公众开展气象宣传。

【气候概况】 2021年，全市气温比常年偏高1.1℃，属偏高；降水比常年偏多45.6%，属偏多；日照时数比常年偏少13.6%，属正常。

气温 全市平均气温13.3℃，较常年偏高1.1℃，比上年偏高0.4℃。其中，市区年平均气温最高，为14.0℃；荣成市最低，为13.0℃。全市年极端最高气温出现在6月19日乳山市，为34.4℃；年极端最低气温出现在1月8日乳山市，为零下14.1℃。

降水量 全市年平均降水量1074.2毫米，比常年偏多336.5毫米，比上年偏多201.1毫米。全市年降水量市区最少，降水量916.2毫米；文登区最多，降水量1181.2毫米。

日照 全市日照时数平均为2142.7小时，比常年偏少337.3小时，比上年偏少32.6小时。其中市区最多，为2239.9小时；文登最少，为2071.9小时。

台风 7月29日—30日，受6号台风“烟花”影响，全市出现大范围降水过程，全市平均降水量11.7毫米。其中市区平均降水量7.2毫米、文登区14.3毫米、荣成市6.7毫米、乳山市22.9毫米，最大降水量出现在乳山市午极镇，为34.4毫米。

暴雨 受气旋影响，7月2日—3日，7月13日—14日，8月31日，威海市出现大范围的暴雨，局部大暴雨。

（周 宇）

编辑 李传强

教　　育

综　述

【概况】　2021年，全市有幼儿园349所，义务教育阶段学校192所（其中普通小学98所、普通初中94所），普通高中17所，中等职业学校（不含技工学校）18所，特殊教育学校4所，高等教育学校11所。幼儿园在园幼儿7.98万人，小学教育在校生13.07万人，初中教育在校生9.58万人，普通高中教育在校生3.27万人，中等职业教育在校生2.13万人，高等教育在校生12.6万人。

【教育发展】　2021年，全市教育工作围绕新时期全市经济社会发展需求和人民群众对更优质教育期盼，扬优势、求创新、抓落实、争一流，推动全市教育事业高质量发展进程引向深入。年内，威海市被中共中央办公厅、国务院办公厅确定为全国9个“双减”（减轻义务教育阶段学生作业负担和校外培训负担）试点城市之一；被教育部确定为基础教育国家级优秀教学成果推广应用示范区；在2021年省对市级人民政府履行教育职责评价中获评优秀等级第1名。全市4个行政区（市）全部通过首批全国义务教育优质均衡发展县省级评估，环翠区、荣成市通过首批全国学前教育普及普惠县省级评估，并申请国家认定。在全省“县域义务教育均衡发展有关指标监测”中成为唯一所辖县优质均衡发展系数全部达标的地级市。在2021年度全省16地市群众满意度调查中，威海市基础教育满意度95.4%，列全省第1位。12月，市政府印发《威海市“十四五”教育事业发展规划》，设置发展指标14项，确定10个方面重点任务和重点项目6项。开展全市大中小学思政课“同城大课堂”线上及线下宣讲活动57场，受众57万人次。威海市5门课程被评选为山东省职业教育课程思政示范课程。荣成市蜊江小学等4所学校获评山东省“一校一品”示范学校。《威海：开学第一课　党史润心田》被《光明日报》《人民日报》《大众日报》等刊载。《山东威海：开学第一课，树立爱国情怀》被中央电视台综合频道《晚间新闻》报道宣传。

【教师队伍建设】　持续强化师德师风建设，开展政策宣讲、师德培训、警示教育等多种形式师德专题教育。完善市、区（市）、校三级骨干教师培养培训体系，实施“双助工程”“质量下乡百校行”“互联网＋教师专业发展”工程等培训项目，持续加大乡村教师培养培训力度。举行庆祝教师节暨教师先进事迹报告会，表彰威海最美教师、教书育人楷模、师德建设先进集体、师德标兵、教学能手等个人和团体400余名（个），弘扬立德树人主旋律。发起庆祝2021年教师节·“城市为您点亮”公益活动，全市12处地标建筑通过户外电子屏展播教师节祝福标语，新华社刊载播放量超过150余万次。深入推进教师“县管校聘”管理改革和义务教育学校校长教师交流轮岗，中央电视台新闻频道《新闻直播间》以“‘县管校聘’‘交流轮岗’，推动教育高质量发展”为题，播出威海市教育系统“县管校聘”“交流轮岗”工作经验。

【发展保障】　累计落实义务教育薄弱环节改善与能力提升、支持学前教育发展、城乡义务教育补助等专项资金2.4亿元，专项资金支出率达100%。在省教育厅和省财政厅提前下达的2022年中央转移支付资金中获得奖补资金847万元；市发展和改革委员会、财政局联合印发《关于理顺我市幼儿园收费政策的方案》，上调每生每月80～120元收费标准，保障学段发展经费需要。

【群众满意度提升】　打造教育志愿服务品牌，组织教师志愿者走进农村、深入基层开展志愿服务195次，为身边群众办实事269件。开展教育系统联系服务群众提升满意度攻坚行动，组织“万名教师访万家”活动，宣传教育政策、解答教育疑问、记录群众诉求，广泛提高家长对教育工作的知晓度和认同感，累计访问家长30余万人次，实现应访尽访。在省教育厅公布的委托第三方机构面向学生家长开展的群众满意度评价中，全市小学、初中整体评价满意度分别为99.2%和99.3%。

【校园安全与疫情防控】　及时调整完善学校疫情防控策略，制定《全市教育系统今冬明春疫情防控工作方案》《全市教育系统疫情防控政策手册》等，顺利完成中考、高考等重大考试服务保障工作23次，全市教职员工和学生群体疫苗应接尽接人数达100%。深入推进校园安全隐患大排查大整治，常态化开展督导检查，市、区（市）累计排查整改各类问题隐患7270个。

【招生考试】　全年组织国家级和省级考试24次，约31.7万人参加。其中，夏季高考9467人，春季高考1138人，夏季高考外语听力考试9625人，美术类及文学编导类统考报名1414人，市直高中美术特长生专业统考1274人，高中学业水平考试2.23万人。初中学业考试6.83万人，中心城区初中体育与健康课程学业考试9781人，初中信息技术考试2.51万人，初中英语听说考试2.04万人，初中理化生实验技能测试2.09万人。专升本考试2200人，成人高考1.46万人，研究生考试9590人，高等教育自学考试7807人。计算机等级考试1.35万人，大学英语四、六级考试5.82万人。中小学教师资格笔试1.55万人，面试6169人。

基础教育

【学前教育】 2021年，全市有幼儿园349所，比上年增加11所；有教学班2789个，在园幼儿7.98万人（其中女幼儿3.85万人），增加36人；全市学前教育三年幼儿入园率达99%以上。全市有教职工1.09万人（其中园长515人、专任幼儿教师6221人）；专任教师中具有高中以上学历的6729人，占幼儿教师总数的99.9%，比上年提高0.83个百分点。

【义务教育】 2021年，全市有义务教育阶段学校192所，其中普通初中94所（含九年一贯制学校40所）、普通小学98所，初中、小学分别比上年增加3所和1所。全市义务教育阶段有在校生22.67万人，增加6074人。全市有义务教育阶段教职工1.89万人，增加276人，其中专任教师1.74万人，增加295人。

【特殊教育】 2021年，全市有独立设置的特殊教育学校4所，与上年持平。全市招收特殊教育学生44人，比上年增加13人；在校生501人，增加21人。全市有特殊教育学校教职工207人，其中专任教师179人，增加10人。专任教师中受过特教专业培训173人，占总数的96.7%。

【普通高中教育】 2021年，全市有普通高中17所（含十二年一贯制1所）。普通高中教育招生1.16万人，比上年增加326人；有在校生3.27万人，增加2144人。全市普通高中有教职工4166人，减少28人；普通高中教育专任教师3734人，减少75人，生师比为8.76∶1。专任教师学历合格率99.4%，具有研究生学历的比例为8.6%。

【全国“双减”试点】 2021年7月，中共中央办公厅、国务院办公厅印发《关于进一步减轻义务教育阶段学生作业负担和校外培训负担的意见》，威海市被确定为“双减”试点城市。在全省率先制定“双减”实施方案，建立涵盖29个部门单位的“双减”工作协调机制，细化配套政策文件20余个。在2016年威海市率先在全省实现市域范围内城区小学课后服务全覆盖的基础上，将课后服务延伸到初中阶段，并按照每生每小时2～4元的标准落实课后服务财政经费保障，全市192所义务教育阶段学校全面推行课后服务工作，自愿参与的学生20.8万人，占比92%，参与暑期托管服务的小学生达3万余人。工作做法多次被教育部、中国教育电视台、《中国教育报》《大众日报》等国家、省级部门或媒体推广。

【基础教育国家级优秀教学成果推广应用示范区建设】 将示范区建设与“双减”工作同步谋划、一体推进，打造“双试点”协同发力的威海教育品牌。市教育局制定《威海市基础教育国家级优秀教学成果推广应用工作方案（2020—2023年）》和“提升中小学作业设计质量”等5项成果推广应用三年行动计划，成立项目推进组和专家指导组，培育重点实验区7个、重点实验校117所，打通教学成果“孵化、培育、提升、奖励、推广、应用和反馈”机制，促进优秀教学成果广泛应用于教学实践，更多惠及每位学生。

【教育改革试点】 荣成市获评教育部全国中小学劳动教育实验区。环翠区张村镇、文登区大水泊镇、荣成市人和镇和乳山市白沙滩镇成为山东省首批教育强镇筑基试点乡镇，落实项目扶持资金600万元，有效辐射带动乡村教育水平整体提升。

【学前教育优质普惠发展】 2021年，7所幼儿园新建项目全部开工并主体完工，增加学位1650个。全市普惠性幼儿园覆盖率94.2%，居全省第1位。公办幼儿园在园幼儿数占比为62.8%，居全省第3位；省级示范幼儿园占比52.6%，高出全省平均水平30余个百分点，居全省第1位。在全省率先启动幼小衔接实验工作，威海市入选山东省幼小衔接工作实验区；10月，承办山东省幼小科学衔接现场推进会，《促进大班幼儿人际交往策略探究》被《中国

9月13日，威海市福泰小学老师为托管班学生开设甲骨文、篆刻等特色课程 （孙大伟 摄）

教育报》推广；市教育局获评山东省实施学前教育三年行动计划先进单位。

【义务教育优质均衡发展】 年内，10个新建改扩建中小学项目开工率100%，实际增加学位1.14万个。投入资金1.37亿元，建设占地面积2.75公顷、建筑面积达1.49万平方米的市特殊教育学校新校并投入使用，提供学位180余个，适龄残疾儿童少年义务教育入学安置率达100%。完善到威海市务工随迁子女就学政策，全市义务教育学校接收务工随迁子女7.7万余名，占义务教育学生总数的35.3%。为现役军人，28名高层次人才和13名立功受奖的新冠肺炎疫情防控一线医护人员子女落实入学优惠政策。中小学大班额持续保持“清零”。义务教育招生入学实现“全程网办”，累计受理秋季学期新生入学报名申请3万余人。

【普通高中改革】 积极推动普通高中改革发展，8所学校成为普通高中改革发展重点任务省级试点学校，威海市第一中学、威海实验高级中学、荣成市第二中学获评山东省首批普通高中省级学科基地。建立普通高中与高等学校联合育人工作机制，推动普通高中与高等学校在教育理念、育人方式、课程建设等方面进行衔接。

职业教育

【概况】 2021年，全市有中等职业学校18所，其中普通中等专业学校11所、职业高中学校7所。中等职业学校招生8244人，比上年增加1325人；有在校生2.13万人，增加2755人。全市中等职业学校有教职工2485人，减少41人。其中，专任教师2024人，增加13人，生师比为10.55∶1。专任教师学历合格率为96.4%，具有研究生学历的比例为8.7%。专任教师中专业课、实习指导课教师1155人，其中“双师型”（双证书或双职称）教师所占比例为79.9%。

6月24日，威海市职业中等专业学校学生参加全国职业院校技能大赛中职组现代物流综合作业赛项比赛 （刘志鹏 摄）

【职业教育创新发展高地建设】 年内，新增中等职业教育专业8个，撤销老旧专业7个，专业对接当地特色产业、支柱产业、战略性新兴产业的能力持续增强。坚持“办优质职业教育”理念，一体化设计中职、高职、本科职业教育培养体系，3所市属中等职业学校开展五年一体化高等职业教育培养，3所学校入选省级高水平中职学校。组建全市职业学校和普通高中“职普”融通发展“N+N联合体”，拓宽学生成长发展途径。6月，承办全国职业院校技能大赛中职组现代物流综合作业、焊接技术赛项2个，威海市职业中等专业学校、威海市文登区职业中等专业学校代表队和队员代表山东省参赛，均获得一等奖。在首届中国职业教育博览会上，威海市职教改革创新成果、师生300余件展品得到国家、省级媒体广泛报道。

民办教育

【概况】 2021年，全市有民办教育学校、幼儿园175所，招生1.42万人，在校生4.60万人。其中，幼儿园158所，招生9411人，在园幼儿3.12万人。民办小学1所，招生304人，在校生1625人。民办初级中学1所，招生630人，在校生2228人。民办九年一贯制初中2所，招生75人（小学21人、初中54人），在校生220人（小学105人、初中115人）。民办高级中学1所、附设高中班1所，招生220人，在校生412人。民办完全中学1处，招生553人，在校生1421人（初中133人、高中1288人）。民办十二年一贯制学校1所，招生775人（小学160人、初中180人、高中435人），在校生2983人（小学1026人、初中776人、高中1181人）。民办普通中等专业学校3所、职业高中6所、附设班1所，招生2153人，在校生5825人。

【校外培训机构监管】 开展“证照不全”校外培训机构专项整治和学科类培训机构规范办学专项督导检查工作，严查无证办学等违规培训行为，累计排查机构834所，取缔无证机构92所，并全部纳入“黑名单”管理。启动学科类校外培训机构重新审核登记工作，学科类机构由568所压减至23所，压减率96%。在全省率先启动校外培训机构分类管理及重新审核登记工作，协同市文化和旅游局、体育局等部门研究推进分类管理，制定学科类、科技类校外培训机构设置标准，印发校外培训机构重新审核登记工作方案，向社会发布《关于非学科类校外培训机构进行重新审核登记的公告》。构建市、区（市）两级联动的双重资金监管机制，在市级层面上，依托全国首个预付式消费协同服务平台“威海预付保”，开发教育培训板块，搭建威海市校外教育培训监管服务平台，对预收费“付款、拨款、赔付”闭环管理，确保资金拨付与授课进度“消拨同步”。在区（市）层面上，全面落实校外培训机构自有资金账户第三方监管，由银行监控账户最低余额和大额资金流动，坚决杜绝隐形渠道收费规避监管等问题。教育部门对56所主管的培训机构进行全覆盖式资金监管，监管资金总额560余万元。

（刘 凯 曲燕飞）

技工教育

【招生培养】 2021年，全市技工院校招生2707人，比上年增长6%，毕业2295人，就业率99%，留威海市就业率88%，为全市企业输送车工、电工、烹饪工等技能人才。

【技工教育水平提升】 落实职普融通政策，建立健全技工教育与普通教育沟通衔接机制，深化人才培养模式改革，加强招生力度。通过校内外共建一体化课程、共建校内外实训基地、定向冠名培养、对口实习实训等形式，深化技工教育产教融合发展。2021年，威海市有技工院校校企合作企业40余家，涉及专业30余个，共建校内外实训基地36个，提供实习岗位700个，应届生参加顶岗实习1715人，在校生参加跟岗实习1134人，为全市企业输送急需技能人才，为毕业生提供稳定的就业途径。

【学生资助】 严格落实技工院校免学费、助学金补助资金政策，发放省、市两级免学费资金2153万元、国家助学金77万元。对就读威海市技工院校的全日制建档立卡贫困家庭适龄学生实行“五免一享”（免学费、免住宿费、免教材费、免费提供勤工俭学岗位、免费推荐就业岗位，享受国家助学金）政策，为122人次免除学费21.2万元、住宿费1.3万元、教材费1.4万元，发放助学金5.1万元，为困难学生提供勤工俭学岗位、推荐就业岗位。

【安全管理】 开展全市技工院校和职业培训机构安全生产大排查大整治专项行动，召开全市民办职业培训机构行业安全生产监管工作部署及培训会，成立安全生产驻点监管新机制，深入开展风险检查和隐患整改工作。全市人力资源和社会保障部门派出驻点监管工作人员12名，派驻单位98家，督促完善规章制度74条，开展安全教育培训16次、应急演练21次，整改安全隐患115个。

（丛海平 王 蕾）

高等教育

【概况】 2021年，全市有山东大学（威海）、哈尔滨工业大学（威海）、威海职业学院（威海市技术学院）、山东药品食品职业学院、山东交通学院威海校区、山东外事职业大学、哈尔滨理工大学荣成校区、威海海洋职业学院、北京交通大学（威海）、山东铝业职业学院威海校区、威海技师学院11所高等院校。在校全日制本专科招生3.92万人，在校生12.6万人。

（刘 凯 曲燕飞）

【山东大学（威海）】 创建于1984年，是山东大学与威海市政府联合共建的多学科、开放式、综合性大学校区。校区设有学院12个和教学部1个，涵盖文学、艺术学、法学、经济学、管理学、理学、工学和医学8个学科门类，设置本科招生专业37个，可在24个一级学科招收硕士研究生、18个一级学科招收博士研究生、17个一级学科招收博士后，形成培养博士生、硕士生、本科生等多层次的教育体系。2021年，学校有在校全日制统招本科生1.4万余人，国际学生400余人，博硕士研究生2200余人；有教职工1200余人，其中专任教师844人。

教育教学与人才培养 统筹抓好新冠肺炎疫情防控与安全稳定工作，全力维护师生生命安全和身体健康。扎实推进教学资源共建共享，印发新文科、新工科建设方案。新增7个专业（含辅修）和11个微专业、9个国家级和2个省级一流专业建设点、6门省级一流课程、16个研究生联合培养基地，获评省级教学比赛奖2项、省研究生教育创新计划7项。学生获评创新竞赛国家级奖项52个、省部级奖项437个。1项作品获得“挑战杯”红色专项全国特等奖。深化“三全育人”（全员育人、全程育人、全方位育人）综合改革，修订《山东大学（威海）本科生导师工作实施办法》，制定《领导干部联系学生班级工作制度》，建立“三全育人”工作联席会议机制，加强统筹力度，强化协同合作。拓展丰富教育渠道和方式，促进学生德智体美劳全面发展，1个团支部获评团中央“活力团支部”。充分发挥思政课主渠道作用，2门课程入选全省学校思政课“金课”建设名单。

学科建设与科学研究 启动实施学科交叉团队培育项目，强化威海前沿交叉科学研究院建设，着力推进学科交叉汇聚融合发展。“推动黄河流域生态保护和高质量发展研究”课题获批国家社科基金重大项目立项，深度参与“子午工程Ⅱ期”建设，嫦娥五号“采样区撞击历史”研究取得突破成果，“极光亚暴”研究成果登上权威期刊封面，有关韩国研究、高句丽渤海研究成果获得教育部肯定。获批自然科学类国家级项目31项，其中重大项目2项、重点类项目4项、优青项目1项，载人航天重大专项、国家重大科研仪器研制项目、“问海计划”课题3个项目经费均超1000万元。获批人文社科类国家级项目17项，其中社科基金重大项目2项、教育部人文社科研究项目5项。年度科研立项经费达1.38亿元。

教师队伍建设与人才引育 做好中层领导干部选拔任用工作，选派5名干部教师到政府机关挂职，接收4名威海青年企业家到学校挂职。年内新增全职入选杰出人才体系16人，其中特聘教授3人、杰出中青年学者5人、齐鲁青年学者8人，柔性引进兼职类杰出人才9人。获评国家级人才3人，其中“国家优青”1人，新增8人通过校内杰出人才体系遴选。新增入选威海市“高层次人才库”21人，选派参加各类教职工能力提升培训212人次，完成事业编制人员省直社保转接工作。

合作交流与地方服务　不断拓展国际合作，与德国慕尼黑工业大学（亚洲）等签署或续签合作协议16项，合作院校增至15个国家和地区的120所高校，471人参加海外经历项目，290人海外深造，引进新加坡国立大学、加州大学伯克利分校等优质线上课程62门，举办2021年磁场重联国际研讨会等高端国际学术会议7场次。获批科学技术部外国专家项目6项，1名讲席教授当选欧洲科学院院士（外籍），1名专家获评山东省人民友好使者。山东大学威海工业技术研究院获批山东省新型研发机构，成立工程中心10个，孵化企业12家。威海发展研究院与清华大学共同举办城市治理现代化高层论坛，威海高新区山大实验学校（小学段）正式启用，挂牌成立山东大学健康医疗大数据研究院（威海），举办韩国留学人才云上对接会。编制《服务胶东经济圈县域经济社会高质量发展行动方案》，深化“一区一案”合作。与文登区联合开发的“信用码上见”平台投入使用，成为全省首个信用惠民数字化工程。

（顾　炜　赵林林）

【哈尔滨工业大学（威海）】　1985年，哈尔滨工业大学威海分校经航天工业部批准成立，2002年更名为哈尔滨工业大学（威海）。2021年，山东省人民政府印发《山东省国民经济和社会发展第十四个五年规划和2035年远景目标纲要》，将威海校区统一纳入部属驻鲁高校一流大学建设支持计划。5月，威海校区与山东大学、中国海洋大学、中国石油大学（华东）联合成立服务山东高质量发展联盟，旨在构建“大学+城市”命运共同体，促进校地双方融合发展。学校设有学院12个、教学部1个、本科专业42个，其中新工科专业9个、中外合作办学项目1个，共享校本部27个博士点和39个硕士点，单独设有船舶与海洋工程、海洋科学两个一级学科硕士点。拥有山东省重点学科8个、山东省特色专业6个，海洋科学一级学科获批山东省高水平学科建设，船舶与海洋工程和海洋科学是哈尔滨工业大学“985工程”重点建设学科，材料科学、工程学、数学、物理等学科为学校相应学科领域进入ESI全球前1%行列做出重要贡献。拥有国家级、省部级和市级以上科研平台、重点实验室或研究中心30余个。其中，先进焊接与连接国家重点实验室在威海校区建立分支机构，对海监测与信息处理工信部重点实验室和海洋工程材料及深加工技术国际联合研究中心获批国家级科研平台，新一代海空天对海观测技术综合试验平台获批2017年国家“双一流”建设项目支持，并成为首个“双一流”高校学科基础设施建设项目。校区有教职工926人，其中专任教师611人，教授103人、副教授274人；有全日制在校本科生1.09万人，研究生1126人。年内，召开校区第七次党员代表大会，聚焦海洋强国战略，确立战略目标，明晰发展策略。

教育教学改革　持续推进思政课程和课程思政协同发展，成立课程思政教学研究中心，举办首届课程思政教学竞赛，引导教师把思政教育融入课程建设与课堂教学全过程。全面推动“论信服”教学法在思想政治理论课中的实践运用，特色做法被人民网教育频道头条专题报道，获批教育部高校思想政治理论课教师研究专项1项、山东省课程思政研究中心立项重点项目1项、面上项目1项。深入推进教学研究，获批山东省教研重点项目4项和面上项目4项。“海洋科学”一级学科博士点通过学校自主审核；船舶与海洋工程、车辆工程获批国家一流专业建设点，实现校区国家一流专业“零”的突破；新能源科学与工程专业获批2020年度省级一流本科专业建设点。3门课程获批山东省一流课程，3本教材获批省级优秀教材。推动新工科再深化，加强未来技术学院建设，首批开设课程12门。校企合作协同育人取得新成效，累计获批教育部产学合作协同育人项目19项，华为“智能基座”产教融合协同育人基地揭牌，共建课程25门，首批开课12门。实现校区全部学科的硕士研究生全过程培养，完善研究生课程体系，实现重要学位课程本硕一体化衔接。获批山东省研究生教改重点项目立项1项、中国学位与研究生教育学会立项4项，2门课程获得山东省研究生课程思政项目立项，2门课程获得山东省研究生优质课程项目立项，2门课程获得山东省专业学位案例库立项。网络空间安全研究生导学团队获评山东省优秀研究生导学团队。

科学研究　面向国家战略和地方需求，凝练海空天一体化对海观测、海洋水资源与水环境等科研重点方向，科研工作的量与质均大幅提高，2021年科研经费达3.13亿元。积极融入学校“国之重器打造行动方案”，深度参与黄河三角洲生态保护及高质量发展战略、深海空间站运维等领域的科研工作，参与的项目助推国家首次火星探测任务天问一号探测器成功着陆。获批国家自然科学基金资助29项、国家重点研发计划及重大专项3项、国家重点科研项目补助和奖励资金6项、山东省自然科学基金资助24项、山东省重点研发计划／重大科技创新工程项目2项。首次进入山东省“十四五”重点支持建设高校行列，获得山东省2021年重大创新工程支持立项2项。成功备案“山东省知识产权中心快速通道”，获得授权专利115项。成功申报山东省技术创新中心2个、威海市重点实验室3个。科研成果获得教育部高校科研优秀成果奖1项、国家一级学会奖3项，山东省科学技术奖3项、山东省教育厅奖项7项、山东省金桥奖二等奖，威海市自然科学优秀学术成果奖17项。持续深化校企、校地合作，2021年创新创业园新成立专业技术研究院2家、新增高科技企业6家。

师资队伍建设　深化教育评价改革，完善人才引进、业绩考核、职务评聘等政策文件，常态化开展师德师风教育。实施青年拔尖人才选聘计划，大力建设“卓越”青年人才工作站，多措并举全年引进专任教师33人。举办首届教育教学“校长奖”评选暨先进事迹报告会，全面推进师资队伍建设，新增国家级人才计划4人、山东省海外优秀青年学者1人、学校青年拔尖教授2人。1人获得山东省五一劳动奖章，1个教师团队获评山东省高校黄大年式教师团队，1人入选山东省高等学校教学名师。

学生培养　创建党建引领、学院书院融合发展的“一站式”学生社区，入选教育部“一站式”学生社区综合管理模式建设试点。持续推进大学生关心关爱工作，推动学风班风建设。打造共青团思想引领品牌，组织党史学习教育“七个一”工程等活动，开展“永远跟党走，奋进新时代”实践。继续实施大学生创新创业提升计划，全年学生竞赛获得省部级以上奖励1038项、国家级以上奖励371项，在参加的教育部13项重点比赛中全部获得最高奖，发表SCI论文、EI论文64篇，获得专利12项。在中国国际“互联网+”大学生创新创业大赛中获得金牌、银牌、铜牌各1枚，HRT巴哈车队获得本科组冠军，羽毛球队和健美操队在山东省第十六届大学生运动会中获得多项冠军。承办第十届中国海洋航行器设计与制作大赛（齐鲁赛区）比赛、RoboMaster2021机甲大师高校联盟赛山东站比赛、第二届山东省大学生金相技能大赛决赛等。

招生和就业　2021年，本科生源质量稳步提升，24个省录取分数线超过重点线100分以上，21个省超过重点线110分以上。实行多层次、全过程就业精准指导，提升学生就业满意度、专业对口度。2021届本科就业率84.6%、硕士就业率96.3%，签约世界500强单位占比38.0%、签约国资委央企及下属企业占比24.2%，就业满意度达82.3%，就业对口度达93.7%。

对外合作与交流　优化国际合作伙伴网络，继续推进大学生国际化能力提升计划，举办“后疫情时代留学之路”第四届国际文化交流月、春季学期世界名校线上招生咨询会等，应对国外新冠肺炎疫情，加强线上留学形式，开设20余所世界名校的“线上留学”项目，大力推进“2+2”“3+1”等联合培养项目。

（谷　静）

【威海职业学院（威海市技术学院）】位于威海火炬高技术产业开发区科技新城，占地面积193.08万平方米，产权校舍建筑面积49.87万平方米。2021年，学院固定资产总值11.62亿元，其中教学、科研仪器设备资产总值2.52亿元。图书馆建筑面积2.3万平方米，有纸质图书167.38万册、电子图书103万册。有计算机7213台，多媒体教室285个，网络信息点数1.86万个，管理信息系统数据总量200GB。设置院（系）14个，开设高职教育专业51个，涵盖装备制造、交通运输等专业大类13个。有教职工1221人，其中专任教师892人，具有高级职称的293人，占比32.9%。有国家级教学团队3个，国家级教学名师1人，全国模范教师1人，全国技术能手2人，省级教学团队10个，省级教学名师11人，省首席技师5人，省技术能手4人。学院通过山东省教育厅验收，获评山东省优质高等职业院校；在全省高等职业院校办学质量年度考核中获评A等，居全省第5位；学院被山东省教育厅评为山东教育政务新媒体综合力二十强，被山东互联网传媒集团评为2021山东最佳社会声誉高校、2021山东最具影响力教育政务融媒体。学院办学治校综合改革经验先后4次被中央电视台《新闻联播》《朝闻天下》等栏目专题报道。《中国青年报》发布2020—2021全国高职院校官微排行榜，学校官方微信号列第1名。

专业建设　学院设置船舶与海洋工程、智慧物联等专业群19个，涵盖13个专业大类的51个专业。有中国特色高水平专业群1个，国家重点建设专业10个，国家骨干专业6个，国家现代学徒制试点专业1个，省级特色专业11个，省级品牌专业群 3个，省级高水平专业群3个，省级现代学徒制试点专业4个。2021年，新增网络营销与直播电商、跨境电子商务、国际邮轮乘务管理等6个专业。

产教融合　牵头成立全国职业教育内部治理创新建设联盟、山东省智慧文旅职业教育集团。与迪尚集团有限公司合作的中缅服装类职业技术教育培训基地共建项目获评“中国—东盟双百职校强强合作旗舰计划”特色合作项目；数字商务运营中心获评山东省产教融合示范基地，电气自动化技术专业获评山东省产教融合（校企合作）示范性品牌专业。

校地企合作　学院与威海火炬高技术产业开发区管理委员会、威海临港经济技术开发区管理委员会签署深化校地合作协议，与威海综合保税区共建威海跨境电商产业协同创新服务中心，参与校企地共建华东生鲜快手直播电商基地。

师资队伍建设　专兼职引进全国技术能手10名，省级首席技师10名和省技术能手12名。教师积极参加各种教学竞赛，获得国家级三等奖1项，省级一等奖2项、二等奖6项、三等奖5项。

创新创业大赛　在第七届山东省“互联网+”大学生创新创业大赛、第十七届“挑战杯”全国大学生课外学术科技作品竞赛、第八届山东省大学生科技创新大赛中，获得国家级铜奖1项，省级特等奖1项、一等奖3项、二等奖6项、三等奖15项，并同时获得3项大赛优秀组织奖。

招生和就业　2021年，学院招录新生8182人。2021届毕业生就业率97.4%，专业对口率74.3%，留山东省就业率93.6%，留威海市就业率61.9%。

国际交流　学院与韩国富川大学、西班牙萨拉曼卡大学等6所国外院校机构签订友好合作协议，新增与俄罗斯阿尔泰波尔祖诺夫国立技术大学、韩国水原大学中外合作办学项目3个。开发并对外输出专业标准5项、课程标准10项。获批教育部“职教云端汉语桥”线上团组交流项目2项。

（刘金玉）

【山东药品食品职业学院】始建于1958年，隶属省市场监督管理局，总占地面积69.53公顷，校舍面积24万平方米，2021年，有教职工657人，高职在校生1.39万人。学院始终坚持“为药品食品事业服务，为人民群众健康服务”的办学宗旨，主要为全省药品食品生产加工企业、批发零售企业、医院药房、药物研究机构、药品食品检测监督部门等培养高素质技能型人才，开设药品生产技术、食品营养与检测等专业37个。年内，学院获评省级文明校园。

专业建设　强化内部质量保证体系，完善专业标准29个、课程标准222个、教师发展标准19个、学生发展标准13个，通过省教育厅组织的教学质量诊断与改进工作复核。推进高水平专业群和品牌专业群建设，药品生产专业群获批省高水平专业群。不断强化课程建设，获批省职业教育课程思政示范课程4门，其中获批国家课程思政示范课程1门。

人才队伍建设　制定《三定工作实施方案》，组织开展干部选拔工作，启动院级人才工程项目遴选和高级岗位及博士公开招聘工作。强化师德师风建设，推动教师职称评聘改革，逐步完善教师绩效工资考核分配办法；2人获评山东省高等学校教学名师，1人获评省泰山产业领军人才。

科研和社会服务　持续加强产学研交流活动，全年签订校企合作协议20余项；牵头成立的山东食品药品职业教育集团入选教育部示范性职业教育集团培育单位；完成科研项目资金结转114项，到账经费842.98万元；社会服务稳中有升，开展培训40余期，培训人数6000余人次，社会服务到账经费800余万元。

创新创业教育　打造创新创业展馆，大力支持创新创业社团活动。邀请专家开展专题讲座，激发师生创新创业热情。大力推进创新创业师资队伍建设，不断提升教师的专业指导能力。全年获得省赛金奖1项、银奖1项、铜奖5项，成功申报2021—2022年度山东省中央引导地方科技发展资金项目——科技创新基地建设。

招生和就业　2021年，新生报到4757人，开展“提升学生就业能力”专项系列活动，推进“政校企”就业合作对接，毕业生与企业提供就业岗位供需比达1∶7，毕业生一次性就业率为98.8%。

国际交流合作　编制《对外交流与合作“十四五”规划》，与中国市场学会国际教育交流工作委员会签署《国际中文＋职业教育项目战略合作协议》，联合印尼和谐文化基金会组织为印尼华人进行为期2周的中医药文化体验课程。与印尼普利玛大学联合开展ICA（国际中文教师协会）国际中文＋推广基地项目，建设印尼分校（ICA国际中文＋推广基地项目）。组织4名教师攻读韩国中源大学博士学位，组织参加“一带一路”国家院校和企业交流协会中方理事会组织的等级证培训，开展以“中草药暨中医药传统文化交流”为主题的韩国留学生短期项目交流。

（谷　群）

【山东交通学院威海校区】　位于威海市双岛湾科技城和兴路1508号，占地面积66.67公顷，建有包括山东省“十二五”高等学校科研创新平台建设工程重点实验室——船舶与海洋运输实验室在内的大型重点专业实验室30余个，规划学生数1万人，是以培养涉海类和涉外类专业人才为重点的大学校区。2021年，校区有教职工336人，其中教授16人、副教授44人、博士73人、硕士151人。校区设有3个学院和1个基础教学部，开设本专科专业15个和硕士培养方向4个，有全日制在校学生4201人。

教学科研　积极推进一流课程建设和思政课程教学改革，获批省级一流课程1门、思政示范课程2门；校区教师获批教育部高等教育司产学合作协同育人项目1项，山东省教育科学“十四五”规划课题1项、省教育教学研究课题3项、省教育改革项目2项，交通运输协会教研教改项目2项。获得国家级B类教学竞赛一等奖1项、国家级二等奖3项、国家级三等奖3项，省级三等奖1项，山东省普通高等学校教师教学创新大赛三等奖1项。校区继续加大高端人才引进力度，全职引进泰山产业领军人才1人，柔性引进泰山学者专家团队2个；引进博士3人、硕士3人，教职工博士比例达24.8%；船舶与海洋工程教师团队获评第二批山东省高校黄大年式教师团队。2021年，校区获批市厅级科研平台（实验室）3个，其中威海市重点实验室2个、威海市工程技术中心1个，建设经费资助60万元。船舶与海洋防污染实验中心完成中国合格评定国家认可委员会现场评审工作，山东省船舶安全与防污染重点实验室在山东省交通运输厅现场考核中被评为优秀。校区教师获批国家自然科学青年基金1项、山东省自然科学基金面上项目1项、青年基金2项、山东省文化艺术重点课题3项、市厅级科研项目9项，签订横向课题110项，总金额1423万元，到账990万元，其中技术开发合同22项，总金额521.84万元。发表SCI论文8篇、CSSCI论文1篇、EI论文31篇、中文核心6篇；授权发明专利18项，实用新型专利46项，外观专利5项，软件专著权19项；出版专著4部。获得山东省机械工业科学技术奖三等奖1项，威海市社会科学优秀成果奖5项、自然科学优秀成果2项、社科重点课题结项2项。

学生工作　成立“红色海螺号”大学生党史宣讲团，组织宣讲9场。“交院蔚蓝在线”公众号推送专题推文111篇，《诵读红色经典，致敬百年风华》视频在《大众日报》、“学习强国”学习平台发布。18名大学生应征入伍。举办心理沙龙、心理讲座，参加师生856人；完成心理宣泄室和心理沙盘室建设，心理排查8152人次，特情学生访谈207人。校区学生获得第七届“互联网＋”国赛铜奖2项，省赛金牌2枚、银牌1枚、铜牌5枚；获得第十七届“挑战杯”山东省二等奖1项、三等奖2项；获得第十一届全国大学生电子商务三创赛山东赛区特等奖；获评山东省暑期“三下乡”社会实践优秀学生4名。

产学研和社会培训　校区与威海综合保税区签订战略合作协议，建立产学研合作教育基地，与威海南海新区管理委员会共建现代海洋产业学院，完成23个船员培训项目的课程确认工作。校区与威海市政府签署市校共建“大学科技园（威海智慧海洋创新港）”项目协议，与威海市环翠区城市发展投资有限公司、威海高新控股集团有限公司签署合作共建山东交通学院“大学科技园（威海智慧海洋创新港）”三方协议。组织海船船员合格证理论考试30场4782人次，考试通过率达93%以上；组织海船船员适任证理论和评估考试15场2020人次；社会船员培训开班389期7806人，船员培训满意度达95%以上；培训创收750万元。联合威海海事局打造“WE！海员”信息服务平台并试运营。

招生就业　2021级校区普通本科新生报到率95.8%。举办就业创业讲座8期，举办毕业生春季双选会和航海类专业毕业生就业双选会，参会企业136家，提供就业岗位6000个，供需比1∶6.44；毕业生签约中国远洋海运集团有限公司等大型企业95人，占比7.5%，升学324人，占比25.6%。

（吕　静）

【山东外事职业大学】　创建于1999年。2004年7月，经山东省人民政府批准，教育部备案，改建为山东外事翻译职业学院，成为全日制普通高等职业院校。2018年12月，经教育部批准升格为本科院校。2019年5月更名为山东外事职业大学。学校设威海和济南2个校区，主校区位于银滩旅游度假区。校区占地面积141公顷，校舍建筑面积56.7万平方米。设有外国语学院、国际交流学院、国际商学院等教学单位16个，开设本、专科专业59个，形成文学、经济学、工学、管理学等多学科协调发展的专业建设格局。2021年，学校先后获评山东省节水型单位、最受欢迎的本科院校、山东省教育系统先进基层党组织、AAAAA级社会组织、山东省教育国际交流工作先进单位、山东省节水型高校、山东省校园安全工作先进集体等。

教学工作　确定拟申报本科专业8个和专科专业3个。新增健康大数据管理与服务、通信软件技术、智能机电技术3个专科专业，并开始招生。“数智化商科类专业群”获批省级高水平专业群；制定《山东外事职业大学“课程思政”实施方案》《“课程思政”教学实施管理办法》，设立“课程思政”研究中心，举办“课程思政”教学研讨交流会及教学沙龙等多项活动。2门课程获评山东省教育厅职业教育“课程思政”示范课程，获得山东省教育科学优秀成果奖1项，立项省级课题多项。1人获评山东省教学名师，工商管理教学团队获评山东省黄大年式教学团队。学生在各级技能竞赛中获得国家级奖励104项，省级奖励396项。

科研工作　2021年，学校获批立项市厅级以上高水平课题43项，其中省部级10项、市厅级33项，有41项各级各类课题按期结项。全校教职工发表论文147篇，其中核心以上论文11篇；出版著作6部，获批实用新型专利8项，有2项成果获得山东省教育科学优秀成果奖一等奖。多个科研平台建设成效显著。与山东省自动化学会共同举办人工智能与职业教育产教融合发展专家论坛；外事研究院获批山东省外事研究与发展智库，2021外事发展论坛在学校举办，前驻外大使以及全国外事领域的知名专家学者参会。中国科学院海洋所与乳山市政府共建的牡蛎研究院落户学校。召开社会科学界联合会成立大会暨第一次会员代表大会，调整、充实科协组成机构，推动基层科研工作开展。推进科研管理规范化，提高科研管理效能，建立与本科高校相适应的科研管理制度体系。

社会服务　学校与乳山市人民政府签订合作共建框架协议，双方在人力资源、协同育人、文化旅游等方面开展深度合作，培养更多高素质技能型人才。学校先后成为威海市人力资源和社会保障局2021—2022年度政府补贴类培训项目职业技能培训机构、济南市退役军人职业技能培训承训机构、山东省退役军人事务局职业技能培训承训机构，并为济阳区自主就业退役士兵进行适应性培训。不断创新学校校企合作模式，由原来单一的“2.5+0.5”“2+1”实习模式向订单式培养、工学交替等多种形式转变。先后与企业签订合作协议，内容涉及共建二级学院、专业、实验实训室，研发合作，人力资源培训等。学校所有专业实现校企合作全覆盖，校外实习实训基地达184个，提供岗位超过2万个。学校无偿献血、应急救护、消防救灾等志愿服务成为学校青年志愿者工作的特色品牌。

校园文化建设　学校印发《关于进一步提高校园文化活动水平的意见》，规定5个与德、智、体、美、劳“五育”对应的主题性校园文化活动，打造校园文化品牌。承办中国中学生五人制足球赛、第七届中国大学生健美操高职院校健美操比赛以及山东省第十六届大学生运动会排球比赛。

（刘忠伟）

【哈尔滨理工大学荣成校区】　2006年，经黑龙江省和山东省人民政府批准，哈尔滨理工大学与山东省荣成市政府签订协议，组建哈尔滨理工大学荣成校区。校区占地面积51.33公顷，建筑面积25万平方米。2021年，荣成校区坚持以工为主，理、经、管、文、艺相结合的多科性学科特点，开设本科专业24个，有教学系（部）12个、教职工670人（其中教授24人、副教授29人、博士38人）、在校生7200余人。

教育教学　召开党史学习教育动员大会，深化“千堂党课进支部”活动，成立学院党史学习教育宣讲团，进行专题宣讲。开展“我为群众办实事”活动，举办庆祝中国共产党成立100周年大会，开展“百题”知识竞赛、“百幅”书画摄影作品展等活动。树立“以学生为中心”的教学理念，实施线上线下混合式教学模式改革。获批2021—2022年度政府补贴类职业技能培训机构，是威海市唯一可针对大学生等群体开展创业培训的非职业类高校。开展第八届山东省大学生科技创新大赛校赛。

师资队伍建设　组织教师参加黑龙江省高等学校教学指导委员会及高等学校教师发展中心组织的线上培训10余场，邀请高校专家开展多媒体教育技术培训，选派学院青年骨干教师参加ISW教学技能工作坊培训。举办学院青年教师教学基本功大赛，开展各系部教学观摩、研讨活动50余场。学院教师获批黑龙江省教育科学规划办公室2021年度重点课题1项，申报2022年度重点课题4项，完成黑龙江省教育科学规划办课题结题1项，组织申报学校校级教育教学研究项目21项，结题项目12项。全年招聘各类岗位工作人员46人，其中教师16人、辅导员7人；学校调入教授4人，副教授7人，讲师2人；进入学校编制并具有博士学位的教师5名，通过学校招聘考核并具有博士学位的教师5名，新增攻读博士学位的教师4名，4名教师进入博士后流动站工作。

科研建设　获批国家自然基金青年基金项目1项，教育部人文社科项目2项、人文社会科学思想政治课教师研究专项1项，黑龙江省自然科学基金优秀青年项目1项、艺术科学规划项目1项。发表论文12篇，其中SCI检索10篇、译著1部，获批专利16项，申报山东省自然基金20项、联合基金4项、软科学项目6项（获批1项）。哈尔滨理工大学威海研究院正式设立，并加入威海市“1+4+N”创新平台体系。依托威海产业技术研究院举办走进哈尔滨理工大学威海研究院与聚焦海洋产业、助力科技创新2场“双走进”活动，与6家企业达成合作意向。与企事业单位签订横向课题20项，与6家企业签订产学研合作协议，与10余家企业签署科技研发合同，辅助6家企业申报山东省中小企业提升计划。与荣成市科学技术局共同举办首届桑沟湾海洋科技创新大赛，承办威海市科学技术协会学术活动，协助荣成市政府开展樱花湖危害藻类分子鉴定及防控研究。利用专业知识、技能服务地方发展，3人入库威海市科技智库，2人获评威海市社科专家。组织学生参加美国大学生数学建模竞赛、东北三省数学建模联赛、全国大学生数学建模竞赛等，获得一等奖32项、二等奖10项、三等奖10项。

对外交流　加强对外合作与交流，与泰国格乐大学签署国际教育交流备忘录，派出赴韩国交流项目学生24名，赴白俄罗斯交流项目学生1名。

学生工作　以团学组织为载体，组织开展党史、新中国史、改革开放史、社会主义发展史等系列学习教育实践活动。结合重大节庆日，开展爱党爱国爱校系列教育活动；树典型、立榜样，表彰校级学生先进集体35个，先进个人925名、自强自立先进个人8名。742人参与“衣朝衣夕，温暖相依”捐衣活动，捐献衣物783千克。创新学生管理工作机制，完善心理健康教育五级防控体系，设置网上心理预约专栏，年度咨询量达200余次。精准帮扶学业困难学生，强化学生党性教育与爱国主义教育。开展志愿服务与社会实践活动，1个团队、1名教师、2名学生分别获评山东省暑期社会实践活动优秀团队、优秀指导教师、先进个人。校区连续2年获评山东省无偿献血先进集体。

（王梓榕）

【威海海洋职业学院】　威海海洋职业学院是经山东省人民政府批准、教育部备案的国有公办全日制普通高等专科学校。2021年，有在校生1.3万余人，教职工600余人。加快构建“三化、四核、五贯通”大思政工作生态体系，学院关心下一代工作在全省做经验交流。建设永怀广场、永怀雕塑、永怀报告厅，形成“一像一场一厅一剧”多载体“永怀精神”育人格局。学院获得全国无偿献血促进奖。

教育教学改革　立项建设省级高水平专业群1个。积极探索书证融通改革，X职业等级证书达24项、考核站点达17个。现代海洋协同创新虚拟仿真实训基地纳入教育部项目管理，海洋装备与智能制造实训基地获评省新旧动能转换公共实训基地。技能大赛奖项居全省第11位。

师资队伍建设　公开招聘优秀人才53名，引进国家级教学名师1人，聘用省级以上技能人才23人。水产养殖技术教学团队获评第二批山东省高校黄大年式教师团队，1人被聘为国家食品工业职业教育教学指导委员会委员，5人次获评山东省教学名师、山东省五一劳动奖章、山东省技术能手等。

产教融合与合作发展　与威海市文登区、环翠区、威海临港经济技术开发区签订校地合作协议。召开职教集团年会3个，与威高集团有限公司共建混合所有制二级学院，与6家企业共建订单班6个，与那香海酒店等共建混合所有制生产性实训基地，校企深度合作企业达390家。建成威海海洋职业学院泰国宜素那他分校，参与“中国—老挝职业技术学院”“中国—缅甸职业技术学院万宝校区”建设项目，“汉语桥”线上项目获得教育部中外语言交流合作中心批准。

就业创业　落实就业工作“一把手”工程，全面打造以“乐业威海”为主题的创新创业教育，大学生双创孵化基地在孵企业达143家。学院被中共山东省委、省政府评为山东省就业创业先进集体，就业创业典型做法入选高等学校毕业生就业创业工作优秀成果及典型案例，1人获评山东优秀大学生创业者。

社会服务　申报山东省工程技术协同创新中心2个，威海市海洋生物健康促进中心通过国家病害防控检测认定，与济南大学、威海市海洋发展局合作共建山东海洋生态环境研究院。国家级教科研项目立项数量居全国第25名。获得国防技术发明奖三等奖1项、山东省科技进步奖一等奖1项、威海市自然科学优秀学术成果奖4项，获得各种发明专利授权112项、软件著作权登记50项，知识产权成果转化4项。开展培训和鉴定累计1.1万余人次，获批全国水产技术推广人员培训基地。

（张　涛）

【北京交通大学（威海）】　北京交通大学（威海）举办单位为北京交通大学，其办学实体是教育部2015年批准设立的北京交通大学威海校区（简称校区）。校区下设党委办公室、校区办公室、教务管理办公室、学生工作办公室等部门13个。2021年年底，校区在校学生总数2580人，其中全日制统招本科生2245人、第二学士学位学生303人、自主招生学生32人，有教职工129人。

招生工作　统筹招生资源，丰富校区办学层次。2021年，校区中外合作办学本科招生指标600人，含信息管理与信息系统、通信工程、计算机科学与技术、环境工程、会计学等本科专业7个；校区2021年度计划招收通信工程专业第二学士学位学生340人。

师资队伍建设　校区师资以北京交通大学和外方合作院校教师为主，授课教师180人。其中，学校派驻教师111人，校区自聘教师14人，兰卡斯特大学学院派驻教师40人，罗切斯特理工学院派驻教师15人。外籍教师大部分采用线上授课方式，未入境。

人才培养　校区2021届毕业生345人，整体就业率92.8%，深造率75.4%。校区生源质量稳步向好，17个省市录取分数线排名和最高分比上年大幅度提升。校区正式启用双语课程平台，开展线上线下教学及督导工作，校区教学督导组依托网络关注教学流程、督导教学质量。学生累计获得国家级奖励67人次、省部级奖励129人次、校级奖励267人次，学科竞赛获奖层级和数量均呈上升趋势。从招生宣传、思想政治教育、就业到创业及校友工作，校区形成完整的育人闭环机制。启用“智慧学工”和“深度辅导”平台，首次启动“就业活动月”活动，与山东人才发展集团有限公司等业内企业合作，打造完善的就业服务体系。发挥书院作为第二课堂的育人作用，通过领用菜地、食堂学艺等方式加强劳动教育。校区学业支持中心组织招募教师、优秀学子等志愿者组建专业团队，强化新生英语训练，组织各类专家咨询团队为学生提供同步课堂辅导、专业发展、留学深造等各类咨询服务。发挥学生党员优势，针对学业困难学生进行学业帮扶。

社会服务　校区探索属地银校合作、校企共建等新模式。与中国农业银行股份有限公司、中国移动通信集团有限公司等企业合作，加强建设信息化设施。筹办北京交通大学威海研究院，推动威海市和兰卡斯特市结成“姊妹市”。

（丁鹏彦）

【山东铝业职业学院威海校区】 位于威海南海新区，有商学院、智能制造与物联网学院、互联网学院等教学单位9个，开设有色金属智能冶金技术、机电一体化技术、药品生产技术、早期教育等专业39个，建成国家级骨干专业2个、中央财政支持专业2个、省级特色专业3个。2021年，校区围绕机电一体化技术、有色金属智能冶金技术、工业机器人组建的智能生产技术专业群立项山东省高水平专业群建设。有在校生1.7万人，2021届毕业生4836人，就业率91%。校区以服务当地经济为己任，根据区域经济发展要求，积极调整专业布局，采取“一企一策、分批供应”服务措施，有序组织1200余名学生开展专业认知和跟岗实习，为区域产业发展提供有力的人才保障。中铝党校开发并组织线上培训专题8个，举办全部班次（含线上）169个，培训7.29万人次。省级及以上的大赛获奖92项。校区获评2021年全国职业院校班组生产现场管理网上知识竞赛团体一等奖、2021年度山东开放大学开放教育招生工作先进集体等。互联网学院党支部获评山东铝业有限公司先进党支部。

（勇亚楠）

【威海技师学院】 位于荣成市学院路2006号，占地面积50公顷，建筑面积9.8万平方米，建有办公区、教学区、实习教学区、生活区和休闲活动区等。学院成立于1986年5月，2012年9月，威海工程技术学院经山东省政府批准改建为威海技师学院。学院是经人力资源和社会保障部、山东省人民政府批准成立，以培养技师和高级工为主要目标，同时承担企业在职职工高技能人才和各类职业教育培训机构师资培训任务的全日制高等技工院校。2021年，学院有教职工141人（其中，高级职称50人、中级职称45人，“双师型”教师比例达79%以上），在校生总人数达2837人。

5月21日，威海技师学院参加全国职业教育博览会。图为威海技师学院智能餐饮装备展区

（威海技师学院　提供）

课程和专业设置　学院开设数控技术、烹饪与营养、幼儿教育、高铁乘务等专业，重点发展与哈尔滨理工大学荣成校区合作培养的本科预备技师班和与德国莱茵科斯特有限公司合作创办的中德智能制造技能人才双元培养卓越技师班。在全院实施素质教育系统工程，创建手风琴学院，开展全天国防教育训练和心理健康教育，率先在全市教育系统开足开齐素质课程，引导学生全面发展。

校企合作　学院以服务地方经济发展为宗旨，以技能提升为主线，以社会技能培训为载体，积极推进校企合作。2021年，与迪尚集团有限公司等签订校企合作协议，进一步推进校企资源共享，深化产教融合。推进山东省“新型学徒制”试点项目，完成新型学徒制培训300余人，职业教育与企业实现无缝对接。开展学生顶岗实习工作，合理安排学生到企业顶岗实习500余人次，为企业复工投产提供有力支持。

职业技能培训　学院继续发挥山东省“金蓝领”培训基地、威海技师站的积极作用，开展“金蓝领”、技能提升等社会培训工作，为企业技能提升提供精准服务。完成“金蓝领”等高技能人才培训500余人；完成在校生技能提升培训260人、技能等级鉴定649人。学院作为山东省首批、威海市唯一社会培训评价组织，完成威海市首批社会培训评价组织职业技能等级认定工作，助力技能人才评价新模式。

职教高地建设　学院凸显智能制造特色优势，带动计算机、自动化、工业机器人、新能源汽车等工作，取得丰硕成果。2021年，获得省级以上科研成果19项、省级以上智能制造等技能大赛前三名33人次，其中国家级一等奖4人次、二等奖4人次、三等奖2人次。推进与德国职业教育行业协会深度合作，不断完善德国双元制机电一体化工培养标准和德国AHK机电一体化工认证体系，实行职业培训与国际标准接轨，率先实现国际职业资格认证新突破。2021年，德国AHK机电一体化工认证体系考核合格率达90%。

智能装备研发　学院以威海市刘杰明技能大师工作站为带头人，联合烹饪骨干教师团队与哈尔滨工业大学（威海）自动化研究所的研究团队加快智能餐饮装备研发和产业化进程，至2021年11月月底，新研发智能餐饮装备流水线4条，获得国家专利14项，研发总数达17条。

（王唯娇）

编辑　李传强

文化·传媒

综　述

【概况】 2021年，全市坚持以社会主义核心价值观为引领，持续深化文化领域体制机制改革，统筹推进文化事业、文旅产业高质量发展，着力传承红色文化、活化传统文化、做优现代文化，更好满足人民文化需求，努力推动城市内涵气质进一步彰显，城市文化软实力持续升级。

【文化体制改革】 坚持以改革促发展，以融合促繁荣，不断激发文化创新创造活力。推进“志愿＋信用”模式，打造“志愿之城”，传承红色基因，千里山海自驾旅游公路、荣成市新时代文明实践改革试点获评全市优秀改革案例，爱国主义教育基地、荣成市新时代文明实践改革试点被推报为全省改革试点成果。文化惠民资金整合实现突破，省、市、区（市）三级联合购买文化惠民演出20场。

【城乡公共文化服务】 完善提升市、区（市）、镇、村四级公共文化设施网络，推进环翠区图书馆和文化馆新馆、威海临港经济技术开发区文化中心等设施建设，公共图书馆、文化馆全部达到国家二级以上标准，万人拥有公共文化设施面积居全省第1位，区（市）全部实现文化馆、图书馆、博物馆、美术馆“四馆齐全”。创新公共文化服务形式，在全市打造文化公益创投项目25个、图书馆基层服务点300个、乡村公共文化服务精致化发展示范村50个。推动公共文化服务标准化建设，市级5个公共文化场馆全部通过ISO 9001质量体系认证，《城市书房建设服务规范》入选2021年度“山东标准”建设项目计划。

【胶东红色文化资源保护】 整理制作“红色基因图谱”，把发生在威海市的红色故事串珠成链，通过“展现500个红色印迹”“讲好100个红色故事”“编辑一套红色书籍”“开展一系列新媒体展播”等，全景展现全市红色历史风貌。“威海红色基因图谱”线上小程序入选2021年度山东网络正能量优秀项目。创作演好红色文艺精品，推出大型交响组歌《中国精神》、长篇报告文学《烈火芳菲》等红色题材作品30余部，组织做好现代京剧《郭永怀》、话剧《乳娘》等展演。接续开展“奋进百年路 逐梦新时代”文艺演出、胶东红色基因传承的时代价值研讨会等重大活动70余项。保护用好红色胶东革命历史印迹，充实完善天福山起义纪念馆、马石山十勇士纪念馆、红色胶东干部学院等红色教育基地，提升30处市级以上爱国主义教育示范基地管理使用水平，新创2处省级、10处市级爱国主义教育基地，策划推出红色文化精品线路，打造新时代文明实践基地200个。

【优秀传统文化根基夯实】 加强文物保护利用，积极推进明清海防遗址考古调查工作，确认威海现存海防遗址158处。实施宁津所城城墙修复工程，修缮靖子龙王庙等乡土文物建筑6处。刘公岛甲午战争纪念地等不可移动文物42处和可移动文物24处入选第一批省级不可移动革命文物名录。加强非物质文化遗产传承弘扬，编制《威海市非物质文化遗产保护规划方案》，承办中国非物质文化遗产项目保护管理制度研究会，开展“非遗月”宣传活动30余项。“威高集团有限公司依托‘海洋强国’战略，打造‘中国海洋非遗文创基地’”获评山东省非物质文化遗产保护十大亮点工作。“荣成市非遗进校园的探索与实践”入选山东省非物质文化遗产进校园典型案例。吉呈轩公益文化空间等非物质文化遗产旅游体验基地3处入选山东省首批非物质文化遗产旅游体验基地，入选数量居全省第1位。环翠区胶东民间山蚕茧古法纩丝技艺等非物质文化遗产项目3项入选山东省第五批省级非物质文化遗产代表性项目名录。

（谭艳华）

文学艺术

【概况】 2021年，威海市文学艺术界联合会带领全市文学艺术工作者，在文学、摄影、音乐、美术、书法、影视等创作方面取得丰硕成果，纪录电影《大洋深处鱿钓人》获得第十二届山东省“泰山文艺奖”电影类一等奖，歌曲《胶东乳娘》获得2021年第六届加拿大金枫叶国际电影节院线类最佳原创音乐奖，摄影作品《五十六个民族同呼“祖国万岁”》获得2021上海国际慈善摄影大赛金奖。

【音乐】 戚建波作曲的电影主题曲《胶东乳娘》获得2021年第六届加拿大金枫叶国际电影节院线类最佳原创音乐奖。曲波、李富胜、臧云飞作词作曲的《全民战疫》获得十二届山东省“泰山文艺奖”音乐类二等奖。洪树湘作曲的《选择》获得广东省文艺奖音乐类一等奖。戚建波作词的大型交响合唱组歌《中国精神》由中国音乐家协会、山东省委宣传部、福建省委宣传部和威海市委联合出品。曲波创作的大型组歌《红色照金》在《中国文化报》《音乐天地》《歌曲》刊发；作词的《人民就是江山》入选中国音乐家协会庆祝建党百年“百年百首”全国优秀新创歌曲，被选定为山东省庆祝建党百年大型文艺演出主题歌；创作的歌曲《在收获的田野上》获得山东省音乐家协会“全面小康新作征集”第1名。林红作词的《读懂祖国》《不负此生来过》《我的恋歌唱给祖国》等歌曲38首在《词刊》《歌曲》等杂志发表。毕可志作词的《中国了不起》《中华复兴》《一把军壶》《军营男子汉》在《上海词家》发表。王庆国作词、张启峰作曲的MV（音乐短片）《初心耀基层》在人民网、《人民日报》客户端、《大众日报》等媒体平台宣传推广。

【影视】 纪录电影《大洋深处鱿钓人》获得第十二届山东省“泰山文艺奖”电影类一等奖。威海百年文化传媒有限公司制作的微电影《新兵肖防》在第九届亚洲微电影艺术节上获得金海棠奖。李晓、姜玲创作的短视频《约定》获得第二届“绿水青山美丽中国”全国短视频大赛优秀奖。李志强摄制的纪录片《乡包扁——乳山琴书》获得十四届中国山东青年微电影大赛社会单元纪录片银奖，纪录片《为国铸就海防长城：于长军》获得中国高校2021年纪录片一等奖。威海今朝文化科技有限公司出品的院线电影《怯懦的勇气》摄制完成。山东火龙文化传播有限公司出品的纪录片《大洋追鱼记》摄制完成。

【摄影】 白淑珍的摄影作品《五十六个民族同呼“祖国万岁”》获得2021上海国际“郎静山摄影艺术奖”慈善摄影大赛金牌奖。段云峰的摄影作品《光伏之韵》、宋林继的摄影作品《自然与科技之光》均获山东省社科界第八届人文艺术作品大赛摄影作品一等奖。摄影作品《藏羚羊：迁徙之路风景异（组照）》获得“美丽中国，我是行动者”主题摄影作品大赛二等奖。孙韶宁的摄影作品《小城威海卫》被《人民摄影报》刊用。白淑珍的《雪域牧歌》等10幅摄影作品入展2021年全球华摄国际摄影大赛。宋林继的摄影作品《自然与科技之光》《白唇鹿与长江》《负重前行》入展“世界文化遗产在中国”摄影展和第十届全国农民摄影展。王华明的摄影作品《春耕》《赶潮》《天路》等入展影像中国网在线影展。王祖良的摄影作品《丰收乐》入展第四届“大美渔村 平安渔业”中国渔业摄影展。王士波的摄影作品《大漠驰骋》等入选2021年全球华摄国际摄影大赛。

【诗歌和散文】 李富胜出版诗集《最美四月天》、散文集《老院子》。宋彩霞出版诗词论著《诗潮蔚蓝》《诗文纪程》，获评山东第二届优秀诗人和齐鲁诗词名家。兆艮出版诗集《没心没肺》。苏军出版诗集《用沧海》。牟培国出版诗集《岁月诗语》。《散文诗》杂志发行张静雪的诗歌读本《屋顶上的人》。阿华的组诗《红荷湿地》获得“红荷湿地杯”首届全国诗歌大赛三等奖，史怀宝的诗歌《红船》获得中国共产党成立100周年“联谊杯”全国诗朗诵原创诗歌三等奖。刘方计的散文《树高千尺也忘不了根》获得第五届“百花苑杯”全国征文大赛一等奖，散文《难忘故乡那些有趣的戏呱》获得第一届“滹沱河杯”全国乡愁散文诗歌大赛佳作奖，散文集《乡韵旧事》获得第三届国际东方散文奖特等奖，散文《我所经历的开荒》获得首届“天津散文杯”全国乡情散文大赛特等奖。兆艮的诗歌《送礼》、陈强伦的散文《百岁英模王淑贞》获得山东省“庆祝中国共产党成立100周年”主题文学征文比赛二等奖。孔凡帝的诗词《乳山行》在“母爱圣地，美好乳山”诗词创作征稿中获得一等奖。李小冰的组诗《寻找风向》在《特区文学》发表。兆艮的组诗《看电视》《所见所闻》在《剑南文学》《岁月》发表。苏军在《中国审计报》《中国诗人》《剑南文学》发表组诗《对每一条站立的路喝彩》《以后》《绿叶的另一段传奇》。阿华在《作品》发表长诗《出瑞金记》，在《诗潮》《星星》等发表组诗。王华英组诗《树木会长出新叶，冻土年年孕育种子》在《中国诗歌》头条发表。宋彩霞的《菩萨蛮·又到萧山》《菩萨蛮·渔浦书所见》等10余首诗歌在《中华诗词》《中华辞赋》《心潮诗词》发表。孔凡帝的《疫中宅居有感》等15副楹联入选《中国对联作品集》。韩斌、张静雪、王志伟等的诗歌在《星星》《诗潮》《中华诗词》等发表。李富胜、单增科在《新民晚报》《参花》发表散文。

【报告文学】 唐明华的长篇纪实文学《乳娘》在《中国作家》2021年第一期头题刊发，安徽人民出版社与山东人民出版社在第三十届全国图书博览会开幕式后联合举行《乳娘》首发式。《中华读书报》《报刊文摘》先后节选转发。阿华在《解放军文艺》《山东文学》发表报告文学《铁血铸魂卫家国》《种桃种李种春风》。

【小说】 邵珠（笔名狂奔的蜗牛）在阿里文学网、书旗网等平台连载783万字的长篇网络小说《机甲大仙》。张丽荣出版长篇童话专著《灰兔一直在等我》。于书淦出版长篇历史小说《昆仑八仙》。刘爱玲出版的中短篇小说集《遗失与灿烂》，入选山东省作家协会“文学鲁军新锐文丛”第四辑。真真出版原创小说集《寻找雪松的少年》。冯继芳的微小说作品获得“田工杯”勤廉微小说全国征文大奖赛二等奖，小小说《升旗》入选2021年中国微型小说排行榜。周海亮的短篇小说《恭喜发财》获得第五届全国打工文学征文大赛银奖。刘爱玲原载《清明》的中篇小说《回到镜中去》入围首届梁晓声青年文学奖。何学滔的闪小说《我是一个兵》获得2021年第二届“重宇杯”世界华文闪小说大赛优秀奖。宋潇凌在《小说月报·原创版》发表的短篇小说《致余生》被收入《小说月报2021年度精选集》。何学滔的闪小说《春暖花开》入选《2020中国闪小说精选》。宋潇凌、刘爱玲、冯继芳、何学滔、于福明、大川等在《北京文学》《小说月报》《百花洲》《广州文艺》等发表短篇小说。

【文学评论】 王瑞华出版论著《文学与历史之间的王氏家族》《“五四”之子王统照评传——在文学与历史之间》《王翔千评传》，庄会彬出版论著《汉语广义遭受结构研究》《现代汉语形义错配研究》《的：句法——韵律互动视野里的探索》，芮欣出版论著《文学与哲学的交汇》，蔡象丽出版论著《汉韩语言对比与对韩汉语教学》，朱新林出版论著《日本朱子学派文献汇编》，钟岩松出版论著《气象》。刘冰出版译著 *Convergent Journalism*：*Chinese Approaches*，周妍出版译著 *Chinese Internet Buzzwords*，真真出版译著《昆虫狂欢节》《今天，我想变成》。张敬滋出版主编论著《眼亮花》。泓峻的论文《中国古代民本思想与文艺人民性立场的内在关联》在《文学评论》发表后，被中国人民大学书报资料中心复印报刊资料《文艺理论》转载，《“强制阐释论”的基本立场、理论建树与学术关怀》在《社会科学辑刊》发表后，被《中国社会科学文摘》和《文艺理论》转载。柯蔚南、邓晓玲的论文《移民史与长江下游流域方言的发展》、李缙英的论文《他者・理论・异国情调：新历史主义文论中的“中国”》、庄会彬的论文《“了 2”的定性及句法地位问题再议——基于 CP 分裂假说理论框架的探讨》发表后，被《文艺理论》转载。崔春的论文《从新文学作品看“中国娜拉”的时代焦虑》，洪树华的论文《宋代小说中的人神（仙）婚恋遇合的叙事传统及其文化蕴含》，刘凤芹、张晓曼的论文《汉语二语学习者同形语素意识的发展及影响因素》，孟文博的论文《鲁迅与郭沫若对各自一篇演讲稿的修改》，王冬冬的论文《与闻于世界之创造：骆一禾诗学建构的存在主义路径》，杨慧的论文《东北与南开——再论端木蕻良〈科尔沁旗草原〉的写作》，郑微的论文《从“他者景观”到“零度主体”：〈没有个性的人〉中索利曼的自治之路》，周新顺的论文《一首诗是怎样被误读的——曾卓〈有赠〉的文学史探微》在《东南学术》《文艺理论研究》《鲁迅研究月刊》《中国现代文学研究丛刊》《文艺研究》《南开学报》《外国文学研究》《扬子江文学评论》等发表。

【书法】 王嘉伟的草书作品《朱德攻克石门》、鞠仁波的书法作品《唐罗隐诗》、徐晓辉的书法作品《小窗幽记》获得山东省社科界第八届人文艺术作品大赛一等奖。孙爱萍的刻字作品《山花烂漫》获得山东省第四届刻字艺术展优秀作品奖。举办“庆祝中国共产党成立 100 周年——威海市优秀书法作品展”，展出优秀作品 100 幅。市书法家协会承办“笔墨抒怀——当代百名书法名家作品展”。

【戏剧】 王聆言参演的京剧《贵妃醉酒》在 2021 年“中国少儿戏曲小梅花荟萃”山东省选拔赛中获得一等奖；市戏剧家协会组织威海市文明实践文艺志愿者文艺会演活动、文艺志愿服务“文化惠民 送戏下乡”品牌活动 20 余场，组织“山东省第四届农民戏剧展演月”系列演出活动。

【美术】 王焕波出版画册《大匠之门——王焕波作品集》《走向高峰——王焕波》。郭峰出版画册《大匠之门——郭峰作品集》。崔锡玲出版画册《崔锡玲画集》。于向志的作品《秋获》《黄河古村落》《休渔期的朝阳港》入选第五届中国油画展、第七届全国画院美术作品展和第十届全省画院联展。姜传鉴的国画作品《听泉赏景》《彩染山林聚祥瑞》分别在《中国书画报》《美术报》发表。李小冰的文艺评论《“一带一路”倡议与中国画审美文化价值建构研究》《在没有边界的“田野”上》在《艺术研究》《中国艺术报》发表。刘海博的作品《墨竹图》《老龙鳞》入编《中国艺术研究院艺术培训中心教学成果系列画集》，作品《远遥渔港》入选“新时代・新使命・新征程奋进粤港澳大湾区全国中国画、油画作品展”，作品《守护伞》《滩边网事》《滩边拾贝》分别入选“百年辉煌・武汉记忆”全国油画作品展、第四届“邮驿路・运河情”全国美术作品展和首届“倪云林”全国美术作品展。孟庆波的国画作品入选第三届“神圣长白”全国中国画展。陈淑敏的油画作品《收货》入选首届倪云林全国美术作品展。刘坤的《八方来援武汉加油》系列作品之二入选全国抗击疫情美展，被中国国家博物馆收藏。郭红渠的作品《东明印象》入编“庆祝中国共产党成立 100 周年山东省美术书法摄影剪纸作品展”作品集、山东省决战脱贫攻坚美术作品展作品集等。王智赋的中国画《潮》入选第十一届全国工笔画作品展。倪桂军的作品入选中国美术家协会举办的“万里浦江册页展”。赵雪雁的作品《翠碧情深远浮尘》入选“多彩・2021”全国女画家作品展。市美术家协会举办庆祝中国共产党成立 100 周年威海市美术作品展，160 余幅作品入展，山东省美术家协会、市美术家协会在威海市举办“党旗颂”第二十五届山东美术新人新作展，展出主题绘画作品 300 幅，威海市 15 位作者的作品入选。

【剪纸创作】 荣成市获评 2021—2023 年度山东省民间文化艺术之剪纸人之乡。李棕桦的剪纸创作《威海八珍》在“深蓝大海，红色记忆——第二届全国海洋文化剪纸精品展”获得优秀奖。威海市剪纸协会举办辛丑牛年迎新春剪纸大展、全市中国共产党成立 100 周年大展，与消防队员开展剪纸互动活动，为环翠区望岛小学创作建校百年剪纸作品。

（史怀宝）

群众文化

【概况】 2021 年，市文化和旅游局以推动公共文化服务高质量发展为引领，以基层为重点，不断完善公共文化设施网络，提升公共文化服务效能，推进公共文化服务体系示范区创新发展，为“精致城市・幸福威海”建设提供文化支撑。

（王 园）

【公共文化设施网络建设】 夯实基层文化阵地，建立健全覆盖市、区（市）、镇、村四级公共文化设施网络。威海临港经济技术开发区文化中心正式对外开放，文化中心总建筑面积 1.37 万平方米，包括文化馆、公共图书馆和大型会堂（剧院）3 个功能区。环翠区图书馆、环翠区文化馆新馆、威海南海新区梅兰芳大剧院主体完工。市群众艺术馆、市图书馆与各区（市）新建场馆对接，对各场馆功能区划、设备联网、后期运营进行指导。新增城市书房 3 处，全市建成城市书房 44 处，进一步形成城市 15 分钟阅读圈。打造乡村公共文化服务精致化发展示范村 50 个，提升示范村的文化设施、文化服务、文化活动建设水平，为参加山东省乡村文化建设样板镇村打下基础。

【公共文化服务标准化建设】 制定《威海市加强国家公共文化服务体系示范区建设全面推动公共文化服务高质量发展规划》，明确示范区创新发展任务。将示范区创新发展指标纳入对各区（市）绩效目标管理考核，调动各区（市）参与创建的积极性。持续实施公益创投，探索公共文化多元化服务供给侧结构性改革新模式，将创投理念引入公共文化服务领域，在全国创新开展公共文化“公益创投”，年内，通过政府引导资金开展服务项目 57 个，开展活动 590 场，打造村（社区）文化中心社会化运作示范点 25 个。加强标准化建设，由威海市文化和旅游局承担的《城市书房建设和服务规范》入选 2021 年度“山东标准”建设项目计划。《乡村公共文化精致化服务规范》作为威海市地方标准正式发布。市级公共文化场馆先后通过 ISO 9001 国际质量管理体系认证。

【山东省群众优秀新创文艺作品会演】 6 月 14 日—20 日，第十二届山东文化艺术节群众优秀新创文艺作品会演在威海市群众艺术馆举办。会演汇集全省 78 件作品，通过舞蹈、音乐、戏剧、曲艺等多种表现形式，展示新时代山东群众文艺繁荣发展的最新成果。市群众艺术馆选送的曲艺作品快板书《变形记》获评群众艺术优秀作品奖。《中国文化报》《山东新闻联播》和人民网、大众网等媒体对会演进行报道。

【文化惠民活动】 全市群众艺术馆（文化馆）开展群星大讲堂等文艺培训 1785 场（线下 1371 场、线上 414 场），图书馆尼山书院开展传统文化公益培训 1416 场（线下 1238 场、线上 178 场）。以庆祝中国共产党成立 100 周年为重点，在市图书馆举办系列庆祝活动。推出“回首百年 聚力前行”重温党史系列活动，举办“颂红色经典 庆百年华诞”——威海市读书朗诵大赛，全市 314 组专业选手参加。组织开展“云上贺新年”2021 新春系列文化活动。在市人民广场举办“精致城市·幸福威海”广场文艺演出活动，演出 58 场，参与演出人员近 3000 人次，观众达 17.5 万余人次。在市群众艺术馆海洋剧场举办“百姓剧苑”文艺演出活动 37 场，现场观众近 7500 人次。

【“书香威海·全民阅读”品牌建设】 由中国出版协会指导，市委宣传部、市文化和旅游局主办的“阅读城市”威海对话活动于 10 月 20 日—22 日举办。活动包含“阅读城市”威海对话启动活动、“阅读城市对话”、“千里山海 阅读威海”研学项目考察、“城市文旅名家面对面”和“阅读家圆桌对话”等多个子活动。全国 13 个城市的专家学者围绕“如何打造书香城市”“如何用阅读之力激发城市内在魅力和发展动力”等主题进行交流。印发 2021 年全民阅读方案，围绕庆祝中国共产党成立 100 周年主题，对全年阅读活动进行部署。举办“颂红色经典·庆百年华诞”第八届威海市读书朗诵大赛。现场直播 2021“世界读书日”主题活动，累计观看人数 3.3 万人次，实时在线人数突破 2000 人次。参与《书香威海》栏目线上直播，宣传推广“书香威海·全民阅读”活动品牌。拍摄《书香威海 24 小时》全民阅读专题片，点击量超 10 万次，被“学习强国”学习平台播发。在“威海公共文旅云”微信公众号开设《威海领读者》系列主题专栏，拍摄“威海城市书房 VLOG”系列视频 20 余个。

【儿童友好城市建设】 升级改造威海绘本馆，细化功能区，打造儿童剧场和 5 个阅读小屋并制作卡通名牌。开展“聪聪伴成长”故事会系列活动，至年底，累计举办 247 期。针对 0 ～ 3 岁低幼儿童，新增“蹒跚起步来看书”亲子阅读活动。启动“阅宝起航”亲子教育计划，向低幼儿童赠送亲子阅读指导组合“阅读大礼包”300 份。望岛城市书房作为全市首家儿童友好城市书房正式对外开放。

【文化和旅游公共服务机构功能融合试点验收】 7 月 19 日，山东省文化和旅游厅专家组对荣成市文化和旅游公共服务机构功能融合试点工作进行实地考察验收。专家组先后考察赤山“非遗”创客中心、赤山民俗馆、东墩谷牧旧居、石岛民俗馆、东楮岛海草房保护基地和桑沟湾海洋牧场，并听取试点工作汇报，同意试点工作通过验收。

【数字化项目运营】 2021 年，及时更新“威海市文化和旅游局”网站栏目，发布信息超过 3 万条，网站总浏览量超 25 万人次，注册文化志愿者 2.1 万余人。在“威海公共文旅云”微信公众号推出《威海领读者》《城市书房 VLOG》《看展览了》《威海非遗传承》等栏目，通过“视频 + 图片 + 文字”的形式进行宣传推广，累计发稿 1256 篇，阅读量超 10 万人次。利用中心馆网络课堂系统，开展线上培训 88 场。举办威海市首届全民阅读摄影大赛，开展线上投票活动，总访问量超 10 万人次。举办威海市首届阅读对话活动，开展威海市首届阅读行走征文大赛，收到作品数百篇。发布威海 44 处城市书房调查问卷，线上参与人数超 1 万人次，并定期进行数据反馈。

（高孟峰）

【公益培训】 举办 2021 年“群星大讲堂”公益培训班，春季艺术培训开设班次 90 个，完成教学任务 1440 课时，培训学员 2558 人；秋季艺术培训开设班次 97 个，完成教学任务 1552 课时，培训学员 2731 人。实施“蓓蕾成长计划”，开展未成年人艺术普及培训活动，开设音乐、美术、舞蹈等艺术课程 15 门，培训学员 2792 人次。举办“中心网络课堂”系列讲座 40 场，涉及钢琴、曲艺、山水画、太极、二胡、油画、摄影等门类。针对残疾人特殊群体，开设非洲鼓培训班，开展助残帮扶培训活动。

（王 娜）

【艺术展览展示活动】 积极开展艺术展览展示活动，威海市美术馆主办、承办“庆祝中国共产党成立 100 周年·开门见山·第十届当代中青年画家作品展”“画境——第二届全国综合材料绘画名家作品学术邀请展”“中国梦·劳动美——庆祝中国共产党成立 100 周年威海市职工书画摄影展”“风雨同舟感党恩·同心奋斗跟党走——威海统一战线庆祝建党 100 周年优秀书画作品展”“庆祝中国共产党成立 100 周年——丹青绘宏图·翰墨颂党恩——全国百名画家作品邀请展”“寻找山东美术符号、助力乡村文化振兴——威海市成果展”“威海市青年美术家协会艺术+科技创新作品展”“威海市美术馆工作室导师精品展”“百花朝阳·全国书法篆刻名家邀请展”和“银龄向党·翰墨寄深情”全市离退休干部书画摄影作品展等展览活动31场次。市群众艺术馆海洋美术馆举办威海市第二十一届少儿美术书法大展、庆祝中国共产党成立100周年主题摄影展、庆祝中国共产党成立100周年齐辛民师生展、庆祝中国共产党成立100周年威海籍画家作品联展、王晓光40年回顾个人摄影展、威海—韩国友城青少年绘画展、“庆祝新中国成立72周年——潘维荣画展”和“清廉之路·你我同行书法绘画摄影展”。

（刘 佳　王 娜）

文　博

【概况】 2021年，全市文博事业持续健康发展。调整威海市文物保护委员会成员单位和职责分工，建立文物保护咨询委员会专家库，提高文物保护决策科学化水平。实施刘公岛甲午战争纪念地——公所后炮台维修等文物保护工程9项、考古调查勘探发掘项目3项。开展威海湾及周边海域水下文物调查，推荐申报第六批省级文物保护单位和第一批省级水下文物保护区，近现代沉舰研究、保护与利用研讨会在威海市召开。核定全市4处全国重点文物保护单位的保护范围和建设控制地带，纳入威海市国土空间规划“一张图”。履行文物保护监管职责，指导建设单位依法履行建设工程文物保护许可手续。开展文物行政执法、消防安全交叉检查和专项排查。督导各区（市）逐级签订文物安全责任书，实行文物安全直接责任人公告公示制度。

加强博物馆建设，威海市博物馆加挂“威海市一战华工纪念馆”牌子，威海市裕红祥丝绸文化博物馆成为威海市第4家非国有博物馆。年内，全市10家博物馆举办基本陈列和专题展览56个、临时展览83个，接待观众230余万人次；征集入藏品1758件（套），其中各类革命文物356件/套、抗疫见证实物（资料）225件（套）。市博物馆馆藏文物总数为1.29万件（套），珍贵文物254件（套），其中一级品8件（套）、二级品14件（套）、三级品232件（套）；出版《甲午战争研究》《见字如晤——著名诗人笔下的威海》《威海市抗击新冠疫情捐赠展》《走进威海祠堂》等书籍。“郭永怀事迹宣讲团”和“永怀讲堂”两个社教品牌获评全省博物馆十佳社会教育案例、山东省优秀社会科学普及教育基地等。

【文物安全百日攻坚集中行动】 组织全市各级文物部门、文化执法部门出动803人次，对全市不可移动文物进行多轮次安全检查，跟踪督导安全隐患整改，对14项考古项目报批资料进行复查和完善。组织文旅系统从业人员400余人学习文物安全知识，推动全市文物工作队伍作风改善和专业素质提升。

【明清海防遗存摸底调查】 3月1日—28日，市文化和旅游局会同省水下考古研究中心，对全市沿海及内陆明清海防遗址进行调查和排查，确认现存军寨、墩、堡等海防遗址158处，其中新发现83处，全面获取威海明清时期海防遗址数量、分布和保存状况等基础信息，为后续明清海防遗址保护、研究等工作提供重要依据。

【“博视角·知天下”社教品牌打造】 市文化和旅游局、博物馆、寿山石博物馆、自在书会联合打造“博视角·知天下”社教品牌，旨在发挥博物馆功能，引领观众走进博物馆，看懂展览、理解文明、认知传统、思索过往、展望未来。3月21日，威海市博物馆启动“博视角·知天下”社教主题活动，全年开展社教活动100余场，参与人数2万余人。

【威海湾定远舰沉舰遗址水下考古调查】 威海湾定远舰沉舰遗址水下考古调查项目是由国家文物局水下文化遗产保护中心、山东省水下考古研究中心、中国甲午战争博物院、威海市博物馆联合组队，在全国范围内调集30余名水下考古队员及相关技术人员共同开展的一项重要专项考古调查项目。项目于2017年启动，累计出水文物1700余件，获得2020年度山东省考古新发现奖。10月28日，威海湾定远舰沉舰遗址入选“山东百年百项重要考古发现”名单。

【《威海市文物保护管理办法》修订实施】 12月31日，修订的《威海市文物保护管理办法》由威海市人民政府公布实施。该办法进一步落实各区（市）政府、开发区管理委员会的文物保护主体责任，补充在基本建设工程中发现重要文物需要实施原址保护等规定，更好地满足新形势下文物保护的实际需求。

（于佳鑫）

【多元化精品展览】 为庆祝中国共产党成立100周年，市博物馆从馆藏文物和社会收藏中精选革命文物100余件，举办“红色热土——庆祝中国共产党成立100周年威海革命历史文物展”，推出“威博革命文物云展”系列活动5期。举办“民俗奇葩——胶东果模艺术展”“虎跃盛世——王墨臣作品捐赠展”等原创展览和特色展览。与威海寿山石博物馆、福州石雕艺术工艺厂联合举办“福海寿山——全国寿山石名家精品展”。签订《胶东经济圈一体化发展市级国有博物馆合作框架协议》，推动胶东5市博物馆资源共享，提供6件馆藏革命文物参加在烟台市博物馆举办的“伟大的历程——庆祝建党100周年胶东五市革命文物联展”。年内，市博物馆举办临时展览10次，接待观众37万人次，其中主场馆接待20万人次、一战华工纪念馆接待17万人次。

【特色博物展馆建设】 毕克官艺术馆完成升级改造并开馆运营。启动胶东方言和威海姓氏移民博物馆展陈大纲的编写工作；完成史世奇艺术馆、陈黎青艺术馆的装修设计工作。将威海卫所博物馆相关资料移交文登区博物馆，并对展馆建设提供指导。

（张 坤）

【非物质文化遗产保护】 组织承办中国非物质文化遗产项目保护管理制度研究会议，与会人员参观考察荣成市文旅融合发展、乡村旅游、“非遗”保护和助力乡村振兴等方面的工作情况，就新形势下中国非物质文化遗产项目保护管理制度建设工作建言献策。组织开展第五批市级非物质文化遗产代表性项目代表性传承人评审工作。年内，荣成市港湾街道获评山东省文化生态名镇，吉呈轩公益文化空间、赤山“非遗”创客中心、威高民俗文化邨获评山东省“非遗”旅游体验基地，吉呈轩公益文化空间、威海喜霞文化传媒有限公司、威海市尹派宫式八卦拳研究会获评省级非物质文化遗产传承教育实践基地，威海职业学院非物质文化遗产学院获评山东省非物质文化遗产研究基地，“威海市威高集团依托‘海洋强国战略’，打造‘中国海洋非遗文创基地’”获评2020年度山东省非物质文化遗产保护十大亮点工作，“荣成市‘非遗’进校园的探索与实践”获评2021年全省“‘非遗’进校园”优秀实践案例。

（相卫刚）

【非物质文化遗产宣传展示活动】 组织开展“寻迹·非遗”研学活动48场，参与人数2911人，威海市非物质文化遗产展示馆先后接待入馆参观团体30个、人员515人。2021年“‘非遗’月”活动期间，组织开展“‘非遗’过大年 文化进万家”直播活动6场，点击量累计超过20万次。“文化和自然遗产日”活动期间，开展《中华人民共和国非物质文化遗产法》普及座谈会、“我们的节日·安康端午”活动、“画说党史 百年辉煌——胶东五市年画巡展”等系列活动。组织威海市优秀非物质文化遗产项目参加“大家创·云上齐鲁”山东省传统技艺类优秀短视频征集活动、“寻味齐鲁——百城千味”2021山东“非遗”特色美食大赛、“天工开物·齐鲁匠心”首届山东省“非遗”文创大赛等省级各类活动。

（王 娜）

图 书

【概况】 2021年，威海市图书馆新增图书12.53万册，购买报刊1130种，馆藏总量204.98万册（件），累计有效借阅证10.84万个，年流通163.49万人次，年文献外借177.89万册次，举办各种读者活动1041场次。完成威海市341家印刷企业和372家出版物发行单位的年审工作及新闻出版统计年报工作。12家单位、2名个人入选山东省第六届全民阅读先进典型。

（王 园）

【妇女儿童友好城市争创】 市图书馆以绘本馆、少儿图书馆为重点，增加儿童友好类公益标语，用“童言童语”提升与孩子们的亲近感，在场地设计方面考虑儿童的喜好，秉承“自然、环保、健康、童趣”的理念。加强儿童图书采购力度，每月均有新书入藏，至2021年年底，威海绘本馆有藏书12.8万余册，少儿图书馆有藏书40万余册。开展丰富多彩的儿童阅读推广活动，通过“聪聪故事汇”、故事大王比赛、读书朗诵大赛等活动，培养儿童终身阅读习惯。

【“阅读城市 威海对话”活动】 10月20日，由中共威海市委宣传部、市文化和旅游局主办，市图书馆承办的“阅读城市 威海对话”活动启动。邀请上海市、深圳市、宁波市等城市的阅读策展人和阅读推广人到威海市，围绕“城市阅读 气质塑造”“城市阅读策展与文化地标打造”“城市阅读跨界”3个维度，通过“对话＋读书分享会＋阅读研学”，共同探讨如何打造书香城市、如何用阅读之力激发城市内在魅力和发展动力。

【阅读推广品牌活动】 市图书馆举办“颂红色经典 庆百年华诞——第八届威海市读书朗诵大赛”“致敬红色经典 赓续精神力量——全市少儿诗词大赛”“传承红色基因 争做华彩少年——全市少儿故事大王比赛”等比赛，举办《百姓课堂》公益讲座208场、“聪聪伴成长”亲子故事会47场、威海领读者清风读书会10场、威图展览21场。尼山书院开展传统文化公益培训和活动500余场次。“阅宝起航”亲子阅读计划，“你选书 我买单”品牌活动持续发力，推动培养儿童的阅读兴趣和能力。

【总分馆制建设】 威海市图书馆加入全国城市书房合作共享机制联盟，开展“百座城市 千家书房”——百年党史线上知识竞答活动。新增威海公共交通集团有限公司第一分公司、威海海警局环翠工作站等基层服务点4处。举行全市城市书房业务培训，培训人员130人次。与市总工会合作开展馆藏图书进企业活动，将流动图书馆车开进项目工地、出口加工区、大型企业等地，累计开展活动10余次。

（逯淑华）

文化产业

【概况】 2021年，市文化和旅游局完善产业规划蓝图，培育重点项目，打造新型业态，推动全市文化产业平稳快速发展。

（王 园）

【电影市场】 2021年，全市影院严格落实新冠肺炎疫情防控措施，恢复经营秩序，安全有序开展放映工作。至年底，全市有影院40家、银幕230个、座位2.43万个，全市电影票房总收入8980.75万元。

（张雅婷）

【图书发行】 2021年，新华书店实行分片划区网格化管理，及时了解信息，把握发展趋势，稳步推进教材教辅发行工作，全年发行教材教辅1.16亿元，完成全市中小学生“课前到书，人手一册”的任务。面向全市党员提供党史学习资料700万元，发行《扶贫故事》和《脱贫纪实》600万元，发行中共十九届六中全会学习资料16.2万元。积极开展“世界读书日”、建党百年主题书展、全国书博会文化惠民、“齐鲁书香节”以及门店自主发展规划等活动，实现一般图书销售1151万元。新华书店全年发行图书1.57亿元，比上年减少7.6%；实现利润481.85万元，减少 12.2%。

（刘雪峰）

文化市场管理

【概况】 2021 年，全市有文旅单位 892 家，其中互联网上网营业服务场所 130 家、娱乐场所 54 家、印刷企业 246 家、书店 217 家、影院 26 家、县级以上文物保护单位 98 家。威海市文化综合市场执法支队、公安局、市场监督管理局等部门联合开展网吧整治、校园周边出版市场整治、调频广播秩序治理、文物安全百日攻坚等行动 26 次。采取错时执法、集中执法等方式，出动执法人员 6565 人次，检查各类经营单位 3761 家次，其中娱乐场所 468 家次、互联网上网服务营业场所 1.53 万家次、影剧院 366 家次、印刷企业 175 家次、书店 473 家次、网络文化经营单位 115 家次、文物保护单位166家次。捣毁“黑电台”10 处，清理劣迹艺人相关曲目 3162 首，拦截报警非法网站 1.53 万家次，收缴非法出版物 8000 余册，拆除擅自安装和使用的卫星地面接收设施 4 套。办理行政处罚案件 81 起，其中办结 80 起（一般程序案件 34 起，简易程序案件 46 起），罚没款 44.85 万元。

【市场监管】 开展网吧、娱乐场所、营业性演出、艺术品市场专项整治活动。严查违规接纳未成年人进入问题，清理劣迹艺人相关曲目，严查各类无证演出、低俗演出；开展社会艺术水平考级市场专项检查，对相关单位进行摸底调查并纳入监管。通过“文旅通”App 强化技术监管，严查技术规避监管行为。严厉打击侵权盗版行为，强化校园周边、图书城、车站、码头、集市等场所出版物市场监管，重点打击淫秽色情、盗版出版物；加强印刷企业巡查，重点规范非法印刷行为，维护版权市场经营秩序。开展卫星电视传播和调频广播秩序专项整治行动，加强三星级以上宾馆酒店常态化监管，严厉打击宾馆酒店无证擅自接收境外节目行为；加大对宾馆、酒店、社区、镇（街道）巡查，重点查处非法安装使用卫星地面接收设施行为。严查小影吧、小影院擅自复制放映他人电影作品行为，严查私设的非法广播电台，切实维护广播影视市场秩序。以“全面触网”为手段，对经营性互联网文化单位全部摸底，建立台账，实现常态化监管；精准研判各类线索，根据危害程度督促整改或及时封堵，形成监管长效机制。开展一般不可移动文物、革命文物、博物馆文物执法检查，依法保护文物，组织涉文物建设工程专项检查，督促相关单位履行文物考古调查手续。

【新案要案难案办理】 2021 年，市文化和旅游局通过对新问题的深入研究和解决，对相关法律法规反复论证与深入探讨，逐步提炼成严谨细致的疑难案件办理模式，办理一批要案难案和新案，经验做法在全市推广。其中，办理全市首起侵犯他人游戏作品信息网络传播权案、首起渔具产品外包装图案侵权案、首批侵犯电影作品复制权和放映权案 4 起。

（范丽萍）

报刊·网络

【概况】 2021 年，威海日报社不断提高新闻舆论传播力、影响力，努力为开创“精致城市·幸福威海”建设新局面营造良好舆论氛围。

主题宣传报道　开设《在习近平新时代中国特色社会主义思想指引下》《庆祝建党 100 周年》《党史学习教育》等专栏，在中共中央总书记习近平视察山东报道中，发稿数量列全省地级市报社第 2 位。开设《聚焦“高度关注、着力解决”问题》专栏，全年推出重头报道 60 期。推出《锚定十个争先　奋力争当排头兵》《盘点 2021·争当排头兵“五化”新实践》等专栏。7 件新闻作品获得山东新闻奖，4 件作品获得赵超构新闻奖。

媒体融合发展　构建“1+9+N”立体传播体系，区域综合信息服务平台项目获评 2021 年度全国地方党媒融合发展创新优秀项目，“Hi 威海”新闻客户端开通“掌上 12345”平台，“威海播报”微博在山东省新媒体影响力排行榜中名列前茅，16 个项目取得软件著作权证书。2021 年，威海报业新媒体和外宣矩阵发布新闻报道 21.73 万篇次，总流量达 16.08 亿人次。

（衣　学）

【《威海日报》】 《威海日报》是中共威海市委机关报，是广大读者了解威海的重要窗口。2021 年，《威海日报》设新闻和专刊 2 个板块，每周出版 6 期。新闻版块常设《要闻》《综合新闻》《城事快报》《区域报道》《时事新闻》等版面；专刊板块常设《理论与实践》《海岬》《特色小镇》等版面。

重点报道　突出做好中共中央总书记习近平重要活动和中共十九届六中全会的宣传报道。推出《在习近平新时代中国特色社会主义思想指引下——新时代新作为新篇章》《深入学习宣传贯彻党的十九届六中全会精神》《以史为鉴　开创未来　认真学习贯彻习近平总书记‘七一’重要讲话精神》等专题专栏。策划推出《牢记总书记嘱托——“精致城市　幸福威海”三年答卷》《在习近平新时代中国特色社会主义思想指引下　牢记嘱托　奋力前进》等专题专栏，刊发专版 30 余个、稿件 200 余篇。

策划组织庆祝建党 100 周年主题宣传，与党史学习教育相结合，推出“奋斗百年路　启航新征程”庆祝建党百年大型主题宣传活动。持续推出《学党史　悟思想　办实事　开新局》《同心奔小康》《寻访红色足迹　笃行担当再出发》《身边的榜样》《红色足迹》《红色胶东》《中国共产党人的精神谱系》《党旗在基层一线高高飘扬》等专栏 30 个，刊发各类稿件近 2000 篇，版面约 500 个。

重点做好市委、市政府中心工作宣传报道，对全市重要会议、重大活动，提前对接策划、积极主动采访、全媒体联动发布。聚焦产业现代化、城市国际化、新型城镇化、发展绿色化、治理现代化“五化”重点任务落实和 24 个需要高度关注、着力解决的重点问题，推出“争当排头兵，我们这么干——聚焦‘高度关注、着力解决’问题”主题报道，并于年底推出盘点报道。开设《深入开展干部作风大改进行动 我为群众办实事》《威海营商行》《改革进行时》《学典型、促发展》等专题专栏，开展不断线、全方位、多角度报道。

品牌栏目 以版面建设和品牌栏目打造为抓手，深入一线，创作精品。持续打造《海平线》评论专栏，增强报道深度。重点打造《记者蹲点报道》《威海写真》《典型威海》《他们最美》等10余个专栏，讲好各领域、各战线的威海故事。

特色专刊 打造《理论与实践》《红色胶东》《海岬》《特色小镇》等特色专刊，聚焦威海红色基因、经济发展、乡村振兴和文化事业等开展报道。围绕推动党的创新理论落地落实，推出理论与实践专版14期，刊发文章50余篇。聚焦胶东红色沃土上革命先烈的故事，推出红色胶东专版28期，刊发文章56篇。

融媒传播 加强平台合作，拓宽传播渠道，新开设微信视频号，与新华社现场云、头条、抖音等15个新媒体平台建立合作关系，采用图文、图表、微视频、直播等形式，及时播发信息。年内，《威海日报》新媒体平台发布稿件3万余条，阅读量近1亿人次。其中，通过文字、图片、微视频等形式刊发党史学习教育稿件1000余篇，阅读量近400万人次。

（颜 潇）

【《威海晚报》】 《威海晚报》由威海日报社主办，是威海市唯一的综合性都市生活类平面媒体，创刊于1995年10月1日，每周出版5期。2021年，《威海晚报》秉持“幸福威海 贴心服务”的办报理念，进一步提升传播力、引导力、影响力和公信力。

重点报道 聚焦中心工作，唱响主旋律、弘扬正能量，策划组织“深入学习宣传贯彻党的十九届六中全会精神”“奋斗百年路 启航新征程”“党旗飘扬 致敬榜样”等报道、“党的盛典 人民的节日”庆祝中国共产党成立100周年专题报道、“奋进 2021全国两会特别报道”。聚焦民生实事，推出《重大工程探进展》《幸福我见证——2021民生实事看现场》等专栏，对重点工程、民生实事进展和成效进行实地探访，展现城市点滴变化和百姓幸福生活。推出《要闻榜》《民生汇》《帮你忙》等栏目及《权威发布》《12345连线》等专栏，搭起市民和政府部门间沟通桥梁。推出《疫情防控 人人有责》专栏报道，营造全民防控的浓厚舆论氛围。推出《文明实践在威海》等专栏报道，进一步深化“君子之风·美德威海”建设。2021年，《威海晚报》80余个版面被微信公众号“编前会”选用并向全国推介。

重点活动 组织举办车展、家装节、少儿诗词大会等活动20余场次，承办威海经济技术开发区无花果节、汪疃镇葡萄节、羊亭镇樱桃节等活动。启动“爱心助农 晚报在行动”活动，帮助果农在20天内销售滞销苹果10万余千克。组织全国百家媒体总编威海采风行活动，向全国宣传推介威海。

融媒体传播 推动传统媒体和新兴媒体融合发展，通过优化“1+5+N”布局（《威海晚报》+晚报微博、晚报微信、新华社现场云晚报直播平台、晚报今日头条号、晚报抖音号+晚报行业媒体号），打造精致型都市生活融媒体平台。2021年，晚报微信公众平台总阅读量达900余万人次，官方微博总阅读量500余万人次，短视频平台总播放量近1000万人次，今日头条等第三方新闻发布平台总阅读量1905万人次。发力视频专题片领域，推出贺年短视频、红歌“快闪”、“我和我的支部”主题短视频、专题课件等系列作品。

（王雪云）

【《威海广播电视报》】 2021年，《威海广播电视报》在稳定纸媒平台的基础上，继续向融媒体转型。在内容编排方面突出中国共产党成立100周年影视内容、“精致城市·幸福威海”建设、庆祝建党百年书画展、儿童友好城市建设等方面的宣传。加大与新媒体平台的合作，全年在抖音、快手、今日头条等平台上发稿4000余条，最高点击量7600万次，“威海头条”抖音号“粉丝”达190万人。涉足短视频和宣传片领域，代运营10余家单位的新媒体平台。策划承办“我是大明星”才艺大赛、“欧乐坊群星璀璨夜明星演唱会”、昆嵛山旅游直播、全市银行业系统监管政策基层行电视知识大赛和“海右青莲 清廉威海”主题文化作品展览等活动。

（楚 德）

【威海政府网】 威海市人民政府网站简称威海政府网。2021年，威海政府网以服务企业群众为目标，强化网站内容建设，以通报考核为抓手推进季度监测整改，以专业技术为支撑优化网站服务功能，网站公开、办事、互动等服务功能得到全面提升。建设开通“威海营商行”涉企服务平台，集成各级各部门涉企服务资源，打造集政策查询、办事服务、资金惠企、政企互动等功能于一体的全景式集成平台。优化“新型冠状病毒肺炎疫情防控”专栏服务功能，开发“核酸采样点”“新冠疫苗接种点”2个电子地图，权威发布新冠病毒疫情最新情况、防控政策、防疫动态等信息，为市民提供全方位、一站式、集静态文本和动态图像为一体的疫情防控服务。设计或改版政策法规、政策解读、2021年重点任务公开承诺事项、2021年扎实办好20件民生实事、市政府常务会议、行政执法信息公示平台、市政府开放日活动平台、重大行政决策全生命周期管理公开8个专题。加大政策解读力度，优化政务信息展示形式，实现政策文件、相关解读、文件下载的关联展示和法规规章的标准规范展示。利用大数据挖掘分析、自然语言处理、政务知识图谱等创新技术，在威海政府网开发部署智能问答机器人，精准分析掌握百姓需求、智能化提供针对性服务，至年底汇总网站群数据资源7万余条，为群众查询信息、获取服务提供便利。建设个人用户中心，聚合相关服务，在威海政府网和31个市直部门网站实现“搜索即服务”。市政府办公室印发《关于进一步做好政府网站内容建设工作的通知》，制定《政府网站常态化工作索引表》，通过日常人工值班读网、“钉钉”工作群指导、季度监测通报、年度绩效评估、召开培训会议等多种形式，督导各级各部门落实站群用户实名制及先审后发工作机制，全力做好网站内容建设。全年累计整改错敏词1.14万条、错链3.84万条，通过第三方开展季度监测并督促区（市）部门自查整改问题436处。2021年，在中国软件评测中心举办的2021年第二十届政府网站绩效评估中列全国地市政府网站第10位，在清华大学国家治理研究院发布的《2021年中国政府网站绩效评估报告》中列全国地级市政府门户网站第6位，“大数据挖掘分析实现网站智能问答”做法入选地市政府网站“十佳”优秀创新案例。

（荣 笑）

【威海新闻网】 威海新闻网是威海地区最早开通、具备国家互联网新闻信息服务许可资质的综合性门户网站，是百度、“360”、今日头条等搜索引擎获取威海新闻的主要源头，也是全市最大的PC端新闻发布平台，日均访问量10万PV（单页点击率），用户总量5.6万人。2021年，围绕中心工作发布新闻稿件1.85万篇，总浏览量1570万次；开设“奋斗百年路 启航新征程”“学党史 悟思想 办实事 开新局”等专题报道49个；通过专题直播形式开展新闻发布会专题报道104场；策划《红色胶东》《典型威海》《这就是山东·威海》《威海视界》《独家报道》《威海千里山海自驾旅游公路大型融媒行活动》等专栏20余个，采编报道300篇以上。

（王 岚）

【威海传媒网】 威海传媒网由威海广播电视台主办，是威海市具有视听新闻发布资质的综合性门户网站。2021年，围绕党史学习教育，开设《学党史 悟思想 办实事 开新局》《奋斗百年路 启航新征程》《百炼成钢——中国共产党的100年》《红动齐鲁 丹心一片 风华百年》《致敬新时代 奋斗百年路》《笃行担当再出发——寻访红色足迹》《奋进新百年 共筑新伟业》《我为群众办实事》等专栏，推送相关稿件600篇。服务全市中心工作，开设《打好重点问题攻坚战》《深入开展干部作风大改进行动》《开局“十四五” 千里海岸行》《全国国家安全教育日》《学典型 促发展 比学赶超》《千里山海自驾游》《典型威海》《深入开展干部作风大改进行动》等专栏，编发稿件450篇。积极参与“国安教育一堂课”“威海高质量发展比学赶超评议会议”等全市大型活动直播，完成网络直播60余场次，在新华社现场云等直播平台的播放量超过1000余万人次。加强舆论监督力度，《网上问政》栏目收到问题2000余个，回复率100%。

【“威海电广传媒”MCN机构】 威海电广传媒是威海市广播电视台成立的专门从事新媒体账号运营、网红孵化、商务推广的媒体MCN机构，打造以“观威海”为主体的主流媒体融合传播矩阵，“粉丝”总量1280万人，获评2021年度抖音媒体MCN最具区域影响力机构、一点资讯2021年度价值卓越媒体。新闻号“观威海”、房产号“楼市看潮”、汽车号“汽车小记”、文旅号“威海跟我玩”、美食号“食尚真探”等，服务全市政务、商务和生活等多个领域。主账号“观威海”采用图文、短视频、直播等形式，在移动互联网平台发布威海新闻，作品总点击量累计150亿次，直播观看人数突破8000万人，快手号入围2021年快手“快UP之星”全国媒体号十二强。2021年，依托专业化内容生产和平台传播优势，把文明威海、千里山海、书香威海、威海农产品等城市名片推向全国。新闻号“观威海”对全市庆祝建党百年“快闪”比赛、威海国际艺术云交流、阅读城市·威海对话、“爱在威海 e起防疫”抖音公益挑战赛等活动进行新媒体宣传，总点击量6700万次。文旅号“威海跟我玩”推广威海千里山海自驾旅游公路的短视频浏览量达1.25亿次。

（楚 德）

【“Hi威海”新闻客户端】 “Hi威海”新闻客户端是集新闻传播、信息发布、政民互动、便民服务等功能于一体的新媒体服务平台。2021年，“Hi威海”新闻客户端开设头条、政务、区市、部门、镇街、Hi视频、天下、独家、权威发布、红色胶东、瞰胶东、志愿、精致、社会、聚焦、那香海、健康教育、工业、海洋、外媒眼、掌上日报、国企、广电新闻、典型威海24个频道。结合庆祝中国共产党成立100周年、党史学习教育，围绕市委、市政府的中心工作，重点做好庆祝建党100周年、党史学习教育、市委经济工作会议等重大报道。围绕中共中央总书记习近平视察威海三周年、干部作风大改进、为民办实事项目、儿童友好型城市建设、卫生城市复审、新冠肺炎疫情防控、典型威海、营商环境打造、安全生产等主题，注重宣传形式创新，开设相关专题36个，发布各类稿件4600余篇，总阅读量突破1.5亿人次。发挥新媒体特色，持续做好新闻宣传形式创新，综合运用文、图、音、视等形式，开展动态图表、有声图表、互动图表及直播等融媒体主题报道，打造“精准快美新活”的新媒体平台，全年制作发布各类视频报道735条，图表、海报等193篇，H5作品19个，开展直播37次。其中，创新推出融图文、视频、音频等多种媒体形式于一体的互动H5作品《互动H5“参田愚公”王文水：一人带起一产业，富民路上有“参”情》，阅读量突破10万人次。“Hi威海”新闻客户端与12345政务服务便民热线合作，将《民声》栏目升级打造为威海市“掌上12345”平台，并于3月11日上线，实现客户端与政务服务便民热线的数据互联、平台互融、优势互补，全年累计接到市民反映问题2000余条，助力解决城市管理中不精致、不文明、群众不满意问题。年内，“Hi威海”新闻客户端用户总数57万人，年发布稿件4.05万篇，网络总流量4.1亿人次。

（张军涛）

【“掌上威海”微信公众号】 “掌上威海”是威海日报社的官方微信公众号之一。2021年，新增视频号直播功能，推出《精致城市·幸福威海》《图片特写》《威海视界》《呈现》《寻味威海》《守艺人》《观海楼》《威海观察》《海鲸号》《刘公岛风云档案》《探访胶东“井冈山”》《昆嵛问“道”》《走进昆嵛“桃花源”》《昆嵛掌故》等专栏17个，原创报道288篇次。发布各类信息2764条，累计流量208.3万人次；视频号发布短视频297条，累计流量120.4万人次。

【“威海播报”微博号】 “威海播报”是威海日报社的官方微博，发布威海本地新闻资讯，聚焦网民关注的热点话题。2021年，互动指数（转评赞总数）由32万人次增至84.4万人次，在全省媒体类微博BCI列第7位。

（王 岚）

广播·电视

【概况】 2021年，威海市广播电视台坚持党管媒体，继续做好舆论宣传、节目生产、媒体融合、技术保障等各项工作，推动事业产业高质量发展，获得山东电视宣传先进集体奖和山东广播宣传先进集体奖，连续19年获评全省文明单位。全年有40件作品在省级以上新闻奖评比中获奖，其中一等奖6件、二等奖11件、三等奖23件。

【主题宣传】 围绕党史学习教育各个阶段的宣传重点，在广播、电视主要新闻栏目开设专栏12个，播出相关报道300余条，全面展现“威海经验”。采写的威海市机关企事业单位党员干部参与社区治理为群众解难题等相关新闻报道，先后18次在中央广播电视总台新闻栏目播出。各频道频率围绕中国共产党成立100周年主题，累计播出《永恒的精神》等公益广告333个，《永远跟党走·同唱一首歌》等“快闪”作品113个。围绕中共中央总书记习近平视察山东重要指示要求，推出系列述评和报道32篇。聚焦高质量发展和“双招双引”、精致城市建设等全市重点工作，陆续推出重点专栏，发稿200余篇。开设《典型威海》等专栏7个，发稿400余篇，全面展现全市各部门各领域探索形成的好做法、好经验、好成效及各行各业涌现出的先进典型。全年在中央电视台发稿70条（其中《新闻联播》17条、《晚间新闻》18条），在中央人民广播电台发稿12条，在山东电视台发稿1500余条，在省人民广播电台发稿600余条。

【媒体融合】 以互联网思维优化资源配置，“我的威海”新闻客户端、“威海广播电视台”微信公众号及“观威海”“听见威海”“威海头条”等融媒矩阵的总“粉丝”数量超过1800万人。采取“联动集团作战”模式，统筹做好开局“十四五”、中国共产党成立100周年等重大主题宣传。利用新华云直播平台，对“国家安全教育日”活动、威海国际艺术云交流等重大活动进行线上互动直播，观众累计超过2000余万人次。年内，各类融媒体作品全网总点击量超过55亿次，15条短视频作品点击量超过1千万次。开发的“威海红色基因图谱”微信小程序，获得2021年度山东省网络正能量项目奖，列全省网络正能量十佳创新项目奖第2位。

【节目生产】 全面运用虚拟演播室、视频连线、无人机航拍、全景VR（虚拟现实技术）等手段，丰富表现形式，增强《威海新闻》等传统品牌节目感染力。发挥舆论监督作用，《直播威海》节目与12345政务服务便民热线深化联动机制建设，接听观众热线3万余条，《直通12345》专栏录制区（市）、部门上线接听活动29次，按期办结市民来电2800余件次，《督促落实在行动》专栏播发12期，节目中反映的问题均得到妥善答复和解决。《阳光问政热线》节目坚持视频直播和听评员上线，推动近100件群众关注的热点难点问题得到处理。对外宣传节目《海这边 海那边》，对话世界特色海滨城市6次，推动威海市在海洋经济、文化旅游交流等方面的国际化合作。“三农”（农业、农村和农民）节目《希望的田野》通过农事热线、专家服务群、网络直播等渠道，帮助农民群众3000余人次解决农事问题。以“资讯＋节目”模式，打造《阳光女生》《热点高8度》《安居威海》《豪帅说车》等广播新品牌节目。完成《精致城市·幸福威海》《向海而兴 挺进深蓝》等大型城市形象宣传片、专题片30余部。

【安全优质播出】 7月，完成4个频道的电视播出高清化改造，电视节目生产实现采集、编辑、播出、存储全流程高清化。组织全台各节目生产部位集中开展编校质量大排查大整治行动，建立问题清单10类，排查事故隐患点185个，完善相关制度办法6个。全年修订完善应急预案6份，组织应急演练12次，开展周检、月检46次，确保广播电视节目安全优质播出。完成TVU传输系统及相关网络直播平台的规划建设，电视节目信号实现跨境传输。

【活动策划】 加强与全市企事业单位的合作，策划主办、承办第49届、第50届威海广电媒体汽车展，威海市第五届知名农产品展暨第十二届苹果擂台赛，2021威海·青岛啤酒节美食嘉年华，威海南海新区第六届生蚝文化艺术节等大型活动和多个线上消费节活动。

（楚 德）

【安全播出】 3月中旬起，组织安全播出责任单位开展迎接中国共产党成立100周年广播电视行业安全大检查工作，对重要频率频道和重要传输环节进行全面自查，确保安全播出、传输安全、网络安全和设施安全。全力做好重点保障期安全播出和重要节目完整转播工作，加大元旦、春节、全国两会等安全播出重要保障期的协调调度和监管力度；及时转达中央电视台《新闻联播》等重要节目的播出时间调整通知，落实24小时值班和零报告制度，完成安全播出各项工作任务。

【广播电视和网络视听统计调查】 组织辖区基层统计单位开展广播电视和网络视听统计调查工作，制定实施方案，完善组织机制，细化工作流程。高质量完成2021年度季报、快报和年报的统计工作任务，深入了解广播电视和网络视听行业发展状况，进一步提升公共服务质量，推动广播电视和网络视听行业高质量创新性发展。

（刘砚铭 张雅婷）

【中国广电山东网络有限公司威海市分公司】 2021年，公司更名为中国广电山东网络有限公司威海市分公司，以“融合创新发展年”为主题，深入推进“改革深化、保户增收、智慧广电、服务用户、提质增效、党建和队伍建设”6个提升工程，各项工作成绩显著，全年实现营业收入近2.5亿元。

保户增收 开展用户大走访活动，针对不同用户群体制定差异化走访内容、营销策略和服务话术，先后组织多轮次技能培训、现场观摩和案例分享活动，每月通报调度走访情况，有效提升用户黏性，增加用户回流。组织开展“开门红”“高质量发展PK”“百日冲刺”等营销竞赛和线上直播活动，提高一线员工的销售热情。以“享TV”

为抓手，带动产品转型升级、宽带提速、双向网络覆盖等工作协同发展，通过落地“监督在线”“新时代文明实践中心”项目，有效带动智能终端安装和电视用户回流。

提质增效　严格控制成本费用开支，强化资金管理和合同执行监管，每月统计应收账款清欠台账。优化库存结构，采取“集中订货，分批到货”的方式预定常规物资，节约资金，盘活闲置资产。全面加强工程管理调度，督导工程项目结算进度，通过OA信息化手段实现零工零修工程快速报备施工和一次性验收，有效提升工程管理水平。

“智慧广电”建设　加快推进网络改造和5G项目试点建设，完成2个近海5G网络覆盖项目和威海港5G理货系统调试。积极服务基层治理体系和治理能力现代化，持续开展“一区一屏、一镇一屏、一村一屏”智慧平台建设，丰富和完善区（市）级平台、镇级平台和行业应用平台使用功能。拓展“新时代文明实践中心”项目，探索“志愿+信用”模式，将群众参与理论宣讲、清洁家园、扶老助残等文明实践活动“搬上”电视荧屏、纳入个人信用管理。加快网络改造进度，全市FTTH网络覆盖率超过90%，加强对全市分前端机房和主干线路进行巡检，协调做好省干网第三路由的规划建设，完成市县OTN传输系统扩容，“智慧广电”网络的业务承载能力、安全性、稳定性进一步提高。

服务水平提升　制定各项服务制度和考核办法，规范服务流程和标准，组织开展服务技能培训，充分发挥星级服务人员的模范带头作用，有效提升服务质量。高度重视提升用户体验，认真做好民生渠道服务，全年不间断接听客户来电，积极处理山东广电客服热线、12345政务服务便民热线反馈问题，利用微客服做好线上服务，提升服务能力。落实日常服务跟踪管理，对全市所有营业场所进行巡检，通报问题并督导整改。

（孙　玺）

档案工作

【概况】　2021年，威海市档案馆以深入学习贯彻中共中央总书记习近平对档案工作重要批示精神为遵循，以贯彻落实《“十四五”全国档案事业发展规划》《“十四五”山东省档案事业发展规划》为目标，坚持科学谋划、系统推进，档案服务中心大局的能力和社会影响力显著提升。4月，通过国家档案局专家组测试。6月，获评全国示范数字档案馆。11月，在山东省档案系统“守正创新杯”档案修裱技术基本技能竞赛决赛中获得一等奖。“威海市域档案信息馆际共享服务”项目入选山东省新型智慧城市优秀案例。

【档案征集】　红色档案征集　面向社会发布征集公告，中国书法家协会会员李宝安捐赠党章榜书书法作品184卷，共20万字。征集抗日战争胜利后威海市第一任市长于洲照片9张、资料7件。征集庆祝中国共产党成立100周年红色主题作品123件。

家庭建档　联合市委老干部局举办“建立家庭档案　传承红色基因”——百名离退休干部党员家庭建档启动仪式，发放“家庭建档倡议书”“家庭建档指南”，定制家庭档案装具，培育家庭建档示范户220户。11月，在环翠区召开全市家庭档案工作现场会。

脱贫攻坚与疫情防控档案征集　按照《脱贫攻坚档案和疫情防控档案目录、数据规范》，联合市扶贫开发领导小组办公室、中共威海市委统筹疫情防控和经济运行工作领导小组（指挥部）等部门，召开动员部署会，确保两类档案应收尽收、应归尽归。至年底，完成两类档案移交进馆工作，形成精准扶贫档案目录2.81万条、照片352张，新冠肺炎疫情防控文书档案目录2.75万条、照片档案1.08万条、录音录像档案639条、实物档案1811条。建立24名援鄂抗疫人员个人档案专题库，收录档案507件、光盘24个。

6月7日，“建立家庭档案　传承红色基因”——百名离退休干部党员建档启动仪式举行　（威海市档案馆　提供）

【档案接收与业务指导】　档案接收整理　制定完善各门类档案接收整理进馆流程，接收文书档案198卷2.43万件，业务档案3923卷703件，内部图书资料2136册，实物档案80件，照片档案152张，字画13幅，印章17枚，录音录像62盘。整理个人捐赠档案726件，实物档案82件，图书资料2659件，字画作品213幅，口述史资料63盒432件，重大活动照片475卷1943张。

档案业务指导　承办全市档案业务培训班，市直单位及中央、省属驻威海有关单位档案员186人参加培训。对市委统战部、市行政审批服务局、市场监督管理局等6家单位进行档案业务培训；对村（社区）“两委”换届档案、社会保险事业中心和医疗保障服务中心业务档案、市场监督管理局行政执法档案管理人员进行业务指导，对威海热电集团有限公司等企业档案室建设及企业档案管理工作进行专业指导。

【档案管理与利用】　档案开放鉴定与利用　印发《威海市档案馆档案开放鉴

定工作实施方案》，成立档案开放鉴定工作领导小组，按照开放鉴定流程，开展2个批次的开放鉴定工作，完成开放鉴定5.28万条。开放电话预约查档、市域馆际共享平台查档、“爱山东”App查档等多种方式，提供档案线上查阅利用365人次、3745卷（件）；档案原件查阅利用文书档案7464卷、6.54万件，专业档案673卷，照片267张，图书资料83册。

档案修复　采取公开招标、专业单位修复、培养馆内人员自行修复等方式，对馆藏破旧字画进行清洗、揭裱、全色、修复、装裱等工序。年内，完成25幅破损字画的修复。

【档案宣传教育】　红色教育阵地打造　发挥馆藏红色档案资源优势，助力全市党史学习教育，面向市直机关、企事业单位、社会团体开展宣讲服务，累计接待参观学习人员161批次4524人次。联合环翠区、威海经济技术开发区教育体育局开展以“传承红色基因争做时代新人”为主题的红色教育活动，12所学校的近1000名学生到馆接受红色革命教育。与威海职业中等专业学校、威海经济技术开发区泊于中学等学校共商共建校外德育教育基地，发挥档案职能优势，传承红色胶东精神血脉。

“6•9”国际档案日活动　举办“建党百年”红色档案主题系列活动，举行李宝安党章榜书书法长卷作品捐赠仪式。发挥多方联动优势，利用市域地标性建筑、大型文化公共场所及市内公共交通工具播放档案宣传标语，向50万移动手机用户推送国际档案日主题宣传短信。开展档案主题征文和建党百年档案资料征集活动，组织“宝葫芦杯”档案法知识测试，开展档案文化宣传进机关、进社区、进企业宣传活动。

【档案编辑与研究】　档案精品出版　翻译出版英文著作《龙与狮》，该书是了解威海卫历史文化特色的重要史料，全书19万字，发行2000册。编辑出版《天际徘徊》，发行1000册。甄选珍贵革命历史档案323件，编纂出版《东海革命历史档案汇编》，全书40余万字，发行3000册。

《资政参考》编印　以“威海市农业农村发展与脱贫攻坚历程”“中国共产党历史上加强自身建设的重大活动”“中国共产党历史上的三个重要决议”“威海人口发展简况”为主题，编印《资政参考》（第十期至第十三期）。

【档案数字化建设】　全国示范数字档案馆创建　4月，国家档案局组织专家组对威海市档案馆创建“全国示范数字档案馆”进行现场测试验收，对市档案馆数字档案馆系统的基础设施、系统功能、档案资源、保障体系、服务绩效5个方面进行全面测试。6月，国家档案局正式批准威海市档案馆为全国示范数字档案馆。

政务网馆藏档案利用系统上线　创新提出市直部门档案查询利用“个性化服务”的理念，研发政务网馆藏档案利用系统。9月完成系统在省政务云服务器的部署，12月正式上线使用，144家市直部门及15.5万条数据关联可查。系统实现市直部门档案工作人员通过档案室系统完成身份验证后，即可自主查阅利用本单位文书档案和申请查阅馆藏各门类未开放档案的目标，实现所有流程线上办理。

市域档案信息馆际共享服务建设　通过采用统一共享利用规范、数据封装、数据加密、电子签章、口令保护等技术，实现开放档案线上查阅、控制使用档案的远程服务利用等功能，达到“馆际互通、跨馆查档、异地出证”的目标。威海市域档案信息馆际共享服务获评山东省新型智慧城市“优政”领域优秀案例。年内，提供档案查阅利用线上服务500余人次。

（纪　清）

社科联工作

【概况】　2021年，威海市社会科学界联合会（简称市社科联）团结广大社会科学工作者，聚焦服务市委、市政府中心工作，在思想引领、理论普及、学术交流、对策研究、社会科学基地建设等方面积极探索创新，取得良好成效。

【社科普及启动】　省、市、区（市）三级联动启动社科普及，分别在荣成市和文登区举办山东省暨威海（荣成）社科普及启动仪式、威海市暨文登区社科普及启动仪式，推动全市社科普及活动开展。全市社科联系统举办各类社科普及政策理论宣讲活动60余场次，覆盖党员群众8万余人次。

【社科普及“大篷车”活动】　组织16个省级社科普及示范基地专家组成宣讲团，广泛宣传宣讲中共十九大、十九届六中全会和中共中央总书记习近平重要讲话精神。组织开展社科普及宣传优秀讲稿和案例征集活动，征集优秀讲稿30篇、案例10个。组织社科专家参与编写《和风习语》宣讲书目。结合党史学习教育，开展“社科专家讲党史”和“百人百讲庆百年”党史故事讲述活动，讲好威海故事，传承红色基因。组织党史专家赴青岛市开展“解放战争中的胶东贡献”主题系列讲座，积极参与胶东经济圈一体化社科联盟党史教育主题宣讲。

【社科普及志愿服务】　依托各级各类新时代文明实践站（所）和138个社科普及示范点，广泛开展社科普及志愿服务惠民活动。荣成市的“银杏树下”“餐前一刻钟”、乳山市的“大家讲大家听”“理响乳山”、文登区的“市民大讲堂”“昆嵛讲坛”，环翠区的“环翠讲堂”等社科普及活动逐渐形成品牌效应。8月，山东省社会科学界联合会在荣成市召开现场会，介绍推广威海市新时代文明实践社科普及志愿服务工作经验做法。

【社科研究】　山东省社科联、大众日报社、市社科联举办山东社科论坛——胶东红色基因传承的时代价值研讨会，深入探讨胶东根据地在中国革命胜利中的重要地位和重大意义。论坛获评全省2021年度重点社科论坛。坚持“威海要向精致城市方向发展”的总目标总方向总遵循，组织开展市级社科重点课题研究60余项。完成威海市第二十四次社会科学优秀成果奖评选，评选一等奖10项、二等奖27项、三等奖48项。

（邢　奎）

编辑　侯志杰

卫生健康

综　述

【概况】　2021年，全市卫生健康系统统筹推进新型冠状病毒肺炎疫情防控和卫生健康事业改革发展，疫情防控形势持续稳定，各项重点任务稳步推进。年内，威海市获评国家健康中国年度标志城市，通过第9次卫生城市复审，获批首批国家食品安全与营养健康综合试验区，代表山东省首次入选全国医改十大举措的“创新点”；省级区域中医医疗中心落户威海市，婴幼儿照护服务“新经验”被国家卫生健康委员会专刊推广，“信用＋量化分级”监督管理“新模式”在全省推广。全市卫生健康系统全年获得国家级表彰18项、省级表彰20项。

【医药卫生体制改革】　坚持三医联动，强化工作督导，确保医改政策落地。制定关于促进中医药传承创新发展的实施意见等医改配套政策，强化改革的系统性、整体性、协调性，医改政策体系更加完善。2021年，全市公立医院医疗收入比上年提高9.8%；药占比21.4%，下降1.8个百分点；医务性收入占比稳定在30%以上，公立医院收入结构逐步优化。继续深入实施药品采购“两票制”（药品从生产企业到流通企业开一次发票，流通企业到医疗机构开一次发票），全力组织全市各级医疗机构参与国家、省组织的集中带量采购，扎实做好用量分解、基金预付、采购监测等各项工作，制定并落实好相关配套政策，确保中选结果顺利落地实施。2021年，国家组织的冠脉支架医用耗材以及第四批、第五批106种集采药品，“3+N”省际联盟人工晶体，山东省组织的首批39种药品和5类高值医用耗材集采中选结果先后在威海市落地实施，年可节省医疗费用支出1.79亿元。

【卫生应急】　完善卫生应急工作机制，市卫生健康委员会联合12个部门印发《威海市进一步完善院前医疗急救服务体系建设实施方案》，牵头制定《威海市新冠病毒全员核酸检测应急工作方案》。全市设置采样点2930个，配备采样人员5600余人、后备采样人员1740人、应急采样队81支243人；安排转运车278辆，市级备用转运车24辆，转运人员604名；设置实验室31个，PCR检测人员805人，两日内可完成全市290.7万人核酸检测目标。加强卫生应急物资储备，完成20万元的卫生应急物资购置更新。组织开展市级疫情防控应急演练2次、区（市）级及医疗机构演练390场次，参加人员2.98万人；开展紧急医学救援市级应急演练4次、区（市）级及医疗机构演练84场次，参加人员800余人。开展多起突发事件的医疗救援行动，联合市总工会举行2021年全市突发事件紧急医学救援技能竞赛，选拔4人参加全省竞赛，获得团体三等奖、2个个人三等奖。联合市教育局、红十字会组织全市231所各类学校开展培训演练活动193场，学校覆盖率达100%。持续做好新冠肺炎疫情信息报告工作，修订新冠肺炎疫情信息报告工作流程，提高报告质效。2021年，规范上报初筛阳性病例19例，复阳病例8例。

【卫生健康依法治理】　开展《威海市控制吸烟管理办法》立法调研，会同相关部门通过座谈交流、实地走访、问卷调查、培训学习等多种形式，广泛听取意见建议，完成办法草案征求意见稿并纳入2022年地方性法规或政府规章计划。落实规范性文件“三统一”（统一制定、统一登记、统一编号）制度和有效期制度，及时报送审查备案材料。对现行规范性文件和政策性文件进行全面梳理，重新公布保留部门规范性文件13件、部门政策性文件5件，进一步提升法治工作的规范化水平。全面落实《威海市人民政府重大行政决策程序规定》，强化行政决策的刚性程序要求，提报市政府常务会议的议题文件全部经过合法性审查，严格履行行政决策法定程序。对35件部门文件进行合法性审查把关，对直属单位12件超过500万元的重大合同，按程序审核后报市政府审批，进一步提高行政决策的法治化水平。

【卫生健康宣传教育】　加强疫情防控政策宣传和健康教育，坚持每天及时、准确发布疫情信息，以问答形式对新冠肺炎疫情防控政策进行详细解读，向社会公布各核酸检测服务点、新冠疫苗接种点地址和咨询电话，方便群众预约咨询，及时解答市民的各种疑问。持续加强健康科普宣传，通过与媒体合作开办健康栏目、专家访谈、组织媒体集中采访等方式普及核酸检测和新冠疫苗接种相关注意事项和科普知识，进一步消除群众顾虑。大力开展健康知识普及专项行动，建立健全由300人组成的市级健康科普专家库，年度入选省重大疾病和传染病防治健康教育专家库83人。组织科普专家开展健康巡讲活动，全年全市开展各类健康科普活动400余场，参与群众达4万余人次。建立全媒体健康科普知识发布和传播机制，联合多家媒体开设多档健康栏目，并制作健康城市公益宣传片和科普动漫，通过电视、网络平台、公交线路电子屏等载体循环播放，传播健康理念，居民健康素养水平提升至28.4%。积极宣传全市卫生健康系统涌现出的典型人物和先进事迹，联合市委宣传部等部门开展“威海最美健康卫士”“威海好医生”“威海好护士”系列典型推荐评议活动，深入挖掘宣传全市卫生健康系统先进典型，进一步弘扬抗疫精神，激发行业正能量。

【爱国卫生工作】 2021年，全国爱国卫生运动委员会对威海市进行第9次国家卫生城市复审，威海市爱国卫生运动委员会印发《威海市迎接国家卫生城市复审工作方案》，通过“日督导、周调度、月通报、定期回头看、开展专项整治、召开专题培训及现场观摩”等方式，形成创城问题“发现—整改—验收”闭环管理机制，发现并推动整改问题4791个。结合开展“新时代文明实践星期六”活动，组织全市机关干部、居民、志愿者认领排查发现的卫生死角，定期开展环境卫生整治志愿服务。强化卫生创建督导，21个镇（街道）、827个村获批省级卫生乡镇、卫生村，威海市省级卫生镇、卫生村比例分别达100%和83%。开展以“文明健康绿色环保”为主题的第33个爱国月活动，以《文明健康绿色环保生活方式手册》为主要内容，通过电子显示屏、宣传栏、微信公众号、“村村响”广播等载体及现场志愿服务等形式，加大对健康科普、疾病预防知识的宣传教育力度，发放宣传材料14万余份，新媒体发布文章330余篇。

【智慧医疗】 完善全民健康信息平台，采集医疗机构诊疗、健康数据，上线“互联网＋医疗健康”惠民便民平台，对接全市二级以上公立医院网上医疗服务功能。开展电子健康卡普及应用工作，支持居民使用电子健康卡在全市医疗机构享受医疗健康服务。至年底，全市公立医院全部完成电子健康卡适配改造工作，发卡量达188万余张。上线预约挂号、门诊住院查询等功能，关注“健康威海服务号”微信公众号可使用全市所有二级以上公立医院的网上就医服务。归集卫生健康数据9.5亿条，形成贯穿不同生命阶段的居民电子健康档案261万余份，为全生命周期健康管理提供有力支撑。

【健康城市建设】 10月，威海市在全国首届健康中国促进行动暨年度指数发布大会上获评健康中国年度标志城市（2019—2020年）。扎实推进“健康细胞”工程建设，市卫生健康委员会开展健康社区、健康机关（单位）、健康学校等健康细胞示范单位创建活动，按照单位申报、逐级验收，审核公示等程序，命名威海市健康细胞示范单位334个。推进落实无烟环境创建工作，开展无烟单位创建工作，印发《2021年威海市无烟单位创建工作方案》，组织各级各单位对照标准达标申报，经考核评估，确定机关单位255个、学校144所为2021年度威海市无烟单位，全市无烟党政机关、无烟学校、无烟医疗卫生机构基本实现全覆盖。

【健康产业发展】 市卫生健康委员会牵头制定《康养旅游产业集群高质量发展行动计划》，为推动产业发展奠定基础。2021年，全市医养健康产业实现增加值453.33亿元，占地区生产总值的13.1%。推进里口山医院等重点项目5个，2021年计划投资6.68亿元，实际完成投资8.31亿元，为山东威高血液净化制品股份有限公司落实山东省“十强”产业2020年度高质量发展奖励资金200万元。开展省级道地药材和特色药材评选工作，牡蛎、昆布等7种药材入选齐鲁道地药材目录，生姜、西洋参入选特色药材目录，西洋参入选“鲁十味”名单。开展山东省文旅康养融合发展示范区和首批山东省中医药特色医养结合示范基地创建单位评选工作，好运角文旅康养融合发展示范区、山东万福苑养老股份有限公司分别入选。创建省级“体卫融合”示范单位3个，其中奥林国际智慧健身指导中心项目入选山东省体卫融合试点项目2021年度试点推广类优秀成果名单。

【老年健康与医养结合】 推进医养结合示范建设，威海市建设全省医养结合工作示范先行市领导小组印发《威海市深入推进医养结合发展工作方案》，提出重点任务11项和保障措施6条。市民政局、自然资源和规划局、卫生健康委员会、医疗保障局印发《威海市医疗卫生与养老服务相结合发展规划（2022—2024年）》，新增省级医养结合示范镇（街道）40处，全市有省级医养结合示范镇（街道）50处；有省级医养结合示范单位10个、医养结合机构39处，医养结合床位总数1.36万张。威海火炬高技术产业开发区田和街道田村社区、荣成市俚岛镇大庄许家村、环翠区环翠楼街道东北村社区获评首批全国示范性老年友好型社区。开展“老年友善医疗机构”创建工作，全市71处综合性医院、中医院（中西医结合医院）、康复医院、护理院和基层医疗机构等为老年人提供医疗服务的医疗机构被确定为“老年友善医疗机构”。开展医养结合机构服务质量提升行动，39处医养结合机构开展服务质量自查，部分区（市）与卫生健康监督执法部门开展联合检查。开展安宁疗护工作调研，形成专题调研报告。推进安宁疗护试点工作，印发《关于开展安宁疗护工作有关问题的通知》，明确安宁疗护服务范围、流程与收费标准等，实现安宁疗护按项目收费管理。制定《安宁疗护试点机构建设及管理服务能力评估标准（试行）》，对17个安宁疗护试点单位进行阶段性评估。对免费乘坐公交车等6项老年人优待政策执行情况进行暗访督导，推动老年人优待政策落地落实。

【行业作风建设】 加强群众满意度工作组织领导，市卫生健康委员会印发《2021年进一步改善医疗服务加强行风建设不断提升群众医疗卫生服务满意度工作方案》及考核评分标准，市卫生健康委员会成立由主要负责人任组长的行风建设专班。委托第三方机构每2个月开展1次群众满意度电话测评，年内完成满意度测评5次，累计回访群众1.5万名。加强12345政务服务便民热线管理，整合投诉渠道，由市卫生健康委员会行风专班归口受理热线和各项投诉。2021年，办理各项电话投诉3500余项。开展“千人大走访暖心工程”活动，市卫生健康委员会印发

《2021 年“千人大走访暖心工程”活动工作方案》，累计走访群众 7.86 万户，发放宣传材料 13 万余份，收集各类意见建议 1334 条。联合市医疗保障局、市场监督管理局开展不合理医疗检查专项治理行动，持续整治医疗购销和医疗服务领域不正之风。2021 年，全市医疗机构检查收入占比 22.4%，比上年下降 4.06 个百分点，降幅达 15.4%。

新型冠状病毒肺炎疫情防控

【概况】 2021 年，全市卫生健康系统以“先锋引领健康行”为主线，坚持“人民至上、生命至上”，始终把新冠肺炎疫情防控作为首要任务，织牢织密全方位立体式疫情防控网络，为全市统筹安全和发展提供坚强的健康保障。

【预防控制】 2021 年，威海市统筹疫情常态化防控和应急处置，开展全市桌面推演、卫生健康系统桌面演练、全要素实景演练等较大规模演练。全年处置新冠肺炎阳性病例 27 例，没有发生复阳病例，守牢疫情防控底线。

新冠病毒疫苗接种 自 2020 年 12 月起，先后组织实施重点地区、重点人群和 18 ～ 59 岁、60 岁及以上、12 ～ 17 岁、3 ～ 11 岁以及加强免疫等各阶段的接种工作，全面做好方案制定、摸底调查、组织动员、接种能力提升、信息统计、每日通报、督导检查等。2021 年，累计接种新冠病毒疫苗 705 万剂次。

核酸检测“应检尽检” 对重点人群实现“应检尽检”。动态调整核酸检测人群范围、检测频次和检测要求，全力做好全市 9 项 32 类 8.7 万人重点人群的“应检尽检”。全年完成 37 轮“应检尽检”定期检测任务，累计组织摸排检测单位 29.6 万个 465.7 万人次。通过每天数据统计提醒、每 7 天 1 通报、定期培训等方式强化推进落实，全市重点人群总体检测率每个周期均达 100%。

聚集性活动保障 2021 年，指导制定新冠肺炎疫情防控工作方案和应急预案 210 余份，累计调动疾控专家、医护人员近 600 人次，先后保障重要会议、考试、会展、乒乓球赛事等各类活动近 120 场。

【新冠肺炎医疗救治】 加强定点医院、后备定点医院规范化建设管理，强化医疗救治工作。设立定点医院 6 家、后备定点医院 1 家，全市定点医院救治床位达 821 张、重症救治床位超过 80 张，定点医院均落实“三区两通道”（清洁区、污染区和半污染区，医务人员通道和病人通道）建设标准，配备负压重症病房、手术室及产房等。市级定点医院市胸科医院设置独立院区，集中收治新冠病毒核酸检测阳性患者，实现设备、装备、人员、服务等全部独立。提升核酸检测能力建设，至 2021 年年底，全市核酸检测机构达 31 家，日核酸检测能力达 12 万管，比年初增长 117.8%。建设完成市立医院城市核酸检测基地，配备核酸检测设备 13 套，检测能力达 1 万管 / 天。全市组建 9 支 138 人核酸检测队，配备采样人员 5600 余人、后备采样人员 1740 人、应急采样队 81 支 243 人。开展核酸检测实验室市级室间质控 7 次，实现核酸检测实验室市级质控全覆盖，累计质评 133 家次，结果均合格。开展市级院感防控及核酸检测技术人员现场和视频培训 2 场次，培训 490 余人次，完成核酸检测超过 710 余万份。2021 年，全市累计报告阳性感染病例 27 例，其中确诊病例 15 例（均为境外输入，复阳 6 例），无症状感染者 12 例（1 例为省外输入，11 例为境外输入，复阳 2 例）。

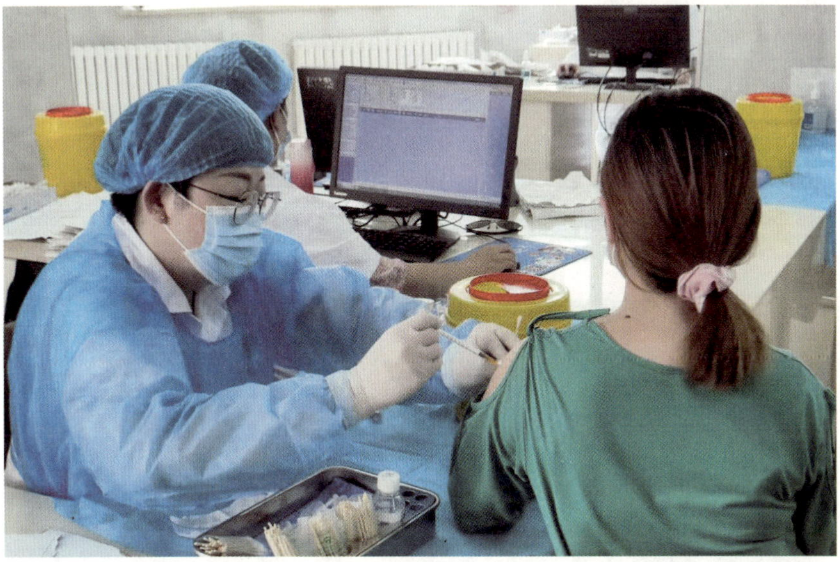

6 月，威海火炬高技术产业开发区怡园社区卫生服务中心医护人员为市民接种新冠病毒疫苗 （戴云伟 摄）

【院内感染防控】 深入推进院内感染四级巡查，全面落实院内自查、院间互查、质控中心抽查、行政部门督查。加强定点医院、发热门诊、预检分诊、住院患者及陪护、医疗废物处置、重点人员排查等管理。强化发热门诊规范化建设管理，严守院内感染防控底线，在全市二级以上综合医院设置发热门诊 7 家，严格做到发热门诊独立建筑设置，落实“三区两通道”设置与管理，配备独立 CT、快速核酸检测等设备，做到发热患者一律进行核酸检测，检测结果反馈前一律留观。1 月，通过预检分诊和发热患者闭环管理，排查出外省输入的无症状感染者 1 例，避免疫情扩散。市卫生健康委员会组织市级专家开展院感巡查 12 轮、专项督查 8 次，检查医疗机构 390 家次。其中，检查二级以上医院 232 家次、基层医疗机构 142 家次、第三方实验室 12 家次，发现问题 1137 项，全部完成整改；发布问题整改通知 37 个、整改督办单 13 个、督查情况通报 7 个。开展院感防控知识网络在线培训 2.4 万人次。会同市总工会开展全市医院感染管理技能竞赛，19 支代表队 63 人参赛，以赛促学，提升全市医院感染管理技能水平。组队参加省级医院感染管理技能竞赛，获得团体三等奖、个人二等奖 3 个。印发

《市卫生健康委领导班子疫情防控责任制分包工作方案》，巡回检查市区防疫关键点位480余处。其中，公立医疗机构163家、民营医疗机构116家、四小场所144家，集中隔离场所、核酸检测采样点、疫苗接种点57家，累计督促整改问题964项。

医疗服务

【便民惠民服务】 2021年，全市统筹优质医疗资源，优化医疗服务布局，建设威海市立医院临港院区，在医疗水平同质化的前提下，发挥中心区位优势，承接分流威海临港经济技术开发区、威海经济技术开发区、文登区、荣成市和乳山市的患者。优化医疗保健集团运营，将原隶属于威海市中心医院医疗保健集团的4家威海临港经济技术开发区镇卫生院，调整到威海市立医院医疗保健集团。引导和推动优质医疗资源下沉共享，市卫生健康委员会制定《威海市“万名医护下基层”活动工作实施方案》，18家县级以上公立医院对口联系62家镇卫生院和18家社区服务中心，镇卫生院、社区服务中心对口联系覆盖率达100%。常态化开展下村巡诊工作，对全市2431个村实行巡诊全覆盖，出动巡诊人员7000余人次，服务群众近4万余人次。积极推进为民办实事项目，与市红十字会联合开展“救在你身边”红十字应急救护培训进机关系列公益讲座活动，提高公众自救互救能力。全市卫生健康系统开展“健康拥军”活动，赴驻威海部队开展巡诊、义诊200余人次。全市征兵体检站严格落实疫情防控要求，高质量完成应征青年体检工作。持续推进疾病应急救助工作，会同市财政局、公安局、民政局、医疗保障局等部门召开联席会议，规范基金申报和审核工作，累计核实56人次，核实费用68.91万元。

【医疗质量管理】 加强医疗质量安全管理，规范质控行为，提高质控水平，促进全市医疗质量持续改进。调整公布市医疗质量控制中心组成人员，编制《2020年度威海市医疗质量控制工作情况报告汇编》，确定36个市级质控中心医疗质量重点控制项目（病种）133个。加强临床重点专科、临床精品特色专科建设，组织市级临床重点专科评审，确定新增市级临床重点专科11个。市卫生健康委员会联合市发展和改革委员会、市场监督管理局组织对6个申报市级精品特色专科进行评审，确定纳入市级精品特色专科3个。推进胸痛中心、卒中中心、创伤中心建设，胸痛和卒中中心实现二级以上综合医院全覆盖，创伤中心实现县域全覆盖。威海市中心医院和威海市妇幼保健院的6项省级质控管理重点医疗技术，通过省卫生健康委员会审查并获批医疗技术临床应用规范化培训基地。强化实验室生物安全监管，全部按照规定进行备案管理，全年全市备案病原微生物实验室300个，其中新备案实验室4个。采取实验室自查、区（市）排查、市级抽查等方式，督导各单位认真落实内部培训和考核制度，全面提升生物实验室管理水平，累计发现问题253项，全部整改完成。完善全市生物安全工作协调机制，明确目标任务及16家成员单位工作职责，制定针对性防范措施20项。

【医疗服务管理】 着力推进优化流程改善服务工作，市卫生健康委员会制定《2021年卫生健康系统优化流程改善服务任务清单》及评分表，重点落实工作措施12项，细化目标任务，明确完成时限。开展优化流程改善服务专项督导检查5次，覆盖全市各级各类医疗机构。积极探索创新医疗服务模式，推进“六化”（透明化、智慧化、规范化、亲清化、人文化、品牌化）医院建设，提升群众就医体验。印发《关于开展“六化”医院建设的实施意见》，在全市二级以上公立医院推进落实25项具体措施，持续提高群众就医安全感、获得感和幸福感。开展老年人居家医疗、“互联网＋护理服务”试点，制定《威海市老年人居家医疗服务试点工作方案》《威海市“互联网＋护理服务”试点工作实施方案》。相关医疗机构通过家庭病床、上门巡诊、家庭医生签约、与辖区内养老机构合作、在基层医疗卫生机构建设健康驿站和家庭医生工作室等方式，进行健康巡诊及宣传，服务群众11万余人次。搭建“互联网＋护理”业务平台，实现零散化护理需求与护士资源的“精准对接”，保障上门护理服务质量和安全，服务群众100余人次。加强“平安医院”建设，维护良好医疗秩序。对全市“平安医院”建设风险隐患排查梳理，开展抽查2轮，直属医疗机构达到全覆盖。会同市公安局开展医院安保风险排查整改，做好医院安保督导检查工作，指导全市8家三级医院每月按时填报安防系统数据，定期分析督促提升医院安防水平。督促指导4家医院建设达标警务室。2021年，全市“平安医院”建设形势总体平稳，未发生严重涉医案件。

【血液管理】 推进无偿献血工作，加

6月14日，威海市开展世界献血者日活动　　（刘志鹏　摄）

强血液安全管理。开展“6·14”世界献血者日系列庆祝活动，对无偿献血先进集体和个人进行表扬。对符合“三免政策”（免费游览政府投资主办的公园、旅游风景区等场所，到公立医疗机构就诊免交门诊诊查费，免费乘坐城市公共汽车）条件的献血者实现“无偿献血荣誉卡”即时办理。开展临床合理用血宣传月活动，规范临床用血。2021年，全市无偿献血4.5万人次，比上年增长11.4%，有力保障临床用血需要。威海市连续8届获评全国无偿献血先进市。

【院前急救】 稳定运行院前急救体系，全市院前急救工作量继续保持上升势头。2021年，市“120”急救指挥中心受理电话23.7万个，派出救护车7.2万次，工作量比上年增长10%。市及各区（市）持续加强院前急救能力建设，新增设二级以上医院急救站1处，更新“120”常备救护车11辆，新增负压救护车8辆，全市院前急救站达41处，有“120”常备救护车57辆、备用救护车20辆、负压救护车19辆，卫生应急救援能力持续增强。完成41处院前急救站年度工作考核，分配到位市级农村急救站补助资金144万元。在全市人员密集的公共场所安装自动体外除颤仪100台。

【卫生教育】 持续推进全科医生转岗、住院医师规范化培训。2021年，全市招收160名全科医生参加培训，组织116名全科医生进行结业考核，通过110名，通过率94.8%。威海市立医院、威海市中心医院2个国家住院医师规范化培训基地招录学员176名，其中170名通过结业考核，通过率96.6%。加强重点专科人才队伍建设，选拔34名优秀人才、学科带头人和技术骨干到国内外进行学术交流和进修培训。开展万名村医进课堂活动，全市乡村医生参与乡村医生网上课堂、骨干乡村医生进校园、县乡村卫生人才能力提升培训和基本医疗技能实践培训等活动，954名乡村医生进行网上课堂学习，70名乡村医生到高校进行培训。加强与高水平医院、科研院所的学术人才交流合作。威海市立医院同山东大学开展高端人才交流会10余场次，启动山东大学健康医疗大数据（威海）研究院协作机制。以高校附属医院规范为契机，升级山东大学附属威海市立医院筹建关系，达成新型直属附属医院共建意向。扎实做好公费医学生工作，完成公费医学生85人（大学本科27人、大学专科58人）协议签订工作。根据《山东省医学生公费教育实施办法》，完成20人80份拟报考全日制硕士研究生或相同本科医学专业的公费医学生补充协议书签订工作。

【卫生人才队伍建设】 围绕加强全市医疗卫生专业人才队伍建设，不断强化卫生人才“招引育留用”工作，为卫生健康事业高质量发展提供有力人才支撑。开展医疗卫生人才选拔计划，建立首席专家、知名医师、优秀中青年骨干人才3个层次的人才培养体系，评选首席专家32名、知名医师19名、中青年骨干人才66名。通过分层分类搭建有利于优秀人才脱颖而出的选拔通道，助推更多领军人才、创新人才进入国家级、省级高层次人才队伍。全市卫生健康系统有享有国务院政府特殊津贴专家13人、国家卫生健康突出贡献中青年专家2人、“泰山学者”特聘专家2人、省突出贡献专家9人，齐鲁卫生与健康领军、杰出青年人才10人。加大人才招引，夯实卫生人才队伍。拓宽急需紧缺卫生人才成长空间，对“双一流”高校毕业生、急需专业人才、博士、高级职称人员开设招聘绿色通道，简化招聘程序，降低进人门槛。提高基层医疗卫生机构岗位吸引力，对招聘到基层的75名高层次、急需紧缺骨干人才给予资金补助102万元。加强人才培养，完善梯队建设，促进高层次卫生技术人才可持续发展。全市卫生健康系统有博士生导师6人、硕士生导师65人、医学博士83人，另有53人在读博士，取得卫生技术高级职称2602人。确定卫生职称“双自主”改革试点单位10家，打破卫生专业技术人才参加职称评审的壁垒和职称、聘任硬性挂钩对创新事业单位人事管理的限制，激发卫生专业技术人员的创新动力和干事创业的活力。

【医学科研】 着力提升科研项目质量和水平。2021年，全市有21个山东省医药卫生科技发展项目按计划结题并取得结题证书，获批山东省医药卫生科技发展计划项目13个；获评省级科学技术奖一等奖1项、三等奖1项，国家级自然基金资助青年项目2项，省级自然基金资助项目面上项目4项、青年项目2项。威海市立医院的“脾脏体积及免疫炎性指标检测对大面积脑卒中患者预后的评估”项目获批山东省第十三批适宜卫生技术推广项目。“c-Myc靶向miR-133b调控脑缺血再灌注后血脑屏障通透性的机制”等3个项目获批山东省自然科学基金项目。扎实开展医学科研诚信与作风学风建设专项教育整治活动，结合实际制订细化实施方案，实现医疗机构和科研人员专项教育整治活动全覆盖，遏制卫生健康

7月28日，山东大学健康医疗大数据研究院（威海）揭牌仪式举行

（威海日报社　提供）

领域医学科研不端行为频发的态势，扎实推进医学科研诚信和学风作风长效机制建设。

基层卫生服务

【基层卫生综合改革】 对基层医疗卫生机构全面实施公益一类事业单位财政供给保障政策，全市基层机构编制内实有人员经费保障全部提高到100%。市、区（市）两级设立村卫生室建设和运行保障经费，市级拨付村卫生室建设奖补资金2167万元，新设立村卫生室设备配置专项资金2013万元，提升村卫生室智慧化水平。完善医保保障政策，符合条件的村卫生室、社区卫生服务站全部纳入居民普通门诊慢性病定点医疗机构。

【基层卫生服务体系建设】 深入推进紧密型县域医共体建设，7处县域医共体自评全部达到紧密型县域医共体标准。强力推进基层医疗卫生服务能力提升三年行动，定期开展三年行动落实情况监测，全部完成年度省定11项核心指标任务，其中5项指标居全省第1位、2项居全省第2位、2项居全省第4位。分层分级推动基层机构提档升级，投入资金3500余万元，对4处卫生院基础设施、设备配置、人员配备等进行优化提升，打造成为县域医疗服务次中心。全面推开社区医院建设，社区医院实现区（市）全覆盖。稳步推进示范标准村卫生室创建工作，分别创建省、市、县级示范标准村卫生室9处、64处和275处。

【基层卫生服务能力提升】 持续开展“优质服务基层行”活动和镇卫生院评价，达到国家服务能力推荐标准基层机构15家，达到基本标准基层机构55家。强化村卫生室设备配置，701处县级以上示范标准村卫生室配备智慧随访及康复理疗设备，中心村卫生室全部配备血液分析仪、除颤仪和心电图机。威海市被确定为全省“三高共管六病同防”医防融合慢性病管理试点市，在全省率先开展离休干部家庭医生个性化签约服务工作。持续加强基层适宜卫生人才队伍建设，全市基层空编率下降6个百分点，具备执业助理医师以上资格或全日制医学专业专科以上学历的乡村医生占比提高6.5%，乡村医生队伍建设相关典型做法被省卫生健康委员会推选参评国家典型案例。

中医药事业

【概况】 2021年，全市有中医类医院16家。其中，公立中医医院4家（其中三级中医医院3家），社会办一级以上中医医疗机构12家，社会办中医、中西医诊所（门诊部）289家（其中中医备案制诊所113家）。全市千人口拥有中医医院床位数1.12张，千人口中医类医师数0.725人，均高于全国平均水平。100%的中医医院设有治未病科和康复科，100%的二级以上综合医院、妇幼保健院和传染病医院设立中医科；100%的社区卫生服务中心和镇卫生院建有国医堂，并实施中药饮片集中配送“六统一”（统一采购、审方、煎制、配送、追溯、监管）和中医适宜技术惠民工程；100%的社区卫生服务站和90%以上的村卫生室能提供中医药服务。

【中医药管理体系建设】 市委、市政府召开中医药创新发展大会，印发《关于促进中医药传承创新发展的实施意见》，以强有力的领导机制推动中医药事业高质量发展。市、区（市）两级卫生健康行政部门主要负责人兼任中医药管理局局长，市级中医药科室由1个增加至3个，增加行政编制5名；各区（市）均参照市级健全管理机构，单独设置中医药科室、设专人负责中医药工作。中医药工作被纳入市委、市政府对各区（市）党委、政府的绩效目标考核，确保中医药政策落实落地。

【中医药综合改革】 市卫生健康委员会、医疗保障局联合印发《关于完善支持中医药发展医疗保障政策的通知》等系列文件，进一步优化全市中医药医保政策环境。持续推进中医优势病种支付方式改革工作，对16个定额结算优势病种临床路径进行优化。不断优化中医日间诊疗医保支付方式，在全市符合条件的医疗机构全面实施“中医日间病房”，对21个以针灸治疗为主的病种，允许其患者在当日治疗结束后离院，住院床位费、护理费降低70%，中医日间病房患者住院次均费用下降0.11万元，全年惠及1.1万余人次，患者节省自付金额367万元。切实提高群众中医就诊待遇，在威海市中医医疗保健集团内部，探索开展针灸类14个病种和小儿推拿类疾病门诊统筹试点，惠

1月21日，社区卫生室可面向居民提供中医服务。图为环翠区张村镇姜南庄中心卫生室（王晓 摄）

及群众 0.17 万人，为患者节省医疗费用 27.9 万元。大力推进中药饮片集中配送工作，建成第 4 处中药饮片集中配送中心，实现中药饮片“六统一”模式在全市基层医疗卫生机构全覆盖。年内，国家中医药管理局局长于文明发表署名文章，表扬威海市中医药工作，国家中医药管理局到威海市调研中医药工作。全省齐鲁中医药优势专科集群建设工作推进会、全省齐鲁中医署现场会、山东省“方便看中医 放心用中药”暨齐鲁中医药优势专科集群和确有专长考核工作现场会先后在威海市召开，威海市作为国家中医药综合改革试验区的工作经验做法分别在公立医院综合改革国家级示范城市中医药工作交流会、第五届华东地区基层中医药发展大会、全省医改工作会议暨省医改领导小组扩大会、全省中医医院特色发展推进会、全省中医药综合改革推进会上进行交流；工作经验入选 2021 年度全国“推进医改、服务百姓健康”十大新举措。省卫生健康委员会推广威海市“名医下基层”行动经验做法，山东省促进中医药发展工作领导小组办公室通报表扬并推广威海市中医药发展工作经验。

【中医药服务能力提升】 威海市中医院被纳入国家发展和改革委员会、国家中医药管理局“十四五”中医重点特色医院建设项目，并入选省级区域中医医疗中心，实现威海市省级区域医疗中心“零”的突破。山东省骨伤研究院落户文登整骨医院。荣成市中医院被山东省卫生健康委员会确定为县级中医医院“五个全科化”（中医经典、中医治未病、中医外治、中医康复和中医护理全科化）试点，威海市中医院、文登整骨医院、乳山市中医院积极开展“五个全科化”工作。持续开展中医适宜技术惠民工程，印发《中医适宜技术惠民工程 2021—2025 行动计划》，推广以艾灸为代表的中医适宜技术，5 年内各级财政投入资金 750 万元，免费发放艾灸惠民礼包 50 万套，推动基层医疗卫生机构服务从“治已病”向“治未病”转型。2021 年，该工程被纳入政府为民办实事项目，为全市 30% 的群众提供免费中医适宜技术服务，对目标人群建立中医健康档案，定

6 月 26 日，威海市医疗保健知识讲座及中医药保健服务体验活动举办

（威海市卫生健康委员会　提供）

期随访跟踪评价实施效果。

【中医药人才队伍建设】 遴选 25 人参加威海市中医药专业技术骨干外出进修培训、22 人参加第二批中医类别全科医生转岗培训，组织 355 人参加山东省西学中培训、12 人参加山东省中医馆骨干人才培训。推荐入选山东省中医药人才建设信息库 111 人，入选山东省中医医疗服务价格专家库 9 人。组织 2021 年度中医类别国家执业医师资格考试、2021 年度中医住院医师规范化培训学员招生，完成山东省确有专长医师资格考核报名审核工作。积极参加省级人才评选，1 人获评 2021 年山东省名老中医（药）专家，5 人获评 2021 年山东省名中医（药）专家，7 人获评 2021 年山东省基层名中医（药）专家，1 人入选山东省中医药高层次人才，1 人完成 2019 年全国中药特色技术传承人才培训项目。

【中医药专科建设】 积极参与齐鲁中医药优势专科集群建设，指导首批 4 家单位 7 个专科按照专科建设方案积极推进，组织 4 家单位 19 个专科积极申报第二批齐鲁中医药优势专科集群建设。组织全市 6 个单位成功申报山东省中医药临床重点专科 17 个、县域中医药龙头专科 4 个。文登整骨医院入选山东省中医药特色专科医院建设项目，文登整骨医院康复科完成山东省首批中医药重点学科验收。

【中医药文化传承和普及】 市卫生健康委员会印发《威海市 2021 年中医药文化宣传活动实施方案》，开展“百年奋斗路——党史中的中医药”系列活动，在全市中医药系统开展演讲比赛、征文比赛、中药画创作大赛等系列活动。开展《山东省中医药条例》学习推广活动，举办市级《山东省中医药条例》和中医药健康文化知识竞赛，并在省级比赛中获得团体三等奖，个人一等奖、二等奖、三等奖各 1 名。开展中医“三经传承”系列活动，通过举办中医经典知识竞赛、研讨会、继续教育等活动，鼓励中医药从业人员“学经典、用经方、传经验”。组织“中医中药中国行”“膏方节”等系列活动，组织中医药专家走进社区、学校、机关、军营、海岛、乡村，举办讲座、义诊，免费开展三伏贴贴敷服务，发放宣传材料，推广中医养生保健理念。不断加强中医药文化宣传教育阵地建设，新增省级中医药健康文化知识角 2 处、“中医药伴我成长”山东省中医药文化进校园试点学校 2 所。

疾病预防控制

【概况】 2021 年，全市报告各类传染病 29 种 1.41 万例，其中法定传染病 20 种 1.20 万例，传染病疫情报告率达 95% 以上，整体疫情管控平稳。报告

突发公共卫生事件2起、相关信息230起，发出预警信息731条。组织处置省外输入本土新冠肺炎疫情1例、境外输入性新冠肺炎聚集性疫情1起、诺如病毒感染引起的腹泻聚集性疫情3起和发热伴血小板减少综合征聚集性疫情1起等突发公共卫生事件及相关信息，均得到有效控制。按周、月、季度撰写疫情分析、风险评估报告和专题分析报告等84期。

【艾滋病防控】　全市艾滋病防控体系日趋完善，28家艾滋病筛查实验室、91家艾滋病检测点全年开展抗体检测41.5万人次，艾滋病病例网络报告、流调随访、CD4检测、配偶检查及结核病筛查率均保持在99%以上；艾滋病抗病毒治疗覆盖率、病毒载量检测率及病毒抑制率均保持在95%以上。开发艾滋病咨询检测结果在线查询系统，进一步为咨询人员提供便捷保密的结果查询服务。

【结核病防控】　加强医防深度融合，实现患者管理无缝衔接，加强65岁以上老年人、糖尿病患者、入学新生和厂矿企业职工等重点人群结核病主动筛查，推广Gene Xpert快速检测技术，加大耐药可疑者的筛查力度，加强流动人口和结核病/艾滋病双重感染患者治疗管理，全市结核病防治7项核心指标均高质量完成，其中高危人群耐药筛查率等4项指标为100%，病原学阳性率等5项指标完成率居全省首位。全市全年规范处置学校结核病疫情51起。高质量完成结核病防治“十三五”终期评估工作，威海市疾病预防控制中心获评山东省“十三五”结核病防治规划实施先进单位。

【呼吸道、肠道、自然疫源性传染病防控】　落实流感监测、腹泻病门诊开诊、手足口病个案流调、发热伴血小板减少综合征诊疗、布病调查等综合防控措施，H7N9、狂犬病等15种乙类传染病实现“零”报告。3所流感监测哨点医院监测病例63.88万例，其中流感样病例2.28万例，流感样病例就诊百分比3.6%，受新冠肺炎防控措施的影响，与上年相比明显上升。全市5月—10月报告腹泻病人8416例，无霍乱病例报告。处置手足口病聚集性疫情53起、病例176例，创新采集肛拭子进行检测，解决标本数量不达标问题。报告出血热29例，比上年增长45%。申请出血热疫苗1500人份，动员高危暴露人群接种。报告发热伴血小板减少综合征疑似及确诊病例221例，增长39.24%。报告布病病例20例。

【公共卫生监测】　全市开展传染病、突发公共卫生事件应急及各类公共卫生检测5.8万项次。抽取学校19所（其中，小学6所、初中6所、高中5所、职业中学1所、大学1所）和幼儿园7所，开展近视专项监测工作，对学生进行视力监测和视力不良影响因素调查。文登区和乳山市开展学生常见病和健康影响因素监测工作，对学生的近视、龋齿、肥胖、脊柱弯曲异常等常见病健康影响因素进行调查，对学生的健康和学校生活环境卫生开展监测。全市完成鼠密度监测有效夹1.24万个，蚊密度监测布放诱蚊灯337个，蝇类密度监测256次，蜚蠊密度监测有效粘蟑纸1800张，登革热媒介伊蚊调查1562户。全市完成85家医疗机构2759份监测任务，28家托幼机构采样738份，3家特殊行业采样64份。10月，新增设城市饮用水监测点1个，完成7个城市饮用水监测点75份水的日常监测任务。完成68处城市供水监测点和141个农村饮用水监测点、418份样品的监测，城市监测范围覆盖所有市政供水企业，农村覆盖到所有镇。

【免疫规划】　加大预防接种单位标准化建设，新建智慧化预防接种门诊4所，规范全市91个预防接种门诊、2个预防接种点、85个狂犬病暴露处置门诊和20个产科接种室预防接种服务管理。全市接种免疫规划疫苗36万剂次、非免疫规划疫苗46.75万剂次，各类疫苗接种率均达95%以上。推广预防接种App移动应用，App注册人数达20.61万人，在全省率先普及精准预约接种。《免疫程序顺口溜》获评中国疾控中心2020年中国健康科普大赛优秀奖，《普及〈儿童预防接种手册〉履行接种告知义务》获评《健康报社》2020年度管理创新实践者奖。

【慢性病防控】　强化文登区、荣成市和乳山市3个国家级慢病示范区和环翠区省级慢病示范区引领作用，不断提高慢病防治水平，实施心脑血管高危人群综合干预、H型高血压防治和全民健康信息化建设、脑卒中筛查和慢病危险因素调查等项目，推动慢病示范区建设提档升级。2021年，开展死亡、肿瘤、心脑血管、伤害等监测8.20万人，比上年增长21.7%。开展“三减让生活更美好”校园主题活动，通过学生向其家庭传播“减盐、减油、减糖”的健康生活方式，养成健康饮食习惯，收集学生作品7类900余份，评选优秀作品80份。举办以读懂食品营养标签、选择健康食品为主题的“三减”超市大赢家活动4场，参加扫码答题群众600余人，发放“三减”宣传页、宣传册1550余份、奖品600余件。组建224支队伍2574人，参加全国第六届职业人群万步有约健走赛，荣成市、乳山市获评全国优秀健走示范区。实施“三高共管六病同防”，有序推进医防融合试点，探索早诊早治关口前移的慢病防治机制。全年完成重点肿瘤、脑卒中、心血管疾病机会性筛查27.99万人，检出早期病人1.24万人。提高慢病防治队伍技术能力，开展基层督导调研8次，参加省级培训9期36人，举办市级培训7次246人。在全省慢病工作岗位技能竞赛中，威海市代表队获得团体总分第1名、一等奖；1名队员以个人总分第1名的成绩，获得山东省五一劳动奖章。

【地方病防控】　进一步巩固地方病防控、脱贫攻坚行动成果，持续保持消除和控制地方病危害。5月，组织召开市级部门协调会，通报2020年地方病监测情况，部署2021年重点任务，谋划“十四五”期间全市地方病防治工作。市卫生健康委员会与市工业和信息化局、市场监督管理局等部门联合开展碘盐市场供应状况调研2次，形成专题调研报告。完成小学生、孕妇盐碘、尿碘监测1240人，水碘监测2495份，水氟监测10份；小学生甲状腺B超检测426人、小学生氟斑牙检测132人，科学评价防治效果。加强地方病健康教育，对孕妇、儿童等特定人群进行精准干预。

【疟疾消除】 巩固消除疟疾成果，认真落实消除疟疾技术措施，严格执行“1—3—7”防控模式，全年完成“三热病人”（疟疾、疑似疟疾、不明发热原因者）血检1688人，发现报告输入疟疾2例，处置疫点3个，无死亡病例发生，有效预防输入性病例传播，持续保持无本地病例发生。与主要劳务输出单位每月进行信息沟通，对186名自非洲归国人员实施随访管理。开展疟疾传播媒介监测，完成疫点蚊媒种群调查。完成海产品异尖线虫监测，采集近海海产品17种，检测异尖线虫感染率为76.5%。高效处置1所幼儿园蛲虫聚集感染事件，精准锁定感染对象，短时间内控制住疫情，避免发生传播。

【儿童龋病防控】 市卫生健康委员会联合市教育局印发《关于做好2021年学生龋病防治工作的通知》，在做好新冠肺炎疫情防控前提下，全市全年免费为2.5万名学生进行口腔筛查并建立口腔健康档案，为1.44万名符合窝沟封闭适应证且自愿接受的学生实施窝沟封闭，切实保护儿童口腔健康，取得良好社会效益。

【精神卫生】 2021年，对具有威海市户籍（或持有威海市居住证）且在山东省精神障碍信息系统登记并纳入所在社区基本公共卫生服务管理的患者进行免费救治，全年累计救助患者2.41万人次，使用救助资金360余万元。开展严重精神障碍患者随访管理，对失访、拒访患者，及时通报有关部门，调查摸清患者去向，落实流入地管控责任，做到服务管理无遗漏。全市在册严重精神障碍患者1.21万人，报告患病率4.3‰。持续开展重性精神障碍患者评估，对于危险性评估三级及以上的患者，第一时间依规收治入院治疗。完成社会心理服务体系建设三年行动，实现以县为单位社会心理服务体系建设全覆盖，100%的乡镇卫生院、社区卫生服务中心设置心理咨询室，为社区居民提供心理咨询服务。

卫生健康综合监督

【概况】 2021年，全市卫生健康综合监督系统以深入开展“综合监督守正创新年”活动为主线，坚持问题导向，聚焦新冠肺炎疫情防控和主责主业，压实工作责任，持续加大执法力度，各项工作均取得新的进展。

【疫情防控监督】 各级卫生健康部门和监督执法机构认真履行传染病防控监督职责，积极参与疫情防控工作，有效发挥监督执法作用。编制《威海市未设置发热哨点诊室的基层医疗卫生机构疫情防控标准要求》《基层医疗机构疫情防控预检分诊关键点》等疫情防控明白纸，落实完善“四小场所”（小旅馆、小美容店、小理发店、小浴池）疫情防控管理制度，对监管业户疫情防控风险隐患逐一排查并进行“回头看”督查，确保问题整改到位。2021年，执法人员检查各级各类医疗机构6218户次，发现问题2499条次，对未按规定落实预检分诊制度、疫情防控措施落实不到位的194家医疗机构立案处罚，关闭整顿医疗机构78家。

【综合监管制度建设】 进一步完善医疗卫生行业综合监管制度，组织召开市医改领导小组综合监管专题会议，印发《威海市贯彻落实〈山东省落实2020年医疗卫生行业综合监管督察反馈意见整改方案〉》，全面部署威海市医疗卫生行业综合监管方面的整治任务。推动在卫生健康领域实现部门联合执法，开展严厉打击非法应用人类辅助生殖技术等违法犯罪行为、打击非法医疗美容服务专项整治、药品医疗器械使用单位专项整治等联合执法行动，有效形成部门综合整治合力。建立完善综合监管督查制度，对环翠区、文登区、荣成市、乳山市贯彻落实医疗卫生行业综合监管制度的情况进行督查，不断完善政府主导、机构自治、行业自律、社会监督的综合监管体系，切实提升医疗卫生行业综合监管水平。

【执法能力建设】 开展2020年卫生健康行政处罚案卷评查，对全市4个专业21份案卷开展评查，对评选出的14个优秀案卷进行通报。充分发挥榜样的示范引领作用，通报表扬2020年度全市卫生健康监督执法工作先进集体4个和先进个人14人。在全省卫生行政执法优秀案例评查活动中，威海市报送的5个案卷获评省优秀典型案例。采购4G版执法记录仪23部、手持执法终端22部，配置调查询问室3间，完成执法全过程记录建设任务。扎实推进重大执法决定法制审核制度，配备与法制审核工作任务相适应的工作人员，出具重大执法决定法制审核意见139件。

【监督监管效能提升】 以监督守正创新年主题年活动为主线，以监督执法“蓝盾行动”为契机，立足主责主业，持续提升监督覆盖率，加大监督执法力度。监督检查公共卫生、医疗卫生、职业卫生被监管单位1.33万家，监督覆盖率100%。全市办理行政处罚案件1093件，比上年增加4.4%，其中一般程序395件，罚没款358.26万元。围绕社会关切、群众关注的重点领域，开展2021年监督执法“蓝盾行动”，对医疗机构违法违规问题立案102起，查处非法行医99起，对问题多发领域进行有效整治。

【监督执法模式创新】 在全省率先构建以“信用＋量化分级”为基础的新型监管机制。在规范完善医疗机构量化分级管理的基础上，引入信用激励机制，全市445家非公立口腔、医美机构被分级评定为A、B、C共3个级别，其中A级示范单位33家、B级规范单位283家、C级合格单位127家，评定结果在政府网站、医疗机构进行公示，并同步推送至市信用信息平台，A级单位纳入诚信“红名单”，C级单位被列为重点监督对象接受社会监督，实现监管工作从事后监管向事前引导、从被动处罚向主动服务的更新升级。省卫生健康委员会在威海市召开全省卫生健康综合监督工作现场推进会，对威海市的“信用＋量化分级”监管模式典型经验予以推广。广泛运用说服教育、劝导示范、警示告诫、指导约谈等方式开展执法工作，加强释法析理，引导行政管理相对人自觉守法经营。坚持“包容审慎监管、宽严相济”原则，编制并公示轻微违法行为不予行政处罚事项清单和一般违法行为减轻行政处罚事项清单，设置轻微违法行为不予行政处罚事项2项，一般违法行为减轻行政处罚事项7项。实施首违不罚事项中“医疗机构逾期不校验《医疗机构执业许可证》仍从事诊疗活动”在限期内补办校验手续不予处罚案件29例，有效优化营商环境。

【职业健康监管】 开展全市职业病防治项目监测和摸底调查。成立职业健康检查质量控制中心，对全市职业健康查体机构进行全覆盖质控检查。对全市职业病诊断机构、职业健康检查机构和第三方检测机构开展全覆盖的执法检查，对发现的问题逐一督促整改，确保依法执业。开展职业健康宣传教育活动，充分利用“职防法宣传周”活动、入厂现状调查、“职业健康百名专家千场科普讲座”活动的有利时机，采取精准宣传和社会宣传相结合的方式，使宣传效果最大化。全市完成职业病危害项目申报企业1852家，申报数量比上年增长35.2%。开展“健康企业”和“职业健康达人”争创活动，创建省级健康企业3家、市级健康企业8家，获评省级“职业健康达人”21人、市级“职业健康达人”82人。环翠区、文登区被省卫生健康委员会确定为职业卫生分类分级监督执法试点单位，威海市实现职业卫生分类分级监督执法区（市）全覆盖，完成分类分级的用人单位达1163家。

妇幼健康与人口家庭

【概况】 2021年，全市各级卫生健康部门积极实施“三孩”生育政策及配套措施，严格落实母婴安全五项制度，加强出生缺陷综合防治，提高出生人口素质，促进人口家庭发展。

【妇幼保健】 强化风险防控保障母婴安全。开展母婴安全行动提升计划和健康儿童行动提升计划，严格落实母婴安全五项制度。强化风险关口前移，对孕产妇实施妊娠风险五色分类动态评估和高危孕产妇专案管理，调整危重孕产妇救治专家组，完善应急预案，畅通绿色通道，实施多学科联合会诊。2021年度全市孕产妇系统管理率97.8%，7岁以下儿童健康管理率达97.8%。妇幼卫生信息监测工作相关做法在全省妇幼健康工作会议上进行典型交流。

【出生缺陷综合防控】 健全完善涵盖婚前、孕期和新生儿期出生缺陷三级防控体系。全市开展免费婚孕前优生健康检查、孕妇免费产前血清学筛查、免费孕妇无创DNA检测、免费孕妇遗传性耳聋基因筛查、羊水穿刺产前诊断、52种新生儿遗传代谢性疾病免费筛查等合计6.4万人次，对筛查或诊断出的阳性患者均给予及时干预指导或治疗。在省级妇幼健康项目考核中威海市连续6年居全省第1位，相关工作经验在全省妇幼保健机构建设推进会上进行典型交流。

【家庭发展】 严格落实计划生育奖励扶助救助政策，2021年，全市确认各类计生奖励扶助对象40.9万例，发放奖扶资金3.6亿余元。全面落实计划生育特殊家庭“双岗联系人”、家庭医生签约服务、就医“绿色通道”等制度。相关做法分别在全国计生奖扶三项政策工作培训班、全省人口监测家庭发展工作会上进行典型交流，并被国家卫生健康委员会刊发推广。积极发展多种形式的婴幼儿照护服务，探索实施医育结合照护服务模式，建设婴幼儿照护服务指导中心和指导站，加强对托育机构卫生保健工作的业务指导和人员培训，保障婴幼儿健康成长。实施3岁以下婴幼儿科学养育指导服务项目，向全市常住新生儿家庭发放婴幼儿养育照护服务教材，提高家庭科学养育水平。强化典型培养，1处机构获评省级示范托幼机构。全国婴幼儿照护服务培训暨指导中心规范化建设启动仪式在威海市举行，威海市医育结合工作经验在会上进行典型交流，并被国家卫生健康委员会以专期特刊形式在全国推广。荣成市妇幼保健院儿童早期发展中心获评山东省首批普惠托育机构示范点，环翠区被确定为省级家庭托育试点县。

【计划生育协会工作】 推进计划生育协会改革，市委机构编制委员会办公室印发《关于明确市计划生育协会机关有关机构编制事项的批复》。开展村级计划生育协会换届选举工作，各级计划生育协会对理事和会员重新登记，全市登记在册协会理事2.55万名、会员15.91万名。助力健康威海建设和新冠肺炎疫情防控，全市参与新冠肺炎疫情防控的计划生育协会工作者3000余名、会员和志愿者15万余人次，发放张贴“疫情防控明白纸”28万张，转发疫情防控信息4749条。开展青春健康教育，2所高校被中国计划生育协会评为全国青春健康高校项目A类优秀结项高校。开展老年人健康和家庭幸福影响因素跟踪调查、“孕妈萌宝小鸟餐”和“年轻人如何相爱”青春健康线上分享会等促进家庭健康主题推进活动63场次。关怀关爱计生家庭，开展“优生优育进万家活动”，受益群众9.76万人。开展计划生育家庭保险工作，13.34万名计划生育家庭成员参保。开展“暖心行动”系列送清洁、公益保险赠送、走访慰问等活动，受益计划生育困难家庭5390户，9个“暖心之星”工作者、志愿者、志愿团队受到省级以上表彰。

（袁珞怡）

编辑　李传强

体　育

综　述

【概况】　2021年，威海市体育局及4个区（市）教育和体育局、威海南海新区管理委员会等9个单位获评全国群众体育先进单位，8人获评全国群众体育先进个人。威海市体育局获得山东省全民健身运动会优秀组织奖，环翠区、文登区、荣成市获得先进单位奖。年内，威海市船艇协会、摔跤协会、拳击协会、马术协会、健身操舞协会成立，荣成市竞技体育运动学校迁至新校区。威海南海新区国球舍、体育训练基地建成，威海南海新区全民健身运动中心启用并向社会开放，恒融时代标准冰球馆建成并投入使用。对威海市体育场(馆)及威海市体育运动学校训练场馆维修改造，并延长开放时间、拓展免费或低收费开放范围，全年接待群众突破120万人次，比上年增长40%。威海市人均体育场地面积达3.58平方米，超过全国、全省平均水平。培训各级社会体育指导员1474名，总数达1.64万人，占全市人口的5.7‰。竞技体育改革持续深化，文登承接省县级体校办学模式改革试点经验在全市推广，并在2021年全省体育局长会议上作典型交流。优化项目布局，推动市队县办，在威海临港经济技术开发区成立市棒球队、市垒球队。积极申报国家级高水平后备人才基地，创建省级优秀运动队后备人才基地4处，评选市级高水平后备人才基地10处。市体校选拔人才130人，其中被大中专院校录取31人、就业57人。参加省锦标赛获得金牌44.5枚。新增竞技体育特聘专家3名、体育产业特聘专家2名。搭建区域体育交流新平台，推动成立胶东五市冰雪运动产业促进会、胶东经济圈国际象棋战略发展联盟，联合举办2021“山东港口杯”仙境海岸半岛城市帆船拉力赛（威海站）。全年全市体育彩票销售6.24亿元。制定并提报智慧体育实施方案。完成体育产业年度统计工作，全市体育产业市场主体达3695家，数量居全省第3位。根据2019年山东省体育消费调查报告，威海市人均体育消费为2086.01元，高于全省平均水平。

【体育事业发展规划】　市体育局印发《威海市“十四五”体育事业发展规划》及体育产业发展规划、全民健身场地设施补短板整体解决方案等多项规划。《关于进一步推动冰雪运动发展的调研报告》《关于发展海上休闲运动产业培育体验式旅游新业态的建议》2篇调研报告在《决策参阅》上刊发。制定《关于促进体育产业高质量发展的意见》《威海市冰雪运动突破发展三年行动计划（2021—2023年）》，并被列入市委常委会（扩大）会议暨全市统筹发展和安全工作推进会部署任务进行重点推进。

【体育群众满意度提升】　开展“我为群众办实事活动”，建设体彩爱心驿站100家，为市民提供免费饮水、雨伞外借、休憩等志愿服务。充分利用“双报到”（党组织和在职党员到社区）平台，提供科学健身指导、卫生整治、入户走访等志愿服务200余人次。举办防溺水公益讲座9场，惠及儿童1348名。持续联系服务群众，结合体彩站点走访、联系村帮扶、社区共建等工作，入户走访608户，发放宣传引导材料477份。全面摸排村（居）健身器材配备及老旧损坏情况，发动各级体育干部700余人次，实地摸排村（居）2316个，精准维修配备健身器材1760件。举办全民健身运动会、社区趣味运动会、农民运动会等各级各类赛事活动4600余项，其中县级以上赛事活动700余项，多样化满足群众健身需求。文体生活群众满意度连续2年居全省第1位。

【省级改革试点创建】　申报“省体医融合”试点3处，奥林国际健身中心“体医融合”智慧健身指导中心项目以第1名的成绩通过第1批答辩，纳入山东省体医融合试点项目库，并在第一届山东省体医融合高峰论坛上进行典型交流。全年为570名市民免费提供体质监测服务。威海市获批省社区运动会试点，打造政府引导、协会主体、社区载体、企业支撑的社区趣味运动会办赛新模式，在办赛地点、组织形式、项目设置、运营模式上实现突破，切实提高群众对文体活动的知晓度、参与度和满意度。承接全省群众体育工作会议，威海市承接省社区趣味运动会试点的先进经验在会上进行典型交流。举办社区趣味运动会293场次，覆盖243个社区，直接参与人数1.5万人、惠及80万人。

【竞技训练备战保障】　大力支持国家队、省队在威海市集训、练兵，承接2021全国帆船冠军赛暨东京奥运会帆板项目备战大合练、国家乒乓球队集训及备战东京奥运会热身赛等，全力备战奥运会、中华人民共和国第十四届运动会。威海市运动员唐铭琳、阮洪婷作为主力队员代表国家队参加东京奥运会七人制橄榄球女子比赛，获得第7

名。威海市65名运动员参加中华人民共和国第十四届运动会，获得7金9银9铜的成绩，威海市体育局获得省政府通报表扬。

【体育产业发展服务】 联合威海农村商业银行股份有限公司设立体育产业授信资金3亿元，召开银企对接会，开展退役运动员（教练）关爱贷、普惠体育创业贷、体育产业扶持贷等各类金融服务，服务体育企业做大做强。市体育局招商引资的博世特智能数控机床项目开工建设，完成投资1200万元，项目建成后可实现年产值1.2亿元。10家单位入选山东省第二批体育消费券合作单位，发放体育消费券100万元，核销率居全省第1位，拉动体育消费1105万元，消费拉动比达1∶11.06。落实省体育局额外追加专项资金，结合中国威海国际渔具博览会发放体育零售业消费券，直接拉动消费678万元。一体谋划推进旅游、会展、康养、体育等产业，举办中国威海休闲钓鱼产业高峰论坛，威海市进行典型交流。举办中国威海HOBIE帆船公开赛、全国海钓锦标赛、中国乒乓球俱乐部超级联赛等品牌赛事和体育旅游精品活动。荣成市入围国家级体育产业示范基地，威海豪士达碳纤维科技有限公司获评省体育产业示范单位，威海国际棒球赛获评省体育产业示范项目，荣成市奥林匹克中心被认定为省体育服务综合体，中国威海HOBIE帆船赛获评2021中国体育旅游精品赛事，荣成环山亲海休闲旅游路线入选2021年十一黄金周山东体育旅游精品线路。

（朱　旭）

【山东省威海体育训练中心】 2021年，山东省威海体育训练中心统筹做好新冠肺炎疫情防控和训练备战，参加东京奥运会和中华人民共和国第十四届运动会均实现新突破。中心有8名运动员参加东京奥运会比赛，刘诗颖在女子标枪决赛中以66.34米获得金牌，实现中国标枪项目奥运金牌“零”的突破。国家女子橄榄球队首次参加奥运会（中心输送6名运动员，其中威海市输送2名运动员）获得第7名。威海体育训练中心参加中华人民共和国第十四届运动会获得5枚金牌、4枚银牌、2枚铜牌。其中，运动员刘诗颖实现奥运会、亚运会、全运会的“大满贯”；男、女橄榄球队均实现全运会橄榄球项目三连冠。1人先后获得中国青年五四奖章、全国“三八红旗手”、全国五一劳动奖章。2人被省委、省政府评为山东省先进工作者，获得山东省五一劳动奖章。威海体育训练中心被授予山东省五一劳动奖状，记大功；1人记大功；威海体育训练中心田径队获得通报表扬，获评山东青年五四奖章集体。

（赵　斐）

群众体育

【概况】 2021年，威海市落实省级体彩公益金，资助建设多功能运动场、灯光篮球场。利用市级体彩公益金为各区（市）配套健身器材，用于城市社区、农村的体育场地设施建设。组队参加山东省第十届全民健身运动会羽毛球、乒乓球、龙舟等28项比赛，第三届山东省冬季全民健身运动会等省级及以上比赛。举办威海市第十一届全民健身运动会、威海市第四届冬季全民健身运动会和威海市首届社区运动会，威海市体育局获评全国群众体育先进单位，获得山东省第十一届全民健身运动会优秀组织奖。开展各类体育赛事活动700项次，直接参与人数约10万人次。年度培训各级各类社会体育指导员1425名，全市社会体育指导员达1.64万人；为570名群众免费提供体质监测服务并开具运动处方。

【威海市2021年冬泳日活动】 1月1日，由威海市体育局主办、市游泳协会承办的威海市2021年元旦冬泳日活动在威海国际海水浴场举行，全市200余名游泳爱好者参加活动。威海市连续举办17届冬泳活动，全市冬泳爱好者从最初几十人，发展到几百人，分布在各区（市）海域参加冬泳健身。

【2021年全国新年登高大会】 1月1日，由威海市体育局主办的2021年威海市“鲁滨逊杯”全国新年登高健身大会在威海祥云消防文化主题公园举行，威海市登山户外运动爱好者300余名参加活动。

【威海市全民健身月启动仪式】 5月1日，由威海市体育局，市体育总会，市老年人体育协会联合举办的威海市全民健身月启动仪式在威海市人民广场举行，健康腰鼓队、舒筋拉力操队等5个方队进行展演。活动当日，环翠区、威海经济技术开发区、威海火炬高技术产业开发区全民健身月启动仪式分会场进行多个全民健身节目展演。

【威海市第十一届全民健身运动会】 自3月开始到10月结束，历时7个月。全年举办市、区（市）两级全民健身运动会计138场次。其中，第十一届全民健身运动会市级比赛设篮球、足球、乒乓球、游泳、武术等10余项22场次；各区（市）举办116场次（其中环翠区41次、文登区28次、荣成市12次、乳山市12次、威海经济技术开发区6次、威海临港经济技术开发区6次、威海南海新区11次）。

【“威海农商银行杯”社区趣味运动会】 自3月开始到10月结束，历时7个月。全市举办社区趣味运动会累计293场次，覆盖243个社区，直接参与人数达1.5万余人。其中，市级举办社区趣味运动会64场次，覆盖61个社区；各区（市）举办社区趣味运动会229场次，覆盖182个社区。项目设置主要包括踢毽子、夹玻璃球、往返托球跑等趣味性、灵活性、多样性活动。

（和弋斐）

竞技体育

【概况】 2021年，威海市2名运动员代表国家队参加东京奥运会七人制橄榄球女子比赛，获得第7名。承接国家帆板队、国家乒乓球队集训备战东京

10月25日，威海市第六届运动会开幕式举行　　　　（李传强　摄）

奥运会。威海市65名运动员代表山东省参加中华人民共和国第十四届运动会17个大项、41个小项比赛，获得7金9银9铜。举办威海市第六届运动会，实现全民健身与竞技体育相融合、体育竞赛与精神文明双“丰收”，新冠肺炎疫情防控和竞赛组织双“胜利”。组队参加2021年山东省锦标赛获得44.5金33银45铜，举办威海市中小学生8个项目体育联赛，开展5个项目教练员、裁判员培训班，培训学员200余人。向省级以上运动队及高等院校输送优秀运动员49人，审批二级运动员103人，评选威海市高水平后备人才训练基地10所。

【2021年全国帆板冠军赛暨东京奥运会帆板项目备战大合练】 5月19日—26日，2021年全国帆板冠军赛暨东京奥运会帆板项目备战大合练在荣成市滨海公园举行。该比赛是国家帆板队出征东京奥运会的最后一站，是国内最高等级、最高水平、最大规模的帆板赛事，是国家奥运参赛队首次在荣成市合练，吸引全国16支队伍300余名运动员参赛，包括获得东京奥运会帆板项目参赛名额的世界冠军卢云秀和中华人民共和国第十四届运动会冠军毕焜。

【山东省BMX自由式锦标赛】 4月10日—11日，由山东省射击自行车运动管理中心主办，威海市体育局承办，威海市体育运动学校协办的2021年山东省青少年BMX自由式锦标赛在威海市BMX自由式小轮车场地举行。比赛设平地技术和道具骑行2个项目，全省7个地市30名运动员参赛，威海市派出12名队员参赛，获得奖牌3枚。

【山东省棒垒球锦标赛】 10月11日—15日，由山东省小球运动联合会主办的2021年山东省棒垒球锦标赛在威海临港经济技术开发区全民健身中心举行。全省有12支棒球队、6支垒球队参赛，威海市代表队获得棒球组冠军和垒球组冠军。

【山东省女子自由式摔跤冠军赛】 12月15日—16日，由山东省举重摔跤柔道运动管理中心主办，山东省摔跤运动协会、威海市体育局、荣成市人民政府承办的山东省女子自由式摔跤冠军赛在荣成市体育运动学校综合训练馆举行。全省有16个地市240余名运动员、教练员、裁判员参赛。威海市代表队获得金牌1枚。

【威海市第六届运动会】 3月12日至10月29日，由威海市政府主办，市体育局、市委市直机关工作委员会等部门联合承办的威海市第六届运动会举行。运动会将市运会与竞技体育运动会、机关运动会、企业运动会和大学生运动会“四会合一”，全市有9100余名运动员参赛，涵盖各行各业，是历届运动会中持续时间长、参赛人数多、影响范围广、专业水平强、赛事服务优、市场运营好的全民体育盛会。比赛设专业组大项22个、小项519个，业余组大项8个、小项501个，产生金牌1268枚、银牌657枚、铜牌549枚，44个单位获得体育道德风尚奖，42个单位获得优秀组织奖。

【威海市中小学生体育联赛】 4月—7月，威海市体育局、教育局联合举办威海市中小学生乒乓球、田径、篮球、足球、排球等8个项目体育联赛，全市有近4000名中小学生参赛，带动参与学生达2万余人。

5月19日，2021年全国帆板冠军赛暨东京奥运会帆板项目备战大合练在荣成市举行　　　　（威海市体育局　提供）

2021年威海市向高等院校输送运动员一览表

表 23

序号	运动员	项目	院校名称	教练员
1	卢　玥	跳远	山东体育学院	姜大勇
2	李孟筱	跳远	内蒙古师范大学	姜大勇
3	赵海荣	跳远	青岛求实职业技术学院	姜大勇
4	孙红高	跳远	曲阜师范大学	姜大勇
5	张盛铭	跳远	山东体育学院体育运动学校	姜大勇
6	于成虎	举重	山东体育学院	刘卫国
7	孙　雨	女手	山东铝业职业学院	姜英英
8	郭敏婷	女手	沈阳体育学院	姜英英
9	王雪晶	女手	烟台文化旅游职业学院	姜英英
10	邢若华	女手	威海职业学院	姜英英
11	钟超男	女手	陕西理工大学	姜英英
12	于千千	女手	山东体育学院	姜英英
13	陈雨梦	短投	山东体育学院体育运动学校	刘艳霞
14	肖登科	短投	山东体育学院体育运动学校	刘艳霞
15	许　政	柔道	烟台大学	王益华
16	宋佳怡	柔道	烟台大学	王益华
17	刘文煜	柔道	延边大学	王益华
18	宫窈瑶	武术	北京体育学院	魏晓燕
19	毕彩伊	武术	北京体育学院	魏晓燕
20	李隆昌	乒乓球	宁波大学	高磊
21	王纯慧	女排	宜春学院	赵瑜
22	丁安琪	女排	江西师范大学	赵瑜
23	马逾雪	女排	云南师范大学	赵瑜
24	王佳楠	女排	南京体育学院	赵瑜
25	孟　鑫	游泳	中国海洋大学	王芳
26	朱江高娃	游泳	多伦多大学	王芳
27	王嘉兴	中长跑	河北体育学院	金龙辉
28	吕晓帆	中长跑	北华班山东日照校区实训基地	金龙辉
29	宋坤铮	全能	山东英才学院	史亮
30	初　珂	网球	武汉体育学院	佟吉热牧
31	鲁　齐	网球	成都体育学院	佟吉热牧
32	张一诺	柔道	烟台大学	孙姿雷
33	刘　星	中长跑	山东体育学院体育运动学校	肖慧敏
34	李胜武	男篮	武汉轻工大学	丛华
35	丁一轩	古典跤	青海师范大学	丁立刚
36	李爱新	摔跤	吉林体育学院	冯富强
37	房国建	摔跤	烟台大学	冯富强
38	邱子桐	短跨	山东体育学院体育运动学校	姜浩
39	许烜瑞	短跨	山东体育学院体育运动学校	姜浩
40	柳　怡	游泳	青岛大学	王芳

2021年威海市向省级以上运动队输送运动员一览表

表24

序号	运动员	项目	单位	教练员
1	杨一凡	游泳	国家铁人三项队	王芳
2	杨明坤	乒乓球	国家乒乓球青训队	高磊
3	孟　鑫	现代五项	国家现代五项队	王芳
4	丁子谊	自由跤	国家自由跤队	姜雪燕
5	郑轶菲	乒乓球	山东省乒乓球队	李新
6	林浩超	小轮车	国家小轮车集训队	陈攀
7	苗润鹏	小轮车	国家小轮车集训队	陈攀
8	阮洪婷	橄榄球	国家橄榄球队	刘艳霞
9	唐铭琳	橄榄球	国家橄榄球队	姜浩

中华人民共和国第十四届运动会威海籍运动员成绩一览表

表25

运动员	输送区（市）	项目	成绩
任　烨	环翠区	激流回旋	金牌
袁　媛	环翠区	铁人三项	金牌
林浩超	文登区	小轮车	金牌
苗润鹏	环翠区	小轮车	银牌
李海涛	乳山市	男子橄榄球	金牌
阮洪婷	文登区	女子橄榄球（联合队）	金牌
唐铭琳	环翠区	女子橄榄球（联合队）	金牌
王悦玥	荣成市	女子橄榄球（山东队）	铜牌
蒋俊鹏	环翠区	田径男子4×200米接力	金牌
邓涵韬	威海经济技术开发区	田径男女4×400米混合接力	银牌
傅艺佳	环翠区	田径男女4×400米混合接力	银牌
宫　蕾	荣成市	女子手球	银牌
林燕群	文登区	女子手球	银牌
李朝鹏	文登区	男子手球	铜牌
于亚男	文登区	男子手球	铜牌
林豪文	荣成市	男子手球	铜牌
于性哲	乳山市	男子手球	铜牌
宋鹏强	文登区	男子手球	铜牌
胡　嘉	威海火炬高技术产业开发区	男子4×200米自由泳接力	铜牌
毕文军	文登区	场地自行车	银牌（2枚）
闫初初	文登区	女子自由跤	银牌
刘智新	乳山市	田径投掷团体	银牌
邓涵韬	威海经济技术开发区	田径男子4×400米接力	铜牌
胡晓晶	乳山市	场地自行车	铜牌
孙　松	威海市	50千米竞走	第4名
杨美怡	环翠区	女子射箭反曲弓团体	第5名
刘城志	荣成市	场地自行车	第5名

续表 25

运动员	输送区（市）	项目	成绩
于　翔	荣成市	男子射箭混合团体	第6名
程廷壮	荣成市	场地自行车	第7名
孙　钊	荣成市	男子跳高	第7名
王英竹	荣成市	女子篮球	第4名
王钰婷	环翠区	女子排球	第5名

（孙建春）

体育产业

【概况】 2021 年，威海市深入挖掘铁人三项、帆船等竞赛表演产业潜力，持续实施“一区市一品牌”战略，加快实施“体育+”，重点发展全民健身、体彩销售等本体产业，全面发展场馆服务、培训教育等产业类型，获批省体育产业示范单位 1 处、省体育产业示范项目 1 处、省体育服务综合体 1 处，中国威海 HOBIE 帆船赛获评 2021 中国体育旅游精品赛事，荣成环山亲海休闲旅游路线入选 2021 年十一黄金周山东体育旅游精品线路。威海市设立体育产业授信资金 3 亿元。组织 10 家单位发放体育消费券 100 万元，核销率居全省第 1 位。成立胶东五市冰雪运动产业促进会、胶东经济圈国际象棋战略发展联盟，联合举办 2021 年“山东港口杯”仙境海岸半岛城市帆船拉力赛（威海站）。举办中国威海休闲钓鱼产业高峰论坛、中国威海 HOBIE 帆船公开赛、全国海钓锦标赛、中国铁人三项运动协会威海训练基地揭牌仪式、威海千里山海自驾旅游公路运动生活汇启动仪式及 17 项配套活动等品牌赛事和体育旅游精品活动。全年体彩销量达 6.24 亿元。威海铁人三项运动协会先后组织 30 人次参加全国铁人三项联赛江西德兴站、河南睢县站比赛，获得个人前三名奖项 8 个、团体前三名奖项 3 个。举办威海市第八届“小铁人”夏令营，威海市码头小学、威海市实验小学的 11 名“小铁人”参加 2021 年“中国·石柱成渝双城小铁人邀请赛”，获得 6 个小组第 1 名、4 个小组前 3 名。召开山东省体育产业“十四五”规划威海调研座谈会，挖掘威海市体育产业发展经验、特色企业和项目、典型做法，听取威海市对“十四五”时期发展全省体育产业的意见和建议。8 月 27 日，《2019 年山东省体育消费调查报告》发布，2019 年，威海市体育产业总产值 220.09 亿元，列全省第 4 位，增加值 81.62 亿元，占地区生产总值（GDP）的 2.75%，列全省第 1 位；威海市人均体育消费 2086.01 元，高于全省平均水平。居民体育消费结构不断优化，呈现出消费内容多样化、消费空间场景化、消费形式数字化、消费群体年轻化、消费产品品质化等特征。

【山东省门球运动活动基地揭牌仪式】 1 月 11 日，山东省门球运动活动基地揭牌仪式在威海市文登区汤泊温泉度假区举行，汤泊温泉度假区进入全省首批门球基地行列，是全市唯一获评省级门球运动活动基地的单位。

【克利伯环球帆船赛中国项目（克利伯中国）总经理到威海市考察】 4 月 27 日—29 日，克利伯环球帆船赛中国项目（克利伯中国）总经理胡焱一行到威海市考察，先后考察威海西港游艇有限公司、环翠区浅海科技湾区、金线顶码头地块，荣成市俐江港地块，威海南海新区香水河流域，就投资建设克利伯航海学校、落地生产克利伯系列竞速帆船、共同打造中日韩俄东亚海上丝绸之路帆船赛、发展海上休闲旅游项目、推动中英青少年交流等进行深入交流。

【“那香海杯”威海千里山海帆船赛】 4 月 30 日至 5 月 2 日，由威海市体育局、文化和旅游局、威海文旅发展集团有限公司主办的 2021 年“那香海杯”威海千里山海帆船赛在威海刘公岛旅游码头举行。赛事主题为“千里山海·自在威海”，6 艘 35 英尺以上大帆船参加比赛，新加坡国立大学上海交大商学院联队获得冠军。

【威海千里山海自驾旅游公路运动生活汇启动仪式】 5 月 1 日，由威海市体育局、文化和旅游局、威海文旅发展集团有限公司等举办的威海千里山海自驾旅游公路运动生活汇启动仪式举行。威海千里山海自驾旅游公路运动生活汇贯穿全年，覆盖区（市）1001 千米旅游公路全线，包含摩托车、徒步、马拉松、铁人三项等 30 项体育赛事活动，其中全国以上级别赛事活动 16 项次。启动仪式当日，威海千里山海自驾旅游公路运动生活汇分别在环翠区、文登区、荣成市、乳山市、威海临港经济技术开发区设置分会场，总计举办体育赛事活动 10 项次。

【威海市体育产业银企对接会】 5 月 11 日，2021 年威海市体育产业银企对接会召开。环翠区、威海火炬高技术产业开发区、威海经济技术开发区、威海临港经济技术开发区体育主管部门及市辖区 40 余个体育企业代表参会。威海农村商业银行股份有限公司代表详细介绍威海市体育产业授信资金的公司业务、个人业务，现场解答高新科技体育贷、体育产权质押贷、贷款利率等问题。威海市体育产业授信资金是一项长期政策资金，自 2021 年 4 月中旬开始试运行，面向市辖区范围所有从事体育业务的企业和个人，广泛开展退役运动员（教练）关爱贷、普惠体育创业贷及金融结算等各类业务优惠利率融资贷款。

【2021年棒垒球系列赛·国际棒垒球对抗赛】 5月1日—3日，由中国棒球协会、山东省小球运动联合会、威海市体育局指导，威海临港经济技术开发区管理委员会主办的首届“威海临港杯”2021年棒垒球系赛·国际棒垒球对抗赛在威海临港经济技术开发区全民健身中心举行。比赛分为高校组（棒、垒、慢投垒球）、社会组（棒、慢投垒球），国内外37支队伍、623名运动员参加比赛。

【“我要走”全国徒步联动日威海站（全国主会场）活动】 5月16日，由威海市体育局、体育总会主办的2021“我要走”全国徒步联动日威海站（全国主会场）活动在环翠区里口山国家健身步道举行。活动自里口山福德庄中心广场出发，经广福寺、姜家疃水库、里口山健身步道回到福德庄中心广场，全程13千米。全国各地户外爱好者2000余名在威海主会场参加活动。吉林省长春市、湖北省武汉市等地设置分会场，近10万人以线上和线下的形式参与。

【2021迪尚“丽人18”乳山女子半程马拉松】 5月16日，由中国田径协会、人民体育平台、乳山市人民政府主办的2021迪尚“丽人18”乳山女子半程马拉松举行。比赛设女子半程组、乐跑10千米和亲子跑(3.2千米)3个项目，全国各地的马拉松爱好者5000余名参加比赛。该项赛事是威海千里山海自驾旅游公路运动生活汇的配套活动之一，是全市重点扶持的品牌赛事项目。

【威海市龙舟邀请赛暨“奥莱小镇杯”威海南海新区首届“龙腾齐鲁”龙王争霸赛】 9月12日，由威海南海新区公共服务局、威海南海文旅集团有限公司主办的威海市龙舟邀请赛暨“奥莱小镇杯”威海南海新区首届“龙腾齐鲁”龙王争霸赛举行。比赛分专业组和业余组，项目设置均为200米和500米直道竞速，全省各地的19支队伍参加比赛。

【2021中国威海HOBIE帆船公开赛】 9月25日—27日，2021中国威海HOBIE帆船公开赛在威海国际海水浴场举行。北京、广西、吉林、香港、广州、青岛等14个城市的31支队伍进行8场比赛。

【2021年中国乒乓球俱乐部超级联赛】 10月3日—12日，迪尚·2021年中国乒乓球俱乐部超级联赛在威海南海新区奥林匹克中心举行。比赛采用赛会制，全国各地的15个乒乓球俱乐部、76名乒乓球选手参赛。

【2021年威海市青少年帆船邀请赛暨中国威海HOBIE帆船公开赛（家庭组）】 10月4日—5日，由威海市重大体育赛事组委会主办，威海市体育局、威海市体育总会、威海市环翠区教育和体育局承办的2021年威海市青少年帆船邀请赛暨中国威海HOBIE帆船公开赛（家庭组）在环翠区半月湾海水浴场举行。赛事设置OP级男女混合组、HOBIE16级2021年中国威海HOBIE帆船公开赛（家庭组）、激光雷迪尔级男女混合组3个组别，有95名选手参加比赛。

9月25日，2021中国威海HOBIE帆船公开赛在威海国际海水浴场海域举行
（威海市体育局　提供）

【“威海南海万和杯”2021年全国海钓锦标赛】 10月9日—10日，由中国钓鱼运动协会、威海市体育局、威海南海新区管理委员会主办的“威海南海万和杯”2021年全国海钓锦标赛在威海南海新区万和海钓基地举行，全国19支队伍近100名运动员参赛，威海市连续第5年举办该赛事。

【2021年全国青年乒乓球锦标赛】 10月21日—27日，由中国乒乓球协会主办的2021年全国青年乒乓球锦标赛在威海南海新区奥林匹克中心举行。比赛设男子团体、女子团体、男子单打、女子单打、混合双打比赛项目5个，比赛获得男、女单打前2名的运动员可直接进入国家二队，获得男、女单打前8名的运动员可参加2022年全国优秀青少年训练营集训。全国有30余个运动队近300名青年运动员参赛。

【2021中国威海休闲钓鱼产业高峰论坛】 10月25日，由山东省体育局、省工业和信息化厅、省文化和旅游厅、中国钓鱼协会主办，山东省体育发展服务中心、省体育产业联合会，威海市体育局、中国国际贸易促进委员会威海市委员会承办的2021中国威海休闲钓鱼产业高峰论坛在威海市举行。山东省工业和信息化厅、省文化和旅游厅、省体育局等单位相关负责人，各市相关体育部门和相关企业代表150余人参会。威海市体育局、威海光威户外装备有限公司、威海浪宝渔具有限公司在论坛上作典型交流。

【2021“山东港口杯”仙境海岸半岛城市帆船拉力赛（威海站）暨“康派斯”威海湾场地赛】 10月31日，2021“山东港口杯”仙境海岸半岛城市帆船拉

力赛（威海站）暨“康派斯”威海湾场地赛在威海市刘公岛海域举行，青岛市、日照市等7个地市的11支帆船代表队参加赛事。

【体彩实体销售】 2021年，威海市销售体育彩票6.24亿元，市场占有率64.0%，年度计划完成率111.6%，站点数量达477个，为国家筹集公益金1.46亿元。其中，为威海市筹集公益金4398万元，为市体育部门筹集公益金3468万元。

（丛 婉）

体育设施

【概况】 2021年，威海市落实省级体彩公益金70万元，资助建设多功能运动场1处、灯光篮球场2处。利用市级体彩公益金97万元招标采购健身器材417件，为各区（市）累计配套健身器材500余件，用于城市社区、农村的体育场地设施建设，兜底维修、更新室外健身场地49处、健身器材520余件。对全市体育场地进行普查和系统录入，新增场地333个，增加场地面积约176万平方米，全市人均体育场地面积达3.58平方米。

【镇级全民健身中心建设】 全市镇级全民健身中心实现全覆盖。室外场地标准为建筑面积2000平方米以上，至少能长期开展5个体育活动项目，以球类和操舞类活动为主，且能够实现功能转换。室内场地标准为总建筑面积不少于200平方米，至少可以开展5个室内运动项目。

【威海体育场】 位于威海市文化中路90号，是威海市政府投资兴建的综合性体育场，总建筑面积3.8万平方米，可容纳观众3.1万人。工程于1999年10月1日动工建设，2003年7月8日通过综合验收。体育场的主体结构为桩基础现浇框架结构，看台罩棚采用全张拉空间索膜结构。体育场工程设计被评为山东省“泰山杯”奖；塑胶场地是国际标准的400米环形跑道，被国家体育总局评定为国家一类比赛场地。

【威海体育馆】 位于威海市文化中路92号，建于1997年9月，建筑面积1.75万平方米，可容纳观众4600人。馆内设有中央空调、音响、电子屏幕等设备，是集体育活动、贸易洽谈、商贸展销等为一体的多功能综合性场馆。

【威海市全民健身中心】 位于威海市区花园中路139号（市体育场北门西侧），南临文化中路，西临福山路。中心集健身、休闲、娱乐为一体，于2012年开工建设，整体布局分为成人健身区、儿童健身区，分室内和室外两个部分。室内部分配备青少年体育培训、有氧器械、自由重量器械等健身设施和国民体质监测室。室外部分，成人健身区建有橄榄球足球训练场、网球场、篮球场等设施。其中，橄榄球足球训练场长107米，宽60米，南北方向可布置成一片标准的橄榄球或足球训练场地，东西方向可布置成2片标准的7人制足球场地；网球场有室外场地11片，并配备有更衣室、淋浴间等相应设施；篮球场占地面积2200平方米，包括标准场地2片和练习场地1片；沙滩排球场地2片，每片场地长25米、宽16米；小轮车训练场包括450米标准赛道1条和60米小轮车爱好者使用的练习赛道4条；门球场占地面积600余平方米；另有健身路径器械31套。儿童健身区包括儿童迷宫、儿童乐园、儿童游泳池等设施。

【威海乒羽健身中心】 位于威海市体育中心区域西南角，福山路与文化路交会处，是全市最大的专业化乒羽健身场所，总建筑面积2.9万平方米，2015年4月正式启用。地下一层车库建筑面积约6600平方米，设计车位103个。一层建筑面积约5220平方米，为体育用品专卖；二层建筑面积约5230平方米，为综合健身场馆；三层建筑面积约5150平方米，为乒乓球场地，有国际比赛指定球台40张，拥有独立带空调、卫生间和休息室等功能的VIP乒乓球室4间；四层为羽毛球场地和看台，有符合国家专业比赛的羽毛球场地29片，面积约4000平方米。其中，包括VIP羽毛球场地2片，配有带空调、卫生间、淋浴间和休息室等独立功能的包间4个，看台座席数600余个。

【威海市游泳馆】 位于威海体育场东南侧，威海体育馆东侧，南邻文化中路，规划用地面积约1.8公顷，总建筑面积约3.8万平方米，总投资约3.5亿元。2019年8月28日，威海市游泳馆及附属设施建设项目通过竣工验收。该项目按照省级绿色建筑二星级标准进行设计建造，主要包括比赛池、训练池、戏水池及相关的辅助用房。整体建筑分地上5层，地下1层。其中，地下一层为车库，地上一层设有配套商业用房，二层为训练池（21米×50米、8条泳道），三层为比赛池（25米×50米、10条泳道），四层为戏水池和1130座的观众看台，五层为设备层。

【威海市儿童游泳馆】 位于威海市体育中心区域东南角，是威海市首家儿童游泳馆，建筑面积约800平方米，2015年5月31日正式启用。馆内建有适合0～8周岁以内不同年龄儿童的游泳池，主要用于婴幼儿早期游泳训练和推广普及少儿游泳运动。游泳项目主要有游泳拓展训练课、戏水游泳课、普通游泳训练课。其中，游泳拓展训练课为特色项目，由专业游泳教练指导，根据儿童的能力和年龄的不同，整个课程分为9级标准。

【里口山国际山地自行车赛道】 位于威海市环翠区里口山风景名胜区，2015年7月28日开工。国际山地自行车赛道由美国IMBA（国际山地自行车赛道联盟）驻中方代表按照国际赛事标准设计，满足市民各种休闲健身骑行活动。赛道主要由休闲绿道、技巧公园、标识系统等组成。赛道一期工程总长14千米（其中休闲绿道9千米、中高级赛道5千米），有技巧公园1处、驿站2处、赛道专用标识牌55处，并在沿线修建防火蓄水池6处。休闲绿道与健身、休闲、观光的功能相一致，体能要求较低，适用于普通市民，中高级越野赛道利用自然山势中崎岖起伏的地形构造出坡度、弯度、难度，体能要求较高，适用于专业人士且配备专业运动装备。技巧公园是由美国IMBA研发的山地自行车骑行训练系统，利用堆土、木桥和石块形成连续多个自然坡度、弯度，训练骑手的柔韧性和协调性，用以提高选手的操控能力。

【里口山国家级登山健身步道】 是山东省首条国家级登山健身步道，国内首条山海景观登山健身步道，经国家体育总局批准，由国家体育总局登山运动管理中心认证。步道地处威海中心区域，青山向海，依托佛顶—大青顶—邓家寨—姜家疃等优越的自然资源和层次分明的山海景观，结合牛仙山等里口山独有的民俗文化特点，着力凸显生态、休闲、健康、美丽、文化5个元素，全长200千米，其中一期修建45千米，A级路线24千米，B级路线13千米，C级路线8千米。A级、B级以运动健身休憩为主，体能要求较低，适用于普通市民；C级路线以极限探险为主，适用于专业户外人士且配备专业户外运动装备。一期步道全程建有福德庄、塔山公园、北葛水库、桃花苑等出入口9个。按照《国家登山健身步道建设标准》，步道全程为非硬化土石路面。路线全程设一级导视装置8组、二级导视装置9组、三级导视63处、太阳能定位灯杆以及休憩和景观点多处。

【文登体育公园】 位于威海市文登区文山路东首城市文化商务区，占地面积30公顷，一期工程投资5亿元，规划建设体育馆、体育场、训练馆、学生宿舍及附属设施等。竞技体育运动学校建筑面积1.07万平方米，投资2000余万元，可容纳500余名学生就读、食宿和训练，2009年11月，校舍建成并投入使用。体育场建筑面积4.03万平方米，可容纳观众2.75万名，可承接国内外各级各类田径比赛。体育馆建筑面积为2.65万平方米，可容纳观众5450名，可承接篮球、排球、乒乓球等比赛项目。

【威海市体育运动学校教学训练综合馆】 于2016年投入使用，总投资3780万元，建筑面积7484平方米。地下一层为重竞技训练场馆，地上一层为篮、排球场地，五层为阶梯教室，场馆南区为办公区。

【荣成市文化体育中心】 位于荣成市桑沟湾畔，主要由体育场、体育馆和市民健身中心组成。2008年被国家体育总局命名为山东荣成国家队夏训转训基地，被山东省体育局命名为山东省优秀运动队训练基地、山东省体育后备人才训练基地。

荣成市体育场 2007年竣工，位于桑沟湾畔，总投资3.2亿元，建筑面积5.82万平方米，可容纳观众3万人。场内设体育运动学校、运动员公寓及文化设施、400米标准橡胶跑道。体育运动学校总面积为7430平方米，主要有教室、实验室及举重、摔跤、柔道、体操训练房等设施。运动员公寓面积3780平方米，配备客房105间、多功能厅1200余平方米，设有宴会厅、接待室及休闲娱乐设施等。

荣成市体育馆 2007年竣工，位于桑沟湾畔，总投资2.4亿元，建筑面积3.04万平方米，建筑高度45米，可容纳6548人。

荣成市民健身中心 2008年竣工，位于桑沟湾畔，体育场西侧，投资1800万元，占地面积6万平方米，设田径、网球、篮球、手球和链球等标准场地。

【环翠区全民健身中心】 位于威海市环翠区张村镇大光华国际学校南侧，占地面积7.7万平方米，分2期实施。一期工程建成篮球场4片、羽毛球场4片、笼式足球场2片；二期工程建设标准足球场、门球场各1片，健身中心、服务中心各1处。

【文登区全民健身中心】 位于威海市文登区文山路东首，改建面积约2万平方米。依托区体育公园进行建设，在原有场地（标准足球场2片、篮球场4片、网球场4片、手球场和排球场各1片）的基础上，增建笼式足球场2片，室外灯光排球场、篮球场各1片，连片灯光门球场8片，改建室内羽毛球场15片、健身路径36件。

【荣成市全民健身中心】 位于成山镇裕兴路北，荣成市第六中学东，占地面积11.8万平方米，室外体育场建有羽毛球场2片、篮球场4片、排球场2片、标准足球场1片、笼式足球场1片、健身路径1处；室内体育馆建有篮球场1片、羽毛球场2片、乒乓球场1片。

【乳山市全民健身中心】 位于乳山市新华街南、幸福二路北、幸福三路东、幸福一路以西区域，占地面积约10.7万平方米，一期工程建有篮球场2片、网球场2片、羽毛球场3片、乒乓球场1片以及健身广场、健身步道、停车场等。二期工程建有篮球场2片、足球场3片（其中笼式足球场2片）、排球场2片、健身路径50余件。

【威海经济技术开发区全民健身中心】 位于威海经济技术开发区乐天体育公园内，2015年改建，面积约1万平方米。中心建有笼式足球场2片、篮球场4片、网球场6片、羽毛球场6片、排球场2片、门球场4片。

【威海临港经济技术开发区全民健身中心】 位于威海临港经济技术开发区江苏东路南，占地面积约7.8万平方米，总投资1800万元，2015年竣工。建设标准足球场2片、网球场4片、篮球场4片、排球场2片、棒球场1片、门球场1片和乒乓球场4片，配套建设健身路径、淋浴房、商店、停车场、漫步道等。

【青鸟盛地足球公园】 位于威海市口腔医院南侧，占地面积1.12万平方米，工程总投资1800万元，属政府投资和社会资金共同建设，分时段免费开放。建设管理方为青鸟盛地体育发展有限公司，建有标准足球场1片、7人制足球场1片、5人制足球场3片和篮球场1片。

【威海火炬高技术产业开发区华田体育公园】 位于威海火炬高技术产业开发区田和街道南部（城际铁路线北侧），西接新田路，东临南苑路及城际铁路隧道口，依托佛顶山下特有的丘陵地形地貌，设计占地面积7.7万平方米，建有足球场、篮球场、网球场、金色童年游乐园等户外活动场所。

【威海临港经济技术开发区足球场】 位于威海临港经济技术开发区全民健身中心内。2019年3月，对原足球场地实施改造工程，将原场地升级为棒球和足球兼用，以棒球为主的场地，可承接国际级赛事。工程占地面积 2.04 万平方米，总投资 200 万元，属政府投资建设，免费对社会开放。

【威海市植物园专项运动场】 位于威海市植物园内，2019 年 6 月完工。工程占地面积 1500 平方米，总投资 30 万元，建设管理方为威海市植物园管理有限公司，免费对社会和游客开放。建有篮球场 1 片、门球场 1 片和健身路径 12 件。

【凤鸣谷健康主题公园】 位于威海市环翠区北环山步道东侧，菊花顶东区北侧，2018 年 5 月完工。工程占地面积 1.5 万平方米，总投资 1300 万元，属政府投资建设，建设管理方为环翠区鲸园街道办事处，免费对社会开放。建有活动广场、游乐场、步道和健身路径 20 件。

【威海经济技术开发区百尺所文化广场】 位于威海经济技术开发区百尺所农村社区，2016 年 6 月完工。工程占地面积 4000 平方米，总投资 95 万元，村民可免费健身。建有篮球场 1 片、健身路径 13 件。

【乳山仿真冰场】 位于乳山市城西全民健身中心室内，由闲置厂房车间改建，总面积 300 平方米，长 25 米，宽 12 米，设有仿真冰壶赛道 2 条，可进行仿真冰球的训练和比赛。工程于 2019 年 8 月完工并投入使用，是全市首个室内仿真冰场。

【威海南海国际沙滩运动基地】 位于威海南海新区海景路东首，占地面积 6.67 公顷，是集专业赛事、休闲运动、社会娱乐于一体的大型沙滩基地。基地分沙滩比赛、沙滩娱乐、海水浴场、餐饮住宿等功能区 6 个，内设的专业比赛场地及公共娱乐场地占地面积 4 公顷，可同时容纳 2000 余人现场观赛。沙滩比赛区设沙滩足球场地 2 片、沙滩篮球场地 2 片、沙滩排球场地 8 片、沙滩手球场地 8 个。沙滩娱乐区设沙滩足球、沙滩摩托赛、沙滩排球、儿童游乐园等。休闲公园区包括香水海海洋公园、万亩松林区等。海水浴场区设置帆船冲浪、露天浴场、潜水体验区等。海水泳池区设公共露天游泳池，包括深水区和儿童浅水区。公共配套区包括洗手间、淋浴间、比赛器械临时储藏间等。餐饮住宿区为碧海逸林度假酒店，步行百步即可到达训练比赛场地。2017 年 4 月，基地获批国家沙滩手球训练基地。

6 月，威海临港经济技术开发区恒融时代标准冰球馆外景

（威海市体育局　提供）

【威海南海奥林匹克中心】 位于威海南海新区金海路东、大学路南，总占地面积 13.19 万平方米，总建筑面积 12.72 万平方米，含乒乓球馆（面积 8659.42 平方米）、羽毛球馆（面积 6790.74 平方米）和比赛馆（面积 18761.31 平方米）各 1 座，由中基南海科教城（山东）有限公司投资建设。比赛馆设置座位 4386 个，于 2020 年 7 月全部竣工，9 月 17 日，中国乒乓球协会训练基地、中国乒乓球协会青少年训练基地落户奥林匹克中心。场馆设置和配套设施上完全满足国家队备战训练需求，按照国际赛事转播标准，高标准配置场内照明、音频等设施，可满足中央电视台 4K 高清转播及国际乒乓球联合会重要国际赛事转播需求。训练场地区域空调经过特殊定制，将空气流速控制在 0.2 ~ 0.3 米 / 秒，温度恒定为 20℃ ~ 25℃，场地地胶按照奥运会比赛标准定制，可满足国家队正常训练需求，同时配有健身区域，供运动员进行日常健身及力量体能训练。

【威海临港经济技术开发区恒融时代标准冰球馆】 于 2021 年年底正式投入使用，由恒融体育文化发展（威海）有限公司负责运营管理。主场馆建筑面积 4347 平方米，一层为面积 1830 平方米的 IIHF（国际冰球联合会）国际标准冰球场，有教练室、更衣间、运动员休息室、水吧及贵宾休息大厅等；二层主要为观众席，可容纳固定座位观众 600 人；地下一层为车位及运动休闲配套商业设施。冰球馆集培训、竞赛、表演等多功能于一体，可举办冰球、花滑、短道速滑、冰壶等各项国际国内专业冰上赛事。

（和弋斐）

编辑　李传强

社会生活

人力资源和社会保障

• 综述 •

【概况】 2021 年，威海市人力资源和社会保障局聚焦重点问题和优化营商环境等关键领域，坚持“民生为本、人才优先”工作主线，持续推进与经济发展相适应的人力资源社会保障体系建设。全市城镇新增就业 3.75 万人，城镇登记失业率 2.27%。威海市人力资源社会保障综合培训指导中心获评山东省就业创业工作先进集体。全市职工基本养老、工伤、失业保险参保人数分别达 143.3 万人、67 万人和 63 万人，居民养老保险参保人数 91 万人。成功举办中国（威海）新材料产业创新与发展大会暨 2021 威海国际英才创新创业大会，与清华大学共建社会实践山东威海基地。威海市文登技师学院获评世界技能大赛国家级集训基地（焊接项目）。全市新增博士后人才 34 人、技能人才 5651 人、高技能人才 1020 人。开展维护新就业形态劳动者劳动保障权益专项行动，实行书面审理劳动人事争议案件，威海市劳动保障监察支队获评 2021 年全国清理整顿人力资源市场秩序专项行动取得突出成绩单位。

【行风建设】 注重加强对干部职工服务意识、政策法规等内容的研讨培训，组织全员参加人社业务练兵比武题库学习、线上答题，2 人获评“2021 年度山东人社知识通”，助力山东代表队晋级全国比赛，1 人获评全国“岗位练兵明星”。开展“人社干部走流程”活动，围绕“业务服务优不优、经办流程快不快、办事群众满不满意”，全力提升业务服务，累计提出改进意见 50 条。

7 月 27 日，中国（威海）新材料产业创新与发展大会暨 2021 威海国际英才创新创业大会签约仪式举行 （邹金赤　摄）

【信息化建设】 加强数字政府建设，全面提升共享数据质量。做好网络安全工作，印发网络安全工作责任制实施细则，明确职责并落实到位。引入第三方网络安全专业机构，对威海市人力资源和社会保障局信息系统和网络进行有针对性的加固。

就业信息化建设　打造“就好办”公共就业服务品牌，构建全方位智慧就业服务大厅，拓展服务渠道，实现就业服务全网办、掌上办、云上办。优化服务窗口，实现智能办和自助办。加强与银行业务联动，横向延伸就业服务链条，实现政银合作办。健全服务制度，实现秒批办、主动办和帮代办；开展预约服务、上门服务、集中服务、远程服务等，进一步拓展服务渠道，实现“服务找人”。探索实施“政策找人”模式，以短信形式推送就业、创业、培训等服务信息 2.38 万条。依托威海市人力资源社会保障网上服务大厅，开发升级失业保险稳岗返还功能模块，编制业务办理流程指南，全面实施“政策找企”，企业无须提供申报材料，足不出户即可获取稳岗返还资金。

社保信息化建设　优化“网上社保大厅 + 微信公众号 + 政务服务网 + 手机 App+ 自助服务终端”多样化的线上服务渠道，线上业务办理占比超过 91%。依托微信平台及腾讯地图，打造威海版“社保电子地图”，实现市区内社保经办服务网点一键可查、精确导航，方便市内外企业、群众就近办理业务。在全国首家建成工伤预防线上服务系统，参保职工可在线接受培训，累计培训 2.1 万人次。优化社保待遇领取资格 ABCD“静默认证”体系，实现与市民政局、公安局等 24 个部门信息共享，认证率达97.9%，该体系入选2021年度山东新型智慧城市“惠民”领域优秀案例。建设工伤智能一体化综合服务平台，通过数据共享、交换、识别和分析，推动工伤服务模式智能化转型，实现工伤经办由“分散独立”变为“一体串联”，工伤认定由“出院后置”变为“住院前置”，工伤待遇由“被动拨付”变为“免申即付”，进一步提高结算效率，年底，在文登区和市直范围内推广运行。持续增加社保卡发放数量，全市累计制发社保卡258万张，实现社保卡加载残疾人证。深入推进全市电子社保卡签发工作，实现电子社保卡扫描登录，全市累计签发量达103万张。

【内审监督】 以风险为导向，开展职业技能提升行动专账资金审计工作，对2019年后职业技能提升行动专账资金使用情况进行数据调取、分析和问题梳理，对文登区、荣成市、乳山市等区（市）使用专账资金培训工作进行审计检查，查出培训现场、证书发放等方面问题21个，下达整改通知，督促整改到位。

【“法治人社”建设】 推进法治政府建设示范创建和典型培树工作，强化行政规范性文件和合同管理，修订行政规范性文件制定管理办法，现行有效规范性文件计22件。落实行政执法“三项制度”（公示制度、执法全过程记录制度、重大执法决定法治审核制度），开展行政执法人员清理工作，行政执法人员培训率和持证率达100%。制订执法监督计划，办理复议、诉讼案件4起，行政机关负责人出庭应诉率100%。制定“双随机、一公开”监管方案，推进“互联网+监管”。开展各类法治宣传教育活动，举办服务企业政策辅导普法公益网课43期，累计参与学习企业602家2.6万余人次。

【“放管服”改革深化】 实施“人社服务快办行动”，推进关联事项“打包办”、高频事项“提速办”“跨域办”、所有事项“简便办”。推动流程再造，依申请政务服务事项网办率达100%，即时办结率达89.5%，平均承诺办结时限由11.4个工作日压至1.94个。梳理形成“简便办”“提速办”服务清单126项，制定证明事项告知承诺制清单74项。在巩固43项“跨省通办”“全省通办”事项基础上，再推出“跨域办”事项32项。市人力资源和社会保障局获批省人力资源和社会保障系统“双全双百”工程试点、证明事项告知承诺制两项试点，有序组织开展“继承”和“人才引进”两个场景全生命周期试点。

【信访咨询】 全年接到市信访局交办信访事项14件，接待群众上访1100余起，各类矛盾纠纷得到妥善处置。参加阳光问政热线直播活动8次，办理群众网上和现场电话反映问题57个。全年接听群众电话28.2万个，办理政务热线转办件3010件，办理政民互动信访1227件。

·人才队伍建设·

【高层次人才引进】 2021年，全市聚焦先进制造业发展问题，突出“服务产业发展、促进产才融合”的宗旨，争取国家新材料产业发展专家咨询委员会、山东省工业和信息化厅等部门指导支持，借力国家级平台全面展示全市新材料产业发展新成就、双创新优势、合作新机遇，成功举办中国（威海）新材料产业创新与发展大会暨2021威海国际英才创新创业大会，12名两院院士、28家高校院所代表、企业负责人等100余人参会，现场签约项目6个，揭牌创新平台3家。成功举办韩国留学人才云上对接会，以“汇聚海归人才，助力精致发展”为主题，邀请线下参会嘉宾90余人、线上参会嘉宾及在韩中国留学生1300余人，收到留学生简历300余份。揭牌威海国际人才驿站（韩国），启用威海（中韩）人才交流平台。山东外事职业大学与釜山外国语大学，威海职业学院（威海市技术学院）与富川大学，威海海洋职业学院与水原大学在联合培养高端人才、引进在韩国留学青年博士和创新创业团队、共同开展产学研合作方面签订合作协议3份。推荐申报各级人才项目，大力支持留学回国人员在威海领（创）办企业、落地发展，1名留学人员入选人力资源和社会保障部2021年度中国留学人员回国创业启动支持计划，6家留学人员创业企业获得威海市留学人员企业一次性创业资助资金，累计获得扶持资金110万元。

【青年人才引进】 举办“选择威海·共赢未来”系列招聘活动，召开青年学子留威海校企对接洽谈会，全市17所院校与106家重点骨干企业开展现场洽谈，签订校企合作协议32份，达成合作意向50余个。开展名校直通车活动7场，组织企业17家，提供岗位需求358个，初步达成合作意向636人。与龙江学子就业平台、齐鲁人才网等平台开展线上活动11场，组织970家企业提供岗位1.37万个，收到简历1900份。举办“龙江学子威海行”活动，邀请黑龙江、吉林两省24所高校就业部门负责人和大学生代表65人到威海市

7月6日，威海国际人才驿站（韩国）揭牌仪式举行（邹金赤 摄）

洽谈交流，签订校地校企合作协议47个，聘用“校园引才大使”35名。对接高校联络机制，全市人力资源和社会保障系统干部职工对接联系高校680所，市、区（市）两级人力资源和社会保障部门分批组织企业到81所高校进行实地对接，分批邀请73所高校到威海市考察对接，建立稳定的联系渠道。开展2021年“三支一扶”（支教、支农、支医和帮扶乡村振兴工作）招募工作，招募109人，服务基层、振兴乡村。运用大数据比对、部门间信息共享等方式为全市符合条件的6510名大学生兑现“521”生活津贴1.1亿元。开展2020年度大学生就业创业服务指导站绩效评估工作，为8所驻威海高校发放奖补资金37万元。在160家就业见习基地开展高校毕业生就业见习1234人，为457人发放就业见习补贴219.58万元。与清华大学签订协议，共建社会实践山东威海基地，首批25名大学生到威海市开展为期42天的社会实践和科技服务。其间，清华大学博士生解决、协助解决工程技术问题17项、市政发展问题4项、社会类问题2项，威海支队获评金奖支队，威海实践基地由试点基地连升两级转为二星级正式基地。

【高层次专业技术人才队伍建设】 围绕“人才兴威攻坚突破”主题主线，持续完善人才政策体系，拓展人才发展平台，优化人才发展环境。积极做好泰山产业领军人才技能领军人才、泰山学者攀登专家等各类人才工程的推荐和选拔工作，不断拓展各类高端人才培养渠道。开展第七批威海市有突出贡献的中青年专家评审工作，24人获评威海市有突出贡献的中青年专家。召开威海博士后创新创业服务联盟座谈会暨博士后政策宣讲培训会，开展博士后青年人才招募行动，新增省博士后创新实践基地7家，引进博士后研究人员34名，获批中国博士后科学基金面上资助二等资助2人、省博士后创新项目资金资助5个、省博士（后）生活补贴21人。评选2021年度威海市博士后资金资助项目，其中建站资助1个、配套奖励资助7个、安家补贴1个、基础资助2个、重点资助15个。推进专业技术人员知识更新工程，威海职业学院（威海市技术学院）、哈尔滨工业大学（威海）获批省级专业技术人员继续教育基地。开展“水产病害检测与防控技术”等省级专业技术人员知识更新工程高研班2个。充分发挥威海市专业技术人员继续教育服务平台功能，更新公需科目及系列（专业）专业科目课件58个，为全市各类专业技术人员自主开展在线学习打造便捷通道，平台累计注册用人单位4100余家、专业技术人员9.3万余人。

【职称制度改革】 联合市委组织部、市委宣传部等15个部门制定分类推进人才评价机制改革方案，进一步完善全市人才评价机制。联合市农业农村局印发新型职业农民职称评审实施方案、基层农业技术中初级职称评价标准，扩大全市基层职称评价范围。威海临港经济技术开发区印发碳纤维复合材料工程技术人才职称评价标准，为碳纤维专业技术人员职业发展开辟新通道。全面推广使用山东省专业技术人员管理服务平台，指导市直80余个职称评审委员会及区（市）人力资源和社会保障部门做好相应系列职称申报、审核等工作，获得副高级以上职称1700余人；审核报送省厅组织评审的高级职称材料，上报正高级380人、副高级215人。

【高技能人才队伍建设】 制定“人才兴威”攻坚突破三年行动方案（技能人才板块），健全全市技能人才培养、使用、激励机制。新增技能人才5651人、高技能人才1020人。全市技能人才总量达35万人，其中高技能人才9.4万人，占比26%。获评省级及以上技能人才称号7个、平台载体2个，评选市级技能人才称号30个、平台载体5个。获评省技术能手7人，选拔市首席技师15人、市有突出贡献的技师15人。威海市文登技师学院获评世界技能大赛国家级集训基地（焊接项目），是全市首家“国字号”职业技能竞赛训练基地，是全省焊接项目首家“国字号”训练基地；文登奥文电机有限公司获评齐鲁技能大师特色工作站。评选市技能大师工作室5家，评估市技能大师工作室优秀5家、合格13家。会同市总工会、住房和城乡建设局等11个部门组织开展市级技能竞赛15场。市人才工作领导小组牵头组织2021年度“技能兴威”职业技能竞赛，12家成员单位共同参与，设比赛项目19个，524名选手参赛。举办第三届全市技工院校教师职业能力大赛，设类别10个，全市6所技工院校52名教师参赛。承办首届全省乡村振兴技艺技能大赛，青岛、烟台、日照等地市26名选手参赛。通过市级各类职业技能竞赛选拔优秀选手参加省赛，获得省一类技能竞赛一等奖1人、二等奖15人、三等奖16人。落实高技能人才奖励政策，提升技能人才待遇。发放各类技能人才省级奖励资金21.4万元、市级奖励资金89.6万元。申报2021年度高技能人才奖励资金412.4万元。发布民办职业培训机构年度报告检查结果，下放市级审

5月26日，首届全省乡村振兴技艺技能大赛比赛现场

（蒋治国　摄）

批民办培训机构事中事后监管权限，加强培训管理、监督和服务，推动民办职业培训机构规范、有序发展。

【乡村人才振兴】 推广乡村振兴首席专家制度，围绕乡村人才振兴重点工作任务，积极引导各类人才向基层集聚，强化乡村振兴支撑力、增添原动力。印发《威海市乡村振兴首席专家招募工作三年行动方案（2021—2023）》《威海市乡村振兴首席专家制度激励政策十二条》等文件，为乡村振兴首席专家的招募和培养提供目标指引。评选威海市优秀乡村振兴首席专家20名，选树威海市乡村振兴首席专家制度推广示范片区12个，招募各级乡村振兴首席专家828名，打造全方位、多层次、宽领域的乡村振兴首席专家队伍体系。推进专家服务基地建设，发挥专家服务基地的桥梁纽带和平台载体作用，积极引导高层次专家参与乡村振兴工作。获批省级专家服务基地和省级乡村振兴专家服务基地4家，“阳光玫瑰葡萄标准化果穗整型技术培训”获批省级乡村振兴专家服务基层项目，推进“一县一项目”特色培训，开展19个专业特色项目培训4293人次。实施“威海鲁菜师傅”助力乡村振兴工程，培训农村转移就业劳动者1.03万人次。

【高层次人才服务】 扩大“威海英才卡”覆盖面，将“1+4+N”创新平台全职引进的重点人才、全市年度财税地方贡献50强企业家等纳入“威海英才卡”绿色通道服务范围。以“体验人才服务，感受幸福威海”为主题，先后组织博士后、青年人才、科技人才开展人才服务体验日活动3场。完成高层次人才服务信息系统二期工程建设，实现全市重点人才工程网上申报、服务专员信息化管理及人才数据可视化等功能。累计发放威海英才卡724张，通过人才专线、服务窗口、信息平台等渠道服务高层次人才5000余人次。其中，手机端微信扫码服务人才723次，服务信息平台处理人才服务事项636件，实现人才信息化服务。

【人事考试】 在人力资源和社会保障系统每个科室、单位均安排专职巡视工作联络员1名，抓好巡视人员库290余名巡视人员的抽调、培训安排、工作考核和责任处理等工作落实。投入资金50万元，建设2个考点标准化考场100个，升级和加强远程监控管理，完成与省级监控平台对接。协调市教育局、公安局等部门，增强新冠肺炎疫情防控和考试安全保障能力，合力做好考试组织工作。全年协调教育部门安排考点近40个，使用考场1300余个，动用考点考务人员3800余人次。协调市公安局安排公安民警40余人次，市卫生健康委员会安排防疫人员100余人次，使用公车平台车辆80余辆次，顺利完成15项4.5万余人的考试任务，连续13年“零差错、零事故”。

·就业创业工作·

【就业工作】 2021年，全市城镇新增就业3.75万人，完成省定目标的113.62%，城镇登记失业率为2.27%。

就业政策落实 制定支持多渠道灵活就业和强化就业优先政策保就业稳就业工作方案，明确促就业政策28条，拓宽就业渠道。威海市就业和农民工领导小组印发“创业齐鲁·乐业山东行动实施方案”和“十四五”促进就业规划，明确未来3～5年就业工作目标。

重点群体就业 环翠区翠竹社区和乳山市华冠社区入选第五批国家级充分就业社区。开展“就业援助月”专项促进活动，走访就业困难家庭3734户，帮助实现就业572人。开发公益性岗位安置脱贫人口235人，发放公益性岗位补贴65.44万元。为1.75万名就业困难人员发放灵活就业社保补贴5943.35万元，为109家企业吸纳的241名就业困难人员和高校毕业生发放社保补贴211.94万元，为12家家政服务机构吸纳的460名从业人员发放意外伤害保险补贴2.76万元。

企业用工服务 举办全市企业用工环境现场观摩交流会，通过实地观摩和经验交流相结合的方式，引导全市50家重点企业学习借鉴先进企业的经验做法，优化企业用工生态。建立市外劳动力引进长效机制，赴湖北、云南、山西等9省16市开展跨区域劳务对接活动，新建省外劳务合作基地8处，累计建成31处。完善并大力推广就业服务平台，入驻国家级招聘平台“就业在线”，累计注册企业5237家，发布岗位需求9.69万个，注册求职者3.29万人，投递简历4.35万份。开设“威海云招聘”直播带岗87期，吸引求职者观看176余万人次。启动线上“数字零工市场”，在各区（市）建成线下“零工市场”18处，并发布场所电子地图，促进灵活就业。

人力资源服务业发展 组织8家单位参加第一届全国人力资源服务业发展大会，走访知名人力资源服务机构80余家，达成初步合作意向14家。举办“智慧谷杯”威海市首届人力资源服务创新大赛，2个项目进入中国（山东）首届人力资源服务创新大赛决赛。威海城市共享人力资源服务平台上线运行，是全国首创的城市人力资源管理数字平台，获得IDC（国际数据公司）亚太区智慧城市人力资源领域优秀奖。新建威海南海新区人力资源服务产业园。人力资源服务业协会、人力资源管理协会开展行业交流、供需对接、技能培训等，发挥社会组织资源共享功能。举办2021年度全省人力资源服务骨干企业负责人培训活动，全省16市35名经营性人力资源服务机构负责人赴苏州市、上海市等地参访游学。开展人力资源服务从业人员职业技能提升专项行动，通过集中授课、访问游学等方式开展培训48期，培训2564人。落实市级人力资源服务业发展扶持资金重点扶持项目8类18项，补助资金145万元。全市人力资源服务机构总数突破500家，累计帮助实现就业和流动人数达90万人次，服务用人单位58万家次。

【创业工作】 优化创业担保贷款贴息政策，累计发放创业担保贷款3.7亿元、各类创业补贴3630万元，直接扶持创业4054人，吸纳带动就业1.22万人。开展全市首届返乡入乡创业之星评选和“创业精英汇—百名创业英才推选”活动，参加胶东经济圈首届大学生职业生涯规划大赛和第三届全国创业就业服务展示交流活动，威海市参展的青年创业项目获评城市创业精品展示项目。

【职业技能提升行动】 完善职业技能提升行动政策体系，公开招标认定职业技能培训机构62家，创新搭建威海市职业技能提升线上培训平台及培训网络监管平台。全市支出职业培训补贴资金1.15亿元。推广企业技能人才自主评价，备案企业94家，组织1.24万人参加专项职业能力考核。实施大学生就业能力提升行动，对5所驻威海市高校开展就业能力实训1.3万人次。启动实施“迎新春送温暖、稳岗留工”专项行动，开展“以训稳岗”职业技能提升培训，54家企业参训职工7435名，员工稳岗率达95%以上。将不按月领取城镇职工基本养老金的人员纳入培训，对企业职工、登记失业人员等群体开展培训5.78万人次。全年开展“以工代训”8.23万人次，“金蓝领”培训1825人次，“新型学徒制”培训1502人次。

•社会保险工作•

【基本养老保险】 *企业职工养老保险* 2021年，开展“社保政策你我他”暨社保法实施十周年主题宣传活动及“政策找人”养老保险扩面专项行动，全面释放参保潜力。全市企业职工基本养老保险参保131.52万人，基金收入89.66亿元，发放养老金123.01亿元。连续第17年调增企业退休人员养老金，惠及全市42.35万名企业退休人员，人均月调增128.6元，增长6.16%，2021年企业离退休人员月人均养老金达2216元。为企业军转干部退休人员调整并补发养老金，人均月调增242元，人均增长4.98%，调增后人均月养老金水平为5109元。完成中华人民共和国成立前企业老工人退休待遇及生活补贴调整。落实企业职工基本养老保险省级统筹、国家统筹政策，分析研判基金运行情况，加强风险防控，建立评价考核办法，压实区（市）政府责任，按月上解当期基金收入89.66亿元，归集全市历史结余基金93.17亿元。落实补缴政策规定，规范职工参保缴费行为，妥善处理职工养老保险历史遗留问题，为全市1.45万名职工办理补缴手续。严格执行省人力资源和社会保障厅关于进一步规范企业职工基本养老保险有关政策，做好政策宣传解读工作，正确引导社会舆论。

机关事业单位养老保险 全市机关事业单位养老保险参保11.74万人，基金收入28.03亿元，发放养老金29.61亿元。连续6年同步调增机关事业单位与企业退休人员养老金，人均月调增200元，增长3.5%，惠及全市4.16万名机关事业单位退休人员，机关事业单位退休人员月人均养老金达到5919元。继续推进机关事业单位养老保险制度改革，完善配套政策，落实公务员职务与职级并行政策，确保新老办法平稳衔接运行。完成改革后退休人员养老金待遇计发工作，为全市1490名机关事业单位退休人员重新核定并补发待遇。

居民养老保险 全市居民基本养老保险参保91万人，基金收入15.91亿元，发放养老金12.32亿元。完善全市居民养老保险待遇确定和基础养老金正常调整机制，自2021年7月起，调增居民养老保险基础养老金标准，由每人每月154元提高至162元，高于省标准12元、国家标准61元，增发资金1872万元，惠及38.4万名城乡居民。巩固脱贫工作成效，组织各区（市）扎实开展重度残疾人和建档立卡贫困人员居民养老保险费代缴工作，落实60周岁以上贫困人员养老金待遇发放，确保稳定脱贫不返贫。全市2.4万名建档立卡贫困人员全部纳入参保范围，为1.27万名符合条件的贫困人口代缴居民养老保险费576.42万元，为年满60岁以上的4.02万名贫困人口按月足额发放居民基本养老金待遇7815万元。继续落实被征地农民养老保障政策，全市参保被征地农民33.84万人，落实到被征地农民个人账户资金4.3亿元。

【工伤保险】 全市工伤保险参保66.96万人，基金收入3.98亿元，为7633名工伤职工及供养亲属发放待遇3.48亿元。连续17年调增一至四级工伤职工伤残津贴、生活护理费和工亡职工供养亲属抚恤金标准，惠及全市1606名工伤职工及亲属。阶段性减免工伤保险费率政策执行至2021年4月，为全市3.3万家企业减免工伤保险费0.22亿元。全年认定工伤5026起，比上年下降2.35%。申请劳动能力鉴定2807人，符合一级至十级评定伤残等级的2450人。非因工或因病伤残鉴定人数631人，工伤康复治疗55人次。在全市范围内推广定点协议医疗机构工伤医疗费用联网结算，有效减轻用人单位和职工垫付资金的压力。扎实推进工伤预防工作，联合多个部门出台工伤预防五年行动实施方案，推进工伤预防、工伤补偿、工伤康复“三位一体”的工伤保险制度体系建设。推进胶东经济圈社保一体化发展，建立工伤认定调查协作、劳动能力鉴定互认和医学专家库资源共享体系。

【失业保险】 全市失业保险参保63万人，基金收入3.83亿元。将失业保险金标准调整为1890元／人／月，为15.7万人次发放失业保险金2.79亿元，为12.06万人次发放失业补助金5807.62万元。为8401名企业参保职工发放技能提升补贴1216.2万元，保障失业人员基本生活。强化对110家重点企业的失业动态监测，涉及职工7.46万人，防范化解规模性失业风险。开展2次全市失业保险基金自查整改工作，制定就业风险储备金管理办法，明确市级就业风险储备金的动用情形和资金支出范围，加强就业风险应对管理。继续实施失业保险稳岗扩围政策，将社会团体等参保单位纳入返还范围，累计为5335家用人单位落实失业保险稳岗返还资金3572.35万元，惠及参保职工30.65万人。持续执行阶段性降低失业保险费率政策，为3.4万家企业减免失业保险费1.65亿元。

【社保基金监督】 制定经办机构内部控制办法，印发社会保险领域严重失信人名单，健全社保风险防控机制。对全市基金管理风险进行全面检查，开展企业职工提前退休审批管理风险防控、社保基金管理问题专项整治等，全面排查存在问题，堵塞体制机制漏洞。接受社保基金管理风险排查省级抽查，对发现的问题认真整改。与各区（市）经办机构、内部各科室签订风险防控责任书，对市直和各区（市）进行“体检”，对发现的9个问题全部整改完毕。开展养老社保及税费改革领域问题专项整治，确定参保缴费、待遇核定发放两个方面具体整治内容6项，有效开展督导14次。

•劳动关系协调和权益维护•

【劳动关系管理】 2021年，在全市范围内开展劳动关系工作、劳动关系协调员队伍及新就业形态用工情况调研，全面摸清各领域工作开展现状，深入查找面临的难点、痛点和堵点问题，为推进工作开展奠定基础。充分发挥协调劳动关系三方机制作用，开展2021年“和谐同行”企业培育行动，在全市选取32家企业作为培育对象，进行点对点精准指导服务，帮助企业构建规范有序、民主协商、和谐稳定的劳动关系。开展和谐劳动关系企业评价活动，推荐22家典型企业参加省级劳动关系和谐企业申报，完成复核6家。完成2020年市管企业负责人基本年薪基数认定工作，开展2020年度企业薪酬调查、人力资源市场工资收入调查，掌握企业收入分配现状和不同职业群体收入分配水平。落实山东省2021年企业工资指导线和威海市最低工资标准政策规定，指导各类企业合理确定职工工资增长速度，督促用人单位按规定标准执行。威海市月最低工资标准由1910元调整为2100元，小时最低工资标准由19.1元调整为21元，为全省最高档次。联合市中级人民法院、总工会等部门制定维护新就业形态劳动者劳动保障权益的实施意见，在全市范围内开展维护新就业形态劳动者劳动保障权益专项行动，推动新就业形态持续健康有序发展。确定威海火炬高技术产业开发区为试点区域，在全市127家企业和企业家联合会成员单位中探索推广使用电子劳动合同，引导企业自主使用第三方电子劳动合同签约平台，或与第三方对接自建平台。威高集团电子签约平台累计使用企业18家，签订电子劳动合同1.05万份。

5月14日，在建设项目工地开展《保障农民工工资支付条例》实施一周年宣传活动 （金 飞 摄）

【劳动保障监察执法】 农民工工资支付保障　全面推行根治欠薪“工长”制，在各街道（镇）明确1名分管负责人作为辖区农民工“工长”，并结合工作实际配备网格员，全市设置农民工“工长”106人、网格员378人，确保欠薪问题化解在基层。印发保障农民工工资支付工作考核标准实施细则，运用信息化手段，量化考核指标，进一步压实属地责任，推动保障农民工工资支付各项制度落实到位。农民工工资监管平台累计录入工程建设项目1144个、农民工信息25.05万人，累计向工伤保险系统推送农民工进退场信息198.87万人次，工资专户累计发放工资75.18亿元。

人力资源市场秩序清理整顿　会同市公安局、市场监督管理局等部门，开展清理整顿人力资源市场秩序专项整治行动，成立专项执法行动小组9个，检查人力资源服务机构等用人单位393户次，检查涉海用人单位9户、船舶10艘次。处理违法线索13件，责令退费4990元；查处和取缔非法职介4起，依法没收违法所得9300元、并处罚款4.6万元，全部收缴到位；清除互联网不实招聘信息7条，移送公安机关侦办涉嫌诈骗嫌疑线索4起。

劳动保障书面审查　将落实带薪年休假、发放防暑降温费、规范劳务派遣行为，新成立及上年度被举报投诉的用人单位作为书面审查重点内容和重点对象，切实规范书面审查工作，扩大审查覆盖面，全市2.15万户企业参加网上书面审查，线下“双随机”抽查用人单位1227家，涉及劳动者3.85万人，有力维护劳动者的合法权益。

女职工产假等权益专项执法行动　以全市女职工较为集中的行业为重点，通过“双随机、一公开”的方式，抽取用人单位185户，涉及女职工9619人，查处违法行为17起，涉及女职工438人，下达责令改正17份。编发女职工劳动保护法律宣传手册，加强《女职工劳动保护特别规定》《山东省女职工劳动保护办法》等相关法律法规宣传力度，与女职工座谈并发放调查问卷累计478人次，增强女职工的维权意识。

投诉举报案件查处　畅通维权渠道，落实“首问负责制”，充分发挥劳动保障投诉举报联动平台作用，实施网上办案、阳光办案，对重大案件处理决定实施集体决策，切实提高案件办理质量和处结率。立案处理133件，结案94件，协调处理案件1.42万件，按期结案率100%，罚款金额5.2万元。

要案及舆情处置　落实“1+N+7”欠薪预警和处置工作机制，对可能发生的突发性、群体性事件提前介入预警研判，制定应对措施。对已经发生的事件，实施正面引导，严格按照应急处置预案进行妥善处理。全年收到上级交办案件12次，有效处理网络舆情35件。

劳动保障信用体系管理　畅通行政执法与司法执行渠道，特别是与市公安局、中级人民法院等部门进行业务交流和工作衔接，提高恶意欠薪和疑难复杂案件的处结能力。年内，全市劳动保障监察部门向司法机关移送案件3件，其中公安机关立案2件，公布拖欠农民工工资“黑名单”1件。对3109户用人单位开展守法诚信等级评价，有力打击用人单位违法违规行为。

【劳动人事争议处理】 2021年，全市仲裁机构立案受理劳动人事争议4591起，涉及劳动者6079人。其中，10人以上集体争议案件20起，涉及劳动者524人，分别减少13起、151人。当期审结案件4487起（含上年度未结案件53起），结案率96.6%，为企业和职工挽回经济损失1.37亿元。审结案件中，通过调解结案3152起，通过裁决结案1215起（其中终局裁决653起，终局裁决率53.7%）。

劳动争议预防 开展“志愿青春”进企业、“座谈交流”进律所、“主题党日”进园区、仲裁员“走流程”活动，提高仲裁员联系服务企业精准度，将书面“仲裁建议”与现场“用工体检”相结合，公益网课与以案说法相结合，加强法律政策宣传及风险隐患防控，着力做好争议源头化解。

调解组织建设 联合市总工会、工商业联合会等部门创建调解品牌工作室，打造金牌劳动争议调解组织15家。其中，荣成市港湾街道劳动人事争议调解中心通过省级验收，并作为全省金牌调解组织，被推荐至人力资源和社会保障部参评全国“金牌调解组织”。设立劳动人事争议人民调解委员会，健全人民调解、司法调解、仲裁调解“三调联动”机制和市总工会、人力资源和社会保障局、司法局、中级人民法院“四方联动”机制，设立法律援助工作站，实现争议案件全程多维调解。

仲裁效能建设 实行书面审理劳动人事争议案件，推行容缺立案与要素式办案相结合，远程调解与书面审理相结合，简案快审、繁案精审、特案优审相结合，开展“线上庭审”，推行“不见面”办理模式，案件处理周期缩短50%；创新争议“预受理”，制定并实行管辖异议案件“预受理”机制，对于存在管辖异议的案件，由威海仲裁委员会“预受理”后，与相关仲裁委员会协商管辖或由威海仲裁委员会指定管辖。

（丛海平　王　蕾）

民　政

【概况】 2021年，全市民政系统抓重点、破难点、争一流、创品牌，各项工作成效显著。威海市获批康复辅助器具产业国家综合创新试点，居住地申办低保试点工作经验获评2021年度山东省民政工作优秀创新案例、2021年度山东省社会救助领域十大优秀创新案例，并在全国社会救助创新试点工作座谈会上作典型交流。全市有2个村获评全国村级议事协商创新实验试点单位；威海市申报课题入选民政部、联合国儿童基金会“护童成长”试点项目；威海市获批省级地名文化遗产认定试点；文登区、荣成市获批全省县域养老服务体系创新示范县；文登区、荣成市被确认为全省乡镇政府服务能力建设和街道服务管理创新典型培育单位；2个区（市）、7个镇（街道）、14个社区（村）获评全省和谐社区示范创建单位；3个区（市）被确认为省级特困人员监护试点。威海市社会组织创新创业园获评首批省级“两新”组织党建工作示范点，公益组织1人获评全国优秀党务工作者。威海市慈善总会被省委、省政府表彰为全省脱贫攻坚先进集体；威海市民政局获评全市扫黑除恶专项斗争先进集体，1人被省委、省政府表彰为扫黑除恶先进个人。全省改革完善社会救助制度暨低收入人口动态监测推进会议、全省“护童成长”试点项目现场观摩会在威海市召开。

（史明辉）

【基层政权和社区治理】 加强业务指导，高质量完成全市2374个村、328个社区的“两委”换届工作，“一肩挑”比例大幅提升。实施专项行动，按时完成村（社区）“牌子多”问题集中整治工作，威海市文登区在全省村（社区）“牌子多”问题整治工作推进会上作典型交流。印发《威海市村级建制调整备案程序》，规范村级建制调整。组织开展2021年度“精致幸福社区”示范社区推选工作，确定环翠区环翠楼街道海城社区等示范社区32个。印发《威海市基层群众性自治组织开具证明材料事项出具样式、办理流程》，为群众提供高效便捷的服务。加强工作创新，荣成市斥山街道盛家村、文登区泽头镇北庄村被民政部确认为全国村级议事协商创新实验试点单位，23个单位获评全省和谐社区示范创建单位。做好扫黑除恶专项斗争常态化工作，市民政局扫黑办公室获评全市扫黑除恶专项斗争先进集体。

（刘朋日）

【社会救助】 自2021年1月1日起，全市城市低保标准由每人每月787元提高到每人每月866元，农村低保标准由每人每月588元提高到每人每月667元，城乡低保比例达1.3∶1；城乡特困基本生活标准分别由每人每月900元和690元提高至1169元和900元，城乡集中护理标准按照自理程度分别由每人每年10990元、5495元和3297元提高至12089元、6045元和3627元。全市保障城乡低保对象1.38万户1.85万人，发放保障资金1.26亿元。其中，城市低保对象1394户1876人，发放保障资金1652.3万元；农村低保对象1.24万户1.66万人，发放保障资金1.09亿元。保障城乡特困供养对象1.12万人，发放保障资金1.54亿元。其中，城市特困供养对象296人，发放保障资金644.3万元；农村特困供养对象1.09万人，发放保障资金1.47亿元。临时救助人次1317人次，救助资金472.3万元。

（李昌宝）

【养老服务】 推进机制改革，争取创新试点。创新政策机制，牵头编制医养结合三年规划，建立健全养老服务综合监管制度、失智老年人防走失机制、养老机构“四专员”制度等，推动养老服务高质量发展。积极争创全国城企联动普惠养老试点，获批中央资金550万元。文登区、荣成市获批全省县域养老服务体系创新示范县，落实省级扶持资金460万元。获评2021年度全省养老服务标准化示范点机构4家，入选全省物业服务企业开展居家社区养老服务试点单位企业1家。增强服务能力，优化服务供给。建成农村老年餐桌287处，全市累计建成734处。建成镇（街道）养老服务中心8处，全市累计建成66处。推广荣成暖心食堂和乳山市“信用＋清廉”养老新模式，中央电视台《新闻联播》等栏目相继报道。完成11处敬老院、1415张床位改造任务。推进建设改造护理型床位3742张，养老机构护理型床位总数2.02万张，占总床位数的53.6%。强化社区养老服务设施配建，全市121个新建小区、805个既有小区配建率达100%。守牢安全底线，补齐发展短板。开展拉网式、起底式安全隐患排查治理行动，印发《全

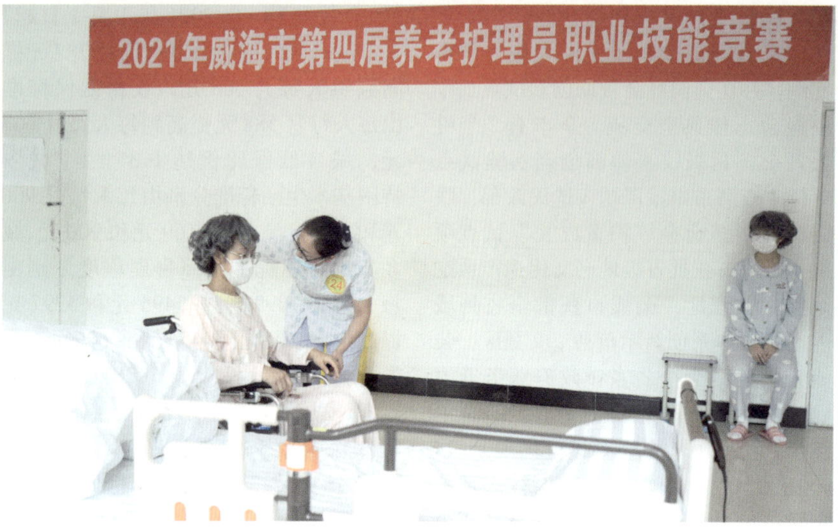

8 月 30 日，2021 年威海市第四届养老护理员职业技能竞赛现场

（威海市民政局　提供）

市养老机构安全生产大排查大整治行动方案》等文件 10 余份，成立检查组 232 个，排查各类养老服务机构 1266 家次，排查整改问题隐患 513 处并全部“清零”。打造环翠楼街道养老服务中心等示范项目 3 个。开展专业养老机构连锁运营街道、社区养老服务设施，探索居家适老化改造、家庭照护床位、居家服务等创新性措施。开展全市养老机构管理人员培训班，全年培训养老院院长 305 人、护理员 2419 人。与市人力资源和社会保障局联合开展威海市第四届养老护理员竞赛，推荐评选出的前 3 名选手参加全省大赛，1 名选手在全省大赛中获得二等奖，市民政局获得优秀组织奖。

（曲桂贤）

【社会组织管理】 2021 年年底，全市登记社会组织 2288 个，其中社会团体 664 个、民办非企业单位 1613 个、基金会 11 个。社会组织管理工作以持续深化“威海红帆”社会组织党建品牌创建为主线，促进社会组织高质量发展。威海市社会组织创新创业园获评首批省级两新组织党建示范点，《中国社会组织》、山东卫视《齐鲁先锋》专栏予以专题报道，威海市物业管理协会获评全国先进社会组织。在全省率先实现 72 个镇（街道）社区社会组织联合会全覆盖，该工作获评 2021 年度全省民政工作优秀创新案例。全市备案社区社会组织总数达 6660 个，构建起“党建领社、以社管社、以社促社”的社区社会组织培育发展模式，经验做法在全省社区社会组织骨干人才培训班上交流发言，15 个单位获评山东省社区社会组织创新发展基地。列支资金 198.5 万元，开展“威海红帆”社会组织为群众办实事公益实践活动，支持 58 个社会组织在助力乡村振兴、关爱特殊群体、创新基层社会治理等方面为群众办实事、解难题、送温暖、传党恩，打造党建品牌公益项目。加强综合监管，分类处置“僵尸型”社会组织 153 个，打击整治非法社会组织 19 个，开展行业协会商会涉企收费专项整治，减轻企业负担 651 万元。

（谷文君）

【社会事务】 *殡葬改革*　召开全市殡葬领域突出问题整治工作会议，开展全市公益性安葬（放）设施有关问题专项整治、殡葬业价格秩序、公益性安葬（放）设施建设经营专项整治，解决殡葬领域突出问题。落实惠民殡葬政策要求，全年全市火化率 100%，免除殡葬服务费约 2869.92 万元，为 1386 具节地生态安葬遗体发放补贴 121.1 万元。

困境儿童关爱保护　市、区（市）建立未成年人保护工作领导小组，其中各区（市）均由党政“一把手”任双组长。召开威海市未成年人保护工作领导小组第一次全体会议，印发领导小组议事规则及未成年人保护工作实施意见等文件。加强未成年人救助保护机构建设，市、区（市）均建立未成年人救助保护中心，镇（街道）均建立未成年人保护工作站，其中荣成市未成年人救助保护中心获评全国农村留守儿童关爱保护和困境儿童保障先进集体。深入开展民政部、联合国儿童基金会“护童成长”试点项目，承办全省“护童成长”试点项目现场观摩会。环翠区未成年人保护工作经验入选全省民政工作优秀创新案例。机构供养孤儿基本生活费每人每月 2125 元，社会散居孤儿每人每月 1650 元，事实无人抚养儿童参照社会散居孤儿待遇予以保障，重点困境儿童每人每月 1540 元，全年为 515 名孤困儿童发放基本生活费 1036 万元。

流浪乞讨人员救助　全面应用全国流浪乞讨人员救助管理系统，建立全市易流浪走失人员信息库。开展全

11 月 12 日，威海市第八批市管社会组织等级评估授牌仪式举行

（威海市民政局　提供）

市“夏季送清凉”“寒冬送温暖”专项救助行动，健全全市流浪乞讨人员市—区—镇—村四级救助管理体系。市社会救助服务中心开展以“携手相助，让爱回家”为主题的救助管理机构开放日活动，接待热心市民和爱心人士100余名。全年救助生活无着流浪乞讨人员813人次，为75名人员找回亲属，发放宣传资料2000余份。

婚姻登记　全市婚姻登记机构实现场所建设规范化、服务设施信息化、服务内容拓展化，为群众提供便捷高效的婚姻登记服务。4月1日起，全市婚姻登记处为群众提供免费照相服务；6月1日起，实行婚姻登记“跨省通办”；10月18日起，推行“婚育联办”工作。充分利用婚姻登记机关的平台作用，通过组织集体颁证、集体婚礼，采取发放宣传册、播放专题视频等方式，宣传倡导文明简约婚俗文化。2021年，全市办理结婚登记1.27万对，离婚登记3676对，补发婚姻登记证5045对。

（梁锦江）

【区划地名】　2021年，对荣成—环翠线、乳山—文登线2条行政区域界线进行联合检查，指导边界毗邻双方签订平安边界睦邻友好协议书。对威海市管理的41颗县级行政区域界线界桩，每月开展巡查工作1次，并通过智能手机定位系统及时上传巡查情况。开展红色地名文化宣传行动，征集红色地名故事53篇，拍摄红色地名微视频5个，开展其他各类宣传活动11次。昆嵛山、马石山、沈秀琴纪念馆等8个红色地名入选全省首批100个红色故事涉及地名名录。刘公岛、天福山、成山头、育黎镇4个地名被省民政厅认定为省级地名文化遗产。对市区32条道路进行命名，对1条道路进行更名，对7条道路的起止点进行调整，对3条道路进行注销，对25个住宅小区进行命名。完成国家地名信息库信息更新工作。重点对行政区域、自治组织、居民点、道路地名条目中的罗马字母拼写、属性、多媒体信息等进行补充完善，对2019—2020年新增地名进行补充录入，更新各类地名信息6714条。

（王书清）

【社会工作】　联合市委组织部、市委宣传部、市财政局印发《威海市镇（街道）社工站建设工作实施方案》，完成全市72个镇（街道）社工站全覆盖。引导社会工作专业力量参与乡村振兴，开展2021年“威海红帆”社会工作服务机构为群众办实事公益实践项目——支持社会工作参与乡村振兴活动，在全市实施19个社会工作服务机构参与乡村振兴项目。开展“国际社工日”主题宣传活动，围绕“汇聚社工力量助力乡村振兴”主题，召开2021年国际社工日座谈会，做好第15个“国际社工日”主题宣传活动等工作。

（张玉秀）

慈善事业

【概况】　2021年，威海市各级慈善组织依法依规募集慈善款物，广泛开展“慈善大病救助”“困难大学生救助”和建筑业农民工“关爱行动”等慈善救助活动，减轻遇困群众的生活压力，助力“精致城市·幸福威海”建设。至年底，全市各级慈善组织募集款物1.28亿元，冠名慈善基金1481.47万元，企业捐款1348.67万元，认捐企业基金利息211万元，定项及日常捐款1355.18万元，疫情防控及救灾等捐赠款物2070.74万元。全市接收“慈心一日捐”活动捐款3094.7万元。其中，威海市慈善总会接收捐款659.96万元，各区（市）慈善组织接收捐款2434.74万元。中华慈善总会援助药品总值3283.6万元，其中市慈善总会募集款物6675.94万元。全市支出善款1.31亿元，惠及困难群众6.71万人次。其中，市慈善总会支出款物6091.27万元，惠及困难群众1.93万人次。支出款物2206.26万元，用于新冠肺炎疫情防控和河南特大洪水赈灾等活动。落实中华慈善总会援助爱心图书室20个，图书价值220万元。威海市慈善总会被省委、省政府表彰为脱贫攻坚先进集体。威高集团有限公司获评第十一届“中华慈善奖”捐赠企业奖。金猴集团有限公司、威海东方福爱心联盟、三角轮胎股份有限公司、威海康润医院有限公司、威海南海爱心基金会“扶贫济困助残项目”、威高集团有限公司“情系老兵关爱老党员活动”、乳山市海天集团有限公司董事长王丛涛获评第七届“山东慈善奖”。

【慈善助学】　组织开展困难大学生救助等活动，支出善款1248.56万元，救助困难学生8605人次，实现全市户籍遇困学生救助全覆盖。其中，市慈善总会支出助学款162.23万元，惠及遇困学生2620人次。

【慈善助医】　全市各级慈善组织支出助医款3102.44万元，开展慈善大病

8月24日，威海市2021年度迪尚集团三角轮胎慈善助学仪式举行

（威海市民政局　提供）

救助、血友病救助等活动，惠及大病患者7980人次。其中，市慈善总会支出297.76万元，救助各类患者1621人次。

【慈善助老、助困】 全市支出善款3298.45万元，开展建筑业农民工“关爱行动”“情暖万家”和冠名慈善基金救助等活动，救助遇困群众4.8万人次。其中，市慈善总会支出善款728.9万元，救助群众1.27万人次。

【慈善助残】 全市支出善款29.3万元，开展贫困残疾人帮扶等活动，惠及残疾人353人次。其中，市慈善总会支出善款5万元，帮扶残疾人250人。

【援助药品发放】 威海发药点免费发放中华慈善总会援助的格列卫、达希纳、易瑞沙等援助药品，2021年发药总值3283.6万元，惠及重病患者2084人次。威海发药点自2015年设立，至2021年年底，累计发放药品总值2.39亿元，惠及重病患者1.29万人次。

（褚艾君）

医疗保障

【概况】 2021年，全市基本医疗保险参保人数257.3万人。居民医保一档、二档缴费标准分别为450元、650元。坚决落实新型冠状病毒疫苗采购和接种费用由医保基金先行承担的决策部署，按时足额上解疫苗采购专项资金2.65亿元，全年结算591.72万人次新型冠状病毒疫苗接种费用2958.58万元。全市困难人员实现基本医保、大病保险、医疗救助全覆盖，全年减轻困难人员医疗费用1.64亿元。基金全部实行统收统支的市级统筹，职工基本医保政策范围内报销比例达86%左右，居民基本医保政策范围内报销比例达63%左右。长期护理保险制度持续完善，职工长期护理保险全年为1.42万人次参保职工减轻护理费用2081万元；居民长期护理保险全年为试点地区408人次参保居民减轻护理费用31万元。

【医疗保障制度体系建设】 市医疗保障局牵头修订《威海市职工基本医疗保险规定》，进一步完善基本医疗保障制度。创新推出全市首款城市定制型商业医疗保险产品“威你保”，产品于9月26日正式上线发行，全市有66.5万人投保。完善大病保险制度，将全市105万名参保职工的住院费用纳入保障范围，填补以往参保职工住院费用无法二次报销的制度空白；将参保人员大病保险特药的报销比例由60%提高至80%，年度最高补偿额由20万元提高至40万元；将3种罕见病的特效药品费用纳入大病保险保障范围，大幅减轻部分困难群众的就医负担。持续深化“两病”（高血压和糖尿病）门诊用药保障机制，将居民高血压和糖尿病门诊费用保障政策覆盖到纳入“两病”规范化管理的全体居民，合并“两病”患者的门诊费用年度支付限额分别由500元、1000元提高至1000元、1500元，惠及全市参保居民30.83万人。

【医疗保障重点领域改革】 市委、市政府印发《关于深化医疗保障制度改革的实施意见》，纵深推进医保领域系统集成改革。深化药械集中带量采购制度改革，扎实做好国家、省组织的145种药品、7类高值医用耗材中选产品落地实施工作，平均降价53%以上，年可累计减轻群众就医负担1.79亿元。建立集采药品医保资金结余留用机制，全年拨付资金1400余万元，提升定点医疗机构参与集中带量采购的积极性。威海市获批省级“医保基金与医药企业直接结算”“基层医疗机构药款精准结算”双试点。深化医保支付方式改革，在全市12家二级以上医疗机构启动按疾病诊断相关分组（DRG）付费省级试点，职工医保、居民医保住院全年次均费用分别下降6.6%和5.0%。开展中医、心理科、护理院日间病房新型医保结算模式，减少床位费和护理费支出，缩短无效住院时间，有效减轻群众看病就医负担。深化医疗服务价格改革，持续优化全市医疗服务价格结构，降低大型设备检查检验项目价格18项，适当调整体现医务人员技术劳务价值的项目价格38项，完善部分中医适宜技术价格政策。先后3次下调新型冠状病毒核酸检测收费标准，降低防疫成本。

【医保基金监管】 始终把打击欺诈骗保作为首要政治任务，修订完善打击欺诈骗取医疗保障基金行为举报奖励实施细则，全面推行“双随机、一公开”执法检查。2021年，全市定点医药机构检查实现全覆盖，追回医保基金3075.11万元。创新“关口前移、管服并重”医保基金监管新模式，以智能监管为主线，高质量完成国家医保智能监控示范点建设，建成智能监控平台和6个核心业务系统，将监管链条延伸至事前、事中，实现就医诊疗费用结算全过程监管，医保智能监控示范点建设成果在国家医疗保障局终期评估中获评“优秀”等次。“关口前移、管服并重”经验做法被国家医疗保障局、山东省医

4月1日，威海市DRG付费专题业务培训会举行

（威海市医疗保障局　提供）

疗保障局作为管理增效案例在全国、全省医保系统推广。

【医保经办服务】 在全省医保系统先行探索“23451”系统集成式医保经办服务体系，将21项高频医保政务服务事项下沉到基层服务站点，并依托全市镇（街道）便民服务中心、村（社区）卫生室等建立医保工作站306家，对高频服务事项实现“一站式”办结。10月25日，全市医保系统正式切换上线国家医保信息平台并平稳运行，实现全市医保业务编码标准、数据规范、经办服务标准“三统一”，群众就医平均结算时间较之前缩短44.3%。省内就医购药个人账户支付在全市定点医药机构全面实现“一卡通行”。医保电子凭证累计激活人数达160万人，“两定机构”（定点医疗机构、定点零售药店）实现医保电子凭证全覆盖，并在全省率先将应用场景拓展至试点医院诊间结算。全市定点医疗机构全部接入国家异地就医联网结算平台，开通跨省门诊费用联网结算业务定点医疗机构119家，开通省内门诊慢性病联网结算定点医疗机构95家，其中二级以上定点医疗机构实现全覆盖。

【作风建设】 推动干部作风大改进、联系服务群众等系列活动常态化、制度化，印发“党建引领，文化聚力”机关文化建设、表扬激励等作风能力建设规章制度19项。深入村（居）、企业、社区、医院等基层一线走访调研、宣传培训，全市医保系统累计走访群众2万余户，为群众解决实际问题500余个，“医保助企”行动入选全市干部作风改进典型经验案例。深入开展全市医保系统“学典型、促发展”比学赶超行动，创新“市区联动，齐头并进”工作机制，建立“1次部署+5个方面+N种方式”的模式，开展各类比学赶超26次、推广经验10余条，其中“威你保”商业医疗保险产品、“23451”医保经办服务体系和医保电子凭证“诊间结算”服务模式等多项经验在全省、全市范围推广。

（于 斌）

住房公积金管理

【概况】 2021年，威海市住房公积金管理中心积极推行惠民政策，持续优化营商环境，缴存人数不断增加，归集资金显著增长，贷款规模稳步扩大，服务效能进一步提升，全市住房公积金工作继续保持平稳健康发展的良好态势。全年全市新开户单位1268家，实缴单位7735家，净增单位870家；新开户职工5.14万人，实缴职工43.18万人，净增职工3.19万人；缴存额48.90亿元，比上年增长7.57%。至年底，缴存总额401.45亿元，缴存余额176.71亿元。全年公积金提取额32.70亿元，下降3.54%，占当年缴存额的66.87%。至年底，提取总额224.74亿元。发放个人住房贷款5881笔、金额21.09亿元，分别增长0.29%和1.79%。累计发放个人住房贷款10.08万笔、金额262.76亿元，贷款余额126.90亿元。公积金个贷率为71.81%，低于国家规定的85%警戒线，资金流动性平稳。个贷逾期率为0.16‰，风险控制总体良好。全年实现增值收益2.55亿元，增长29.96%。

【住房公积金缴存基数和缴存比例调整】 2021年度职工住房公积金缴存基数按照职工本人2020年度月平均工资总额核定，工资总额按照国家统计局《关于工资总额组成的规定》计算。2021年度职工住房公积金月缴存基数最高限额调整为19255元，最低限额为2100元。职工本人和单位住房公积金缴存比例分别不低于5%，最高不高于12%。缴存住房公积金确有困难的单位，经本单位职工代表大会或工会讨论通过，报市住房公积金管理中心批准后，可申请降低缴存比例或者缓缴，待单位经济效益好转后，再提高缴存比例或者补缴。

【《威海市灵活就业人员缴存使用住房公积金暂行规定》施行】 《威海市灵活就业人员缴存使用住房公积金暂行规定》于2021年9月1日起施行。威海市以灵活就业人员身份参加社会保险并正常缴纳社会保险费，具有完全民事行为能力的各类自谋职业人员以及从事非全日制、临时性和弹性工作的自主就业或非正规就业人员、劳务用工人员等，以灵活就业人员身份参加社会保险并正常缴纳社会保险费的个体工商户及其雇工按照本规定执行。住房公积金缴存基数按照本人上一年度月平均纳税收入计算，不能提供纳税收入证明的按照本人申请月或上月的社保缴费基数计算。公积金缴存基数上限不得高于威海市统计部门公布的上一年度职工月平均工资的3倍，下限不得低于全市上一年度月平均最低工资标准。

【住房公积金提取使用政策完善】 2021年，威海市调整完善住房公积金提取使用政策，规范非住房用途的提取条件，满足职工基本住房消费提取需求。

提取使用范围调整 取消享受城镇最低生活保障提取、调离威海市提取、农民工支付房租提取、重大疾病提取4项超出《住房公积金管理条例》规定的提取条件。将下岗失业且家庭生活困难的提取调整为与威海市单位终止劳动关系未再就业2年以上的可提取；将非威海市户口职工离职回乡，并与单位终止劳动关系的提取优化为非威海市户籍职工与威海市单位终止劳动关系，账户封存满半年的可提取。新增具有产权的既有住宅增设电梯提取政策。调整后的提取条件为购买、建造、翻建、大修自住住房；偿还购房贷款本息；无房职工租房自住；具有产权的既有住宅增设电梯；离休、退休；完全丧失劳动能力，并与单位终止劳动关系；出境定居；与威海市单位终止劳动关系未再就业两年以上；非威海市户籍职工与威海市单位终止劳动关系，账户封存满半年；职工死亡或被宣告死亡；法律法规或管理中心确定的其他情形等。

违规提取惩戒 对违规提取住房公积金的缴存职工，在个人账户信息中标注不良信息记录，并随个人账户一并转移。对已提取资金的，责令在10个工作日内全额退回。对逾期仍不退回的，列入严重失信行为，并依法依规向相关部门报送失信信息，同时向其所在单位通报；自骗提套取行为发生之日起5年内，取消该职工提取住房公积金和申请住房公积金个人住房贷款资格；单位、职工或其他人员伪造、变造或使用伪造、变造的住房公积金提取申请材料涉嫌刑事犯罪的，依法移送公安机关处理。

【住房公积金跨省通办业务开通】 持续推进“互联网+政务服务”，优化业务流程，打通数据共享堵点，减时间、减环节、减材料、减跑动，实现“跨省通办”高频公积金业务8项，其中个人业务6项（2项证明为出具贷款职工住房公积金缴存使用证明、开具住房公积金个人住房贷款全部还清证明；2项提取为正常退休提取住房公积金、购房提取住房公积金；2项贷款为个人住房公积金缴存贷款等信息查询和提前还清住房公积金贷款）、单位业务2项（住房公积金单位登记开户、住房公积金单位及个人缴存信息变更）。住房公积金“跨省通办”业务可通过“全程网办”“代收代办”“两地联办”3种方式办理。全市8个公积金服务大厅开通“跨省通办”绿色窗口，为缴存单位和职工解决异地办理住房公积金业务“多地跑”“折返跑”的难题。

（王漓江）

民族·宗教

【概况】 威海市属少数民族散杂居地区。2021年，全市有少数民族49个，总人口3.08万人，占全市总人口1.1%。少数民族人口占比居全省第5位。

【民族团结进步创建宣传】 开展以“花开威海石榴红，团结奋进心向党”为主题的全市第21个民族团结进步宣传月活动，设立宣传点50余处、电子显示屏200余块，悬挂横幅1700余幅，张贴标语1000余张，举行文艺演出30余场，发放宣传资料5000余份，开展技术培训20余场次，接受群众咨询800余人次；举办“听党话、感党恩、跟党走，百年礼赞石榴红”短视频征集活动，组织拍摄短视频12部，在全省短视频比赛中获得一等奖1部、二等奖1部、三等奖2部，并获得优秀组织奖。中央电视台对威海市民族工作亮点品牌“爱心拉面”公益活动、“文登妈妈”爱心活动进行专题宣传报道3次。威海市民族团结进步创建工作经验在中央党校民族工作专题研讨班上进行典型交流。中央新疆工作组、山东省涉疆服务管理工作调研组到威海市调研，对威海市涉疆服务管理工作给予肯定。

【民族团结进步创建单位培树】 2021年，全市培树民族团结进步创建单位76个。市委宣传部、市委统一战线工作部联合命名第七批全市民族团结进步示范单位22个、首批全市民族团结进步教育基地3个。公布首批全市民族团结进步和美家庭24个、首批全市民族团结进步示范岗位20个。联合市委宣传部推荐23个示范单位参加省级评选，6个单位被命名为省级示范单位，3个家庭被命名为山东省民族团结进步和美家庭、3个单位被命名为示范岗位。

【中华民族共同体意识示范创建】 2021年，威海市被确定为全省铸牢中华民族共同体意识示范创建工作试点市。建立威海市委统一战线工作领导小组领导下的铸牢中华民族共同体意识示范创建工作协调机制，制定工作方案。动员各区（市）、开发区和镇（街道）树典型推广，形成全社会共创共建共享的良好局面。

【宗教事务行政事项规范】 完成3处固定类宗教活动处所筹备设立审批工作。对涉宗教行政权力事项进行梳理，积极对接省宗教事务服务平台，监管完成宗教政务服务事项，事项关联率、更新率达100%，推动各区（市）配备宗教工作执法人员均达3人以上。组织行政检查28次。

【宗教政策法规宣讲】 市委统一战线工作部成立宗教政策法规宣传组，为基层干部培训宣传3480余人次。对235名教育系统干部、90名涉外企业负责人进行民族宗教政策法规专题授课。印发《宗教工作应知应会手册》800本和《宗教教职人员管理办法》1500本，为全市韩资企业发放宗教政策法规明白纸2万份。指导文登区基督教蒙恩堂创建省级普法宣传教育基地。

【宗教工作基层基础建设】 推进宗教工作制度落实，健全宗教工作三级网络，2760余名基层党组织书记全部担任宗教工作联络员，实现宗教政策法规培训全覆盖。举办全市宗教工作基层基础建设座谈会暨宗教干部培训班。完成新一轮宗教基础数据统计工作。

【宗教界庆祝中国共产党成立100周年系列活动】 积极开展“三爱”（爱学习、爱劳动、爱祖国）、“四史”（党史、新中国史、改革开放史、社会主义发展

6月23日，少数民族代表、“爱心拉面”业主代表赴马石山十勇士纪念馆参观学习

（中共威海市委统一战线工作部 提供）

史）主题教育。举办宗教界人士读书班，组织宗教界人士及信教群众到总体国家安全观教育展馆学习。对佛教、基督教教职人员及信众代表进行党史知识集中授课。举办全市宗教界“五教同行庆盛世·礼赞百年感党恩”庆祝建党100周年书画展。宗教界开展“百年光辉· 齐心向党”诗词咏诵会、庆祝中国共产党成立100周年演唱会、《我和我的祖国》“快闪”活动。

【宗教界慈善活动】 全市宗教界广泛开展助贫、助老、助医、助学“四助”活动，慈善捐款捐物60余万元。市基督教两会组织献血活动，献血总量1.4万毫升。宗教界参与植树绿化、文明创城活动，参与义工600余人次。

（李晓娟）

人民生活

【居民收入增长】 2021年，全市全体居民人均可支配收入44612元，比上年增长8.4%。其中，城镇居民人均可支配收入54264元，增长7.6%；农村居民人均可支配收入25692元，增长10.0%。全体居民人均消费支出27599元，增长9.2%。其中，城镇居民人均消费支出33752元，增长8.0%；农村居民人均消费支出15537元，增长12.5%。全体居民食品烟酒消费支出占消费总支出的25.3%。其中，城镇居民食品烟酒消费支出占消费总支出的24.8%，农村居民食品烟酒消费支出占消费总支出的27.5%。四类收入全部实现增长。全市居民人均工资性收入比上年增长7.8%，增速提高0.8个百分点；人均经营净收入增长9.1%，增速提高21.4个百分点；人均财产净收入增长8.1%，增速提高3.2个百分点；人均转移净收入增长10.2%，增速居四类收入之首，下降1.4个百分点。农村居民人均可支配收入增长10.0%，增速高出城镇居民2.4个百分点。城乡居民人均可支配收入比为2.11，比上年缩小0.05，城乡收入差距进一步缩小。

【社会保障体系完善】 2021年，全市有234.28万人参加基本养老保险，居民基础养老金标准提高至每人每月162元。有257.27万人参加基本医疗保险，居民医保补助标准提高到每人每年580元。有2.28万人领取失业保险金。有7633名职工享受工伤保险待遇，有0.91万名女职工享受生育津贴待遇。

【居民生活品质提升】 2021年，居民消费价格比上年增长0.8%。其中，食品烟酒价格上涨1.3%，衣着价格下降2.1%，居住价格上涨0.6%，生活用品及服务价格下降0.2%，交通和通信价格上涨4.6%，教育文化和娱乐价格下降0.2%，医疗保健价格下降1.1%，其他用品和服务价格下降2.9%。

（周昱彤）

社会风尚

【见义勇为】 吕鑫召　2021年7月14日17时许，吕鑫召在地里干农活，一辆面包车停到路边，司机呼救：“有人掉进河里了，快点去帮忙救人！”吕鑫召不会游泳，但立刻骑上电瓶车奔向河边。连日降雨，河水上涨，河中间一名妇女紧攥水草大声呼救，情况危急。吕鑫召迅速骑车回地里拿绳子，绕到离落水者较近的河南岸，跳进河里一点点向落水者靠近，待落水者抓住绳子，顶着巨大水流，吕鑫召紧拽绳子向岸边走，将落水者拉上岸。第二天，被救妇女的丈夫带着现金感谢吕鑫召，吕鑫召予以婉拒。

王大海　荣成市园林建设集团樱花湖体育公园管理队队长。2021年12月1日下午，王大海接到樱花湖体育公园工作人员的电话，得知一人在樱花湖湖边散步时不慎失足落水，被冲到深水区。了解情况后，在距离事发地2000米处巡查的王大海开车赶到现场。落水者被风浪推到距离岸边20余米远，体力接近透支。王大海跳入湖中游向落水者，用力托起其上半身，单手划水向岸边游。与随后赶到的同事一同将落水者抬到岸边，并对其进行紧急心肺复苏，待“120”急救人员赶到时，落水者恢复些许意识。王大海跟随救护车到医院，帮忙办理各种手续，直到确认落水者脱离生命危险后才离开。

魏志永　宋一强　2021年11月27日早晨，乳山市某建筑工程公司一辆装满施工设备的货车行驶至乳山市午极镇楞树崖村附近时，由于电瓶短路导致起火。货车司机发现浓烟后，立即与随车人员下车救火，由于没有消防装备，火势难以控制。魏志永驾驶公交车到市里参加活动，看到火情，迅速将车停靠在路边安全地带，拿起车内灭火器奔向着火的货车。货车车上载满煤炭、棉被、煤气罐等易燃易爆物品。魏志永忍着灼热徒手扯掉盖在火焰上方的棉被，用灭火器灭火。105路公交车司机宋一强驾驶车辆行至事发路段，在确保车上乘客安全的情况下，将公交车靠边熄火，拿起车上配备的灭火设备加入救火队伍中。魏志永在车上灭火，宋一强在车下和四周灭火，经过10余分钟的合力扑救，大火得以扑灭。担心再次复燃，魏志永、宋一强同货车司机和随行人员一起将车上的易燃易爆品全部卸下车。在确认险情解除后，魏志永和宋一强回到各自公交车上，载着乘客离开现场。

姚建国　于庆福　乳山市徐家镇东南堠村村民。2021年10月19日上午，乳山市周边海域天气突变，海上风力升到8级，海浪高达4米。乳山市徐家镇南寨村牡蛎养殖户于某的4名船员在海上作业，受突发天气影响，船只开始倾斜并慢慢下沉，船员意识到险情后第一时间电话报告户主于某。因事发海域布满养殖牡蛎的木桩和围栏，其他船只很难靠近，不久船只沉没，4名船员落入水中。于某接到求救电话后，在及时拨打“110”报警电话和“120”急救电话的同时，向好友姚建国求助。了解具体情况后，姚建国联系同村村民于庆福驾驶快艇参与救援。1个余小时后，二人到达沉船区域，开始搜寻落水船员。经过3个余小时的搜救，姚建国和于庆福将4名落水船员全部救上快艇。由于4名船员在冰冷的海水中长时间漂泊，不同程度出现失温、呛水、体力透支等状况，姚建国和于庆福和增援的乳山蓝天救援队一起将船员们安全送回岸上，交由岸边等候的“120”急救人员组织救治。由于救援及时，经医治后第二天4人全部康复出院。

刘淑花　乳山市乳山口镇寨前村村民。2021年8月26日傍晚，刘淑花到码头准备购买海鲜，听到两个外地人议论，海面上好像漂浮着一个孩子。刘淑花仔细观察，海水几乎将孩子吞没，只剩下额头在水面上起伏。刘淑花跳入海里，逆着海浪多次尝试，最终伸手抓住孩子的脚，用力将孩子托出水面，顶着海浪将孩子救上岸。刘淑花立即对孩子进行倒立、拍打、人工呼吸等急救措施，让孩子吐出海水。落水孩子的家人赶到，紧急将孩子送往医院，经救治后康复。

刘战军　威海市山花地毯集团有限公司编织厂员工。2021年5月9日，刘战军和同事在威海经济技术开发区泊于镇夏庄村的一处海滩上赶海，听到一名妇女在岸边伸手指向水中大声呼喊。距离岸边三四十米，一个老人在水中挣扎。刘战军让不会游泳的同事在岸上策应，自己冲进海中游到老人身边，用力抵住老人腰部，托着老人游向岸边。在岸边的同事到浅水区，合力将老人拖到岸边。岸边的群众对老人进行急救，老人恢复意识。

威海火炬高技术产业开发区酷艇小镇游艇俱乐部　2021年6月6日下午，3名大学生乘坐皮划艇在海中游玩时，由于操作不当，船桨突然断裂，失去动力的皮划艇在海浪的作用下越漂越远，3人被困海上。被困人员报警求助后，救援信息转到公益性团体威海火炬高技术产业开发区酷艇小镇游艇俱乐部，俱乐部2名队员迅速出海营救。由于没有准确位置，救援人员只能在报警描述位置的周边进行“地毯式”搜索。经过2个余小时的搜寻，将离岸5海里海面上的被困大学生安全营救上岸。6月13日下午，16名外地游客在划皮划艇时遭遇洋流，被困在海中的暗礁上等待救援。由于暗礁长满牡蛎壳，被困游客的脚、腿和胳膊都被擦伤，其中3人受伤较重，2人体力透支。酷艇小镇游艇俱乐部接到求救信息后，组织搜救队员出海，经过6轮救援，16名游客全部安全上岸。该俱乐部2016年成立，至2021年，成员和志愿者先后参与海上救援30余次，累计救援70余人，及时帮助被困人员脱险。

（摘自威海新闻网）

【2021年“中国好人榜”威海好人】

柯夏楠　男，中共党员，国网山东省电力公司威海供电公司带电作业中心不停电作业技术专责。多次参与山东省电力公司配网不停电标准化作业指导书修订工作，参与带电作业知识题库、操作规程的编撰，取得山东电力兼职培训师资格。践行“不停电就是最好的服务”承诺，亲手完成带电作业2000余次，减少停电用户15万余户，多供电量1000余万千瓦时。勇于创新，推出全省首次旁路作业带负荷更换电缆、带负荷更换柱上开关和变压器等创新举措，累计获得国家发明专利和实用新型专利授权10项。先后获评山东省“青年岗位能手”、威海市青年技能竞赛个人第1名等。2020年5月，柯夏楠参加支援新疆工作，担负新疆博尔塔拉蒙古自治州2.7万平方千米地域内3975.78千米的配网线路运维和带电作业管理工作。柯夏楠从基础环节开始改进，编制统一的图例，制订巡视计划，熟悉新疆博尔塔拉蒙古自治州的配网线路。2020年，博尔塔拉蒙古自治州配网故障比上年下降30.2%。参加博尔塔拉蒙古自治州配电技能竞赛，柯夏楠作为教练兼领队，以身作则，与队员们共同进行晨练、实操，全程跟进，团队获评“优秀组织奖”。2021年8月，柯夏楠入选“中国好人榜”，获评敬业奉献好人。

陈召江　男，中共党员，威海火炬高技术产业开发区怡园街道金盛花园小区业主委员会主任。2016年10月，负责金盛花园小区的物业公司因经营不善而倒闭，小区物业管理失控，垃圾横飞，遍地野草，18个楼宇门损坏11个。从事铝合金门窗制作的陈召江，带着自己的工人免费修缮楼宇门和多处破损围栏，并和几位热心邻居志愿打扫垃圾。小区筹建业主委员会，陈召江以高票当选业主委员会主任，陈召江将大部分的精力花在为小区和居民服务上。陈召江充分发挥业主委员会在业主和物业公司之间的桥梁纽带作用，将业主委员会成员联系方式在小区进行公布，组织业主委员会和物业公司走访居民、定期召开碰头会等，增加透明度，提高居民信任感，弘扬小区正能量。不负小区居民托付，从小区硬件和配套的提升，清洁卫生到草木修整，从硬件修缮到封闭式管理，每一样工作都倾心参与，帮助小区物业管理步入正轨，居民满意率、物业费收缴率接近100%。在陈召江的影响下，妻子梁江丽从最初的反对者变成支持者。2018年，梁江丽成为小区的一名网格协管员，2020年初新冠肺炎疫情防控期间，夫妻二人一同参与抗击新冠肺炎疫情一线工作。2021年9月，陈召江入选“中国好人榜”，获评敬业奉献好人。

尹伟宁　男，中共党员，山东省威海市某公司锻造车间主任、高级技师。在技术创新、设备改造等方面不断创新，先后获得国家实用新型专利12项，创造直接经济效益5000余万元。创新锻造技术，主持对公司原有25条摩擦锻压线进行改造，每条生产线节减人员2/3，效率提高4倍，每年可节省人工成本800万元。设计开发的适应模锻锤锻压的中间模座及相关模具，换模时间降至原来的1/4。设计余热退火罐，利用锻件锻压后自身的余热进行退火，每年节省燃气费用200万元。对接国外先进技术，引进4台设备并进行改造，用于锻件生产，创造价值400余万元。带领攻关团队对棒料、下料、自动剪切机床等配套工序进行改造升级。利用楔横轧技术进行锻造节料，原料的平均利用率由65%提升至80%，节省原料1000余万元。常年坚持为职工授课，编写上万字的《锻造设备工艺培训教材》供车间工人学习培训使用，先后培训锻造设备、锻造工艺技术人员1000余人。常年坚持带徒育人，将平时工作积累的经验和技术传授给身边的工友，20余年带徒30余人，其中2人获评山东省技术能手，1人获评齐鲁首席技师，获评高级技师10人、技师16人。2016年，公司成立“尹伟宁创新工作室”，开展业务探讨，技艺传承，提升团队整体业务水平。尹伟宁先后获得全国五一劳动奖章，获评全国技术能手、齐鲁首席技师等。2021年12月，尹伟宁入选“中国好人榜”，获评敬业奉献好人。

（摘自威海文明网）

编辑　李传强

区（市）概况

环翠区

【概况】 2021年，环翠区总面积383.12平方千米，大陆海岸线长约43千米，辖9个镇（街道）、217个村（社区），户籍人口35.41万人。全年实现地区生产总值442.47亿元，按可比价格计算（下同），比上年增长6.1%。其中，第一产业增加值36.95亿元，第二产业增加值134.24亿元，第三产业增加值271.29亿元。三次产业结构比为8.3∶30.4∶61.3。固定资产投资增长12.4%。社会消费品零售总额增长17.9%。货物贸易进出口总额217.3亿元，增长18.7%。其中，出口额175.1亿元，增长5.1%；进口额42.2亿元，增长30.5%。完成一般公共预算收入44.14亿元，增长5.81%。

全年实现农林牧渔业总产值68.17亿元，增长9.0%。花生总产量2272吨，蔬菜总产量3.49万吨，果品总产量6.52万吨，水产品产量（不含远洋捕捞产量）34.29万吨。完成人工更新造林面积400.3公顷。年底农业机械总动力8.61万千瓦，完成机耕作业面积1986.6公顷、机播面积1280公顷、机收面积1746.7公顷。有市场主体8.06万户，新登记市场主体1.29万户。规模以上工业企业144家，实现规模以上工业增加值增长7.1%、营业收入增长11.9%、利润总额增长22.5%。高新技术产业产值占规模以上工业总产值比重为75.56%。实现建筑业总产值143.05亿元，增长3.8%。

全区有中等职业学校2所，在校学生1025人；义务教育学校36所（其中十二年一贯制学校1所、九年一贯制学校4所、初中11所、小学20所），在校学生5.80万人，在编教职工3583人；幼儿园66所，在园幼儿1.80万人，教职工2626人。有国家工程技术研究中心1家，省技术创新中心2家，省工程技术研究中心10家，省重点实验室3家，院士工作站4家，省新型研发机构4家，市工程技术研究中心33家，市重点实验室9家，市技术创新中心4家，市新型研发机构4家，市创新创业共同体1家。获批国家科技进步奖二等奖1项，登记技术合同金额20.3亿元。全年授权专利3271件，其中发明专利166件。有民间艺术团体280个，文化馆2个，公共图书馆2个，美术馆2个，博物馆1个，电影院8座。有国家A级以上旅游景区9家，省级农业旅游示范点18个，省级旅游特色村13个。有医疗卫生机构394所，实有床位1801张，专业技术人员4249人。举办区级以上体育活动6次，9名运动员参加中华人民共和国第十四届运动会，获得金牌4枚、银牌2枚。举办群众性体育活动200余场，参与群众2万余人次。

全区城镇新增就业5278人，城镇登记失业率2.05%。城镇居民人均可支配收入5.58万元，农村居民人均可支配收入2.48万元，分别增长7.8%、9.9%。有12.12万人参加城镇职工基本养老保险，4.92万名离退休职工享受养老保险，发放养老金15.51亿元。有2.4万人参加城乡居民养老保险，1.34万人领取养老金，发放养老金7470万元。城镇职工基本养老、失业、工伤保险参保人数分别增长12.72%、18.66%、22.74%。全区有各类养老机构24家、床位3798张，收养人员1008人。

年内，环翠区获评山东省进口贸易促进创新区、山东省2020年度县域经济高质量发展先进县（市、区）、首批省级文化和旅游消费示范区等。山

12月，山东威高骨科材料股份有限公司生产车间 （王彦博 摄）

东威高骨科材料股份有限公司在上海证券交易所科创板成功上市，威海宝威新材料科技有限公司入选国家新一代信息技术与制造业融合发展试点示范名单。

【“4+3”制造业产业集群建设】 环翠区结合区域产业基础及资源优势，重点培育发展高端装备制造、新材料、生物医药、新一代信息技术4类新兴产业，改造提升纺织服装、食品加工、钓具3类传统产业，推动制造业向产业链高端迈进、向创新链高端转型、向价值链高端延伸。至年底，“4+3”制造业产业集群完成工业总产值299.5亿元，增长8.9%；实现营业收入303.7亿元，增长10.2%。

【海洋产业发展】 环翠区加快推进远遥浅海科技湾区建设，签约、落地涉海项目14个，打造航天科技海洋无人装备与技术联合创新中心、威海激光通信先进技术研究院等高端科研平台。至年底，国家海水利用工程技术（威海）中心正式运营，蓝创孵化区、蓝科大厦和蓝贝海洋科学中心投入使用。3个海洋经济创新示范城市项目通过验收，32个市级海洋产业重点项目完成投资12.3亿元（其中16个项目投产），“浦源”鱼露系列产品获评第五批山东省知名农产品企业产品。

【精致城市建设】 环翠区稳步推进九华路北延及隧道贯通、平度路（望岛工业园—青岛路）续建、威石路绿化等52个重点项目建设，新建环海路观景平台14处，对半月湾区域进行整体亮化提升，打造“海上‘升’明月”的城市夜游名片。加快特色街区建设，全面推进新威附路“一体两翼”（“一体”指南北向发展，通过优化工程节点、引导新威附路两侧商户业态转型等方式营造街区特色发展氛围；“两翼”指东西向拓展，对陶瓷厂、公管房等区域重点突破，实现街区联动发展）整体提升。至年底，全区完成修（改）建道路52.03千米，升级、改造绿化面积27.8万平方米，敷设各类管网18.23千米，新（改）建口袋公园9处、港湾式公交停靠站10处、公厕5个，实施老旧小区改造工程12个。

【“外国专家驿站”打造】 2021年，全省首个“外国专家驿站”总站设在环翠区威海创新园综合服务中心。“外国专家驿站”是由威海市试点打造的外国专家综合服务平台，按照“1+N”的建设模式，分批次、分阶段建设1个总站和N个分站。

【乡村振兴】 环翠区推出环翠“农村找房”App，建成以种质资源研发为主题的乡村产业振兴研究中心，成功创建省级现代农业产业园，规划投资5亿元的城乡融合示范项目全面开工。组织创作以环翠乡村振兴故事为背景的电影《村头村尾》，并在全国院线上映。实施“英才汇翠”人才政策，促成6家产学研合作项目，招募乡村振兴首席专家65名，开展新型职业农民培训1700余人次，选派科技特派员96名、医疗专家288名、优秀教师413名深入基层。投资1597.81万元完成12个村的农村生活污水治理，投资480万元完成2580户农村清洁供暖改造，投资1275万元对10条农村公路实施改造升级，7个村庄成功创建山东省景区化村庄，里口山近郊休闲样板片区获评威海市乡村振兴首席专家制度推广示范片区。启动实施新一轮集体经济薄弱村帮扶行动，集体经济5万元以下村实现“清零”。创新实施“两清三化”（“两清”指实现农村残垣断壁和撂荒地动态“清零”；“三化”指按照推进一体化、流转多元化、盘活精准化的原则，将农村“闲资源”变成“活资产”）行动，盘活闲置房屋1600栋、清理残垣断壁211处、整治低效农用地188.67公顷，张村镇入选省级旅游民宿聚集区创建名单。

（王浩宇）

文登区

【概况】 2021年年底，全区总面积1363平方千米，大陆海岸线长约155.9千米，辖14个镇（街道）、654个村（社

2021年威海市环翠区镇（街道）基本情况表

表26

名称	村（个）	社区（个）	总面积（平方千米）	户籍人口（万人）	一般公共预算收入（亿元）	名优特产
环翠楼街道		17	4.48	4.06	7.19	老刺参、海米
鲸园街道		16	6.45	7.46	4.35	丝绸
竹岛街道		26	23.60	8.88	7.18	鲐鱼片、鲅鱼片、赤贝
孙家疃街道		8	18.58	1.72	1.20	海参、对虾、鹰爪虾、扇贝、小黄鱼
嵩山街道	6	8	31.18	1.70	0.90	苹果、蝴蝶兰、蓝莓、锡镶壶、蘑菇
张村镇	4	15	49.00	3.43	6.54	里口山蟠桃、草莓、双岛海参
羊亭镇	25	8	71.96	2.39	3.65	贝草夼杏、北上夼樱桃、宝丰猕猴桃
温泉镇	19	13	66.60	2.89	2.01	山花地毯、威海卫啤酒、草莓、樱桃
桥头镇	51	1	111.25	2.89	0.33	苹果、羊汤、花生

区），常住人口51.4万人。全年实现地区生产总值539.9亿元，比上年增长6.5%。其中，第一产业增加值63.1亿元，第二产业增加值218.3亿元，第三产业增加值258.5亿元。三次产业结构比为11.7：40.4：47.9。固定资产投资增长12.7%。对外贸易进出口总额146.4亿元，增长16.7%。其中，出口额119.3亿元，增长19.1%；进口额27.1亿元，增长7.2%。一般公共预算收入46.8亿元，增长5.8%；一般公共预算支出53.6亿元，下降8.5%。年底银行金融机构发展到19家，本外币各项存款余额759.8亿元，本外币各项贷款余额565.3亿元，分别增长8.6%、14.8%。有保险分支机构34家，保费收入16.5亿元，各项赔款和给付4.6亿元。

全年实现农林牧渔业增加值67.9亿元，增长6.6%。粮食播种面积3.9万公顷，粮食总产量23.3万吨，油料播种面积1.4万公顷，水果种植面积0.9万公顷。水产品总产量27万吨，肉类总产量7.4万吨，禽蛋总产量7.3万吨，奶类总产量0.4万吨。有农业机械总动力143.1万千瓦，农业产业化重点龙头企业31家。有各类市场主体6.69万户，新登记市场主体1.06万户。规模以上工业企业168家，实现总产值增长6.7%、营业收入下降0.1%。高新技术产业产值占工业总产值的比重为56%，增长5.5%。

全区公路通车里程1908.5千米(含农村公路、国省道)。公交车运营线路总长度为1061.3千米，有公交车201辆，客运量1559.2万人次，运营里程1483.5万千米。道路长途旅客周转量4164.9万人次、货运量1890.1万吨。铁路完成客运量12.1万人次、货运量40.3万吨。

全年完成城建重点工程52项，完成投资6亿元。保障廉租家庭120户，发放补贴38.2万元；公共租赁住房分配94套。城市集中式饮用水水源地水质达标率保持100%，供热覆盖率98%，燃气普及率100%。全年空气质量优良以上的天数达341天，优良率94.2%。有国家AAAA级景区2处、AAA级景区4处、AA级景区1处，四星级酒店1家、三星级酒店3家，国家级工农业旅游示范点4个、省级工农业旅游示范点10个。

全区有普通中等专业学校3所，在校学生2450人；普通高中4所，在校学生6629人，在编教职工857人；义务教育学校41所（含竞技体育运动学校），在校学生3.38万人，在编教职工3310人；特殊教育学校1所，在校学生106人，在编教职工45人；幼儿园51所，在园幼儿1.1万人，在编教职工290人。有高新技术企业93家，入库2021年国家科技型中小企业198家，市级以上创新平台176个，院士工作站3家。获得省级及以上科技奖励1项，发明专利授权量86件。有省级以上孵化器3家，在孵企业85家。有文化馆1个，公共图书馆1个，博物馆1个，文物管理机构1个，电影院3座；艺术表演场馆1个，艺术表演团体1个，全年举行演出92场，观众人数达4万人次。有198人次在省级以上比赛获得名次。1人次获得东京奥运会女子橄榄球比赛第七名；9人次获得中华人民共和国第十四届运动会前三名，其中2人次获得冠军；8人次在全国锦标赛中获得前三名，其中1人次获得冠军。有卫生机构387个，编制床位3380张，卫生技术人员5386人。

全区城镇新增就业6515人，城镇登记失业率1.7%。城镇居民人均可支配收入5.1万元，农村居民人均可支配收入2.7万元，分别增长7.6%、10.3%。全区有24万人参加职工养老保险，26.5万人参加居民养老保险，50.1万人参加基本医疗保险，9.5万人参加工伤保险，9.4万人参加失业保险。有各类养老机构51家，床位1.1万张，入住人员5842人。城镇居民最低生活保障483户606人，发放保障金536.5万元；农村居民最低生活保障3555户4465人，发放保障金3067.3万元。保障农村特困对象2743人，其中集中供养1159人、分散供养1584人，发放农村特困供养资金3832.7万元。

年内，文登区获评首批山东省民营经济高质量发展先进县（市、区）、新旧动能专项评价先进县、农业农村信息化发展先进县、山东省乡村振兴示范县（市、区）、高标准农田整县推进示范县。畜牧业市场监测工作在农业农村部综合评估中获得“优秀”评价，深入探索乡村人才振兴模式、打造耕读小镇做法被中央电视台《新闻联播》栏目宣传报道，搭建“农村睦邻点＋监护建设”特困供养体系典型经验被省民政厅发文推广。界石镇入选全国特色产业十亿元镇，汽车及零部件产业入选省特色产业集群名单。全国第一批花生期货交割库落户文登区，中粮山萃花生制品（威海）有限公司被认定为2021年国家级高新技术企业、第七批农业产业化国家重点龙头企业。文登威力工具集团有限公司工业设计中心获评第五批国家级工业设计中心。天润工业技术股份有限公司的发动机核心零部件智能制造示范工厂项目获评2021年山东省智能工厂，威海长和光导科技有限公司的光纤预制棒数字化生产车间获评2021年山东省数字化车间。文登恒润锻造有限公司获评第五

3月，天润工业技术股份有限公司生产车间　　（刘志鹏　摄）

2021年威海市文登区镇（街道）基本情况表

表 27

名称	村（个）	社区（个）	总面积（平方千米）	一般公共预算收入（亿元）	名优特产
龙山街道	12	6	32.81	2.22	蓝莓、苹果、草莓、树莓、软枣猕猴桃、花饽饽
天福街道	7	12	30.21	3.10	苹果、花生
环山街道	7	7	39.45	1.77	金银花
文登营镇	71	1	124.84	0.20	猕猴桃、桑葚、圣女果、蝴蝶兰、苹果
大水泊镇	89		123.42	0.37	西洋参、黄精、大樱桃、瓜蒌
张家产镇	64		106.32	0.44	西洋参、东汤村粉条、安子泊土姜、岚村蜜桃、黑番茄、草莓西红柿、对虾、缢蛏、刺参、海蜇
高村镇	46		96.67	0.18	脉田糖瓜、沙柳西红柿、山西张家蜜桃、甜瓜、草莓、大樱桃
泽库镇	21		59.45	0.15	海马、海参、牡蛎
侯家镇	37		72.21	0.15	海参、对虾、海蜇皮、虾酱、花饽饽
宋村镇	52		114.99	0.40	草莓西红柿、蓝莓、羊肚菌
泽头镇	45		84.31	0.26	白羽鸡、鸽子、蒲公英、金鸡菊、银杏、丑梨、苹果、软枣猕猴桃、桑葚、生姜、黄芪、黄芩、黄精、地瓜、西洋参
葛家镇	68		185.28	0.28	樱桃、桃、苹果、葡萄、梨、花生、黄精
米山镇	44		85.24	0.43	草莓、蓝莓、鲈鱼、鲢鱼
界石镇	65		188.61	0.41	软枣猕猴桃、小樱桃、昆嵛山绿茶、苹果、梨、花饽饽

批山东省制造业单项冠军企业。王文水获评全国“最美退役军人”。

【庆祝中国共产党成立100周年系列活动】 中共文登区委宣传部、区文化和旅游局等部门联合打造舞台剧《烽火天福山》，作为党史学习教育特色党课，在中共山东省委党校、中共威海市委党校等完成汇报演出36场。举办“辉煌百年路·壮丽新航程”庆祝建党百年文艺演出、“岁月变迁·以漫展史”漫画展、“聚焦红色文登·庆祝建党百年”暨精致城市建设摄影展等各类展览展演活动23场。组织千名干部群众拍摄“快闪”《没有共产党就没有新中国》，被《人民日报》客户端、央视频、“学习强国”等新媒体平台转发推广。

【获国务院督查激励】 5月7日，国务院办公厅印发《关于对2020年落实有关重大政策措施真抓实干成效明显地方予以督查激励的通报》，文登区“深化商事制度改革、加强事中事后监管”做法获得国务院督查激励。

【西洋参“药食同源”试点获批】 11月4日，国家市场监督管理总局正式批复同意《关于报请核定山东省对西洋参开展按照传统既是食品又是中药材的物质管理试点方案的请示》，规定试点期间，西洋参可以作为普通食品原料添加到茶叶及相关制品、饮料、酒类、方便食品、蜂产品5类食品中。西洋参由药入食的转变将促使参产业链向食品工业调整，为全区西洋参产业发展带来新机遇。

（张　伟）

荣成市

【概况】 2021年年底，全市总面积1526平方千米，大陆海岸线长约492千米，辖22个镇（街道）、833个村（社区），常住人口71.43万人。全年实现地区生产总值1021.4亿元，比上年增长6.0%。其中，第一产业增加值161.1亿元，第二产业增加值312.8亿元，第三产业增加值547.5亿元。三次产业结构比为15.8 : 30.6 : 53.6。社会消费品零售总额增长17.6%。对外贸易进出口总额290.8亿元，增长12.4%，其中出口额211.1亿元，增长9.0%。一般公共预算收入66.2亿元，增长4.0%。年底金融机构本外币存款余额1077.9亿元，其中住户存款余额744.0亿元。保险机构保费收入19.7亿元，支付各项赔款和给付5.9亿元。

全市实现农林牧渔业增加值164.2亿元，增长8.2%。粮食总产量21.8万吨、花生总产量4.4万吨、果品总产量25.6万吨，分别增长8.5%、5.8%、1.1%。完成造林面积1266.67公顷。生猪存栏19.7万头，牛存栏1.0万头，羊存栏1.2万只，肉类总产量2.9万吨，禽蛋产量5.0万吨。实现渔业总收入1073.3亿元，增长7.3%。农业机械总动力216.4万千瓦，有农用拖拉机9.46万台。

全年规模以上工业增加值增长7.3%，其中制造业增加值增长7.0%。海洋生物食品业、船舶及零部件业、机械制造业占规模以上工业营业收入比重为89.2%，增长16.1%，营业利润增长8.6%。全社会用电量36.6亿千瓦时，增长10.2%，其中工业用电量17.8亿千瓦时，增长10.0%。有资质以上建筑业企业115家，房屋建筑施工面积509.4万平方米，房屋竣工面积114.7万平方米。

全年规模以上服务业营业收入增长18.7%，其中商务服务业增长

4月，荣成市海湾路公路　（纪哲　摄）

2021年荣成市镇（街道）基本情况表

表28

名称	村（个）	社区（个）	总面积（平方千米）	户籍人口（万人）	地区生产总值（亿元）	一般公共预算收入（亿元）	特色产品
港湾街道	3	10	30.84	5.27	87.6	16.89	海产品、花卉
斥山街道	26	7	48.36	3.50	59.2		盛家火烧、牡蛎、海带、苹果
东山街道	28	0	43.24	1.64	38.1		花生、苗木、茶叶
王连街道	31	0	61.36	1.62	14.7		苹果、中药材、茶叶
桃园街道	14	3	19.93	1.15	28.4		海参、牡蛎、猕猴桃
宁津街道	45	1	67.17	2.24	24.0		对虾、海参、鲍鱼、花生
崖头街道	4	21	58.71	13.39	350.5	6.95	牡蛎、海带、扇贝、鹰爪虾、海参
崂山街道	18	2	59.21	2.09	51.5	1.07	草莓、大樱桃、牡蛎
寻山街道	28	3	50.14	2.14	34.2	1.03	海带、龙须菜、扇贝、鲍鱼、牡蛎
城西街道	31	1	53.23	1.81	12.2	0.27	苹果、花生、玉米
俚岛镇	71	1	106.22	3.28	53.0	2.18	海带、鲍鱼
成山镇	49	3	122.74	3.62	65.2	6.42	海带、海参、茶叶
港西镇	21	1	49.14	1.47	37.3		海参、扇贝、海带、无花果
埠柳镇	37	0	96.54	1.97	8.7		无花果、苹果、地瓜
夏庄镇	30	0	50.33	1.09	7.6	0.17	苹果、花生、板栗
崖西镇	46	0	84.01	1.78	7.7	0.24	苹果、葡萄、无花果、金银花
荫子镇	39	0	47.63	1.20	5.8	0.22	花生、苹果
滕家镇	41	0	84.03	2.46	7.8	0.31	苹果、花生、草莓、西洋参
大疃镇	45	0	70.72	1.52	6.3	0.19	苹果、草莓、西洋参、葡萄
上庄镇	42	0	84.93	2.24	7.9	0.19	西洋参、苹果、葡萄
虎山镇	45	1	115.25	3.42	51.1	1.10	刺参、鲍鱼、杂色蛤、梭子蟹、蛤蛏
人和镇	84	1	121.71	5.80	62.7	1.48	海米、虾皮、地里歪（小型贻贝）

34.3%，交通运输业增长25.2%，软件和信息技术服务业增长21.7%。完成港口货物吞吐量592.2万吨，增长30%，其中集装箱吞吐量24.2万标准箱，增长10%。海运完成客运量39.6万人次、货运量432.4万吨，分别增长11%、13.5%。青荣城铁荣成站进出旅客总人数为166.5万人次。有公共汽车运营线路104条，运营线路总长度2743千米。农村公路通车里程为1440千米，农村客运车辆行政村通达率100%。新增机动车1.8万辆，机动车保有量25.6万辆，汽车保有量23余万辆。完成邮政业务总量1.4亿元，增长2.0%；电信业务主营业务收入5.3亿元，增长3.5%。互联网户数32.4万户、有线电视用户数21.6万户，分别增长10.9%、15.5%。有国家AAAA级景区3处、AAA级景区9处。

全市有普通高等院校1所，在校生0.7万人；高等职业教育院校2所，在校生1.6万人；普通高中3所，在校生0.8万人；初中25所，在校生2.1万人；小学20所，在校生2.7万人；中等职业学校2所，在校学生0.3万人；特殊教育学校1所，在校生133人；荣成市综合实践活动实验学校1所，年培训量1.1万人次；幼儿园73所，在园幼儿1.6万人。有文化馆1个，公共图书馆1个（藏书总量80万册），博物馆1个，电影公司1个，电影院11座，广播电台1座，电视台1座。有国家级文物保护单位1处，省级14处。有国家级“非遗”项目1个，省级“非遗”项目15个。全市在册医疗机构767处，有床位4188张、卫生技术人员5229人。实施区域医疗分中心发热诊室建设，建成发热诊室8处。开展关爱老年人健康活动，免费为老年人查体15万人次。

全年全体居民人均可支配收入4.17万元，增长8.3%。其中，城镇居民人均可支配收入5.22万元、农村居民人均可支配收入2.80万元，分别增长7.5%、9.8%。全体居民人均消费支出2.43万元，增长9.6%。其中，城镇居民人均消费支出3.09万元、农村居民人均消费支出1.56万元，分别增长8.3%、12.6%。职工基本养老、失业、工伤、职工基本医疗、生育保险参保人数分别为30.0万人、10.8万人、13.5万人、20.7万人和20.7万人。居民基本养老保险和医疗保险参保人数分别为28.3万人和39.8万人。投入资金1818万元，将3185名城乡低保对象纳入保障范围；临时救助466人，发放救助款122.9万元。有城乡特困人员4210人，敬老院8所，发放供养资金5459.27万元；有困境儿童104名，发放补助约183万元；有残疾人9067名，发放两项补贴1483.5万元。慈善教育领域拨付救助款25.7万元，慈善大病拨付703.1万元，建成并投入运营暖心食堂507处。

年内，荣成市被山东省委列入全省系统集成改革试点、对标建设中国特色社会主义先行示范区综合改革试点，入选2021中国数字治理百佳县市、2021中国最具发展潜力百佳县市、全国美丽乡村重点县建设试点。

【获评国家卫生城市】 1月，全国爱国卫生运动委员会印发《全国爱卫会关于命名2018—2020周期国家卫生城市（区）的决定》，荣成市获评国家卫生城市。

【获评全国脱贫攻坚先进集体】 荣成市新时代文明实践指导中心将脱贫攻坚与文明实践深度融合，通过整合各方力量、组建专业志愿服务队伍、策划志愿助农项目、开展培训宣讲等方式，实现“志智双扶”，累计开展各类帮扶活动8000余场次，全市60%贫困户主动参与乡村振兴、基层治理等工作。2月25日，中共中央、国务院印发《关于表彰全国脱贫攻坚先进个人和先进集体的决定》，荣成市新时代文明实践指导中心获评全国脱贫攻坚先进集体。

【华能石岛湾高温气冷堆核电站并网发电】 12月20日，国家科技重大专项华能石岛湾高温气冷堆核电站示范工程1号反应堆完成发电机初始负荷运行试验评价，首次并网成功发出第1度电，标志着具有第四代先进核能系统特征的球床模块式高温气冷堆实现从“实验室”到“工程应用”质的飞跃，实现高温气冷堆核电技术的“中国引领”。

【获评中国最具幸福感城市】 12月30日，2021中国幸福城市论坛以线上线下相结合形式在北京市召开。论坛公布2021年中国最具幸福感城市系列榜单，荣成市获评中国最具幸福感城市（县级市）。

（姜　潇）

乳山市

【概况】 2021年年底，全市总面积1664.88平方千米，大陆海岸线长约199千米，辖15个镇（街道）、601个村，户籍人口53.18万人。全年实现地区生产总值328.79亿元，比上年增长6.0%。其中，第一产业增加值62.45亿元，第二产业增加值107.01亿元，第三产业增加值159.33亿元。三次产业结构比为19.0：32.5：48.5。固定资产投资下降21.8%。社会消费品零售总额增长9.8%。对外贸易进出口总额91.9亿元，增长44.78%。其中，出口额82.88亿元，增长52.9%；进口额9.05亿元，下降2.55%。一般公共预算收入25.76亿元；一般公共预算支出36.28亿元。年底本外币各项存款余额512.09亿元，本外币各项贷款余额298.14亿元，分别比年初增长8.6%、20.0%。全年保险机构实现保费收入7.65亿元，增长1.68%；赔付支出2.52亿元，下降4.61%。

全年实现农林牧渔业及辅助性活动增加值64.12亿元。粮食播种面积3.67万公顷，粮食总产量22.3万吨；水产品总产量51.8万吨；蔬菜种植面积7600公顷，蔬菜及食用菌产量41.3万吨；生猪存栏27万头；年底农业机械总动力106.02万千瓦。规模以上工业企业实现营业收入135.3亿元、利润总额5.0亿元。全年资质以上建筑业企业完成总产值20.87亿元，下降19.8%。

全市有公交车营运线路79条、公共汽车276辆，年客运量780万人次，运营里程1200万千米；出租车270辆，年载客量378.3万人次，运营里程2714万千米。有陆岛交通航线2条，客渡轮3条，客运量1.77万人次，旅客周转量9.76万人千米。乳山口港完成货物吞吐量437.94万吨。固定电话用户数为8.32万户，移动电话用户数为50.19万户，其中5G移动电话用户数为11.37万户。建成区面积36.63平方千米，绿化覆盖面积1675.64公顷，绿化覆盖率45.75%；用水、燃气及生活垃圾无害化处理率均为100%，污水处理率98.14%。

全市有各级各类学校74所。其中，城区小学4所、城区初中3所、九年一贯制学校15所、高级中学3所、特殊教育学校1所、竞技体育运动学校1所、高等院校1所、中等职业学校1所、幼儿园45所（其中民办22所），有各级各类在校学生4.95万人。全年认定高新技术企业15家，高新技术企业总数达47家。有文化馆、公共图书馆、美术馆3个，艺术表演场馆3个，乡镇综合文化站15处，城市书房4处，博物馆、文学馆2个，文物保护中心1个。有各类医疗卫生机构534个，实有床位2272张、卫生技术人员2997人。在市级以上体育比赛中获得金牌158枚。

城镇居民人均可支配收入4.55万元，农村居民人均可支配收入2.18万元，分别增长7.4%、10.1%。参加基本养老保险37.19万人，参加居民基本医疗保险33.8万人。农村低保标准为每人每月667元，城市低保标准为每人每月866元，保障农村低保7283人、城市低保188人，年累计发放保障金4783.5万元。

年内，乳山市获评平安中国建设示范县、第五批国家生态文明建设示范区、农副食品深加工特色优势食品产业强县（市），获得全面小康突出贡献单位奖，入选2021年国家农业现代化示范区名单。乳山市中医院医共体被列入山东省县域中医院医共体建设试点项目。“乳山喜饼”地理标志证明商标获得核准注册，“乳山绿茶”入选全国名特优新农产品名录。

【乳山市海上风电装备产业项目开工】 乳山市立足区位、港口、资源优势，将风电装备产业作为工业经济发展重点产业，被纳入山东省海上风电装备制造产业基地。9月，由明阳智慧能源集团股份有限公司投资建设的明阳高端海洋装备智能制造产业园一期项目开工。该项目总投资25亿元，分三期进行，一期工程主要建设大型海上风力发电机组智能制造中心、大兆瓦海上风力发电机组叶片生产与检测中心。10月，由远景能源有限公司投资建设的远景能源乳山零碳产业园项目开工。一期工程计划投资15亿元，主要建设零碳大兆瓦绿色智能风机制造、绿色低能耗电化学储能电池制造及配套产业链和仓储物流中心等。

【老旧小区改造暨热力提升项目获推广】 住房和城乡建设部印发《金融支持市场力量参与城镇老旧小区改造案例的函》，乳山市老旧小区改造暨热力提升项目入选金融支持市场力量参与城镇老旧小区改造案例，面向全国推广。该项目将老旧小区改造与热力改造捆绑，借力供热稳定的收入来源，形成覆盖项目的还款收益，确保老旧小区改造顺利推进，同时保障供热改造获旧改融资政策支持，全市累计改造住宅小区（楼院）28个，惠及居民1.3万户。

【城市东部精致片区规划建设】 乳山市坚持大片区发展理念，按照“东拓、西提、南延”城市空间走向，规划设计城市东部精致片区。片区规划面积9.72平方千米，以城南河水系治理为主线，统筹基础设施完善提升和区域产业发展，规划布局文体综合体、医疗综合体、教育设施、综合商业设施以及相关产业，打造活力新城和精致城市样板示范区。投资2.4亿元，治理城南河上游河道3.6千米，实施引调水和中水回用、治污工程、景观提升3项工程，改善河道生态，为市民提供休闲娱乐场所。新建杭州路、光明街东段、华山路、滨河街等道路，完善交通路网，同步实施雨污分流、供暖、供气、供水管网建设。建成投用光明街幼儿园和小区配建幼儿园2所，推进5个旧村改造项目。年内，格林东方康养综合体、金鼎·大堂观我、医疗综合体等项目均完成主体建设。

【交通基础设施建设】 乳山市加快乳山港口建设，推进1号泊位升级改造为5000吨级通用泊位，完成工程可行性研究编制和立项备案，推进2个2万吨级泊位建设前期手续办理，获得交通运输部港口岸线使用批复；与山东省港口集团有限公司对接协商，将乳山港列入全省港口资源整合范围，按照“先期托管，后期划转”的思路，签署《乳山港托管经营协议》；打造风电输出母港，承接山东半岛南海上风电风机设备装卸中转和预组装业务，全年从乳山港进港中转和预组装风机设备42套次，出港风机整机30套次，进出港风电运输船舶115艘次。推进莱荣高铁项目乳山段主体工程施工，开展乳山河特大桥、围子山隧道等13个控制性工程建设。打造“四好农村路”“新农村幸福路”品牌，投资7612万元实施文莱高速连接线工程、河夏线部分路段改造工程，改造农村公路8.47千米，拆除重建危桥4座；建立覆盖全市1545千米农村公路的三级“路长制”体系，提

9月，明阳高端海洋装备智能制造产业园项目启动仪式举行（王彦博 摄）

升农村公路管养水平。加快乳山口大桥项目建设，完成首件先张法预应力混凝土 Bulb–T 梁浇筑，开展预制梁生产。

【红色印迹抢救保护利用】 积极开展红色印迹抢救保护利用工作，重点挖掘抗日战争和解放战争时期红色资源，分类进行抢救、保护、利用。通过实地调研、走访知情者，收集有价值线索200条，整理史志资料10万字，确定对118处红色印迹进行抢救保护，规划设计政权之基、军工之魂、群众之力、星火之源、人才之备5个部分，形成乳山红色印迹总分馆布局。投资200万元，打造中共胶东特委诞生地历史陈列馆、胶东公学历史陈列馆、星火之源展馆，修缮复原中共牟海临时工委成立地旧址、许端云事迹陈列室、胶东医院旧址等红色印迹20处，竖立红色印迹石碑38块，安装红色印迹木牌40块、红色印迹展板20块。利用红色印迹开展党性教育，将胶东特委诞生地旧址、胶东医院旧址、北海银行制版厂成立地旧址纳入市级文物保护单位，制作各类红色印迹专题片4部。

【“乳山牡蛎”品牌建设】 实施“乳山牡蛎”地理标志“全链条”保护，出台牡蛎产业发展规划，通过合作建设牡蛎研究院、详细测绘规划养殖海域、合理布局养殖密度、建设集中加工区域、开展废弃物处理研究等措施，建设完善牡蛎育种育苗、科学养殖、环境监测、精深加工、废弃处理等全产业链。举办第二届中国（乳山）牡蛎产业高峰论坛、牡蛎文化节、牡蛎王大赛、牡蛎品鉴会等活动，组织相关企业参加展会，开展营销推介活动。加强“乳山牡蛎”地理标志商标专用标志的授权使用管理，构建“乳山牡蛎”品牌保护提升体系，申请专用标志的36家企业获得国家知识产权局备案。加大“乳山牡蛎”专用标志产品产地范围、产品名称等标准符合性方面执法检查力度，在牡蛎交易集散地、龙头企业、电子商务平台等领域加强市场巡查执法。建立健全配套标准体系，实施《地理标志产品 乳山牡蛎》省级地方标准，编制《三倍体单体牡蛎浅海筏式养殖技术规范》，推动牡蛎产业标准化、规范化发展。研究引入现代物联网及新型防伪等技术，实施“乳山牡蛎”地理标志产品防伪溯源管理，实现牡蛎产品全程可追溯、流程可查询，在《中国商报》等媒体发表声明，打击假冒、滥用品牌行为。年内，乳山市获准筹建乳山牡蛎国家地理标志产品保护示范区，“乳山牡蛎”被国家知识产权局批准实施地理标志产品保护、入选国家首批地理标志运用促进重点联系指导名录。

2021年乳山市镇（街道）基本情况表

表29

名　称	村（个）	社区（个）	总面积（平方千米）	一般公共预算收入（亿元）	名优特产
城区街道	19	19	37.31	2.65	蓝莓、苹果
夏村镇	45	12	99.82	0.85	葡萄酒、蓝莓、草莓、苹果、樱桃、水蜜桃
乳山口镇	41	3	89.26	0.51	牡蛎、黍米、蜢子虾酱、对虾、鲅鱼、梭子蟹、蓝莓、不老莓
海阳所镇	41	16	98.29	0.16	牡蛎、茶叶、大姜、木耳
白沙滩镇	45	11	120.44	1.40	鲁酱、圣仙酒、大姜、牡蛎、蓝莓、乳山绿茶、烟薯25、苹果酵素、旱稻、地瓜干
大孤山镇	36	10	95.97	0.31	茶叶、大姜、黑猪肉、苹果、册梨
徐家镇	23	7	69.31	0.51	牡蛎、花生制品、果汁、无花果、草莓
南黄镇	33	9	89.31	0.08	羊肚菌、胶东花饽饽、不老莓、新高梨、榛子、无花果、茶叶、牡蛎
冯家镇	53	14	135.75	0.13	羊汤、苹果、羊肚菌、丹参
下初镇	37	9	126.31	0.56	苹果、蓝莓、樱桃、芦笋、猕猴桃、大姜、花生、桑葚
午极镇	35	8	109.98	0.28	蓝莓、大姜、苹果、猕猴桃、蓖麻
崖子镇	58	14	187.05	0.15	苹果、樱桃、板栗、核桃
诸往镇	49	11	160.17	0.20	苹果、桃子、大姜、板栗、葡萄、樱桃、蜂蜜、铁山金枣、喜饼、搾杖叶茶、猕猴桃
育黎镇	42	8	110.10	0.15	葡萄、苹果、草莓、菌类、大姜
乳山寨镇	44	11	135.92	0.17	草莓、茶叶、油桃、大姜、牡蛎、对虾、海参、樱桃、无花果

（孙方圆）

编辑　于鹏飞

开发区建设

威海火炬高技术产业开发区

【概况】 2021年年底，威海火炬高技术产业开发区（简称高新区）总面积145.56平方千米，海岸线长约46.5千米，辖3个镇（街道）、82个村（社区），常住人口30.5万人。全年实现地区生产总值543.6亿元，按可比价格计算（下同），比上年增长10.4%。其中，第一产业增加值2.3亿元，第二产业增加值312.4亿元，第三产业增加值228.9亿元。三次产业结构比为0.4：57.5：42.1。房地产开发投资25.6亿元，增长12.1%。社会消费品零售总额增长18.1%。公共财政预算收入31亿元，公共财政预算支出19.1亿元，分别增长8.5%、4.6%。

全年实现粮食播种面积0.10万公顷，粮食总产量0.81万吨，水产品总产量2.59万吨，肉、蛋、奶总产量3371.8万吨，分别增长6.9%、15.7%、5.7%、56.3%；成片造林面积40公顷。年底有农业机械总动力5.1万千瓦，农业产业化重点龙头企业5家。规模以上工业企业154家，实现增加值增长17.4%，实现主营业务收入1158亿元、利税170亿元、利润131亿元，分别增长8%、-3.4%、-6.6%。资质以上建筑业企业有109家，增加值4.6亿元。

全区公路通车里程159.51千米（含农村公路、国省道、高速公路）。完成电信业务总量0.35亿元、邮政业务总量0.75亿元，分别增长10.16%、19%。完成城建重点工程22项，完成投资31.1亿元。安居工程基本建成住房1819套。城市建成区绿化覆盖率43.71%。有国家AAA级及以上旅游景区3家，全年实现旅游消费总额70.6亿元。

全区有普通高等院校5所、在校生6.5万人，中等职业学校2所、在校生0.13万人，普通中小学17所、在校生2.4万人。有省级以上孵化器和众创空间15家（其中国家级孵化器3家、国家专业化众创空间6家），科技孵化总面积80万平方米。有工程实验室、企业技术中心、工业设计中心、重点实验室、工程技术研究中心等省级平台35家、市级平台57家。新增授权专利2428件，增长10.2%，万人有效发明专利拥有量55件，质押融资5.95亿元，增长212%。有博物馆2个，电影院6座，城市书房7个。有医疗机构212家（含诊所、村卫生室及护理院），编制床位605张，卫生技术人员1224人。全年举办群众性体育活动22次，在市级以上体育比赛中获金牌135枚。

全区城镇新增就业4598人，城镇登记失业率1.93%。有12.43万人参加养老保险、12.36万人参加基本医疗保险、8.50万人参加工伤保险、8.15万人参加失业保险，参保人数分别增长11.06%、18%、6%、14.12%。发放保障金437.99万元，保障城乡低保对象239人、城乡特困人员135人。有敬老院1所，收养性社会福利单位有床位2181张。

【"一城三园"建设】 "一城"即统筹双岛湾科技城和初村科技新城，打造总面积63平方千米的科技创新城；"三园"即科技创新城内医疗器械与生物医药产业园、电子信息与智能制造产业园、科技创新园。2021年，医疗器械与生物医药产业园获评山东省创新

9月1日，威海高新区山大实验学校启动仪式暨2021级开学典礼举行
（威海火炬高技术产业开发区管理委员会办公室　提供）

产业集群试点、山东省工业互联网园区，园区品牌价值621亿元，连续2年列全省优质产品生产基地第1位。电子信息与智能制造产业园累计引进打印机供应链项目24个，获评全省示范数字经济园区，入选国家五星级新型工业化产业示范基地。

【威海高新区山大实验学校启用】 威海高新区山大实验学校由威海高新区管理委员会与山东大学（威海）、山大基础教育集团联手打造，计划总投资7亿元，规划占地面积9.2万平方米，总建筑面积8万余平方米，由8栋教学楼和餐厅、报告厅、风雨操场等组成，分为小学部和初中部，规模为90个教学班，可提供4140个学位。9月，山大实验学校正式启用，招收一年级新生247名。

【全球激光打印机基地建设】 2021年，基地产品涵盖激光打印机、喷墨打印机、热敏打印机等，累计引进供应链项目24个、总投资超过20亿美元，集聚世界500强企业5家及配套企业120余家，各类激光打印机产能突破1200万台（套），产业链产值突破300亿元，用工规模达2.5万人。

【"双招双引"工作推进】 2021年，高新区实际使用外资3.6亿美元，增长48%。4月10日，联想打印机项目正式签约入驻高新区，该项目总投资10亿元，全部达产后年产能达500万台以上，产值超过100亿元。12月22日，惠普富士康合作项目主体结构实现封顶。该项目总投资22亿元，占地面积约28.87公顷，总建筑面积55万平方米，达产后年产激光打印机和喷墨打印机等各类打印机1000万台以上。度小满普惠科技（山东）有限公司运营主体从北京市迁至高新区。该项目总投资30亿元，集聚各类高端人才3000余人。

2021年威海火炬高技术产业开发区镇（街道）基本情况表

表30

名称	村（个）	社区（个）	总面积（平方千米）	户籍人口（万人）	公共财政预算收入（万元）	名优特产
怡园街道		25	25.86	10.07	1316	海参、扇贝、苹果、梨、神龙泉矿泉水、渔具
田和街道		16	14.43	8.78	876	鱼竿、剪纸、大饽饽、喜饼、生鲜、鲅鱼饺子
初村镇	40	1	105.27	2.63	299	黄胖子苹果、初村虾酱、烤鸡蛋、含金山蜂蜜、卧龙山泉、草莓、地瓜、蓝莓、圣女果、花蛤

（张楷昕）

威海经济技术开发区

【概况】 2021年年底，威海经济技术开发区（简称经开区）总面积168.61平方千米，大陆海岸线长约44千米，辖5个镇（街道）、79个村（社区），户籍人口16.75万人。全年实现地区生产总值380.72亿元，比上年增长10.0%。其中，第一产业实现增加值5.24亿元，增长7.5%，第二产业实现增加值142.49亿元，增长6.9%，第三产业实现增加值232.98亿元，增长11.9%。三次产业结构比为1.4 ∶ 37.4 ∶ 61.2。固定资产投资增长2.2%。其中第二产业投资增长43.2%、第三产业投资下降2.3%。房地产开发完成投资63.84亿元，下降10.5%。社会消费品零售总额增长15.3%。实现外贸进出口总额491.9亿元，增长32.1%，其中出口额360.1亿元、进口额131.8亿元，分别增长38.7%、15.0%。财政总收入31.07亿元，增长7.1%；一般公共预算收入28.87亿元，增长4.6%。其中，税收收入26.38亿元，增长2.3%，税收收入占一般公共预算收入的比重达91.4%。

全区实现农林牧渔业增加值5.53亿元，增长7.6%。其中，农林牧渔专业及辅助性活动增加值0.29亿元，增长9.6%。有规模以上农业产业化重点龙头企业6家，农业机械总动力3.64万千瓦，农田有效灌溉面积638公顷，其中节水灌溉面积105公顷。规模以上工业企业132家，实现工业总产值324.9亿元、营业收入315.28亿元、利润总额17.84亿元，分别增长16.3%、9.9%、41.2%，增加值增长11.9%。产销衔接良好，产品销售率97.13%。建筑业总产值43.51亿元、增加值21.94亿元，分别增长13.1%、下降2.3%。

全区农村公路通车里程为169.93千米。完成邮政业务总收入8732.3万元。完成通信业务总量3.16亿元，年底固定电话交换机总容量31.2万门、用户总数7.77万户，移动电话交换机总容量77万门、用户总数40.5万户。完成城建重点工程18项，完成投资29.37亿元。全区空气质量指数优良率91.2%。有国家AAA级旅游景区4处、开放式公园4个。人均公园绿地面积23.85平方米，建成区绿地率43.43%。

全区有各级各类学校62所，专任教师2748人，在校学生4.00万人。其中，中等专业学校1所，在校学生586人；九年一贯制学校4所，在校学生9465人；初级中学2所，在校学生5653人；小学10所，在校学生1.24万人；幼儿园45所，在园幼儿1.19万人。全年签订产学研合作协议20项，技术合同成交额19亿元，获得山东省科技进步奖二等奖1项。专利授权量1431件，增长79.3%，其中发明专利授权量142件。有文化馆1个，电影院5个，镇（街道）综合性文化站5处，村（社区）综合性文化服务中心76处，城市书房4处，镇（街道）图书馆分馆2处，图书馆基层服务点13处，农家书屋75处。有各级各类卫生机构240所，实有床位1855张，有卫生技术人员2015人。国家基本公共卫生服务项目中建立电子健康档案14.2万份，纳入管理的孕产妇、儿童及老年人3.49万人。举办区级以上较大型体育活动6次、全民健身活动93场，覆盖37个社区，参与群众1.5万人次。在威海市第六届运动会上，获得专业组金牌39枚、业余组金牌27枚。

全年全体居民人均可支配收入5.20万元，增长8.5%。其中，城镇居民人均可支配收入5.58万元，增长7.8%；农村居民人均可支配收入2.48万元，增长9.9%。全体居民人均消费支出3.59万元，增长9.0%。其中，城镇居民人均消费支出3.86万元，增长8.2%；农村居民人均消费支出1.63万元，增长12.4%。有10.9万人参加基本养老保险，8.2万人参加居民医疗保险，2639人领取失业保险金，647名职工享受工伤保险待遇，2162名女职工享受生育津贴待遇。全区有各类养老机构8家、床位1054张，收养人员504人。为低保对象473人发放低保金618.4万元。有特困人员供养机构2所，投入资金252万元，供养特困人员57人。

年内，经开区“助力远洋船舶维护维修集群发展”经验做法获评全国服务贸易创新发展试点第三批最佳实践案例，被国务院在全国推广。

【上半年工作总结暨高质量发展推进大会】 8月11日召开。会议简要总结上半年工作情况，系统回顾开发区近30年的发展历程，深入分析经开区发展优势和劣势，立足宏观形势和开发区实际，提出建设“开放之区·活力新城”的目标定位，明确实施“九大攻坚突破行动”（空间资源整合攻坚突破行动、中韩自贸区地方经济合作示范区核心区建设攻坚突破行动、鼓励支持高端制造业膨胀发展攻坚突破行动、精准招商攻坚突破行动、科技创新科技赋能攻坚突破行动、精致城市建设攻坚突破行动、营商环境优化攻坚突破行动、安全稳定风险防范攻坚突破行动、干部队伍能力建设攻坚突破行动）路径举措，指导全区各级各部门做好各项工作。

【安全发展】 建立“1+2+N”（“1”指12345政务服务便民热线，“2”指城管数字平台和“六治一网”网格员系统，“N”指其他热线平台）社会治理体系，建成“一站式”矛盾纠纷调解中心、社会工作站和行业专业调解组织21个，为各村（居）配备“一村一辅警”46人，建设微型消防站445个，妥善化解重点案件。年内，法院诉讼收案率下降8.9%，治安警情下降28.3%。

8月，威海经济技术开发区世纪体育公园　　（朱春晓　摄）

【智慧城市管理平台建设】 11月，经开区智慧城市管理平台项目建设完成并通过专家验收。至年底，平台涵盖防汛、森林防灭火、渔船岸线、校园安全等多个子系统，汇聚数据78类271万条，接入视频监控5000余路，获得167平方千米高分正射影像图和VR影像资料147个，达到“一屏观全局”的实际使用效果，初步形成全地域、全要素、全监管“一网统管”平台，实现对各类业务数据、物联网监测数据、视频监控数据的汇聚、整合、共享、统计分析和可视化展现，完成对城市公共信息资源综合开发利用和城市运行状态全局实时监测，为事件的前期介入、协同处置、风险管控提供有效数据支撑和技术保障。年内，通过平台预警报警等信息模块，接收雨水情数据13.65万条、防汛报警信息16条、火险报警信息1213条、无人值守卡口预警信息41.09万条。11月19日，在第一届中国新型智慧城市创新应用大赛中，经开区智慧城市管理平台获得一等奖“智胜奖”。

【《威海经济技术开发区关于推动开放型经济及商贸流通业高质量发展的扶持意见》实施】 10月12日，《威海经济技术开发区关于推动开放型经济及商贸流通业高质量发展的扶持意见》实施。该意见对项目扶持范围、奖励标准及兑现程序等进一步优化，并将涉及招商引资、外资外贸、商贸流通及智能制造产业园等方面的扶持政策进行统一整合，有利于提升引进项目的质量和效益，保障项目主体的合法权益，持续优化区域营商环境。

【中大型无人船艇生产基地落户】 11月18日，云洲无人船艇产业化项目签约仪式举行。该项目总投资5亿元，占地面积13.7公顷，一期工程总建筑面积5万平方米，主要从事高性能无人船艇生产制造、智能无人化改装、无人船艇组装调试以及服务运维等业务，项目建成后将成为国内首个中大型无人船艇生产基地。

【居然悦购Mall开业】 12月10日，居然悦购Mall开业。居然悦购Mall位于青岛中路与峰北路交汇处，共6层，总建筑面积5万平方米，有停车位1000余个，汇聚国内外知名品牌300余家，是一家集精品零售、餐饮美食、休闲娱乐、海鲜农贸、宜家生活广场、儿童教培于一体的大型综合性商场。

2021年威海经济技术开发区镇（街道）基本情况表

表31

名称	村（个）	社区（个）	总面积（平方千米）	户籍人口（万人）	税收收入（亿元）	名优特产
皇冠街道		16	24.98	6.36	10.75	
凤林街道		10	10.18	3.07	5.45	
西苑街道		11	8.85	2.96	5.74	
崮山镇	14	7	50.87	1.81	3.52	无花果
泊于镇	16	5	73.73	2.55	1.19	无花果、草莓

（徐敬侠）

威海临港经济技术开发区

【概况】 2021年年底，全区总面积296.1平方千米，辖3个镇、167个村（社区），户籍人口8.52万人。全年实现地区生产总值115.47亿元，比上年增长11.9%。其中，第一产业增加值4.13亿元，第二产业增加值73.92亿元，第三产业增加值37.42亿元。三次产业结构比为3.6∶64.0∶32.4。固定资产投资增长21.5%,其中“四新”(新材料、新医药、新能源、新科技）经济投资占比达58.6%。建筑业实现总产值8.24亿元，下降3.5%，房地产开发投资40.9亿元，增长0.8%。对外贸易进出口总额102.1亿元，增长53.6%。其中，出口额79.6亿元、进口额22.5亿元，分别增长55.8%、46.6%。一般公共预算收入10.1亿元、一般公共预算支出7.9亿元，分别增长17.2%、下降8.7%。

全区实现农林牧渔业增加值4.39亿元，粮食种植面积6503.66公顷。年底农业机械总动力达15.5万千瓦。新增县级以上示范性家庭农场1家，总数达14家。有农业龙头企业14家，其中省级2家、市级12家。重点打造麓源果乡、山河富春、清泉康谷、金井黄山4个乡村振兴示范样板片区，大力发展精致农业，培育现代果业、乡村旅游等特色产业，新建高标准农田1000公顷，恒兴智慧农业产业园、味正品康等12个项目投产。与青岛农业大学合作共建乡村振兴研究院，专家团队5个、教师30余人先后进驻。统筹推进乡村建设和绿色治理，新建省级、市级美丽乡村示范点8个，完成3757户农村清洁供暖改造和17个村污水改造任务。

全区有规模以上工业企业107家，规模以上工业增加值增长23.3%，工业总产值增长34.7%，产品销售率98.6%。规模以上工业企业营业收入增长26.8%，利润总额增长39.1%。全区有个体工商户、私营企业及农民专业合作社1.15万户，增长10.8%，注册资本（金）211.3亿元，增长18.9%。

全区农村公路里程为380.41千米，有公共汽车运营线路17条、公共汽车129辆，运营线路总长度537.4万千米。建成区绿化覆盖率为47.2%，人均公园绿地面积47.9平方米。城镇化率为65.83%。全年空气质量综合指数为2.86，空气质量为“优”的天数为124天。

全区有中小学9所（其中九年一贯制学校1所、初中3所、小学5所），在编教职工662人，在校学生9926人；有幼儿园14所，教职工108人，在园幼儿3320人；有中等职业学校1所，教职工38人，在校学生1722人；有外籍学校2所，教职工94人，在校学生457人。年内，公开招录教师87

10月，威海临港经济技术开发区崮山镇一角 （朱春晓 摄）

人。全区有市级及以上“一企一技术”研发中心32家，市级及以上“专精特新”中小企业49家，市级及以上重点实验室5家，市级及以上企业技术创新中心4家，省级院士工作站备案5家，高新技术企业77家，省级工程技术研究中心7家，市级工程技术研究中心29家，省级农科驿站3家，国家级众创空间1家，国家级星创天地1家，省级科技企业孵化器1家，国家级国际科技合作基地1家，省级品牌国际科技合作基地1家。全年授权发明专利29件，授权专利量822件。全区有医疗机构67个、床位91张、卫生技术人员280人，全年改扩建省级标准化村卫生室1处，新建市级标准化村卫生室3处。举办各类体育活动和赛事40次，指导成立体育群体组织10个。

全区全体居民人均可支配收入为5.20万元，增长8.5%；城镇居民人均可支配收入为5.58万元，增长7.8%；农村居民人均可支配收入2.48万元，增长9.9%。全体居民人均消费支出3.59万元，增长9.0%；城镇居民人均消费支出3.86万元，增长8.2%；农村居民人均消费支出1.63万元，增长12.4%。全区巩固拓展脱贫攻坚成果同乡村振兴相衔接工作，“两不愁三保障”（不愁吃、不愁穿，义务教育、基本医疗、住房安全有保障）和饮水安全等相关政策落实到位，脱贫享受政策人口和监测帮扶对象全部参加基本医疗保险。确定8个重点帮扶村，投资660万元，建设大棚5个及配套提升项目15个。投入553万元，用于重点帮扶村改善公益设施建设，改善人居环境。为符合条件的脱贫享受政策户和监测帮扶对象1657人购买扶贫特惠保险。全区有4.12万人参加企业基本养老保险，8441名离退休人员享受养老保险待遇，3.52万人参加职工基本医疗保险，2.08万人参加失业保险，2.75万人参加工伤保险，4.03万人参加居民基本养老保险，6.14万人参加居民基本医疗保险，519人领取失业保险金，755人次享受职工工伤保险待遇，1.40万人次享受职工医疗保险待遇，1118人次享受生育待遇。

【威海冰球馆投入使用】 恒融时代冰雪新天地项目是融冰上运动、游泳、健身、乒乓球、羽毛球、篮球等多项运动功能为一体的综合体，总面积约1.3万平方米，同时规划配有国际标准冰球馆、运动主题星级酒店、冰雪大厦等设施。11月，威海冰球馆建成并投入使用，球馆建筑面积4200平方米，可容纳观众600余人，具备培训、竞赛、表演等多项功能，可承接冰球、花样滑冰等冰上赛事，并对全市中小学开放。

2021年威海临港经济技术开发区镇（街道）基本情况表

表32

名称	村（个）	社区（个）	总面积（平方千米）	户籍人口（万人）	税收收入（亿元）	名优特产
草庙子镇	31	6	82.59	2.19	6.40	打铁豆腐、苹果、花饽饽、美早樱桃、葡萄、蓝莓、网纹瓜、“烟薯25”地瓜、小七夼猕猴桃、蒋家庄蘑菇、垛岭白玉黄瓜、北黄山草莓、兴山小米辣、西李家夼蜂蜜
蔄山镇	65	6	111.49	3.71	1.66	玫瑰花茶、玫瑰花精油、玫瑰花饼、薰衣草制品、大夼草莓、北申格桑葚、多肉植物、山马于西瓜、汶口小米、山马埠猕猴桃、东黄岚玫瑰
汪疃镇	58	1	102.51	2.62	0.47	汪疃葡萄、樱桃、桑葚、草莓、苹果、葡萄酒、黑猪、汪疃花饽饽、大花生

（李婕筠）

威海综合保税区

【概况】 2021年，威海综合保税区完成外贸进出口额333.5亿元，比上年增长123.4%；完成跨境电商进出口额107.4亿元，增长656%；到账外资6406.5万美元，增长102.5%。威海综合保税区在海关总署公布的全国147个综合保税区绩效评价中列第26位，位列A等。

【招商引资开展】 成立招商专班3个，建立“一个项目、一位领导、一个专班、一抓到底”的领导分包机制，实施“专业招商＋全员服务”模式，整合全区设施和载体资源，规划建设先进制造产业园、商贸物流产业园，全力引进龙头及配套企业。总投资3亿元的迪尚众合机电项目一期厂房建成使用。总投资1000万美元的华溯汉膜包装项目进入试生产期。推动重点企业转型升级，日月光半导体（威海）有限公司投资2亿元引进新设备，产值增长50%以上，威海世一电子有限公司投资4亿元实施智能化改造项目，研发软性线路板产品。

【跨境电商发展促进】 加大全模式跨境电商产业园建设力度，重点搭建多模式电商监管中心、快件分拨中心、仓储物流中心、电商创业中心、国际商品展示交易中心和跨境电商综合服务平台“五中心一平台”功能体系，推动“9610”直购、“1210”保税备货、“9710”电商B2B直接出口、“9810”电商B2B出口海外仓等业务开展，实现跨境电

9月11日，第三届中韩（威海）跨境电商大会召开　　（孙大伟　摄）

商产业链全覆盖。承办第三届中韩（威海）跨境电商大会，中韩两国政界、商界嘉宾和跨境电商领域知名企业负责人等近300人参会。开设保税直购体验中心，组织跨境电商培训50余次，培育企业300余家，与高校院所加强合作，开展人才联合培养和电商孵化，为跨境电商长远发展提供人才支撑。2021年，全区跨境电商业务完成量列全省综合保税区第1位，相关经验做法入选全省开发区高质量发展典型案例。

【精致园区建设】　推进总投资20余亿元的基础设施和公共服务设施PPP项目建设，包括保税车间、保税仓库、非保税物流中心、人才公寓、国际商品展示交易中心等，至年底相关设施全部完工。建设9.5万平方米的标准仓库、厂房及配套设施，全区基础设施基本完善。

【改革创新推进】　主动对标国内自贸试验区、自由贸易港等，复制推广自贸区开放政策47项，落实国务院《关于促进综合保税区高水平开放高质量发展的若干意见》，加快综合保税区创新升级。推动区内24家企业获批增值税一般纳税人资格，发票开具金额超过2亿元；支持区内企业开拓国内市场，利用“委托加工”政策承接国内业务，新增货值2.5亿元；落地“仓储货物按状态分类监管”政策，使保税与非保税货物可以在区内同仓存储、集拼分拨，累计为企业节约成本230万元；大力发展保税维修、保税研发等新业态，全年保税维修完成7429万元，保税研发完成1.23亿元。

（丛　琳）

威海南海新区

【概况】　2021年，全区总面积259平方千米，大陆海岸线长约85千米。全年实现地区生产总值91.55亿元，比上年增长12%。其中，第一产业增加值13.92亿元，第二产业增加值53.97亿元，第三产业增加值23.66亿元。三次产业结构比为15.2%∶59%∶25.8%。固定资产投资增长16.8%。对外贸易进出口总额291.2亿元，其中出口额146.4亿元、进口额142.8亿元。一般公共预算收入10.72亿元，增长9.1%。其中，税收收入8.44亿元，增长7.5%，非税收入2.28亿元，增长15.8%，税收比重为78.7%。积极落实各项税费优惠政策，全年累计减税降费近1.58亿元，完成增值税留抵退税近3.66亿元，兑现新冠肺炎疫情防控优惠2121万元。

全区投产省级重点项目6个，全年完成投资51.23亿元。推进24个市级重点工业投资项目和11个重点科技创新项目建设，明池玻璃股份有限公司获批国家级专精特新“小巨人”企业；明池玻璃股份有限公司、威海嘉和热系统有限公司获批山东省瞪羚企业。入库国家科技型中小企业62家，新认定高新技术企业15家（总数46家），新增创新平台13个（其中国家级1个、省级1个、市级11个），加快建设吉林大学威海仿生研究院、威海海洋信息科学与技术研究院等，北京交通大学威海研究院、燕山大学南海数字产业研究院等项目签约落地。引进内资项目30余个，批准外资项目11个。

全区完成香水河西路、青山路、昌阳河东路等7条道路绿化建设，新增绿化面积约20万平方米。实施滨海路、金海路道路拓宽改造工程，新建口袋公园3处。

威海南海新区青苗双语学校、威海南海新区天立学校顺利完成注册审批并开学。招聘教师40人，1人获评威海市第八届学科带头人。全年实现专利授权409件，有知识产权贯标认证企业3家，实现知识产权质押融资14件，累计1.44亿元。2人获评国家级海外人才工程专家，10人申报泰山产业领军人才工程，获得威海市留学人员创业企业一次性资金资助项目评审第1名，获批省级博士后创新实践基地1个、省级专家服务基地1个，完成2个海外创业项目的泰山产业领军人才工程期满评估工作。举办中国国家乒乓球队备战东京奥运会热身赛、2021年中国乒乓球俱乐部超级联赛、全国乒乓球青年锦标赛、全国海钓锦标赛、威海市第十一届全民健身运动会武术集体项目比赛、威海市龙舟邀请赛暨威海南海新区首届“龙腾齐鲁”龙王争霸赛以及乒乓球、飞镖、太极拳等各类社区体育比赛活动17次。

全区累计发放各类救助金696万元，发放35.7万元救助大病患者97人，为优抚对象740余人发放优抚金500余万元。

【2021年全国青年乒乓球锦标赛】　10月20日—27日，2021年全国青年乒乓球锦标赛在威海南海新区举行。比赛设男子团体、女子团体、男子单打、女子单打、混合双打5个项目，全国30余支代表队约300名青年运动员参赛。

【北京交通大学威海研究院落户】 6月20日，威海市人民政府与北京交通大学共建北京交通大学威海研究院合作协议签约仪式在威海南海新区举行。北京交通大学威海研究院纳入威海市“1+4+N”创新平台体系，充分发挥北京交通大学“双一流”高校学科综合优势，建设高水平科研实验室，组建协同创新团队，开展合作研究、技术服务和科技成果转移转化，为威海市创新发展提供科技支撑。

【山东省海洋负排放焦念志院士工作站揭牌】 11月18日，以海洋负排放为研究领域的院士工作站——山东省海洋负排放焦念志院士工作站揭牌。该工作站依托中国科学院院士焦念志及其团队的科研力量搭建蓝碳研究平台，聚焦威海市海水养殖业的贝类、大型藻类碳汇资源，开展海洋碳汇基础研究和课题申报，为“碳达峰、碳中和”战略实施做出海洋负排放领域的贡献。

（于莎莎）

各区（市）开发区

【环翠北海省级旅游度假区】 位于威海市环翠区北部，东、北两面临海，东望刘公岛，西接威海火炬高技术产业开发区，南与市区毗山相连，区位优势突出，旅游资源丰富，被誉为“市区后花园”“城市会客厅”。2021年，辖区面积18.58平方千米，辖8个社区，户籍人口1.72万人，有中学1所、小学2所、幼儿园4所、社区卫生服务中心1所。完成固定资产投资7.43亿元，增长9.1%；内资完成实物工作量2328.65万元，实现外资到账210万美元，实现进出口总值11.94亿元；实现税收1.18亿元、一般公共预算收入1.20亿元；实现农村经济总收入24.03亿元，人均纯收入2.04万元；实现限额以上批发企业销售收入13.31亿元、限额以上住宿企业营业收入255.9万元。7个区级重点产业项目总投资达11.23亿元。举办2021威海国际艺术云交流、“蓝墨水的上游”全国青年油画风景论坛暨邀请展、中国（威海）十一家油画作品邀请展、第二届中国（威海）非客观艺术邀请展、跨越——中国（威海）2021—2022油画及水墨作品交流展等系列活动。突出抓好“儿童友好小镇”、远遥浅海科技湾区、威海激光通信先进技术研究院和天和美术馆建设。投资1065万元，改造水产小区、青年楼、建筑楼。建设面积1000平方米的养老服务中心1处，装修改造社区服务中心3个。对靖子头区域进行改造，加固修复破损墙体1000平方米，恢复自然沿海岸线景观和公众亲海功能，打造“喂，海！”公园、哈雷营地等重要景点。

【威海环翠省级旅游度假区】 位于威海市环翠区西部，东接嵩山街道，西、北与威海火炬高技术产业开发区相邻，南邻羊亭镇。2021年，辖区面积49平方千米，辖19个村（社区），户籍人口3.48万人，有中学2所、小学4所、公立医院1处。完成地区生产总值38.56亿元、固定资产投资33.41亿元，分别增长9.4%、39.4%。实现税收11.4亿元、一般公共财政预算收入6.54亿元。实现农村经济总收入96.04亿元，农民人均纯收入2.08万元。对外贸易进出口总额31.47亿元。三次产业结构比为1.3∶67∶31.7。限额以上批发业完成销售额12.93亿元，增长29.2%；限额以上零售业完成销售额3.02亿元，增长52.2%。加大产业链、供应链、创新链招商力度，完成市级集中签约项目1个、区级集中签约项目4个，对接招商引资项目26个，其中落地在建项目11个、总投资65亿元。实施重点产业项目17个，总投资68.2亿元，其中6个项目全部或部分投产。坚持优先发展现代服务业，实施威海韬世和科技孵化园、山东恒涵国际贸易有限公司跨境电商产业基地2个重点服务业项目，投资2.6亿元，建筑面积5.2万平方米。推动7宗15.23公顷国有土地收回盘活，补偿和拆除建筑面积2600余平方米。推动国有土地出让，挂牌出让16宗74.73公顷。完成1宗1.59公顷闲置土地处置、2宗17.48公顷国有土地低效用地挂牌出让，整治违法占地8处。投资371万元，改造提升辖域内淮河街北侧（普陀路—火炬路）、东鑫路（沈阳路—天目路）、昆仑路北侧（昌华路—沈阳路）3条道路人行道板。投资2244万元，敷设九华路、创新东路等4条道路污水管网7.5千米、自来水管网1千米。投资90万元，补建山东新北洋信息技术股份有限公司西侧绿地，打造局部景观节点，绿化面积6000平方米。

（王浩宇）

【文登经济开发区】 位于文登区北部。2021年，全区88家规模以上工业企业实现产值152.4亿元、营业收入132.1亿元，完成固定资产投资69.6亿元。新增入库纳统项目56个、规模以上企业20家。新注册外资项目17个，全年到账外资1.2亿美元，进出口总额约64.3亿元，完成地方级税收6.9亿元。投资5.2亿元，对香山北路、

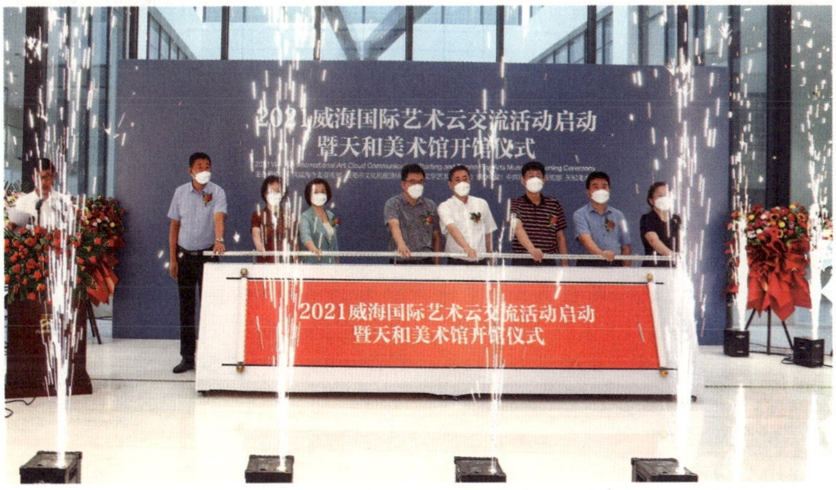

8月28日，2021威海国际艺术云交流活动启动暨天和美术馆开馆仪式举行

（刘志鹏　摄）

九龙路、九发路等 11 条道路实施综合改造，对百树园、仙山公园及珠海东路、广州路 2 个路段绿化带进行改造，全年完成硬化路面 27 万平方米，新增、改造雨污管网 40 千米，改造步道 4 万平方米，提升绿化面积 24 万平方米，铺设草坪 4.6 万平方米，栽种绿色植物 25 万株，新增路灯 497 盏、机动停车位 3160 个。投入 12.8 亿元实施化工园区路网建设、污水处理、河道整治、信息化建设、村庄搬迁、安全消防、绿化美化“七大工程”，形成“四纵七横”的主干路网，自来水供水、雨污管网、通信网络等实现全覆盖。污水处理厂、“一企一管”污水管网、特勤消防站完工并投入使用，“百年一遇标准”防洪设施竣工验收，危化品停车场整改提升，智慧管理平台及有毒有害气体预警体系升级完善，全区应急处置能力稳步提升，具备承载重大项目落地的条件和能力。围绕汽车机电、电子信息、化工新材料 3 个优势产业，新引进注册各类项目 34 个，其中亘元锂电池新材料、谷雨春医用微球、诚弘制药等 11 个项目投资过 1 亿元。有区级重点项目 29 个，其中 19 个被列入市级重点项目。年内，化工产业园入选山东省省级数字经济园区，杜营河（松山水库下游至东母猪河交汇口段）获评 2021 年省级美丽幸福示范河湖，威海华坦供应链管理有限公司成功申报 2021 年山东省重点培育的公共海外仓(坦桑尼亚达累斯萨拉姆)。

（王丽淑）

【荣成经济开发区】 位于荣成市中部，辖区总面积 60 平方千米，其中重点开发运营园区面积 23.7 平方千米。2021 年，重点开发运营园区完成公共财政预算收入 1.24 亿元，实际利用外资 0.37 亿美元，规模以上工业企业产值 63.4 亿元，固定资产投资 21.4 亿元。开发区重点打造生物科技、信息技术、智能制造、新材料 4 个主导产业集群，有规模以上工业企业 88 家、高新技术企业 59 家、国家级专精特新“小巨人”企业 1 家、省级“专精特新”中小企业 9 家、瞪羚企业 5 家，先后获评国家级小微企业示范基地、省级高端装备制造产业园、省级海洋生物产业园、省级创新创业园、省级循环经济园和省级生态园。

【威海海高园（石岛管理区）】 位于荣成市南部，辖区总面积 270.7 平方千米，大陆海岸线长约 125 千米。2021 年，全区有规模以上工业企业 99 家、市级以上科技创新平台 64 个、纳税过 1000 万元企业 18 家、上市挂牌企业 20 家、金融保险机构 26 家；有海洋食品及冷链物流聚集区、海洋高新技术产业核心区、核能利用国际创新示范区 3 个特色专业园区，入驻企业 360 余家、科研院所 20 余个。全区实现地区生产总值 252 亿元，一般公共预算收入 16.9 亿元，规模以上工业总产值 152.9 亿元，固定资产投资 126.9 亿元，实际利用外资 5026 万美元。年内，商用高温气冷堆并网发电，园区获评省级“金融管家”园区试点、省级现代服务业集聚示范区、国家优秀农业科技园区。

【好运角旅游度假区】 位于荣成市北部，辖区总面积 280 平方千米。2021 年，全区实现工商税收 2.6 亿元，固定资产投资 44.49 亿元，对外贸易进出口总额25.8亿元，公共财政预算收入6.41 亿元，水产品总产量 41.9 万吨，渔业总收入 217.38 亿元。有规模以上工业企业 23 家，规模以上工业企业总产值 35.66 亿元，有国家级科技型中小企业 6 家、市级以上研发平台 15 个。年内，度假区获评省级文旅康养融合发展区，威海百合生物技术股份有限公司获得国家科学技术进步奖二等奖，荣成市国有成山林场获评 2021 中国林场协会森林康养林场。

（姜 潇）

【乳山经济开发区】 位于乳山市南部，大陆海岸线长约 35 千米，辖 41 个村，2021 年城区工业园、染整工业园划归经济开发区管理后，实际管辖面积为 39.65 平方千米。年内，经济开发区围绕“3+2”（汽车零配件、食品精深加工、纺织印染和新能源、新材料）主导产业，确立“提旧育新并举，延链补链强链”思路，推进招商引资、项目建设工作。建立部门负责人“导师带徒”制度，在招商引资、项目服务、经济发展等方面各培养专业人才 1 名，打造集项目研判、服务保障、政策支撑于一体的专业团队。参加展会 6 次，收集有效招商信息 103 条，外出招商 37 次，引进中渔食品、创新新能源、金果花生蛋白粉、海颐新材料、科达精密曲轴制造等项目 6 个，总投资 7.1 亿元。其中，5 个项目开工并投产，完成实物工作量 2 亿元。推行部门分包项目机制，推进 12 个在建项目建设，其中汉威新材料、宏通轨道、伯特利重工、创新能源制冷制造 4 个项目投产。投资 5 亿元，实施污水管网、智能装备产业园、综合服务中心项目，提升园区基础设施建设。

（张 怡）

【乳山市滨海新区】 位于乳山市东南部，辖银滩旅游度假区、白沙滩镇和海湾新城，常住人口 10 万余人。2021 年，滨海新区整合生态、岸线、康养等资源优势，构建康养旅居、文化旅游、健康智造、海洋生物科技 4 个产业体系，打造胶东五市产业承接区、滨海休闲度假养生区、国际化精致城市示范区。全年实现地方财政收入 1.40 亿元。引进“精品韩贸保税展示交易中心 + 艾韩寇电商平台”项目；隆滨跨境电商、银沙跨境电商、威海丽豪跨境电商等跨境电商企业投入运营，完成进出口贸易额 4470 万美元，金鼎隐秀商业综合体项目到账外资 730 万美元；续建粤商大健康医疗辅具产业园，安洁消毒液项目投产，蚝小二、远景科技新能源项目开工，累计盘活厂房 2 万平方米、土地 6.67 公顷。搭建“康养银滩居民大舞台”，举办啤酒音乐节、社区文化节、大学生音乐节、老年大学汇报演出等活动 50 场，承办第六届乳山牡蛎文化节。建设打造集宣传推介、人文展示、招商引资、活动举办等功能于一体的便民服务综合区——城市会客厅，建设银滩新能源供暖服务中心。聘请“文艺导师”48 名、“自媒体达人”30 名、“特约监督员”27 名，发挥流动党员正向引导作用。

（徐园园）

编辑 于鹏飞

人　　物

市领导简介

·中国共产党威海市委员会·

张海波　中共威海市委书记、党校校长。山东威海人。1969年5月出生。1991年7月参加工作。1988年7月加入中国共产党。1987年9月至1991年7月，在青岛大学物理系应用物理专业学习。1991年7月至1993年10月，任青岛大学外文系政治辅导员。1993年10月至1997年5月，任青岛大学团委副主任科员。1997年5月至1999年1月，任青岛大学团委主任科员（1997年8月至1998年1月在青岛团市委挂职）。1999年1月至2000年6月，任青岛大学团委副书记。2000年6月至2002年1月，任青岛大学团委副书记，挂职任章丘市委副书记。2002年1月至2002年12月，任青岛大学党委组织部正处级组织员，挂职任章丘市委副书记。2002年12月至2004年2月，任章丘市委副书记（正处级）。2004年2月至2006年10月，任章丘市委副书记（正处级）兼明水经济开发区管委会党委书记。2006年10月至2007年1月，任济阳县委副书记、代县长（2005年4月至2007年1月在清华大学公共管理学院MPA专业学习，获公共管理硕士学位）。2007年1月至2011年1月，任济阳县委副书记、县长。2011年1月至2012年3月，任济南市历下区委副书记、区长。2012年3月至2017年4月，任济南市副市长。2017年4月至2017年7月，任济南市委常委、副市长。2017年7月至2018年1月，任威海市委副书记，市政府副市长、代理市长、党组书记。2018年1月至2020年3月，任威海市委副书记，市政府市长、党组书记。2020年3月至2022年6月，任威海市委书记、党校校长。

闫剑波　中共威海市委书记、党校校长。山东诸城人。1971年12月出生。1994年8月参加工作。1992年6月加入中国共产党。1990年9月至1994年7月，在兰州大学地理科学系经济地理学与城乡区域规划专业学习。1994年8月至1995年10月，任德州地区建委干事。1995年10月至1997年7月，任德州市规划建筑设计院规划设计室主任。1997年7月至1998年9月，任德州市建委城市规划建设管理科科员。1998年9月至1999年10月，任德州市建委城市规划建设管理科主任科员。1999年10月至2000年12月，任德州市城市规划管理处副主任、市建委城建科主任科员。2000年12月至2001年1月，任德州市交通局副局长。2001年1月至2001年5月，任德州市城市规划局局长。2001年5月至2005年2月，任德州市建委副主任、党工委委员，城市规划局局长（副县级）。2005年2月至2006年12月，任德州市建委副主任、党工委委员，城市规划局局长（正县级）。2006年12月至2007年2月，任禹城市委副书记、副市长、代市长。2007年2月至2008年7月，任禹城市委副书记、市长。2008年7月至2010年4月，任禹城市委副书记、市长，禹城高新区管委会主任。2010年4月至2011年11月，任禹城市委书记，禹城高新区党工委书记（2009年3月至2011年5月在大连理工大学管理与经济学部高级管理人员工商管理硕士专业学习，获工商管理硕士学位）。2011年12月至2016年1月，任临沂市委常委、临沂高新技术产业开发区党工委书记。2016年1月至2018年4月，任菏泽市委常委、副市长，市政府党组副书记，市行政干部管理学院院长。2018年4月至2018年8月，任济宁市委副书记。2018年8月至2019年5月，任济宁市委副书记、宣传部部长。2019年5月至2020年3月，任济宁市委副书记、宣传部部长，市委教育工委书记，市红十字会会长。2020年3月至2020年4月，任威海市委副书记，提名为威海市市长候选人。2020年4月至2020年7月，任威海市委副书记，市政府副市长、代理市长、党组书记。2020年7月至2022年6月，任威海市委副书记，市政府市长、党组书记。2022年6月起任威海市委书记、党校校长。

孔凡萍（女）　中共威海市委副书记，市政府市长、党组书记。山东济南人。1969年1月出生。1991年7月参加工作。1996年6月加入中国共产党。1987年9月至1991年7月，在山东大学经济管理系国民经济管理学专业学习。1991年7月至1992年6月，任省科学院饲料酵母厂筹建处干部。1992年6月至1999年6月，任省科学院人事处干部。1999年6月至2002年4月，任省科学院人事处主任科员。2002年4月至2002年12月，任省科学院人事处处长助理（1999年9月至2002年5月在山东大学管理学院管理科学与工程专业学习，获管理学硕士学位）。2002年12月至2008年6月，任省科学院人事处副处长（2003年12月至2004年11月在美国莱特州立大学工商管理专业学习，获工商管理硕士学位）。2008年6月至2011年12月，任省科学院情报所党总支书记、副所长。2011年12月至2012年11月，任省科学院情报所党总支书记、副所长，省科学院纪委副书记。2012年11月至2013年2月，任省科技发展战略研究所所长、党总支副书记，省科学院纪委副书记（2012年4月至2012年12月在省委巡视组挂职）。2013年2月至2015年4月，任省科技发展战略研究所所长、党总支副书记。2015年4月至2015年11月，任省科技发展战略研究所所长、党总支书记（2012年9月2015年6月在山东大学管理学院企业管理专业学习，获管理学博士学位）。2015年11月至2018年8月，任济宁市委常委、组织部部长。2018年8月至2020年9月，任济宁市委常委、组织部部长，孔子研究院党委书记。2020年9月至2020年10月，任济宁市委常委、组织部部长。2020年10月至2022年1月，任东营市委副书记。2022年1月至2022年6月，任威海市委副书记。2022年6月至2022年7月，任威海市委副书记，市政府副市长、代理市长、党组书记。2022年7月起，任威海市委副书记，市政府市长、党组书记。

王　亮　中共威海市委常委，市政府副市长、党组副书记，市行政审批服务局党组书记。山东荣成人。1963年1月出生。1981年7月参加工作。1984年4月加入中国共产党。1979年9月至1981年7月，在荣成师范学校史地专业学习。1981年7月至1983年5月，任荣成县第十五中学教师。1983年5月至1984年7月，任荣成县政协办公室秘书。1984年7月至1987年9月，任荣成县委办公室秘书。1987年9月至1988年10月，任威海市政府办公室秘书。1988年10月至1990年1月，任威海市政府办公室副科级秘书。1990年1月至1991年9月，任威海市政府办公室正科级秘书（1987年10月至1990年12月在山东省高等教育自学考试汉语言文学专业大专学习）。1991年9月至1992年2月，任威海市政府办公室秘书科科长。1992年2月至1992年8月，任威海市政府办公室调研科科长。1992年8月至1994年4月，任威海市政府办公室调研科科长、副县级秘书。1994年4月至1997年6月，任威海市政府办公室副主任、党组成员。1997年6月至1999年6月，任威海市政府副秘书长、办公室党组成员。1999年6月至2001年6月，任威海市政府副秘书长、办公室党组成员，调查研究室主任（1998年9月至2001年6月在吉林大学经济学院国民经济学专业学习，获经济学硕士学位）。2001年6月至2002年12月，任威海市政府副秘书长、办公室党组成员，调查研究室主任，信息产业局局长。2002年12月至2003年1月，任威海市环翠区委副书记、代区长。2003年1月至2005年2月，任威海市环翠区委副书记、区长。2005年2月至2005年3月，任文登市委副书记、代市长。2005年3月至2006年2月，任文登市委副书记、市长。2006年2月至2006年3月，任文登市委副书记、市长，市政协主席。2006年3月至2006年5月，任文登市委书记、市政协主席。2006年5月至2007年11月，任文登市委书记、党校校长。2007年11月至2011年11月，任文登市委书记、党校校长，市人大常委会主任。2011年11月至2011年12月，任文登市人大常委会主任。2011年12月至2012年2月，任威海市委宣传部部长，文登市人大常委会主任。2012年2月至2012年4月，任威海市委宣传部部长。2012年4月至2017年3月，任中共威海市委常委、宣传部部长。2017年3月至2018年11月，任威海市委常委，市政府副市长、党组副书记。2018年11月至2022年2月，任威海市委常委，市政府副市长、党组副书记，市行政审批服务局党组书记。

侯世超　中共威海市委常委、秘书长、一级巡视员，市直机关工委书记。山东乳山人。1963年4月出生。1980年10月参加工作。1986年12月加入中国共产党。1980年10月至1983年7月，任乳山县水产供销公司和尚洞水产站职工、团支书。1983年7月至1985年7月，任乳山县水产良种场会计。1985年7月至1989年3月，任乳山县玻璃厂财务科长、办公室主任、副厂长。1989年3月至1990年9月，任乳山县水产研究所干部。1990年9月至1992年11月，任乳山县水产局企业管理股副股长（1989年8月至1992年6月，在中央党校函授学院大专班经济管理专业学习）。1992年11月至1994年12月，任乳山县（市）海阳所镇副镇长。1994年12月至1995年12月，任乳山市海阳所镇党委副书记、副镇长。1995年12月至1998年1月，任乳山市冯家镇党委副书记、镇长。1998年1月至2000年3月，任乳山市冯家镇党委书记（1999年4月至1999年7月在威海市委党校第九期中青年干部培训班学习；1997年9月至2000年1月在山东省委党校业余本科班经济管理专业学习）。2000年3月至2001年1月，任乳山市政府党组成员、办公室主任。2001年1月至2005年2月，任乳山市委常委、办公室主任兼市直机关工委书记。2005年2月至2006年12月，任乳山市委副书记、办公室主任兼市直机关工委书记（2006年2月至2006年5月在山东省委党校第十八期县委书记培训班学习）。2006年12月至2007年12月，任威海市林业局副局长、党委副书记（正县级）。2007年12月至2009年1月，任威海市林业局局长、党委书记。2009年1月至2010年2月，任荣成市委副书记（正县级）。2010年2月至2011年11月，任荣成市委副书记、市长。2011年11月至2015年6月，任荣成市委书记、党校校长（2009年9月至2012年6月在山东省委党校在职干部研究生班经济管理专业学习）。2015年6月至2015年7月，任威海市委常委，荣成市委书记、党校校长。2015年7月至2015年8月，任威海市委常委、统战部部长，市社会主义学院院长，荣成市委书记、党校校长。2015年8月至2016年2月，任威海市委常委、统战部部长，市社会主义学院院长。2016年2月至2021年1月任威海市委常委、秘书长。2021年1月至2021年6月，任威海市委常委、秘书长、市直机关工委书记。2021年6月至2022年2月，任威海市委常委、秘书长、一级巡视员，市直机关工委书记。

傅广照　中共威海市委常委、政法委书记、一级巡视员，市法学会会长。山东龙口人。1963年2月出生。1984年7月参加工作，1985年5月加入中国共产党。1980年9月至1984年7月，在莱阳农学院农学专业学习。1984年7月至1986年5月，任蓬莱县北沟镇团委书记。1986年5月至1987年1月，任蓬莱县委组织部干事。1987年1月至1987年12月，任龙口市直机关党委干事。1987年12月至1992年12月，历任龙口市委组织部组织科、企干科干事，办公室副主任、主任。1992年12月至1993年9月，任共青团龙口市委副书记（主持工作）。1993年9月至1995年12月，任龙口市黄山馆镇党委书记。1995年12月至1997年12月，任龙口市黄山馆镇党委书记、人大主席（1995年9月至1997年12月在山东省委党校研究生班经济管理专业学习）。1997年12月至2001年1月，任蓬莱市副市长。2001年1月至2002年12月，任莱阳市委副书记、副市长。2002年12月至2003年1月，任烟台市牟平区委副书记、副区长、代区长。2003年1月至2006年12月，任烟台市牟平区委副书记、区长（2006年2月至2006年12月在山东省委党校中青年干部培训班学习）。2006年12月至2007年3月，任乳山市委书记、党校校长。2007年3月至2011年11月，任乳山市委书记、党校校长，市人大常委会主任（2005年10月至2007年7月在大连理工大学EMBA专业学习）。2011年11月至2011年12月，任乳山市人大常委会主任。2011年12月至2012年4月，任威海市政府党组成员。2012年4月至2015年4月，任威海市政府副市长、党组成员。2015年4月至2017年3月，任威海市人民政府副市长、党组成员，市委高校工委书记。2017年3月至2019年11月，任威海市委常委、政法委书记。2019年11月至2021年6月，任威海市委常委、政法委书记，市法学会会长。2021年6月至2022年2月，任威海市委常委、政法委书记、一级巡视员，市法学会会长。

刘广华　中共威海市委常委、宣传部部长、一级巡视员，市委教育工委书记。山东烟台人。1962年9月出生。1983年12月参加工作。1985年12月加入中国共产党。1980年9月至1983年12月，在山东广播电视大学烟台分校机械专业学习。1983年12月至1986年5月，任烟台市芝罘区物价局物价员。1986年5月至1987年4月，任烟台市芝罘区委组织部干部科干事。1987年4月至1989年5月，任烟台市芝罘团区委副书记。1989年5月至1990年4月，任烟台市芝罘团区委书记。1990年4月至1993年2月，任烟台市芝罘区黄务镇党委副书记、镇长。1993年2月至1995年9月，任烟台市芝罘区黄务镇党委书记。1995年9月至1998年1月，任招远市委常委、宣传部部长（1993年9月至1996年7月在山东农业大学经济管理专业在职学习）。1998年1月至1998年12月，任招远市副市长。1998年12月至2000年1月，任招远市委副书记、副市长。2000年1月至2002年12月，任烟台市莱山区委副书记，高新区工委副书记，中俄基地工委副书记、管委副主任（2000年9月至2000年12月在山东省委党校县委书记进修班学习）。2002年12月至2006年12月，任烟台市莱山区委副书记，高新区工委副书记、管委主任，中俄基地工委副书记、管委主任，亚太经合园区管委主任（2003年2月至2003年12月在山东省委党校中青年干部培训班学习）。2006年12月至2007年1月，任烟台市国资委党委副书记。2007年1月至2008年2月，任烟台市国资委主任、党委副书记（2004年9月至2007年6月在山东省委党校在职干部研究生班经济管理专业在职学习）。2008年2月至2011年11月，任栖霞市委书记、党校校长，市人大常委会主任。2011年11月至2012年4月，任烟台市政府党组成员。2012年4月至2012年5月，任烟台高新技术产业开发区管委会主任（副厅级）、市政府党组成员。2012年5月至2013年2月，任烟台高新技术产业开发区管委会主任（副厅级），市政府党组成员，烟台东部高技术海洋经济新区建设指挥部副总指挥兼办公室主任，市城市建设发展有限公司董事长、党支部书记。2013年2月至2013年7月，任烟台高新技术产业开发区管委会主任（副厅级）、市政府党组成员、烟台东部海洋经济新区建设指挥部副总指挥。2013年7月至2013年8月，任威海市政府党组成员。2013年8月至2016年7月，任威海市政府副市长、党组成员。2016年7月至2017年3月，任威海市人民政府副市长、党组成员，威海综合保税区管委主任、工委书记。2017年3月至2018年12月，任威海市委常委、宣传部部长。2018年12月至2021年6月，任威海市委常委、宣传部部长，市委教育工委书记。2021年6月至2022年2月，任威海市委常委、宣传部部长、一级巡视员，市委教育工委书记。

任敬喜　中共威海市委常委，市纪委书记，市监委主任。山东寿光人。1966年12月出生。1989年7月参加工作。1986年11月加入中国共产党。1985年9月至1989年7月，在山东大学哲学系哲学专业学习。1989年7月至1992年2月，任青岛经济技术开发区管委办公室秘书。1992年2月至1993年9月，任青岛经济技术开发区工委办公室副主任科员。1993年9月至1996年1月，任青岛经济技术开发区工委办公室调研处副处长。1996年1月至1998年5月，任青岛经济技术开发区工委、管委（黄岛区委、区政府）政研室副主任（1995年9月至1997年12月在山东省委党校经济学专业研究生班学习）。1998年5月至2001年2月，任青岛经济技术开发区工委、管委（黄岛区委、区政府）办公室副主任、区机关事务管理局局长。2001年2月至2002年12月，任青岛市统计局副局长（2002年4月至2002年11月在青岛市第三批中青年干部赴美国伊利诺宜大学培训班学习）。2002年12月至2003年5月，任青岛市崂山区委常委、办公室主任。2003年5月至2005年12月，任青岛高新区工委常委、崂山区委常委、办公室主任。2005年12月至2008年5月，任青岛市崂山区委常委、办公室主任（2004年9月至2007年6月在青岛大学自动化工程学院系统理论专业学习，获理学博士学位）。2008年5月至2012年4月，任青岛市纪委常委，市监察局副局长（2007年12月至2010年4月在北京交通大学应用经济学领域从事博士后研究工作）。2012年4月至2013年2月，任青岛市纪委常委，市监察局副局长，市委第一巡视组组长。2013年2月至2014年7月，任青岛市委第一巡视组组长。2014年7月至2015年3月，任青岛市纪委副书记、市委第一巡视组组长。2015年3月至2018年1月，任青岛市纪委副书记。2018年1月至2019年8月，任青岛市纪委副书记、市监委副主任。2019年8月至2019年10月，任威海市委常委、市纪委书记，市监委主任候选人。2019年10月至2020年1月，任威海市委常委、市纪委书记，市监委副主任、代理主任。2020年1月至2022年1月，任威海市委常委、市纪委书记，市监委主任。

刘升勤（女） 中共威海市委常委、组织部部长、统战部部长，市政协党组副书记。山东高密人。1967年11月出生。1990年7月参加工作。1996年9月加入中国共产党。1986年9月至1990年7月，在山东工业大学基础教学部应用数学专业学习。1990年7月至1997年7月，任潍坊市农机所工程师、技改部主任。1997年7月至1998年5月，任潍坊市工业干校教研室副主任。1998年5月至1998年12月，任潍坊市工业干校教研室主任。1998年12月至2000年12月，任潍坊凤凰山高新技术产业园党工委副书记，凤凰街道党工委副书记、办事处主任。2000年12月至2003年1月，任潍坊市坊子区副区长（挂职）。2003年1月至2007年1月，任潍坊市坊子区委常委、组织部部长（2003年4月至2005年4月在大连理工大学工商管理硕士专业学习，获工商管理硕士学位）。2007年1月至2010年1月，任潍坊市坊子区委常委、副区长（2007年3月至2007年11月参加山东省赴美国中青年干部培训班学习）。2010年1月至2011年12月，任潍坊市坊子区委副书记。2011年12月至2012年1月，任潍坊市坊子区委副书记、副区长、代区长。2012年1月至2015年9月，任潍坊市坊子区委副书记、区长。2015年9月至2016年12月，任潍坊市坊子区委书记。2016年12月至2017年1月，任聊城市委常委。2017年1月至2019年4月，任聊城市委常委、宣传部部长。2019年4月至2020年8月，任聊城市委常委、宣传部部长、市委教育工委书记。2020年8月至2020年9月，任威海市委常委。2020年9月至2022年2月，任威海市委常委、组织部部长。2022年2月起任威海市委常委、组织部部长、统战部部长，市政协党组副书记。

梁金光 中共威海市委常委、统战部部长、市政协党组副书记。山东昌邑人。1968年12月出生。1992年7月参加工作。1992年1月加入中国共产党。1988年9月至1992年7月，在山东农业大学农学系作物专业学习。1992年7月至1994年10月，任临朐县七贤镇政府科技助理。1994年10月至1997年6月，任潍坊市计划委员会科员。1997年6月至1998年9月，任省计划委员会机关党委干部。1998年9月至2000年9月，任省计划委员会机关党委副主任科员。2000年9月至2001年9月，任省发展计划委员会农村经济处副主任科员。2001年9月至2005年6月，任省发展计划委员会农村经济处主任科员（2002年5月至2005年6月在山东农业大学农学院农业推广专业学习，获农业推广硕士学位）。2005年6月至2007年7月，任省发展和改革委员会农村经济处主任科员。2007年7月至2008年10月，任省发展和改革委员会办公室副调研员。2008年10月至2009年8月，任省发展和改革委员会办公室副主任。2009年8月至2011年5月，任省发展和改革委员会国民经济综合处副处长（2010年1月至2011年5月在省黄河三角洲高效生态经济区建设办公室黄河三角洲建设协调处工作）。2011年5月至2013年11月，任省发展和改革委员会黄河三角洲建设协调处处长。2013年11月至2015年4月，任省区域发展战略推进办公室综合协调处处长。2015年4月至2017年5月，任省发展和改革委员会区域发展协调处处长。2017年5月至2017年12月，任省发展和改革委员会办公室主任。2017年12月至2019年3月，任省发展和改革委员会办公室主任、一级调研员。2019年3月至2020年8月，任省对口支援办公室主任（副厅级）。2020年8月至2020年9月，任威海市委常委。2020年9月至2021年2月，任威海市委常委、统战部部长。2021年2月至2022年1月，任威海市委常委、统战部部长、市政协党组副书记。

姚玉辉 中共威海市委常委、威海军分区大校司令员。上海人。1973年9月出生。1991年8月参加工作。1998年6月加入中国共产党。1991年8月至1995年7月，任解放军外国语学院英语专业学习。1995年7月至2020年12月，在部队服役。2020年12月至2021年3月，任威海市委常委、威海军分区司令员。2021年3月起任威海市委常委、威海军分区大校司令员。

杨旭东 中共威海市委常委，市纪委书记，市监委主任。山东青岛人。1969年11月出生。1992年7月参加工作。1991年1月加入中国共产党。1988年9月至1992年7月，在曲阜师范大学历史系历史专业学习。1992年7月至1995年4月，任青岛市崂山区李村镇党委干部（1995年2月至1995年4月在青岛市李沧区委组织部帮助工作）。1995年4月至1995年12月，任青岛市李沧区李村镇党委组织员。1995年12月至1996年3月，任青岛市纪委检查员。1996年3月至1999年6月，任青岛市纪委副科级检查员。1999年6月至2000年9月，任青岛市纪委正科级检查员。2000年9月至2000年11月，任青岛市市北区政府区长助理。2000年11月至2001年8月，任青岛市市北区政府区长助理、党组成员。2001年8月2003年1月，任青岛市市北区政府区长助理（正处级）、党组成员。2003年1月至2006年12月，任青岛市市北区副区长、党组成员。2006年12月至2008年2月，任青岛市市北区委常委、副区长。2008年2月至2011年12月，任青岛市市北区委常委、副区长、区委建设工作委员会书记（2005年9月至2008年6月在山东省委党校在职干部研究生班经济管理专业学习）。2011年12月至2012年2月，任青岛市市北区委常委、办公室主任、副区长、区直机关工作委员会书记、社会建设工作委员会书记。2012年2月至2016年7月，任青岛市市北区委常委、办公室主任。2016年7月至2017年1月，任青岛市市北区委副书记。2017年1月至2017年2月，任青岛市市北区委副书记、副区长、代区长。2017年2月至2019年7月，任青岛市市北区委副书记、区长。2019年7月至2022年1月，任平阴县委书记（济南市正区级）。2022年1月至2022年2月，任威海市委常委，市纪委书记，市监委副主任、代理主任。2022年2月起任威海市委常委，市纪委书记，市监委主任。

徐 杰 中共威海市委常委、宣传部部长，市委教育工委书记。山东费县人。1979年1月出生。2003年7月参加工作。2000年12月加入中国共产党。1997年9月至2003年7月，在山东中医药大学中医基础学院中医骨伤学专业学习。2003年7月至2004年11月，任山东中医药大学基础医学院学生思想政治辅导员。2004年11月至2006年4月，任山东中医药大学后勤处宿舍管理科副经理。2006年4月至2008年5月，任山东中医药大学团委副书记。2008年5月至2011年3月，任山东中医药大学团委书记。2011年3月至2016年4月，任山东中医药大学基建处处长（2009年9月至2012年7月在山东中医药大学中医文献研究所中医医史文献专业在职研究生学习，获医学硕士学位；2012年4月至2013年10月挂职任鄄城县董口镇后田铺村第一书记）。2016年4月至2016年7月，任山东中医药大学党委办公室（学校办公室）主任兼基建处处长。2016年7月至2019年3月，任山东中医药大学党委办公室（学校办公室）主任（2017年2月至2017年5月在国家教育行政学院第50期高校中青年干部培训班学员；2018年3月至2019年1月借调省委第五巡视组参加巡视工作，担任正处级巡视专员）。2019年3月至2019年5月，任山东中医药大学发展规划处处长。2019年5月至2022年1月，任山东中医药大学党委委员、副校长（2019年3月至2019年7月中央党校中青年干部培训四班第1期学员）。2022年1月至2022年2月，任威海市委常委。2022年2月起任威海市委常委、宣传部部长，市委教育工委书记。

李 建 中共威海市委常委、秘书长，市委市直机关工委书记。山东菏泽人。1977年3月出生。2003年9月参加工作。2002年6月加入中国共产党。1995年9月至1999年7月，在青岛海洋大学经济管理系国民经济管理专业学习。1999年7月至2001年9月，任青岛龙泉广告有限公司职员。2001年9月至2003年9月，在北京大学经济学院金融学专业学习。2003年9月至2004年12月，任省政府办公厅综合处干部。2004年12月至2008年12月，任省政府办公厅综合处主任科员、省政府办公厅主任科员。2008年12月至2013年3月，任省政府办公厅副调研员。2013年3月至2013年12月，任省政府办公厅调研员。2013年12月至2015年2月，任省政府办公厅正处级秘书工作人员。2015年2月至2015年4月，任省政府办公厅按领导职务管理的正处级秘书工作人员。2015年4月至2017年6月，任省林业厅办公室主任。2017年6月至2017年12月，任省林业厅人事处处长。2017年12月至2019年2月，任省林业厅人事处处长、一级调研员。2019年2月至2020年11月，任省应急管理厅办公室主任、一级调研员。2020年11月至2022年1月，任山东发展投资控股集团有限公司党委委员、副总经理。2022年1月至2022年2月，任威海市委常委。2022年2月起任威海市委常委、秘书长，市委市直机关工委书记。

林 强 中共威海市委常委，市政府副市长、党组副书记，市行政审批服务局党组书记，市红十字会会长，市计划生育协会会长，威海临港经济技术开发区党工委书记、管委会主任。山东乳山人。1968年6月出生。1990年7月参加工作。1993年6月加入中国共产党。1986年9月至1990年7月，在烟台大学外国语言文学系英国语言文学专业学习。1990年7月至1993年1月，任威海市机电设备总公司干部。1993年1月至1994年1月，任威海市机电设备总公司总经理助理。1994年1月至1995年1月，任威海市机电设备总公司进出口公司经理。1995年1月至1996年10月，任威海市东方汽车工贸公司副经理。1996年10月至1998年11月，任威海市预算外资金征收管理处综合科副科长。1998年11月至2001年1月，任威海市预算外资金征收管理处综合科科长（1999年10月至2000年1月在财政部机关干部英语口语强化培训班学习）。2001年1月至2002年6月，在威海市委党校青年领导干部培训班学习（1999年9月至2001年7月在山西财经大学财政金融学院金融学专业学习，获经济学硕士学位；2002年1月至2002年6月挂职任荣成市崖头镇党委副书记）。2002年6月至2006年12月，任共青团威海市委书记、党组书记（2004年7月至2005年1月在美国康涅狄格中央州立大学公共管理专业学习）。2006年12月至2009年9月，任威海市政府副秘书长（正县级）、办公室党组成员（2004年9月至2007年6月在省委党校在职干部研究生班经济管理专业学习）。2009年9月至2012年4月，任威海市政府副秘书长（正县级）、办公室党组副书记（2006年9月至2010年6月在青岛大学国际商学院人口资源与环境经济学专业学习，2010年12月获经济学博士）。2012年4月至2016年7月，任威海市文化广电新闻出版局局长、党委书记。2016年7月至2020年3月，任威海市委副秘书长、办公室主任。2020年3月至2021年1月，任威海市委副秘书长、办公室主任、一级调研员。2021年1月至2022年2月，任威海临港经济技术开发区党工委书记、管委会主任。2022年2月至2022年4月，任威海市委常委，市政府副市长、党组副书记，市行政审批服务局党组书记，威海临港经济技术开发区党工委书记、管委会主任。2022年4月起任威海市委常委，市政府副市长、党组副书记，市行政审批服务局党组书记，市红十字会会长，市计生协会会长，威海临港经济技术开发区党工委书记、管委会主任。

于 宁 中共威海市委常委、政法委书记，市法学会会长。山东乳山人。1972年10月出生。1992年7月参加工作。1992年3月加入中国共产党。1990年9月至1992年7月，在烟台师范学院中文系中文专业学习。1992年7月至1994年4月，任烟台师范学院总务处科员。1994年4月至1996

年7月，任烟台经济技术开发区自来水公司职员。1996年7月至1998年4月，任烟台经济技术开发区工委组织部干部处科员（1994年7月至1997年7月在烟台师范学院汉语言文学专业学习）。1998年4月至2001年11月，任烟台经济技术开发区工委组织部副主任科员。2001年11月至2006年1月，任烟台经济技术开发区工委组织部干部处处长。2006年1月至2012年4月，任烟台经济技术开发区工委组织部副部长（2004年9月至2007年6月在山东省委党校在职干部研究生班经济管理专业学习）。2012年4月至2013年9月，任烟台经济技术开发区工委组织部副部长，区编办主任。2013年9月至2014年8月，任烟台经济技术开发区机构编制委员会办公室主任，古现街道党工委书记。2014年8月至2016年1月，任烟台经济技术开发区质监局局长，古现街道党工委书记。2016年1月至2016年2月，任莱州市委副书记。2016年2月至2016年11月，任莱州市委副书记、市长。2016年11月至2016年12月，任莱州市委书记、市长。2016年12月至2020年6月，任莱州市委书记。2020年6月至2020年9月，任莱州市委书记、一级调研员。2020年9月至2021年12月，任莱州市委书记、二级巡视员。2021年12月至2022年1月，工作待安排。2022年1月至2022年2月，任威海市委常委。2022年2月起任威海市委常委、政法委书记，市法学会会长。

张宏璞　中共威海市委常委，市政府副市长、党组成员。山东荣成人。1974年5月出生。1992年7月参加工作。1994年11月加入中国共产党。1989年9月至1992年7月，在文登师范学校普通专业学习。1992年7月至1996年3月，任荣成市第二十五中学教师（1993年11月至1995年12月借调邱家镇政府文书、党委秘书，1995年12月至1996年3月借调荣成市委宣传部工作；1992年11月至1995年12月在省高等教育自学考试汉语言文学教育专业学习）。1996年3月至1999年6月，任荣成市委老干部局科员。1999年6月至1999年11月，任荣成市委老干部局行政管理科副科长。1999年11月至2003年6月，任荣成市委组织部科员（1997年9月至2000年1月在省委党校业余本科班经济管理专业学习）。2003年6月至2003年12月，任荣成市委组织部组织科副科长。2003年12月至2006年5月，任荣成市俚岛镇党委副书记。2006年5月至2006年12月，任荣成市俚岛镇党委副书记、镇长。2006年12月至2009年12月，任荣成市宁津街道党委书记。2009年12月至2011年12月，任荣成经济技术开发区管委会主任（副县级）、荣成经济技术开发区党工委副书记（2007年9月至2010年6月在省委党校在职干部研究生班经济管理专业学习）。2011年12月至2012年12月，任荣成市委常委，荣成经济技术开发区管委会主任、党工委副书记。2012年12月至2013年10月，任荣成市委常委，好运角旅游度假区党工委书记。2013年10月至2015年4月，任荣成市委常委，好运角旅游度假区管委主任（正县级）、党工委书记。2015年4月至2016年1月，任文登区委副书记（正县级）。2016年1月至2016年2月，任环翠区委副书记（正县级）、代区长。2016年2月至2016年11月，任环翠区委副书记、区长。2016年11月至2016年12月，任环翠区委书记。2016年12月至2019年7月，任环翠区委书记、党校校长。2019年7月至2020年12月，任文登区委书记、党校校长。2020年12月至2021年12月，任文登区委书记、党校校长、一级调研员。2021年12月至2022年2月，工作待安排。2022年2月起任威海市委常委，市政府副市长、党组成员。

·威海市人民代表大会常务委员会·

王学文　威海市人大常委会主任、党组书记。山东乳山人。1963年4月出生。1984年7月参加工作。1984年5月加入中国共产党。1980年9月至1984年7月，在莱阳农学院园艺系果树专业学习。1984年7月至1985年4月，任乳山县马石店乡团委干事。1985年4月至1985年11月，任乳山县委老干部局干事。1985年11月至1989年2月，任乳山县委组织部干事。1989年2月至1989年12月，任乳山县委组织部干部科副科长。1989年12月至1991年1月，任乳山县委办公室行政科科长。1991年1月至1992年6月，任乳山县委办公室副主任。1992年6月至1994年7月，任乳山县（市）冯家镇党委书记。1994年7月至1995年8月，任乳山市地税局局长、财政局副局长。1995年8月至1996年12月，任乳山市委办公室主任、市直机关工委书记。1996年12月至1997年12月，任乳山市委常委、办公室主任，市直机关工委书记。1997年12月至2001年1月，任乳山市委副书记（1996年7月至1998年11月在中国社会科学院财贸经济系国际贸易专业学习；2000年9月至2000年12月在省委党校县委书记进修班学习）。2001年1月至2001年3月，任乳山市委副书记、代市长。2001年3月至2002年12月，任乳山市委副书记、市长。2002年12月至2003年1月，任荣成市委副书记、代市长。2003年1月至2005年11月，任荣成市委副书记、市长。2005年11月至2007年5月，任威海市环翠区委书记、党校校长。2007年5月至2008年11月，任威海市委常委，环翠区委书记、党校校长。2008年11月至2011年11月，任威海市委常委，荣成市委书记、党校校长。2011年11月至2012年1月，任威海市委常委。2012年1月至2016年1月，任中共威海市委常委、秘书长。2016年1月至2017年3月，任中共威海市委常委，威海市人民政府副市长、党组副书记。2017年3月至2022年1月，任威海市人大常委会主任、党组书记。2022年1月至2022年2月，任省人大城乡建设与环境资源保护委副主任委员，威海市人大常委会主任。

贾瑞霭（女）　威海市人大常委会主任、党组书记。山东莱阳人。1967年12月出生。1991年7月参加工作。1996年7月加入中国共产党。1987年9月至1991年7月，在吉林大学法学系法学专业学习。1991年7月至1995年1月，任东营市妇联权益部科员（1991年10月至1992年10月借调东营市政府办公室工作）。1995年1月至1996

年4月，任东营市妇联法律顾问处副主任。1996年4月至1998年7月，任东营市政府办公室综合二科副主任科员。1998年7月至1999年12月，任东营市政府办公室综合二科主任科员。1999年12月至2001年9月，任东营市政府办公室综合二科副科长、主任科员。2001年9月至2002年12月，任东营市政府办公室秘书三科科长。2002年12月至2003年1月，任广饶县委常委。2003年1月至2007年1月，任广饶县委常委、宣传部部长。2007年1月至2008年2月，任广饶县委常委、组织部部长（2004年9月至2007年6月在山东省委党校在职干部研究生班经济管理专业学习）。2008年2月至2009年2月，任东营市妇联主席、党组书记［2006年9月至2009年1月在中国石油大学（华东）经济管理学院企业管理专业学习，获管理学硕士学位］。2009年2月至2009年4月，任东营市东营区委副书记、副区长、代区长。2009年4月至2010年9月，任东营市东营区委副书记、区长。2010年9月至2012年2月，任东营市东营区委书记。2012年2月至2015年8月，任东营市委常委、东营区委书记。2015年8月至2019年1月，任东营市委常委、宣传部部长。2019年1月至2020年10月，任东营市委常委、宣传部部长兼市委教育工委书记。2020年10月至2022年1月，任威海市委副书记。2022年1月至2022年2月，任威海市人大常委会党组书记。2022年2月起任威海市人大常委会主任、党组书记。

丛培卿（女） 威海市人大常委会副主任、党组副书记。山东威海人。1961年10月出生。1981年7月参加工作。1982年11月加入中国共产党。1979年9月至1981年7月，在烟台师范专科学校政治系政治专业学习。1981年7月至1984年6月，任文登县汪疃公社、初村公社妇联干事。1984年6月至1985年2月，任文登县妇联干事。1985年2月至1986年11月，任文登县妇联妇女儿童权益部副部长。1986年11月至1987年8月，任威海市（县级）计生委文书。1987年8月至1989年12月，任威海市妇联干事。1989年12月至1992年12月，任威海市妇联办公室副主任（1992年9月至1992年11月在威海市委党校领导干部进修班学习）。1992年12月至1996年6月，任威海市妇联研究室主任（1995年5月至1995年8月在威海市委党校中青年女干部培训班学习）。1996年6月至1998年11月，任威海市妇联副主席、党组成员（1993年9月至1996年7月在山东省经济管理干部学院本科班经济管理专业学习）。1998年11月至2003年4月，任威海市妇联副主席、纪检组长、党组成员。2003年4月至2007年12月，任威海市妇联副主席、党组成员（2003年9月至2004年7月在山东大学威海分校继续教育学院韩语班学习）。2007年12月至2012年1月，任威海市妇联主席、党组书记。2012年1月至2012年4月，任威海市妇联主席、党组书记，市人大常委会党组成员。2012年4月至2017年3月，任威海市人大常委会副主任、党组成员。2017年3月至2022年2月，任威海市人大常委会副主任、党组副书记。

张　竞（女） 威海市人大常委会副主任、党组副书记。山东平度人。1965年4月出生。1988年7月参加工作。1993年6月加入中国共产党。1984年9月至1988年7月，在华东政法学院法律系法学专业学习。1988年7月至1993年10月，任威海市妇联法律顾问处干事。1993年10月至1995年1月，任威海市妇联法律顾问处副主任。1995年1月至11月，任威海市妇联办公室副主任。1995年11月至1998年11月，任威海市妇联办公室主任。1998年11月至2000年6月，任乳山市副市长（挂职）。2000年6月至10月，任威海出口加工区管理委员会（市保税区建设管理委员会）副主任。2000年10月至2003年11月，任威海经济技术开发区出口加工区管理局副局长、党委委员。2003年11月至2006年12月，任威海经济技术开发区建设局副局长。2006年12月至2007年1月，任文登市委副书记、市政府代市长。2007年1月至2011年11月，任文登市委副书记，市政府市长。2011年11月至2012年2月，任文登市委书记、党校校长。2012年2月至2013年8月，任文登市委书记、党校校长，市人大常委会主任。2013年8月至2014年3月，任文登市委书记、党校校长，市人大常委会主任，威海南海新区工委第一书记。2014年3月至2016年2月，任威海市文登区委书记、党校校长，区人大常委会主任，威海南海新区工委第一书记。2016年2月至2016年11月，任威海市文登区委书记、党校校长，威海南海新区工委第一书记。2016年11月至2016年12月，任文登区委党校校长。2016年12月至2017年3月，任威海市政府党组成员。2017年3月至2017年4月，任威海市人大常委会副主任、党组成员。2017年4月至2019年5月，任威海市人大常委会副主任、党组成员，市总工会主席、党组书记。2019年5月至2022年2月，任威海市人大常委会副主任、党组成员，市总工会主席。2022年2月起任威海市人大常委会副主任、党组副书记。

李文基 威海市人大常委会副主任、党组成员。山东乳山人。1964年7月出生。1980年7月参加工作。1990年5月加入中国共产党。1978年9月至1980年7月，在山东省淄博商业学校计划统计专业学习。1980年7月至1988年3月，任乳山县农牧局经管站经管员（1985年9月至1987年7月在农牧渔业部农村经济管理干部学院会统系统计专业学习）。1988年3月至1989年6月，任乳山县财政局预算股会计、副股长。1989年6月至1992年5月，任乳山县财政局预算股股长。1992年5月至1996年9月，任乳山县（市）财政局副局长、党组成员（1993年9月至1996年7月在山东省经济管理干部学院业余本科班经济管理专业学习）。1996年9月至1997年1月，任威海市财政局预算外管理处科长（1996年9月至1997年1月借调威海市财政局预算科工作）。1997年1月至2001年6月，任威海市财政局预算科科长。2001年6月至2003年4月，任威海市财政局预算外资金管理处主任。2003年4月至2009年1月，任威海市财政局副局长、党委委员。2009年1月至2011年6月，任威海市财政局副局长、党委委员，市政府投融资管理中心主任。2011年6月至2017年3月，任威海市财政局局长、党委书记。2017年3月起任威海市人大常委会副主任、党组成员。

于东海 威海市人大常委会副主任、党组成员。山东乳山人。1966年2月出生。1988年7月参加工作。1987年12月加入中国共产党。1984年9月至1988年7月，在山东省委党校理论班党史党建专业学习。1988年7月至1988年9月，任威海市委党史征集委员会科员。1988年9月至1990年7月，任威海市委直属企业工委（与市委组织员办合署）科员。1990年7月至1993年8月，任威海市委组织部科员（1991年3月至1992年7月在文登市泽头镇党委挂职）。1993年8月至1995年7月，任威海市委组织部副科级巡视员。1995年7月至1997年3月，任威海市委组织部知识分子工作科副科长。1997年3月至1998年4月，任威海市委组织部干部教育科副科长。1998年4月至1998年6月，任威海市委组织部干部科副科长。1998年6月至2001年2月，任威海市委组织部干部科副科长、主任科员。2001年2月至2002年2月，任威海市委组织部干部科副科长、干部调配科科长。2002年2月至2003年4月，任威海市委组织部干部科科长、干部调配科科长。2003年4月至2004年11月，任威海市委组织部助理调研员、干部科科长、干部调配科科长。2004年11月至2007年8月，任威海市委组织部助理调研员、干部科科长。2007年8月至2008年3月，任威海市委组织部副部长、干部科科长。2008年3月至2010年12月，任威海市委组织部副部长。2010年12月至2014年12月，任威海市委组织部副部长、老干部局局长。2014年12月至2017年3月，任威海市委组织部常务副部长、市属国企工委书记。2017年3月起任威海市人大常委会副主任、党组成员。

乔　军 威海市人大常委会副主任、党组成员，市总工会主席。山东青岛人。1970年9月出生。1992年10月参加工作。1999年6月加入中国共产党。1988年9月至1992年7月，在烟台大学经济管理系企业管理专业学习。1992年7月至1992年10月，待业。1992年10月至1994年5月，任威海经济技术开发区联发公司职员。1994年5月至1995年10月，任威海外商投资服务中心下属物资公司职员。1995年10月至2003年6月，任威海市外商投资服务中心科员。2003年6月至2005年1月，任威海市外商投资服务中心进出口事务部副部长。2005年1月至2009年9月，任威海市外商投资服务中心副主任（2005年9月至2008年6月在山东省委党校在职干部研究生班经济管理专业学习）。2009年9月至2011年1月，任威海市外商投资服务中心主任。2011年1月至2011年4月，任威海市商务局副局长、市外商投资服务中心主任。2011年4月至2013年1月，任威海市商务局副局长、党委委员，市外商投资服务中心主任。2013年1月至2013年2月，任威海经济技术开发区管委副主任、工委委员，经技区招商局局长。2013年2月至2015年10月，任威海经济技术开发区管委副主任、工委委员，经技区商务局局长（机构更名）。2015年10月至2016年4月，任威海经济技术开发区管委副主任、工委委员。2016年4月至2017年3月，任威海火炬高技术产业开发区管委常务副主任、工委副书记。2017年3月至2018年12月，任威海市商务局局长、党委书记，威海中韩自贸区地方经济合作协调办公室主任。2018年12月至2020年3月，任威海市商务局局长、党组书记，威海中韩自贸区地方经济合作协调办公室主任（机构改革）。2020年3月至2020年5月，任威海市商务局局长、党组书记、一级调研员，威海中韩自贸区地方经济合作协调办公室主任。2020年5月至2021年12月，任威海市商务局局长、党组书记、二级巡视员，威海中韩自贸区地方经济合作协调办公室主任。2021年12月至2022年2月，任威海市商务局局长、二级巡视员，威海中韩自贸区地方经济合作协调办公室主任。2022年2月至2022年6月，任威海市人大常委会副主任、党组成员，市总工会主席候选人。2022年6月起任威海市人大常委会副主任、党组成员，市总工会主席。

李振光 威海市人大常委会副主任，市人大教科文卫委主任委员，市立医院院长。山东乳山人。1965年9月出生。1989年7月参加工作。无党派人士。1984年9月至1989年7月，在泰山医学院临床医学专业学习。1989年7月至1995年12月，任威海市文登中心医院医师、主治医师。1995年12月至2005年3月，任威海市文登中心医院神经内科副主任（1997年3月至1997年9月在威海市委党校第七期中青年干部培训班学习；1997年9月至2000年6月在北京大学神经病学专业学习，2000年6月获医学硕士学位）。2005年3月至2008年11月，任威海市文登中心医院神经内科主任。2008年11月至2009年7月，任威海市文登中心医院副院长、神经内科主任。2009年7月至2013年10月，任威海市文登中心医院副院长。2013年10月至2019年6月，任威海市立医院副院长。2019年6月至2022年2月，任威海市立医院院长。2022年2月起任威海市人大常委会副主任，市人大教科文卫委主任委员，市立医院院长。

·威海市人民政府·

闫剑波 2019年5月至2020年3月，任济宁市委副书记、宣传部部长，市委教育工委书记，市红十字会会长。2020年3月至2020年4月，任威海市委副书记，提名为威海市市长候选人。2020年4月至2020年7月，任中共威海市委副书记，市政府副市长、代理市长、党组书记。2020年7月至2022年6月，任中共威海市委副书记，市政府市长、党组书记。2022年6月起任威海市委书记、党校校长。（详见第305页“中国共产党威海市委员会”）

孔凡萍（女） 2015年11月至2018年8月，任济宁市委常委、组织部部长。2018年8月至2020年9月，任济宁市委常委、组织部部长，孔子研究院党委书记。2020年9月至2020年10月，任济宁市委常委、组织部部长。2020年10月至2022年1月，任东营市委副书记。2022年1月至2022年6月，任威海市委副书记。2022年6月至2022年7月，任威海市委副书记，市政府副市长、代理市长、党组书记。2022年7月起，任威海市委副书记，市政府市长、党组书记。（详见第305页“中国共产党威海市委员会”）

王　亮　2017年3月至2018年11月，任中共威海市委常委，市政府副市长、党组副书记。2018年11月至2022年2月，任威海市委常委，市政府副市长、党组副书记，市行政审批服务局党组书记。（详见第305页“中国共产党威海市委员会”）

杨　丽（女）　威海市人民政府副市长、市工商联主席。辽宁沈阳人。1971年8月出生，1992年7月参加工作。无党派。1989年9月至1992年7月，在东北工学院分院外经外贸专业学习。1992年7月至1992年12月，任远东经济贸易总公司职员。1992年12月至2000年3月，任沈阳百货大楼驻俄罗斯代表（1993年12月至1998年7月在俄罗斯西伯利亚消费合作大学经济系国民经济计划与管理专业学习）。2000年3月至2002年7月，任烟台中俄基地管委项目官员。2002年7月至2004年8月，任烟台市经济贸易委员会副主任（2002年9月至2004年6月在中国政法大学经济法学专业学习）。2004年8月至2008年1月，任烟台市对外贸易经济合作局副局长。2008年1月至2017年1月，任烟台市政府副市长。2017年1月至2017年4月，任威海市政府副市长。2017年4月起任威海市人民政府副市长、市工商联主席。

叶立耘　威海市政府副市长、党组成员、一级巡视员。山东海阳人。1962年11月出生。1980年7月参加工作。1984年7月加入中国共产党。1978年10月至1980年7月，在山东省生建工业学校工业电气自动化专业学习。1980年7月至1987年11月，任山东省公安厅办公室档案科办事员（1984年9月至1986年7月在山东广播电视大学党政管理干部基础理论专修科党政专业学习）。1987年11月至1989年5月，任山东省公安厅办公室档案科科员。1989年5月至1994年12月，任山东省公安厅办公室档案科副科长。1994年12月至2001年2月，任山东省公安厅办公室档案科科长。2001年2月至2005年10月，任山东省公安厅办公室副主任（2002年9月至2005年10月担任丽山大厦执行总经理、副总经理；2002年10月至2004年9月挂职任济宁市市中区公安分局副局长、党委委员）。2005年10月至2010年7月，任山东省公安厅出入境管理局政委、丽山大厦总经理（2007年3月至2007年12月在山东省委党校第十七期中青班学习；2008年6月至2008年11月赴美国圣荷塞州立大学培训；2006年9月至2009年7月在中央党校在职研究生班经济管理专业学习）。2010年7月至2011年12月，任山东省公安厅警务装备保障部主任（财务处处长）。2011年12月至2012年4月，任威海市公安局局长（副市级）、党委书记。2012年4月至2012年10月，任威海市政府党组成员，市公安局局长（副市级）、党委书记、督察长。2012年10月至2016年1月，任威海市政府党组成员，市公安局局长（副市级）、党委书记、政委、督察长。2016年1月至2016年2月，任威海市政府副市长、党组成员，市公安局局长（副市级）、党委书记、政委、督察长。2016年2月至2021年6月，任威海市人民政府副市长、党组成员，市公安局局长、党委书记、督察长。2021年6月至2022年1月，任威海市人民政府副市长、党组成员、一级巡视员，市公安局局长、党委书记、督察长。2022年1月至2022年2月，任威海市政府副市长、党组成员、一级巡视员。

张　伟　威海市人民政府副市长、党组成员。山东诸城人。1969年4月出生。1992年8月参加工作。2000年6月加入中国共产党。1988年9月至1992年7月，在哈尔滨科学技术大学机械工程一系工业造型设计专业学习。1992年8月至1995年4月，任山东三联电子集团公司应用技术开发公司研究所助理工程师。1995年4月至1997年11月，任山东省体改委宏观调控体制处科员。1997年11月至2000年10月，任山东省体改委农村体制处副主任科员。2000年10月至2003年4月，任山东省体改办宏观与市场体制处主任科员。2003年4月至2005年6月，任山东省体改办宏观与市场体制处副处长。2005年6月至2009年8月，任山东省发展和改革委员会资本市场发展处副处长（2003年10月至2007年6月在山东大学法学院法律硕士专业学习）。2009年8月至2010年2月，任山东省发展和改革委员会资本市场发展处调研员。2010年2月至2010年4月，在山东省金融办证券与资本市场处工作。2010年4月至2010年10月，任山东省金融办证券与资本市场处调研员。2010年10月至2016年3月，任山东省金融办证券与资本市场处处长。2016年3月至2017年1月，任山东省金融办副巡视员。2017年1月至2017年2月，任威海市政府副市长。2017年2月至2021年6月，任威海市人民政府副市长、党组成员。

高书良　威海市人民政府副市长、党组成员，市计划生育协会会长、红十字会会长。山东荣成人。1963年8月出生。1982年7月参加工作。1984年1月加入中国共产党。1979年7月至1982年7月，在山东省农业机械化学校农业机械化专业学习。1982年7月至1984年6月，任荣成县崖西公社（乡）农机管理员。1984年6月至1986年5月，任荣成县崖西乡党委秘书。1986年5月至1988年11月，任荣成县政府办公室秘书。1988年11月至1990年11月，任荣成县（市）政府办公室副科级秘书。1990年11月至1992年2月，任荣成市政府办公室副主任。1992年2月至1995年3月，任荣成市宁津镇党委副书记、镇长。1995年3月至1997年12月，任荣成市大疃镇党委书记（1992年7月至1995年7月在山东省经济管理干部学院经济管理专业学习；1993年9月至1996年7月在山东经济学院大专班国际贸易专业学习；1997年3月至9月在威海市委党校中青年干部培训班学习）。1997年12月至2001年1月，任乳山市委常委、政法委书记。2001年1月至2002年12月，任乳山市委常委、组织部部长（1999年9月至2002年7月在中国农业大学经济管理专业学习）。2002年12月至2003年1月，任乳山市委常委。2003年1月至2006年1月，任乳山市委副书记、市纪委书记（2001年9月至2003年12月在山东省委党校业余本科班法律专业学习）。2006年1月至2006年9月，任乳山市委副书记、副市长（2004年3月至2006年3月挂职任费县县委副书记、副县长；2004年3月至2006年7月在中国农业大学农学与生物技术学院农业推广学专业学习）。2006年9月至2007年3月，任乳山市委副书记、副市长，乳山市政协党组书记（正县级）。2007年3月至2007年12月，任乳山市委副书记，市政协主席、党组书记。2007年12月至2008年11月，任乳山市委副书记（正县级）、政法委书记（2008年8月至10月在山东省委党校县委领导培训班学习）。2008年11月至2009年1月，任乳山市委副书记、代理市长。2009年1月至2011年11月，任乳山市委副书记、市长（2007年9月至2010年6月在山东省委党校在职干部研究生班经济管理专业学习）。2011年11月至2011年12月，任乳山市委书记、党校校长，市政府市长。2011年12月至2012年2月，任乳山市委书记、党校校长。2012年2月至2016年2月，任乳山市委书记、党校校长，市人大常委会主任。2016年2月至2016年11月，任乳山市委书记、党校校长。2016年11月至2016年12月，任乳山市委党校校长。2016年12月至2017年3月，任威海市政府党组成员。2017年3月至2017年4月，任威海市政府副市长、党组成员，市委高校工委书记。2017年4月至2018年12月，任威海市人民政府副市长、党组成员，市委高校工委书记，市计划生育协会会长、红十字会会长。2018年12至2022年2月，任威海市政府副市长、党组成员，市计划生育协会会长、红十字会会长。

孙付春 威海市人民政府副市长、党组成员。山东莱阳人。1975年4月出生。1997年7月参加工作。1997年1月加入中国共产党。1993年9月至1997年7月，在烟台大学国际经贸学院国际贸易专业学习。1997年7月至1998年9月，任莱阳市穴坊镇经委干部。1998年9月至1999年6月，任莱阳市穴坊镇政府文书、团委书记。1999年6月至2001年9月，任莱阳市委宣传部科员。2001年9月至2001年12月，任莱阳市委宣传部办公室副主任。2001年12月至2006年2月，任共青团莱阳市委书记。2006年2月至2009年4月，任莱阳市姜疃镇党委副书记、镇长。2009年4月至2011年11月，任莱阳市姜疃镇党委书记、人大主席。2011年11月至2011年12月，任烟台市莱山区委常委。2011年12月至2013年9月，任烟台市莱山区委常委、区委办公室主任。2013年9月至2013年10月，任莱州市委常委、副市长。2013年10月至2016年4月，任莱州市委常委、副市长、政府党组副书记。2016年4月至2018年10月，任招远市委副书记、市长、政府党组书记。2018年10月至2019年7月，任烟台港集团有限公司党委书记、董事长。2019年7月至2019年8月，任省港口集团有限公司党委常委。2019年8月至2021年6月，任省港口集团有限公司党委常委、副总经理。2021年6月至2021年7月，任威海市政府副市长提名人选。2021年7月至2021年8月，任威海市政府副市长提名人选、党组成员。2021年8月起任威海市政府副市长、党组成员。

林　强 中共威海市委常委，市政府副市长、党组副书记，市行政审批服务局党组书记，市红十字会会长，市计划生育协会会长，威海临港经济技术开发区党工委书记、管委会主任。2002年6月至2006年12月，任共青团威海市委书记、党组书记。2006年12月至2009年9月，任威海市政府副秘书长（正县级）、办公室党组成员。2009年9月至2012年4月，任威海市政府副秘书长（正县级）、办公室党组副书记。2012年4月至2016年7月，任威海市文化广电新闻出版局局长、党委书记。2016年7月至2020年3月，任威海市委副秘书长、办公室主任。2020年3月至2021年1月，任威海市委副秘书长、办公室主任、一级调研员。2021年1月至2022年2月，任威海临港经济技术开发区党工委书记、管委会主任。2022年2月至2022年4月，任威海市委常委，市政府副市长、党组副书记，市行政审批服务局党组书记，威海临港经济技术开发区党工委书记、管委会主任。2022年4月起任威海市委常委，市政府副市长、党组副书记，市行政审批服务局党组书记，市红十字会会长，市计划生育协会会长，威海临港经济技术开发区党工委书记、管委会主任。（详见第305页“中国共产党威海市委员会”）

张宏璞 中共威海市委常委，市政府副市长、党组成员。2013年10月至2015年4月，任荣成市委常委，好运角旅游度假区管委主任（正县级）、党工委书记。2015年4月至2016年1月，任文登区委副书记（正县级）。2016年1月至2016年2月，任环翠区委副书记（正县级）、代区长。2016年2月至2016年11月，任环翠区委副书记、区长。2016年11月至2016年12月，任环翠区委书记。2016年12月至2019年7月，任环翠区委书记、党校校长。2019年7月至2020年12月，任文登区委书记、党校校长。2020年12月至2021年12月，任文登区委书记、党校校长、一级调研员。2021年12月至2022年2月，工作待安排。2022年2月起任威海市委常委，市政府副市长、党组成员。（详见第305页“中国共产党威海市委员会”）

董晓飞 威海市政府副市长、党组成员，市公安局局长、党委书记、督察长，市委政法委副书记（兼）。山东曹县人。1975年12月出生。1997年7月参加工作。1997年5月加入中国共产党。1993年9月至1997年7月，在山东大学民商法系经济法专业学习。1997年7月至1998年8月，在省公安厅法制处见习。1998年8月至2002年9月，任省公安厅法制处综合科科员。2002年9月至2005年12月，任省公安厅法制处综合科副科长（2003年9月至2005年12月在南开大学法学院法律硕士专业学习，获法律硕士学位）。2005年12月至2010年8月，任省公安厅法制处主任科员。2010年8月至2017年3月，任省公安厅法制总队副总队长（2010年5月至2012年4月在淄博市公安局临淄分局辛店派出所下派锻炼）。2017年3月至2020年12月，任省公安厅法制总队政委。2020年12月至2021年12月，任省公安厅治安警察总队政委（副厅级）。2021 年 12 月至 2022 年 1 月，任威海市政府副市长提名候选人（副厅级）。2022 年 1 月至 2022 年 2 月，任威海市公安局局长（副厅级）、党委书记、督察长，市政府副市长提名候选人。2022 年 2 月至 2022 年 4 月，任威海市政府副市长、党组成员，市公安局局长、党委书记、督察长。2022 年 4 月起任威海市政府副市长、党组成员，市公安局局长、党委书记、督察长，市委政法委副书记（兼）。

邓　勇　威海市政府副市长、党组成员。山东威海人。1968 年 12 月出生。1991 年 7 月参加工作。1993 年 12 月加入中国共产党。1987 年 9 月至 1991 年 7 月，在山东大学中文系汉语言文学专业学习。1991 年 7 月至 1997 年 5 月，任威海电视台新闻部记者。1997 年 5 月至 2001 年 2 月，任威海电视台新闻部副主任。2001 年 2 月至 2003 年 4 月，任威海市委党校青年领导干部培训班学习（2002 年 1 月至 2003 年 4 月挂职任乳山市夏村镇党委副书记）。2003 年 4 月至 2006 年 8 月，任威海市政府办公室助理调研员（2004 年 9 月至 2004 年 12 月在山大威海分校商学院国际贸易专业学习）。2006 年 8 月至 2011 年 5 月，任威海市中小企业局（民营经济办）副局长（副主任）、党组成员。2011 年 5 月至 2012 年 4 月，任威海市中小企业局（民营经济办）副局长（副主任）、党组副书记。2012 年 4 月至 2012 年 10 月，任威海市中小企业局（民营经济办）副局长（副主任）、党组副书记（主持工作）。2012 年 10 月至 2013 年 7 月，任威海市中小企业局（民营经济办）局长（主任）、党组书记。2013 年 7 月至 2015 年 2 月，任威海市经济合作局局长、党委书记。2015 年 2 月至 2015 年 9 月，任威海市商务局局长、党委书记，市经济合作局局长、党委书记。2015 年 9 月至 2017 年 3 月，任威海市商务局局长、党委书记，威海中韩自贸区地方经济合作协调办公室主任，市经济合作局局长、党委书记。2017 年 3 月至 2019 年 5 月，任威海市发展和改革委员会主任、党组书记。2019 年 5 月至 2020 年 3 月，任威海市发展和改革委员会主任、党组书记，市新旧动能办主任。2020 年 3 月至 2020 年 5 月，任威海市发展和改革委员会主任、党组书记、一级调研员，市新旧动能办主任。2020 年 5 月至 2021 年 1 月，任威海市发展和改革委员会主任、党组书记、二级巡视员，市新旧动能办主任。2021 年 1 月至 2021 年 5 月，任威海市政府党组成员、秘书长，办公室党组书记、二级巡视员。2021 年 5 月至 2022 年 2 月，任威海市政府党组成员、秘书长，机关党组书记、办公室二级巡视员。2022 年 2 月起任威海市政府副市长、党组成员。

徐　明　威海市政府副市长、党组成员，荣成市委书记、党校校长。山东威海人。1970 年 1 月出生。1989 年 7 月参加工作。1989 年 7 月加入中国共产党。1987 年 9 月至 1989 年 7 月，在烟台师范学院地理系地理专业学习。1989 年 7 月至 1990 年 11 月，任文登第二中学教师（1990 年 5 月至 1990 年 11 月在中共文登市委办公室帮助工作）。1990 年 11 月至 1993 年 6 月，任文登市委办公室科员。1993 年 6 月至 1995 年 7 月，任文登市委办公室行政科副科长。1995 年 7 月至 1996 年 12 月，任文登市委办公室行政科科长（1993 年 9 月至 1996 年 7 月在山东省经济管理干部学院业余本科班经济管理专业学习）。1996 年 12 月至 1998 年 6 月，任文登市委办公室副科级秘书、行政科科长。1998 年 6 月至 2002 年 1 月，任文登市委保密委员会办公室主任、市委办公室行政科科长。2002 年 1 月至 2002 年 8 月，任文登市委办公室副主任、行政科科长，保密办主任。2002 年 8 月至 2002 年 11 月，任文登市委办公室副主任、行政科科长。2002 年 11 月至 2003 年 3 月，任文登市委办公室副主任。2003 年 3 月至 2004 年 3 月，任文登市委办公室副主任，档案局局长。2004 年 3 月至 2007 年 1 月，任文登市龙山路街道办事处党工委书记（2005 年 9 月至 2005 年 12 月在威海市委党校第十三期中青年干部培训班学习）。2007 年 1 月至 2007 年 12 月，任文登市苘山镇党委书记，文登工业园管理委员会主任（2004 年 9 月至 2007 年 6 月在山东省委党校在职干部研究生班经济管理专业学习）。2007 年 12 月至 2008 年 4 月，任文登市苘山镇党委书记、人大主席，文登工业园管理委员会主任。2008 年 4 月至 2008 年 6 月，任威海工业新区工委委员，苘山镇党委书记、人大主席，文登工业园管委会主任。2008 年 6 月至 2009 年 9 月，任威海工业新区管委会副主任、党工委委员，苘山镇党委书记、人大主席，文登工业园管委会主任。2009 年 9 月至 2010 年 1 月，任威海工业新区管委会副主任、党工委委员，苘山镇党委书记。2010 年 1 月至 2011 年 11 月，任威海工业新区管委会副主任、党工委委员。2011 年 11 月至 2011 年 12 月，任乳山市委常委。2011 年 12 月至 2012 年 8 月，任乳山市委常委，市政府副市长、党组副书记。2012 年 8 月至 2012 年 12 月，任乳山市委常委，市政府副市长、党组副书记，乳山市工业工作委员会委员、书记。2012 年 12 月至 2014 年 12 月，任乳山市委常委、副市长、党组副书记，乳山幼师党委书记，乳山市工业工作委员会委员、书记。2014 年 12 月至 2016 年 4 月，任乳山市委常委、副市长、党组副书记（正县级），乳山市工业工作委员会委员、书记。2016年4月至2016年11月，任乳山市委副书记（正县级）。2016 年 11 月至 2016 年 12 月，任威海市环翠区委副书记（正县级）。2016 年 12 月至 2017 年 2 月，任威海市环翠区委副书记(正县级)、副区长、代理区长。2017 年 2 月至 2021 年 1 月，任威海市环翠区委副书记、区长。2021 年 1 月至 2021 年 3 月，任环翠区委书记、党校校长，区长。2021 年 3 月至 2021 年 12 月，任环翠区委书记、党校校长。2021 年 12 月至 2022 年 2 月，任荣成市委书记、党校校长。2022 年 2 月起任威海市政府副市长、党组成员，荣成市委书记、党校校长。

·中国人民政治协商会议威海市委员会·

高旭光　政协威海市委员会主席、党组书记。山东乳山人。1965 年 2 月出生。1982 年 11 月参加工作。1985 年 9 月加入中国共产党。1982 年 11 月至 1984 年 8 月，任文登县米山镇税务所专管员。1984 年 8 月至 1985 年 4 月，任文登县税务局干事。1985年4月至1989年7月，任文登县纪委干事（1987年9月至1989年7月在中国科学院管理干部学院纪律检查专业学习）。1989年7月至1991年8月，任威海市纪委干事。1991年8月至1992年2月，任威海市委办公室秘书。1992年2月至1993年5月，任威海市委办公室副科级秘书。1993年5月至1994年5月，任威海市委办公室正科级秘书。1994年5月至1996年8月，任威海市委办公室秘书科副科长、正科级秘书（1993年8月至1995年12月在中央党校函授学院经济管理专业学习）。1996年8月至1997年6月，任威海市委办公室秘书科、秘书一科科长。1997年6月至2001年2月，任威海市委党史研究室副主任（1997年3月至9月在威海市委党校中青年干部培训班学习；1998年10月至2001年2月挂职任荣成市副市长）。2001年2月至2003年1月，任荣成市副市长。2003年1月至2003年8月，任威海市政府副秘书长、办公室党组成员。2003年8月至2010年5月，任威海市旅游局局长、党委书记（2001年9月至2004年6月在省委党校在职干部研究生班经济管理专业学习；2006年2月至12月在山东省委党校中青年干部培训班学习）。2010年5月至2013年6月，任威海市委常委、山东省第一批援青干部领队（援助青海任海北州州委常委、副州长）。2013年6月至2016年1月，任山东省政府副秘书长、办公厅党组成员。2016年1月至2016年2月，任威海市委常委。2016年2月至2017年3月，任中共威海市委常委、统战部部长，威海市社会主义学院院长。2017年3月起任威海市政协主席、党组书记。

李淑芳（女） 政协威海市委员会副主席。山东栖霞人。1958年7月出生。1975年5月参加工作。1989年4月加入中国国民党革命委员会。1975年5月至1978年9月，为甘肃省嘉峪关市新城公社知青。1978年9月至1982年7月，在山东化工学院橡胶系橡胶制品专业学习。1982年7月至1983年5月，任威海轮胎厂成型车间技术员。1983年5月至1987年12月，任威海轮胎厂技术开发室副主任（主持工作）。1987年12月至1992年8月，任山东轮胎厂技术处工程师。1992年8月至1995年1月，任山东轮胎厂技术处副处长（主持工作）。1995年1月至1999年4月，任三角集团有限公司技术处处长。1999年4月至2001年3月，任三角集团有限公司斜交胎管理部副部长。2001年3月至2001年12月，任威海市政府副市长。2001年12月至2008年1月，任威海市政府副市长、民革威海市委副主任委员。2008年1月至2016年6月，任政协威海市委员会副主席、民革威海市委副主任委员。2016年6月至2021年11月，任政协威海市委员会副主席、民革威海市委主任委员。2021年11月至2022年2月，任威海市政协副主席。

戚建波 政协威海市委员会副主席、山东省文联副主席。山东威海人。1959年9月出生。无党派人士。1980年2月参加工作。1977年9月至1980年2月，在蓬莱师范学校音乐专业学习。1980年2月至1980年9月，任威海第七中学音乐教师。1980年9月至1995年1月，先后任威海市第一中学教师、政教处副主任、办公室副主任。1995年1月至1997年1月，任威海市第一中学办公室主任。1997年1月至1997年9月，任威海市第一中学副校长、办公室主任。1997年9月至1998年2月，任威海市第一中学副校长。1998年2月至2001年3月，任威海市环翠区政协副主席、市第一中学副校长。2001年3月至2002年9月，任威海市政协副主席、市第一中学副校长（1998年9月至2001年7月在省委党校业余大专班行政管理专业学习）。2002年9月至2016年7月，任政协威海市委员会副主席、山东省文联副主席、威海市第一中学副校长（2002年9月至12月在省委党校人大政协班学习）。2016年7月至2022年2月，任政协威海市委员会副主席、山东省文联副主席。

刘亚东（女） 政协威海市委员会副主席。山东烟台人。1958年7月出生。1976年7月参加工作。无党派人士。1976年7月至1978年9月，为蓬莱县于家庄知青。1978年9月至1982年7月，在山东师范大学生物系生物学专业学习。1982年7月至1983年4月，任蓬莱一中教师。1983年4月至1991年9月，任文登二中教师。1991年9月至1994年7月，任文登一中教导处副主任。1994年7月至1995年4月，任文登市政府市长助理。1995年4月至2001年3月，任文登市政府副市长。2001年3月至2003年1月，任威海市政协副主席、文登市政府副市长（2001年9月至12月在省委党校人大政协班学习）。2003年1月至2004年12月，任威海市政协副主席、威海职业学院副院长。2004年12月至2021年1月，任政协威海市委员会副主席、威海市体育局副局长。2021年1月至2022年2月，任威海市政协副主席。

任慧春 政协威海市委员会副主席、党组副书记。山东海阳人。1960年5月出生。1980年7月参加工作。1985年6月加入中国共产党。1978年9月至1980年7月，在山东省烟台粮食学校会计统计专业学习。1980年7月至1984年1月，任烟台市芝罘区计委、统计局办事员。1984年1月至1986年1月，任烟台市统计局科员。1986年1月至1992年1月，任烟台市统计局副科长（1986年6月至1987年12月挂职任莱阳县河洛乡副乡长；1989年9月至1991年7月在烟台大学干部专修科经济管理系企业管理专业学习）。1992年1月至1992年11月，任威海市第一轻工业局财务科科长。1992年11月至1994年6月，任威海市经济技术开发投资公司副经理。1994年6月至1996年6月，任威海市预算外资金征收管理处主任。1996年6月至1998年6月，任威海市预算外资金征收管理处主任（机构升格）（1995年9月至1997年12月在山东省委党校业余本科班经济管理专业学习）。1998年6月至1998年11月，任威海市财政局副局长、党组成员，预算外资金征收管理处主任。1998年11月至2000年10月，任威海市财政局副局长、党组成员。2000年10月至2001年6月，任威海市财政局副局长、党组成员，市国有资产管理局（公有资产管理委员会办公室）副局长（副主任）。2001年6月至2003年1月，任威海市财政局副局长、党委委员，市国有资产管理局（公有资产管理委员会办公室）副局长（副主任）。2003 年 1 月至 2003 年 4 月，任威海市民用航空管理局（民航站）副局长（副站长）、党委副书记（主持工作）。2003 年 4 月至 2006 年 12 月，任威海市民用航空管理局（民航站）局长（站长）、党委书记。2006 年 12 月至 2010 年 1 月，任威海市劳动和社会保障局局长、党委书记。2010 年 1 月至 2010 年 8 月，任威海市人力资源和社会保障局局长、党委副书记（机构改革）。2010 年 8 月至 2012 年 1 月，任威海市发展和改革委员会主任、党组书记。2012 年 1 月至 2012 年 4 月，任威海市政协党组成员，市总工会主席、党组书记。2012 年 4 月至 2017 年 3 月，任政协威海市委员会副主席、党组成员，市总工会主席、党组书记。2017 年 3 月至 2021 年 2 月，任威海市政协副主席、党组副书记。

徐东明 政协威海市委员会副主席、党组副书记。山东威海人。1962 年 4 月出生。1978 年 8 月参加工作。1984 年 6 月加入中国共产党。1978 年 8 月至 1980 年 9 月，任威海市交通局市区管理站、联运办公室会计。1980 年 9 月至 1984 年 6 月，任威海市交通局干事。1984 年 6 月至 1986 年 9 月，任威海市委组织部干事。1986 年 9 月至 1988 年 7 月，在山东大学干部专修科法律系涉外经济专业学习。1988 年 7 月至 1991 年 2 月，任威海市委组织部干事。1991 年 2 月至 1992 年 1 月，任威海市委组织员办公室副科级组织员。1992 年 1 月至 1992 年 11 月，任威海市第一轻局办公室主任。1992 年 11 月至 1996 年 9 月，任威海市保税区建设管理委员会办公室主任（1992 年 8 月至 1994 年 12 月在中央党校函授学院本科班经济专业学习；1995 年 9 月至 1996 年 1 月在威海市委党校中青年干部培训班学习）。1996 年 9 月至 1999 年 6 月，任威海市保税区筹建处副主任。1999 年 6 月至 2000 年 6 月，任威海市保税区建设管理委员会副主任（主持工作）、党委副书记。2000 年 6 月至 2000 年 10 月，任威海出口加工区管理委员会（市保税区建设管理委员会）主任、党委书记。2000 年 10 月至 2001 年 3 月，任威海出口加工区管委副主任、党委委员，出口加工区管理局局长、党委书记，威海经济技术开发区党委委员。2001 年 3 月至 2003 年 11 月，任威海经济技术开发区（出口加工区）管委副主任、工委委员，出口加工区管理局局长、党委书记。2003 年 11 月至 2008 年 3 月，任威海经济技术开发区（出口加工区）管委副主任、工委委员，经济发展局局长（2003 年 9 月至 2004 年 6 月在清华大学继续教育学院国际经贸与公共管理高级研修班学习；2007 年 3 月至 2007 年 12 月在山东省委党校中青年干部培训班学习）。2008 年 3 月至 2009 年 9 月，任威海经济技术开发区（出口加工区）管委副主任、工委委员。2009 年 9 月至 2012 年 1 月，任威海市中小企业局（民营经济办公室）局长（主任）、党组书记。2012 年 1 月至 4 月，任威海市商务局局长、党委副书记。2012 年 4 月至 2015 年 2 月，任威海市商务局局长、党委书记。2015 年 2 月至 2017 年 3 月，任威海市发展和改革委员会主任、党组书记。2017 年 3 月至 2019 年 11 月，任政协威海市委员会副主席、党组成员，威海综合保税区管委主任、工委书记。2019 年 11 月至 2021 年 1 月，任政协威海市委员会副主席、党组成员，威海综合保税区党工委书记。2021 年 1 月至 2021 年 2 月，任威海市政协副主席、党组成员。2021 年 2 月至 2022 年 2 月，任威海市政协副主席、党组副书记。

夏景华 政协威海市委员会副主席、党组成员。山东文登人。1962 年 9 月出生。1982 年 7 月参加工作。1983 年 12 月加入中国共产党。1980 年 9 月至 1982 年 7 月，在山东省文登师范学校普通班专业学习。1982 年 7 月至 1983 年 2 月，任文登县泽库小学教师（1982 年 7 月至 1983 年 2 月借调文登县委组织部、人事局工作）。1983 年 2 月至 1984 年 7 月，任文登县人事局科员。1984 年 7 月至 1987 年 8 月，任烟台市委组织部科员。1987 年 8 月至 1989 年 1 月，任文登县（市）编办副主任（1985 年 12 月至 1988 年 12 月在山东省高等教育自学考试党政干部基础科专业大专学习）。1989 年 1 月至 1989 年 4 月，任文登市人才开发办公室副主任。1989 年 4 月至 1991 年 2 月，任威海市委组织部干事。1991 年 2 月至 1992 年 9 月，任威海市委组织部副科级巡视员。1992 年 9 月至 1993 年 8 月，任威海市委组织部正科级巡视员。1993 年 8 月至 1996 年 12 月，任威海市委组织部干部科副科长、正科级巡视员（1993 年 9 月至 1996 年 7 月在山东省经济管理干部学院业余本科班经济管理专业学习）。1996 年 12 月至 1997 年 6 月，任威海市委组织部干部调配科科长。1997 年 6 月至 2001 年 2 月，任威海市政府办公室副主任、党组成员。2001 年 2 月至 2003 年 8 月，任威海市政府副秘书长、办公室党组成员。2003 年 8 月至 2007 年 12 月，任威海市政府副秘书长、办公室党组成员，调查研究室主任。2007 年 12 月至 2009 年 7 月，任威海市政府副秘书长，办公室主任、党组副书记、纪检组组长。2009 年 7 月至 2012 年 3 月，任威海市政府副秘书长，办公室主任、党组副书记。2012 年 3 月至 2012 年 10 月，任威海市政府秘书长、党组成员，办公室主任、党组书记。2012 年 10 月至 2017 年 3 月，任威海市政府秘书长、党组成员，办公室党组书记。2017 年 3 月至 2022 年 2 月，任政协威海市委员会副主席、党组成员。

陈伟胜 政协威海市委员会副主席。山西大同人。1959 年 2 月出生。1976 年 11 月参加工作。2008 年 10 月加入中国民主促进会。1976 年 11 月至 1978 年 6 月，任青海省玉树藏族自治州煤矿会计。1978 年 6 月至 1984 年 9 月，任青海省玉树藏族自治州水利电力队技术员（1983 年 3 月至 1983 年 7 月在华南工学院无线电子工程系电工、电子技术培训班学习）。1984 年 9 月至 1989 年 7 月，任西宁市粮食公司东川中心粮站调运员、会计（1987 年 7 月至 1989 年 7 月在武汉市经济管理干部学院工业财务会计专业学习）。1989 年 7 月至 1990 年 12 月，任西宁市粮食局汽车队会计。1990 年 12 月至 1993 年 6 月，任西宁市审计局审计师。1993 年 6 月至 1995 年 1 月，任威海市审计师事务所审计师。1995 年 1 月至 1997 年 8 月，任威海市审计师事务所副所长（副科级）。1997 年 8 月至 1998 年

5月，任威海市审计师事务所副所长（正科级）。1998年5月至1999年1月，任威海市监察局副局长（1996年8月至1998年12月在中央党校函授学院本科班涉外经济管理专业学习）。1999年1月至2010年8月，任威海市监察局副局长。2010年8月至2011年9月，任威海市监察局副局长、正县级监察员。2011年9月至2017年3月，任威海市监察局副局长、正县级监察员，民进威海市委筹委会主委。2017年3月至2017年12月，任政协威海市委员会副主席、市监察局副局长，民进威海市委筹委会主委。2017年12月至2018年12月，任威海市政协副主席，民进威海市委筹委会主委。2018年12月至2021年11月，任威海市政协副主席，民进威海市委主委。2021年11月至2022年2月，任威海市政协副主席。

吕晓东　政协威海市委员会副主席、党组成员。山东海阳人。1963年11月出生。1985年7月参加工作。1985年3月加入中国共产党。1981年9月至1985年7月，在山东大学经济学系政治经济学专业学习。1985年7月至1987年11月，任威海市（县级）计划委科员。1987年11月至1991年11月，任威海市计划委工交科科员（1989年7月至1990年12月挂职任荣成市埠柳镇副镇长）。1991年11月至1992年9月，任威海市信息中心技术服务科副科长。1992年9月至1997年2月，任威海市计划委外经科科长。1997年2月至1998年6月，任威海市计划委办公室主任。1998年6月至2001年5月，任威海市计划委副主任、党组成员（2000年4月至2001年4月在山东大学威海分校青年领导干部英语培训班学习）。2001年5月至2003年8月，任威海市发展计划委副主任、党组成员。2003年8月至2005年3月，任威海市发展计划委副主任、党组成员，市重点工程建设领导小组办主任（正县级）（2004年7月至2005年1月在山东省中青年干部赴美国密苏里大学培训班学习）。2005年3月至2005年4月，任威海市统计局党组书记，市重点工程建设领导小组办公室主任。2005年4月至2010年8月，任威海市统计局局长、党组书记。2010年8月至2012年1月，任威海市卫生局局长、党委书记。2012年1月至2013年7月，任威海市发展和改革委员会主任、党组书记（2010年3月至2012年7月在北京大学政府管理学院公共管理专业学习，2012年7月获公共管理硕士学位）。2013年7月至2013年12月，任威海市委经济技术开发区（出口加工区）工作委员会书记。2013年12月至2014年2月，任威海市委经济技术开发区（出口加工区）管委会主任、工委书记。2014年2月至2019年8月，任威海市委经济技术开发区（出口加工区）管委会主任、工委书记，威海东部新城建设指挥部副总指挥。2019年8月至2021年1月，任威海市委经济技术开发区（出口加工区）管委会主任、工委书记。2021年1月至2022年2月，任威海市政协副主席、党组成员。

周　宁　政协威海市委员会副主席，民盟威海市委会主委，市统计局局长。山东威海人。1969年11月出生。1990年7月参加工作。2005年5月加入中国民主同盟会。1988年9月至1990年7月，在烟台大学数学系应用数学专业学习。1990年7月至1992年3月，任威海市劳动保护用品公司会计。1992年3月至1997年7月，任威海商业集团公司会计（1994年7月至1997年6月在山东干部函授大学财务会计专业学习）。1997年7月至2000年9月，任威海鸿盛皮革有限公司副经理（1997年9月至1997年12月在威海市环翠区委党校第4期中青年干部班学习；1998年6月至2000年9月挂职任威海市环翠区外经委副主任）。2000年9月至2002年4月，任威海市环翠区外经委副主任。2002年4月至2004年2月，任威海市环翠区对外贸易经济合作局副局长（机构更名），区外商服务中心主任。2004年2月至2005年3月，任威海市环翠区对外贸易经济合作局副局长（2004年　9月至2004年12月在威海市委党校第12期中青年干部培训班学习）。2005年3月至2006年5月，任威海市环翠区对外贸易经济合作局副局长、驻韩国办事处主任。2006年5月至2007年12月，任威海市环翠区对外贸易经济合作局局长、驻韩国办事处主任。2007年12月至2016年7月，任威海市环翠区政协副主席。2016年7月至2016年12月，任威海市统计局副局长（主持行政工作）。2016年12月至2017年6月，任威海市统计局副局长（主持行政工作），民盟威海市委会主委。2017年6月至2021年1月，任威海市统计局局长，民盟威海市委会主委。2021年1月起任政协威海市委员会副主席，民盟威海市委会主委，市统计局局长（2020年10月至2021年1月在省委党校第三十一期中青年干部培训班学习）。

吴永刚　政协威海市委员会副主席、党组副书记。山东荣成人。1965年4月出生。1989年9月参加工作。1988年6月加入中国共产党。1985年9月至1989年7月，在山东师范大学数学系数学专业学习。1989年9月至1990年7月，任威海市职业中专教师。1990年7月至1994年5月，任威海市教文体委综教科科员。1994年5月至1995年1月，任威海市委办公室科员。1995年1月至1998年6月，任威海市委办公室副科级秘书。1998年6月至2001年4月，任威海市委办公室主任科员（2001年1月至2001年4月在威海市委党校青年领导干部培训班学习）。2001年4月至2003年4月，任威海市委政策研究室经济科科长。2003年4月至2006年8月，任威海市委办公室助理调研员（2004年9月至2004年12月在山东大学威海分校继续教育学院国际贸易专业学习）。2006年8月至2007年8月，任威海市委办公室副主任。2007年8月至2009年12月，任威海市委副秘书长。2009年12月至2012年12月，任威海市委副秘书长、党史研究室主任。2012年12月至2013年7月，任威海市委副秘书长、党史研究室主任、政策研究室主任。2013年7月至2013年8月，任威海市委副秘书长、办公室主任，党史研究室主任，政策研究室主任。2013年8月至2014年8月，任威海市委副秘书长、办公室主任，政策研究室主任。2014年8月至2016年6月，任威海市委副秘书长、办公室主任。2016年6月至2016年7月，任威海职业学院（市技术学院）党委书记，市委副秘书长、办公室主任。2016年7月至2022年2月，任威海职业学院

（市技术学院）党委书记。2022年2月起任威海市政协副主席、党组副书记。

董晓阳 政协威海市委员会副主席、党组成员。山东威海人。1969年6月出生。1991年7月参加工作。1993年6月加入中国共产党。1989年9月至1991年7月，在济南交通高等专科学校中文秘书专业学习。1991年7月至1995年3月，任文登市泽库镇团委干事。1995年3月至1996年2月，任文登市侯家镇党政办公室副主任（1992年9月至1995年7月在山东青年管理干部学院行政管理专业学习）。1996年2月至1998年3月，任文登市侯家镇党政办公室主任。1998年3月至1999年1月，任文登市泽库镇党委组织委员。1999年1月至2000年4月，任文登市委组织部副主任科员（1997年9月至2000年1月在山东省委党校业余本科班经济管理专业学习）。2000年4月至2000年10月，任文登市委组织部副主任科员、办公室副主任。2000年10月至2002年1月，任文登市委组织部副主任科员、办公室主任。2002年1月至2004年3月，任文登市宋村镇党委副书记、镇长。2004年3月至2005年2月，任文登市葛家镇党委副书记、镇长（2001年9月至2004年6月在山东省委党校在职干部研究生班经济管理专业学习）。2005年2月至2007年1月，任文登市米山镇党委书记（2005年9月至2005年12月在威海市委党校第13期中青年干部培训班学习）。2007年1月至2010年1月，任文登市委常委、政法委书记。2010年1月至2010年2月，任文登市委常委，市政府党组副书记。2010年2月至2012年12月，任文登市委常委，副市长、党组副书记。2012年12月至2013年2月，任文登市委常委、市政府副市长、党组副书记，文登师范学校党委书记。2013年2月至2014年1月，任威海工业新区管委会副主任（正县级），工委副书记。2014年1月至2016年4月，任威海临港经济技术开发区管委会副主任（正县级）、工委副书记（机构更名）。2016年4月至2017年3月，任威海临港经济技术开发区管委会常务副主任（正县级）、工委副书记。2017年3月至2019年1月，任威海市水利局局长、党委书记。2019年1月至2020年3月，任威海市水务局局长、党组书记（机构改革）。2020年3月至2020年9月，任威海市水务局局长、党组书记、一级调研员。2020年9月至2021年6月，任威海市财政局局长、党组书记、一级调研员。2021年6月至2022年2月，任威海市财政局局长、党组书记、二级巡视员。2022年2月起任威海市政协副主席、党组成员。

彭　霞（女） 政协威海市委员会副主席、党组成员。湖北麻城人。1969年12月出生。1991年7月参加工作。1999年12月加入中国共产党。1987年9月至1991年6月，在湖北师范学院化学系化学专业学习。1991年7月至1993年8月，任湖北省黄石市第七中学教师。1993年8月至1994年1月，任湖北省黄石市石灰窑区环保局干部。1994年1月至1998年4月，任湖北省黄石市石灰窑区统计局干部。1998年4月至2001年9月，任湖北省黄石市石灰窑区政府办公室老龄办主任（1998年10月至2001年1月在华中师范大学社会学系区域经济学专业学习，2001年1月获经济学硕士学位；2000年9月至2000年11月在黄石市委党校女干部培训班学习）。2001年9月至2003年3月，任湖北省黄石市石灰窑区科技局局长。2003年3月至2004年8月，任湖北省黄石市西塞山区计划统计物价局局长。2004年8月至2006年7月，任威海市科技局副局长、党委委员（2003年4月至2005年6月在武汉大学公共管理学院在职MPA学习，2005年6月获公共管理硕士学位）。2006年7月至2012年4月，任威海市妇联副主席、党组成员。2012年4月至2012年11月，任威海市侨务办公室副主任、党组副书记（主持工作）。2012年11月至2014年12月，任威海市侨务办公室主任、党组书记。2014年12月至2019年1月，任威海市质量技术监督局局长、党组书记（2016年3月至2016年7月在山东省委党校第二十六期中青年干部培训班学习）。2019年1月至2019年6月，任威海市市场监督管理局局长、党组副书记（机构改革）。2019年6月至2020年3月，任威海市妇联主席、党组书记。2020年3月至2022年2月，任威海市妇联主席、党组书记、一级调研员。2022年2月起任威海市政协副主席、党组成员。

韩文斐 政协威海市委员会副主席，文登师范学校校长。山东乳山人。1967年12月出生。1989年7月参加工作。无党派人士。1986年9月至1989年7月，在烟台农业学校农经专业学习。1989年7月至1991年8月，任乳山县冯家镇经管站经管员。1991年8月至1992年7月，任乳山县石头圈乡经管站副站长。1992年7月至1994年3月，任乳山县（市）种子站会计（1990年8月至1993年7在山东农业大学函授专科班农业经济管理专业学习）。1994年3月至1995年12月，任乳山市农牧集团总公司财务科长。1995年12月至2000年3月，任乳山市育黎镇科技副镇长（1994年9月至1997年7月在山东农业大学本科班经济管理专业学习；1998年5月至1998年11月在威海市委党校第8期中青年干部培训班学习）。2000年3月至2001年12月，任乳山市育黎镇镇长。2001年12月至2003年1月，任乳山市统计局局长。2003年1月至2007年11月，任乳山市副市长、政协副主席（2003年9月至2004年6月在清华大学继续教育学院国际经贸与公共管理高级研修班学习；2007年3月至2007年6月在山东行政学院2007年第一期县长任职培训班学习）。2007年11月至2007年12月，任文登市副市长。2007年12月至2011年12月，任文登市副市长、市红十字会会长（兼）。2011年12月至2015年10月，任威海市教育局副局长。2015年10月至2022年2月，任文登师范学校校长。2022年2月起任威海市政协副主席，文登师范学校校长。

赵广洪 政协威海市委员会副主席，市政协人口资源环境和经济委员会主任（兼），威海市外事办公室主任，市对外友好协会会长，致公党威海市委主委。山东莱西人。1971年3月出生。1993年7月参加工作。2008年9月加入中国致公党。1989年9月至1993年7月，在山东大学日本语言文学专业学习。1993年7月至1994年7月，在山东省政府外事办公室外事服务中心见习。1994年7月至1994年12月，任山东省政府外事办公室外事服务中心技术员。1994年12月至1998年11月，任山东省政府外事办公室外事服务中心助理翻译（1996年4月至1997年4月，任中国驻日本岛根县浜田市国际交流员）。1998年11月至2000年10月，任山东省政府外事办公室外事服务中心翻译（借调省外办对外友协工作处）。2000年10月至2002年7月，任山东省对外友协秘书处翻译。2002年7月至2008年3月，任山东省对外友协秘书处主任科员。2008年3月至2017年4月，任山东省对外友协秘书处副调研员。2017年4月至2017年6月，任山东省政府外事办公室港澳事务处调研员。2017年6月至2018年9月，任山东省政府外事办公室港澳事务处二级调研员。2018年9月至2019年1月，任威海市外事侨务办公室主任、市对外友好协会会长。2019年1月至2019年5月，任威海市外事办公室主任，市对外友好协会会长（机构改革）。2019年5月至2021年1月，任威海市外事办公室主任，市对外友好协会会长，致公党威海市委副主委。2021年1月至2021年2月，任威海市外事办公室主任，市对外友好协会会长，致公党威海市委副主委、主委提名人选。2021年2月至2021年3月，任威海市外事办公室主任，市对外友好协会会长，致公党威海市委主委。2021年3月至2022年2月，任威海市外事办公室主任、一级调研员，市对外友好协会会长，致公党威海市委主委。2022年2月起任威海市政协副主席，市政协人口资源环境和经济委员会主任（兼），市外事办公室主任，市对外友好协会会长，致公党威海市委主委。

朱文娟（女） 政协威海市委员会副主席，威海市职业中等专业学校校长，九三学社威海市委主委。山东莱州人。1969年1月出生。1992年7月参加工作。2019年7月加入九三学社。1988年9月至1992年7月，在烟台大学中文系汉语言文学专业学习。1992年7月至1999年5月，任威海人民广播电台助理编辑、编辑。1999年5月至2001年3月，任威海人民广播电台节目一部副主任。2001年3月至2003年8月，任威海人民广播电台总编室主任。2003年8月至2005年10月，任威海电视台新闻综合频道副总监。2005年10月至2009年8月，任威海日报社晨刊部主任。2009年8月至2013年8月，任威海市人民政府外事办公室副主任。2013年8月至2014年1月，任威海市食品药品监督管理局副局长。2014年1月至2017年5月，任威海市食品药品监督管理局（市食安办）副局长（副主任）（机构改革）。2017年5月至2021年1月，任威海市职业中等专业学校校长。2021年1月至2021年2月，任威海市职业中等专业学校校长，九三学社威海市委副主委提名人人选。2021年2月至2021年11月，任威海市职业中等专业学校校长，九三学社威海市委副主委。2021年11月至2022年2月，任威海市职业中等专业学校校长，九三学社威海市委主委。2022年2月起任威海市政协副主席，威海市职业中等专业学校校长，九三学社威海市委主委。

（中共威海市委组织部提供）

先进人物

张旭阳 威海大田工业装备有限公司机械加工车间班长，助理工程师。山东滨州人。1994年12月出生，2016年7月参加工作，2016年12月加入中国共产党。2021年5月被中华全国总工会授予全国五一劳动奖章。

尹伟宁 文登威力工具集团有限公司锻造车间主任，高级技师。山东文登人。1974年8月出生，1996年7月参加工作，2007年8月加入中国共产党。2021年5月被中华全国总工会授予全国五一劳动奖章。2021年11月被山东省总工会授予齐鲁大工匠称号。

王静（女） 威海市望海园中学校长，高级教师。山东荣成人。1973年12月出生，1993年7月参加工作，2002年6月加入中国共产党。2021年5月被中华全国总工会授予全国五一劳动奖章。

梅婵娟（女） 威海市气象局气象台台长，高级工程师。1983年1月出生，2008年7月参加工作，2022年6月加入中国共产党。2021年5月被中华全国总工会授予全国五一劳动奖章。

谷大伟 威海光威复合材料股份有限公司车间主任。山东威海人。1981年1月出生，1999年12月参加工作，2013年7月加入中国共产党。2021年11月被山东省总工会授予齐鲁工匠称号。

隋永波 浦林成山（山东）轮胎有限公司成型及自动物流保障部主管。山东荣成人。1977年12月出生，1996年7月参加工作，2012年12月加入中国共产党。2021年11月被山东省总工会授予齐鲁工匠称号。

荣华阳 1986年2月出生。山东文登人，2008年8月入伍，2021年3月被部队授予二等功。

丛燕龙 1986年2月出生。山东文登人，2008年8月入伍，2021年12月被部队授予二等功。

刘东欣 1990年4月出生。山东荣成人，2009年9月入伍，2021年12月被部队授予二等功。

孙奇龙 1987年11月出生。山东泰安人，2006年9月入伍，2021年1月被部队授予二等功。

（各相关单位提供）

编辑　侯志杰

附　　录

统计公报

2021年威海市国民经济和社会发展统计公报

2021年，威海坚持以习近平新时代中国特色社会主义思想为指导，把"威海要向精致城市方向发展"作为总目标总方向总遵循，紧紧围绕争当新时代现代化强省建设排头兵的目标定位，立足新发展阶段，完整、准确、全面贯彻新发展理念，统筹发展和安全，聚焦聚力"五化"重点任务，全市经济社会平稳运行，"精致城市·幸福威海"建设开创新局面，高质量发展取得新成效，实现了"十四五"良好开局。

一、综合

根据市级生产总值统一核算结果，全年地区生产总值3463.93亿元，按可比价格计算，比上年增长7.5%，其中，第一产业增加值349.17亿元，增长7.4%；第二产业增加值1355.13亿元，增长7.7%；第三产业增加值1759.63亿元，增长7.3%。三次产业结构比为10.1∶39.1∶50.8。

全市城镇新增就业3.75万人，其中，失业人员实现再就业0.96万人。回生源地离校未就业高校毕业生总体就业率为99.24%。城镇登记失业率为2.27%。

全年居民消费价格上涨0.8%，在消费八大类商品及服务价格中，食品烟酒价格上涨1.3%，衣着价格下降2.1%，居住价格上涨0.6%，生活用品及服务价格下降0.2%，交通和通信价格上涨4.6%，教育文化和娱乐价格下降0.2%，医疗保健价格下降1.1%，其他用品和服务价格下降2.9%。

年底实有各类市场主体（不含外资企业，下同）42.61万户，注册资本26216.99亿元。其中，新登记各类市场主体6.89万户，新登记注册资本1082.95亿元。

二、农林牧渔业

全年实现农林牧渔业增加值363.00亿元，增长7.5%。其中，农林牧渔专业及辅助性活动增加值13.83亿元，增长9.5%。

根据粮食产量抽样调查数据显示，全年粮食总产量72.67万吨，增长9.9%，其中，夏粮产量26.52万吨，增长25.3%；秋粮产量46.14万吨，增长2.6%。

全年油料总产量19.91万吨，下降1.8%。茶叶总产量686.41吨，增长16.5%。

全年园林水果总产量119.99万吨，增长1.1%，其中，苹果106.20万吨，与上年基本持平。

全年猪肉产量8.94万吨，禽蛋类总产量18.70万吨，牛奶总产量4.14万吨。

全年水产品总产量307.10万吨，增长6.9%。水产养殖面积11.0万公顷，增长32.6%；养殖产量197.60万吨，增长4.8%。远洋渔业产量45.72万吨，增长15.5%。

年底农业机械总动力503.98万千瓦，下降0.5%；农用水泵12.50万台，增长2.1%，节水灌溉类机械1.34万套，增长1.4%；农用拖拉机25.82万台，下降4.5%；全年小麦机耕面积2.41万公顷，机播面积4.71万公顷，机收面积4.71万公顷；全年玉米机耕面积1.52万公顷，机播面积6.29万公顷，机收面积5.72万公顷。

年底市级以上农业产业化龙头企业195家，其中，国家级农业产业化重点龙头企业11家，省级农业产业化重点龙头企业60家，市级农业产业化重点龙头企业124家。新注册农民专业合作社661家，总数达到5585家，入社成员19.01万户，辐射带动农户31.67万户。

三、工业和建筑业

全年规模以上工业增加值增长12.1%，其中，股份制企业增加值增长14.4%，外商及中国港澳台商投资企业增加值增长5.3%；轻工业增加值增长14.3%，重工业增加值增长9.5%；制造业增加值增长12.8%。在33个行业大类中，有26个行业实现增长，其中，专用设备制造业增长27.3%，计算机、通信和其他电子设备制造业增长22.7%。大中型工业企业增加值增长11.9%。

全年规模以上工业企业营业收入增长10.1%，营业收入利润率达

8.32%。产销衔接良好，产品销售率为97.76%。

全年建筑业增加值202.80亿元，增长0.5%。

四、服务业

全年规模以上服务业营业收入增长16.9%，其中，文化体育和娱乐业增长31.2%，租赁和商务服务业增长29.8%，交通运输仓储和邮政业增长25.5%。

年底公路通车里程7218.68千米（含农村公路、国省道）。全年铁路（不含城际铁路，下同）、海运共完成客运量400.13万人次，货运量1897.19万吨。全年铁路、海运共完成旅客周转量1.58亿人千米，其中，铁路1.30亿人千米，海运0.28亿人千米。全年铁路、海运完成货物周转量152.62亿吨千米，其中，铁路12.15亿吨千米，海运140.46亿吨千米。全年港口货物吞吐量4273.49万吨，增长10.6%；集装箱吞吐量134.45万标准箱，增长9.9%；港口旅客吞吐量16.54万人次。全年新增机动车6.60万辆，保有量达104.10万辆，其中，新增小型汽车5.38万辆，保有量达90.87万辆。

全市共有A级以上景区49家，其中，AAAAA级2家，AAAA级13家，AAA级30家；旅行社159家，其中，A级旅行社57家；星级饭店40家，其中，五星级饭店3家，四星级饭店15家。

全年接待旅游总人数4407.3万人次，实现旅游总收入533.52亿元。接待入境游客3.37万人次。接待国内游客4403.93万人次，国内旅游收入533.52亿元。

五、固定资产投资

全年固定资产投资增长6.0%，其中，第一产业投资增长21.4%，第二产业投资增长15.0%，第三产业投资与上年持平。一、二、三产业投资结构比为2.3：40.4：57.3。

全年房地产开发投资382.49亿元，下降2.8%。从房屋建设用途看，住宅投资318.12亿元，占全部房地产开发投资的83.2%；商业营业用房投资31.98亿元，占全部房地产开发投资的8.4%。全年商品房施工面积3576.86万平方米，商品房竣工面积736.04万平方米，商品房销售面积518.46万平方米，其中，住宅销售面积465.01万平方米，占全部销售面积的89.7%。

六、国内贸易

全年社会消费品零售总额增长15.5%。从城乡领域看，城镇消费品零售额增长15.9%，乡村消费品零售额增长13.5%。从行业分类看，批发和零售业零售额增长13.9%，住宿和餐饮业零售额增长32.3%。从经济成分看，非公有经济零售额增长16.3%，公有经济零售额增长14.0%。从商品类别看，限额以上粮油、食品类增长20.2%，饮料类增长33.4%，日用品类增长15.6%，金银珠宝类增长37.5%。

七、对外经济

全年对外贸易进出口总额2032.54亿元，增长25.8%，其中，出口1494.03亿元，增长28.2%；进口538.50亿元，增长19.3%。从企业性质看，内资企业进出口1516.46亿元，增长29.5%，占全市的74.6%；外商投资企业进出口516.20亿元，增长16.0%，占全市的25.4%。从贸易方式看，一般贸易进出口1463.19亿元，增长29.8%，占全市的72.0%；加工贸易进出口499.60亿元，增长9.1%，占全市的24.6%；其他贸易进出口69.87亿元，增长124.7%，占全市的3.4%。

全年新设外资项目343个；实际使用外资14.50亿美元，增长6.7%。从实际使用外资投向看，第一、二、三产业使用外资分别为0.01亿美元、5.43亿美元和9.06亿美元，分别占全市使用外资的0.1%、37.4%和62.5%。

全年新核准设立境外企业（机构）19家，中方协议投资额26.30亿元，中方实际投资额22.23亿元；新签对外承包工程合同额29.89亿元，完成营业额36.49亿元；外派各类劳务人员2999人。

八、财政税收、金融和保险

全市一般公共预算收入266.88亿元，增长5.7%。其中，税收收入198.80亿元，增长4.8%；税收占一般公共预算收入的比重达到74.5%。全市一般公共预算支出343.30亿元，下降2.0%。基层"三保"情况总体良好，其中，城乡社区支出增长30.3%，住房保障支出增长27.2%。

年底金融机构本外币存款余额5246.04亿元，比年初增长10.8%，其中，住户存款余额3274.21亿元，比年初增长12.6%；非金融企业存款余额1451.23亿元，比年初增长9.9%。年底金融机构本外币贷款余额4048.31亿元，比年初增长19.2%，其中，住户贷款余额1539.67亿元，比年初增长13.6%；企事业单位贷款余额2503.46亿元，比年初增长23.0%。年底普惠小微贷款余额478.47亿元，全年增加148.20亿元，增长44.9%；占本外币贷款余额的比重为11.8%，提高2.1个百分点。

全年保险机构保费收入111.90亿元，增长1.7%，其中，财产险保费收入27.38亿元，下降1.3%；人身险保费收入84.52亿元，增长2.8%。各项赔款和给付37.93亿元，增长7.1%，其中，财产险赔款19.30亿元，增长17.7%；人身险赔款和给付18.63亿元，下降2.1%。

九、科学技术

全年获得2021年度山东省科技进步奖7项、山东省技术市场协会科技金桥奖6项。完成技术合同登记2410项，技术合同成交额129.25亿元，认定技术交易额5.45亿元。专利授权量13455件，其中，发明专利授权量1004件，占总授权量的7.5%。

获批建设国家创新型城市，海洋高新技术产业园在国家农业科技园区绩效评价中获"优秀"等次。"1+4+N"高端创新平台体系全面成型起势，体系平台达到25家，延伸设立创新机构147家，组织实施科研项目255个，开展关键技术攻关129项，授权专利457项，孵化引进企业210家。北京大学威海海洋研究院揭牌成立并投入运行，引进落地威海激光通信先进技术研究院、威海黑马独角兽企业加速中心，获批建设2家省级技术创新中心，备案省级新型研发机构8家。全市各类研发平台总数达到1102家，其中国家级27家、省级359家。

全年新增省级科技企业孵化器1家，年底全市拥有省级以上科技孵化载体47家，其中国家级科技企业孵化器8家、省级16家，国家级众创空间12家，国家专业化众创空间2家，省级众创空间8家，省级大学科技园1家。认定新兴产业"金种子"企业62家，国家科技型中小企业1870家，增长64.6%。国家高新技术企业达到

1048家。18家企业上榜山东省科技领军企业。新增国家技术先进型服务企业1家，有效期内国家技术先进型服务企业3家。高新区获批国家企业创新积分制试点，医疗器械创新型产业集群获批国家创新型产业集群试点。全年高新技术产业产值增长12.6%，占规模以上工业总产值比重为67.13%，高新技术产业投资占工业投资的比重为60.4%。

在全省率先施行"揭榜挂帅"机制，首个揭榜制项目研发成果落地并产业化，在鱿鱼加工领域解决2项关键共性技术，形成2套设备，生产效率提高3倍、节约人工60%。

全年实施139项全市重点科技创新项目，完成年度投资26.23亿元，申请专利677件、授权专利411件，发表论文266篇，引进人才478人，开展研发项目382项，形成新产品206个，当年实现经济效益15.48亿元。

成功举办第二届中日科技创新合作大会、第四届中韩创新大赛、第十八届中欧膜产业技术创新合作大会等品牌活动，促成产学研合作签约项目132个。建成全省首家外国专家驿站，在威海创新创业外国人才达到1668人。1名外国专家获得中国政府友谊奖，1名外国专家获得齐鲁友谊奖，13名高层次外国专家获国家级、省级重点人才计划支持，培养校地合作人才18名，总数达到90名。

全市拥有中国驰名商标39件，地理标志商标60件，中国质量奖提名奖2个，山东省省长质量奖获奖企业6家，获奖个人2名。

十、教育、文化、卫生健康和体育

年底全市共有普通高等院校11所，在校学生126038人；普通中等专业学校11所，在校学生17897人；职业高中7所，在校学生3446人；普通高中18所，在校学生32702人；普通初中94所，在校学生95895人；小学98所，在校学生130757人；特殊教育招生44人，在校生501人；幼儿园349所，在园幼儿79835人。

年底全市共有专业剧团4个、图书馆5个、文化馆5个、博物馆10个、美术馆5个。艺术表演场馆2个，电影公司5个，电影院40座，广播电台4座，电视台5座，有线数字电视用户50.51万户，广播人口综合覆盖率和电视人口综合覆盖率均达到100%。年底拥有村（社区）综合文化服务中心2748个、城市书房44个、农家书屋977个。

年底全市拥有各类医疗卫生机构2631个，其中，医院78个，基层医疗卫生机构2483个，专业公共卫生机构54个，其他卫生机构16个。各类医疗卫生机构实有床位18964张，其中，医院实有床位14846张。卫生技术人员25545人，其中，执业（助理）医师10418人，注册护士11151人。已婚育龄妇女37.26万人。国家基本公共卫生服务项目中建立电子健康档案238.58万份，纳入管理的孕产妇、儿童及老年人43.52万人，规范管理高血压、2型糖尿病患者21.02万人。

全年线上线下联动举办各级各类体育赛事活动747项次，直接参与人数13.31万人，其中举办市、县两级全民健身运动会138场次。作为省社区运动会试点城市之一，探索开展社区趣味运动会293场次，覆盖243个社区，直接参与人数1.5万人。培训各级社会体育指导员1425人。新建社区、乡镇街道等体育工程设施30处。组队参加第十四届全运会获7金9银9铜；组队参加2021年山东省锦标赛获44.5金33银45铜。承办2021年全国帆板冠军赛暨东京奥运会帆板项目备战大合练、全国海钓锦标赛、全国青年乒乓球锦标赛、中国乒乓球俱乐部超级联赛、"我要走"全国徒步走联动日威海站（全国主会场）活动等7项国家级以上赛事活动和3项山东省锦标赛、冠军赛，成功推出中国威海HOBIE帆船公开赛品牌。举办威海市第六届运动会和威海市中小学生体育联赛36个大项1020个小项比赛，开展5个项目教练员、裁判员培训班。评选10所威海市高水平后备人才训练基地。

十一、城市建设、环境保护和安全生产

年底全市建成区绿化覆盖率45.82%，建成区绿地率43.16%，人均公园绿地面积31.22平方米，生活垃圾无害化处理率100%。市区建成区绿化覆盖率45.80%，建成区绿地率43.34%，人均公园绿地面积31.28平方米，生活垃圾无害化处理率100%。

全年发电量154.18亿千瓦时，增长7.6%。全社会用电量152.21亿千瓦时，增长10.4%，其中，工业用电量89.74亿千瓦时，增长8.8%。

全市城市天然气供气量32261.81万立方米，燃气普及率100%；集中供热入网面积13257万平方米；市区城市天然气供气量13583.35万立方米，燃气普及率100%；集中供热入网面积7367万平方米。

全市公交运营线路384条，运营线路总长度12360.30公里，公交车辆2163辆，完成客运总量10162.62万人次，平均日客运量27.84万人次。全市巡游出租汽车2487辆。

年底全市环境保护系统共有环境监控中心4个，环境监控人员96人。城镇集中式饮用水水源地12个。

全年完成污染减排项目49个，投资额2.46亿元。全市空气质量优良率90.1%，空气质量全省最优。

全市累计发生各类生产安全事故58起，死亡41人，直接经济损失9475.89万元。

十二、人口和人民生活

年底全市常住人口291.46万人，其中，城镇人口208.16万人，比上年底增加3.76万人，常住人口城镇化率71.42%，比上年提高1.20个百分点。年底全市户籍人口256.47万人，户籍人口城镇化率61.01%，比上年提高0.29个百分点。全年出生人口1.28万人，出生率5.01‰；死亡人口1.91万人，死亡率7.46‰；自然增长率−2.45‰。

全年全体居民人均可支配收入44612元，增长8.4%，其中，城镇居民人均可支配收入54264元，增长7.6%；农村居民人均可支配收入25692元，增长10.0%。全体居民人均消费支出27599元，增长9.2%，其中，城镇居民人均消费支出33752元，增长8.0%；农村居民人均消费支出15537元，增长12.5%。全体居民食品烟酒消费支出占消费总支出的比重为25.3%，其中，城镇居民食品烟酒消费支出占消费总支出的比重为24.8%，农村居民食品烟酒消费支出占消费总支出的比重为27.5%。

十三、社会保障和社会福利事业

全市有234.28万人参加基本养老保险，居民基础养老金标准提高至每人每月162元。有257.27万人参加基本医疗保险，居民医保补助标准提高到每人每年580元。有2.28万人领取失业保险金。有7633名职工享受工伤保险待遇，有0.91万名女职工享受生育津贴待遇。

年底全市有养老机构160处，床位38366张，在院人数16383人。其中，特困人员供养机构39处，床位9430张，在院人数4542人；其他各类养老机构121处，床位28936张，在院人数11841人。有儿童福利院1处，未成年人救助保护中心5处。孤困儿童458人，其中，集中供养孤儿40人，散居孤儿83人，事实无人抚养儿童286人，重点困境儿童49人，全年发放资金855万元。自1月起，机构养育孤儿基本生活保障标准提高至每人每月2125元，社会散居孤儿和事实无人抚养儿童基本生活保障标准提高至每人每月1650元，重点困境儿童基本生活保障标准提高至每人每月1540元。全市享受困难残疾人生活补贴10141人，享受重度残疾人护理补贴33154人，全年发放资金6982.2万元。自1月起，困难残疾人生活补贴一、二级残疾的补贴标准提高至每人每月154元，三、四级残疾的补贴标准提高至每人每月125元；重度残疾人护理补贴一级残疾的补贴标准提高至每人每月149元，二级残疾的补贴标准提高至每人每月127元。

年底全市城乡低保对象18518人，全年发放保障资金12571.1万元；特困供养对象11204人，全年发放保障资金15372.7万元；临时救助困难群众1317人次，全年发放保障资金472.3万元。城乡低保标准分别为每人每月866元和667元，城乡特困供养基本生活保障标准分别为每人每月1169元和900元，特困供养照料护理基准标准为完全丧失生活自理能力每人每年12089元、部分丧失生活自理能力每人每年6045元、具备生活自理能力每人每年3627元。

注释：

1. 本公报数据为初步统计数，最终数据以《威海统计年鉴—2022》为准；

2. 地区生产总值、各产业增加值、有关行业增加值绝对数按现价计算，增长速度按可比价格计算；

3. 未经特殊说明，本文“增长”“下降”均为同比口径；

4. 部分数据因四舍五入的原因，存在总计与分项合计不等的情况。

资料来源：

本公报中城镇新增就业、城镇登记失业率、养老保险、失业保险、工伤保险数据来自市人力资源和社会保障局；价格指数、粮食总产量、城乡收支等数据来自国家统计局威海调查队；市场主体数据来自市行政审批服务局；水产品数据来自市海洋发展局；农业机械、农业产业化龙头企业数据来自市农业农村局；公路通车里程、铁路、海运、港口货物吞吐量、公交数据来自市交通运输局；机动车、户籍人口数据来自市公安局；旅游、专业剧团、博物馆、有线电视等数据来自市文化和旅游局；进出口、利用外资、对外经济合作数据来自市商务局；财政数据来自市财政局；金融数据来自中国人民银行威海市中心支行；保险业数据来自中国银行保险监督管理委员会威海监管分局；科技数据来自市科学技术局；专利、商标等数据来自市市场监督管理局；教育数据来自市教育局；卫生健康数据来自市卫生健康委员会；体育数据来自市体育局；建成区绿化覆盖率、建成区绿地率、生活垃圾无害化处理率和供气、供热数据来自市住房和城乡建设局；电力数据来自国网山东省电力公司威海供电公司；环保数据来自市生态环境局；安全生产数据来自市应急管理局；医疗保险、生育津贴数据来自市医疗保障局；社会福利数据来自市民政局；其他数据来自市统计局。

生态环境质量公报

2021年威海市生态环境质量公报

2021年，在市委、市政府的坚强领导下，全市深入贯彻习近平生态文明思想，坚决扛起生态文明建设政治责任，大力实施环保工作和环境质量“双领先”战略，深入打好污染防治攻坚战，以高水平保护推动高质量发展、创造高品质生活，在发展绿色化上走在前列，打造绿色发展示范区、共同富裕先行区，实现国家生态文明建设示范区创建市域全覆盖。

一、环境空气

全市环境空气质量连续六年达到国家二级标准，继续保持全省第一。

环境空气主要污染物二氧化硫和二氧化氮年均值、一氧化碳24小时平均第95百分位数浓度值3项指标分别为5微克／立方米、18微克／立方米、0.8毫克／立方米，达到国家《环境空气质量标准》（GB 3095—2012）一级标准（20微克／立方米、40微克／立方米、4毫克／立方米）；可吸入颗粒物（PM_{10}）和细颗粒物（$PM_{2.5}$）年均值、臭氧日最大8小时滑动平均值的第90百分位数浓度值3项指标分别为43微克／立方米、24微克／立方米、145微克／立方米，达到《环境空气质量标准》二级标准（70微克／立方米、35微克／立方米、160微克／立方米），其中细颗粒物（$PM_{2.5}$）年均值在全省第一个达到世界卫生组织空气质量过渡时期第二阶段目标（25微克／立方米）。

全市降尘量均值为3.9吨／平方千米·月，11个降尘点位均值范围为2.2～5.6吨／平方千米·月，均满足生态环境部不高于9.0吨／平方千米·月的要求。

全市城市降水pH年均值范围在6.14至7.16之间，未出现酸雨。

二、水环境

国控地表水断面水质指数居沿海7市第1位、全省第3位。

全市13条主要河流共设13个市控以上考核监测断面，水质达标率100%。其中11个断面水质优于或达到国家《地表水环境质量标准》（GB 3838-2002）Ⅲ类标准，占84.6%；2个断面水质达到Ⅳ类标准，占15.4%。

全市12个主要饮用水水源地水质继续保持优良状态。峝山水库、所前泊水库、郭格庄水库、武林水库、米山水库、坤龙邢水库、后龙河水库、逍遥水库、湾头水库、纸坊水库、龙角山水库和乳山河水源地水质均达到或优于国家《地表水环境质量标准》（GB 3838-2002）Ⅲ类标准，水质达标率为100%。

全市农村地下水型“千吨万人”以上饮用水水源地水质达到国家《地下水质量标准》（GB/T 14848-2017）Ⅲ类标准。

全市近岸海域国控点位40个，一类海水占75%，二类海水占25%，海水水质优良率100%。近岸海域水质优良比例全省第一。

三、土壤环境

全市地方土壤环境监测网中3个一般风险监测点土壤环境监测结果均低于《土壤环境质量　农用地土壤污染风险管控标准（试行）》（GB 15618-2018）中土壤污染风险筛选值。7个土壤污染重点监管单位周边土壤监测结果也均低于相应标准的土壤污染风险筛选值。

受污染耕地安全利用率和污染地块安全利用率均达到100%。

四、声环境

全市区域声环境昼间平均等效声级监测值范围为52.4～54.6分贝，城市区域环境噪声总体水平均为“较好”等级。

全市道路交通声环境昼间平均等效声级监测值范围为66.2～68.7分贝，文登区和乳山市道路交通噪声强度为“好”等级，威海市区和荣成市道路交通噪声强度为“较好”等级。

全市0至4类功能区声环境质量昼、夜平均等效声级均达到相应功能区标准。

五、辐射环境

全市辐射环境质量保持稳定。

市区电离辐射空气吸收剂量率区间范围为99～181纳戈瑞／小时（nGy/h），处于威海市天然辐射水平正常范围内。

市区电磁辐射射频电场强度区间范围为0.28～1.95伏／米（V/m），达到国家《电磁环境控制限值》（GB 8072-2014）规定的公众曝露控制限值要求。

六、生态环境

全市生态环境状况指数为67.11，全省最好，达到国家生态文明建设示范市指标要求（≥60）。

（山东省威海生态环境监测中心）

法规、规章、规范性文件

·法规、规章、规范性文件目录·

2021年威海市法规、规章、规范性文件一览表

表33

序号	文件名称	文号
1	威海市城市国际化促进条例	威海市人民代表大会常务委员会公告第97号
2	威海市停车管理和服务条例	威海市人民代表大会常务委员会公告第104号
3	威海市海洋牧场管理条例	威海市人民代表大会常务委员会公告第105号
4	威海市行政执法委托管理规定	威海市人民政府令第73号
5	威海市人民政府关于修改《威海市建筑垃圾管理办法》的决定	威海市人民政府令第74号
6	威海市人民政府关于推进企业利用资本市场加快发展若干政策的意见	威政发〔2021〕4号
7	威海市人民政府关于印发《威海市职工基本医疗保险规定》的通知	威政发〔2021〕9号
8	威海市人民政府关于印发《威海市文物保护管理办法》的通知	威政发〔2021〕13号

·法规、规章、规范性文件选编·

威海市停车管理和服务条例

（威海市第十七届人民代表大会常务委员会公告第104号）

2021年11月2日威海市第十七届人民代表大会常务委员会第三十六次会议通过
2021年12月3日山东省第十三届人民代表大会常务委员会第三十二次会议批准

第一章　总　则

第一条　为了规范停车秩序，改善交通环境，推进精致城市建设，根据《中华人民共和国道路交通安全法》等法律、法规的规定，结合本市实际，制定本条例。

第二条　本市城市规划区范围内以及市、县级市人民政府认为需要管理的区域的停车管理和服务活动，适用本条例。

公共交通和道路货物运输场、站等专用停车设施的规划、建设、使用、管理，不适用本条例。

第三条　停车管理和服务应当遵循政府主导、统筹规划、社会共治、高效便民的原则。

第四条　市、区（县级市）人民政府应当建立停车管理和服务协调机制，完善管理和服务体制，制定政策措施，研究解决重大问题。

镇人民政府、街道办事处负责组织协调本辖区内车辆停放管理和服务工作，指导居民委员会、业主大会、业主委员会和物业服务企业开展停车秩序治理。

鼓励居民委员会、业主委员会和物业服务企业建立停车共治共享协商机制，定期进行沟通协商，解决停车管理和服务中的问题。支持居民通过业主大会制定住宅小区停车规约，实现住宅小区停车管理和服务自治。

第五条　公安机关交通管理部门是停车管理和服务的综合协调部门，负责市、区（县级市）人民政府协调机制确定的事项的督促落实和道路范围内停车秩序管理、停车场和道路停车泊位备案等工作。

城市管理主管部门负责道路范围以外公共区域的停车秩序管理工作；接受业主、业主委员会和物业服务企业等有关当事人的报告或者投诉，依法处理住宅小区内违反法律、法规规定的停车行为。

发展改革、自然资源和规划、交通运输、应急管理、市场监督管理、人民防空、大数据管理等主管部门按照各自职责，做好停车管理和服务相关工作。

第六条　有序推进市、区（县级市）人民政府智能化停车管理和服务，促进智慧交通城市发展。

第七条　倡导文明停车、绿色出行。鼓励开展维护停车秩序的志愿服务。

市、区（县级市）人民政府应当加大公共交通基础设施建设，优化公共交通网络，为公众绿色出行提供条件。

第二章　停车设施的规划与建设

第八条　市、县级市公安机关交通管理部门应当会同自然资源和规划、住房城乡建设等部门，根据国土空间规划和城市综合交通规划，编制停车场专项规划，报同级人民政府批准后实施。

编制停车场专项规划应当遵循以建设项目配建为主、独立建设为辅、道路路内停车泊位为补充的原则，统筹地上地下空间，集约利用土地资源。

经批准的停车场专项规划，任何单位和个人不得擅自变更；确需变更的，应当报原批准机关同意。

第九条　下列公共建筑未配建停车场或者配建的停车场未达到设置标准和设计规范，客观环境条件允许的，应当按照规定补建或者改建：

（一）火车站、道路客运站、客运码头、机场以及公共交通与自用车辆换乘的枢纽站；

（二）体育场（馆）、影（剧）院、图书馆、医院、学校、会展场所、旅游景点、贸易市场、商务办公楼等。

第十条　建筑物改变使用功能的，已配建的停车场不得改作他用；按照改变后的使用功能需要提高停车泊位配建标准的，应当按照改变后对应的建设工程项目停车泊位配建标准，配建停车场或者增设停车泊位。

第十一条　市、县级市规划行政主管部门在审查公共停车场和大中型公共建筑配建、增建、补建停车场的规划设计方案时，应当征求同级公安机关交通管理部门的意见。

第十二条　停车场的设计方案应当符合国家、省停车设施设置标准和设计规范，并按照标准设置无障碍停车泊位和新能源汽车充电设施。

停车场出入口、道闸的设置应当科学合理，不得影响车辆通行安全。

利用人防工程设置停车场的，应当符合人民防空相关法律、法规规定。

第十三条　鼓励利用待建土地、空闲厂区、边角空地、桥下空间等闲置场所依法设置临时停车设施。

鼓励停车供需矛盾突出的区域建设停车楼、机械式立体停车场等集约化停车设施。

第十四条　公安机关交通管理部门可以在停车供需矛盾突出的区域，施划道路停车泊位。

施划道路停车泊位，应当制定施划方案。施划方案应当征求城市管理部门的意见，并在相关区域内公示征求公众意见，公示时间不得少于十五日。

公安机关交通管理部门应当对道路停车泊位的使用情况进行定期评估，根据评估结果需要调整的，应当制定调整方案。调整方案应当按照前款规定征求意见。

第十五条　施划道路停车泊位应当充分考虑行人、车辆的通行需求，并不得影响其他公用设施的使用。

除遵守法律、法规和规章规定外，下列区域、路段也不得施划道路停车泊位：

（一）距离已建成能够提供充足车位的公共停车场三百米以内的区域；

（二）学校和幼儿园出入口、公共交通站点以及距离上述地点三十米以内的区域。

第十六条　公安机关交通管理部门可以根据法律、法规规定和道路交通状况，在客运站点、公共交通枢纽、商业聚集区、学校、幼儿园、医疗机构、公共服务机构等人员聚集区域的道路两侧，设置临停快走区域，用于机动车临时停靠上下乘客。

公共厕所附近可以设置临时道路停车泊位。

因举办大型群众性活动等特殊需要，公安机关交通管理部门可以设置临时道路停车区域，并明确停放时段。

第十七条　停车供需矛盾突出的住宅小区、商业街区，旅游景区等，其周边道路具备节假日、夜间等时段性停车条件的，公安机关交通管理部门可以会同城市管理部门设置时段性道路停车泊位。

时段性道路停车泊位，应当设置交通标志、标线，明确停车时段、范围等内容。

第十八条　区（县级市）人民政府应当组织相关部门和镇人民政府、街道办事处根据非机动车停车需求，在不影响道路通行、便于管理的条件下合理设置非机动车停放点。

区（县级市）人民政府应当单独划定互联网租赁非机动车停放点。

第十九条　鼓励社会资本投资建设停车场。

第三章　停车设施的使用与管理

第二十条　市公安机关交通管理部门应当建立统一的停车综合服务平台，向社会提供实时停车指引服务。

公共停车场和经营性道路停车泊位应当配置停车管理信息系统，并向停车综合服务平台开放数据端口。

鼓励对社会开放的专用停车场向停车综合服务平台开放数据端口。

第二十一条　公共停车场和经营性道路停车泊位投入使用后一个月内，经营者或者管理者应当到公安机关交通管理部门备案。

公共停车场备案应当提供下列材料：

（一）经营者或者管理者的基本信息：姓名或者名称、居民身份证号码或者社会机构代码、联系方式；

（二）停车场的基本信息：位置、面积、泊位类型、泊位数量；

（三）停车场的平面示意图和彩色纸质照片；

（四）车辆停放和服务、安全保障措施、设施维护保养责任等管理制度和突发事件应急预案。

经营性道路停车泊位备案应当提供下列材料：

（一）经营者或者管理者的基本信息：企业名称、社会机构代码、联系方式；

（二）道路停车泊位的基本信息：位置、泊位类型、泊位数量；

（三）道路停车泊位的平面示意图和彩色纸质照片；

（四）有权进行经营的证明材料。

变更备案事项内容的，经营者或者管理者应当自变更之日起十个工作日内向原备案机关进行变更备案。变更备案事项为公共停车场和经营性道路停车泊位经营或者管理主体的，应当提供双方签署的变更协议书或者其他有效证件。

备案材料不齐全或者不符合法定形式的，备案机关应当一次性告知需要补正的有关材料。申请备案人未按照要求进行补正的，不予备案。

第二十二条　停车场的经营者或者管理者承担停车场管理的主体责任。

规划建设的停车场不得擅自停止使用或者改作他用。

第二十三条　公共停车场和道路停车泊位的经营者或者管理者应当遵守下列规定：

（一）在显著位置明示停车场名称、停车类型、停车泊位数量、服务电话和监督电话等事项；

（二）遵循车辆先到达先使用原则，无正当理由不得拒绝提供车辆停放服务；

（三）不得出售或者以专用车位形式出租公共停车泊位；

（四）保持停车场内环境卫生整洁干净、标志标线清晰完整、设施设备完好、路面平整；

（五）定期清点停车场内车辆，发现可疑车辆，及时向公安机关报告；

（六）法律、法规规定的其他事项。

经营性停车场和经营性道路停车泊位，除应当遵守前款规定外，还应当在显著位置明示收费标准、收费依据。

公安机关交通管理部门应当定期对停车场的管理制度和设施设备的运行情况进行监督检查，督促停车场经营者或者管理者纠正不符合本条前两款规定的行为。

第二十四条　政府投资建设的距离学校和幼儿园出入口三百米以内的经营性公共停车场应当依据学生和学龄前儿童上学放学时间确定合理时段，免费向接送车辆开放。

第二十五条　鼓励专用停车场向公众开放。

除法律、法规另有规定或者因涉密不宜开放的外，机关事业单位的专用停车场在非工作时间应当向社会开放，具体办法由市、区（县级市）人民政府制定。

第二十六条　任何单位和个人不得擅自在公共区域内设置固定或者可移动障碍物阻碍机动车停放或者通行；不得在未取得所有权或者专属使用权的停车泊位上设置地桩、地锁或者其他障碍物；不得占用公共停车场或者道路停车泊位从事经营活动。

第二十七条　本着同一停车区域地上高于地下、白天高于夜间、道路停车泊位高于停车场和停车泊位紧张区域高于停车泊位宽松区域的原则，合理确定政府投资建设的公共停车场和道路停车泊位的停车收费价格，并建立价格动态调整机制，充分发挥政府指导价在解决城市停车困难方面的价格调节作用。

第四章　车辆停放规范

第二十八条　机动车驾驶人在公共停车场停放车辆时应当遵守下列规定：

（一）遵守管理制度，服从管理人员指挥；

（二）按照停车泊位标示有序停放车辆，不得占用公共通道；

（三）非残疾人驾驶的机动车不得占用无障碍停车泊位；

（四）在非充电状态下不得占用充电停车泊位；

（五）车辆不得装载易燃、易爆、剧毒、放射性或者其他危险物品；

（六）法律、法规规定的其他事项。

第二十九条　机动车驾驶人在道路停车泊位停车时应当遵守下列规定：

（一）在允许时段停放车辆；

（二）按照标示方向或者顺向停放车辆，不得压线、跨线；

（三）按照标准缴纳道路停车泊位占用费；

（四）因自然灾害、恶劣气象条件或者重大交通事故等严重影响交通安全而采取交通管制措施时，机动车应当按照要求立即驶离；

（五）法律、法规规定的其他事项。

第三十条　禁止在城市道路上停放车辆，但是依据本条例第十四条、第十七条的规定施划的道路停车泊位除外。

在道路停车泊位停放的机动车，其长度、宽度应当与道路停车泊位施划的长度、宽度相适合，不得妨碍其他车辆和行人通行。

机动车在本条例第十六条第一款规定的临停快走区域临时停靠上下乘客，应当即停即走。

第三十一条　任何单位和个人不得将达到国家强制报废标准或者闲置不再行驶的机动车停放在城市道路、广场、公共停车场、住宅小区非专有位置等场所。

第三十二条　住宅小区内的车辆停放，应当遵守法律、法规和管理规约，服从物业停车秩序维护。

禁止占用消防通道。

禁止擅自占用其他业主的专有停车泊位。

第三十三条　非机动车应当停放在有施划非机动车停放点的区域；车辆停放应当整齐有序，不得影响道路通行和市容环境秩序。二轮摩托车可以停放在非机动车停放点。

下列区域禁止停放非机动车：

（一）机动车车道；

（二）人行道内禁止停放区域、消防车通道、盲道；

（三）道路交岔口、铁路道口、人员密集场所出入口等区域；

（四）法律、法规规定的其他禁止停放区域。

互联网租赁非机动车经营企业应当在区（县级市）人民政府划定的互联网租赁非机动车停放点建设固定停车设施或者采用电子围栏等技术手段，规范用户停放行为，及时整理违规停放的车辆，及时回收故障、破损车辆。

第三十四条　沿街单位应当加强自我管理，规范、有序停放本单位的非机动车。

在沿街单位的市容环境卫生责任区内随意停放非机动车的，沿街单位可以予以劝阻，引导停放至非机动车停放点；对不听劝阻的，可以向区（县级市）城市管理主管部门报告，城市管理主管部门应当依法及时予以处理。

第五章　法律责任

第三十五条　违反本条例规定的行为，法律、法规对其法律责任已有规定的，从其规定。

第三十六条　停车管理和服务的行政部门工作人员玩忽职守、滥用职权、徇私舞弊的，对有关责任人员依法给予处分；构成犯罪的，依法追究刑事责任。

第三十七条　违反本条例第二十条第二款规定，公共停车场和经营性道路停车泊位不配置停车管理信息系统，或者不向停车综合服务平台开放数据端口的，由公安机关交通管理部门责令改正；拒不改正的，处一万元以上两万元以下罚款。

第三十八条　违反本条例第二十一条规定，公共停车场和经营性道路停车泊位未按照规定备案或者变更备案的，由公安机关交通管理部门责令改正；拒不改正的，处二千元以上五千元以下罚款。

第三十九条　违反本条例第二十三条第一款第三项规定，出售或者以专用车位形式出租公共停车泊位的，由公安机关交通管理部门责令改正；拒不改正的，处一万元罚款，并没收违法所得。

违反本条例第二十三条第一款第四项规定，未保持停车场内标志标线清晰完整、设施设备完好、路面平整的，由公安机关交通管理部门责令改正；拒不改正的，处一万元以上十万元以下罚款。

第四十条　违反本条例第二十六条规定，擅自在公共区域内设置固定或者可移动障碍物阻碍机动车停放或者通行，以及在未取得所有权或者专属使用权的停车泊位上设置地桩、地锁或者其他障碍物的，由公安机关交通管理部门或者城市管理主管部门依照其职责，责令改正；拒不改正的，处五百元罚款。

前款规定的公共区域属于住宅小区业主共有的，由该公共区域土地使用者、管理者或者住宅小区业主、业主委员会、物业服务企业进行劝阻。经劝阻不改正的，该公共区域土地使用者、管理者或者住宅小区业主、业主委员会、物业服务企业可以向城市管理主管部门报告，由城市管理主管部门依照《山东省物业管理条例》的有关规定处理。

违反本条例第二十六条规定，占用公共停车场从事经营活动的，由公安机关交通管理部门责令改正；拒不改正的，经营者属于个人的，处一千元以上五千元以下罚款。经营者属于法人的，处五千元以上二万元以下罚款。

第四十一条　违反本条例第二十九条第一项规定，机动车驾驶人在道路停车泊位停放车辆超过允许停放时段的，由公安机关交通管理部门予以警告，责令其立即驶离；机动车驾驶人拒绝立即驶离的，处二十元以上二百元以下罚款，可以将机动车拖移至不妨碍交通的地点或者公安机关交通管理部门指定的地点停放，并及时将停放地点通知机动车所有人。

第四十二条　违反本条例第三十一条规定，将达到国家强制报废标准的机动车停放在城市道路、广场、公共停车场非专有位置等场所的，由公安机关交通管理部门或者城市管理主管部门依照其职责，责令该机动车所有人限期搬离；逾期不搬离或者无法联系到机动车所有人的，可以将机动车拖移至不妨碍交通的地点或者公安机关交通管理部门指定的地点停放，并及时将停放地点通知机动车所有人或者依法予以公告。

将达到国家强制报废标准的机动车停放在住宅小区非专有位置等场所的，该住宅小区业主、业主委员会、物业服务企业可以要求机动车所有人搬离。拒绝搬离或者无法联系到机动车所有人的，该住宅小区业主、业主委员会、物业服务企业可以向城市管理主管部门报告，由城市管理主管部门依照《山东省物业管理条例》的有关规定处理。

第四十三条　违反本条例第三十三条第三款规定，互联网租赁非机动车经营企业未及时将违规停放的车辆整理到互联网租赁非机动车停放点停放以及及时回收故障、破损车辆的，公安机关交通管理部门或者城市管理主管部门按照职责，对互联网租赁非机动车经营企业进行警告，责令改正；拒不改正的，按照违规车辆每辆一百元的标准罚款。

第六章　附　则

第四十四条　本条例下列用语的含义：

（一）停车管理和服务，是指停车设施的规划、建设、使用和车辆停放等方面的管理和服务活动；

（二）停车设施，是指公共停车场、专用停车场、道路停车泊位和非机动车停放点；

（三）公共停车场，是指在城市道路以外设立的，为社会公众提供停车服务的场所，包括独立建设的停车场和建设项目配建的作为公共服务设施的停车场；

（四）专用停车场，是指在城市道路以外设立的，为本单位、本住宅小区车辆提供停车服务的场所，包括建设项目配建的停车场、建筑区划内共有部分施划的停车泊位等；

（五）道路停车泊位，是指在城市道路上施划的，供机动车临时停放的区域；

（六）非机动车停车点，是指在城市道路或者其他场所施划的供非机动车或者二轮摩托车停放的区域。

第四十五条　本条例自 2022 年 1 月 1 日起施行。

威海市职工基本医疗保险规定

（威政发〔2021〕9 号）

第一章　总　则

第一条　为完善职工基本医疗保险制度，更好保障参保职工基本医疗需求，根据国家和省有关规定，结合我市实际，制定本规定。

第二条　本市行政区域内职工基本医疗保险（以下简称“职工基本医保”）的参保缴费、待遇保障、经办服务及管理运行，适用本规定。

第三条　职工基本医保制度遵循以收定支、权责清晰、保障适度、可持续的原则。

第四条　医疗保障部门是职工基本医保工作的主管部门，负责政策制定、指导协调和监督管理工作，其所属的医疗保障经办机构（以下简称“经办机构”）具体负责经办工作。

纪委监委机关、发展改革、教育、公安、民政、财政、人力资源社会保障、卫生健康、退役军人、审计、行政审批服务、市场监管、税务、大数据等部门、单位按照各自职责协同做好职工基本医保相关工作。

第五条　职工基本医保的筹资标准、保障水平与经济社会发展水平以及各方承受能力相适应，根据上级规定和我市实际适时调整。

第二章　参保缴费

第六条　本市行政区域内的机关、事业单位、社会团体、各类所有制企业、民办非企业单位、有雇工的个体经济组织（以下统称“用人单位”）及其在职职工和退休（职）人员，应当依法参加职工基本医保。

无雇工的个体工商户、未在用人单位参加医疗保险的非全日制从业人员及其他灵活就业人员（以下统称“灵活就业人员”），可按本规定参加职工基本医保。

第七条　用人单位应当按规定为职工办理职工基本医保登记，并按时足额缴费。灵活就业人员可按月或按年缴费。

第八条　在职职工的基本医保费由用人单位和职工个人共同缴纳。用人单位以本单位在职职工上年度工资总额为基数，按 8.5% 的比例（职工基本医保费 7.5%、生育保险费 1%）缴纳，其中机关事业单位按 8.2% 的比例（职工基本医保费 7.5%、生育保险费 0.7%）缴纳。职工个人以本人上年度工资收入为基数，按 2% 的比例缴纳，由用人单位代扣代缴。

灵活就业人员的职工基本医保费由个人缴纳，以个人按规定申报的缴费基数，不足 46 周岁的，按 7% 的比例（职工基本医保费 6%、生育保险费 1%）缴纳，46 周岁及以上的，按 6.5% 的比例（职工基本医保费 5.5%、生育保险费 1%）缴纳。

失业人员领取失业金期间应缴纳的职工基本医保费由失业保险基金以全省上年度全口径城镇单位就业人员年平均工资（以下简称“全省职工年平均工资”）的 60% 为基数，按照用人单位和个人缴费比例之和缴纳，个人不缴费。

延长缴纳职工基本养老保险费的职工，可按本人职工基本养老保险费缴费基数及参保身份对应的缴费比例，同步延长缴纳职工基本医保费，享受相应的医保待遇。

享受职工基本医保退休待遇的职工不缴纳职工基本医保费。

第九条　职工基本医保缴费基数应当不低于全省职工年平均工资的 60%、不高于 300%，低于 60% 的按 60% 缴纳，超过 300% 的按 300% 缴纳。

第十条　用人单位未按规定及时足额缴纳和代扣代缴职工基本医保费的，由职工基本医保费征缴机构限期缴纳，逾期仍未缴纳的，按规定加收滞纳金，滞纳金并入统筹基金。

第十一条　用人单位申请缓缴和延缴职工基本医保费的，按国家和省规定执行；因法定事由解散或者其他原因终止的，欠缴的职工基本医保费应当按规定清偿。

第十二条　参保职工不得重复参保，重复参保的按有关规定进行处理。

第三章　待遇内容及享受时间

第十三条　在职职工和退休（职）人员的医保待遇包括个人账户待遇和统筹待遇，灵活就业人员缴费期间只享受统筹待遇。

统筹待遇包括住院待遇和门诊共济保障待遇。其中，门诊共济保障待遇包括普通门诊待遇和门诊慢特病待遇，具体办法由医疗保障等部门另行制定。

第十四条　首次参加职工基本医保的人员，自实际缴费次月起享受医保待遇。

第十五条　用人单位中断缴纳职工基本医保费的，其职工自中断缴费的次月起暂停享受医保待遇。用人单位按规定补齐欠费的，自补齐的次月起恢复其职工的医保待遇。

灵活就业人员中断缴费的，自中断缴费的次月起暂停享受医保待遇。在中断缴费3个月（从中断缴费首月起算，下同）内补缴的，自补齐的次月起恢复享受医保待遇，超过3个月补缴以及未补缴中断缴费部分的，自再次缴费满3个月（含缴费当月，下同）后恢复享受医保待遇。

上年度12月享受职工医保待遇的灵活就业人员于当年1月1日至4月30日缴纳全年度职工医保费的，自缴费之日起享受医保待遇，逾期缴纳的，按中断缴费的规定享受医保待遇。

第十六条　参保人员转移职工基本医保关系时，在3个月内接续并补齐中断缴费的，中断缴费期间享受医保待遇，超过3个月的，自再次缴费的次月起享受医保待遇。

第十七条　居民基本医保参保人员改参职工基本医保时，居民基本医保待遇享受至其参加职工基本医保当月，自改参的次月起享受职工基本医保待遇。

参保职工停止缴费3个月内改参居民基本医保的，自居民基本医保参保缴费之日起按规定享受居民基本医保待遇；超过3个月改参的，改参满3个月后享受待遇。

第十八条　参保职工补缴的中断缴费部分，计算为其职工基本医保险缴费年限，中断缴费期间已发生的医疗费用，基本医保基金不予支付。

第十九条　参保职工享受职工基本医保退休待遇时，其职工基本医保需达到规定的最低缴费年限。缴费年限由实际缴费年限（含补缴年限和居民基本医保折算年限，下同）和视同缴费年限合并计算。

参保职工办理职工基本养老保险退休手续时，职工基本医保累计缴费年限男满30年、女满25年，且在我省缴费年限满10年的（不足的需一次性补齐，其中经组织、人力资源社会保障部门批准跨统筹地区调动或者其所在单位跨统筹地区整建制转移的除外，下同），自办理职工基本医保退休待遇确认手续的次月起享受职工基本医保退休待遇。

2025年年底前，参保职工至退休时需连续足额缴纳职工基本医保费男满25年、女满20年的政策同时施行，由参保职工自愿选择。

第二十条　职工基本医保的视同缴费年限包括：我市参保职工1999年5月以前和外市医保关系转入我市职工在转出地职工基本医保制度实施前的养老保险缴费年限，以及符合国家和省规定的养老保险制度实施前的连续工龄或工作年限；军人服现役年限；随军未就业的军人配偶医疗保险缴费年限；其他符合国家和省规定的年限。

第二十一条　参保职工办理职工基本养老保险退休手续时，职工基本医保缴费达不到规定年限的，可在享受待遇前任一年度一次性补齐差额年限的职工基本医保费，其中在我省缴费已满10年的，也可在办理职工基本养老保险退休手续后继续缴费至最低缴费年限，或者在继续缴费期间随时一次性补齐剩余年限的职工基本医保费。职工继续缴费期间，享受在职职工基本医保待遇。

已享受我市职工基本养老保险待遇且在我省缴费满10年的职工，可按上述规定缴费后享受相应的医保待遇。

第二十二条　参保职工办理职工基本养老保险退休手续时，职工基本医保未达到最低缴费年限又未按规定补足和继续缴费的，不再享受职工基本医保待遇，符合条件的可以参加居民基本医保。

第二十三条　参保职工补缴中断缴费和差额缴费年限以及继续缴费的，职工基本医保费的缴费基数，先统一固定以2020年度全省职工年平均工资为基数，待其低于今后年度公布的最低缴费基数时，调整为按当年度最低缴费基数执行。职工补缴2017年7月1日之前中断缴费的，缴费比例为10%；补缴2017年7月1日之后中断缴费、差额缴费年限及继续缴费期间的缴费比例，按补缴时用人单位与个人缴费比例之和执行。

第二十四条　参保职工补缴中断缴费的，按规定享受个人账户待遇，补缴差额缴费年限的不计入个人账户，视同缴费年限不计发个人账户。

第四章　待遇标准

第二十五条　参保职工的医保个人账户按月计入。用人单位在职职工个人缴纳的职工基本医保费，全额计入个人账户；用人单位为职工缴纳的职工基本医保费，以职工本人缴费基数为计算基数，按不同比例计入个人账户：不满46周岁的，按1.5%计入；46周岁以上的，按2%计入。

享受职工基本医保退休待遇职工的个人账户，在待遇享受首年按当年退休费总额为计入基数，以后年度按本人上年度退休费总额为计入基数，统一按7%的比例计入，其中企业退职人员和一次性领取养老金的人员，本人退休费总额高于上年度全市企业退休人员平均养老金的，以本人上年度退休费总额为基数计入，低于的，以上年度全市企业退休人员平均养老金为基数计入。

职工基本医保个人账户计入办法根据有关规定适时调整。

第二十六条　参保职工住院待遇设置起付标准。一级医院400元、二级医院700元、三级医院900元。在一个自然年度内，参保职工第一、第二次住院设起付标准，从第三次住院起不设起付标准。

对按规定办理转诊手续的连续住院参保职工，在威海市医疗保健集团内向上转诊的，只计算首次起付标准；下转的及在威海市医疗保健集团外向上转诊的，连续计算起付标准。

参保职工在各级中医院住院（含门诊慢特病，下同）治疗的，起付标准按低一个级别医院的标准执行。

第二十七条 参保职工一个自然年度内发生的政策范围内的住院医疗费用，根据医院级别实行分段累进制支付。

1. 超过起付标准至1万元部分，在职职工待遇为：一级医院支付90%、二级医院支付85%、三级医院支付80%；退休待遇为：一级医院支付95%、二级医院支付92.5%、三级医院支付90%。

2. 超过1万元至4万元部分，在职职工待遇为：一级医院支付92%、二级医院支付90%、三级医院支付88%；退休待遇为：一级医院支付96%、二级医院支付95%、三级医院支付94%。

3. 超过4万元部分的大额医疗费用，各级医疗机构支付标准一致，在职职工与退休职工待遇一致。超过4万元至24万元部分支付90%；超过24万元至50万元部分支付80%。

参保职工在各级中医院住院治疗发生的医疗费用，个人负担比例按低一个级别医院的标准执行。

第二十八条 参保职工异地就医待遇按照有关规定执行。

第二十九条 下列医疗费用不纳入职工基本医保基金支付范围：

（一）应当从工伤保险基金中支付的；

（二）应当由第三人负担的；

（三）应当由公共卫生负担的；

（四）在境外就医的；

（五）体育健身、养生保健消费、健康体检；

（六）国家规定的职工基本医保基金不予支付的其他费用。

遇对经济社会发展有重大影响的，按上级有关规定执行。

第三十条 应当由第三人支付的医疗费用，第三人不支付或者无法确定第三人的，参保职工可以按规定向经办机构申请职工基本医保基金先行支付。职工基本医保基金先行支付后，经办机构有权按规定向第三人进行追偿。

第五章 基金管理

第三十一条 职工基本医保基金由统筹基金和个人账户基金构成。统筹基金用于支付参保职工的住院待遇和门诊共济保障待遇；个人账户基金用于参保职工按规定支付统筹基金以外的其他医疗费用。

职工基本医保基金的使用应当符合国家、省、市关于职工基本医保药品、诊疗服务项目、医疗服务设施目录范围和支付标准等有关规定。

第三十二条 职工基本医保基金实行市级统筹、统收统支，按照“统一管理、分级征缴，统一使用、分级核算，统一监管、分级负责”的机制运行。全市统一参保范围和项目、统一缴费标准、统一待遇水平、统一基金管理、统一经办服务、统一信息管理。

第三十三条 职工基本医保基金纳入职工基本医保基金财政专户，实行“收支两条线”管理。职工基本医保基金专款专用、专户管理，任何单位和个人都不得挤占挪用，也不得用于平衡财政预算。

第三十四条 各区市（含国家级开发区，下同）的各项职工基本医保基金收入全额上解市级财政专户，所需的支出基金由市级经办机构统一申请、拨付。

第三十五条 医疗保障部门应当加强预算管理，科学编制职工基本医保基金收支预算，全面实施预算绩效管理。

第三十六条 医疗保障部门应当加强对纳入职工基本医保基金支付范围的医疗服务行为和医疗费用的监督，规范职工基本医保经办服务，依法查处违法违规使用职工基本医保基金的行为。

第三十七条 医疗保障部门应当建立完善综合监管制度。建立健全执法案件线索纪检监察和司法机关移送机制，强化基金使用监督考核与执纪问责。实施跨部门协同监管，依法依规追究违法违规行为责任。健全打击欺诈骗保行刑衔接机制，构成犯罪的，由有关部门依法追究刑事责任。

第三十八条 医疗保障部门、经办机构、定点医药机构及其工作人员和参保职工发生与职工基本医保基金有关的违法违规行为，按有关规定处理。

第六章 服务管理

第三十九条 职工基本医保服务机构实行定点管理。医疗保障部门应当制定定点医药机构服务协议管理政策，对经办机构、定点医药机构进行监督。经办机构应与定点医药机构签订服务协议，明确双方权利义务，并实施日常管理与考核。定点医药机构应当严格执行协议，按规定向参保职工提供医药服务。

第四十条 定点医药机构应当由专门机构或者人员负责职工基本医保基金使用管理工作，建立健全内部管理制度，组织开展相关政策培训，检查本单位基金使用情况，及时纠正使用不规范的行为，主动控制成本和费用，提高基金使用效率。

第四十一条 定点医药机构应当严格执行医保政策，提高服务质量，有效规范使用职工基本医保基金，在满足临床需求的前提下，应当优先使用可由职工基本医保基金支付的医药服务项目，除急诊、抢救等特殊情形外，提供职工基本医保基金支付范围以外的医药服务的，应当经参保职工或者其近亲属、监护人同意，切实维护职工合法权益。

第四十二条 定点医药机构及其工作人员应当执行实名就医和购药管理规定，核验职工参保信息，按照诊疗规范提供合理、必要的医药服务，向参保职工如实出具费用单据和相关材料等。

第四十三条 定点医药机构应当按规定执行集中采购政策，优先使用集中带量采购中选的药品和耗材，按照购销协议约定及时支付款项，应当按规定采购药品、耗材等，并真实准确记录“购、销、存”等情况。

第四十四条 定点医药机构应当按规定保管财务账目、会计凭证、处方、病历、治疗检查记录、费用明细、药品和医用耗材出入库记录等资料，及时全面准确传送职工基本医保基金使用有关数据，向医疗保障部门报告基金使用监督管理所需信息，向社会公开医药费用、费用结构等信息，接受社会监督。

第四十五条 经办机构应当完善职工基本医保信息系统，实行全市统一联网管理。参保职工在定点医药机构就医购药的，定点医药机构应当即时结算由个人负担的部分；定点医药机构垫付的属于统筹基金支付的费用，由定点医药机构与经办机构结算。

第四十六条 经办机构应当按规定与定点医药机构进行医疗费用结算，在总额控制的基础上，实行按疾病诊断相关分组付费、按人头付费等相结合的复合式支付方式，与定点医药机构建立谈判协商机制，合理确定基金预算金额和支付标准。经办机构基金拨付应当与定点医药机构年度考核结果挂钩，建立科学的激励约束机制。

第四十七条　经办机构应当建立健全业务、财务、安全和风险管理制度，负责参保登记、个人权益记录、医保关系转移接续办理、协议管理、费用监控、基金拨付、待遇审核及支付、经办稽核、异地就医和医疗费用结算管理等工作，并定期向社会公开职工基本医保基金的收入、支出、结余等情况。

第四十八条　经办机构应当推进职工基本医保公共管理服务现代化治理，积极引入社会力量参与经办服务，建立共建共治共享的医保治理格局。

第四十九条　医疗保障部门应当完善医药服务价格形成机制，对医疗服务项目价格实施动态调整，建立健全药品价格监测机制，落实医保谈判药品使用政策。

第五十条　参保职工应当按规定享受职工基本医保待遇，不得重复享受。

第五十一条　参保职工去世后，其继承人或原单位工作人员等关系人应当及时到经办机构办理销户手续。对因未及时办理销户手续导致基金流失的，继承关系人应及时将多支付的基金返还经办机构。

第五十二条　参保职工应当持本人职工基本医保凭证就医、购药，并主动出示接受查验。职工有权要求定点医药机构如实出具费用单据和相关资料，有权要求经办机构提供职工基本医保咨询服务，对基金的使用提出改进建议。

第七章　附　则

第五十三条　职工大病保险、公务员医疗补助及企业补充医疗保险制度按有关规定执行。

第五十四条　离休人员、新中国成立前参加革命工作的退休老工人发生的医疗费用按现行办法执行。

第五十五条　本规定自 2022 年 1 月 1 日起施行，有效期至 2026 年 12 月 31 日。《威海市职工基本医疗保险规定》（威政发〔2008〕10 号）自本规定施行之日起废止。以往规定与本规定不一致的，以本规定为准。

威海市文物保护管理办法

（威政发〔2021〕13 号）

第一章　总　则

第一条　为加强对文物的保护和管理，传承优秀历史文化遗产，根据《中华人民共和国文物保护法》《中华人民共和国文物保护法实施条例》《山东省文物保护条例》等法律法规规定，结合我市实际，制定本办法。

第二条　本市行政区域内文物保护及其相关活动，适用本办法。

第三条　文物工作贯彻保护为主、抢救第一、合理利用、加强管理的方针。

第四条　市、区（市）人民政府（含国家级开发区管理委员会、南海新区管理委员会，下同）负责本区域内的文物保护工作，并将文物保护工作纳入绩效考核内容。刘公岛管理委员会负责刘公岛甲午战争纪念地所属遗址和刘公岛内的文物保护工作。

市、区（市）人民政府文物行政部门负责本区域文物保护的监督管理。发展改革、公安、民政、财政、自然资源和规划、住房城乡建设、海洋发展、生态环境、海关、市场监管、消防救援、海警和其他有关国家机关，应当在职责范围内做好文物保护相关工作。

镇人民政府（街道办事处）在文物行政部门的指导下开展文物保护管理工作。

第五条　市、区（市）人民政府应当将文物保护事业纳入本级国民经济和社会发展规划，纳入城乡建设和国土空间总体规划，文物资源空间信息纳入同级国土空间信息平台。

第六条　市、区（市）人民政府应当设立文物保护委员会。文物保护委员会由本级人民政府及其有关部门分管负责人组成，协调解决涉及文物保护的重大事项。

市、区（市）人民政府应当建立文物保护专家咨询机制，对文物保护有关事项提供专业技术支持。

第七条　驻威部队应当按照《中华人民共和国军事设施保护法》等有关法律规定，做好军事禁区、军事管理区内的文物保护工作。

第八条　市、区（市）人民政府应当按照规定权限和程序明确负责文物保护管理的机构，配齐配强文物执法人员，加强基层文物保护和研究队伍建设。

第九条　市、区（市）人民政府应当将文物保护所需经费列入本级财政预算，确保文物事业发展与经济社会发展水平相适应。

第十条　有下列行为之一的单位或者个人，由市、区（市）人民政府或者有关部门给予精神鼓励或者物质奖励：

（一）认真执行文物保护法律、法规，保护文物成绩显著的；

（二）为保护文物与违法犯罪行为作坚决斗争的；

（三）将个人收藏的重要文物捐献给国家或者为文物保护事业作出捐赠的；

（四）发现文物及时上报或者上交，使文物得到保护的；

（五）在考古发掘工作中作出重大贡献的；

（六）在文物保护科学技术方面有重要发明创造或者其他重要贡献的；

（七）在文物面临破坏危险时，抢救文物有功的；

（八）长期从事文物工作，作出显著成绩的。

第二章　不可移动文物

第十一条　市、区（市）人民

政府文物行政部门选择具有历史、艺术、科学价值的不可移动文物，报本级人民政府核定公布为市、县级文物保护单位，并报省人民政府备案。

集体所有和私人所有的不可移动文物核定公布为文物保护单位前，应当征求文物所有人的意见。

尚未核定为文物保护单位的不可移动文物，由区（市）人民政府文物行政部门予以登记并公布，参照县级文物保护单位进行管理。

第十二条　市、区（市）人民政府文物行政部门应当会同自然资源和规划、水务、海洋发展等部门，将埋藏文物丰富的区域依法划定为地下文物保护区和水下文物保护区，报本级人民政府核定公布，纳入土地（海域）利用总体规划和城乡规划，参照相应级别的文物保护单位进行管理。

第十三条　对具有传统风貌的商业、手工业遗存，城中村街区，以及散落在农村的古民居、家庙祠堂等乡土文化遗产，大礼堂、引水渡槽等20世纪遗产，相关部门和管理使用单位应当加强与文物行政部门协调沟通，共同做好保护利用工作。具有独特文化价值的海草房等乡土建筑，可参照中国历史文化村镇的保护原则，实行原生态保护。

第十四条　对英租威海卫时期遗存下来的历史建筑，其管理使用单位应当遵循不准拆除、不准改建、不准转让的原则，在文物行政部门的指导下，做好保护利用工作。

第十五条　对传统工业的工厂旧址、附属设施、机器设备等工业遗产，区（市）人民政府应当开展调查、评估、认定、保护和利用工作。对在全国有影响的骨干行业、企业，应当保存企业发展历史标志物，逐步探索建立行业博物馆，展示产业文化，发展产业旅游。

第十六条　没有专门机构管理的文物保护单位，由区（市）人民政府聘请文物保护员负责管理，并支付合理报酬，费用在文物保护经费中列支。

第十七条　变更文物保护单位行政隶属关系的，应当经核定公布该文物保护单位的人民政府批准，并报上一级人民政府备案。

第十八条　文物保护单位核定公布后1年内，市、区（市）人民政府应当按照有关规定划定必要的保护范围，作出标志说明，建立记录档案，设置专门机构或者指定机构负责管理。

保护范围的划定应当遵循下列原则：

（一）古遗址、古城址、大型古墓葬的保护范围外缘线距文物不低于120米，中小型墓葬不低于15米；

（二）革命遗址及革命纪念建筑物、古建筑及历史纪念建筑物、石窟寺等保护范围外缘线距主体构筑物不低于30米；主体构筑物外有围墙的，保护范围外缘线距围墙不低于9米；

（三）石刻碑碣或者其他文物的保护范围为主体以外30米。

第十九条　在文物保护单位的保护范围内，禁止下列行为：

（一）擅自设置户外广告设施；

（二）修建人造景点；

（三）存放易燃、易爆、有毒、有腐蚀性等危害文物安全的物品；

（四）擅自进行爆破、钻探、挖掘等作业或者栽植、移植大型乔木和修建构筑物；

（五）建窑、取土、采石、开矿、毁林、排污、深翻土地；

（六）进行与文物保护无关的其他建设工程。

第二十条　根据保护文物的实际需要，可在文物保护单位的周围划出一定的建设控制地带，并予以公布。

全国重点文物保护单位和省级文物保护单位的建设控制地带，按照国家和省有关规定划定和公布。市和县级文物保护单位的建设控制地带，经省人民政府批准，由核定公布该文物保护单位的市、区（市）人民政府文物行政部门会同规划行政主管部门划定并公布。

第二十一条　在文物保护单位的建设控制地带内进行建设工程，不得破坏文物保护单位的历史风貌；工程设计方案应当根据文物保护单位的级别，经相应的文物行政部门同意后，报城乡建设、规划行政主管部门批准。

第二十二条　在文物保护单位的保护范围和建设控制地带内，不得建设污染文物保护单位及其环境的设施，不得进行可能影响文物保护单位安全及其环境的活动。对已有的污染文物保护单位及其环境的设施，应当限期治理。

第二十三条　建设工程选址，应当尽可能避开不可移动文物；因特殊情况不能避开的，对文物保护单位应当尽可能实施原址保护。建设单位应当事先确定保护措施，根据文物保护单位的级别报相应的文物行政部门批准。

无法实施原址保护、需要迁移或者拆除的，应当报省人民政府批准。拆除的国有不可移动文物中具有收藏价值的壁画、雕塑和建筑构件等，由文物行政部门指定的文物收藏单位收藏。

原址保护、迁移、拆除所需费用，由建设单位列入建设工程预算。

第二十四条　国有不可移动文物由使用人负责修缮、保养，非国有不可移动文物由所有人负责修缮、保养。非国有不可移动文物存在损毁危险，所有人不具备修缮能力的，文物所在地人民政府应当给予帮助；所有人具备修缮能力而拒不依法履行修缮义务的，市、区（市）人民政府可以给予抢救修缮，所需费用由所有人负担。

对文物保护单位进行修缮，应当根据文物保护单位的级别报相应的文物行政部门批准。

文物保护单位的修缮、迁移、重建，由取得文物保护工程资质证书的单位承担。对不可移动文物的修缮、保养、迁移，必须遵守不改变文物原状的原则。

第二十五条　不可移动文物已经全部毁坏的，应当实施遗址保护，不得在原址重建。因特殊情况需要在原址重建的，经区（市）、市人民政府文物行政部门逐级审核上报，由省人民政府文物行政部门报省人民政府批准。

第二十六条　核定公布为文物保护单位的属于国家所有的纪念建筑物或者古建筑，除可以建立博物馆、保管所或者辟为参观游览场所外，作其他用途的，市、县级文物保护单位应当经核定公布该文物保护单位的人民政府文物行政部门征得上一级人民政府文物行政部门同意后，报核定公布该文物保护单位的人民政府批准。

第二十七条　对社会开放的文物保护单位和有不可移动文物的参观游览场所，其管理、使用单位必须采取有效保护措施保证文物安全，禁止破坏自然环境和历史风貌。

第二十八条　国有不可移动文物不得转让、抵押。建立博物馆、保管所或者辟为参观游览场所的国有文物保护单位，不得作为企业资产经营。

非国有不可移动文物不得转让、抵押给外国人。非国有不可移动文物转让、抵押或者改变用途的，应当根据其级别报相应的文物行政部门备案。

第二十九条　文物行政部门以外的机关、团体、企事业单位、宗教活动场所以及其他组织和个人管理使用不可移动文物的，应当与区（市）人民政府文物行政部门签订责任书，负责文物及其附属物的安全、保养和修缮，并接受文物行政部门的指导与监督。

第三十条　利用不可移动文物举办展览、展销、演出等活动，举办者应当编制文物和环境保护方案，根据文物的级别，经区（市）、市人民政府文物行政部门审核，报上一级人民政府文物行政部门批准。

利用不可移动文物拍摄电影、电视、广告等活动，应当经相应的文物行政部门批准，并按照规定向其管理、使用单位支付费用。涉外拍摄活动按照国家有关规定执行。

市、区（市）人民政府文物行政部门负责对前两款规定的活动进行监督。

第三章　考古发掘

第三十一条　考古勘探、发掘工作应当依法履行报批手续。任何组织或者个人不得私自发掘地下和水域中的文物。

第三十二条　考古发掘单位在进行考古调查、勘探、发掘前，应当向市、区（市）人民政府文物行政部门交验国务院或者省人民政府文物行政部门的批准文件。

市、区（市）人民政府文物行政部门应当支持考古发掘工作，并依法对其进行监督。

第三十三条　考古发掘单位负责保管考古调查、勘探、发掘的文字记录、图纸和影像等资料，并向市、区（市）人民政府文物行政部门提供相应的文物保护资料。

考古发掘单位应当自提交考古发掘报告之日起6个月内，将出土文物移交给省人民政府文物行政部门指定的国有博物馆、图书馆或其他文物收藏单位收藏。

任何组织或者个人不得侵占和擅自处理出土文物。

第三十四条　基本建设工程应当避开地上、地下文物丰富的地段。工程项目在立项、选址前，建设单位应当征求该项目立项审批主管部门的同级人民政府文物行政部门的意见；凡涉及不可移动文物的，建设单位应当事先确定保护措施，作为建设项目重要内容列入可行性研究报告或者设计任务书，并根据文物级别，报上一级人民政府文物行政部门批准；未经批准，有关主管部门不予立项和批准施工。

第三十五条　进行占地2万平方米以上的大型基本建设工程或者在地下文物保护区、水下文物保护区和历史文化名城范围内进行建设工程，建设单位应当依法向所在区（市）有关部门提出申请并逐级上报，由省人民政府文物行政部门组织考古调查、勘探。

第三十六条　基本建设和生产建设需要进行考古调查、勘探、发掘的，所需费用由建设单位列入建设工程预算。建设单位应当按照国家规定的范围和标准与文物行政部门签订文物保护协议，并及时支付所需费用。

第三十七条　在工程建设和生产活动中发现文物的，应当立即停止施工、生产，保护现场，同时报告区（市）人民政府文物行政部门和公安机关，并向文物行政部门上交出土文物。文物行政部门和公安机关接到报告后，应当及时到达现场，结合工程建设计划和文物保护需要，依法采取保护措施。

第三十八条　在基本建设工程中发现重要文物需要实施原址保护的，市、区（市）人民政府与建设单位协商后，可以另行安排用地或者收回土地使用权、退还已交纳的土地出让金；造成建设单位经济损失的，依法给予补偿。

第四章　馆藏文物

第三十九条　博物馆、图书馆或其他文物收藏单位应当加强对文物藏品的保护管理，建立藏品总账、分类账和藏品单项档案，按照行政隶属关系或者文物等级报区（市）、市人民政府文物行政部门备案。

市、区（市）人民政府文物行政部门应当分别建立本区域内的馆藏文物档案。

第四十条　禁止国有文物收藏单位将馆藏文物赠与、出租或者出售给其他单位、个人。

国有文物收藏单位之间因举办展览、科学研究等需借用馆藏文物，或者非国有文物收藏单位和其他单位举办展览需借用国有馆藏文物，应当依法履行备案或者报批手续。

第四十一条　馆藏文物被盗、被抢或者丢失的，文物收藏单位应当立即向公安机关报案，并同时向主管的文物行政部门报告。文物行政部门应当自接到报告24小时内，将有关情况报告省人民政府文物行政部门。

第五章　民间收藏文物

第四十二条　鼓励公民、法人和其他组织将其依法收藏的文物捐赠给国有文物收藏单位或者出借给国有文物收藏单位展览和研究。

鼓励公民、法人和其他组织设立博物馆，其设立与运行按照《博物馆条例》的有关规定执行。

第四十三条　除依法批准设立的文物商店、经营文物拍卖的企业外，其他组织或者个人不得从事文物商业经营活动。

第四十四条　公安机关、海关和市场监督管理等部门，对追缴的涉案文物，应当登记造册、妥善保管，并在结案后30日内无偿交还失主或者移交给同级文物行政部门。

第六章　法律责任

第四十五条　有下列行为之一的，由县级以上人民政府文物行政部门责令改正，并处5万元以上20万元以下的罚款；造成文物损毁等严重后果的，处20万元以上100万元以下的罚款：

（一）未征求文物行政部门的意见，在地上、地下文物丰富的地段进行建设工程的；

（二）未经考古调查、勘探，擅自进行占地2万平方米以上的大型基本建设工程或者在地下文物保护区、水下文物保护区、历史文化名城范围内进行建设工程的。

第四十六条　有下列行为之一，尚不构成犯罪的，由县级以上文物行政部门责令改正，造成严重后果的，处5万元以上50万元以下的罚款；情节严重的，由原发证机关吊销资质证书：

（一）擅自在文物保护单位的保护范围内进行建设工程或者爆破、钻探、挖掘等作业的；

（二）在文物保护单位的建设控制地带内进行建设工程，其工程设计方案未经文物行政部门同意、报规划部门批准，对文物保护单位的历史风貌造成破坏的；

（三）擅自迁移、拆除不可移动文物的；

（四）擅自修缮不可移动文物，明显改变文物原状的；

（五）擅自在原址重建已全部毁坏的不可移动文物，造成文物破坏的；

（六）施工单位未取得文物保护工程资质证书，擅自从事文物修缮、迁移、重建的。

刻划、涂污或者损坏文物尚不严重的，或者损毁依法设立的文物保护单位标志的，由公安机关或者文物所在单位给予警告，可以并处罚款。

第四十七条　有下列行为之一的，由县级以上人民政府文物行政部门责令限期改正；逾期不改正或者造成严重后果的，处5万元以上50万元以下的罚款：

（一）对社会开放的文物保护单位和有不可移动文物的参观游览场所的管理、使用单位，拒不采取有效措施保证文物安全，或者破坏文物的自然环境和历史风貌的；

（二）在文物保护单位的保护范围内，擅自设置户外广告设施或者栽植、移植大型乔木和修建构筑物的；

（三）在文物保护单位的保护范围内，修建人造景点或者存放易燃、易爆、有毒、有腐蚀性等危害文物安全的物品的；

（四）在工程建设和生产活动中发现文物，不立即停止施工、生产，造成文物损毁的；

（五）建设和施工单位拒不配合或者妨碍考古调查、勘探、发掘工作的；

（六）建设单位拒不支付考古调查、勘探、发掘费用的；

（七）建设单位进行建设工程涉及不可移动文物，未事先确定文物保护措施，或者未将事先确定的保护措施报请批准的；

（八）擅自利用不可移动文物举办展览、展销、演出的。

前款规定的违法行为人是国家工作人员的，对负有责任的主管人员和其他直接责任人员依法依规依纪给予处分。

第四十八条　在文物保护单位的保护范围和建设控制地带内建设污染文物保护单位及其环境设施的，或者对已有的污染文物保护单位及其环境的设施未在限期内完成治理的，由环境保护行政部门依照有关法律、法规的规定给予处罚。

第四十九条　有下列行为之一的，由县级以上人民政府文物行政部门责令改正；情节严重的，处5000元以上5万元以下的罚款：

（一）无正当理由，拒不与文物行政部门签订责任书或者不履行责任书规定义务的；

（二）考古发掘单位因管理不善造成出土文物损毁、丢失的；

（三）擅自处理出土文物以及科研标本的。

第五十条　将国有馆藏文物赠与、出租或者出售给其他单位、个人，尚不构成犯罪的，由县级以上人民政府文物行政部门责令改正，可以并处2万元以下罚款；有违法所得的，没收违法所得。

第五十一条　擅自改变文物保护单位行政隶属关系的，由上级人民政府责令改正，对负有责任的主管人员和其他直接责任人员依法给予处分。

第五十二条　发展改革、自然资源和规划等有关部门及其工作人员未征求相应的文物行政部门意见，或者未经文物行政部门同意擅自审批建设项目的，由主管机关或者监察机关责令改正，对负有责任的主管人员和其他直接责任人员依法依规依纪给予处分。

第五十三条　文物行政部门及其工作人员滥用职权、玩忽职守、徇私舞弊的，对负有责任的主管人员和其他直接责任人员依法给予处分；构成犯罪的，依法追究刑事责任。

第七章　附　则

第五十四条　本办法自2021年12月31日起实施，有效期至2026年12月30日。2013年1月17日《威海市人民政府关于印发威海市文物保护管理办法的通知》（威政发〔2013〕5号）自本办法施行之日起同时废止。

外地传媒中的威海

威海：借海扬帆奋者先
助力胶东经济圈一体化发展再提速

2020年以来，青岛、烟台、威海、潍坊、日照等市握指成拳，并肩再出征，胶东经济圈一体化发展推进工作如火如荼，发挥着山东半岛城市群龙头作用，牵引着山东新旧动能转换跃升新的台阶。

风劲潮涌，自当扬帆破浪。作为胶东五市一分子，我市认真落实省委、省政府部署要求，抢抓机遇，借势借力，主动融入，各方面工作取得积极进展，特别是在产业互融、创新互促、交通互联等方面充分享受到经济圈带来的红利，成果日益丰硕。

号角吹响，战鼓擂动，在“十四五”开启新篇之际，威海强力破题按下“快进键”，推动强自身与强辐射、强带动有机融合，以更高、更广的视野眺望未来，奋力为胶东经济圈一体化高质量发展注入“新动能”，跑出“加速度”。

产业互融：崛起优势互补的产业群

产业集群是区域经济布局中的重要生力军，胶东五市在产业发展上具有很强的互补性，一条产业链中的“链主”型企业、“撒手锏”型企业可能分布在不同城市。推进产业现代化，威海有基础、有特色、有优势，但如何更好把握机遇、立足特色、扬长补短、乘势而上？

依托医药医疗器械、碳纤维等复合材料、纺织服装等十条重点产业链，通过垂直整合、配套协作、双招双引等方式招大引强，与兄弟市既竞争又合作，探索定期举办跨区域产业链对接活动，有针对性地推动圈内城市之间的产业链供应链互补协作，共同打造优越的产业生态。

在海洋生物、装备制造、纺织服装等领域企业，强链、延链、补链，激发“链”式效应的具体行动。与青岛、潍坊等市广泛开展对接交流，鼓励企业与青岛海尔卡奥斯国家工业互联网平台合作，重点推进康派斯与海尔卡奥斯在智能车间改造提升，以及泰祥与海尔卡奥斯在三产融合发展等方面深度合作；加快在乳山建设承接产业转移聚集区；威海港全面融入省港口一体化改革发展大局。

坚持引育并举、强化产研结合，一批优强企业应运而生。依托青岛智谷产业创新区探索建设四市协同创新专区；整合胶东五市科教资源，共同实施大科学计划和大科学工程，合力争取国家“科技创新2030”重大项目和国家、省重大科技专项；利用青岛农业“国际客厅”开放平台，推介威海农业企业和特色农产品；依托威海高技术银行与半岛科创联盟，以线上和线下相结合的方式，持续开展威海地区企业创新链和供应链的需求对接。

“延”出附加值，“补”出新动能。传统产业“发新芽”，新兴产业“结硕果”，一条条关联度紧密的产业链创新链区域联动、互促共进，推动形成产业集群发展上档升级的良好局面。

创新互促：打造海洋科创新高地

4月1日，胶东经济圈一体化发展推进会议召开，推进会上进一步明确了胶东经济圈一体化发展的定位：做优做强做大“海”的文章。

海洋是威海的生态宝库，海洋资源是威海的特色优势，海洋产业是威海的特色产业。“向海图强”的背后，是威海借助半岛科创联盟优势，提高配套服务能力，密切创新互促的不懈追求。

构建海洋经济发展新格局，向科技要效益。当前，正集中力量打造的威海国际海洋科技城等“一城三核”的规划建设，以国家浅海综合试验场、威海海洋高新技术产业园，以及北京大学威海海洋研究院、院士工作站等一批科技含量高、拉动力强的平台和项目为依托，布局发展海洋装备、海洋信息、海洋生物、海洋牧场、碳汇交易等产业，全面拉开国际海洋科技城创新发展大幕。

在此基础上，加强创新链的协作和人才团队的交流，加快对接青岛的海洋科研院所、龙头企业，主动与烟台海洋工程装备、潍坊海洋动力装备等优势产业开展合作。加大技术转移人才引进及培养力度，与青岛市6家“国字号”涉海科研院所签订进驻协议，进驻25个海洋人才团队，建设29个海洋科创平台，涉海科技成果纷纷转化落地。

在海洋科技创新合作上的持续用力，一批科技含量高、拉动能力强的平台和项目加速布局，会聚全国领先人才团队、科研院所和优质企业，将良好的海洋生态转化为经济价值，碧海银滩变为金山银山，人海和谐的新格局正在徐徐铺开。

交通互联：发力1.5小时通勤圈

交通是生产生活须臾不可或缺的物质载体，是一座城市居民幸福感的重要指标。在城市一体化过程中，交通堪称“经济圈发展命脉”。2020年1月，山东省政府出台的《关于加快胶东经济圈一体化发展的指导意见》中，基础设施互联互通，成为山东半岛五个城市的首要命题。胶东经济圈也始终在朝着“一小时经济圈”不断迈进。

目前，为提升五市联结通达能力，用好1000亿元山东半岛城市群基础设施投资基金，文莱高速建成通车，莱荣高铁、威海新机场、乳山口大桥等项目加快推进，青荣城际让烟台、威海加速融入青岛“朋友圈”，与胶东各市“1.5小时通勤圈”正在形成。

公路方面，加快乳山口大桥、烟威高速改扩建项目，进一步打通连接烟台、潍坊通道。联合烟台做好荣乌高速烟威段改线工程规划论证。打造以G228丹东线为主体打造独具魅力的滨海旅游公路。

轨道交通方面，加快推进莱荣高铁建设和桃威铁路电气化改造、港口园区铁路专用线升级改造，落实青荣铁路联通潍烟高铁工程及运营条件。

港口方面，深化威海港与青岛港一体化发展，推进港产城深度融合发展，打造具备装卸储运、中转换装、现代物流等功能一体化发展的现代海洋港口。

机场方面，加快推进威海新机场建设，争取与韩国、日本以及更多国家和城市开通航线。

线网密集、内联外通、站城一体，惠及百姓的现代化立体综合交通网络已喷薄而出。威海以更快的节奏、更高的效率加速发展，将城市建设的“工笔画”越描越精致，圈内市民满意度大幅提升，在享受更加现代、便捷生活的同时，畅想未来充满期待。

公共服务：共利共惠提升便利化水平

一体化发展必须要有同城化、均等化的公共服务体系。顺应市民对城市群宜业宜居宜商优质生活圈的新需求、新期盼，威海以一流营商环境为保障，全面落实一体化协议，充分学习借鉴圈内城市的好经验、好做法，在打造优质均衡的公共服务上持续用力。

用好改革“关键一招”，威海市、县两级政务服务大厅均设立了胶东五市帮办代办窗口，推动政务服务业务协同、数据共享、互认应用。胶东经济圈首例异地劳动能力鉴定案例也在威海顺利完成。

完善社会保险待遇资格互认互通机制，建立待遇人员异地核查互认机制，逐步实现五市异地待遇领取人员就近认证；优化社保关系转移工作，进一步简化转移环节、压缩转移时限；探索建立工伤认定调查协作制度；建立胶东经济圈社保稽查联动协查机制，联合打击各种欺诈骗保行为；建立数据高效共享机制，支撑胶东五市政务业务协同，推进高频电子证照在区域一体化政务服务、特定监管执法、社会化生活领域的互认应用。

此外，在外出访问、重大国际活动、商务会展、对外贸易、国际园区建设、双招双引等领域，加强与圈内城市的合作，共同提升胶东经济圈对全球生产要素的吸引力。

随着一项项公共服务措施“提挡加速”，不仅极大拉近了普惠民生的时空距离，更有效促进了人流、物流、信息流等发展要素的流动集聚，为提升城市能级、加快高质量发展注入澎湃动力。

乘势而起，聚势而强。充分发挥优势特色的威海，完善高效协同发展机制，推动基础设施、产业协同、对外开放、公共服务等领域一体化，绘就了宜融则融、能融尽融的新图景。

借海扬帆奋者先，御风而行的威海，征程未有穷期。一步步从“物理组合”迈向“化学融合”，奋力开创“精致城市·幸福威海”建设新局面，以昂扬向上之姿，只争朝夕、接续奋斗，助力胶东经济圈一体化发展再提速！

（大众网刊载　王珏）

专业机构请进村 文化大餐端上来

组建舞蹈队、秧歌队、合唱队等90余支基层文化团队，建起乡村美学堂、乡村剧社……山东威海通过实施公共文化服务公益创投，引导文化类社会组织进入乡村提供精准服务，降低供给成本、提高服务效能，不断满足群众文化新期待。

山东省威海市环翠区张村镇王家疃村，一场小雨过后，30余名村民来到综合性文化服务中心，学习“非遗”技艺——葫芦烙画。“非遗”传承人一边讲解葫芦烙画的故事，一边手把手教技艺，现场好不热闹。

王家疃村综合性文化服务中心还提供蒸花饽饽、剪纸、布艺等形式多样的培训活动，许多活动都是由威海乡土文化研究会根据群众需求精准开设的。

威海市2019年开始实施公共文化服务公益创投，创新乡村文化供给方式。公益创投指的是公益性质的创业投资，旨在引导文化类社会组织进入乡村提供公共文化服务。政府协调社会组织对接基层文化需求，并聘请第三方机构对社会组织进行培育，让成长起来的社会组织面向基层提供类型丰富的公共文化服务。

统筹资源
协调社会组织对接基层需求

“之前，村里的综合性文化服务中心虽然建起来了，但组织力量有限，活动内容比较单一，不能充分满足村民个性化的需求，所以人气并不高。”王家疃村村支书李向君说。

2020年，《威海市公共文化服务公益创投实施意见》出台，威海将该项工作列入全市文化体制改革重点任务。当年，52个社会组织深入25个乡村调研，针对村民的迫切需求，通过设计、培训、初审、优化、路演、终审等环节，遴选出25个项目，实现乡村公共文化服务的专业化、精准化供给。

在王家疃村，威海乡土文化研究会对当地优秀传统文化进行挖掘、保护和传承，开展形式多样的活动。丰富的农耕文化研学活动、富有地方特色的文创开发活动等蓬勃开展。几年过去了，王家疃村现在每周开展2～3场活动，人气很旺。

只要村里的综合性文化服务中心有活动，王家疃村56岁的村民刘昌芹就早早去抢座，她说：“我特别想学蒸花饽饽。”

据了解，威海市公共文化服务公益创投实施以来，共开展41个项目，服务时长达1.31万小时，为乡村公共文化发展引入60余个文化类社会组织，服务6.1万人次，共支出120万元。以威海乡土文化研究会为例，2020年在王家疃村开展活动90项，获公益创投资金3.6万元，平均每场活动400元。

威海市文化和旅游局党组书记、局长隋建波表示，公共文化服务公益创投让有限的财政资金精准用到群众文化需求上，降低了供给成本、提高了服务效能，让政府、社会组织和群众实现了多赢。

精准供给
筛选专业队伍提供个性化服务

每到周末和节假日，王家疃村许多在外上班的年轻人会带着孩子回乡。威海乡土文化研究会有针对性地开设了陶艺、草木扎染等小朋友喜欢的项目。刘昌芹的小外孙徐博红常来参加活动，对此老人十分高兴：“免费的，有专业老师教，还就在家门口，多好！”

经典文化诵读、红色文化普及、民风民俗梳理、传统技艺传承、基层文化团队培育、文艺骨干培训……通过文化公益创投，威海市共组建舞蹈队、秧歌队、合唱队等基层文化团队90余支，培训基层文艺骨干1600余名。一个个基层综合性文化服务中心“活起来”，乡村美学堂建起来，乡村剧社唱起来，村里的公共文化服务水平不断提高，群众的文化新期待不断被满足。

“在保障基本文化权益的基础上，让群众享有更充实、更丰富的精神文化生活，满足群众对美好生活的新期待。”山东大学威海发展研究院研究员郭剑雄介绍，“如今群众可以‘点餐’公共文化服务，通过公益创投模式筛选出专业队伍，有效提升了文化服务供给的质量。”

凭借美丽的自然风光，王家疃村开始发展乡村旅游。乡亲们琢磨着如何在吸引更多游客的同时增加收入，大家把需求反馈给威海乡土文化研究会。威海乡土文化研究会项目负责人王金说：“我们深入乡村，挖掘村里的历史文化，发动村里人一起分享乡村故事，发动孩子们描绘家乡美景。”王金还带领团队为村里设计文创，引入手艺人向村民传授技艺。如今，许多游客都会购买村民制作的布艺、剪纸、木艺作品作为纪念品。

提升效能 专业机构在提供服务中成长成熟

威海荣成市大鱼岛有着久远的渔家文化，石岛芬芳青少年社工服务中心来到这里后，整理口述史、搜集老照片、挖掘和传承民俗表演渔家大鼓，让更多人对渔家文化有了深入了解。

2020 年，山东省级工艺美术大师田世科来到威海市文登区葛家村教授鲁绣。“通过文化公益创投，我们走进社区、农村，扩大了服务覆盖面。通过专业机构的陪伴式辅导，我们的服务能力也得到了进一步提升。”田世科说。

“公共文化服务公益创投带来的是多方共赢。”郭剑雄介绍，公益创投是政府支持文化类社会组织参与供给、促进公共文化服务全面发展的文化治理方式，“它强调资助方和受资助方长期深入的合作伙伴关系，共同成长、互利共赢。”

郭剑雄说：“公益创投由第三方专业机构作为承办单位对各个项目进行督导、监管、评估，并为获选实施项目的社会组织提供培训、辅导、咨询等服务，帮助社会组织成长成熟、提升服务能力。”

在项目征集阶段，各社会组织在第三方机构指导下深入基层掌握群众需求，并据此进行项目设计和申报，经过严格的培训、初审、优化、终审等环节，入选项目才能最终获得公益创投资金支持。在项目实施阶段，第三方机构每周跟踪、指导不同公共文化服务公益创投项目，及时纠正项目实施过程中的偏差，确保项目良性运行。

（《人民日报》刊载　郑海鸥）

以匠心再塑乡村之美

2020 年 1 月以来，威海市乡村出现了一支新队伍。他们穿梭在广袤乡村，走山望水测绘丈量、翻阅村史挖掘文化、问道老农把脉产业，为乡村建设尽心出力，为村庄发展出谋划策。他们有一个响亮的名字——乡村规划师。

乡村建设，规划先行。然而，农村人口外流，规划人才更是凤毛麟角，如何吸引人才、集聚人才？2020 年 9 月 21 日，在山东省乡村振兴座谈会上提出：“要尽快开展‘农村规划师’试点，支持优秀规划师、建筑师、工程师下乡服务。”

据威海市委农办主任、市农业农村局局长周华介绍，自去年以来，威海在山东率先建立乡村振兴规划师制度，开通渠道，出台政策，选配规划师团队，分包指导优化乡村振兴样板片区规划编制和落实，在规划层面为乡村建设提供有力保障。

截至目前，威海已选配规划师团队 7 支，吸纳各类规划人才 29 人，参与全域 80 个乡村振兴样板片区规划编制，已编制村庄建设规划为主的各类规划 90 余件；威海已建成市级以上美丽乡村 303 个，占全市村庄数量的 13.7%；荣成市获国务院农村人居环境整治激励县、全国清洁村庄行动先进县等荣誉，文登区获省级城乡融合发展实验区等荣誉。

开通四条渠道 不拘一格选人才

近年来，山东众多乡村已经意识到规划的重要性。为此，不少地方花重金聘请高端规划团队，然后却难以避免“追求高大上、不够接地气”“规划空悬、落地困难”等问题。对此，威海选聘乡村规划师团队，坚持实用好用为核心标准，不把眼光局限于“高大上”，而是按照务实管用、乡情兼具原则，开通了四条渠道，做到“多条腿走路”。

面向市场选，吸收已经经过市场考验的团队。这部分人长期从事城乡规划行业，在乡村振兴战略深入实施后把业务重点转移到农村，参与过美丽乡村建设，积累了一定的人气。如乡道运营团队、立天世纪团队，前期在环翠区里口山景区王家疃、姜家疃和临港区汪疃镇前白鹿、后白鹿村参与美丽乡村建设，受聘后联系相关片区，巩固深化了良好合作关系。

依托院所选，吸收专业机构的规划人才。这部分人专业知识扎实、理论与实践联系紧密，有的经常参与地方各项规划编制，了解一些区域的特点。比如，市城乡规划编研中心、威海职业学院等规划师团队，已经多年参与新农村建设，与基层干部和村民都成了“老熟人”。

着眼高端选，面向行业领先人才抛出橄榄枝。这部分人毕业于一流院校，来自国内外一线城市大平台，有着先进的规划设计理念，并且希望在乡村建功立业。比如，设计谷团队牵头人李久太是清华大学建筑系博士，曾获德国工业设计红点奖、中国创新设计红星奖，设计过唐山地震遗址公园等经典作品。

立足实践选，发现培养实用型设计人才。这部分人不一定出身名校大院，但对该行业充满兴趣，注重专业素养提高，更重要的是热爱、熟悉并有志于奉献乡村。比如，个体规划师邢建波自己进修美术设计，参与清泉康谷样板片区规划建设，长期吃在村里，住在村里，与农民一起交流，做出的作品不仅有韵味有水平，而且兼顾基层实际，经济精巧能落实见效。

紧抓五项重点
明确职责用团队

“选好团队是第一步，如何调动积极性，用好这支团队才是关键。”市农业农村局党组成员张辉说，“对此，威海制定《乡村规划师团队工作细则》，把规划师团队主要责任固定下来，指引他们充分发挥专业特长，多为片区建设出谋划策，确保规划既高点高质又接地气可操作。”

参与片区规划审议，在把关上“参谋”。会同片区所在区市和镇街参与整体规划审议，及时了解规划设计中存在的问题不足，对村庄规划建设、布局安排等提出切实可行、兼顾经济实用与美学要求的意见建议，优化产业融合、文化保护、工程项目布局设计，促进“多规合一”，使规划更加科学合理。

优化片区景观设计，在提升上“点睛”。加强与片区建设指挥部和基层干部群众的联系合作，指导挖掘用好特色资源，蹲点调研指导路网、绿网、水网、村庄等文创设计和细节提升，从里到外、由点及面改善景观环境，塑造具有识别性的村庄空间，推动农村景区化、景区品质化。

规避片区建设风险，在落地上“纠察”。及时建议制止规划定位不准、同质同式、照搬照抄等问题，防止产生“千篇一律、千村一面”现象，对过度大拆大建、突破耕地红线、破坏自然生态和乡村风貌等建设隐患进行提醒，在村庄规划建设过程中杜绝举债“垒大户”“堆盆景”，努力做到经济、可行、美观统筹兼顾。

强化调度督导考核，在行动上“督促”。建立乡村规划师团队下乡制度，规定每月至少2次深入片区实地调研，定期组织召开规划师团队调度会，建立微信群，加强团队之间交流协作。实行规划师团队进入退出动态调整，年底由市委农办组织对规划师团队进行述职评议，对履职尽责不到位、作用发挥不明显的及时予以解聘。

落实落地奖补政策，在待遇上“激励”。在《威海市乡村振兴人才激励政策十二条》中，对规划师团队工作经费保障和实绩奖励专门作出规定。整合涉农资金，依据分包区市任务轻重，按照10万元和15万元两种标准如期兑现。

做好结合文章
多元融入美乡村

在文登区高村镇慈口观村，村党支部书记周玉平言语中满是自豪：“在规划师陈本刚的帮助下，俺村发挥好独有的兵营文化，依托田园文化，开发集温泉、康养、民宿、旅游、采摘于一体的原生态院落式田园综合体，去年村集体收入突破90万元。”

据市农业农村局农村社会事业促进科科长吕晓光介绍，从近两年的实践看，规划师团队在乡村振兴舞台上发挥了“规划+”效应，实现了花小钱、办大事目标，有效为乡村振兴赋能，让“老村”焕发了新活力。

“规划+运营”，优秀团队不仅做规划指导，更负责片区规划编制、运营管理，投身“三农”的热情被极大调动。比如，乡道运营团队将乡村规划和运营相结合，打造威海网红直播团，不但让乡村美起来，同时也活起来、富起来。

“规划+人才”，引进培育了一批新生力量，为乡村人才振兴注入源头活水。比如，李久太博士领衔的设计谷团队，不仅盘活片区村庄闲置资源打造了高端智谷，还吸引30多名设计、艺术、文创等顶尖人才扎根老村；威海职业学院结合规划师团队下乡，帮助培养乡村规划建设实用技能人才。

“规划+文化”，充分尊重乡村的自然肌理和历史文脉，利用民风、民俗等资源“量体裁衣”，实现“一村一设计、一村一规划、一村一特色”。像文登区大水泊镇形成设计村初家、漫画村瓦屋庄、康养村仁和坊等20个成方连片特色“文化小村”，流转废弃房屋400余栋，引入社会资本2亿余元。

“规划+生态”，秉持“修旧如旧”“变废为宝”等理念，运用废弃房屋旧物料、老物件和河道沙石等资源，不仅使村庄景观“眼前一亮”，还提升了基层干部群众的环保意识和审美观念。比如，用旧木板做指示牌标识牌，铺设“磨盘路”等，都是规划师的杰作。

“规划+治理”，把群众实际需求和设计理念相融合，在设计中兼顾农村风貌和农业特色，解决了乡村治理的一些难题。比如，设计师邢建波坚持为乡村未来“量体裁衣”，指导临港区西李家夼、兴山村等在村内规划布局带顶篷的农用车停车位等公共服务设施，彻底打通了村内乱停乱放的堵点。

（《农民日报》刊载 吕兵兵）

2021威海国际英创会推出
威海十大优势产业链

在7月27日开幕的中国（威海）新材料产业创新与发展大会暨2021威海国际英才创新创业大会上，威海市工业和信息化局局长乔新跃进行了威海十大优势产业链推介。

乔新跃介绍，对标山东省“十强”产业，威海重点发展新一代信息技术、新医药与医疗器械、碳纤维等复合材料等七大产业集群。2020年，全市规模以上工业企业实现营业收入2679亿元，营业收入利润率达到10%。“十四五”期间，威海将全力培育医药医疗器械、打印设备、碳纤维、专用汽车、海洋食品、船舶、纺织服装、电机、轮胎、钓具等十条优势产业链。

中国（威海）新材料产业创新与发展大会暨2021威海国际英才创新创业大会现场　　　　　　　　　　　　　　　　　　　　　　　　（孙大伟　摄）

医药医疗器械产业链。威海是该领域唯一的国家新型工业化产业示范基地，拥有规模以上企业34家，2020年营业收入668亿元。威海将依托威高集团、凯盛科技集团打造医药医疗器械产业链。

打印设备及智能服务终端产业链。现有规模以上企业32家，2020年营业收入150亿元。惠普全球激光打印机生产基地和国内打印机龙头联想图像落户威海，聚集起捷普、亿和、大振等上下游企业130余家，打印机本地配套率达到80%。威海电子信息与智能制造产业园是全国34个五星级新型工业化产业示范基地之一，未来将形成产能2000万台的全球激光打印机基地。威海服务贸易产业园重点发展软件开发、服务外包、电子商务、信息与通信技术四大产业，已引进软银、阿里巴巴等50余个高端项目。

碳纤维等复合材料产业链。经过多年发展，威海现有规模以上新材料企业128家，2020年实现营业收入283亿元，基本形成碳纤维及制品、高端金属材料、先进无机非金属材料、先进高分子材料等4条细分产业链。

专用汽车产业链。现有规模以上企业52家，2020年营业收入255亿元，拥有房车、特种车、空港地面设备等优势产品。康派斯房车工业互联网平台已聚集上下游企业近200家。广泰空港是全球空港地面设备品种最全的供应商。去年以来，山东重工重组黑豹汽车、天润工业围绕空气悬架系统开辟第二主业，为产业发展注入了新动能。

船舶与海工装备产业链。威海是全国重要的船舶、游艇生产基地，拥有规模以上企业100余家，2020年营业收入73亿元，客滚船、重吊船、远洋渔船等产品享誉海内外。招商局集团的高端客滚船生产基地落户威海，黄海造船是国内唯一能够自主设计、建造远洋渔船的企业。威海正在建设的威海国际海洋科技城，拥有我国浅海大陆架最佳的近岸深水海域。

海洋食品产业链。威海海洋食品产业现有规模以上企业253家，2020年营业收入200亿元。已构建起从育种育苗、养殖捕捞、初精加工、冷链物流、市场销售到品牌建设的全产业链发展体系，形成海洋功能性食品、海洋药品保健品、远洋水产品3条细分产业链，好当家是国内最大的海参功能性食品生产企业，百合生物鱼油系列保健食品美容产品原料生产能力国内领先。

纺织服装产业链。威海拥有纺织服装企业700余家，其中规模以上企业127家，2020年实现营业收入276亿元。建成中国服装设计创新集成平台、国家毛衫纱线资源共享平台等3家国家级技术创新平台。

电机产业链。威海的电机产业拥有生产企业153家，其中规模以上企业16家，2020年营业收入34.5亿元，涵盖1500多个产品品种，形成产品研发、整机装配、分工协作较完整的产业链条，产量约占全国的20%。

轮胎产业链。轮胎产业是威海的传统优势产业，生产6大类5000余个产品种类，年产各型轮胎5000余万条。拥有规模以上企业16家，2020年营业收入226亿元。三角集团和成山轮胎分列世界轮胎百强第25位和35位。三角轮胎积极开拓航空胎产品市场，浦林成山推出“智安达”全生命周期管理模式，腾森轮胎获评国家专精特新“小巨人”企业，加快向价值链高端环节延伸。

钓具产业链。威海被誉为“中国钓具之都”，已建立起原材料、制造设备、配件、成品、会展等全要素产业体系。现有生产企业上千家，其中规模以上企业30家，2020年营业收入72.9亿元，钓鱼竿产能占全球市场份额60%以上。

（新华网刊载）

（中共威海市委宣传部提供）

编辑　侯志杰

索 引

说明：

一、本索引各主题词按汉语拼音字母顺序排列。同音字按声调排列，首字相同者按第二字音序排列，依次类推。

二、索引名称后的数字表示内容所在的页码，数字后用拉丁字母 a、b、c 分别表示该页的左栏、中栏、右栏。

三、类目、分目和子目用黑体字标明；插图及特载、大事记、人物、附录的具体内容及随文图片不做索引。

四、索引词一般采用中心词和简称。

S